珍藏本
纪念版

汉译世界学术名著丛书

忏悔录

上册

〔法〕卢梭 著

李平沤 译

商务印书馆
SINCE 1897
The Commercial Press

2017年·北京

Jean-Jacques Rousseau
LES CONFESSIONS
LE LIVRE DE POCHE
Librairie Générale Française, 1972.
根据法国大众书社袖珍丛书 1972 年版译出

卢梭像

大地万籁俱寂，一泓清澈的湖水，
静静的涟漪，他的心得到了永远的安息

白杨岛上的卢梭墓

李平沤摄于 1995 年 10 月

汉译世界学术名著丛书
（120年纪念版·珍藏本）
出版说明

2017年2月11日，商务印书馆迎来120岁的生日。120年前，商务印书馆前贤怀揣文化救国的理想，抱持“昌明教育，开启民智”的使命，立足本土，放眼寰宇，以出版为津梁，沟通中西，为中国、为世界提供最富智慧的思想文化成果。无论世事白云苍狗，潮流左右激荡，甚至战火硝烟弥漫，始终践行学术报国之志，无改初心。

逐译世界各国学术名著，即其一端。早在20世纪初年便出版《原富》《天演论》等影响至今的代表性著作，1950年代后更致力于外国哲学和社会科学经典的译介，及至1980年代，辑为“汉译世界学术名著丛书”，汇涓为流，蔚为大观。丛书自1981年开始出版，历时三十余年，迄今已推出七百种，是我国现代出版史上规模最大、最为重要的学术翻译工程。

丛书所选之书，立场观点不囿于一派，学科领域不限于一门，皆为文明开启以来，各时代、各国家、各民族的思想与文化精粹，代表着人类已经到达过的精神境界。丛书系统译介世界学术经典，引领时代思想，为本土原创学术的发展提供丰富的文化滋养，为推动中国现代学术和现代化进程做出了突出的贡献。

为纪念商务印书馆成立120周年，我们整体推出“汉译世界学术名著丛书”120年纪念版的珍藏本，寄望既利于文化积累，又便于研读查考，同时向长期支持丛书出版的译者、编者和读者致以敬意。

两甲子后的今天，商务印书馆又站在了一个新的历史时间节点上。我们不仅要铭记先辈的身影和足迹，更须让我们的步伐充满新的时代精神。这是商务人代代相传的事业，更是与国家和民族的命运始终紧密相连的事业。我们责无旁贷，必须做好我们这代人的传承与创造，让我们的努力和成果不仅凝聚成民族文化的记忆，还能成为后来人可以接续的事业。唯此，才能不负前贤，无愧来者。

商务印书馆编辑部

2017年10月

序

卢梭一介平民，既不贵列公卿，又不富甲天下，甚至连一个起码的学历也没有，到他1778年逝世的时候，他的身份还是一个“逃犯”，颠沛流离，困厄一生，而他自述其一生行事的《忏悔录》之所以能流传至今二百余年，依然为人诵读，究其原因，实无他秘，乃得力于书中一字一句皆出自真诚。他在一篇原拟用来作为其自传序言的短文中说：他要对他一生的“言行做一番忏悔”，他要不遗余力地表明他的心是真诚的。他说：“如果在我的著作中看不出我的真诚，在书中没有什么话可以证明它，那就表明我书中的话不是出自真心。”[①]言为心声，读其书，如见其人。卢氏之书之能扣人心弦，虽文字畅晓为其一因，但更多的是由于他的语言真实；只有真实的语言才能引起读者内心的共鸣。人们常说卢梭是一个有才情的作家，若问他的才情从何而来，是天生的吗？不是。他说他的全部才华都来自他对他“要写作的文章的热情”；他“永远是为了心中有思想要抒发才写作”。[②] 他说他的《忏悔录》是一部“有益世人的著

---

① 卢梭：《我的画像》。（卢梭：《一个孤独的散步者的梦》，商务印书馆2008年版，第175页）

② 见本书第644页。

作”。[①] 为有益世人而作的书，是好书。好书如良师，如益友。迻译此书，奉献于读者，是一件很有意义的工作，故余虽年逾八旬，亦愿为完成这一工作而努力。

李平沤

戊子仲秋 2008 年 10 月

于北京惠新里

① 见本书第 1 页。

译者前言

我本人没有什么社会地位，但我了解所有一切有社会地位的人。除了没坐过国王的宝座以外，我在最底层社会和最高层社会都待过。[①]

卢梭

① 卢梭:《〈忏悔录〉草稿》。(卢梭:《一个孤独的散步者的梦》,商务印书馆 2008 年版,第 211 页)

让-雅克·卢梭1712年诞生于日内瓦，1778年逝世于法国的埃默农维尔。1778年7月4日夜11时，当他在埃默农维尔湖中的白杨岛上入土时，为他送葬的，只二三友人和住在附近的一群农民。晚风习习，农民手中的火把时明时灭，景况十分凄凉。

1789年爆发了法国大革命，推翻了君主专制的封建王朝，建立了法兰西共和国。法国国民公会通过决议：重置棺木，将卢梭的遗骸移葬首都巴黎。

1794年10月11日，巴黎万人空巷，人们纷纷涌向街头，跟随全体政要和各界代表，将卢梭的灵柩护送到"供奉不朽的人的殿堂"邦德翁，在他的灵柩前默哀致敬。

这位钟表匠的儿子，生前困顿，死后备极哀荣。他的一生，充满了令人悲伤的故事，也充满了令人赞美的传奇。他的《忏悔录》就是为记述他的一生经历而作。

在法国18世纪的启蒙运动中，涌现了许多杰出的思想先驱。让-雅克·卢梭就是其中之一。他观察人类社会，他著书立说，揭示人类社会弊病的产生，提出根治疾病的良方，指出了社会向前发展的方向。

他在他的《论科学与艺术》中指出：科学与艺术的发展，虽改善了人们的生活，但败坏了社会的善良风俗，使人养成了骄奢淫逸的习气。表面上是在进步，实际上是在腐败和堕落，一步步走向万劫不复的深渊。

产生这种现象的根源在哪里呢？

他的《论人与人之间不平等的起因和基础》要回答的，就是这个问题。他在这本书中“如实展现了人原本的天性，充分揭露了使人的天性大变其样的时代和事物演变的过程……使人们看到了在所谓人的完善化的过程中所遭受的苦难的真正原因”。[①] 他在1751年9月《答斯坦尼斯拉斯·勒辛斯基的驳难》中指出：社会祸患产生的根源“首先起因于人与人之间的不平等”。许多不公正的事情就是由此而产生的。

如何医治社会的弊病呢？

卢梭认为应当从教育入手。他对身患沉疴的人类社会虽然持悲观态度，但他对人是乐观的：社会败坏了，但人是善良的；通过教育，可以使人获得新生。从这个基本观点出发，他撰写了《爱弥儿》。这本书哺育了近代和现代教育学，瑞士的裴斯泰洛奇（1746—1827）、德国的福禄贝尔（1782—1852）和意大利的蒙台梭利（1870—1952）都从这本书中汲取营养，丰富了他们在青少年教育方面的实践和创新。法国19世纪的夏多布里昂说：“这本书（《爱弥儿》。——引者）在现代的欧洲引发了一场彻底的革命。这本书的出版，是欧洲各国民族史上的一件划时代的大事。自从这本书出版以来，法国的教育完全变了样。谁改变了教育，谁就改变了人。”[②]

教育改变了人，使人获得了新生，但这并不等于人就获得了幸福和自由。要使人们获得真正的幸福和自由，还必须对人生活在其中的社会进行彻底的改造。他的《社会契约论》就是为彻底改造不合理的社会制度而作的。这本书唤醒了在君权神授说中沉睡了

① 本书第486页。

② 夏多布里昂：《革命论》，第二部分，第26章。（《法国散文精选》，李平沤选编，北岳文艺出版社1999年版，第233页）

千百年的人民；它告诉人们："主权在民"是昭如日月的真理，只有人民才是国家真正的主人。这本书对1789年的法国大革命及19世纪风起云涌的各国民主革命和民族解放运动提供了思想武器。

卢梭为人类的福祉而写作。他因著书立说出了名，但不幸的是，他也因著书立说招了祸。1762年5月，他的《爱弥儿》一出版，立即遭到查禁，受到官方、教会和索尔邦神学院的围攻，书被焚毁，巴黎高等法院下达逮捕令，缉拿这个"试图颠覆社会秩序"的日内瓦人。卢梭一得到友人透露的消息，便连夜出逃，从此开始了他长达八年的流亡生活。

在居无定所、到处被人驱赶的流亡生活中，他回顾他的过去，开始写他的《忏悔录》。

《忏悔录》分两部分，上册和下册。上册（第1卷至第6卷）从他的诞生叙述到1742年他带着他的音乐"数字记谱法"从夏梅特到巴黎；下册（第7卷至第12卷）追忆的是他登上文坛之后的不幸遭遇和被逐出圣彼埃尔岛之后不得不流亡英国的经过。

读者不难发现，上、下两册的笔调有明显的不同。上册行云流水，娓娓道来，好像是在讲故事，他说：

> 上册是在伍顿和特里堡写的，当时的心情怡然自得，非常愉快。我所回忆的往事，件件都给我带来新的欢乐。我愈回忆它们，便愈感到新的乐趣。我可以无拘无束地谋篇布局、斟酌词句，直到把文字写得满意为止。[1]

① 见本书第350页。

而写下册的时候，他的心情非常忧伤，书中记述的，“全是灾祸和一些人的背信弃义的行为，全是令人痛心的往事。”他说：“我本想把我要讲的事情全都埋葬在沉沉的黑夜里，然而有些事情又不由我不说。”①因此他行文处处都流露出抑郁之气。不过，在痛苦的回忆中，也不乏感人的故事，例如一谈到卢森堡元帅，文中便充满了诚挚和朴实的友谊；他对圣皮埃尔岛的风光的描写，笔法明快，读之使人感到如同身临其境。

不过，《忏悔录》写作的重点，据卢梭自己说，事实和景物的记述固然力求详尽，但更侧重的是他内心活动的描写。他说，他写这部《忏悔录》的目的，是使人们准确了解他“这一生在种种不同的境遇中的内心感情”。② 他在全书开篇的篇首题词“披肝沥胆”四字的含义，就在于此。

他把他的“本来面目真真实实地展示在他的同胞面前。”③既不护短，也不美化自己。他勇于自揭丑行，他对他诬陷女佣玛丽蓉一事便痛悔了一生，到他晚年写《一个孤独的散步者的梦》时还追述了他少年时候所说的那句“坏良心的谎话”。明明自己是贼，偷了主人家的一条丝带，却谎称是那个小姑娘偷来送给他的。他说他每一想起此事，便心乱如麻，彻夜难眠，“似梦非梦地看见那个可怜的姑娘来谴责”他的罪行。④

卢梭诞生在信奉喀尔文教义的日内瓦，童年时候喜欢读普鲁

① 见本书第 351 页。
② 同上，第 349 页。
③ 同上，第 2 页。
④ 同上，第 107 页。

塔克的书。他高自期许，想做一个古希腊人和古罗马人。然而，这个敢模仿古罗马英雄行为的少年“勇士”，在年满十八岁那年却经不起考验，暴露出自己是一个临事胆怯的懦夫。1730 年 4 月，他受华伦夫人之托，护送音乐家勒·梅特到里昂。勒·梅特是一个癫痫病患者，华伦夫人嘱咐卢梭：勒·梅特需要他陪伴多久，就陪伴多久。然而，

> 到里昂之后的第三天，当我们在离我们下榻的旅店不远的一条小街经过时，勒·梅特先生又犯病了，而且病得很厉害，使我害怕极了。我赶快大声喊叫，求人来帮助；我说出我们住的旅店的名称，求大家把他抬回旅店去。然而，正当人们赶来救一个倒在街上、失去知觉并口吐白沫的病人时，他唯一的朋友和依靠的人却抛弃了他，趁大家没有注意我的时候，我赶紧走出小街，溜之大吉。

写到这里，他长长舒了一口气，他说：“感谢上苍，我终于把我第三件难以说出口的丑事坦坦白白地全盘说出来了。”①

他好幻想，有活跃的想象力，有时候甚至想入非非。1731 年他跟随一个冒牌“主教”以重修耶稣圣墓为名，到处骗取捐款。到了索勒尔，被法国驻索勒尔大使识破了真相。大使念他年幼，不但没有追究他帮那个“主教”招摇撞骗的恶行，还给了他一笔路费，资助他到巴黎，使馆官员还给他写了介绍信，介绍他到巴黎去找一位

① 见本书第 164 页。关于卢梭三件“难以说出口的丑事”，请参见该页脚注①。

上校，帮他安排一个工作，挣碗饭吃。这一下，他高兴得忘乎所以，以为一到军中就会当一个军官，将来还要当元帅。他美妙的幻想一个接一个地出现在脑际。他描写他去巴黎途中的兴奋心情，跃然纸上。他说：

> 我晃晃荡荡，一路步行。……我美妙的幻想一直伴随着我。我奔放的想象力还从来没有像现在这样漫无边际地异想天开过。如果有人请我坐他的马车，如果有人在路上与我攀谈，我是一定会生气的，因为他打破了我在步行途中在脑子里构建的空中楼阁。这一次，我幻想的是军旅生涯，我去投奔的是一位军人，我一去就会当一名士官。……我的近视眼虽然是一个不利的条件，……但我记得有一本书上曾经说过朔姆贝格元帅的眼睛非常近视：他眼睛近视能当元帅，我卢梭的眼睛近视，为什么就不能当元帅呢？我胡思乱想，越想越兴奋、越离奇，仿佛看到了前方到处是士兵、城堡、战壕和炮队，我在炮声和硝烟中，手持望远镜，镇定自若地发布命令。然而，当我走过碧绿的田野，看见丛林和小溪的时候，这动人的景色便不禁使我发出几声忧伤的叹息。我感到，尽管我获得了赫赫战功，但我的心是不喜欢这喧嚣的场面的。转瞬之间，连我自己也不知道我怎么又感到我身处可爱的牧场，从此不再去想望什么靠军功飞黄腾达了。[①]

---

① 见本书第 201—202 页。

青少年时候的卢梭做了许多荒唐事。他一句英语也不会说，竟公然向几位在旅途中结识的女士胡吹自己是什么“英国激进民主主义者”，名叫达丁先生[①]。他只跟音乐家勒·梅特学了几天音乐，连乐谱都不怎么看得懂，而流浪到洛桑的时候，为了解决吃饭问题，竟决定“在洛桑闯荡一番，以教音乐谋生”。而且还敢为一个名叫特雷托朗的教授家举办的音乐会特地作一首曲子，亲自当指挥，结果大出其丑。[②] 不过，他后来也真的成了一个名副其实的音乐家，会作词也会作曲。因此，他在《忏悔录》中追忆那次在特雷托朗教授家失败的故事时，深有感触地说：“可怜的让-雅克呀，……你哪能料到将来有一天在法国国王和宫中的贵妇们面前，你作的音乐将赢得大家的啧啧称羡和阵阵掌声。”[③]

行事荒唐可笑的少年卢梭，成年之后是怎样的一个人呢？成年之后的卢梭是一个自学成材的典型。他少年时候没有上过学，连一天的学校教育都没有受过，直到他将近三十岁的时候，才开始发愤读书。他在《忏悔录》中叙述了他的学习兴趣的产生和治学的方法。他说他是“怀着一种不可抗拒的毅力一步一步地走上做学问的道路的”。[④] 1738 年他写了一首长诗，题名《华伦男爵夫人的果园》。他在诗中谈到了他的学习心得，列举他深入钻研过的政治学家、哲学家、文学家、物理学家和数学家，不下四十人之多。他书读得多，但他并不“食古不化”；他能融会贯通，再加上自己独到的

① 见本书第 317 页。

② 同上，第 189—190 页。

③ 同上，第 189—190 页。

④ 同上，第 295 页。

见解，所以写出了《社会契约论》等影响深远的作品。

1750年，他以《论科学与艺术》这篇论文一举成名，登上了文坛。成名之后的卢梭决定今后一生都要过他论文中所描述的那种合乎自然的简朴的生活。他对他的生活方式进行了“改革”，首先从衣着和服饰改革做起：他不穿细布衣服，不穿白色长袜，不戴金银饰品，尤其决定从此不追逐名利。他是否做到了这一点呢？他做到了。1752年10月18日，他的芭蕾舞剧《乡村巫师》在法国国王的离宫枫丹白露演出，大获成功。当天晚上，宫中官员通知他：一位亲王奉国王之命，第二天要领他去觐见国王，国王要亲自宣布赐给他一份年金。那天夜里，他反复思考，最后决定按照他自己给自己规定的行为准则行事：独立不羁，我行我志。他没有去觐见国王，没有接受国王赐予的年金。他说：

> 一领了年金，我就不敢说真话，就失去了言行的自由，就不能勇敢行事了，我往后还能独立自主和远离名利吗？一接受了年金，我往后就得阿谀奉迎，或者闭着嘴巴，什么话也别说。①

第二天天刚亮，他就离开了枫丹白露。

他离开枫丹白露的消息一传开，便引起了人们的纷纷议论。大多数人说他此举是前所未闻：国王接见，这是多么光荣，多少人求之不得，而这个平民竟公然拒绝，放弃可以说是已经到手的年

① 见本书第475页。

金，这难道不是傻透顶了吗？只有少数人说他把受国王的接见看作是一种虚荣，年金是一条束缚人的锁链。他对这两者都表示拒绝，可见他立身高洁，是一位真正的贤哲。

过了几天，他见到了狄德罗。狄德罗认为：不去见国王，这不算罪过，但不应该不要年金，建议他趁宫中尚未向外宣布他放弃年金，赶快向办理此事的官员表示接受。卢梭没有采纳狄德罗的建议。两人还为此事发生了争执。卢梭对狄德罗热衷年金一事感到惊讶，他说他“没有料到一个哲学家竟对这个问题谈得如此起劲儿”。[1]

卢梭把这件事情写进《忏悔录》，看来，是在向人们提出挑战，看谁面对如此诱人的名利双收的机会，能像他那样淡然处之，看谁在上帝面前敢说“我比这个人好”。[2]

① 见本书第476页。

② 同上，第3页。

目　　录

上　　册

小　　引①

这是当今世界上唯一一幅严格按照一个人的本来面目如实描绘的画像;这样的画像,过去未曾有过,很可能将来也不会再有。不论你是谁,既然我的命运和我的信任使你成为这本书的命运的裁决者,我就凭我遭受的苦难,并仰仗你的仁心,以全人类的名义,恳求你不要封杀这本独一无二的和有益世人的著作,因为它可以用来作对人的研究(这个工作现在肯定尚无人从事)的第一部参考材料;我还恳求你不要篡改这部唯一能在我的身后证明我永远不会被我的敌人败坏的高洁人品的记录。最后,即使你是一个与我不共戴天的敌人,我也恳求你不要把你对我的仇恨施加于我的遗骸,不要把你残酷的不公正行为一直坚持到你我都不在人世的时候还不罢休。你这样做,至少在你一生中有一次当你能够加害于我,对我进行报复的时候,表现得心胸宽阔和为人善良,如果说对一个从未做过坏事而且也不想做坏事的人施加恶行也可称为报复的话。

---

① “小引”二字为译者所加。(本书的脚注有两种,分别用不同的符号标示:一、译者所加的注释用①、②……二、作者原注用 *)——译者

第　一　卷

(1712—1728)

披肝沥胆①

我正在从事一项前无先例而且今后也不会有人仿效的事业。我要把一个人的本来面目真真实实地展示在我的同胞面前；我要展示的这个人，就是我。

只有我才能这样做。我深知我的内心，我也了解别人。我生来就不像我所见过的任何一个人；我敢断言，我与世上的任何一个人都迥然不同；虽说我不比别人好，但至少我与他们完全两样。大自然塑造了我，然后把它用来塑造我的模子打碎。它这样做，是对还是不对，这要等到人们把我这本书看完以后，才能做出判断。

不管最后审判的号角何时吹响，我都可以手捧这本书，走到最高审判者的面前，用响亮的声音对他说："我在世上曾经做过些什么事，曾经思考过些什么问题，曾经怎样做人，全都记录在此。不论好事或坏事，我都同样坦率地陈述；既不隐瞒坏事，也不添加善行。虽说我偶尔也在个别地方信笔写了一些无关紧要的用作陪衬的词句，那也完全是为了填补由于我的记忆力不好而出现的空白。

① 引自拉丁诗人佩尔西乌斯(公元 34—62)的《讽喻诗》第 3 首第 30 行。——译者

我很可能把我以为是真的事情说成是真的，但我绝对不会把我明知是假的事情说成是真的。我是怎样一个人，我就把我描写成怎样一个人。如果我当初行事卑劣，我就自我揭露我卑劣的行径；如果我行端品正，为人正直和道德高尚，我就坦诚记述我端方的人品和高尚的节操。我已经敞开了我的心扉，让你亲眼看它是什么样子。永恒的上帝啊，请你把我的千千万万个同胞都召集到我跟前来听我的忏悔；让他们为我的卑劣行径叹息，让他们为我的怯懦无能而感到羞愧；让他们每一个人都在你的宝座前像我这样真诚地揭示他们的内心，然后由你指定其中的任何一个人来告诉你，看他敢不敢说：'我比这个人好。'"

我 1712 年生于日内瓦，我的父亲是伊萨克·卢梭男公民，母亲是苏珊娜·贝尔纳女公民。我祖父留下的产业本来就很微薄，分给十五个孩子，分到我父亲名下的那一份，几乎就等于零了，因此他全靠开一家钟表店谋生。他的技术在钟表这一行里的确是一个有名的高手。我的母亲是贝尔纳牧师的女儿[①]；她家的家境比较富裕；她既聪明，又长得很漂亮，我的父亲之得以和她成亲，是费了很大一番苦心的。他们的爱情几乎是从他们的幼年就开始了：到八九岁的时候，他们每天傍晚都一起到特耶林荫道去散步，到十岁时，他们俩简直就形影不离了。两人情投意合的爱，日益巩固了他们耳鬓厮磨、朝夕相处的感情。这两个生来就秉性温柔和重感情的人都在等待时机在对方的心中找到同样的企盼，或者说得更确切一点，这个时机也在等待他们，看他们两人当中谁第一个开口

① 这里，卢梭的记忆有误。他的母亲苏珊娜·贝尔纳不是贝尔纳牧师的女儿，而是他的侄女。苏珊娜的父亲是雅克·贝尔纳；让-雅克没有见过他的外公；他的外公死于 1682 年，享年三十三岁。——译者

向对方求婚。尽管命运好像是时时阻碍他们感情的发展，但事实上反而使他们更加亲密。这个多情的年轻人由于没有得到他心爱的意中人而愁思百结，陷入了痛苦的境地。她建议他出外远游，把她忘记；他到外地去旅行了一段时间，但没有收到预期的效果，回来之后反而比从前更加热恋他的情人。他发现他所喜爱的人还是那样的温情和忠心。经过这次短暂的离别之苦以后，他们决心从此永不分离，海誓山盟，相伴一生，而上天也赞许了他们的誓约。

我的舅舅嘉布里埃尔·贝尔纳爱上了我父亲的一个妹妹，但她提出了一个条件，即，只有让她的哥哥娶我舅舅的妹妹为妻，她才答应嫁给我的舅舅。果然，有情人终成眷属，两桩喜事同一天举办；这样，我的舅舅就成了我的姑父，他们的孩子与我也就成了姑表兄弟。一年以后，两家都生了一个孩子；随后两家各自搬迁，往来就不多了。

我的贝尔纳舅舅是一位工程师，曾在帝国的军队中效力，后来到匈牙利，在欧仁亲王府中任职，在贝尔格莱德围城战中屡立战功，表现十分出色。我的父亲，在我唯一的一个哥哥出生之后，便应聘到君士坦丁堡当一名宫廷钟表师。在他离家期间，我母亲美丽的容貌和能干的才情*招引了许多男人对她大献殷勤，其中尤

---

* 她多才多艺，不愧为书香门第。她的父亲是牧师，特别疼爱她，花了许多心血培养她。她会画画，会唱歌，会边唱边弹琴给自己伴奏；她读了不少的书，诗也写得不错。有一次，当她的哥哥和她的丈夫不在日内瓦的时候，她和她的嫂子带着她们的两个孩子上街散步，有人问她为什么不同男人在一起，她当即随口咏出以下五句诗来回答：

> 对那两位不在我们身边的先生，
> 我们有多种方式爱他们：
> 既把他们当朋友，又把他们当恋人；
> 他们是我们的丈夫，也是我们的兄长，
> 又是这两个孩子的父亲。

以法国驻日内瓦专员德·拉·克洛苏尔先生表现得最为积极。他对我母亲的倾慕的确是很真诚的；事隔三十年之后，他对我谈起我母亲的时候还十分动情。我母亲守身如玉，使那些对她心存妄念的人没有半点可乘之机。她深深爱着她的丈夫，她催促他赶快回家。于是，他马上丢下一切，收拾行囊，回到了日内瓦。我就是他回家之后结下的不幸的果实：十个月后，我呱呱坠地；我从娘胎一生下来就体弱多病。我的出生要了我母亲的命[①]；我的出生，是我的许许多多不幸之中的第一个不幸。

我不知道我的父亲当时是怎样承受这丧偶之痛的，但我知道他一直在心中怀念他的亡妻。尽管他觉得他看见我就如同看见了她，但他始终不会忘记是我使他失去了他的爱人。当他拥抱我的时候，我就在他的叹息声中，在他的紧紧拥抱中，感到他对我的抚爱里夹杂着一种痛苦的遗恨；此景此情使我感到他对我的爱倍加亲切。当他对我说"让-雅克，让我们回忆一下你的母亲"时，我就回答说："唉！爸爸，我们又要痛哭一场了。"单单这句话，就立刻使他泪流满面。他哽咽着说："把你的母亲还给我；你把她还给我，才能安慰我，现在，只有你能填补她在我心中留下的空白了。如果你不是你母亲给我生的孩子，我能这么爱你吗？"在失去我母亲四十年之后，虽然他死在他的第二个妻子的怀抱里，但他口中呼唤的，还是他的第一个妻子的名字；留在他心中的，依然是他的第一个妻子的音容。

① 伊萨克·卢梭于1711年9月回到日内瓦，让-雅克于1712年6月28日诞生，他的母亲于7月4日逝世，年仅三十九岁。——译者

我的生身父母就是这样两个多情的人。在上天赐予他们的诸多礼物中，他们留传给我的，只有这颗多情的心；这颗多情的心，使他们获得了幸福，但却使我一生备受种种苦难。

我出生的时候几乎是个死孩子，大家认为我能够活下来的希望甚微。我身上还带有一种天生的病根，随着年岁的增长，我的病愈来愈严重；现在，尽管有时候稍微减轻，但那也只是为了用另外一种方式使我更难受而已。我父亲的妹妹不但脾气好，而且人也很聪明；她对我是那么细心地照料，以致使我终于活了下来。我写这段话的时候，她还健在，虽已年过八十的高龄，但还照料着一个比她年轻但因饮酒过度而损害了身体的丈夫。亲爱的姑母，我不怨你救活了我的命，但我感到伤心的是，在你垂暮之年，我不能够报答你，不能像你细心照料我那样细心侍候你。还有那位为我接生的产婆雅克琳娜，现在还活着，精神健旺，身体十分硬朗，看来，她那双在我出生的时候揭开我的眼睛的手，还将在我死的时候给我合上眼睛①。

我先有感觉，然后有思想；这是人类共同的命运。这一点，我比别人体会得更深。我不知道我五六岁以前做了些什么，也不知道我是怎样学会阅读的；我只记得我当初读了些什么书，记得它们对我产生的影响：我就是从这个时候起连续不断地、有意识地培养我喜欢读书的兴趣的。我母亲留下了一些小说，我和我的父亲吃罢晚饭就开始阅读。开始只不过是用这些有趣的故事书来练习阅

① 卢梭的这句预言差一点儿实现：产婆雅克琳娜·法拉芒病逝于1777年8月8日，比卢梭早死不到一年（卢梭逝世于1778年7月2日）。——译者

读，但不久以后，我们读书的兴趣竟变得如此浓厚，以致我们两人通宵达旦、轮流不停地读，一本书不读完，就绝不罢休。有时候我的父亲听见早晨的燕子叫了，才不好意思地说："好了，我们睡觉去吧，我简直比你更像一个爱听故事的孩子了。"

没有花多长时间，我用这种拼命读书的方法不仅获得了很好的阅读能力和理解能力，而且还获得了在我的同龄人中只有我才有的对奔放的感情的深切体会。我对事物本身虽没有任何概念，但我对一切有关感情的事情已开始有所觉察。尽管我对任何事物的理解都不甚透彻，但我对它们全都有所感受。我一次又一次地经历的这些混乱的情感冲击，虽没有败坏我的理智（因为那时我还没有理智），但却使我形成了另外一种气质，使我对人生产生了如此之多的稀奇古怪的想法，以致后来凭我的涉世阅历和潜心思考都没有完全纠正过来。

到 1719 年夏末，我们把家中所有的小说都读完了。冬天来临后，我们就开始读另外一类书籍。把母亲的藏书读完以后，我们就拿外祖父留给她的书来读。真幸运，外祖父留下的好书真不少；这是可以想象得到的，因为书橱里的书是一位牧师收藏的。这位牧师真可以说得上是一位学者，因为，虽说收藏图书在当时已形成挺时髦的风气，但要使收藏的书都是好书，那就只有有才学和鉴别能力的人才能做到。在我外祖父收藏的书中，有勒絮尔的《教会和帝国史》、博絮埃的《世界史讲义》、普鲁塔克的《名人传》、纳尼的《威尼斯史》、奥维德的《变形记》、拉布吕耶尔的著作、封特奈尔的《关于宇宙多元性的谈话》和《死人的对话》，此外，还有几本莫里哀的剧作。我们把这些书全都搬到我父亲的工作室里。每天在他工作的时候，我就读这些书给他听。在我这样年纪的孩子中，也许只有我一个人养成了这么罕见的浓厚的读书兴趣。尤其是普鲁塔克的书，我最喜欢读：我一遍又一遍地读得那么入迷，以致使我爱读小说的兴趣减少了许多。从此以后，我心中喜爱的人物，是阿热西拉斯、布鲁图斯和阿里斯提德[①]，而不再是阿隆达特、阿塔梅纳和朱巴[②]。从这些有趣的阅读中，以及因此而在我和我的父亲之间引起的讨论中，我养成了热爱自由和共和制度的精神，养成了不愿受任何奴役与束缚的倔强高傲的性格。在我这一生中，每当我不能按这种性格行事的时候，我便感到苦恼万分。我心中时时向往着罗马和雅典，可以说我已经和它们的伟人生活在一起了。我生为一个共和国的公民，我父亲又是一个以爱祖国为最高尚情操的人；作为他的儿子，我下定决心要以他为榜样，热爱我的祖国。我认为我就是希腊人或罗马人；我已经变成了我所阅读的书中的人物，他们坚忍不拔和大无畏的精神深深感动着我，每当我读到对他们的事迹的精彩描写时，我便两眼炯炯有神地高声朗读起来。有一天吃晚饭时，我谈起了西伏拉的壮烈事迹；为了表演他的英姿，我竟把手伸在一个火盆上，当时可把大家都吓坏了。

我有一个比我年长七岁的哥哥，他学的也是我父亲的这门手艺。由于大家对我特别疼爱，因此对他就有点儿漠不关心。这种厚此薄彼的做法，我并不赞成。这种做法，也影响了对他的教育，

---

① 阿热西拉斯、布鲁图斯和阿里斯提德：普鲁塔克《名人传》中古希腊和古罗马的英雄人物。——译者

② 阿隆达特、阿塔梅纳和朱巴：17 世纪和 18 世纪三部畅销小说中的主人公。——译者

因此他一贯自由散漫,年纪不大便成了一个浪荡孩子。我父亲把他送到另外一个师傅家去当学徒;他在那位师傅家里也像在自己家里一样,成天懒懒散散,不专心学手艺,我几乎见不到他的面,因此很难说对他有什么了解。不过,我确实是很爱他的,而他也像一个孩子喜欢某种东西那样喜欢我。我记得,有一次我父亲大发雷霆,要狠狠地用鞭子打他,我赶紧奋不顾身地冲到他们中间紧紧地搂着我哥哥,用我的身体掩护他,让父亲的鞭子打在我身上。我这样一动不动地坚持下去,不知道是由于我的哭声和眼泪起了作用,还是由于我父亲不愿像打我哥哥那样打我,我的父亲终于饶了他。后来,他愈来愈堕落,终于离家出走,远遁他乡。过了一段时间,听说他到了德国;他给家里连一封信也没有写过,从此杳无音讯,再也没有得到过他的消息。他走之后,我就成了家中唯一的一个儿子。

如果说这个可怜的孩子在家中没有得到什么温暖的话,他的弟弟的情况就大不一样了:可以说,任何一个国王的孩子也没有受到过我幼年时候受到的那种百般疼爱。我成了我周围的人的心肝宝贝。不过,他们固然是爱我,但从不娇惯我,这一点,在一般的家庭中是很少见的。在我后来离开我父亲家以前,大人们从来不让我单独一个人跑到街上去和其他的孩子一起玩,从来没有强迫过我做这做那,更没有听任我按照我那些稀奇古怪的脾气行事;人们往往把孩子们的坏脾气归咎于天性,其实那完全是由于教育的结果。我也有我这样年纪的缺点:我爱说话,嘴馋,有时候还撒谎。我也偷吃过水果、糕点和杂七杂八的食品,但我从来不故意捣乱、不破坏东西、不给别人添麻烦,更不虐待可怜的小动物。不过,我记得有一次趁一个名叫克洛的邻居老太太到教堂去听经书的时候，在她家厨房的锅里撒过一泡尿。说真的，我现在回想起这件事情，还觉得好笑，因为，尽管克洛太太是个好人，但她是我一生中所见过的最爱碎嘴唠叨的老太婆。以上就是我童年时候做过的恶作剧的简短而真实的陈述。

既然我耳濡目染的都是好榜样，我周围的人全是好人，我怎么会变坏了呢？我的父亲，我的姑母，我的乳娘，我的亲友和邻居，总之，我周围的人，虽对我并非百依百顺，但他们都爱我，而我也很爱他们。我心中受外界刺激的时候是如此之少，也很少有什么使我感到不愉快的事情，因此我头脑里从来没有产生过什么异想天开的想法，我可以断言，在直到有一位师傅把我当奴隶使唤以前，我根本就不知道"胡思乱想"这个词儿。除了在我父亲身边读书或写字以及我的乳娘带我去散步以外，我成天都和我的姑母在一起，看她做针线活儿，听她唱歌；只要坐在或站在她身边，我就感到非常快乐。她活泼的性格、温柔的举止和美丽的面容，给我留下了如此之深的印象，以致到现在仿佛我还能看见她的身影。她的神情和风姿以及她对我说的那些小小的夸奖我的话，我现在还全记得；我甚至还能描述她当初穿的什么衣服，梳的什么发型，以及按当时流行的样式把她黑黑的头发在两鬓扎的两个发髻的样子。

我认为，我是受了她的影响才对音乐产生兴趣的，或者说得更确切一点，才如此着迷的，尽管这份精研音律之美的心，是很久以后才在我身上发展起来的。她会唱许许多多小曲和歌谣，而且唱起来声音十分轻柔和美妙。这位善良的姑娘的心灵的宁静，把她自己和她身边所有的人的惆怅与忧愁全都驱散得一干二净。她唱的歌，在我听起来是如此之美，以致不仅有几首我现在还记得，而且，即使随着我年纪的衰迈、记忆力日渐减弱的今天，我也能把我儿童时候就已经忘记的歌曲回想起来，使我感到难以用言语表达的乐趣。有谁相信：像我这么一个饱受忧虑和苦难折磨的老人有时候用沙哑颤抖的破嗓子唱起这些歌儿来竟动情得眼泪汪汪，活像一个牙牙学语的孩子。有一首小曲，它的调子虽然我还完全记得，但它的后半段歌词，我现在怎么努力也想不起来了，尽管它的音韵还隐隐约约盘旋在我的脑际。现在让我把这首小曲的开头部分和我能够想得起来的残缺不全的后半段歌词记录如下：

迪西呀，我不敢
再到小榆树下来
听你吹芦笛，
因为流言蜚语
已传遍了我们全村。
……
……交给
……牧童，
……危险。[①]

① 这三处残缺不全的歌词，据 1839 年佩迪坦版《忏悔录》补录如下：
把心全交给
一个牧童，
那太危险。
——译者

玫瑰花下边就是扎手的刺。

我一直在琢磨我的心为什么如此喜欢这首歌，它感人的魅力在哪里？这个谜，我直到现在还不明白，而且，每一次唱起来，不唱到泪流满面，是绝不停止的。我曾无数次打算写信到巴黎，看有没有人知道这首歌，以便补齐残缺的歌词。然而，要是我真的发现除了我可爱的苏逊姑母以外，还有别人能唱这首歌的话，我敢肯定，我一心要回忆这首歌的乐趣便会大半消失，不会这么强烈了。

以上是我来到世上以后心中最初产生的一些情感。我这颗既骄傲又温柔的心就是这样形成和表现的。我既怯懦又十分倔强的性格，时而胆小，时而勇敢；时而优柔，时而坚强，因此最后使我自己和自己发生矛盾：行事既缺乏克制，又不敢恣意行乐；既得不到欢快，又不日益聪明。

我受的这种教育，被一次偶然的事件打断了，其结果，影响了我后来的一生。我的父亲和一个名叫戈迪耶的先生发生了争执；此人曾任法国陆军上尉，并和议会[①]里的人有密切的联系。这位戈迪耶是一个蛮不讲理但又十分胆怯的人。他的鼻子被打出了血，却告状说是我父亲在城里用剑刺伤了他。法院要把我的父亲抓入监狱，但他坚决要求按照当时的法律把原告也同时抓来和他一起坐牢。他的要求没有获准，他只好离开日内瓦，宁愿一生流落

① 这里的“议会”指日内瓦共和国小议会。在18世纪，日内瓦是一个独立的共和国，国家的立法和行政工作，由全体公民组成的大议会和由二百人会议推选出来的二十五个成员组成的小议会掌管；实际的权力，掌握在小议会的二十五个成员手中，卢梭称他们为二十五个暴君。——译者

异乡,也不愿意在一件他认为有伤荣誉和自由的事情上让步。

父亲走后,我的贝尔纳舅舅就成了我的监护人,他当时在日内瓦城防司令部任职。他的大女儿早已过世,还有一个和我同岁的儿子,舅舅把我们送到波塞村,寄住在朗伯西埃牧师家;跟牧师除学拉丁文以外,还学一些当时的人们美其名曰"教育"的杂七杂八的课文。

在乡村度过的那两年,稍稍减弱了我学罗马人的那种规行矩步、不苟言笑的作风,使我又重新恢复了童年的天真。在日内瓦,尽管谁也不强迫我,但我自己专心学习,爱读书:读书几乎成了我唯一的消遣,而在波塞,功课之余,我喜欢玩游戏,以缓解做功课的疲劳。在我看来,农村的景象是那么的新奇,以致我从来没有对它有过半点看够了的感觉,我对农村生活的喜爱之心是如此的强烈,以致到今天也没有消失。我对我在农村度过的快乐时光的回忆,使我此后无论到了多大年纪,我都会对我在那里的生活乐趣依然怀念不已,依然想再回到乡下去。朗伯西埃先生是一个很通情达理的人,对我们的教育虽抓得很紧,但从来不强迫我们做太多的作业。尽管我不喜欢老师的约束,但我每次回忆当初学习的情景时,从来没有什么不愉快的感觉;我从他那里固然没有学到多少知识,但他讲课的方法很好,我没有费多大力气就学会了他所教的东西,而且直到今天也没有忘记。这两点,足以证明他的教学方法是很有成效的。

淳朴的乡村生活使我得到了一种不可估量的收获:我的心发现了人与人之间的友谊。在此以前,我对人的感情虽然是很高雅的,但却是虚假的。长时间共同生活在一个宁静的环境中,朝夕相处，使我和我的贝尔纳表哥变得十分亲密。在很短的时间里，我就对他产生了一种比对我的亲哥哥还亲热的情谊，而且这种情谊至今也没有消失。他的个子很高，但骨瘦如柴；他性情温和，身体很弱；他从来没有滥用过人们因他是我的监护人的儿子而给予他的偏爱；我们两人的功课，我们玩的游戏，我们喜欢吃的食物，完全是一样的。我们都是家中的独子，我们的年龄一般大，我们每个人都需要一个伙伴。不论在何种情况下，只要把我们两人一分开，我们就会觉得像掉了魂似的。尽管我们很少有机会表现彼此之间深厚的情谊，但这种深厚的情谊已经使我们不仅片刻不可分离，而且也从来没有想过我们有分离的时候。我们两人的性格都易于被别人的好言好语所打动；只要别人不强迫我们，我们对人总是十分殷勤的。无论在什么事情上，我们的意见都始终是一致的。虽然是由于管教我们的人对他有所偏爱，因而使人们看起来他比我高出一筹，但在我们单独在一起的时候，我就比他略胜一筹了。这样一比较，我们的心里就感到平衡了。在上课的时候，只要他结结巴巴背不出课文，我就悄悄提示他；我把我的作业做完以后，我就去帮他做他的作业。在做游戏的时候，我的头脑灵活，经常对他进行指导。总之，我们两人的性格是如此之投合，把我们联系在一起的友情是如此之真诚，以致在与他相处的五年多时间里，我们彼此几乎是一时一刻也没有分离，无论是在波塞还是在日内瓦，我们虽然经常打架，但从来不需要别人来劝解；我们有时候也吵嘴，但没有一次超过一刻钟。至于向大人告状或说对方不是的事情，我们两人一次也没有干过。尽管在有些人看来，我在这里叙述的都是些小孩子的事情，但它也许是自从世界上有了儿童以来唯一的例子。

我在波塞的生活方式，是那么的适合我的天性，只要我在那里再住一段时间，肯定能使我的性格从此定型：对人亲切，处事平和，注重感情。我敢断言，没有任何一个人是像我这样天生就不喜欢虚荣的。我爱做好事。不过，在做好事的时候，我的劲头来得快，但也消失得快，过一会儿就泄了气。我最希望的是，得到我周围的人的爱。我对人和气，我的表哥对人也和气，这几个照管我们的大人也很和气，在整整两年的时间里，我既没有看见过他们对别人发脾气，也没有看见过他们对我发脾气。这一切，都润育着我天生的性情。看见大家都喜欢我和我做的事情，我就高兴极了。我现在还记得，有一次我在教堂结结巴巴地回答不出教理课本上的问题时，再也没有什么比看见朗伯西埃小姐脸上为我着急的表情更令我心里不安的了。这比我当众答不上对我的提问更令我感到羞愧。尽管当众答不出来是一件很丢人的事情。因为我虽然对人们夸奖我的话素来不十分在意，但对令人羞愧的事情却十分敏感。我在这里可以告诉各位读者：我虽然怕朗伯西埃小姐责备我，但我更害怕我做出令她伤心的事情。

然而，在需要严格要求时，无论是她还是她的哥哥对我们都是很严厉的。不过，在对人的严格要求方面，他们几乎每次都做得很对，从来不过分。我虽然心里不愉快，但从来没有表示过反抗。每当我做了使人不高兴的事情时，我难过的心情比自己受到惩罚更有过之；只要有人对我有不满意的表示，我便感到比自己挨打还难受。产生这种情况的原因何在，尽管很难说清楚，但还是需要做一番解释的。当人们发现对青年人不加区别地，而且往往是采用了不适当的教育方法没有收到预期的效果时，那就最好是改变这种方法！我从一个既普通而又不幸的例子中得出的深刻教训，使我决心要把事情的经过详加叙述。

朗伯西埃小姐不仅对我们有一种慈母般的爱，而且对我们也享有母亲的权威，在该挨惩罚的时候，她也真的对我们实行惩罚。她曾多次吓唬我们说要惩罚我们，因此，她每一次吓唬都使我们感到是对我们的警告，令人十分害怕；但是，在真被惩罚以后，我发现，挨打时候的害怕心情比等待挨打时候的恐惧心情小得多；更奇怪的是，每次挨打都使我对这位打我的人更加喜爱。多亏我对朗伯西埃小姐有纯真的感情和我的天性善良，我才没有为了挨她一顿打而特意去做该挨打的事，因为，在皮肉之苦的疼痛中，甚至在羞愧中，我发现掺杂了一种肉欲的快感，使我不但不害怕，反而巴不得她那只手再把我打一顿。真的，这当中毫无疑问掺杂了一种早熟的性的本能。同样是打，如果是她的哥哥打我，我就一点儿也不感到愉快了。不过，从她哥哥的脾气来说，我是不怕他替她来打我的。我之所以约束自己少做该挨打的事，纯粹是为了不招惹朗伯西埃小姐生气的缘故。对人要多加体贴，这一由感情产生的意识对我的作用，其威力之大，往往在我心中总是由它来引导我的感情。

这种错误，我虽然不害怕重新再犯，但总是一再小心谨慎地避免，然而，它还是终于再次发生。不过，这不能怪我，也就是说，不是由我自己故意造成的，而且这一次，我可以这么说，反倒使我心安理得地得到了许多好处。可惜的是，这第二次惩罚竟成了最后一次，因为朗伯西埃小姐肯定发现了这种惩罚并没有达到她的目的，于是便宣称她从此不再用这种办法惩罚我了。她说，用体罚的办法惩罚我，使她感到很累；她决定从此以后不再采用这种办法。在此以前，我们都睡在她的房间里，在冬天有时候甚至睡在她的床上。过了几天，她让我们搬到另一个房间去睡，从此以后，我很荣幸地被她看作一个大男孩了，不过，这份荣幸，我实在不需要。

一个八岁的男孩被一个三十岁的未婚女子打一顿，竟决定了我今后这一生的喜好、欲望和情欲，而且恰恰是朝着与它们应当天然发展的方向相反的方向发展，这一点，谁能料到呢？在与我的肉欲被煽动起来的同时，我的欲望也发生了很大的变化：我一心只追求我此前所感受的快乐，而不再去追求别的东西。几乎从我出生的时候起，我全身的血液里就沸腾着肉欲的追求，不过，直到我长到最冷静和最迟缓的情欲开始发展的年龄以前，我洁身自爱，没有任何瑕疵。在很长的一段时间里，我心里一直感到很难过，但又不知道难过的原因何在。我一见到漂亮的女人，就总是用贪婪的目光看她们；我在头脑里没完没了地回想她们，其目的无他，纯粹是为了按照我的方式把她们保存在我的心里，让她们全都成为朗伯西埃小姐。

甚至到了结婚的年龄以后，我依然还有这种奇怪的癖好；不过，尽管后来发展到很难控制甚至疯狂的程度，但它并没有使我失去行为一贯诚实的本性，虽然它似乎很可能使我失去这种本性。如果说世上真的有什么教育是专门培养人的廉耻心的话，我所受的教育就是这种教育。我的三位姑母称得上是贤惠的楷模，都保持了许多妇女早已忘记的端庄举止。我的父亲虽说是一个爱玩的人，但他总是按过去的老规矩玩；在他喜欢的女人面前，他从未说过一句使未婚的女子听了会羞得脸儿通红的话。谁也没有像在我们家里和在我面前这样保持对孩子应有的尊重。我发现朗伯西埃先生在这方面的注意，并不亚于我的父亲。有一个非常好的女仆就是因为在我们面前说了一句稍微有点欠雅的话，便被辞退了。在我成年以前，我不仅对两性结合没有任何清晰的概念，而且，即使有一点点儿模糊的概念，我也觉得那是很丑恶的和令人讨厌的。我对娼妓一直是很憎恨的；凡是贪淫好色的人，我对他们无一个不感到轻蔑，甚至感到害怕，因为有一天我在小萨柯勒克斯一条低洼的小路两边看见一些土坑，人们告诉我说有些人就在土坑里野合。从那以后，我对淫乱的事就深感厌恶；那些人的行为往往使我想起狗交媾的情形，因此，一想起他们，我便感到恶心。

由教育得来的这种思想，其本身就适足以推迟我烈火似的气质易于爆发的欲念的滋长。后来，正如我在前面说过的，由于肉欲的第一次冲动在我身上发挥的抑制作用，我的思想便更加巩固了。虽然我热血沸腾，时时感到冲动，但我在心中回味的，全是我曾经感受过的快感；我只希望得到我曾经领略过的快乐，从来不想得到人们曾说得使我十分憎恨的快乐，虽然这两种快乐在方式上是如此相近，但我也从未想过。在我可笑的胡思乱想中，在我狂热的色欲冲动中，以及在它们使我做出的荒唐行为中，我只是在想象中求助于异性，而从来没有想到过异性除了满足我的想象中的快乐以外，还有其他的用途。

尽管我的性情容易冲动，爱好美色，身体的发育又十分早熟，但我还是如此平安地度过了整个青春期。除了朗伯西埃小姐无意中使我感受到的肉体的快乐以外，就没有去追求过其他的肉体快乐，甚至到我后来长成大人，也是这样。因此，这种很可能毁灭我的做法，反倒保全了我。我童年时候原有的那些爱好，不但没有消失，反而与其他的爱好如此紧密地结合在一起了，以致我无论用什么办法都不能使它们与我的感官引起的欲望分开。这种怪癖，再加上我生性腼腆，经常使我在女人面前不敢有任何放肆的行动，什么也不敢说，什么也不敢做。在我看来，其他种类的享受，只不过是我所追求的享受的终点；而我所追求的享受，是其他男人无论怎样向往，也从我手中夺不走的；是任何女人，即使她愿意给我，也是猜想不到的。我就是这样度过我的一生的：既想得到我所爱的女人，而又不敢在她面前启齿。既然不敢向对方开口，我就只好用一些想象的男欢女爱的情景来聊以自娱；跪在一个泼辣的情妇面前，服从她的命令，乞求她的宽恕，这是我最甜蜜的享受。我活跃的想象力愈使我的血液沸腾，我便愈是活像一个羞答答的情人。人们可以想象得到，这种求爱的方式是不会有什么迅速的进展的，对我所追求的女人的贞操也是没有多大危险的。因此，尽管我很少有被女人真正爱过的时候，但我用这种方式，即在我脑子里想象，也同样享受到了很多乐趣。这就是为什么在我腼腆的性格和浪漫的本性的协调下，我的情欲终于使我保持了纯洁的感情和诚实的作风的原因。假使我当初脸皮厚一点儿，我对美色的喜好便很有可能使我陷入荒淫无耻的境地。

在这座幽暗和充满泥污的迷宫里，我终于迈出了自我揭露的第一步，而这也是最艰难的一步。最难于启齿讲述的，不是有罪的行为，而是可笑的和可羞的行为。从现在起，我对我深具信心，在讲完了我在前面敢讲的那些事情以后，就再也没有什么顾虑能阻止我继续讲下去。人们可以想象得到，我要下多大的决心才敢讲述类似这样的事情，因为，在我这一生中，尽管有时候对我喜爱的女人爱得那么发狂，以致眼不能看、耳不能听、神魂颠倒、全身痉挛，但我从来没有向她们讲过我的这种怪癖，即使是在最亲密的时候，我也没有向她们要求给我唯一未曾得到过的宠爱。这种情形，只是在我童年时候和一个与我同岁的女孩子有过一次，而这一次，还是她首先提出来的。

在追述我的感情生活开始经历的这类故事时，我发现有些因素的作用虽然有时候是互相矛盾的，但并不因之就不紧密地联系起来产生一种统一的和单纯的效果。我还发现，有一些表面上是相同的因素，由于某些情况的巧合，竟产生了如此不同的后果，以致令人想象不到它们之间有什么关系。举一个例子：谁能料到我心中最坚强的性格竟同样是在含有好色与软弱这两个因素的血液中磨砺出来的呢？我在下面讲述的事情，并不离开我刚才所讲的主题，人们可以从其中看到迥然不同的后果。

有一天，我单独一个人在厨房旁边的一间屋子里温习功课，一个女仆进来把朗伯西埃小姐的几把梳子放在砂石板上烘干。隔了一会儿，她回到屋子里来拿梳子时，发现其中一把梳子的一排齿全折断了。这是谁弄断的呢？除我以外，没有别人进过这间屋子。他们问我，我否认我曾动过那把梳子。朗伯西埃先生和朗伯西埃小姐联合起来训诫我，逼我承认，而且还吓唬我，而我则坚决不承认。他们一口咬定是我弄断的，任我怎样抗辩，也没有用。尽管他们是第一次认为我竟敢如此大胆地撒谎，他们也觉得这件事情应当认真对待；事情也的确是应当认真对待。他们认为，干了坏事还撒谎，不承认，就该挨打。但是，这次动手打我的，不是朗伯西埃小姐。他们写信给我的贝尔纳舅舅；舅舅来了。我的表哥也被指控做了一桩错事，而且还相当严重。于是，我们两个人同样该挨打。这顿打，还真的不轻。如果人们想从坏事本身中找到挽救我的办法的话，则减杀我已经败坏的情欲就是最好的办法，因为，从此以后，有很长一段时间我的情欲就没有骚动过。

他们没有从我口中得到任何一句他们想要我承认错误的话；他们又盘问和责打我好几次，而且一次比一次更厉害，而我依然坚决否认；我宁死也不屈服，我的决心已下。武力终于败给了一个小孩子的“魔鬼般的顽强”（他们找不到别的字眼，只好用这个词来形容）。尽管我被这次残酷遭遇折磨得伤痕累累，但我取得了最后的胜利。

这件事情到现在差不多已过去五十年了，我今天不担心为这件事情再受一次体罚了。真的，我敢对天发誓，我是无辜的：我既没有动过那把梳子，更没有折断它的齿，而且根本就没有到砂石板那里去过，甚至连想都没有想过要到那里去。但愿人们不要问我梳子的齿是怎么折断的，因为我不知道，也不明白它怎么会断；而我千真万确地知道的是，在这件事情上，我是无辜的。

请各位读者想一想：一个平常十分腼腆、性格非常温和，但在情绪激动时，性格又变得如此暴烈和倔强的孩子；一个一贯听从理智的引导，一个一贯受到温情、公正和亲切对待，从来不知道什么叫不公正的孩子，在第一次受到如此可怕的不公正对待的时候，尤其是给他不公正对待的人，恰恰是他最敬爱的长辈，他的思想将发生多么大的翻天覆地的变化！他的心情是多么的混乱！在他的心中，在他小小的头脑里，将感到多么大的委屈！我之所以请各位读者，如果可能的话，为我设身处地地想一想，是因为我对当时的感受一点儿也想不起来和详细叙述了。

那时候，我还没有足够的智力分析那些表面现象是怎么就把罪责怪在我头上的，也不能够站在别人的立场上来看待这件事情，我完全是站在我自己的立场上来看待这件事情的。我当时的感觉是：怎么为了一件错事（这件错事的确不是我做的）他们就这样惩罚我，这太可怕了。肉体上的痛苦虽然很剧烈，但我觉得这并不要紧；我当时全身感到满腔气愤、恼怒和失望。我表哥的情况跟我差不多；人们把他无心犯的过错当做是故意犯的过错来惩罚，因此他也十分气愤，而且，可以说是站到了我这一边，和我结成了同盟。我们两人倒在同一张床上，紧紧地拥抱在一起，全身颤抖。当我们幼小的心稍稍平息了一点，可以发泄我们的愤怒时，我们便立起身来，坐在床上，用全身的力气无数次高声怒吼：刽子手！刽子手！刽子手！

当我现在回忆这段往事时，我还感到我的心在怦怦直跳；即使我活到十万岁，我也不会忘记当初的情景。我有生以来第一次对暴力和不公正行为的感受，在我心中留下的痕迹，是刻画得如此之深，以致所有一切涉及暴力和不公正行为的事情，都会使我像当初那样愤怒。这种感情，当初虽只涉及我，而且完全摆脱了个人的利害关系，但它本身是如此强烈，以致使我凡是见到或听到一件不公正的事，不论它是针对谁，也不论它发生在什么地方，我都会火冒三丈、感同身受。当我在书中读到一个凶恶的暴君的残酷行为或一个阴险的教士玩弄诡计时，我就恨不得马上手持利剑跑去刺他一剑，即使我因此而死一百次，我也愿意。每当我看见一只鸡、一头牛或一条狗，以为自己是强者，便欺负另一只鸡、另一头牛或另一条狗时，我便往往会跑得满身大汗去把它赶走，或者扔一块石头去打它。这种性格很可能是我天生的；我也相信它是天生的，但我第一次遭受的不公正对待给我留下的记忆与我的天性融合的时间是如此之长和如此之紧密，因此使这种天性更加增强了。

我童年时候的天真到此就宣告结束，从此以后，我再也享受不到那种纯洁的幸福了。我今天甚至觉得，我对童年快乐时光的回忆，到这里也同样结束了。我们继续在波塞又住了几个月。在那里，人们虽说我们是像亚当那样生活在地上的天堂里，但我们已经领略不到其中的乐趣了。表面上，我们还是原来那个样子，但实际上，我们的生活方式已完全不同了。两个学生对教导他们的人，再也不像从前那样亲热、尊敬和信任了；我们已不再把他们看做是能了解我们心灵的神了。即使做了坏事，我们也不像从前那样感到羞耻，但对被人家告发，却比从前更加害怕。我们开始隐瞒、顶撞和撒谎。所有这些像我们这样年纪的孩子所有的坏毛病，败坏了我们的天真，丑化了我们的游戏，甚至农村生活在我们眼里也失去了它原先使我们心旷神怡的宁静和淳朴，好像变成了阴暗的荒凉之地，好像有一道幕布遮挡了它的美。我们再也不去侍弄我们的小花园，我们再也不去锄草和给花浇水，我们再也不去松土；发现我们撒播的种子长出了幼芽时，我们也不欢喜得狂叫了。我们已不再喜欢这里的生活，人家也不再喜欢我们。我们的舅舅只好把我们接回家去；从此，我们与朗伯西埃先生和朗伯西埃小姐分道扬镳，彼此都觉得腻烦，没有丝毫依依不舍之情。

我离开波塞已将近三十年了；在这三十年里，尽管有时候也想起我在那里的生活，但从来没有一次是高高兴兴地回忆我在那里的生活情景的。然而，自从我盛年已过、日渐衰老以来，我发现，当我其他的记忆都消逝的时候，我在波塞的生活情景又重新浮现在我的眼前，而且一天比一天更美妙地刻画在我的脑子里，好像在我的生命即将结束的时候，我要千方百计地把它们抓回来，让它们重新从头开始。即使回想起一件微不足道的小事，我也感到很快乐。理由很简单：因为它是那时发生的；地点、人和时间，我都能一一回忆起来。我又看见女佣或男仆在房间里忙来忙去，看见一只燕子从窗子飞进来，一只苍蝇在我背诵课文时飞到我的手上；我还看见了我们卧室的摆设；在我们卧室的右边，是朗伯西埃先生的书房，墙上挂着一幅历代教皇的版画、一个晴雨表和一个大日历；紧靠着房屋后边的花坛上的覆盆子树，枝繁叶茂，不仅遮挡着窗子，有时候还把它的树枝伸进屋子。我知道读者没有必要知道这些，但我有必要告诉他们，我甚至敢把所有我在这个年龄发生的故事告诉他们。我现在回想起这些小故事来，还高兴得跳跃不已。让我只讲五六个这样的故事吧……减掉五个，只讲一个，这样总可以吧；不过，请允许我尽量把这个故事讲详细一点儿，以便多高兴一会儿。

如果单单是为了让你们高兴的话，我就选朗伯西埃小姐大露其屁股这个故事。有一回，她在草地旁边摔了个大马趴，这时候，撒丁国王正好从那里经过，她的屁股全都呈现在国王面前。不过，就我来说，我觉得，在土台上种胡桃树的故事更有趣，因为在这个故事中，我是演员，而不是在朗伯西埃小姐摔跤的故事中只是旁观者，何况那个故事其本身虽然很可笑，但我当时把朗伯西埃小姐视为母亲，我对她甚至比对母亲还亲热，所以我当时只是大吃一惊，丝毫不觉得有什么可笑的地方。

各位读者，你们想必急于听我讲这个在土台上种胡桃树的长长的故事。好，现在我就把这个故事的悲剧性经过讲给你们听。不过，如果可能的话，请你们听的时候，不要为它不幸的结果气得发抖。

在庭院的大门外面进口处的左边有一块土台，我们常常在下午到那里去闲坐；不过，这个土台上并没有遮阴的树木。因此，朗伯西埃先生叫人去栽了一棵胡桃树。在栽这棵胡桃树的时候，还举行了隆重的仪式：我和我的表哥充当了这棵树的教父。在人们给坑里填土的时候，我和表哥每个人用一只手扶着树，并不停地唱凯歌。为了便于浇水，我们给树根周围砌了一个池子，由于我和我的表哥每天都高高兴兴地去看浇水的情形，便自然而然地想到在土台上面种一棵树，是一件比登上敌人的城垛去插上一面旗子更英勇的事情。因此，我们决定要独占这份光荣，而不让任何人分享。

为此，我们从一株小柳树上砍了一个树枝，把它栽在土台上，离那棵高大的胡桃树有十几步远。我们也在它的周围挖一个池子，而令我们感到难办的事情是，我们没有水往里面灌，因为有水的地方相当远，大人们又不让我们到那里去取水，然而给我们的小柳树浇水是绝对必要的。在那几天里，我们用各种各样巧妙的办法去给它浇水；我们的办法是如此的成功，我们不久就看见它发出了幼芽，长出了叶子。我们隔一个钟头就去量一下树枝和叶子长了多大；尽管它只有两三尺高，我们便认为它不久就可以给我们遮阴了。

由于这棵柳树占据了我们的心，我们就不像从前那样专心学习了。我们的神情异常、行动诡秘，而大人们以为我们是在和谁赌气，于是，他们管我们就比以前管得更严了。缺水的要命时刻终于到来；我们痛心地看到我们的柳树即将枯死；情况紧急，终于逼得我们想出了一个给我们的柳树供水而又不让我们愁死的办法：在地下挖一道沟，悄悄把浇胡桃树的水引一部分给我们的柳树。这件事情，尽管我们加紧干，但开头并不成功。我们没有把沟的倾斜度挖好，而泥土又往下坍塌，把沟堵死了；进水处又充满了许多污物，一切都不顺利。但是，我们并没有灰心，因为，常言说得好："只要坚持下去，就能战胜困难。"我们把沟和水池再挖大一点儿和深一点儿，以便让水畅快地流。我们把一个箱子的木头底板劈成小木片，先把它们一块一块地平铺在沟里，然后又把一些木片斜放在沟的两侧，使它们形成一个三角形的水道。我们在进水处，按一定间隔插一些小木条，使它们形成栅栏或篦子，以挡着泥沙和石块，让水在沟里畅流。我们非常细心地在沟的上边铺上泥土，并把土踩平。在全部工程告竣那一天，我们既满怀希望又十分焦急地等待着浇水的时刻的到来；好像等了千百年之久似的，这个时刻终于到来了。朗伯西埃先生也像平常那样来看浇水的情形。在浇水的时候，我和表哥一直站在他的身后，用我们的身子掩护我们的小柳树。真是谢天谢地，他自始至终都是背对着我们的小柳树，因此没有发现它。

刚刚浇完第一桶水，我们就发现水流进了我们的水池。于是，我们忘乎所以，竟高兴得欢呼起来。我们的欢呼声使朗伯西埃先生转过身来，这一下，可糟了，因为他饶有兴味地去仔细研究胡桃树下的土质怎么会好到如此大量地吸水。突然，他大吃一惊，发现水分流在两个水池里；于是，他惊叫起来，仔细观察，发现了其中的蹊跷，马上让人去拿来一把大铁镐，一镐下去，就掘出几块小木片，他大声喊道："有一条地下水道！有一条地下水道！"他毫不留情地把我们的水道刨开，他每一镐都刨在了我们的心上。顷刻之间，木片、水道、水池和柳树全都完了，全都刨得底朝天。在整个可怕的破坏过程中，他什么话也没有说，只是一个劲儿地不停地叫喊："地下水道！"他一边叫喊"地下水道！地下水道！"一边把我们的工程一镐一镐地刨个稀巴烂。

也许有人以为这件事情会使两个小工程师倒大霉。他们的估计错了：一切平安无事地就这样结束了。朗伯西埃先生对我们一句责备的话都没有说，也没有对我们露出什么难看的脸色，而且从此就未再提起这件事情，甚至过了一会儿以后，我们还听见他在他的妹妹跟前哈哈大笑，他的笑声很远都能听见。更令人吃惊的是，在开头那阵紧张的心情过去以后，我们也没有觉得这件事情有什么大不了的。我们又到别处去种了一棵柳树。每当我们想起第一棵柳树的悲剧时，我们便经常喊叫"地下水道！地下水道！"用这个办法提醒我们不要忘记第一棵柳树的悲惨结局。在此以前，我时不时地自以为了不起，以为自己已经成了阿里斯提德或布鲁图斯一类人物。在这件事情上，最能看出我当初的虚荣心：能够用自己的手修建一条地下水道，要种一棵小柳树来和一株大胡桃树竞争；我以为我已经达到了最高的荣誉，以为自己十岁时候的本事比恺撒三十岁时的本事还大。

对那棵胡桃树的印象以及与它有关的小故事，在我的头脑里的印象是如此之深，而且是如此喜欢回忆它们，以致在我1754年的日内瓦之行中，我安排的美好计划之一，就是到波塞去看我童年时候游玩的地方，尤其是要去看那棵胡桃树：它到1754年就大概有三分之一世纪的树龄了。然而，由于我一直很忙，事情很少由我自己安排，因此一直抽不出时间去看。看来，这个机会以后很难再有了，不过，我并没有完全放弃这个愿望；而且可以断言，万一我真的有机会回到那些难忘的地方，看到那棵胡桃树还依然活着的话，我一定要以我的泪水浇灌它。

从朗伯西埃先生家回到日内瓦以后，我在舅舅家里又住了两三年，等待着人们对我的未来的安排。舅舅希望他的儿子当工程师，因此他开始教我的表哥学制图，并教他学欧几里得的初级几何课本。这两门功课，我也跟着表哥一起学，而且学得很有兴趣，尤其是对制图学更有兴趣。然而，人们觉得最好是让我当一个钟表匠，或者当一个诉讼代理人或牧师。我喜欢当牧师，因为我觉得向人布道是一件很有意义的事情。但是，由于我母亲的遗产每年的收入甚微，由我和我的哥哥两人平分，我分到的钱不足以供我去继续学习，再加上从我当时的年龄考虑，并不急于选择职业，因此我继续待在舅舅家里，既浪费了我的时间，而且还要付一笔不少的食宿费，虽然付食宿费是应该的。

我的舅舅跟我的父亲一样，也是一个爱玩的人，很少考虑过自己对孩子们有哪些应尽的职责，因此对我们不大关心，我的舅母是一个稍具虔信派教徒色彩的虔诚妇女；她喜欢唱圣歌，而不怎么喜欢对我们进行教育。不过，尽管我们享受到了百分之百的自由，但我们从不滥用我们的自由。我和我的表哥形影不离，一时一刻也没有分开过；只要我们两人在一起，我们彼此都感到满足了。我们从来没有想过去找我们这样年纪的孩子一起玩，更没有染上任何吊儿郎当的坏习惯，尽管闲散的生活很有可能使我们染上这种坏毛病。其实，我不该用“闲散”二字来形容我们的生活，因为我们在生活中从来没有闲散过。幸运的是，我们喜欢玩的游戏都是在家里玩，从来没有想过到大街上去玩。我们制作鸟笼、笛子、毽子、小鼓、小木头房子、水枪和弹弓。为了仿照我们亲爱的外公制造钟表，我们弄坏了他的许多工具；我们尤其喜欢在纸上乱画一气，还特别爱画彩色画，结果浪费了许多颜料。有一个名叫冈巴-科尔塔的意大利江湖艺人来到了日内瓦；我们去看过他一次演出，以后就没有再去看了。此人会演木偶戏，我们也学做木偶。冈巴-科尔塔的木偶演的是喜剧，我们也为我们的木偶编了一些喜剧。虽然我们没有改变嗓音的哨子，但我们能憋着嗓子模仿滑稽小丑的声音演喜剧，而且演得使大人们都能耐心地看和耐心地听。后来，由于有一天贝尔纳舅舅在家里向我们朗读一篇他写的讲道词，于是我们就不再演木偶戏；我们也开始写讲道词了。我承认，我所讲的这些事情并没有多大意义，不过，它们足以表明：在我们能那样自由地支配自己的时间和活动的小小年纪，我们当初所受的教育要多么良好，我们才能做到不滥用我们的自由。我们不需要去找别的伙伴，即使我们有机会结识另外的伙伴，我们也不去结识。我们出去散步的时候，尽管看见他们玩的游戏很有趣，我们也从来不羡慕，更没想过去参加。友谊充满了我们的心，只要我们两人在一起，即使是最简单的游戏，也足以使我们玩得十分开心。

由于我们两人朝夕相处、从来不分离，这就引起了人们的注意。尤其是从我们的身材看，我表哥的身材很高，而我是个小个子，我们两人搭配在一起，很不相称，有点儿令人好笑。他的身子细高挑，脸蛋像一个干瘪的苹果，而且动作迟钝，一脸没精打采的样子，因此，街上的孩子就拿他开玩笑，用家乡的土话给他取了一个绰号叫"巴尔纳·布列达拉"[①]。只要我们一上街，我们就听见到处都有人在叫喊"巴尔纳·布列达拉"。听见这些，他的反应比较冷静，而我却很生气，想去和他们打架，而那些小坏蛋巴不得我去和他们打架。我真的去和他们打了，结果打输了。我的表哥竭尽全身的力气帮我打，但他的身子弱，别人一拳就把他打倒在地。这一下，可把我气疯了。其实，他们虽然把我狠狠地打了一顿，但他们真正想打的是"巴尔纳·布列达拉"，我的奋力反抗反而把事情弄得如此之糟糕，以致从此以后，我们只有在孩子们上课的时候才敢出去，以免碰见他们，被他们嘲弄和追赶。

现在，我已经成了一个敢打抱不平的勇士。为了做一个像样的勇士，我就需要有一个情人；我有两个情人。我时不时地到尼翁去看望我父亲；尼翁是沃州的一个小城，我的父亲在那里安了家。他在那里很有名气，因此使他的儿子也受到了人们的喜爱。我在他那里住的时间虽然不多，但人们对我都很欢迎，尤其是那位德·维尔松夫人对我更是百般关怀。更料想不到的是，她的女儿竟把我看作她的情郎。请大家想一想，一个二十二岁的姑娘怎么会把一个十一岁的男孩看作情郎呢！其实，这些小妖精很鬼：她们把小

① 萨瓦省土话，意思是"任人牵着走的驴"。——译者

娃娃放在前面作挡箭牌，以便遮挡住藏在她们身后的大娃娃，做出一副爱我的样子去勾引那些大男人！至于我，我倒不觉得她和我之间有什么不合适的地方，因此，我把这件事情看得很认真；我把我的心，或者说得更确切一点，我把我的脑筋全都用在这件事情上了，因为，尽管我爱她已经爱得发狂，我兴奋、激动和狂热的样子闹了许多令人乐得前仰后合的笑话，但那全是我自己在脑袋瓜里一片痴心的单相思而已。

我曾经经历过两种既迥然不同而又十分真实的爱情。尽管这两种爱情都很强烈，但它们几乎没有任何共同之处，而且和亲密的友情也完全两样。我这一生被这两种性质完全不同的爱情各占了一半，甚至有时候同时经历这两种爱情。举一个例子：在我刚才所讲的那个时期，当我公开把德·维尔松小姐看作情人，而且硬不允许别的男人接近她的时候，我又和一个名叫戈登的小姑娘幽会；尽管每次幽会的时间都很短，但两人的感情都很强烈。在幽会时，她公然像一个小学老师那样对待我；情况就是如此。虽然不过如此，但我已然感到了最大的幸福，感到了秘密幽会的乐趣。其实，那点点儿秘密，只不过是小孩子玩弄的秘密罢了。对于德·维尔松小姐，我的做法便完全不一样。当我发现她是利用我来掩盖她和别人的关系时，我便用同样的方式对她进行报复。这是她怎么也没有料到的。遗憾的是，我的秘密被人发现了，或者说，我那位小学老师不像我这样守口如瓶，以致把秘密泄露出去了。从此以后，人们就严加防范，不让我们两人再接近。过了些日子，当我回到日内瓦，从古当斯大街经过时，我听见几个小丫头冲着我怪声怪气地叫喊“戈登把卢梭甩了”。

这位戈登小姐的确是一位奇特的人物;她的脸蛋儿虽不美,但却让人一看就难以忘怀。我至今还时常想起她;一想起她,我这个疯老头子还依然是很动情的。尤其是她那双眼睛,真不像她这样年纪的小姑娘的眼睛;她的身材和举止,也不像一个小姑娘的身材和举止。她的表情有点儿矜持和骄傲,和她扮演的角色非常适合;这一点,在我们两人第一次见面时便使我感觉到了。尤其奇怪的是,她行事怎么会既那样大胆而又颇有分寸;这一点,是我怎么想也没有想出个道理来的。她可以随随便便地对待我,却绝不允许我随随便便地对待她:她简直像对待小孩子那样对待我。推究她之所以这样对待我的原因,我认为,要么她已经不再是一个孩子,要么就是相反,她本人依然还是个孩子,把我们的幽会只看作游戏,而不知道其中对她有危险。

可以说,我对这两个人中的每一个人都是全身心投入的,而且是如此的实心实意,以致当我和她们中的一个人在一起的时候,就绝不想另一个人,何况她们两人使我感受到的感情完全不一样呢。我虽然愿意和德·维尔松小姐终生厮守而不离开她,但我一接近她,我的心情总是很平静的,从来没有冲动过。我尤其喜欢当着众人的面表示爱她。一切打情骂俏和互相争宠的举动,我都觉得很有趣、很好玩。看见她在许多大情人面前唯独对我垂青,并使劲捉弄那些大情人,我感到很骄傲,觉得自己胜利了。我也曾被她折磨得死去活来,但我喜欢这种折磨。人们对我的夸赞、鼓励和微笑,使我心里感到暖洋洋的,愈来愈鼓起劲头。在众人面前我爱她爱得发狂,而在两人面对面的时候,我反而感到局促、冷漠,甚至厌烦。不过,我对她的确是很喜欢的;当她生病的时候,我心里很难过，我愿牺牲我的健康去换取她的健康，因为我曾经亲身经历过疾病给人带来的痛苦和健康使人感到的快乐。一离开她，我就想她，就感到她不在我身边，我是多么痛苦，可是一见到她，她对我的温情只是温暖了我的心，而不能使我的肉体感到快乐。我已经和她非常熟悉了，但除了她给我的那些温情以外，我的心从来没有要求过别的东西。不过，要是我看见她对别人也像对我同样好的话，那我是绝不容忍的。我像弟弟爱姐姐那样爱她，但我同时也像情人那样要独自占有她。

至于戈登小姐，只要我一疑心她可能像对我这样对待别的男人，我就会一股醋劲儿涌上心头，心里就会着急得像土耳其人，像疯子，像发威的老虎。不过，即使是这种表情，我也要跪在她面前求她，我才敢这样做。我在德·维尔松小姐身边的时候，尽管很高兴，但心里并不冲动；而一见到戈登小姐，我便什么也看不见了，我便心乱如麻，全身的感官都骚动起来了。我和前者虽然很亲昵，但从来没有卿卿我我地碰过她，反之，我在后者面前，既战战兢兢，又十分激动；即使是我和她已经十分熟悉的时候，也是如此。我觉得，如果我和她在一起的时间再长一点儿的话，我的命也许都保不住，我的心会跳动得把我憋死的。这两个人，我都不敢得罪；但我对前者是想方设法讨好，而对于后者，则是唯命是从。在任何情况下，我都是不会让德·维尔松小姐生气的，但是，如果戈登小姐命令我跳火坑的话，我敢断言，我一定会马上跳下去的。

我和戈登小姐的爱情，或者说得更确切一点，我和她的幽会，持续的时间并不长，这无论对她或对我，都是一件大幸事。我和德·维尔松小姐的关系，尽管没有我和戈登小姐的关系的那种危险，但是，如果稍微再继续一段时间的话，那也会带来大麻烦的。这类事情虽然是往往带有一种浪漫色彩，但最终的结局总是令人黯然神伤的。尽管我和德·维尔松小姐的恋情没有那么浓，但是是更加令人依依不舍的：我们没有一次不是挥泪而别的；更奇怪的是，在我们分别以后，我便觉得怅然若失，心里空荡荡的，十分难过。我一张口，就谈到她；我一动脑筋，就想到她。我对她的眷恋之情是真实的和强烈的。不过，我认为，这种英雄情意长的感伤，并不完全是为了她，而以她为中心的欢乐，在其中也起了一部分作用，虽然我当初没有意识到这种作用。为了减少我们的相思之苦，我们互相写了好些足以令铁石心肠的人也将感动得落泪的情书。我的痴情终于得到了回报：她再也忍耐不住了，她亲身到日内瓦来看我。一见到她，我便快乐得晕头转向、手足无措。在她在日内瓦小住的两天里，我成天高兴得如醉如痴，简直像个疯子。当她离开日内瓦的时候，我真打算：她一走，我便投水自尽；我的哭叫之声响彻了云霄。过了一个星期，她给我寄来一些糖果和几副手套。如果我后来不知道她那时已经订婚，到日内瓦来完全是为了采购结婚礼服，只是顺便来看我；如果我后来不知道这一切的话，我还受宠若惊，以为她来看我是为了继续前情呢。我当时是何等愤恨，不用我描述，也是可想而知的。我满腔怒火；可是，因为我想不出用什么最严厉的办法惩罚她，便只好对天发誓从此不再见这个负心的女人。然而她并没有因此而死去；事隔二十年之后，我去看望我的父亲，有一天和他一起泛舟湖上，看见离我们不远的一条船上坐着几个女人，我指着其中的一位问她是谁，我的父亲微笑着说："怎么，你认不出来了吗？这位克里斯丹夫人就是你当年的情人德·

维尔松小姐呀。”我一听这个几乎忘记了的名字，便全身哆嗦了一下，于是告诉船夫掉转船头。尽管当时本可抓住这个机会狠狠报复她一番，但回头一想，我犯不着违背誓言去和一个四十岁的女人算二十年前的老账。

在大人们对我今后的前途做出最后决定以前，我少年时代最宝贵的时光就是这样在一些无聊的事情中虚度过去了。大人们对我天生的资质经过长期观察后，终于给我选择了一个我最不喜欢的职业：到本城法院书记官马塞隆先生家去跟他学做诉讼承揽人的工作。据贝尔纳先生说，这是一门很有用的职业。我对“诉讼承揽人”这个名称讨厌极了：用不正当的手段去挣大钱，同我高尚的人品是格格不入的。这个工作，真是令人厌恶得难以忍受，何况工作繁重，还要低三下四地任人驱使，这终于使我灰心丧气，感到无聊极了。我没有一次走进书记官的事务所不是怀着憎恨的心情的，而且这种心情一天比一天强烈。马塞隆先生对我也很不满意，对我始终持轻蔑态度，说我又蠢又笨。他天天都唠唠叨叨地说：“你的舅父曾告诉我说你会这个、会那个，其实你什么也不会；他夸你是一个聪明的孩子，其实你是一头驴。”最后，我被马塞隆先生看做是一个“蠢不可教的人”而灰溜溜地被赶出了事务所的大门。据马塞隆先生事务所里的职员们说，我除了会使用钟表匠的小锉刀以外，其他什么也不会。

既然把我看做是这样一个材料，就只好把我送去当学徒学一门手艺了。然而，人们没有把我送到钟表匠家当学徒，而是送到一个雕刻匠家当学徒。由于马塞隆书记官对我的轻蔑态度把我的自信心伤害到了极点，因此，我只好毫无怨言地服从。我的师傅杜康曼先生是一个性格粗暴的年轻人，没有用多长时间就把我少年时期的锐气全打掉了，彻底改变了我天真活泼的性格，使我不但在行为上而且在精神面貌上也变成了一个真正的学徒。我的拉丁文和我所学的古代史与近代史，全都荒疏了，我甚至忘记了世界上曾经有过罗马人。当我走到我父亲面前的时候，他几乎认不出我是他的心肝宝贝了。在女人们的眼里，我再也不是从前那个风流倜傥的让-雅克了。我敢断言，朗伯西埃先生和朗伯西埃小姐将不再承认我曾经是他们的学生。我羞于去见他们，而且从这个时候起，我以后就再也没有见过他们了。最低级的趣味和最下流的动作代替了从前的高尚娱乐，甚至使我把高尚的娱乐忘得一干二净了。我虽然受过良好的教育，但很可能天生就有一种易于堕落的倾向，要不，这些变化怎么会发生得这么快，而且没有遇到过什么阻碍呢，就连那么早熟的恺撒也没有这么快，我一下子就变成了拉里东①。

其实，我对雕刻这门职业本身并不讨厌。我非常喜欢画图样，对雕刻的刀法很感兴趣。在钟表这一行业里，雕刻花样并不需要多大技巧，所以我希望我能在这方面成个能手。如果杜康曼师傅对人不那么粗野，束缚人的规矩不那么多，以致使我对这个工作感到厌烦的话，也许我真的能达到很精通的程度。我背着他抽出些工作时间来按照我自己的想法自由自在地雕刻，给我的伙伴们一人刻了一个骑士勋章。杜康曼师傅发现了我干的这种私活，便狠狠地把我揍了一顿，说我是在制造假币，因为我制作的勋章上面有

① 拉封登写的一则寓言故事中的一条恶犬；原句是："啊！多少恺撒都将变成拉里东。"——译者

共和国的国徽。我可以对天发誓，我从来没有见过假币，就连真币我也见得不多。我对如何制造罗马的阿[①]的了解，比对如何制造我们的三苏铜钱的了解还多。

我师傅的专横作风，终于使我对我原本喜欢的工作也感到难以忍受，使我本来憎恨的坏事反倒喜欢上了，例如撒谎、偷窃和干活磨洋工，我样样都会了。再也没有什么比我对这个时期在我身上发生的变化的回忆，更让我看出亲情和奴役之间的区别了。我天生就腼腆和怯懦；虽说我有种种缺点，但我绝不至于行事不知羞耻。我所享受的正当的自由，在此以前只不过一点一点地减少，而现在，一下子全都没有了。在我父亲的家里，我什么都敢干；在朗伯西埃先生家里，我也很自由；后来到了舅舅家里，我就开始懂得一言一行以小心为妙了；最后到杜康曼师傅家，我就变得事事瞻前顾后、胆小如鼠了；再以后，我就变成一个坏孩子了。在我父亲家里，我和长辈们在生活上完全一样：没有一样娱乐我不能参加，没有一样好菜没有我一份；我想要什么就要什么，想说什么就说什么。而在我师傅家里，情况就完全两样了：我什么话都不敢说；饭只能吃个半饱就得放下餐具走出餐厅。我成天没完没了地干活；别人玩，只有我一个人不能玩。看见主人和他的朋友们自由自在地逍遥，便更加感到我受到的奴役的痛苦。听见他们的争论，即使我知道谁对谁错，也不敢随便插嘴。我之所以在师傅家里看见什么就想得到什么，完全是由于我被剥夺了一切的缘故。安逸舒适的生活没有了，快乐的时光没有了。从前，在我犯错误的时候，只

① 古罗马的一种用青铜铸造的辅币。——译者

要我说一两句中听的话，就可使我免受责罚，而在师傅家里，即使说了中听的话，该责罚的，还是要责罚。有一件在我父亲家里发生的事情，我现在想起来还觉得好笑：有一天晚上，因为我淘气，便罚我不吃晚饭就去睡觉。当我手里拿着一小块面包从厨房里经过时，我看见并闻到铁扦子上烤着的那块肉。大人们站在炉灶周围，我经过那里时，必须向他们行个礼，说声“晚安”。向他们道过晚安之后，我斜着眼睛瞅了一下那块烤肉，烤得颜色很好看，味道也很香，于是我禁不住也向它行了一个礼，用可怜巴巴的声音向它说：“再见，烤肉”，没想到这句脱口而出的天真的俏皮话，竟逗得大家哈哈大笑，并让我留下来和他们一起吃晚饭。可是，在师傅家里，虽说这种俏皮话也有可能产生同样的效果，但是说俏皮话的机会从来没有过，即使有，我也不敢说。

我就是这样不知不觉地学会了贪婪、隐瞒、弄虚作假、撒谎，最后还学会了偷窃的。干这些坏事的念头，我从前根本就没有过，而现在一有了之后，就很难彻底改掉了。贪婪和无能，必然会使人沾染这些恶习，这就是为什么所有的仆人个个都是坏蛋的原因；所有的学徒之所以个个变成坏人，其原因也在于此。不过，只要学徒们过上平静和安适的生活，能得到他们希望得到的待遇，他们是会逐渐改掉这些可羞的恶习的。由于我没有遇到过这样的好环境，所以我未能得到好环境帮助我改掉恶习的好处。

使孩子们往坏的方向迈出了第一步，几乎总是当初他们原本良好的天性被人引入了歧途的缘故。尽管那时我缺这缺那、腰无分文，但我在师傅家的头一年多的时间里，从来没有想到过私自拿取什么东西，甚至连面包之类的食物，我也没有偷吃过。我第一次偷东西，那纯粹是为了助人为乐、帮人家的忙。但这第一次偷窃，却给后来的几次偷窃打开了大门，而且每一次偷窃的目的，都是不值得称道的。

在我师傅家里，有一个名叫维拉的伙计，他的家就在附近。他家有一个菜园，种了好些绿油油的龙须菜。维拉手头拮据，于是想偷他母亲地里刚长出来的嫩龙须菜去卖，把卖得的钱拿到饭馆去吃几顿美餐。由于他本人不愿意自己去偷，再加上他身子不灵活，于是就让我去干这件事情。他开头对我说了几句恭维话，就把我说得迷迷糊糊未能听出他的目的。说完了恭维话之后，便假装临时想出这个主意，让我去干。我和他争执了好一阵，但他还是再三再四地要求我去干。最后，我终于没有顶住他的甜言蜜语，答应了他。我每天早晨去偷长得鲜嫩的龙须菜，拿到莫拉尔菜市场去卖。那里有几个刁钻的女人看出龙须菜是偷来的，便当面揭穿，大砍价钱；由于我做贼心虚，所以不论她们给多少钱，我马上就出手卖了，把卖得的钱交给维拉。他拿我交给他的钱马上和另外一个伙计到饭馆去饱餐了一顿，而我呢，只是他们随便给我一点点儿吃的，我就心满意足了，连酒都没有喝他们一口。

这一小偷小摸的行为，尽管一连干了好几次，但我一直未意识到幕后的维拉先生才是真正的小偷，我应当敲他的竹杠，向他提出把卖龙须菜的钱分一部分给我。我非常忠实地按他的话去干，唯一的目的只不过是乐于助人、帮维拉的忙。然而，如果我被人家抓住，我将被多么凶狠地打一顿和骂一通啊，我要吃多少苦头啊。而维拉这个坏蛋必然会否认是他教唆我去干的，说我诬陷好人，别人当然会信他的话，从而使我因犯诬陷罪而受到加倍的惩罚，因为他是一个伙计，而我只是一个学徒！强者做了恶事，总把罪责推在无辜的弱者身上，无论何时何地，都是如此。

我就是这样发现偷窃并不像我原先想象的那样可怕；我偷窃的技术越来越好。凡是我想得到的东西，没有一样不被我想办法偷到手！我在师傅家里，吃得并不坏，不过，看见他大吃大喝，我也馋得难受呀；凡有好菜端上桌，他就让年轻人离开餐桌，使他们想吃却吃不到口。我觉得，他这样做法，反倒使年轻人个个都变成馋鬼和小偷。真的，没过多久，我就变成了这两种人。在通常情况下，我都能安然无事，只不过偶尔被抓住，挨一顿打而已。

有一次偷苹果，使我付出了很大的代价。今天回想起这件事情，还依然觉得既心有余悸，又令人好笑。苹果是放在储藏室最里边的；储藏室的光线，全靠一个很高的格子窗让厨房里的光线射进去。有一天，家里只有我一个人，我爬上装面粉的柜子去看赫斯珀里德斯[①]果园中的好吃的苹果。我找来一把烤肉用的铁叉子，看它是不是能够得着：可惜它太短了。我又去找来一把小叉子（我的师傅喜欢打猎，这是他专门用来烤野味的）接在上面。我开头试了几次都没有成功，但最后一次终于扎上了一个苹果；这一下可把我乐坏了。我慢慢地往上提，正当我把它提到格子窗边上准备用手去接的时候，谁能料到出现意想不到的麻烦：苹果太大，穿不过格子窗的格子。为了把它弄出来，我什么办法都想尽了！为了使铁叉子一直稳定在格子窗上，就必须用一样东西紧紧地扣住它；为了把苹果切成两半，就必须用一把相当长的刀和一块案板去托着它。

① 希腊神话故事中三位守护金苹果果园的女神。——译者

花了许多力气和时间，我终于把苹果切成两半，准备把它一半一半地取出来。但是，在我刚一把它切开的时候，两块半个苹果一下子全都掉进了储藏室。读者诸君啊，请你们替我想一想，这时候我是多么气恼。

不过，尽管我浪费了许多时间，但我丝毫没有因此就泄了气。当时，我怕被人抓住，便决定第二天才去做较有把握的尝试。于是，我故作镇静，装着没事似的又去干活，压根儿没有想到储藏室的那两块半个苹果泄了密，成为指控我犯偷窃罪的铁证。

第二天，我又找到了一个好机会再次去偷苹果。我爬上装面粉的柜子，把铁叉伸进格子窗，正要去叉苹果的时候……可恨那条守卫苹果的龙[①]并没有睡觉。储藏室的门突然打开了；杜康曼师傅走了出来，叉着两只手，瞪着两只眼睛看着我说："干得好嘛！……"写到这里，我的手哆嗦得连笔都攥不住，让它掉到地上去了。

后来，由于经常挨打挨骂，我反而对挨打挨骂不在乎了。既然是因为我偷窃而打我骂我，我就要以牙还牙，继续偷。我不仅不瞻前顾后怕受处罚，而且要想方设法寻机报复。既然他们把我当贼，我干脆就索性去当贼。我发现偷窃与挨打是联系在一起的，是双方面的事情：如何偷，由我决定；如何打骂，那就由师傅去决定吧。一打定了这个主意，我就比从前偷得更放心大胆了。我对我自己说："后果怎么样呢？挨一顿打而已，没有什么可怕的；我天生就是挨打的命。"

我爱吃，但并不贪吃；我爱美味，但并不一味追求口腹。我其

① 指与赫斯珀里德斯女神一起守护金苹果果园的龙。——译者

他的爱好太多，所以没有时间去贪食美味，我只是在我的心闲着没有事干的时候，才想起该给我的嘴巴弄点吃的东西。不过，这种情况后来在我这一生中很少发生过。我根本就没有时间去想那些美味佳肴。正因为如此，我才在那个时候，在一个很长的时间里，不仅仅是偷吃的东西，而且还偷一切刺激我的贪欲的东西；而我之所以没有变成一个惯盗，只是因为我那时还没怎么受金钱的引诱。在徒工们的作坊里，我的师傅另有一个他个人单独用的房间。这个房间是经常锁着的，我找到了一个把房间的门打开和关上而丝毫不露痕迹的办法。我溜进房间，把师傅好使的工具、好图样和好模型，总之，凡是我想要而他又不让我得到的东西，我全都偷走了。实际上，我偷这些东西，并不犯罪。因为我把这些东西全都用在为他干的活儿上了，而我高兴干这件事情的原因，只不过是我能够自由自在地使用这些东西。我觉得，我用这个办法把师傅的才能和技术全都偷到手了；尽管在他的几个小匣子里有一些碎金子、碎银子、小首饰和一些贵重物品及钱币，我对这些东西，一概不感兴趣；我衣袋里只要有四五个小铜钱，我就觉得已经够多的了，所以这些东西，我不仅动都没有动一下，而且连正眼瞧它们一眼都没有。当我看见这些值钱的东西的时候，我心里的感觉是害怕而不是高兴。我认为，我之所以憎恨偷窃金钱和由此产生的后果，在很大的程度上要归功于我受的教育。此外，在内心深处，我还害怕因偷盗金钱而丢脸、坐牢和受其他惩罚，甚至被处绞刑，所以，只要一想到偷窃金钱有那么严重的后果，我便不寒而栗。我这几次偷窃，只不过是恶作剧和好玩儿而已；实际上也的确如此，顶多只不过被师傅痛打一顿罢了；对于这一点点惩罚，我是早有思想准备的。

的确，我想偷的东西并不多，所以谈不上什么控制自己不干和三思而后行的问题。对我来说，一张上等的绘图纸，比够买一令道林纸的钱还更具有吸引力。这种奇怪的脾气，是由于我的特殊性格造成的。它对于我一生行为的影响实在太大了，所以需要在这里解释一下。

我有一些欲望是非常强烈的；当它们使我激动难忍的时候，无论什么都阻挡不住我冲动的劲头。劲头一上来，我行事既无节制，又不遵守规矩，什么也不怕，甚至蛮不讲理；我一下子就变成了一个胆大包天、厚颜无耻的人。羞耻心阻挡不住我，危险也吓不倒我，除了那个我想得到的东西以外，天下的其他东西，我都视之如粪土。不过，这种冲劲只能持续那么一会儿；过了那一会儿，我就变得像一个泄了气的皮球。

一冷静下来，我就没精打采，甚至畏首畏尾、提心吊胆，觉得天要塌下来似的，连一只苍蝇飞过，也会把我吓一跳。我一句话也懒得说，任何事情也懒得做。恐惧和羞耻竟把我束缚到如此程度，以致我宁愿躲到一个谁也看不见的地方去藏起来。如果非要我行动不可，我也不知道该怎么行动；如果非要我说话不可，我也不知道该说什么才好。只要人家看我一眼，我就惊慌失措、窘迫万分。当我心情激动的时候，我有时候也能说出几句像样的话来，但在平时的谈话中，我就笨嘴笨舌，不知道说什么才好，所以我最怕平时和人家谈话，因为在这种场合中，我非讲话不可，所以使我感到苦不堪言。

在我主要的爱好中，没有一样是需要用金钱去买的。我需要的是纯洁的快乐，如果要用金钱去买，就会把它们彻底玷污。举个例子来说：我喜欢吃吃喝喝，但我受不了与多人共餐的束缚，也受不了小酒馆里的乌烟瘴气；我只能和一个朋友共享吃喝的快乐，因为单独一个人吃，不仅快乐不起来，而且还会使我胡思乱想，忘记品尝美味佳肴的乐趣。如果我的情欲冲动需要女人，我兴奋之心所渴望的，也只是女人的情谊。用金钱买来的女人，在我看来是一点儿魅力都没有的，我甚至怀疑和她厮混对我有什么好处。我希望得到的快乐，就是如此，如果需要用金钱去买的话，我就会觉得它们索然寡味。我喜欢的，是那些只有我一个人首先品尝其鲜美的东西。

在我的心目中，金钱从来不像人们想象的那样是一种非常宝贵的东西，我甚至觉得它是一个很大的累赘；它本身并没有多大用处；要享受它，就必须用它去换成别的东西，而且用它去买别的东西的时候，还需要讨价还价，常常受骗上当，花了许多钱，也很难买到好东西。我需要的东西，必须质量是很好的，然而用金钱买的东西，我敢断定其质量往往是坏的。我花高价以为买的是鲜蛋，结果买的是臭蛋；花高价以为买的是熟水果，却原来是未成熟的生水果；花高价找的女人，却原来是一个任性的泼妇。我喜欢美酒，可是，到什么地方去找呢？到酒店去买吗？不论我怎样挑选，选来选去，买的还是伤身的劣酒。如果非要买到好酒不可的话，那我就要花多少心思、遇到多少麻烦啊！我必须托许多朋友写信到别处去打听，花钱请别人帮忙、东奔西走，以为可以达到目的，但最后还是受骗上当。金钱给我带来的，是说不完的苦恼和麻烦。我对金钱的怕，比我对美酒的爱更有甚之。

在我学徒期间和后来的日子里，我曾千百次想上街去买点儿吃的。有一回，我想去买糕点，但一走进糕点铺，就看见几个女人在柜台那边窃窃私语，指指点点好像是在议论我这个小馋鬼。有一回在水果店里看见好些新鲜的梨，它们的果香真是诱人，可是有两三个年轻人瞪着眼睛瞧我，另外还有一个认识我的人站在店铺前面，也在瞧我。我看见从远处走来一个小姑娘，她不就是师傅家的女佣吗？由于我眼睛近视，看不清楚，所以脑子里便胡乱猜疑，把所有经过水果店的人都看做熟人，因此，缩手缩脚，不敢贸然行动。尽管愈害羞愈想买吃的，馋得要死，但最后还是像傻子似的回到师傅家里，虽然衣兜里有的是钱，但我什么也没有买。

如果要详细叙述我本人和其他人是如何使用我的金钱的，我就要讲许多枯燥无味的细节，诸如我经历的困境和令人惭愧、恶心以及各种各样的麻烦，全都要一一列举出来。由于读者诸君将愈来愈了解我的生活，因此他们将逐渐熟悉我的性格，所以用不着我在这里赘述，他们自会明白的。

一旦明白了，他们便自然会理解我身上存在的矛盾之一，即，我一方面极端蔑视金钱，另一方面又锱铢必较，抠得很紧。对我来说，金钱并不是什么了不起的玩意儿；没有它，我也不想它，而有了它的时候，由于我不知道怎样使用金钱，便只好把它长期放在家里而不用它。可是一旦有了花钱的机会，我便大手大脚，把钱袋里的钱什么时候花光的，我也不知道。守财奴都有一种怪癖，那就是：为了向别人炫耀自己，他们才使用他们的金钱。这种怪癖，我可没有。恰恰相反，我是悄悄地花钱，其目的，完全是为了高兴。我不仅不显示我花钱大方，反而尽量不让人家知道我花了多少钱。我非常清楚：金钱不适合于我来使用；腰包里有了钱，我便感到愧怍，更不用说用它了。即使我每年有足够使我舒适生活的收入，我也不会当守财奴；这一点，我敢肯定。我要把它通通花光，而不让它愈攒愈多，因为我的境况变化不定，所以我害怕金钱过多，反而会给我带来麻烦。我热爱自由，我憎恨压迫、烦恼和受制于人。只要我钱袋里的钱足以保证我的独立，就可以了，就用不着再花心思去弄更多的钱了。我平生最怕需要用钱而没有钱用的窘境，所以我千方百计不要把自己弄得身无分文。我们手中的钱，是保障自由的工具，而贪婪得来的钱，则是使自己遭受奴役的工具。正因为如此，所以我才只把自己手中的钱攥得很紧，而不去追逐多余的钱。

由此可见，我之所以没有追逐钱财的贪心，完全是由于懒惰的结果。有钱的乐趣，抵偿不了挣钱的辛苦。我花钱没有计划，也是由于我生性懒惰的缘故。可以痛痛快快地花钱的机会到来时，谁又去考虑如何花钱才好呢？金钱对我的引诱力，没有事物对我的引诱力大，因为在金钱和希望得到的东西之间永远有一个中介；而在事物本身和对事物的享用之间，则没有这种中介。我看见某个事物，我就会受它的诱惑；而当我只知道取得某种事物的手段而未看见该事物时，这种手段对我是一点儿诱惑力也没有的。正因为如此，我才成了小偷儿，而且直到现在，有时候还偷一些我喜欢的小玩意儿。我宁可偷，也不愿意去问人家要。不过，不论是在我幼年时候还是在长大成人以后，我都没有偷过人家一分钱，唯一的例外，是十五年前我曾偷过七利弗尔零十个苏。这件事情值得一提，因为它是我行事考虑不周和愚蠢这两个原因造成的。如果干这件事情的人是别人而不是我，我本人还不相信呢。

事情发生在巴黎。有一天大约 5 点钟的时候，我和弗兰克耶先生在王宫花园里散步;他掏出怀表一看之后便对我说:“走,咱们到歌剧院看戏去。”我欣然同意;我们随后就到歌剧院去了。他买了两张池座票,他给我一张,他自己拿着另一张票走在前头,我跟在他的后边。他先进了剧院,当我跟着他往里边走的时候,我发现剧院的门已经被挤得水泄不通。我往里边一看,发现观众都是站着的。于是,我觉得:人这么拥挤,我被挤到哪里,谁也不知道,至少弗兰克耶先生会这么想。于是,我往外走,到售票处去退了票,收下退票的钱以后,我便准备离开剧院。万万没有想到,我刚一走到大门口,观众们都坐下了,这时,弗兰克耶先生一下子就发现我并没有在剧场里。

这件事情的发生,不是出自我本心蓄意而为的。我之所以记述在这里,是为了说明任何一个人也有判断错误、干糊涂事的时候,在这种情况下,人们就不应当根据他们的行为来评判一个人。严格说来,我并没有窃取弗兰克耶先生替我买戏票的这笔钱,而只不过改变了一下它的用途,用它去买别的东西了:愈描愈黑,愈说这不是偷,愈表明我厚颜无耻。

如果要把我在学徒期间如何从向往英雄主义的高尚情操转变成一个满脑子低级趣味的市井无赖的详细经过都一一加以叙述,我将永远也叙述不完。不过,尽管我沾染上了徒工们的种种恶习,但我压根儿对那些恶习不感兴趣。我不喜欢我的伙伴们所追求的快乐。由于师傅管束太严,所以我觉得我的工作真是苦不堪言。我对一切都感到厌烦,因此,我把久已荒疏的读书学习当做唯一的爱好。在工作时间看书,一被师傅发现,就是犯法,就得挨骂挨打。然而,他愈不让我看书,我愈偏要看,而且越看越有劲,甚至发展到像疯子似的非看书不可了。我到那个有名的拉·特里布开的租书店去租各种各样的书来看，不论是好书还是坏书，我不加选择地全都同样喜欢看，而且看得津津有味。我在工作时看，上街去办事的时候看，上厕所时看，简直看得我废寝忘食、晕头转向，一门心思全都投到读书上了。我的师傅暗中时时盯着我，一发现我看书，就是一顿打骂，把书拿走；好多书都被他撕烂、烧掉或者扔到窗子外边去了！拉·特里布的书，有好多都被我师傅弄得残缺不全，不成套了！当我没钱赔她的时候，我就把我的衬衣、领带或衣服给她。我把每个星期天得的三个苏的零花钱全都给她送去。

也许有人会说，既然有这些花销，可见金钱还是需要的嘛。是的，当然需要。不过，这也只是在读书成了我唯一的爱好的时候才需要。自从我把全部时间都投入到这一新的爱好以后，我就一心读书，再也不去偷东西了。这是我与其他的人的主要区别之一。一养成了某种习惯，其他任何事情都分散不了我的心，也改变不了我的习惯，更不能使我对其他的事情产生兴趣和激情。这时候，我忘了一切，除了我喜欢看的新书以外，其他一切我全都不去想。我的心怦怦地跳，巴不得把我衣兜里的新书取出来看。只要屋子里只有我一个人，我马上就把书拿出来看，再也不想溜进师傅那个房间里去拿东西了。我敢说，即使有某些值钱的东西诱惑我，我也不会偷钱去买。在当时的情况下，我的头脑里是不可能对前途有什么打算的。拉·特里布赊书给我看，租金不多，只要我租到了新书，我就把其他一切全忘记了，我挣来的钱自然也就全都给那个女人了。当她催我交租金的时候，我一点儿也不迟疑，手头有什么就交什么，用这个办法抵偿，最省事。存心偷窃的事，我从来没有干过；我从来没有为了付借书的租金而产生过去偷窃的念头。

由于经常挨骂挨打和不加选择地偷偷看书，我变得寡言少语，性情十分孤僻；我的精神面貌开始往坏的方面发展，变成了一个落落寡合、喜欢离群索居的人。虽然由于我读书不加选择，因而也读了一些枯燥无味、内容很平庸的书，但我从来没有看过下流的淫书。推究其原因，这完全是由于我天生的性格使然，而不是由于拉·特里布（她在各方面都是挺随和的）出于审慎而不借那些书给我看。不过，有时候为了夸那些淫书写得多么精彩，她也神秘兮兮地向我提到那些书的名字；然而，正是她那副神秘的样子使我拒绝看那些书，因为我不喜欢也不好意思看这类书。我素来腼腆，所以在三十岁以前没有看过任何一本上流社会的女人认为不正经而只能悄悄看的黄色小说。

不到一年工夫，我就把拉·特里布小铺子里的书全都看完了，因此在闲暇的时候便觉得十分无聊。由于我喜欢读书，所以改掉了我的小孩子脾气。尽管我读书不加选择，而且往往还看了不少坏书，但读书使我的心养成的高尚情操比我的学徒生活使我沾染的恶习多得多。由于我对我身边的一切全都不感兴趣，而感兴趣的东西又离我太远，所以总找不到任何一样东西使我的心得到安慰。我早已骚动的情欲使我感到我需要寻找一种享乐，尽管这种享乐我迄今甚至连想都没有想过它是什么样子。我对这种乐趣的真正内容的缺乏了解，和我对性的缺乏了解是一样的。我现在已经成年，进入了青春期，所以有时候也回忆我过去的那些荒唐事，但仅此而已，从来没有超过这个界限。在这种奇怪的情况下，我冲动不已的想象力终于想出了一个办法，既挽救了我的身体，也使我日益增长的情欲冷却了下来。这个办法是：尽量回想我在书中读到的那些使我深感兴趣的事情，我把它们加以综合和变化，使它们为我服务，使我成为我所想象的那种人物，经常处于按照我的兴趣设想的有利地位，让我在这种胡思乱想想出来的环境中忘却我当前极端不喜欢的真实环境。由于我喜欢我所想象的那些事物，再加上经常胡思乱想，结果使我对周围的一切感到厌烦，养成了喜爱孤独的性格，而且从这个时候起，这种性格就一直没有改变。读者将在本书中多次看到这种性格的奇异后果。这种性格，表面上看起来是那样的厌世和忧郁，但实际上它是来自内心真诚的爱和温柔的情谊。由于它找不到与它相似的心，所以它只好在幻想中去安慰自己。目前，我只需指出这种改变我种种欲念的性格产生的根由和第一原因就够了。由于这种性格能使我的欲念自我克制，所以我这个人从不希冀过奢，不喜欢四处活动。

我就这样不知不觉地满了十六周岁；我成天焦虑，对我周围的一切和我自己都不满意，既不喜欢我的学徒生活，也没有我这个年龄的孩子的欢乐心情。我心中充满了向往，但又不知道我具体向往的是什么事物。我经常无缘无故地哭泣、无缘无故地叹息。由于看不到周围有任何一样能使我喜欢的事物，我就只好深深地沉浸在幻想里。每逢星期天，做完礼拜以后，伙伴们都来找我和他们一起出去玩，而我往往是能推辞就推辞、能躲避就躲避。不过，一旦我参加了他们的娱乐，我就比谁都玩得更起劲，比谁都玩得更高兴；这时候，让我休息，我也不休息，要我停止，我也不停止。我一贯的脾气就是这样。当我们到城外去散步的时候，我总是一直往前走;如果别人不提醒我,我连何时该回城,也会忘记的。我有两次回不了城,因为我还没有走到城门边,城门就关上了。第二天该受到怎样的责罚,人们是可以想象得到的。在我第二次没有按时回城回到师傅家的时候,师傅便警告我说:如果再犯第三次,一定会从重惩罚。于是,我下定决心今后不再去冒回不了城的风险。然而,这可怕的第三次,还是终于发生了;尽管我十分小心,注意回城的时间,但还是没有逃过这个劫难,因为那个名叫米鲁托里的该死的队长,在他守门的时候,总比别人提前早关半小时。那天,我同两个伙伴一起回城,在离城半里远的地方,我就听见通知士兵关门收队回营的号声响了。于是,我加快步伐;接着又听见敲鼓的声音,我便拼命地跑,跑得气喘吁吁、满身是汗、心怦怦直跳。我老远就向站岗的士兵一边使劲叫喊,一边拼命地跑,可是还是晚了。在离第一道岗哨二十步远的地方,我看见第一道吊桥已经吊起来了,看见那可怕的吊桥桁架高高地翘立在空中,我便全身战栗,因为这个兆头大不吉利,它预示着从这个时候起,我将不可避免地命途多舛、前途吉凶难定。

我心急如焚,不知如何是好。我倒在护城河的河堤上,攥紧拳头使劲捶地。我的两个伙伴对于这倒霉的事情一个劲儿地好笑,并拿定了他们的主意;而我也拿定了我的主意,只不过我的主意与他们的主意完全不同。我当场决定,发誓从此不再回到师傅家。第二天,城门打开后,在那两个伙伴回城的时候,我向他们道别,只求他们把我的决定悄悄告诉我的表哥贝尔纳,并告诉他可以和我再见一面的地点。

自从我当学徒以后,由于住的地方离表哥家太远,所以就很少见到他，只是在星期天我们才聚会几个小时。但是后来由于每个人都不知不觉地已经各有所好，所以见面的机会就更少了。我认为，产生这一变化的原因，大部分是由于他的母亲从中作梗的缘故。他是一个上城[①]的孩子，而我是一个可怜的学徒，已不再是圣热尔维区[②]的孩子，我们之间的身份已经悬殊，他再和我交往，就有失身份了。不过，我们之间的联系还一直未间断过。他是一个天性善良的孩子，尽管他母亲管束甚严，他有时候还是按照他自己的良心行事的。一得知我的决定后，他马上快步跑来看我。不过，他来的目的，不是让我放弃我的决定或者与我一起走，而是送我几件小礼品，以备我在逃亡途中使用，因为我自己手中的钱花不了几天就会花完的。在他送我的礼品中，有一把我挺喜欢的短剑。这把剑，我一直把它带到了都灵。在都灵，因生活所迫，我就把它卖了，把卖得的钱用来买食物填肚子。后来，我对他在这关键时刻对我的态度愈加思索，便愈觉得，他这样做，是他母亲的主意，说不定还有他父亲的主意；这不可能出自他本人的心意，因为，要是他自己做主的话，他至少会说几句劝我不走的话，或者与我一起逃跑，然而这两种情况都没有发生。从他的表情看，他是在鼓励我执行我的计划，而不是劝我打消我的念头。最后，他见我的决心已定，便与我道别，只干巴巴地挤出了几滴眼泪。从此以后，我们彼此既没有互通书信，也没有再次见面。这是一件令人很遗憾的事情。我的表哥天性憨厚，对人十分和气，我们两人的性格非常相投，一

① 指日内瓦城中心圣彼得大教堂周围，为权贵和富豪等上等人家居住的地区。——译者

② 一般中下层家庭居住的地区。——译者

直是互相友爱的。

在我开始远奔他乡、听天由命地闯荡前途以前，请允许我稍微这样假想一下：要是我遇到的是一个好师傅，我的命运又将如何呢？我认为，再没有什么事情比在某些行业里当一个好手艺人，过着虽默默无闻但十分安定的生活，例如日内瓦的雕刻师过的那种生活，更适合我的性格，更令我幸福的了。干这门职业，虽不能发大财，但收入相当丰厚，可以让我十分舒适地生活，从而不但使我在这一生中不至于有什么过多的奢求，而且还有更多的闲暇从事我喜欢做的事情，满足于我小小的天地，而不去追求什么更大的发展。我有相当丰富的想象力，足以使我用各种各样的幻想来美化我的生活。我的想象力也是相当强烈的，可以使我随心所欲地一会儿过这种状态的生活，另一会儿又过另一种状态的生活，至于我实际上究竟过的是什么生活，我是不大在乎的。想以我当时所处的地位平步青云达到较高的地位，虽不难，但我不愿意花力气去做。由此可见，最适合于我的职业，是最简单的职业，是最用不着操心劳神的职业，是最能够保持精神自由的职业，而我当时从事的，正是这种职业。按照我的性格与我喜欢的工作和适合我心意的社会环境来说，我是满可以在我信奉的宗教中，在我的祖国和家人的怀抱里，在我的朋友中，度过平静和幸福的一生的：我完全有可能成为一个好基督徒、一个好公民、一个好家长、一个好朋友、一个好工人、一个从各方面说来都好的人。我热爱我的职业，并将为它争光；在度过了虽默默无闻、十分平凡但却非常安然和幸福的一生之后，我将平静地死在我的家人的怀抱里。毫无疑问，虽然我不久就会被人遗忘，但人们只要一想到我，就一定会怀念我的。

然而,事情的发展不是这样的……事情的发展究竟是怎样的呢? 唉! 各位读者,请让我先不忙谈我这一生中遇到的苦难,因为这类伤心事,我往后向你们叙述起来,是三天三夜也说不完的。

第　二　卷

(1728)

正如逃跑的计划涌上我心头那一瞬间使我感到十分忧伤，同样，开始执行这一计划的头一刹那也使我非常振奋。那时候，我还是个孩子，远离故土、远离亲友、无依无靠，又没有生活来源；只学了一半就丢下我所学的手艺，手上的技术还不足以让我靠它谋生；前途艰险而又不懂得任何一个应付艰险的办法。在这么幼弱无知的年纪必然会遇到各种各样坏人和坏事的诱惑，做许多错事，掉进他人布置的陷阱，受他人的奴役，甚至会丢掉性命或戴上比从前更难以忍受的枷锁：我今后面对的，就是这些现实；我要认真考虑和应付的，就是这样的前景。但愿我今后遭遇的，不是我想象的样子！当时，我唯一感到欣慰的，是我获得了独立，我完全自由了，自己能做自己的主人了。我认为，我今后什么事情都可以做，而且做得很好。我只要一往无前，就可以直冲云霄，在空中翱翔。我信心十足地进入广阔的世界，在这个世界里大展身手。我每到一地，都有人请我赴宴，都可以找到财宝，遇到许多热心帮助我的朋友和向我大献殷勤的女人。只要我一出现，就可以引起世人对我注目。不过，我并不需要所有的人都注意我，我只要一部分人注视我就行了。对我来说，只要有一群讨我喜欢而不令我感到不快的朋友就够了。我尽量低调行事，把活动限制在一个狭小而精心选择的范围里。我最大的愿望是：住在一个城堡里，受到城堡主人和夫人的宠爱，得到小姐的欢心，成为她的哥哥的朋友和邻人的保护人，这样，我就心满意足别无他求了。

怀着这样一个小小的奢望，我在日内瓦城周围转悠了几天，晚上住在我认识的农民的家里，他们都很热情地接待我，对我的态度，比城里人好得多。他们欢迎我：让我在他们家里住，在他们家里吃，对我的盛情之浓厚，使我感到受之有愧。他们是热情款待我，而不是对我行施舍，因为在他们的表情上丝毫没有一般施主的倨傲样子。

我一路转悠，漫无目的地一直走到了离日内瓦两法里[1]的萨瓦境内的孔菲涅翁。这里的神甫名叫德·朋维尔。这个曾经在共和国的历史上煊赫一时的名字，引起了我的兴趣，我很想去瞧一瞧这些用勺子吃人肉的先生们[2]的后人是什么样子。于是，我便到朋维尔先生的家，登门拜访。他很客气地接待我，并对我讲述了日内瓦城里的异端邪说和圣母教会的权威，还留我吃了一顿晚饭。对于他以这种方式结束的谈话，我没有什么话好说，但我发现，以那样丰盛的饭菜招待客人，在日内瓦起码要大教士才能做到。不过，我认为，尽管他是一位神甫，但我的学问比他大；由于我是一位客人，我当然不会以神学家自居，不会与他辩论宗教问题，何况我

① 指古法里；一古法里约等于四公里。——译者

② 指17世纪萨瓦公爵手下的一帮食客；他们曾夸口说是要用勺子一勺一勺地吃信奉新教的日内瓦人的肉。——译者

喝的是他的味道特别甘醇的弗兰吉酒，更不好意思发表意见，把一个如此好客的主人说得哑口无言了。因此，我只是一个劲儿地哼哼哈哈、点头称是，也就是说我至少在表面上没有驳他。也许有人根据我这样做法便说我为人虚伪。人们的看法错了；因为我这样做，只不过是出于忠厚之心而已；这是真的。随声附和，或者说得更确切一点儿，迁就别人的意见，并不见得是一件了不起的坏事，而且就年轻人来说，还往往是一种美好的德行。他以盛情待我，我也要以热情对他。我之所以一个劲儿地点头表示他说得对，不是为了欺骗他，而是为了不扫他的兴，不以恶意报答他的好意。德·朋维尔先生热情接待我、款待我、力图说服我，这对他有什么好处呢？除了对我本人有好处以外，对他是一点儿好处也没有的，我幼稚的心当时就是这么认为的。我对这位神甫充满了感谢和尊敬的心情；我虽然认为我比他高明，但我不愿意用显示我的才华的办法来伤害他的好客之心。我这样做，丝毫没有伪善的动机。我从来没有想过改变我的宗教信仰，我不仅在短期内没有改宗他教的想法，而且一想到这一点，我便感到十分厌恶，所以在很长一个时期内使我讨厌与人谈论这件事情。我虽然尽量不让那些来劝说我改变信仰的人感到不快，但我只是敷衍应付。对于他们的好意，我不能当面拒绝；我要用表面上显得没有主见（实际上我是有主见的）这个办法，使他们抱有成功的希望。在这一点上，我的错误同那些正经女人的故作姿态是一样的：她们有时候为了达到自己的目的，便含糊其辞，既不许诺什么，也不答应什么，让你以为可以从她们身上得到什么，但实际上你从她们身上什么也得不到。

无论是从理性还是从怜惜心出发，或者从道义上考虑，人们不仅不该赞同我这种任性的行为，反而会劝说我不要去冒前途的危险，并把我送回家的。这才是一个真正有德之人应该做的或试图做的。然而，德·朋维尔先生虽然是一个好人，但并不是一个有德之人；恰恰相反，他是一个虔诚的天主教徒，除了敬拜神像和念经书以外，其他什么都不会。他是这样一个传教士：为了宣扬他的信仰，除了写些小册子来诋毁日内瓦的牧师以外，便想不出别的更好的办法。他不但不打算把我送回家，反而利用我想远走高飞的念头，一个劲儿地撺掇我，使我处于即使想回家也无法回去的境地。他这样做的后果，必然会把我推入火坑或者使我去当沿街乞讨的叫花子；这一点，他恰恰没有看到。他看到的是：他挽救了一个异教徒，并使之皈依了天主教。至于我往后是当好人还是当无赖，在他看来，这没有关系，只要我去做弥撒就行了。人们不要以为这种想法只有天主教徒才有，其实，其他一切死守教条的教会的教士都是这样。在这样的教会里，他们关心的不是一个人做什么，而是看他是否忠于信仰。

“上帝在召唤你，”德·朋维尔先生向我说道，“你到安纳西去；到了那里，你将见到一位非常仁慈的夫人。由于国王的恩典，她现在有能力帮助那些像她那样误入歧途的人走出迷津。”他指的是新近皈依天主教的华伦夫人。实际上，这位华伦夫人是被教士们逼使她和一个背叛信仰的无赖分享撒丁国王赏赐的每年两千法郎的年金的。让我去求助于一位善心的夫人，这使我感到非常惭愧。是的，我希望人们供给我食宿，但我不愿意他们对我进行施舍，何况我去求助的是一位女教徒，我就更不乐意了。然而，由于德·朋维尔先生一再催促我，再加上我饥饿难熬，何况去旅行一趟，而且是有目的的旅行，也是一件很惬意的事情。于是，尽管有点儿勉强，但我最后还是决定启程到安纳西去。我本来一天就可以走到的，但我并不急于赶路，走了三天才到安纳西。我一路上东张西望，每见到一座大宅第，就走了过去，以为在那里准可以碰上什么奇遇。然而，由于我胆子小，不仅不敢贸然进大宅第的门，连敲门的勇气也没有，只能站在一扇看起来很漂亮的窗子下边唱歌。但令我吃惊的是：唱了那么久，把嗓子都唱破了，也没有看到一位夫人或小姐被我美妙的歌声和好听的歌词吸引，把头伸出窗口听我唱我的伙伴们教我唱的歌：这些歌的歌词和调子都很美，而我也唱得非常之好。

我终于到了安纳西，见到了华伦夫人。我一生中的这个时期决定了我的性格，因此我不能略而不谈。那时候，我正好十六岁半，虽然不是人们所说的那种美少年，但我小小的身材长得很匀称；我的脚很好看，两腿也很壮实，神态潇洒，很有精神；我的嘴很小，眉毛和头发很黑，两只眼睛虽小而且是凹陷的，但却放射出我热血奔腾的光芒。可惜这一切，我当时不知道；在我这一生中，及至我想到可以利用我容貌上的这些优势时，已为时太晚。当时，我不但因年龄小而十分害羞，同时还由于我天性平和而胆怯，生怕自己有使别人不快的地方。尽管我读了相当多的书，但我从来没有见过世面，根本不懂社交的礼仪；我的知识不仅不能弥补我的不足；反而使我更加害怕，感到我在这方面的缺陷实在太多。

由于我担心和华伦夫人见面时不能引起她的好感，我便利用我善于写作的长处，用演说家的口气给她写了一封措辞优美的信，把我从书上学到的句子和我学徒时候学到的词儿，全都用上了。

为了博得华伦夫人的欢心，我施展了我所有的才华。我把德·朋维尔先生的信附在我的信里，怀着诚惶诚恐的心情去见华伦夫人。我去的时候，她不在家；人们告诉我说：她刚走，到教堂去了。这一天，是1728年圣枝主日[①]。我跑步去追她：我看见她了，我走到她身边，对她说……我永远记得我和她那次见面的地方，后来我曾多次去把我的眼泪洒在那里，并亲吻那里的土地。我真想用一道金栏杆把那块幸福的地方围起来，让全世界的人都来瞻仰它！我深信，无论是谁，只要他一贯敬重纪念人类得救的建筑物，到了这里都会顶礼膜拜的。

她的住宅后边有一条小路，右边有一座花园，在花园与房子之间有一条小溪；左边的院墙有一个便门通向方济各会的教堂。华伦夫人刚要进门的时候，听见我的声音便回过头来。我一见到她，简直把我惊呆了！我原来以为她是一个面目可憎的丑老太太，因为德·朋维尔先生口中所说的善良的女人，在我的想象中必然是这个样子。然而我现在看到的，却是一位面貌楚楚可人的美女：一双目光温柔的蓝眼睛，白嫩的皮肤，两乳高耸，胸脯美得简直令人销魂。我这个年轻的信徒一眼就把她上上下下打量个遍；我登时就看入了迷，成了她的俘虏，而且深深相信：用她这样的传教士来宣扬宗教，是一定会把人领入天堂的。她面带微笑，接过我用哆哆嗦嗦的手向她递交的信。她把信打开，先匆匆看了一下德·朋维尔先生的信，然后看我的信。她从头看到了尾，而且，如果她的仆

① 宗教节日，在每年复活节前的一个礼拜天。文中的“这一天”为1728年4月12日，是日为1728年的圣枝主日。——译者

人不催她进教堂的话,她还要重看一遍的。“啊!我的孩子,”她用令我战栗的声音向我说道,“你这样小小年纪就四处流浪,这太可惜了。”还没有等我答话,她接着又说:“到我家去等我,让我家里的人先给你一点儿东西吃,等我做完弥撒就回来和你谈话。”

路易丝-艾里欧洛尔·德·华伦是沃州韦维城古老的贵族拉都尔·德·庇勒家的一位千金。她年纪很轻的时候便和洛桑的卢瓦家的维拉尔丹先生的长子华伦先生结了婚。他们婚后没有生育子女;这桩婚事并不美满,再加上家庭的一些烦心事,华伦夫人便乘维克多-阿麦德国王驾临艾维安之机,抛弃了她的丈夫、家庭和亲友,像我这样凭一时的冲动,就搭船过湖去拜谒这位国王。不过,每当她后来回想起她当时的冒失做法,她还是很懊悔的。那位喜欢假装热心肠的天主教徒国王,立刻答应当她的保护人,并每年给她一笔一千五百彼埃蒙利弗尔的年金。就一个不爱挥霍的国王来说,拿出这么一笔钱,也是够多的了。后来,当他听说有人以为他这样对待华伦夫人,是因为他爱上了她,于是,便派自己的卫队把她护送到安纳西。在安纳西,在日内瓦正主教米歇尔-嘉布里埃尔·德·贝尔勒的主持下,她在圣母访问会女修道院宣誓弃绝新教,改宗天主教。

我到安纳西的时候,她已经在那里待了六年了。她是本世纪开头那一年诞生的,这一年正好二十八岁。她的美,不在容貌上,而在风度上,因此,她的美能经久不衰,永远保持着少女时候的风采。她的态度和蔼可亲,目光温柔,时时流露出天使般的微笑。她的嘴和我的嘴一般大;她灰白色的头发,与别人的灰白色头发不一样,因为它们有不同寻常的美,漫不经心地随便一梳,便特别吸引人的眼球。她的个子不高,甚至显得有点儿矮小,体态微胖,但没有一点儿不匀称的地方。我再也没有见到过哪一个女人的头、胸脯、手和胳膊是像她的头、胸脯、手和胳膊那样好的了。

她所受的教育很杂乱;她同我一样,刚出生就失去了母亲,因此,别人教她什么,她就不加选择地学什么:她从她的家庭女教师那里学一点儿,从她的父亲那里学一点儿,从学校的老师那里学一点儿;她从她的几位情人那里学到的东西比较多,尤其是一位名叫塔维尔的先生教她的东西特别多。此人很有见识和学问,知道怎样用他的见识和学问去培养他所喜爱的女人。她所学的东西是那样的杂乱,因此往往互相冲突、互相抵消,再加上她又不善于梳理和归纳,所以她所学到的那些杂七杂八的东西,反而不能增益她天生的智慧。尽管她只学了一点点儿哲学和物理学原理,跟她父亲那里学了一点儿经验医学和炼丹术,能配制一点儿酏剂、酊剂、清凉油和冲剂,她便自以为完全掌握了制造这些东西的诀窍。那些江湖骗子和走方郎中便利用她这个弱点捉弄她、欺骗她,成天搞什么炼丹和配制药剂,结果,既花光了她的钱财,又败坏了她的天资、才能和风韵,而她的天资、才能和风韵是本来可以使她跻身于上流社会的。

不过,虽说那些坏蛋利用她所受的杂乱无章和引导无方的教育搞乱了她的头脑,但她善良的心却丝毫没有受到影响:她的心依然是原来那个样子;她和蔼可亲的性格,她对穷苦人的同情和为人的厚道与愉快开朗及率真的脾气,一点儿也没有改变,甚至到晚年处于贫病交加和遭受各种各样打击的时候,她也始终保持着她善良心灵的宁静,直到临终时依然像她风华正茂时那样快乐。

她的错误，来源于她生性好动；她有使不完的精力，成天总想找点事情做。她想做的事，并不是一般女人搞的那些零七八碎的活动，而是大事业和指挥他人。她就是为了干一番轰轰烈烈的大事而生的。德·隆格维尔夫人[①]要是处在她这种地位，充其量只不过多卖弄一点儿风骚，而她要是处在德·隆格维尔夫人的地位，准定是一位治国的干才。她怀才不遇；如果她身居高位，她的才能是一定会使她赢得许多荣誉的。可惜她那时所处的地位，她的才能反而把她毁了。她好大喜功，总想把什么事情都做大，然而，由于她采用的方法不切实际，因此往往是心有余而力不足，最后由于他人的过错，她办的事情总是以失败告终；他人毫无损失，而她自己却落得倾家荡产。她这种喜干大事业的雄心壮志，虽给她带来了许多灾难，但至少也给她带来了一个好处：打消了她原来想按别人的劝说在修道院终其一生的念头。单调无味的修女生活，在休息室里无聊的谈话，这岂能使一个心思灵活的女人感到欢喜!？她每天都有新的主意；她需要自由，以便实现她想办的事情。好心的贝尔勒主教的才智虽不如弗朗索瓦·德·萨勒那样好，但在许多方面都与弗朗索瓦·德·萨勒相似。他称华伦夫人为他的女儿，而华伦夫人在各方面也确实像尚达尔夫人[②]。要不是她好动的个性使她不喜欢修道院的闲逸生活而一直留在修道院隐修的话，她

① 德·隆格维尔夫人（1619—1679）：德·隆格维尔公爵的夫人。在投石党反对路易十四的首相、红衣主教马萨林独揽朝政和推行中央集权的运动中，德·隆格维尔夫人曾积极参加，并起了很大的推动作用。——译者

② 尚达尔夫人（1572—1644）：天主教著名的修女，1710 年与弗朗索瓦·德·萨勒主教一起在安纳西创建了圣母访问会女修道院，并任该院院长；她与萨勒主教彼此常以父女相称。——译者

就更像尚达尔夫人了。尽管一个新皈依的女教徒在主教的指导下潜心修行是应该的,但这个可爱的女人不愿意遵守那些琐碎的礼仪和规矩。这不能说她缺乏热诚;不论她改变信仰的动机何在,但她对她新皈依的宗教的心,是真诚的。她虽后悔自己犯了一次错误,但她从来不想回过头去弥补这个错误。她不仅死的时候是个好天主教徒,而且她这一生都是忠于她的信仰的。我深深了解她的内心;我敢断言,她之所以从未在公众面前表现过虔诚的样子,完全是由于她讨厌那些装模作样的假虔诚的缘故。她的虔诚是真心实意的,用不着假装。不过,这里不是详细谈她宗教信仰的地方,所以等以后有机会时再说。

既然有些人否认世上真有心心相印和一见钟情的事,那我就要请他们给我解释一下(如果他们能够解释的话):为什么通过第一次见面、第一句话和第一道目光,华伦夫人就不仅在我心中引发了我对她的强烈的爱恋,还引发了我对她的完全信任,而且这种信任此后就一直没有改变过。我对她的感情是真正出自爱情,而那些研究我们爱情故事的人对此却持怀疑态度;既然如此,我就要问他们:为什么这种感情从它产生之时起又伴随有内心的平静和克制呢?为什么在我第一次接触一个和蔼可亲而又光艳照人的女人的时候,在我接触一个我从未见过的身份比我高的女人的时候,接触一个我的命运在某种程度上将取决于她对我是否感兴趣的女人的时候,我怎么会立刻感到无拘无束,好像有充分的信心能讨得她的欢心呢?我怎么一点儿也不感到心慌、羞涩和手足无措呢?我这个天生就腼腆而又从未见过世面的人,为什么从第一天第一瞬间起,就好像和她有了十年交情那样十分随便和亲昵呢?世界上哪里有既不患得患失而又无情欲的情人？（我承认我是有情欲的）人们不是都想知道所爱的对象是不是爱他们吗？可是，这个问题在我这一生中从未想到过要向她提出；我只问我自己是否爱她，而她也从来没有向我试探过我在这方面的态度。是的，对于这个迷人的女人，我心中是有某些奇怪的感觉的，读者在后文中将看到许许多多出乎意料的怪事。

现在要谈论的，是我今后怎么办。为了从容不迫地谈论这件事情，她留我和她一起吃饭。这是我一生当中第一次吃饭的时候毫无食欲，连侍候我们吃饭的女仆也说这是她第一次看见一个像我这样年纪、身体这么好的旅客吃饭竟这么没有胃口。女仆的这个话，并没有使她的女主人对我有什么不好的印象，但却提醒了一个与我们一起吃饭的大胖子，于是，他毫不客气，像风卷残云似的把足够五六个人饱餐一顿的饭菜一扫而光。其实，我此刻是因为陷入了心醉神迷的境地，所以才无心吃东西。我的心充满了一种全新的感觉，它占据了我的整个灵魂，使我不再去想别的事情了。

华伦夫人想详细了解一下我以往的经历。为了向她讲述我过去的事情，我又恢复了我在师傅家中早已失去的勇气。我愈是使这个好心的女人对我产生好感，她便愈是对我今后的命运表示担心。她的表情、她的目光和她的一举一动，都显示出她对我是十分同情的。她不敢劝我回日内瓦；如果她这样劝我，将是一桩反天主教的大罪。她完全清楚：她的一举一动都是有人监视的；她的每一句话，都要被人家加以考核。谈到我父亲的痛苦时，她的声音那样动人，以致谁都看得很清楚：她是赞成我回到我父亲的身边的。她没有想到她无心说出的这番话，对她是多么不利，因为，我愈是发现她能说会道,句句话都打动我的心,我便愈舍不得离开她,何况我不回日内瓦的决心是早已下定了的。(这一点,我想我已经向她讲得很清楚了)我觉得,如果回日内瓦,那就会在她和我之间拉开一段永难逾越的距离,除非再来一次逃跑,否则,就再也不会见到她了;与其如此,不如现在这一次就坚决留在她身边不走。我的坚持,取得了成功。华伦夫人眼见她白费一番劲,也就不再多说什么,以免连累自己受人家的批评。于是,她用怜悯的目光看着我说道:"可怜的孩子,你应当到上帝召唤你去的地方。等你将来长大成人以后,你会想起我的。"我相信她本人没有料到她这句预言竟会一语成真,将会令人十分悲伤地成为事实。

困难依然存在,一个也没有解决。我这么年轻就离家出走,今后靠什么维持生活?学徒只学了一半,尚未完全学会我干的那个行业的手艺;即使完全学会了,到萨瓦来也是无法谋生的,因为这个地方太穷,用不起手艺人。那个把我们的饭菜都吃个精光的胖子,为了休息一下他的牙齿,便插话说他有一个来自上天的办法。然而,从后来发生的事情看,他说的办法,恰恰相反,不是来自上天,而是来自人。他说的办法是让我到都灵去,说那里有一个为教育准备行洗礼的人而开办的教养院。他说:到了那里,不仅我的肉体和精神都会得到拯救,而且还可在教会的关怀下找到一个适合我的工作。"至于旅费问题,"他继续说道,"只要华伦夫人向主教大人提出这一善事,他一定会乐意提供的,再加上男爵夫人的心肠是那么好,"说到这里,他埋头下去从菜盘子里叼了一块吃的东西,吃完之后继续说道:"必然会拿出一些钱来捐助这件事情的。"

我觉得靠人家的善心施舍,这实在令人难堪;尽管我心里很不是滋味，但我一句话也没有说。华伦夫人对他说的办法也并不十分热心，只淡淡地说：在资助旅费方面，每个人应量力而行，并说她回头就去找主教大人谈这件事情。可是那个大胖子，因为想从这件事情中捞到一点儿好处，所以生怕华伦夫人不按照他的意思去谈，于是马上跑步去通知主管神甫，把神甫说得满口应承照他的话办，及至华伦夫人去向主教大人说明让我到都灵的办法不妥时，她发现，事情已成定局，全都安排好了，而且主教大人当时就把给我的那一点点儿旅费交给了她。她不敢坚持让我留下，因为我的年龄已经不小了，而像她那样年龄的女人想把一个青年小伙子留在身边，是不妥当的。

我的行程就这样由那些关心我的人全都安排好了，因此我只好服从，而且没有什么怨言。尽管都灵比日内瓦远，但我认为，它既然是首府，它和安纳西的关系，总比与一个不同国家和不同宗教的城市的关系更密切，何况我是为了服从华伦夫人的意见才去的，所以觉得自己依然是在她的指导下生活，这反而比生活在她身边好，何况去做一次长途旅行，这正合我已开始萌生的喜欢到处游荡的癖好。一想到像我这样小小年纪就去翻越群山，一举便超越了我那些伙伴，登上阿尔卑斯山最高峰，这也是一件很快意的事情。周游各地，这对一个日内瓦人来说，是一个难以抗拒的诱惑，于是我就表示同意了。我在前边所说的那个胖子打算两天之后就同他的老婆一起动身；人们把我托付给他，同时把我的旅费（其中还有华伦夫人悄悄给我的几块钱）也交给他。在华伦夫人对我千叮咛万嘱咐地说了好些叫我一路小心的话之后，我们于复活节前的星期三启程了。

在我离开安纳西的第二天，我的父亲便同他的朋友里瓦尔先生风尘仆仆地赶到安纳西来找我。同我的父亲一样，里瓦尔先生也是一个钟表匠。此人很有才情，爱写诗，他的诗比拉莫特还写得好，而且跟拉莫特一样，能说会道，口才极佳；特别是，他为人十分诚恳，只可惜他的文学才能没有得到适当发挥，结果，只把他的一个儿子培养成一个喜剧演员而已。

我的父亲和里瓦尔先生见到了华伦夫人，只和她一起为我的命运担忧和痛哭一场之后便离开了安纳西，而没有来追赶我。其实，如果他们来追赶，那是很容易就可以追上我的，因为他们是骑马，而我是步行。同样的情况也发生在我的贝尔纳舅舅身上：他到孔菲涅翁去找我，得知我到安纳西以后，便从孔菲涅翁返回日内瓦了。看来，我的这几位亲人是同我的主命星串通好了让我去闯荡前途难卜的命运的。我的哥哥也是这样由于亲人们的疏忽而消失得杳无音信，不知所终的。

我的父亲不仅是一个爱荣誉的人，而且是很正直的人。他性格刚强，素重美德；他是一位慈爱的父亲，尤其是对我，更是无比慈祥。他疼爱我，但也同时喜欢他所追求的那些乐趣。不过，自从我离开他以后，他的那些乐趣便使他的父爱渐渐淡漠了。他在尼翁又结了婚，尽管他的妻子已经到了不能再生儿育女的年龄，但她有其他的亲属，这就使他有另外一个家庭、另外一些事务和另外一种新的生活，因而就不怎么想念我了。我的父亲晚年并没有供他养老的财产，而我和我哥哥有我母亲给我们留下的一点儿遗产；在我们离家以后，这笔遗产的收益就归我父亲所有了。他虽然没有只关心这笔钱而不尽他做父亲的责任，但此事对他不知不觉地产生了一些影响，减弱了他本可以更加恪尽父责的热情。我认为，他之所以追我追到了安纳西，而不继续追到尚贝里，其原因就在于此，因为，他很清楚，要是他追到尚贝里的话，是一定会追上我的。自从我离家出走以后，我也常常去看他，但我每次去，他只对我表示父亲的亲热，而不设法挽留我，让我留在他身边，这当中的原因，也为的是享用那一点点收益。

一个在我的心目中是那么慈爱和重美德的父亲的这一行为，引起了我的深思，使我深刻反省我自己，从而大大帮助了我保持心灵的宁静，因为我从其中归纳出了这样一个重大的道德原则（这很可能是唯一具有实践意义的原则）：我们要避免卷入使我们的义务与我们的利益发生冲突的事情，避免从他人的灾难中获得好处。在这类事情中，如果不尽量避免的话，那么，不论一个人的心地是多么真诚，他迟早都会不知不觉地堕落下去，在行为上做出不公正和邪恶的事情，即使他的心依然是公正的和善良的。

这一深深刻画在我心灵深处的原则，我虽奉行得稍晚了一些，但它始终指导着我的一切行为，因此使我在公众面前，尤其是在我的朋友当中，总显得行事十分古怪。有些人说我总想独树一帜，总想行事与众不同，但事实上，我既没有想过行事要与他人一样，也没有想过行事要与他人不同。我心中真诚希望我做的事都是好事；我尽力避免卷入使我的利益与他人的利益发生冲突的事情，以免暗中产生（虽然不是有意的）巴不得那个人倒霉的念头。

两年前[①]，元帅先生[②]要把我的名字列入他的遗嘱中的财产继

① 据巴黎波旁宫图书馆收藏的手稿本上卢梭的批注，指“1763年”。——译者

② 指纳沙泰尔总督乔治·凯特元帅。——译者

承人之一，我极力反对。我告诉他：无论给我多少财产，我都不愿意把我的名字列入任何人的遗嘱里，尤其不愿意列入他的遗嘱里。他同意了我的意见。现在他打算给我一笔年金，我没有反对。也许有人会说这是因为这个办法对我更有利，所以我才没有反对；也许是这样的。不过，我的恩人和长辈啊，万一我不幸死在你的后头，我知道，你一死，我就失去了一切，我是什么也得不到的。

在我看来，这才是好哲学，唯一真正通达人情的哲学。我每天都对它的深刻哲理有新的体会，并在我晚近的几本著作中反复用不同的方式论证它的真理。这一点，那些见识浅薄的人是很难领会到的。如果我在完成这部著作之后，我的余年还允许我再写一部书的话，我就要在《爱弥儿》的续篇[①]中以生动的例子再次论证这个原则，使读者不得不注意它。不过，一个正在旅途中的人谈了这么些回顾过去的话，已经是够多的了；现在该上路，继续前进了。

旅途的经过，比我想象的要愉快得多。那个胖子并不像他外表上看起来那样粗鲁；他是一个中年人，灰白的头发拢在后脑勺儿扎成一个辫子，样子像一个投弹手。他的嗓音粗大，性格相当活泼；他能走，更能吃；他样样行当都干过，但哪一门行业他也不精通。我记得他好像说过他原想在安纳西开办一家制造什么东西的作坊，华伦夫人当然表示支持，他现在到都灵去（路费当然是别人提供的）是为了获得一位大臣的赞同。他很有手腕，把神甫们哄得

① 指《爱弥儿和苏菲》（见卢梭：《爱弥儿》下卷，李平沤译，商务印书馆 2001 年版，第 742—794 页）。这个“续篇”没有写完，因为卢梭在晚年写《对话录》和《一个孤独的散步者的梦》这两部作品时，“愈写愈忧伤，愈写愈发挥，腾不出手来”继续写完这个续篇。——译者

团团转，装出一副愿意为他们效劳的样子。他跟神甫们学会了一套虔诚信教的语言，而且把这种语言翻来覆去地讲，自以为是一个了不起的传道士。虽然他只会《圣经》中的一段拉丁文，但却装作他会一千段似的，因为他每天都把它重述一千次。此外，只要他一发现别人钱袋里有钱，他就不愁没有钱花；虽不能说他是一个骗子，但足可以说他是一个老滑头。他摇唇鼓舌，把一些陈词滥调的说教话花样翻新，最后总能把一些人引入他设下的圈套。看他的架势，真活像当年手持短刀宣传十字军的隐修士皮埃尔。

至于他的老婆萨布兰太太，她的确是一个挺不错的女人，只不过白天虽表现得很文静；但夜里却很不老实。我和他们同睡一个房间，她那窸窸窣窣的动作声经常把我吵醒。如果我那时知道这声音是干那种事儿的声音的话，也许就会把我搞得彻夜难眠了；幸亏我那时没有往这方面想，我对这方面的事傻乎乎地一点儿也不懂得，这要等到后来由大自然来启发我了。

我快快乐乐地和我这位尽职尽责的向导与他性格随和的妻子继续前进。一路无话。我的身体和精神都沉浸在我有生以来最幸福的状态中。那时候，我年纪轻、精力旺盛、身体健壮、无忧无虑，对我自己和他人都充满了信心；在我的生命中这一短暂但很珍贵的时刻，我感觉到我全身各部分器官都洋溢着充沛的活力，用我们生活中的乐趣把展现在我们眼前的整个大自然都美化了。我有时候虽感到不安，但内心是甜蜜的，因为我心中有了一个对象，使我不安的心情不至于发展到胡思乱想的地步。我的想象力集中于我心中的那个对象。我把我自己看作是华伦夫人的作品，看作是她的学生、她的朋友，甚至是她的情人。她对我说的那些动人心弦的话、对我疼爱的表示和亲切的关怀，以及她那含情脉脉的目光（她的目光中充满了爱，也激起了我对她的爱心）。这一切，使我在旅途中产生了许多遐思，好像此身已进入了美妙的梦境。尽管我对我的命运感到忧虑和惶惑，但我美妙的梦并不因此而受到影响。我认为，她之所以把我送到都灵，纯粹是为了让我到那里去找到一个谋生的办法和适当的位置。我从此再也不用操什么心了，因为他人已经为我全都安排好了。因此，我一路之上步履轻盈，没有任何思想负担，心中充满了青年人的欢乐和美妙前景。我所看到的一切，都好像是我未来的幸福的保证。在我的想象中，家家都在举办农村的盛筵；草场上到处有人在做欢乐的游戏，河里有人在洗澡，河边有人在散步、在钓鱼，树上结满了甘美的果子，树荫下边有人在亲密地幽会，山上摆着一桶一桶的牛奶和奶油，到处洋溢着宁静与悠闲的气氛和信步漫游的快乐。总之，所有一切映入我眼帘的东西，没有一样不使我心中感受到它的美。我所看到的景象既雄伟又美妙多姿；我心中的这种感受，表明我的理性已开始活跃，甚至还露出了某些爱慕虚荣的苗头：我这么年纪轻轻就到了意大利，走过那么多地方，踏着汉尼拔[①]的足迹翻越丛山峻岭，这一切，并不是每一个我这样年龄的人都能享受到的荣誉，何况沿途都住宿在很好的驿站，我胃口好，可以吃到许多好吃的东西。事实上，我也真的不客气，尽量放开肚皮吃，不过，同萨布兰先生的食量相比，我吃的那一点儿东西，就算不得什么了。

① 汉尼拔（公元前247—前183）：迦太基名将，曾多次率军转战意大利，击败罗马军。——译者

我回忆了一下，在我这一生中，像这次旅行这样接连七八天都无忧无虑地度过，这是唯一的一次。我们走路的步子，要按照萨布兰太太的步子来调整，因此这次旅行只能算是一次长途散步。对所有一切与这次旅行有关的回忆，特别是对那些山峦和徒步旅行之乐的回忆，给我带来了兴致勃勃的乐趣。我只是在我青年时候才徒步旅行过，而且在旅途中总是那么高高兴兴的。后来，由于事务缠身，又要携带行李，因此不得不像绅士那样坐马车旅行了。劳心劳神的忧虑、烦恼和麻烦都和我一起上了车。从此以后，不仅不像从前那样一心领略旅途中的乐趣，反而巴不得赶快到达目的地。我后来在巴黎曾经寻找了很久，想找两个像我这样爱好徒步旅行的朋友，每人预备五十个路易，并花一年时间，和我一起去周游意大利，只带一个仆人跟随我们，帮我们背行李。来找我的人很多，表面上对这个计划都感兴趣，但都只是口头上赞成，而不愿意付诸实行。我记得我曾经满怀激情地和狄德罗与格里姆谈过此事，并使他们采纳了我的想法，因而曾一度认为他们已经答应了，然而最后的结果是，他们只愿意纸上谈兵；格里姆想让狄德罗以此为题写一篇游记，借题发挥，发表反对宗教的言论，并让我替他顶罪，被关进宗教裁判所。

遗憾的是，我们转眼就到了都灵。不过，一想到我终于看到了一个大城市，而且不久就有成为一个体面的人的希望，所以我遗憾的心情也就被大大冲淡了。这时候，我脑子里已经升起了一股雄心壮志的烟幕；我认为我未来的身份将比我过去学徒的身份高许多倍；压根儿没有料到，没过多长时间，我的身份竟变得远远不如一个学徒呢。

我在前面谈了许多无关紧要的小事，并将在后面讲一些在读者看来是没有多大意思的事情，所以我要先请各位读者原谅，让我做一番解释之后才继续讲下去。既然决定要在书中将我原原本本地展现在公众面前，我就不能对公众有丝毫的隐瞒或表述不清楚的地方，我就应当继续不断地将自己置于公众的监视之下，让他们追查我心灵中的一切谬误和我生活中的一切见不得人的事情；就不能让我有片刻的隐藏，以免在我的叙述中有一星半点漏洞或空白，使读者心生疑问："他那时候干什么去了？"或者指摘我不愿意把事情的经过和盘托出，全都讲出来。所以我要在书中如实揭露人心的邪恶，绝不避而不谈，让恶人以为他们干了坏事无人知晓。

我身上带的那一点点儿零花钱，不知道何时不见了。只怪我说话不谨慎，泄露了秘密。我的粗心大意，让我那两个引路人得了一笔意外之财。萨布兰太太甚至把华伦夫人给我用来系在我的短剑上的银丝带也偷走了。在我失去的东西中，就数这条银丝带我最心疼；如果再不小心的话，说不定我这把短剑也会被他们偷走的。他们虽老老实实地支付了我一路的开销，但他们最后把我弄得囊空如洗；到都灵之后，我的衣服没有了，钱也没有了，连换洗的内衣也没有了，往后的命运如何，那就全靠我自己去闯荡了。

我把我身上带的介绍信交给收信人以后，他们便马上领我到志愿受洗入教者教养院去接受天主教的训导。我是为了混饭吃才入天主教的。一进教养院，我就看见一扇大铁栅栏门；我刚一跨进门，门马上就被关上，用两道锁锁起来。这样的开端，我感到是在强迫人，所以一点儿也不感到愉快。当我被领进一间大屋子时，我便开始思考起来。我发现屋子里空空荡荡的，只是在屋子的紧里边有一个木制祭台，祭台上有一个大十字架，周围有四五把椅子，也是木制的，看起来好像上了蜡，其实没有上蜡，只不过是经常有人坐，把它们摩擦得油光锃亮而已。大厅里有四五个面貌凶恶的壮汉，他们同我一样，也是来接受训导的。这几个家伙，与其说他们是志愿来做上帝的儿女，倒不如说他们是来做魔鬼的打手。他们当中有两个是克罗地亚人，他们自称是犹太人和摩尔人。他们告诉我：他们在西班牙和意大利到处流浪，哪里有饭吃，就在哪里入教和领受洗礼。这时候，有人打开了另外一道铁门；门一打开，便把正对庭院的那个阳台分成两半，从门外走进来几个女志愿受洗入教者。她们也像我一样，不是通过受洗，而是通过庄严宣誓弃绝原来信奉的宗教而获得新生的。这几个女人，全是下三烂的荡妇和沿街拉客的私娼；耶稣基督的羊圈①被这么下贱的人玷污，这在我还是第一次亲眼见到。其中有一个女子看起来还很漂亮和动人。她和我的年纪差不多，也许比我大一两岁。她两只眼睛的目光水汪汪的，有时候和我的目光碰个正着，因此使我很想结识她。早在三个月以前她就进了教养院，虽然后来她又在这里待了将近两个月，然而在这期间我根本就没有机会接近她，因为那位年老的女管教人寸步不离地看着她，那个神圣的教士又经常缠住她，虽然他的职责是使她改变宗教信仰，但他对她献殷勤的时候多，对她宣讲教义的时候少。除非她特别愚蠢（从面貌上看，她并不愚蠢），否则，她受教诲的时间是不需要那么长的。那位神圣的教士总说她还未达到宣誓改宗天主教的水平，然而她已过腻了这种禁闭式的

① 指教会。——译者

生活，一再说她无论如何都要离开这里，至于当不当天主教徒，没多大关系。那位神圣的教士感到事态严重，于是决定在她还答应当一个天主教徒的时候，让她宣誓入教，以免她一反抗起来，她就不愿意当天主教徒了。

为了欢迎我这个新来的人，为数不多的这几个志愿领洗者都被召集在大厅里，教士对我们说了几句简短的训诫的话，他要我不要辜负上帝对我的恩宠，并要别人为我祈祷，做我的榜样。接着，那几个女教徒便回到她们的静修室里去了。这时候，我才怀着吃惊的心情细细观看我所在的这个地方。

第二天上午，教士又把我们召集在大厅里进行了一番训诲，这时候，我才第一次开始思考我下一步该怎么办，并着重分析是什么原因促使我走上了这条道路。

我过去曾经说过，现在又要重复说的，而且将来还要说的一件日益使我深信不疑的事情是：如果世上真有受过良好的和圣洁的教育的孩子的话，那个孩子就是我。我出生在一个家风与一般人的家风不同的家庭里；我所受的教育，都是教人行事明智的教育；我看到的榜样都是长辈们的好榜样。我的父亲虽然是一个喜欢玩乐的人，但他不仅为人正派，而且有很虔诚的宗教信仰。他在社会上虽处处表现得很潇洒，但一回到家里却是一个态度严肃的信徒。他在我很小的时候就把他树立的道德观念灌输给我了。我的三个姑姑，个个都很贤惠；大姑和二姑是虔诚的信徒；三姑既长得漂亮，头脑又很聪明且很有见识；虽然她表面上不那么做作，但实际上也许比大姑和二姑还更虔诚。我从这样一个可敬的家庭到了朗伯西埃先生的家。朗伯西埃先生是一位教士和传道士，他内心的信仰是真诚的,他的言行是令人钦佩的。他的妹妹和他对我的循循善诱,在我的心中培育了他们认为应该向我灌输的宗教观念。为了达到这个目的,这两个可敬的人所采用的方法是那么的谨慎和合理,所以每次听他们讲道的时候,我不仅不觉得厌烦,而且在听完之后内心总深受感动,决心要好好为人。由于我牢记他们的训诲,所以我的决心便很少动摇过。对于我的贝尔纳舅妈的那种虔诚表现,我多少有些感到讨厌,因为她把虔诚敬拜当作一项例行公事。后来到了我师傅家里,我虽不怎么思考宗教问题,但也没有产生过什么不符合宗教观念的思想;我没有结交过任何一个引诱我去做坏事的年轻人;我虽然变成了一个调皮的顽童,但绝对不是一个不信教的人。

因此,我那时候的宗教观念,完全是一个我那样年纪的孩子所能具有的观念,只不过我的观念比一般儿童的观念更深刻一些。我为什么要在这里隐瞒我的思想呢?我小时候一点儿也不像一个儿童,我总是像大人那样观察和思考。我生来就和普通人不同,只是在长大以后,我才日益变成和普通人一个样子。人们看见我把自己说得有点儿像神童,便感到好笑。笑就笑吧;但是,在笑过之后,如果他们能找出一个六岁的孩子像我这样对小说如此入迷,越读越有兴趣,甚至感动得热泪盈眶,如果真能找到这样一个和我同样的孩子,我就会承认我这样自吹自擂是可笑的,我就会认识到我错了。

因此,我认为,如果你想让孩子们将来有朝一日虔诚信仰宗教的话,你就千万别在他们还是小孩子的时候对他们谈宗教问题,因为他们没有理解上帝的能力,即使按照我们向他们所说的话去理解,他们也是理解不了的。我是根据我的观察和我本人的经验而得出这个结论的。我知道,我的经验对别人是一点儿也没有用的。你去找几个像让-雅克·卢梭这样的六岁孩子,等他们长到七岁的时候,对他们讲上帝是什么样子,我敢保证,随你怎么讲,他们都不会把你的话理解错的。

我相信:谁都知道,一个小孩子(甚至一个大人)之有某种宗教信仰,完全是看他出生在信奉什么宗教的家庭而定的。这种信仰,有时候有所减弱,但绝不会增强。对教义的信奉,是教育的结果。正是这个最普通的道理,使我信奉我的父辈们所信奉的宗教。我们城里的人[①]对天主教都特别反感,说它极端崇拜偶像,并认为天主教的教士们都非常阴险。这种看法是如此深深地记在我的脑海里,以致在开始的时候,我一瞧见教堂里边的情景,一遇见穿白衣服的神甫,一听见人们手捧圣像游行的铃声,便吓得发抖;这种恐惧的心情,我在城里的时候没有,可是一进入乡村教堂就常常有这种感觉,因为乡村教堂的样子,和当初使我产生这种心情的教堂太相似了。不过,一想到日内瓦周围的天主教士对城里的孩子们的那种亲切样子,就与我从前的看法形成了巨大的反差。尽管送临终圣体的钟声使我感到害怕,但做弥撒和做晚祷的钟声则又使我想起吃午饭和吃餐后点心、鲜奶油、水果及其他奶制品的乐趣,再加上德·朋维尔先生招待我吃的那顿丰盛的晚餐的影响,使我对眼前的一切便产生了淡然视之的心情。至于和天主教的关系,我觉得只不过是吃吃喝喝好玩而已,因此觉得在这个教会里生活,也

① 指日内瓦城里的人。——译者

不是什么大不了的事情，而正式加入这个教会，这个念头在我脑子里只是一闪而过，认为那是遥远的将来的事情。可是现在，事已至此，只能这样，没有别的办法可以选择了。我怀着极其厌恶的心情看待我在这里所做的入教宣誓和它不可避免的后果。我周围的新入教者根本不能以他们的榜样鼓舞我的勇气。我不能自欺欺人，我必须承认，我宣誓入教这件事情实际上是一种强盗行为。虽然我少不更事，但是，我已经感觉到：不论是哪一个宗教，只要我一加入了它，我就犯了叛教罪，出卖了我原来信奉的宗教。即使我的选择是正确的，我在内心深处就已经是欺骗了圣灵，应当遭到世人的鄙视。我愈思考这个问题，便愈是对我自己感到愤恨，愈对使我落到如此下场的命运感到抱怨，认为这种命运不是我自己造成的。我的这些想法，有时候使我心情十分冲动，巴不得在某个时候一看见大门打开，便立刻逃出去。然而这种机会是不可能有的，因此，我的决心也没有坚持下去。

有太多的秘密欲望与我的决心搏斗，所以终于战胜了它。另外，由于我已经制订了坚决不回日内瓦的计划；由于我羞于见人，并想到再次翻山越岭的艰苦，再加上远离故乡和亲朋好友，无依无靠，缺乏生活来源，这种种原因加在一起，使我感到我的良心虽受到谴责，但现在要后悔，已为时太晚了。为了给我往后要做的事情寻找借口，我假装责备我过去所做的事情，尽量把过去的错误说得极其严重，以便把我未来的过失说成是它们必然的结果。我不对自己说：“你没有犯什么大错；如果你愿意，你仍然可以成为一个清清白白的人”；反而说：“这一切，要抱怨就只能抱怨你自己过去的罪过和今后不得不继续犯的错误。”

事实上，像我这样小小年纪，要收回我此前所说的话和不做人们想要我做的事，要斩断我自己给自己戴上的锁链，并理直气壮地宣称："不论后果如何，我都要继续信奉我的先辈信奉的宗教"，这需要有多么坚强的毅力啊！这样的毅力，不是我这样年纪的人所能具有的，侥幸成功的希望也是微乎其微的。事情发展到了这种程度，要想挽回，已来不及了。我愈反抗，人们就会愈想办法制伏我。

与大多数人一样，我也是在需要运用力量的时候，才为时已晚地感到自己缺乏力量；正是这个不成其为理由的借口，使我遭到了失败。刚强的性格，只是在我们犯错误的时候才需要用它来纠正我们的错误。如果我们行事一贯明智，我们就不怎么需要表现出一副刚强气概了。这种缺乏毅力的倾向，促使我们不加抵抗地沿着错误的道路一直走下去。正是那些我们低估其危险性的小恩小惠使我们每每中了别人的圈套。我们往往是不知不觉地陷入本可以轻易避免的危险境地的；而一旦落入危险的境地，不做出一番英勇的努力，就难以挣脱出来。我们终于坠入了深渊；我们问上帝："你为什么把我造得如此软弱？"上帝不正面回答我们的问题，他只是对我们的良心说："我虽把你造得太软弱，以致使你不能走出深渊，但是，我原先是把你造得够坚强的，坚强到足以使你不会掉进去。"

现在，我还没有正式下定决心当天主教徒。好在离教育结束的时间尚远，我还可以从容地仔细琢磨。在这段等待期间，我心里盼望也许有什么意料不到的事情发生，使我摆脱困境。为了争取时间，我决定要尽可能做好一切有效的防御。不久，我的狂妄自负之心大发作，使我不再去琢磨是否决心加入天主教这件事情。自从我发现我有时候把那些对我们进行教育的人问得无言回答以后，我就觉得我再多说几句话，就会把他们一个个驳得体无完肤。我甚至借此机会拿他们寻开心：他们想教育我，而我还想教育他们呢；我自信，我有把握能把他们说服得改信新教。

他们发现我无论是在学识方面还是在思想方面，都不像他们想象的那样容易对付。在学识方面，新教徒大都比天主教徒高明。这是必然的，因为前者的教义要求教徒们动脑筋思考，而后者的教义要求教徒们全盘服从。天主教徒总是按照上一级教士的决定行事，而新教徒则可以自己决定自己的行动方针。这些情况，他们是知道的，只不过没有料到像我这样处境和我这样年纪的人会给他们这些训练有素的人出这么多难题。我从来没有拜领过圣体，也没有接受过这方面的教导。这些，他们也是知道的，而他们不知道的是，我在朗伯西埃先生那里已经学了许多知识。另外，我还读过一本令这些先生们感到头疼的宝书《教会和帝国史》。我在我父亲家里几乎把这本书全都背下来了，后来虽然忘掉了一些，但随着我与这些先生们的争论愈来愈激烈，我又想起来了。

第一次向我们讲道的，是一位个子不高，但表情很严肃的老神甫。这次讲道，纯粹是向我的伙伴们一个劲儿地灌输天主教的教理，而不让我的伙伴们提问题，更不让他们发表反对的意见。他的这种做法，到我这里就行不通。我一有机会便打断他的话，绝不放过任何一个可以使他难以回答的问题。这样一来，讲道的时间就拉长了，参加听讲的人都感到很累。那位老神甫讲了许多话，越讲越发火，东拉西扯，越说越不对题，最后只好借口说他不太懂法语，一走了之。第二天，因为怕我又再那么冒冒失失地发问，对伙伴们产生坏的影响，便把我单独叫到另外一个房间，由一位比较年轻的神甫来教我。此人很会说话，也就是说，他很会一口气讲许多冗长的句子，自以为了不起，其实，真正博学的人，从来不像他那个样子。我不仅没有被他那副神气的样子吓倒，反而觉得自己有把握在这个或那个问题上把他批驳一通。他开头以为引用圣奥古斯丁、圣格雷果尔和其他圣人书中的话就可以堵住我的嘴，但后来发现我运用起这些圣人的著作来，同他一样娴熟。其实我并没有读过前面所说的那几位圣人的著作，而他大概也没有读过，只不过我心中记得勒絮尔书中的许多句子罢了。每当他引用一段圣徒的话来驳我的时候，我并不就他引用的话本身和他辩论，而是引用同一个圣徒的话来反击他，因而往往把他弄得十分难堪。不过，最后还是他占了上风；其中的原因有两个：第一个原因是，他的势力比我大，不管怎么说，我总是在他的摆布之下的，何况我十分清楚，我不可以仗着我年纪轻就随便放言无忌、逼人太甚，再加上我发现那位矮小的老神甫不论是对我的学问还是对我这个人，都抱有敌意。第二个原因是，这位年轻的神甫的确是学有专长，而我没有，这就使他在辩论中可以采用一种刁难我的方法；每当他感到我要提出一个他预料不到的问题时，他就借口说我的话超出了主题的范围，于是把问题拖到第二天。他有一次甚至说我引用的话是假的，并自告奋勇说他要去把原书找来让我指出我引用的那些话的出处。他觉得他这一招一定奏效，因为，尽管我有一点点儿略知皮毛的知识，但我不懂得如何查找原书，何况我的拉丁文又不好，即使知道某一段话确实出自某一本书，但要在一本厚厚的书中找到它，那也是很难找到的。我十分怀疑他也用过他指摘其他教士采用的那种不忠于原书的治学方法，有时候甚至胡编一些话来应付他感到难以回答的问题。

吹毛求疵和互相驳难的争论在继续。日子一天天地过去，每天的时光都消耗在无谓的争论、念诵经文和无所事事的闲暇里。没有料到这时候我却碰上了一件令人十分讨厌的恶心事，差一点儿对我产生不利的后果。

不管一个人的灵魂是多么邪恶、心是多么粗野，他也会产生某种对他人的爱心的。那两个自称是摩尔人的家伙中，有一个家伙竟喜欢上了我。他主动接近我，用乱七八糟的法兰克语和我交谈，向我献小殷勤，有时候还把他的饭菜分一部分给我吃，而且经常很亲热地吻我，使我感到很不舒服；他那张香料蜜糖面包似的脸上有一道长长的刀伤疤痕；他的目光凶狠，一点儿也不柔和。尽管我对他的那副模样感到害怕，但我还是强忍着让他亲吻；我对我自己说："这个可怜的人对我这么友好，拒绝他，是不对的。"后来，他的举动一步一步地愈来愈轻浮，对我说的话是那样荒唐，以致使我认为他的脑子一定有毛病。有一天夜里，他想和我同睡一张床，我借口说床太小，没有答应他；他要我到他的床上去睡，我也拒绝了，因为这个家伙太脏，满口的嚼烟草的臭味，实在令人恶心。

第二天早上，大厅里只有我们两个人。他又来抚摸我，而且动作是那样放肆，使我感到很害怕。最后，他竟公然做起最下流的动作来了，并抓着我的手，要我也像他那样做。我猛然一下挣脱手，同时大叫一声，往后跳了一步，既没有厌恶的表示，也没有发脾气，因为我根本不知道他到底想干什么。我使劲向他做出惊愕和讨厌的样子，使他终于走开了。不过，在他疯狂似的动作结束时，我看见一种黏糊糊的白色东西向壁炉射去，掉在地上。我感到十分恶心，立刻跑到阳台上去。我这一生也没有如此激动、慌张和害怕过；我几乎晕了过去。

我当时还不明白这个坏家伙是怎么一回事；我以为他是疯病发作，或者是得了其他更可怕的癫狂症。对于一个头脑清醒的人来说，再也没有什么事情比看到这种猥亵肮脏的动作和满脸色欲的可怕的面孔更令人厌恶的了。我从来没有看见过别的男人做出过这种举动。如果我们在女人面前也做出这样疯狂的举动的话，除非她们瞎了眼；否则，她们是一定会把我们看作是怪物的。

我马上跑步去把我刚才遇到的事告诉大家。我们的那位年老的女总管叫我赶快闭嘴别讲；我发现她对这件事情也很气愤，我听见她咬牙切齿地低声骂道："禽兽不如的东西！粗野的畜牲！"由于我不知道她为什么不让我逢人便讲的原因，我反而愈讲愈起劲。虽然那位女总管下了禁令，我还是大讲特讲，以致第二天一位管理员一大早就把我叫去训斥了一通，说我小题大作，损害了神圣殿堂的荣誉。

他把我训斥了很长一段时间，还向我讲了许多我以前不知道的事情。不过，他并不认为需要他来教我，因为他相信我已经知道别人想要我干什么，只因我不乐意，所以才反抗。他郑重其事地告诉我：这种事情，同淫乱的行为一样，是被禁止的，不过，干这种事情的意图，对于那个被要求干这种事情的人来说，并不算是多大的侮辱；被人家看作是可爱的，这没有什么值得大惊小怪的。他直截了当地现身说法，说他年轻的时候就曾经有过这种荣幸；由于对方突然袭击，所以来不及反抗。他觉得事情并没有想象的那样令人难受。他厚颜无耻地甚至绘声绘色地描述，并且以为我之所以抗拒，是因为怕疼。他告诉我说：这种害怕是多余的，用不着大惊小怪。

我听了他这番不知羞耻的话，感到十分惊奇，因为他的话并不是在为自己辩护，而似乎是为了开导我，才这么说的。他觉得他的话很平常，用不着私下跟我密谈。我们身旁就有一位教士在听我们的谈话。这位教士也跟他一样，对这种事情也不觉得有什么了不起。他们这种神色自若的样子，使我认为这种事情无疑是大家都习以为常的，只是我以前没有听人讲过罢了。因此，我听了他的话，并没有生气，也没有感到厌恶。我听到的那些话，尤其是我亲眼见到的那些行为，在我的脑子里刻画的印象是如此之深，以致我每一想起，便感到恶心。我也不知道为什么会因为厌恶那种事，便连带厌恶那个替这种事辩护的教士。我再也无法控制我自己了；我厌恶的表情是那样明显，使他也感觉到了他那番话所产生的恶劣后果。他不高兴地瞪了我一眼；自此以后，他就想方设法使我在教养院的日子愈来愈不好过。在这一点上，他采取的手段很高明，不过，反倒使我发现：要想走出教养院，我只有一个办法；这个办法，我过去总尽量拖延不采取，现如今我却迫不及待地要付诸实行了。

这件事情提醒我今后要时时防范那些患色情狂的家伙。一看到那些好像有这种毛病的人，就使我联想到那个可怕的摩尔人的表情和动作，因此，怎么也掩饰不住我心中的厌恶；反之，女人倒是能博得我的欢心。我觉得，我应当对她们表示温柔的情谊和亲切的敬意，以补偿男性对她们的不恭。和那个摩尔人相比，我认为最丑的女人也是一个可爱的人。

至于那个摩尔人，我不知道人们对他是怎样的看法。我觉得，除了罗朗扎太太以外，其他的人都像从前那样对待他。不过，从此以后，他就再也不亲近我，也不跟我说话了。过了一个星期，就举行庄严的仪式，让他接受洗礼；他从头到脚穿戴一身白衣白帽，表示他的灵魂已得到了新生。第二天他就离开了教养院，从此以后，我就再也没有见到过他。

一个月以后，才轮到我。因为我的指导者需要花这么长的时间让我重新复习一下我学过的信条，才能使我再次表示顺从，并使他们获得终于成功地使一个桀骜不驯的人皈依天主教的荣誉。

最后，在充分接受了教导，并让我的教师们都感到满意以后，教养院的人便列队把我送到圣约翰总教堂，让我在那里庄严宣誓弃绝我原先信奉的宗教，并按照一切程序接受洗礼，尽管他们并没有真正给我施洗，因为这一套仪式只不过是照章办事走过场，其目的是为了让人们相信新教的教徒都不是基督徒。我穿了一件带白色花边的灰长袍；这是专供这种仪式用的衣服。有两个手端铜盘的人，一个走在我的前面，另一个走在我的后面；他们用一把钥匙敲打铜盘，人们按照各自的诚心和对新入教的人的印象投放布施。总之，在这次庄严的仪式中，天主教的种种浮华的做法全都用上了；其目的，一是为了使仪式对公众有更多的教育意义，二是为了羞辱我。由于我不是犹太人，所以他们没有像对待那个摩尔人那样给我穿一件白衣服，其实，这种白衣服对我是非常有用的。

这还没有完。这里的仪式结束之后，还要到宗教裁判所去领取异教徒的罪行赦免证书，另外还要举行一次入教仪式（顺便说一句，当年昂立四世加入天主教，为他举行的入教仪式，是由他的一位特派大臣代他参加的）。裁判所的那位可敬的神甫的表情和动作，并没有完全消除我走进那间屋子时所感到的恐怖心情。他对我的信仰、身份和家庭情况问了几个问题以后，突然问我的母亲是否被打入了地狱。我吓了一跳，然而我还是强压怒火简单地回答说：我希望她没有下地狱，因为在她临终的时候得到了上帝的指引。那位神甫被我堵住了嘴，只好皱着眉毛摇了摇头。看来，他好像不太赞同我的回答。

仪式到此全部结束了。正当我以为他们会按照我的意愿给我安排一个职位的时候，他们把收到的布施（大约二十几个法郎的零钱）给了我，把我送出大门，嘱咐我今后要做一个好基督徒，不要辜负圣恩，还祝我好运，说完之后，便咣的一声把门关上了。这一下，空空荡荡，只剩下我一个人了。

我的种种希望就这样在一刹那之间全都烟消云散。我刚才的那些自私行为，使我一下子既成了一个叛教者，同时又成了一个受骗上当的人。人们不难想象这一切在我的头脑里产生了多么大的突然变化。原来的计划是一片锦绣前程，如今却落到了最悲惨的境地；早晨还在梦想住高楼大厦，晚上却不得不露宿街头。人们也许以为我陷入如此绝望的境地时，一定会深深埋怨自己，认为这一切不幸的后果都是我自己造成的。不，情况恰恰相反。在我有生以来被幽禁两个多月之久以后，我的第一个感觉是，我现在又终于重新获得了自由，心里十分高兴。在当了好长一段时间的奴隶之后，我现在又成了我自己和我的一切行动的主人。我认为，在这样一个大城市里，遍地是财富，处处有贵人；我的才能和我的品德一旦被他们发现，他们是一定会欢迎我的。我有充分的时间等待，我衣兜里有二十个法郎，这在我看来就是一个永远也用不完的金库；我爱怎么花，就怎么花，用不着同谁商量。我这么有钱，这还是我平生第一次。我不仅不泄气、不流泪，反而改变了我对前途的想法。我的自尊心一点儿也没有消失；我从来也没有像现在这样充满信心和对前途有十足把握的感觉。我深深相信我已福星高照，未来的一切，全靠我一个人去奋斗；这太惬意了。

我要做的第一件事情是满足我的好奇心。我到城里去逛了一大圈；虽说这纯粹是为了表现我有行动的自由，我也要这样做。我去观看了哨兵上岗；听到军乐的声音，我心里非常高兴。见到教会迎圣体的游行队伍，我就跟着他们走，因为我喜欢听神甫们唱的歌。我还去参观了王宫：我战战兢兢地走到宫门口，看见人家进去，我也跟着他们进去，谁也没有阻拦我。我之所以这么顺利地进了王宫，这也许要归功于我胳臂下边夹着的那个小包裹。不管怎么样，单就我置身这座宫殿来说，就可看出我是挺有本事的；我已经把我自已看作是宫中的一个居民了。最后，由于我到处走来走去的，就感到身子疲乏了、肚子饿了，加上天气又热，我便走进一家乳品店；店家给我端来奶糕、奶酪和两个彼埃蒙的长方形面包（这两块面包比别的东西都好吃），我只花了五六个苏就吃了一顿我有生以来从未吃得这么好的晚餐。

现在，我需要去找一个住处。我的彼埃蒙语已经讲得相当好，可以和人交谈了，所以想找一个住处，并不困难。我很谨慎，我不能根据我的兴趣，而要根据我衣兜里的钱来选择住处。有人告诉我说，在波街有一个士兵的老婆有一个专供尚未找到雇主的仆人住宿的房间，住一夜只交一个苏。我在她那里找到了一张破旧的空床，于是，我就在她那里住下了。这位老板娘很年轻，刚结婚不久（可是她已经生了五六个孩子了）她和她的孩子与客人，全都住在同一个房间里。在我在她那里住的那段时间，一直是这样。是的，她的确是一个好女人，但她骂起人来却满口的脏话，活像一个赶马车的车夫。她成天袒胸露怀、头发蓬松，但是，她的心眼儿很好，乐于助人，把我当朋友，帮了我不少的忙。

我这样晃晃悠悠地在城里逛了好几天，唯一的目的就是享受我的独立和满足我的好奇心。我把城里城外都转遍了，我东张西望，凡是我觉得新奇的地方，我都要去瞧一瞧。对于一个来自穷乡僻壤、从未到过首都的青年人来说，一切都是新奇的。我特别喜欢到王宫去，每天上午按时去看国王做弥撒。我觉得，我能和这位国王与他的随从同在一个教堂里，真是荣幸之至。不过，促使我老去王宫的真正原因，是我心中初露苗头的对音乐的爱好，而不是宫中豪华的排场，因为宫中的排场老是那一套，不久就看腻了。撒丁国王当时拥有欧洲最好的交响乐队；索密士、德雅丹和伯左芝都曾先后在这里大显身手。其实，用不着这些大师亲临现场演奏，只要用一件简单的乐器好好演奏迷人的曲调，就足以吸引一个青年人了。使我看得眼花缭乱的宫中排场虽让我傻乎乎地感到惊叹，但并不令我羡慕；在宫中的那一套仪式中，唯一使我感兴趣的，是想看到一位可以引起我的爱慕之情的年轻的公主，以便和她搞一段浪漫故事。

我差一点儿在一个豪华不如王宫的地方搞出一段风流韵事，

当时,如果我真的搞成了的话,我将感到比和公主邂逅更美妙一千倍。

尽管我过日子省之又省,但我钱袋里的钱还是不知不觉地用完了。我那么节省的原因,不是因为我行事谨慎,而是因为我的饮食简单,甚至在今天,即使有满桌的酒菜,我也不会改变我饮食简单的习惯。我过去没有,而且现在还依然没有吃过一顿比农家风味更美的饭了。对我来说,只要有奶制品、鸡蛋、蔬菜、奶酪和麸皮面包与一般的葡萄酒就够了。只要没有侍膳长和仆人围在我身边让我看他们那副难看的脸色,我就会放开肚子吃,无论吃什么都觉得是很香的。我那时候花六七个苏吃的一顿饭,比我后来花六七个法郎吃的饭好得多。我不大吃大喝,是因为我没有受人诱惑的缘故。但是,把这一切说成是饮食有节,那是不对的,因为我在饮食方面也是尽量吃好吃的。我喜欢吃梨、奶糕、奶酪、彼埃蒙面包,而且还爱喝几杯掺兑得很好的蒙费拉葡萄酒。这些东西一端上桌,我就高高兴兴地吃起来。照这样吃法,我这二十个法郎很快就会用完的。这一点,我一天比一天看得更清楚。虽说我年纪轻、行事糊涂,但一想到将来,我就感到不安,甚至有时候感到害怕。我的种种幻想全都消失,现在,当务之急是赶快找一个挣钱吃饭的工作干,但是,这也是很难实现的。我想起了我的老本行,但我对雕刻技术尚不精通,还不够到一个雕刻师傅家里去工作的程度,何况在都灵这个地方雕刻师傅并不多。因此,我决定,在找到更好的机会以前,我一个铺子又一个铺子去自我推荐,说我能在银器上刻花纹和徽记,希望能用少要工钱的办法获得他们的收留,然而这个办法也没有成功,我几乎到处都遭到谢绝;即使找到了一点儿活儿,也挣钱不多，只够几顿饭钱而已。然而，有一天大清早当我经过贡特拉·洛瓦街时，我透过柜台的玻璃窗看见一个仪态大方、样子相当迷人的女老板；这时候，尽管我向来是不好意思主动去接近女人的，我也毫不犹豫地走进店铺向她陈述我的本领。她不但没有拒绝我，反而让我坐下，让我讲一讲我的经历，对我表示同情，鼓励我要保持勇气，而且还说好的基督徒是不会抛弃我不管的。接着，她一边派人到隔壁一家银匠店去拿来我需用的工具，一边就亲自到厨房去端来一些好吃的东西。我感到这样开端是个好兆头，而后来的事实证明，的确如此。从她的表情上看，她对我干的活儿是满意的，尤其对我东拉西扯、充满自信心的谈话更加欣赏。尽管她态度随和，但她那风姿绰约和一身漂亮的穿扮，仍令我在她面前一举一动不敢稍有差池；不过，好在她对我的接待是充满了好意的，她的声音是亲切的，表情是温柔的，所以不久就使我不感到紧张了。我觉得我已经取得了成功，以后还会有更多的收获。虽然她是意大利人，又那么漂亮，难免不显得有点风骚，但她的言谈举止却十分稳重，而我又胆小腼腆，所以不可能在短期内有迅速的进展。我们没有时间来完成我们的某些向往，每当我回忆起我在她身边度过的短暂时刻，我都感到心驰神往，十分惬意；我甚至可以说我已经在我初次萌动的对她的爱慕之情中感受到了她对我又温柔又纯洁的爱的乐趣了。

她有一头极其漂亮的棕色头发；从她美丽的脸上就可看出她的天性很善良、性格十分活泼，她的名字叫巴西尔太太；她的丈夫的年纪比她大，是个醋坛子，在他到外地去的时候，便把她托付给一个性格忧郁、不善于讨女人欢心的伙计照顾。这个伙计有他自己的打算;但他只会用发脾气的方式表达。他笛子吹得很好,我很喜欢听他吹,但他却很讨厌我,这个新埃癸斯托斯[①]一看见我走进他的女主人的铺子,便叽叽咕咕直嘟囔,用轻蔑的态度对待我,而巴西尔太太也针锋相对地以轻蔑的态度对待他,有时候甚至故意在他面前对我表示亲热,用这个办法折磨他。我觉得这个报复的办法很好玩。要是在我和她单独在一起的时候她对我也是那么亲热的话,那就更好了。但是,她并没有这样做,至少在方式上是不一样的。其中的原因,也许是由于她认为我太年轻,或者是由于她还不知道怎样做出进一步的表示,更或许是由于她确实想做一个贞洁的女人,她才采取一种矜持的态度;这种态度虽然不是表示拒人于千里之外,但却使我望而生畏,而又弄不明白我为什么会心生畏惧。尽管我对她并不像我对华伦夫人那样有一种既温存又真实的敬意,但我在她面前感到害怕的时候多、感到亲昵的时候少。我感到非常拘束,甚至有时候还哆嗦;我不敢盯着眼睛看她,不敢在她面前大声呼吸,可是要让我离开她,却比让我去死还难过。我往往趁她不注意的时候,用贪婪的目光偷偷看她身上我能看到的一切,例如她衣服上绣的花、她十分好看的脚尖、手套和袖口之间露出的那段白嫩的胳臂以及有时候在围巾和脖子之间露出的胸脯;她身上的每一样东西都把其他的东西陪衬得更加美丽。由于我老盯着看我所能看到的东西,甚至还想看那些遮挡起来不让人看的东西,因此,我眼花缭乱,呼吸一阵比一阵紧促,手足无措,只能在

---

① 指那个伙计。埃癸斯托斯是希腊神话故事中的米塞纳斯国国王,在特洛伊战争中,他受希腊军队统帅阿伽门农之托照顾其妻子吕泰涅斯特拉,但他竟和吕泰涅斯特拉私通,并在阿伽门农于战争结束回国时,派人将其暗杀。——译者

我们中间经常出现的沉默时暗暗发出几声轻轻的叹息。幸亏巴西尔太太忙于她手中的活儿，没有注意到这些情景(据我的观察，她似乎没有注意)。不过，我有时候发现她由于某种同情心的缘故，她披肩下面的胸脯经常在一起一伏地动。这一迷人的情景简直使我神魂颠倒，几乎不能自持，然而她以平静的语调说一句话就会使我的头脑马上清醒过来。

有好多次我和她单独在一起的时候，她总是一句话不说，没有任何动作或眼神表明我和她之间已经有了起码的心灵相通之处。对我来说，这种情况虽令人十分苦恼，但却使我感到心醉神迷，尽管在我十分单纯的心中连我自己也不知道我为什么会这么苦恼。看来，她并不觉得我和她这样面对面地独处一室有什么不妥之处。我们单独会面的机会，往往是她提供的；不过不是故意安排的，因为，她一方面没有利用这种场合向我表示什么，另一方面也不允许我表示什么。

有一天，她因为对那个伙计唠唠叨叨的话感到讨厌，便独自上楼回到她的房间里，于是，我赶快把我在铺子后屋的活儿做完，跟着也上楼去。她房间的门是半开着的；我悄悄进去，没有让她发现。她坐在窗子那里绣花，背对着房间的门。她既没有看见我进她的房间，而且，由于街上车辆的嘈杂声太大，所以也没有听见我进去的声音。她的穿扮虽一向是很整齐的，但那一天，她的打扮可以说是有点儿故意卖弄风骚。她的姿势很优美，头微微低着，露出了白嫩的脖子；她的头发往上盘在后脑勺儿，头发上插了几朵鲜花。她的脸蛋儿真迷人，我怎么看也看不够，简直使我不能控制我自己了。我一进她的房间，就双膝跪下，激动地向她伸出两只胳臂。我以为她既听不见我的声音,也看不见我这个人,然而却没有料到壁炉上面的那面镜子映出了我的身影。我不知道我当时激动的样子对她产生了什么影响。她既没有定睛瞧我,也没有开口说话,只是半转过脸来,用手一指,让我坐在她脚边的垫子上。我战战兢兢地应了一声,便立刻到她所指定的地方。不过,人们很难相信的是,这时候我竟没有胆子采取进一步的行动,一句话也不敢说,不敢抬起头来看她,甚至连挨一下她的身子也不敢,更不敢利用这个紧张的姿势把我的脸伏在她的膝上亲热一会儿。我变成了哑巴,一动不动地待在那里,不过,我心里当然是很不平静的:我的心既激动,又高兴,充满了感激之情,既希望得到它所热爱的人的垂青,又生怕惹得它所热爱的人不高兴,因为我幼稚的心对于她是否会生我的气,是没有把握的。

她表现得既不比我更镇定,也不比我少害羞;看见我待在那里,她开始露出了慌张的样子,感到她不该把我勾引到她房间里,并意识到她没有想到这一举动的严重后果。因此,她对我既不表示欢迎,也不表示拒绝,两只眼睛盯着她手中的活儿,尽量装出一副好像没有看见我跪在她跟前的样子。尽管我很傻,但我也很明显地看出她当时也和我一样表现出了手足无措的样子,也许说不定和我一样地动了真情,只不过她也像我这样害羞,所以才克制住了自己,没有促使我放大胆子不顾羞耻地行事。我认为,她比我大五六岁,就应当大胆主动一些。我心里想,既然她没有做出鼓励我放大胆子的表示,就表明她不愿意莽撞行事;即使在今天,我仍然认为我这个看法是正确的。可以肯定的是,像她那样聪明的人是不可能不知道像我这样一个不懂事的毛孩子不仅需要她鼓励我,而且还需要她教我怎样偷情。

如果没有人来打扰我们的话，我真不知道这么一个既生动而又谁也不发一言的场面怎么结束；也不知道我一动不动地在这既令人好笑又令人感到甜蜜的状态中将待多长时间。正当我激动得快要发疯的时候，我听见位于我们所在的房间的楼下的厨房的门打开了。巴西尔夫人立刻吃了一惊，一边打手势，一边告诉我说："快起来，罗西纳来了。"我赶快一边立起身子，一边握住她向我伸过来的手使劲地亲吻了两下；在吻第二下的时候，她那柔嫩的手对准我的嘴唇轻轻用力顶了一下。在我这一生中，我从来没有经历过这么甜蜜的时刻。然而，我失去的机会从此就没有再回来过；我们的初恋之情就到此为止了。

也许正是由于这个缘故，这个可爱的女人的形象才一直以迷人的姿态如此深深地刻画在我心里，以致后来随着我对社会和妇女的了解更加深入，我就愈觉得她更美丽。假使她稍微有一点儿经验的话，她就会在我们相处在一起的日子里另想办法勾引一个青年人的。虽说她的心是脆弱的，但是是诚实的，只不过无意之间随着她自然的倾向行事而已。从种种迹象看，这是她第一次不守妇道，不过，要我克服她的害羞之心，也许比克服我自己的害羞之心还困难。今后，纵使我占有了许多女人，也抵不上我在她跟前经历的那两分钟所感到的甜蜜，尽管我连她的衣裙也没有碰一下。是的，再也没有什么享受是像我心爱的这个正派的女人给我的享受那样令人陶醉的了；能侧身在她身边，就是一种恩宠；她的手指对我所做的一个小小的动作，她的手在我的嘴唇上轻轻使劲一按：这一切都是巴西尔夫人给我的恩宠。这些小小的恩宠，今天回想起来，我依然感到心醉神迷。

在随后的两天中，我都没有找到重新和她单独幽会的机会；这种机会再也不可能有了，因为我发现她毫无再次安排这种幽会的意思。她对我的态度虽不冷淡，但比平常更谨慎了。我发现她总想方设法躲避我的目光，因为她害怕一碰见我的目光，就控制不住她自己的眼睛老往我身上瞧。她那个可恶的伙计更加令人讨厌了，甚至冷嘲热讽地说我走的是夫人路线，想靠女人发迹。我对我行事不谨慎的后果感到害怕；我觉得，我和她勾勾搭搭的事好像已经被人发现了，因此，我试图用一种神秘的气氛把我本来用不着隐藏的兴趣掩盖起来；我多方寻找满足这一兴趣的机会，然而，我原以为满可以找到的机会，却一个也没有找到。

我还有另外一种一直无法医治的浪漫癖，再加上我天生的羞涩心，所以屡屡否定了那个伙计的预言。我敢说，正是由于我爱得太真诚了、太追求完美了，所以很不容易得到美好的结果。从来没有哪一个人的激情是像我的激情这样强烈而又这样纯洁；从来没有哪一个人的爱比我的爱更温柔、更真实、更无私。为了我所爱的人的幸福，我可以千百次牺牲我自己的幸福。我认为，她的名誉比我的生命还宝贵；我从来不为我个人的享乐而打扰她片刻的安宁。然而，正是由于我行事过于小心、过于隐秘和过于谨慎，反而使我所做的事没有一件取得了成功；我之所以很少赢得女人们的青睐，正是由于我太喜爱她们的缘故。

现在回头来谈那个善吹笛子的伙计。令人感到奇怪的是：他在变得愈来愈让人难以容忍的同时，似乎显得对我比从前更和气了。自从巴西尔夫人开始喜欢我的第一天起，她就打算使我成为店中的一个有用的人。因为我的算术还不错，所以她和那个伙计商量，让他教我管账，可是他很不乐意，拒不接受巴西尔夫人的建议，其中的原因，也许是怕我抢去了他的饭碗。这样一来，我的全部工作，就只不过是在做完了我的雕刻活儿之后，抄写一下顾客的订单和留言，核对一下账本，并把意大利文写的商业信译成法文而已。可是没过几天，这个伙计又重新提起已被否决的巴西尔夫人的建议，还说什么愿意教我记复式簿记，以便在巴西尔先生回来的时候，我有一套在老板手下工作的本领。我从他的声调和表情上看出他的话中颇有虚伪、阴险和幸灾乐祸的图谋，因此我不敢相信他的话是出自真心。还没有等我表态，巴西尔夫人就冷冷地告诉他，说我对他的建议当然是很感激的，说她非常希望命运终能帮助我发挥我的才能，说像我这样有本事的人如果只当一个伙计的话，那就太可惜了。

她曾经好几次对我说她愿意给我介绍一个可能对我有帮助的人。她相当聪明，已经很清楚地意识到：现在是应该把我从她身边打发走的时候了。我们默默地表露彼此相爱之事发生在星期四。星期天，她请了一桌客，其中有我和一位相貌和善的多明我会的教士。巴西尔夫人把我介绍与他相识；这位教士对我的态度很亲切，他祝贺我改宗了天主教，并问了我几个关于我过去的经历的问题。从他的问话中可以看出，她已经把我的经历详细告诉他了。接着，他用手背轻轻在我脸上拍了两下，告诉我今后要做好人，要有勇气，并要我去看他，以便从容不迫地在一起交谈。我从大家对他尊敬的态度可以看出他是一个很有身份的人；从他对巴西尔夫人说话用慈父般的语气就可看出他是她的忏悔师。我还非常清楚地记得,在他既严肃又亲切的表现中还夹杂有对他的这位女忏悔人的尊重和敬意;可是,他的这种表现当时给我的印象没有今天回想起来这么深。如果当时我多动一下脑筋的话,我就会感到我能使一个受忏悔师尊敬的年轻女人对我如此动情,是一件多么值得骄傲的事情啊!

由于客人多,餐桌不够大,便又添摆了一张小桌子,我有幸和那个伙计面对面地在小桌子上吃。我在小桌子上受到的款待,丝毫没有减少,从端上小桌子的菜肴之多来看,这番款待显然不是针对那个伙计的。宴会进行到现在,一切都很顺利:女士们个个都很高兴,男士们个个都大献殷勤;巴西尔夫人对客人的言谈举止真不愧是既高雅又风趣。饭正吃到一半的时候,听见门口来了一辆马车;有一个人走进屋来,此人不是别人,正是巴西尔先生。他进屋时候的样子,我现在还记得很清楚:他穿一件有金扣子的大红色上衣(顺便说一句,从那一天起,我就对这种颜色十分厌恶),他的个子高高的,模样儿很漂亮。他大摇大摆地走进来,看样子,他好像是想把大家吓一跳似的,尽管在座的人都是他的朋友。他的妻子跑步过去搂着他的脖子,向他表示百般的亲热,而他对他的妻子却一点亲热的样子也没有。他向每一位客人打了一个招呼;仆人端来一套餐具,他就不客气地大吃起来。人们刚一问他此次外出旅行的经过时,他向小桌子上扫了一眼,用严肃的口气问坐在小桌子那边的小孩子是什么人。巴西尔夫人很坦然地告诉了他。他又问我是不是住在他家里,巴西尔夫人说:“不”。他粗声粗气地接着说:“为什么不呢?既然他白天在我家,他夜里也可以住在我家嘛。”这时候,那位教士开口发了言,他先说了一番既真诚又严肃的称赞巴西尔夫人的话以后，接着又简单地说了几句称赞我的话。教士还告诉他，不仅不应该责怪他妻子虔诚的慈善心，而且还应当与她一起来做这件事情，因为这当中没有任何一点儿越轨的行为。那位教士刚一把话说完，巴西尔先生便用愤怒的语气反驳，不过，由于对方是教士，所以他总算把火气压缩了一半，然而这已经足够使我看出了其中的端倪：这肯定是那个伙计向他告了我的状，他已经了解我在他家的情形了。

刚一散席，那个伙计就在他的老板指派下，以胜利者的姿态急匆匆地走过来，叫我立刻走人，而且今后永远不许再进他的老板家的门。他还添油加醋地说了许多侮辱我的话，以显示他这次奉命来撵我是一件很光荣的差事。我立刻走出了巴西尔先生的家，虽然我一句话也没有说，但心里是非常难过的。我难过的，不是因为我离开了那个可爱的女人，而是因为丢下她去受她丈夫粗野的对待。他不愿意她对他不忠，这当然是对的。然而，尽管她很贤淑，出生在一个良好的家庭，但她毕竟是意大利人，这就是说，她的心虽然是多情的，但同时也是有仇必报的。我觉得他的做法是错误的，因为他采取的做法必将招来他所害怕的不幸的后果。

我平生第一次爱情经历就这样结束了。我曾经有两三次特意经过那条街，希望至少再见一次我不断思念的女人。我没有见到她，只见到了她的丈夫和那个坏伙计；那个伙计也见到了我，而且手中还举着店中的那把长尺子向我招手致意，不过，他的表情与其说是向我打招呼，还不如说是在向我提出警告。他们对我既然如此防范，我也就灰了心，再也不走那条街了。我想去见她向我介绍的那位教士，可惜我不知道他叫什么名字。我在修道院周围转了好几圈，希望能碰见他，但结果却纯属徒劳。后来由于发生了许多其他的事情，我对巴西尔夫人的思念便渐渐淡化了，没过多久，我甚至把她忘记了。我又恢复到像从前那样既纯朴又孩子气十足的人，即使漂亮的女人来引诱我，我也不会上她们的钩。

不过，她赠送我的几样东西，也的确稍稍充实了我的小小的行装。东西虽然不多，但却充分表现了一个女人的细心。其目的，是让我衣着干净，而不是让我穿得好看；是不让我受苦，而不是让我摆阔。我从日内瓦带来的衣服都是很好的，还可以穿。她赠送我的，是一顶帽子和几件换洗内衣；我没有套袖，但她不给我，尽管我很想要，她认为只要我穿得干净就行了。其实，这一点，不需要她操心，只要我在她身边，我自然会注意的。

我被赶出巴西尔先生的家之后不几天，我的房东太太（我在前面已经说了，她对我以朋友相待）告诉我说，她大概可以帮我找到一份工作，说有一位很有身份的夫人想见我。我一听这话，便以为这一回我准是走运，一定有什么了不起的奇遇，因为我朝思暮想的，就是这种事情。然而这一次奇遇并不像我想象的那么美。我跟随着一个仆人走进那位夫人的家，那个仆人向她介绍了一下我的情况，她问了我几个问题，把我上下打量了一下，觉得我的长相还不令人讨厌，于是便立刻录用了我，不过是在她家当仆人，而不是当她的贴身亲随。我也穿仆人的那种号衣，唯一的区别是，其他的仆人的号衣上有饰带，而我的号衣上没有。由于我的衣服上没有那些零七八碎的装饰，所以就跟一般市民的衣服差不多：没有料到我心中怀抱的种种伟大的希望，一下子就这样结束了。

我的女主人维尔塞里斯伯爵夫人是一位寡妇，膝下没有儿女。

她的丈夫是一个彼埃蒙人，而她，我原以为是萨瓦人，其实她也是彼埃蒙人。我万万没有想到她这个彼埃蒙人的法语讲得那么好，音调是那么纯；她中等年纪，相貌相当高贵，很有才华，热爱法国文学，而且十分精通；她写了很多东西，都是用法文写的；她文章的笔调很优美，跟塞维涅夫人[①]的笔调几乎差不多，甚至有几篇文章几乎令人分不出是她写的还是塞维涅夫人写的。我的主要工作（我并不讨厌这个工作）是笔录她口授的文字，因为她胸部长了一个肿瘤，非常痛苦，因而不能亲自执笔。

维尔塞里斯夫人不但很有才学，而且心胸开阔，意志非常坚强。她病重期间，我一直在她身边，直到临终。我曾看见她忍受痛苦，但从来没有看见过她有片刻的软弱和用力强忍的样子；她从来没有失去一个女人应有的仪态。她之所以能做到这一点，并不是由于她有什么哲学修养的功夫，因为当时“哲学”这个词儿还不流行，她根本想象不到这个词儿今天包含的意义。她的坚强的性格，有时候甚至发展到近似冷漠。我发现她无论是对他人还是对她自己，都不大关心，而她之对穷苦的人们行善事，完全是因为善事本身是好的，而不是出于真正的怜悯心。我在她身边待了三个月，对于她这种冷漠的性格是有相当的感受的。我以为她对一个有某种发展前途的青年经常侍奉在她跟前自然会产生怜爱心，因而在临终的时候自然会想到这个青年人在她死后需要得到她的帮助和支持；然而，出乎意料的是，她对我一点儿照顾也没有，这当中的原

① 塞维涅夫人（1626—1696）：法国女作家，以写书信见长，就她在文学上的成就而言，可以称为“尺牍家”。——译者

因，或者是由于她认为我不值得她特别关照，或者是由于成天纠缠在她周围的人撺掇她只照顾他们而不照顾我。

我记得很清楚：她曾经表现过某种好奇心，想对我的过去进行了解。她有时候问我一些问题，她很喜欢我把我写给华伦夫人的信给她看，对她谈谈我的感情。然而在这方面，她采取的方法显然不对，因为她只想了解我的感情，而不吐露她自己的感情。我的心喜欢倾诉衷情，只要它感到别人愿意听它倾诉。然而，维尔塞里斯夫人总是干巴巴地问我一些枯燥无味的问题，对于我的回答，她既不表示赞成，也不表示反对，这就使我不相信她是出于关心我才问我这些问题。当我不知道我的话是使人感到高兴或不高兴的时候，我总是十分胆怯的，因此，便尽量少暴露自己的思想。凡是对我不利的话，我就一句也不说。我发现，为了了解一个人而采取这种干巴巴的问话方式，在那些自以为是才女的妇女们当中是一种相当普遍的毛病。她们自以为采取不暴露自己感情的办法，就可以很好地透彻了解别人内心的秘密，然而她们没有意识到：她们这样做，反倒使对方失去暴露内心的勇气，因为，单单这一点就足以使一个被问话的男人提高警惕；一旦他发现女人这样问她不是出于真正的关心，而是用问话的方式套他的话，他就会要么撒谎，要么就一言不发、闭口不谈，甚至加倍提高警惕；他宁可装作一个傻子，也不愿意满足她的好奇心。总之，要想了解别人的心事而自己又不真心实意地和别人对话，这的确是个坏办法。

维尔塞里斯夫人从未对我说过一句使人感到亲切、同情和关心的话。她总是那样冷冰冰地向我提问，而我也含糊其辞地回答她。我的回答是那样的简约，以致使她觉得太没有趣味，因而感到厌烦。后来她就不再问我话了,就只向我说她需要我替她办的事情。她不是按照我这个人的人品来对待我,而是按照我如何做她吩咐我做的事情来对待我。由于她只把我看作一个仆人,所以不允许我以其他的样子出现在她面前。

我认为,我这一生所受到的某些人为了个人的私欲而玩弄的狡猾手段的危害,就是从这个时候开始的;它使我对产生这种私欲的伪善态度抱有一种本能的反感。维尔塞里斯夫人没有子女,唯一的继承人是她的侄子德·拉·洛克伯爵。此人对她百般奉迎,想方设法讨她的欢心。此外,她的那几个主要的仆人看她即将咽气,也没有忘记从她身上捞取好处,因而时时围着她转,使她很难有时间想到我。她家的总管名叫罗朗茨先生;此人很机灵,他的妻子比他更机灵。她是那样成功地博得了她的女主人的欢心,以致使她与其说是女人主花钱雇佣的仆人,倒不如说是女主人的一位朋友。她安排她的一个名叫朋塔勒的侄女当维尔塞里斯夫人的贴身侍女。这个狡猾的女孩子装出一副大家闺秀的样子,帮助她的姑母掌握女主人的一言一行,结果,使维尔塞里斯夫人看事就只能通过他们三个人的眼睛,办事就只能依靠他们三个人的手。我没有取得这三个人的欢心;我服从他们,但不巴结他们;我不愿意在为我们共同的女主人服务以外,还去当仆人的仆人。因此,我成了一个使他们感到不安的人;他们看得很清楚,我并不是一个永远当仆人的人。他们担心维尔塞里斯夫人也有这种看法;重新安排我的工作,就会导致减少他们的薪水。这种人的贪心太大,所以不可能正确地看待一切问题。他们总把遗嘱上写明遗赠他人的东西,看做是从遗赠他们的那一份东西中抽取出来的。维尔塞里斯夫人喜欢写信，她把写信看作是她病中的一种消遣；而他们三个人却不赞成这件事情，他们拐弯抹角地通过医生告诉维尔塞里斯夫人说，这将使她感到很累，不利于她养病。他们编造了一个借口，说我不懂得怎样服侍病人，就让两个抬轿子的粗人代替我去侍候夫人。他们把夫人的周围安排得水泄不通，以致在写遗嘱的时候，我有一个星期都没有机会走进她的房间。是的，在这一个星期之后，我又像从前那样走进她的房间，而且工作得比任何人都更勤奋，因为这个女人的痛苦使我太难过了；她忍受痛苦的那种坚毅精神，使我对她产生了极大的敬意和同情，我在她房间里悄悄地哭了一场，既没有让她本人看见，也没有让别人看见。

她终于离开了我们；我瞧着她停止了呼吸。她的一生是一位有才学和见识的女人的一生；她的死是一位贤者的死。我可以说，正是她既一丝不苟而又不矫揉做作地履行天主教徒的职责时所表现的那种心灵的宁静，使我感到了天主教的可爱。她向来是很严肃的，但在她垂危之际却表现出了一种欢快的样子，而且表现得那样自然，不像是装出来的：这显然是理智战胜了忧伤心情的结果。她只是在最后两天才卧床不起，而且一直不停地用平静的声音和大家谈话。最后，她不说话了，陷入了临终时的极度痛苦之中。突然，她放了一个响屁。“好极了，”她一边翻身一边说，“能放屁的女人是不会死的。”这是她最后说的一句话。

她在遗嘱中说，给几个下等仆人每人多发一年薪水，而我因为没有被列入她家仆人的花名册，所以我什么也没有得到。不过，德·拉·洛克伯爵发给了我三十利弗尔，并允许我穿走我身上这件新号衣，而要是依照罗朗茨先生的意见的话，他还想把那件衣服从我身上扒下来呢。伯爵还答应帮我找个差事，并允许我去找他。我去了两三次都没有同他说上话，因此便灰了心，以后就再也没有去找他了。读者不久即将看到：我这样做，是大错特错了。

现在让我把我在维尔塞里斯夫人家经过的事情，该讲的赶快讲完！尽管表面上看来，我的情况依然同从前一样，但在我走出她家的时候的心情同我当初走进她家时候的心情却完全不同。我是怀着深深的负罪感和痛苦的悔恨心情走出她家的。这种感受直到四十年之后还依然折磨着我的良心；事过四十年之后，这种心情不但没有减弱，反而随着年纪的衰迈愈来愈强烈。谁能相信一个小孩子所犯的错误会产生那么严重的后果呢？正是因为产生了这种几乎可以断定的后果，我的心才一直不得安宁，因为我的过错已经使一个可爱的、诚实的和可敬的、而且确实比我高尚得多的小姑娘陷入了不白之冤的悲惨境地。

一个家庭的瓦解，难免不使家中出现混乱的情形和丢失一些东西。然而，由于仆人们是那样的忠诚，罗朗茨先生和他的妻子又是那样的细心，所以列入财产清单上的东西一样也不缺，只是朋塔勒小姐丢失了一条已经用旧了的小小的玫瑰色和银色相间的丝带。有许许多多好东西我虽可以顺手牵羊地拿，但只有这条丝带才引起了我的兴趣，于是我便把它偷走了。然而，我还没有来得及把它藏好，就被人发现了。人们问我是在哪里偷的，我慌了神，结结巴巴说不清楚。最后，只好红着脸说是玛丽蓉送给我的。玛丽蓉是一个莫里昂山村女孩子，是维尔塞里斯夫人家的厨娘。自从维尔塞里斯夫人不再在家中宴请客人以后，夫人便辞退了她的厨师，改由玛丽蓉替她做饭。夫人现在只能吃粥和羹汤之类的流食，而不能吃炖肉之类的油腻食品。玛丽蓉不但长得很漂亮，而且有一种只有山村姑娘才有的靓丽的肤色，尤其是她那羞答答的温柔样子，凡是见到她的人，没有一个不喜欢。大家都知道这个姑娘为人十分老实，对主人极其忠心，因此，当我说出她的名字的时候，在场的人莫不大吃一惊。就信任的程度来说，大家自然是不相信我而相信她的，因此认为必须把事实弄清楚：我们这两个人当中，究竟哪一个是贼，于是便派人去把玛丽蓉叫来。当时在场的人很多，德·拉·洛克伯爵也在。她来了，人们让她看那条丝带，我在旁边一个劲儿地昧着良心指控她。她被弄得莫名其妙地愣在那里一言不发，只是向我投射了一道足以使魔鬼也感到胆寒的目光，而我残忍的心却不理睬它。最后，她坚决否认，不过，她没有生气，也没有骂我，只是劝我扪心自问，不要诬赖一个从来没有损害过我的无辜的姑娘，而我却依然厚颜无耻地一口咬定我说的是事实，当着她的面说丝带是她送给我的。这时，这个可怜的姑姑流着眼泪对我说了这么一句话："卢梭啊，我原来以为你是一个好人，可你现在把我害得好苦啊，不过，我绝不会像你这样为人。"她对我说的话，到此就停止了，除了继续用坚定而朴实的话为自己辩护以外，对我没有半句恶言。她的话是那样的温和，而我的话是那样的肯定，相比之下，自然是使她处于下风。很难想象当时的场面竟然是：一方是像魔鬼似的铁石心肠，而另一方却像天使般地温柔。到底哪一个是贼，当是很难断定，不过，大家心中的偏向是于我有利的。由于当时家中一片混乱，大家没有时间深入了解此事，于是，德·拉·洛克伯爵只说了这么一句话："让罪人的良心去为无辜的人报仇雪恨吧。"说完就把我们两人都辞退了。他的预言没有落空，没有一天不在我身上应验。[①]

我不知道这个受我诬陷的姑娘以后的情况怎么样了，不言而喻的是，她将来是很难再找到一个合适的工作的。她蒙冤受屈，名誉受到极大损害。偷的东西虽然微不足道，但那毕竟是偷，何况还利用这件东西去勾引一个青年小伙子：一个既撒谎，又坚持错误，集许多恶习于一身的女人，人们显然是不喜欢的。我甚至认为，贫穷和被人摒弃，还不是我使她遭受的最大危害。像她这样小小年纪，心灵受到那么大的挫伤，谁知道她今后将沦落到什么田地呢？唉！如果说由于我使她落到可怜的境地而追悔莫及的心情是难以忍受的话，请各位读者想一想，当我每一念及是由于我的过错，因而使她的前途比我更暗淡的时候，我的心情将是多么的悲伤啊！

这痛苦的回忆有时候使我心乱如麻，搅得我彻夜难眠。似梦非梦地看见那个可怜的姑娘来谴责我的罪行，好像这桩罪行就是昨天发生似的。当我的处境平静时，它使我感到的痛苦就稍微轻一些，而在我的生活发生狂风暴雨似的剧变时，它就使我不敢期望作为受迫害的无辜者需要得到的温暖的安慰，它经常使我想起我曾经在我的一本著作中说过的话：在命运亨达时，悔恨之心是睡着的，而一旦身处逆境时，它就活跃起来了。然而，我从来没有向任何一个朋友倾诉过我心中的这份愧疚；即使对最亲密的朋友，也没

① 的确，这件事情使卢梭后悔了一辈子，到他晚年——他临终前一年(1777)——撰写《一个孤独的散步者的梦》时，还深感愧疚地说："我在少年时候说过一次坏良心的谎话，在我这一生中，我一想到此事就深感不安，一直到我的晚年，它还在以各种各样的方式折磨着我已经受了伤害的心。"(卢梭：《一个孤独的散步者的梦》，李平沤译，商务印书馆 2008 年版，第 39 页)——译者

有谈过这件事，甚至对华伦夫人也没有谈过。在这期间，我只是向人提起过我做了一件应当自己责备自己的错事，但从来不详细说我做的是什么错事。这个心灵上的重负直到今天还依然压在我的良心上，而没有一丝一毫的减轻。我可以说：正是由于我有解脱这个重负的愿望，所以才下定决心把我的忏悔之心在书中向各位读者详细陈述。

以上的陈述是十分坦率的；我相信谁也不会认为我在这里说了什么掩饰我的罪行的话。不过，如果我不同时暴露我当时的内心想法，或者怕因为替自己辩解而不说出当时的真情，那就不能达到我写这本书的目的。当我把罪行推到那个可怜的姑娘身上时，我确实没有故意害她之心，而且我那样做，还恰恰是出于我对她怀抱的友情。我这个话，人们听起来会觉得奇怪，但事实的确如此。当时，我正在心中想她，所以就不假思索地脱口说出了她的名字，把我干的事说成是她干的，说丝带是她给我的，而事实上是我想偷那条丝带来送她。后来，当我看见她来到我面前时，我的心完全碎了。但是，由于当时在场的人那么多，所以我就打消了我的后悔之心。我不怕惩罚，但我害怕丢脸；我怕丢人现眼，甚于怕死亡，甚于怕犯罪，甚于怕世上的一切。当时，我真想找个地缝钻进去闷死在地里。不可克服的羞耻心战胜了一切；它是使我厚着脸皮撒谎的唯一原因。我愈是有罪，便愈怕认罪，因而只好睁着眼睛说瞎话。我最怕被当场认定我是小偷、撒谎者和诬陷者。当时群情激昂的样子，使我没有其他的选择。如果当时大家让我冷静地想一下，我肯定会坦白一切的。如果德·拉·洛克先生把我单独叫到一边对我说："不要诬陷这个可怜的姑娘，如果东西是你偷的，你向我承认了，就没事了。”我肯定会立刻跪在他面前承认错误的。然而，正是在需要鼓励我认错的勇气的时候，人们却一个劲儿地吓唬我。另外，人们还需要考虑一下我当时的年龄；那时候，我刚刚结束我的童年，我依然是个孩子。青年时候所干的坏事，其恶劣的影响，是比成年时候干的坏事大的；但仅仅由于意志软弱而干的坏事，其影响就小得多了。我的错误，充其量不过如此而已。因此，当我回忆这件事情的时候，使我感到难过的，不是这件坏事的本身，而是它可能造成的后果。因此，这件坏事竟变成了一件好事，因为它使我一想起我一生中所犯的这唯一一次错误，便不寒而栗，不敢再产生任何犯罪的念头。我认为，我之所以那么痛恨撒谎，大部分原因就是由于后悔我当初撒了一个那么恶劣的弥天大谎。我认为，如果我犯的这桩罪行能用什么东西弥补的话，那么，我晚年遭受的那么多不幸和我四十年来在艰难困苦的情况下所保持的正直品行和荣誉感，就是对它的弥补，何况那个可怜的玛丽蓉在这个世界上已经有那么多人替她报了仇，所以，尽管我对她的伤害是很大的，我也不愁她在我临终的时候还不宽恕我这桩罪行。关于这件事情，我要说的话就是这些；请允许我从此以后就不再谈它了。

第 三 卷

(1728—1730)

我走出维尔塞里斯夫人家时的情况，同我走进她家时的情况差不多。我又回到了我原先那个女客店主人那里，住了五六个星期。在这期间，由于我身体好、年轻，又闲着无事可做，因此便经常心情烦闷。我感到不安，思想不集中，恍恍惚惚像做梦似的；我时而哭泣，时而唉声叹气。我希望得到幸福，但又不知道我想得到的幸福是什么样子。我甚至感到我希望得到的幸福世上或许并不存在。我当时的这种状况，真是难以描述，我可以说，能够设身处地地想象它的人也不多，因为大多数人早已过上了既令人苦恼又令人感到甜蜜的美满生活，陶醉在自己的希望中，品尝着未来的幸福。我沸腾的血使我的脑子成天都在想那些未婚的姑娘和已婚的少妇，但又不知道她们对我有什么真正的用处。我在脑子里胡思乱想地缠着她们，但又不知道下一步应当如何对待她们。这些奇异的想象虽使我的感官一直处于令人难受的活跃状态，但值得庆幸的是，它们没有告诉我如何满足我的感官的办法。当时，要是能找到一个像戈登小姐那样的姑娘相会一刻钟，就是叫我死，我也愿意。然而，现在已不再是像小孩子那样聚在一起玩耍的时候了。

与对坏事相辅而行的羞耻心，随着年龄的增长而日益强烈，使我天生的腼腆的心理达到了难以克服的程度。但是，无论是在当时或以后，我都从未主动向女人提出过做爱的要求，即使我明知对方并不在乎这种事，只要我一开口就准行，我也没有主动提出过；相反，除非对方首先提出，并采取某种强迫的方式，我是不敢贸然采取行动的。

我骚动的心情后来竟发展到难以控制我的情欲的程度，因而只有采取最荒唐的办法来发泄。我特意到小街小巷或偏僻的角落去，以便在那里能够远远地向女人做出我本想在她们面前做的表现。我暴露给她们看的，并不是那个可以引起淫欲的东西（这个东西，我甚至连想都没有想到过），而是令人好笑的臀部；我把臀部显示给她们看。用这个办法来寻求乐趣的想法之傻，真是难以形容，以为这样做，只差一步就可以得到我想得到的满足。我满以为只要我耐心等待，必然有那么一个从我面前经过的胆子大的女人来与我寻欢作乐。这一愚蠢的想法，结果给我带来一场令别人好笑但却使我一点也乐不起来的灾难。

有一天，我躲在一个院子的尽头；院子里有一口水井，院子里的姑娘们常到井边来取水。在这个院子尽头的地方，有一个小斜坡，斜坡上有几条通往地窖的通道。我在昏暗的光线中探察了一下这几条地下通道，发现它们又长又昏暗，一直延伸至不知何处为止，因此我认为，如果我被人发现，人家要来逮我的话，我可以躲进通道里，准保安全。怀着这样的信心，我向那些来井边取水的姑娘摆出了一副与其说是勾引她们还不如说是让她们好笑的架势。有几个聪明的姑娘假装没有看见，另外几个笑出了声，还有几个认为自己受到了侮辱，因此喊叫起来。我躲进通道里去；有人追了上来；我听见其中有一个男人的声音（我怎么也没有料到会出现一个男人）。于是，我冒着迷失方向的危险，往地下通道里跑。人们的脚步声、女孩子们的喊叫声和那个男人的声音紧紧在我后边追来。我原来以为可以依靠通道的昏暗藏身，哪知却突然出现了明亮的光线。我全身哆嗦，赶紧往通道的深处钻，可是一道墙挡住了我的去路，无法再往前跑了，只好待在那里听天由命。突然一下，我被一个大汉逮住了。他长一脸大胡子，头戴一顶大帽子，身边挎一把大砍刀；他身后跟着四五个老太太，她们每人手里端着一把笤帚，另外还有那个揭发我的坏丫头，她肯定是想来亲眼看一下我的长相是什么样子。

那个身挎大砍刀的男人抓住我的胳臂，粗声粗气地问我到这里干什么。人们可以想象得到，我当时是一句话也答不出来的。不过，我很镇定，并且在这关键时刻灵机一动，想出了一个巧妙的脱身之计，结果很成功。我用乞求的语气对他说，请他看在我的年龄和处境的分上饶了我。我还对他说，我是一个出身高贵的外乡青年，我的脑子有毛病，因为家里的人想把我关起来，所以我就从我父亲家逃了出来；如果他把我交出去，我就完蛋了；如果他放了我，我有朝一日会感谢他的大恩大德的。真没有料到，我这番话和我的表情马上产生了效果。那个可怕的大汉被打动了，对我说了几句简短的责备的话以后，就不再追问我，并轻轻松松地放了我。那个坏丫头和那几个老太太看见我就这样走了，便很不高兴。我发现，我原来害怕的那个大汉对我大有用处，而要是只有那几个女人在场的话，我是不会这么轻松地就走人的。我听见她们叽里咕噜地不知道说些什么，不过，我毫不在乎，因为，只要那个男人和那把刀不参战，我敢肯定，凭我矫健有力的身体，对付她们这几个娘儿们和那几把破笤帚，是绰绰有余的。

过了几天，我和一位年轻的神甫（他是我的邻居）一起经过一条大街时，迎面碰见了那个腰挎大刀的大汉。他把我认出来了，并且还学着我说话的腔调冲着我嘲弄道："我是一位亲王，我是一位亲王，可我同时又是一个胆小鬼。殿下，我劝你别再玩那套把戏了。"此外，他便没有多说什么，而我，虽然马上低下头赶快躲开，但心里是感激他这样给我留面子的。我敢肯定，那几个可恶的老太太一定责备过他对我过于轻信。不管怎么说，作为一个彼埃蒙人，他的确是个好人；每当我想起他的时候，我都要对他心存感激之情，因为这件事情太令人好笑了，单单是想拿我取乐，如果不是他而换成另外一个人，也会当场把我捉弄得颜面尽失的。这件事情虽然没有给我造成严重的后果，但却使我老实了很长一段时间。

我在维尔塞里斯夫人家当差期间结识了几个人；我和他们时相过从，希望他们将来对我有帮助。其中有一位是萨瓦省的神甫，名叫格姆先生。我经常去看他；他是麦拉尔雷德伯爵的孩子们的家庭教师。他年纪轻，很少与人交往，但他很有见识，为人正直，头脑十分聪明，是我所认识的最诚实的人之一。我之所以喜欢到他那里去，并不是想从他那里得到什么经济上的帮助；凭他的地位，他也不可能帮我谋得一个差事。然而我发现，从他身上我可以学到许多使我终生受益的宝贵的东西；我所遵循的许多道德规范和至理名言，就是从他那里学来的。在我的兴趣和思想逐渐形成期间，我总是对自己的要求不是太高就是太低：有时候是阿喀琉斯，有时候又是德尔西特[①];时而是英雄,时而又是无赖。格姆先生十分耐心地教我做一个安分守己的人,教我要自己认识自己;对我既不姑息,也不挫伤我的自尊心。他非常诚恳地对我分析了我的天性和我的才能,并向我指出我身上存在哪些障碍使我不能发挥它们的优势,因而在他看来,我的天性和才能不仅不能成为我飞黄腾达的阶梯,反而正是因为我有这种天性和才能,我才不去追逐名利。他给我描绘了一幅人生的真正图画,使我如梦方醒地看出我对人生的看法全是错误的。他向我指出:一个贤明的人应怎样在逆境中获得幸福,怎样在逆风中一直坚持到幸福的彼岸。他还告诉我为什么没有美德就没有真正的幸福,怎样才能在任何情况下都能做一个贤明的人。他大大削弱了我对高官厚禄的羡慕,并向我证明:那些统治别人的人既不比别人高明,也不比别人更幸福。他对我说了一句经常回荡在我脑际的话;他说:"如果每一个人都能了解他人心中所想的,那么,自谦的人就会比自负的人多。"他这番有真知灼见而又不夸夸其谈的话,使我受益终生,使我始终保持平静的心态,安于自己的本分。他向我详细讲解了心地善良的真谛,而我过去对这个问题的看法是那么虚浮,总以为在行事善良方面宁可过之,而不可不及。他使我认识到,对崇高的道德的热爱,在社会上是没有多大用处的;一下子把目标定得太高,往往会从高处摔下来的。从小事做起,继续不断地尽到自己应尽的本分,这样一直努力下去,其效果并不亚于英雄行为。这种做法,可以使人获

① 阿喀琉斯和德尔西特都是荷马史诗《伊利亚特》中描写的人物;前者是一位英雄,而后者则是一个卑劣的小人。——译者

得更好的荣誉和幸福;受到人们一贯的尊敬,比受人们偶尔几次称道,是强一百倍的。

要正确理解做人的天职,就需要追溯一下它们的本源。我所走的这条道路,导致了我目前的处境,因此,我必须在这里谈一下宗教问题。人们可以想象得到,那位萨瓦省的牧师①的原型,至少有一大部分是取自这位诚实的格姆先生。只不过由于他为人十分谨慎,说话非常小心,所以在某些问题上才讲得不那么清楚。除此以外,他奉行的信条,他对宗教问题的见解,甚至他在劝我回到我的故乡方面所说的那些话,都和我后来向公众叙述的内容是完全相同的,因此,他对我谈了些什么问题,用不着我多讲,人们也是可以想象得到的;而我要在这里补充的是:他对我所讲的那些富有教育意义的话,是颇富哲理的,尽管当初没有产生什么效果,但它们在我心中播下了美德和宗教信仰的永不消失的种子,只等另外一只更亲切的手来培育,就会开花结果的。

尽管我改宗天主教的诚心不太坚定;但我依然受到了他的感动。我对他所讲的话,不但不感到厌腻,反而很喜欢听,因为他讲得既简单又明了,尤其是我在他的话中感到了一种他对我发自内心的关怀。我对那些希望我好的人,比对那些曾经为我做过好事的人是更加心怀敬意的。在这一点上,我的观察从来没有出过错;我对格姆先生的敬爱,完全出自真心,可以说我是他的第二个弟子;与他的交往,当时就已经使我获得了不可估量的益处,扭转了

① 指卢梭《爱弥儿》下卷《一个萨瓦省的牧师的信仰自白》中的那位牧师。(卢梭:《爱弥儿》,李平沤译,商务印书馆 2001 年版,第 377 页)——译者

我因成天无所事事而造成的爱做坏事的倾向。

有一天,我压根儿没有料到德·拉·洛克伯爵派人来叫我。由于我前几次去见他,都没有和他说上话,所以就感到厌烦,就不大愿意再到他那里去了。我以为他把我忘记了,或者还依然对我抱有坏印象:我这些想法完全错了。他曾多次亲眼看见我是多么勤勤恳恳地为他的姑母服务,他甚至还把他所看到的情况告诉了他的姑母。这件事,连我自己也记不得了,而他还一再向我谈起。这一次,他很亲切地接待我;他告诉我:他以前并不是向我随便许愿让我空欢喜。他说他真的是想替我找个工作,现在还真的找到了,说他将使我走上一条成为某种人物的道路,至于这条道路以后怎么走,那就要看我的了。他说他介绍我去的那个家庭是很有权势和威望的;今后,我不用再找其他的保护人,就可以事业有成,虽然开头依然按我原来的身份当一个普通的仆人,但他叫我放心,一旦那家人看出了我的才学和本事高于仆人,就一定不会让我永远当仆人的。这段话的结尾彻底打破了这段话的开头使我怀抱的美好希望:"什么!仍然是当仆人!"我怀着恼恨的心情自言自语地在心中这样嘟囔道。不过,我的自信心立刻就平息了我的愤怒;我认为,无论从哪一方面看,我都不像仆人,所以用不着担心别人会永远让我干仆人的工作。

德·拉·洛克伯爵把我领到古丰伯爵家。古丰伯爵是王后的侍从长,是赫赫有名的索拉尔家族的族长。这位可敬的老人的威严气派,使他对我的亲切接待倍加感人。他饶有兴趣地问我话,而我也很真诚地回答他。他对洛克伯爵说我的相貌很讨人喜欢,是一个有才干的人的样子。他觉得我虽不缺才干,但这还不能说明我一切都好，还要看我其他方面的表现如何。接着，他转过头来对我说：“孩子，凡事总是开头难，不过，你的工作不是太难的，你要老老实实地干；尽量让大家都对你满意，这就是你目前唯一的工作。你努力干吧，我们会善待你的。”他立即把我领到他的儿媳布莱耶侯爵夫人房中，把我介绍给她，然后又把我介绍给古丰神甫。我感到这样开端是个好兆头。我从种种迹象断定，若是把我当一个仆人看待的话，他们是不会这样热情接待我的。的确，他们也真的没有把我当仆人看待；我虽被安排与仆人们在同一个食堂吃饭，但特许我不穿他们穿的那种号衣。有一次，当年轻气盛的法弗里亚伯爵让我站在他的马车的后挡板上跟他外出时，他的祖父立即禁止；他不允许任何人让我站在马车的后挡板上到街上去。不过，我还是要侍候主人吃饭，在家里做一个仆人该做的那些事情，只不过我相当自由，不特别专门听任何一个人的使唤。除了笔录主人口授的信件或者有时候按照法弗里亚伯爵的吩咐剪贴一些图样以外，白天的时间差不多都由我自己支配。这样的生活方式，我没觉察到它是很危险的，甚至是不合情理的，因为我成天这么悠闲，没有太多的事情做，会使我染上一些本来不会染上的恶习的。

幸运的是，这种情况没有发生。格姆先生对我的教诲深深印在我心里；我对他向我讲的话是那么爱听，以致我有时候还偷偷跑去听他的指教。我相信，那些看见我悄悄走出去的人，是很难猜出我到哪里去的。再也没有什么人比他对我的行为的评说和指导更正确的了。我开头那段时间的工作是做得很好的；我非常勤奋、细心和热情，每一个人都对我感到满意。格姆神甫看问题看得很深；他告诉我：开头这股热乎劲儿，要适可而止，以免以后一松劲儿，就会让人家看出来。“你开头时候的工作,”他告诉我,“是人家衡量你的一把尺子;力气的使用,你开头要悠着点儿,往后才一点一点地多起来。不过,你千万要记住,无论什么事,你必须做得比以前好,而不能比以前差。”

由于人们对我小小的才能没有仔细观察和研究,认为我只不过有我生来就有的那一点儿能力而已,因此他们并不打算让我大显身手。尽管古丰伯爵曾经多次对我说过要让我发挥我的才能,但后来由于许多事情分散了他们对我的注意,因此他几乎把我完全忘记了。古丰伯爵的儿子布莱耶侯爵当时是驻维也纳的大使;宫中发生的动荡也反映到古丰伯爵家里来了。家中人人惶惑不安,一直忙乱了好几个星期,因此就没有时间考虑我的问题。不过,到现在为止,我依然是那样勤奋,没有丝毫的懈怠。可就在这时发生了一件对我有利也有害的事情,它一方面虽使我没有受外界的干扰,但另一方面却使我对我的工作不那么专心了。

布莱耶小姐和我的年龄差不多。她身材长得很匀称,面貌也相当漂亮,白白的脸蛋儿,黑黑的头发;尽管她原本是一个皮肤棕色的女孩子,但脸上却流露出金色女郎的温柔。她这个长相,简直令我愈看愈销魂。她穿的那身非常适合少女穿的宫中礼服,更加显示了她美妙的身材,露出了她的胸部和两肩,尤其是由于她当时正在服丧,所以就使她的肤色更加细嫩迷人了。人们也许会说,府中的小姐们的容貌,一个当差的仆人是不该那样仔细地看的。是的,我这样做,是错了。不过,我当时的确是仔细看了许多次,而且注意看她的,不止我一个人。家中的总管和打扫房间的仆人有时在吃饭的时候也谈论布莱耶小姐的美,而且言语是那么粗俗,使我听了感到很难过。我的头脑当时还没有迷糊到以为我会被她看中的程度,我没有忘记我自己的身份,我安分守己,不敢想入非非。我喜欢看布莱耶小姐,喜欢听她说一些能显示她的聪明才智和高尚人品的话。如果说我有什么非分之想的话,那也只不过是巴不得有为她效劳的机会。仅此而已,从来没有超过我的职责范围。在吃饭的时候,我千方百计找机会为她做我一个仆人该做的事。只要一看见她的仆人离开了她的身边,我马上就过去接替他。如果没有接近她的机会,我就站在她的对面,注视着她那双眼睛,看她需要什么,看她是不是想换菜盘子。我想尽一切办法试图引起她对我的注意;我多么希望她吩咐我做点儿什么事,或者看我一眼,对我说句话啊!可是,我一个目的也没有达到。我感到难过的是:她对我视而不见,甚至没有觉察到我在她的身边。不过,他的哥哥在吃饭的时候还偶尔对我说几句话。有一次他说了一句不太礼貌的话,而我对他的回答是那样巧妙和那样得体,以致引起了她的注意,转过脸来看了我一眼。这一瞥虽很短暂,但已经足够使我高兴得心花怒放了。第二天,我又有了一次机会,而且充分地加以利用了。这一天,府中大宴宾客,这是我第一次看见府中的总管身佩短剑、头戴礼帽;他这身打扮使我很吃惊。席间,宾客们忽然谈到绣在一张带有国徽图案的壁毯上的索拉尔家族的那句箴言:"*Tel fiert qui ne tue pas.*"彼埃蒙人多半都不熟悉法文;有一个人说箴言中有一个拼写上的错误;他说"fiert"这个词中多了一个字母"t"。

当老古丰伯爵正要回答的时候,他突然发现我在抿着嘴巴笑,但又不敢说什么,于是他命令我发言。我说:我不认为字母"t"是多余的，因为“fiert”是个古法文词，它不是来自表示“恐吓或威吓”的名词“ferus”，而是来自表示“打或打伤”的动词“ferit”，因此我认为“*tel frappe qui ne tue pas*”这句箴言的意思是：“只打伤之，而不杀之。”

满座的宾客都盯着我，吃惊得面面相觑，一句话也说不出来。我这一生都没有见过有人竟吃惊到这种程度。不过，最使我得意的是，我非常清楚地看见布莱耶小姐很明显地露出了满意的样子。这个如此骄傲的女孩又再次看了我一眼。这第二次看我，至少同第一次看我是同样珍贵。接着，她又转过脸去看他的祖父，好像是希望马上听到她的祖父说几句夸奖我的话。果然，她的祖父带着非常高兴和满意的神情着实把我大大称赞了一番。他的话立刻得到满座宾客的一致鼓掌赞同。掌声虽然很短暂，但无论从哪方面说，都是令人陶醉的。这一刹那，是极其难得的时刻之一：它恢复了事物的自然秩序，替我被命运践踏的才华出了一口气。隔了几分钟，布莱耶小姐又抬起头来看我，用既害羞又亲切的声音叫我给她端杯水去。人们可以想象得到，我一听到她的吩咐就马上照办的；然而在我端着盛得满满的水杯走近她身边的时候，我全身哆嗦得那么厉害，以致把杯子里的水洒在她的菜盘子里，甚至溅到了她的身上。她的哥哥粗声粗气地问我为什么抖得这么厉害；他这一问，愈加使我感到惶恐不安，而布莱耶小姐的脸儿也羞得通红，甚至连白眼珠也红了。

我这段浪漫经历到这里就结束了。人们可以看到，这段经历的结局，同上次与巴西尔夫人相爱的结局是一样的，甚至和我此后一生的爱情经历也是相同的。我和女人的爱情，没有一次获得了圆满的结果。我怀着满腔的热情守候在布莱耶夫人卧室旁边的小屋里，结果，枉自在屋子里白等一阵。她的女儿也不再对我有任何关心的表示；她进进出出她的房间，连瞧都不瞧我一眼，而我也不敢抬起头来看她。我甚至是如此的愚蠢：有一天，她在我面前经过时掉了一只手套，我不仅没有赶快过去把它拾起来使劲亲吻，反而呆在那里不敢动，竟让一个其胖如猪的仆人把它捡走了，当时，我恨不得把他掐死。我发现，布莱耶夫人也不怎么喜欢我，这就使我更加感到不安了。她不但不吩咐我替她办事，甚至连我主动为她办事，她也不乐意接受。有两次她看见我待在小屋里，竟用很冷淡的语气问我是不是没有事情可做了。现在，必须马上离开这间可爱的小屋；开头我还有点儿舍不得，后来由于许多事情分了我的心，我就不再想它了。

布莱耶夫人看不起我；她的公公发现我受到了冷落，便多方关心我，使我感到了莫大的安慰。他在上次宴会的当天晚上，和我谈了半个小时的话，看来，他对这次谈话很满意，而我也受到了极大的鼓舞。这位和蔼可亲的老人虽然有学问，但他的学问不如维尔塞里斯夫人大，不过，他的心肠很好；我在他身边事事都很顺心。他让我到他的儿子古丰神甫那里去当差，说这位神甫很喜欢我，如果我能很好地利用他对我的关心的话，不仅对我大有好处，而且还可使我学到别人认为我缺乏的本事。第二天早上，我就到神甫那里去了。他不把我当仆人看待，让我坐在他的火炉旁边，用极其亲切的态度只问了我几个问题，便立刻发现我尽管学了许多东西，但没有哪一样东西是学到了家的，尤其是我的拉丁文更差，他答应教我继续学下去。我们商定：我每天上午都到他那里去学，而且从第二天就开始。就这样,在我的生活中往往发生许许多多这类奇怪的事情:在同一个时候,我的身份既很高又很低;在同一个家庭里,我既是学生又是仆人;在当差侍候主人的同时,又在跟一个只有国王的孩子才能聘请到的出身名门的教师学习。

古丰神甫是他家中的最小的儿子,大家都希望他将来能荣升主教之职。为此,他必须比一般的世家子弟学更多的东西,拥有更高深的学问。他被送到锡耶纳大学念书;在大学学习的几年里,他染上了克鲁斯卡学院的语言纯洁癖:说话字正腔圆,书写的文字十分规范。像他这样满肚子学问的人在都灵的名望,几乎同当年丹若神甫在巴黎的名望差不多。由于他对神学不感兴趣,便转而研究文学。这种情况,在意大利的高级神职人员中是常见的。他读过许多诗人的作品,他用拉丁文和意大利文作的诗,也写得相当不错。看来,他有心培养我学他的那一套本领,并把我脑子里装的那些杂七杂八的东西好好加以梳理。不过,也许是由于我东拉西扯地瞎说一气,使他摸不清我的学问到底有多大,或者是由于他觉得教初级拉丁文太没意思,因此在开始的时候就把施教的起点定得太高,刚刚让我译了几段费得尔的寓言之后,就让我译维吉尔的诗,而我对这位诗人的作品根本就看不懂。正如各位读者即将看到的,他这种教法虽能迫使我此后不得不继续不断地学拉丁文,但一辈子也学不好。不过,我当时的学习热情还是很高的,古丰神甫对我花费的心血也是很多的,直到今天,我回想起来,我对他还是很感激的。我上午大部分时间都是和他一起度过的,一部分时间用来跟他学习,另一部分时间用来为他服务,不过,不是为他个人生活上的事服务,他从来不让我做这类工作。他让我做的工作是笔录他口授的文件或者抄写一些东西。我从这份秘书工作中学到的东西,比我跟他当学生学到的东西还多。我不仅学到了纯正的意大利文,还对文学也产生了兴趣,尤其是学到了鉴别好书和坏书的能力。这一点,在拉·特里布太太那里是学不到的;这些收获,对我日后独立工作大有好处。

在我这一生中,只有在这段时间我心里不仅没有追逐女人的念头,而且还头脑清醒地琢磨要怎样才能有出人头地的希望。神甫先生对我很满意,逢人就夸我;他的父亲更是喜欢我简直喜欢得出奇。听法弗里亚伯爵说,这位老人甚至还在国王面前提起过我。布莱耶夫人也不再那么瞧不起我了。最后,我成了这一家人的宠儿;这引起了其他仆人的忌妒;他们看见我成了这家主人的儿子的学生,便以为我不会像他们那样长期当仆人了。

由于听到了仆人们无意中说出的有关我的前途的那些话,我便仔细地思考了一番;我发现:一心想当驻外的大使,甚至往后还想当大臣的索拉尔家中的人说不定早有打算,想培养一个有才学的人;这个人,今后要完全依附于他们,获得他们的信任,并为他们效劳。古丰伯爵的这个计划是很好的,是很明智和有远见的。只有肯提拔他人和有眼光的大贵族,才能想出这么一个计划。不过,由于我当时还不了解他的计划的细节,所以在头脑里感觉到他的计划太令人难以思议了,要求我为他家死心蹋地地效劳的时间也太长了,而我的全部野心,只不过是想通过奇遇来寻找机缘。由于我发现他的这个计划中没有一句话提到女人,因此我觉得,用这个办法去谋求显达,进度实在太慢、太辛苦和太吃力了。其实,我这些看法是大错特错的,因为,愈是没有女人参与这件事,这个办法才愈稳妥和可靠，何况女人们欣赏的才能，肯定不是索拉尔家族认为我具有的才能。

一切进行得很顺利。我几乎已经获得了大家的敬重，对我的考验已经结束。这一家人都普遍认为我是一个最有前途的年轻人；现在虽屈居人下，将来一定会出人头地的。然而，我认为，我的前途是不能由别人来安排的；我要通过完全不同的道路去争取。在这里，我要谈一下我天生的个性；对于这种个性，我无须多加解说，只把它向读者陈述清楚就行了。

在都灵，虽然有许多像我这样改宗天主教的人，但我不喜欢他们，不愿和他们当中的任何一个人来往。但是，我见到的几个日内瓦人，却与他们大不相同，不是他们这号人；其中有一个名叫穆萨尔先生，绰号“特大嘴”，是一个细笔画工，和我还有点儿亲戚关系。这位穆萨尔先生打听到我在古丰伯爵家里，便和另外一个名叫巴克勒的日内瓦人来看我。这个巴克勒，是我从前当学徒时候的一个好伙伴；他很风趣，成天乐呵呵的，满嘴的俏皮话，由于他年轻，所以大家都觉得他的俏皮话很招人听。我一下子就被巴克勒迷住了，甚至被迷到一刻也不能离开他的程度。他不久就要回日内瓦去，这对我将是多么大的损失啊！我觉得这个损失实在太大了。为了充分利用他尚未离开都灵的这段时间，我决定一步也不离开他，或者说得更确切一点，他本人也不愿意离开我。开头，我还没有着迷到白天不请假就跑出去和他玩的程度，但府中的人不久就发现他天天来找我，于是就不让他进伯爵府的大门。这一下，我着急了，而且着急得除了我的朋友巴克勒以外，其他一切全忘了。我不再到神甫先生那里去了，也不去侍候伯爵了。白天在府中再也见不到我这个人了；大家斥责我，我不听；后来又威胁我说要辞退我。他们对我的威胁，逼我走向了绝路，使我产生了这样一个念头：与其让巴克勒单独一个人走，还不如我与他同行好了。从这个时候起，我认为，除了与他一起旅行以外，便再也没有什么其他的快乐、命运和幸福可言了。我满脑子想的，全是这样一次长途旅行的无穷乐趣，何况旅行之后，说不定还可见到华伦夫人，尽管要等到十分遥远的将来才能见到她；至于回日内瓦么，我压根儿没有这个打算。现在出现在我心中的是：层层叠叠的山峦，碧绿的草地，茂密的森林，潺潺的流水和大大小小的村庄。它们每一个都向我呈现出各自独有的美景；我的灵魂好像被这个美妙的旅行计划完全占领了。我回想起上次来都灵时沿途看到的迷人风光，心里简直乐开了花。何况这次旅行完全是由自己独立做主，这是何等的惬意啊，再加上还有一个与我年龄相同、兴趣相同，而且脾气也好的伙伴同行，无拘无束，无牵无挂，想走就走，想歇就歇，这是多么令人快乐啊。除非是疯子，否则，谁愿意放弃这次旅行而去追求什么既遥遥无期、又诸多障碍而且还毫无把握的富贵梦啊。何况这种梦呓即使有朝一日能实现，无论它是多么的荣耀，也抵不上青年时期所享受到的一刻钟的真正快乐与自由。

由于我脑子里充满了这种自以为美妙无比的荒唐想象，我就想方设法达到了让主人辞退我的目的。说一句实话，要想被人家赶走，也需要动一番脑筋呢。有一天晚上，我回家的时候，总管告诉我说，伯爵先生已下令把我辞退了。这正是我求之不得的事情，因为他们辞退我，正好给我一个开脱自己、诿过于他们的借口说是他们赶我走，我才迫不得已走的。本来我的行为已经是够荒唐的了，现在又产生了这种想法，这真是既不公正，又忘恩负义啊。法弗里亚伯爵派人来告诉我，让我第二天上午在离开府第之前到他那里去一下，他有话对我说。人们以为我当时的头脑已经迷糊，很可能不去见法弗里亚伯爵，于是告诉我说：总管只有在我去见了法弗里亚伯爵之后，才把预备给我的钱给我。说实在话，这笔钱，我不该接受，因为主人从来没有把我当仆人使用，所以就没有规定给我多少工钱。

法弗里亚伯爵尽管年纪轻、行事十分莽撞，但他这一次对我说的话却很合情理，我甚至可以说他的话非常温柔；他用十分动情和感人的语气向我述说了他的叔父对我的关怀和他的祖父对我的期望，并向我指出我这次离开他家去冒险将遭到多大的牺牲；他还向我提出了和平解决这件事情的办法：只要我不再和那个勾引我的小坏蛋见面，一切都好商量。

很显然，他讲的那些话，不是他本人的意见；尽管我很愚蠢，我也猜得出来是出自我的老主人的一片好心，因此使我受到很大的感动。但是，这次有趣的旅行的情景已如此深深印入了我的脑际，以致任何力量也不能消除它对我的吸引力。这时，我完全失去了理智：我一再坚持我的计划，而且我的话越说越硬，甚至装出一副傲慢的样子斩钉截铁地回答说："既然你们已经把我辞退了，而我也接受了，我们双方都不用反悔了。不论我今后的情况如何，我都绝不愿意被同一个家庭的主人撵我两次。"一听这个话，年轻的法弗里亚立刻发火了（他发火，可以说是有道理的），骂了几句我该挨的骂，抓着我的肩膀就把我推出了他的房间，并砰的一声把门关上。我神气十足地走出了他们家，好像打了一个大胜仗似的。为了避免再打第二仗，我竟然没有到神甫那里去向他说一声感谢的话就不辞而别了。

要想知道我这时的心思荒谬到什么程度，就需要先了解我的心何以会对一些微不足道的东西那么着迷，何以会那么专心地琢磨一件吸引我的事物，尽管那件事物有时候是那么的虚妄。最奇怪的、最幼稚的和最荒唐的计划，往往会引起我极大的兴趣，使我认为它们真有实现的可能。一个年近十九岁的少年竟想今后靠一个空瓶子挣钱吃饭，这谁相信呢？此事的经过，且听我细细道来。

几个星期前，古丰神甫送了我一个小小的“埃农”喷水器[①]，非常精致，让我喜欢得几乎爱不释手。由于一边玩这个喷水器，一边谈我们的旅行计划，我们（聪明的巴克勒和我）灵机一动，忽然想到这个玩意儿对我们的旅行很有用处，可以让我们在旅途中多玩几天。在这个世界上，还有别的什么东西是像埃农喷水器这么稀奇的吗？我们挣钱吃饭的美梦就是从这个看法中产生的：我们每到一个村庄，就把农民招引来看我们的喷水器，这个玩意儿准能使他们迷糊得把饭和菜源源不断地送上来。巴克勒和我都认为种庄稼的人是不在乎这些东西的，一定会让我们吃饱的。如果他们不让路过他们村庄的人吃饱，人家会说他们的心肠不好的。我们以为到处都有人在举行宴会和婚礼；我们不花一文钱，单凭说几句话和喷水器里的那一点儿水，就可以走到彼埃蒙，走到萨瓦，走到法国，甚至走遍全世界。我们的旅行计划拟了一个又一个，没有个完。我们打算开头往北方走，其目的，是为了领略翻越阿尔卑斯山的乐

① 一种利用空气压力喷水的玩具。——译者

趣，而不是为了在某个预定的地方停下来。

现在，我要开始执行这个计划了。我毫不惋惜地抛弃了我的保护人、我的老师、我的学业和我的前途，也不再等待那几乎是已经到手的富贵；我要开始过一个真正的流浪者的生活。再见吧，都灵；再见吧，王宫、野心、虚荣、爱情、女人和我从去年起就一直盼望的奇遇。我带着我的喷水器和我的朋友巴克勒出发了。虽然钱包里的钱不多，但心里是高兴和踏实的，一门心思只想着去领略漫游各地的快乐，因为我的种种美妙的计划的目标，就为的是追求这种快乐。

这次荒诞的旅行一路上得到的乐趣，几乎和我们预期的差不多，但在不同的地方，情况又不完全一样，因为，尽管我们的喷水器让各个客店的女老板和她们的女佣人乐了一阵子，但临走时，该付多少住店钱，还得付多少，一文也不能少。不过，这倒也不使我们感到不快，因为我们只是想在我们缺钱花的时候，才用这个东西来救急。好在有一件意外的事情使我们免去了鼓捣这个东西的麻烦：在快到布拉芒的时候，喷水器忽然坏了。它坏得正是时候，因为我们已开始感觉到这个东西实在是个累赘，只不过我们不把这一点说出来罢了。这件倒霉事反倒使我们比前些时候更高兴了，而且大笑我们太愚蠢：在我们的衣服和鞋都穿破了时，竟妄想靠玩喷水器这种把戏挣钱去买新衣和新鞋。我们继续旅行，我们的心情和开始时候的心情同样的轻松和愉快，只不过所走的路线不再绕道，而是直奔我们的目的地，因为我们钱包里的钱已越来越少，使我们不得不加快行程，尽快到达终点。

到了尚贝里，我开始沉思起来。我思考的，不是我此行的荒唐，因为从来没有哪一个人会对他刚刚过去的事情马上就做总结的。我思考的，是华伦夫人将怎样接待我：我已经把她的家看做是我父母的家了。我到古丰伯爵家时，曾经写信告诉过她；她知道我在这家府第里的情况，也曾回信向我表示祝贺，并谆谆告诫我应当怎样回报这一家人对我的恩惠。她认为，只要我不犯错误，我今后的前程是大有希望的。如今，她看见我又回到她的家，她将怎样说我呢？我虽然不认为她会对我关上大门，但我担心我会使她感到伤心；我怕她对我的责备，比怕穷怕苦还怕得厉害。我决定一声不吭地忍受一切，想尽一切办法来平息她对我的怨恨。在这茫茫无边的宇宙里，我只有她一个亲人了，如果她不喜欢我，我连一天也活不下去。

最使我感到难办的，是我这个同行的伙伴；我不愿意给华伦夫人带去这个多余的人。我担心：要摆脱他，并不是一件容易的事情。为了和他分手做准备，在与他同行的最后一天，我便对他相当冷淡。这个小子头脑虽简单，但绝不是傻子：他一看我的表情，便明白了我的意思。我以为他对我这种不够朋友的表现会生气。我错了；我的朋友巴克勒一点儿生气的样子也没有。我们刚一进安纳西的城门，他就对我说："你到家了，快回家去吧。"他拥抱我，说一声再见便转身就走了，消逝得无影无踪，此后，我就一直没有他的消息；我们的友谊和感情只持续了大约六个星期，但对这六个星期的回忆，是令我终生难忘的。

在走近华伦夫人家的时候，我的心跳得多么厉害啊！我两腿战栗，眼睛好像蒙上了一层雾，什么也看不见了，什么也听不见了，也看不清谁是谁了。我接连好几次停下脚步来调整我的呼吸和心态。是不是因为害怕得不到我需要的帮助才心慌意乱到这种程度呢？像我这样的年纪，难道说死亡和饥饿就会把我吓成这个样子吗？不，不会的。我可斗胆说句实话：在我这一生中，我在任何时候都没有因为腰包里有了钱便神气十足，也没有因为腰包里没有钱便提心吊胆；这些表现，我从来没有过。在我坎坷不平、多灾多难的一生中，尽管居无定所、生活艰难，但我始终都以同样的心情看待荣华和贫困。在没有饭吃的时候，我也可以像别人那样去乞讨或者去偷，但绝不会因为没有饭吃就心慌意乱到如此程度。世上像我这样叹息，像我这样在一生中流过这么多眼泪的人是不多的，但是，我从来没有因为贫穷和担心陷入贫穷而叹息过一声或流过一滴眼泪。我的心灵曾一再经受命运的考验，但它所感到的真正幸福和真正痛苦，都与命运无关；正是在我衣食无忧、什么都不缺的时候，我才感到我是世上最不幸的人。

我走到华伦夫人的跟前，一看她脸上的表情，我就放下了心。一听见她的声音，我心里一颤，立刻跪在她的面前，欣喜若狂地使劲握住她的手亲吻。至于她，我不知道她是否预先知道了我的消息；她的脸上丝毫没有吃惊或伤感的样子。“可怜的孩子，”她用安抚的语气对我说道，“你又回来了？我知道，你现在年纪还小，不适合于这样长途旅行，好在情况还没有发展到令我担心的程度，所以我也就放心了。”接着，她让我讲述我这一年多来的情况；我对她讲得虽然不够详细，但非常忠实，除省略了几个细节以外，其他的事情，我既没有少讲，也没有为我辩解。

现在谈到了我住在什么地方的问题；她征求了一下她的贴身女仆的意见。在她们商量的时候，我连大气都不敢出。当我一听见她说让我住在她家里时，我差一点儿高兴得控制不住自己了；当我看见有人把我小小的旅行包送到指定我住的房间时，我高兴的心情和当年圣普乐看见有人把他的马车领进沃尔玛夫人家的车棚时的心情差不多是一样的。[①] 我尤其高兴的是，我听见她们说这样安排不是暂时的。当她们以为我在想别的事情时，我听见华伦夫人说："别人爱怎么说，就由他们怎么说。既然上帝又把他送回到我家来了，我就绝不抛弃他。"

现在，我终于安心地住在她家了；不过，就目前来说，我虽住在她家，但这还不能说是我一生幸福日子的开始，而只能说是为过这种日子做准备。尽管这种使我们真正体验到生活乐趣的内心感受是来自天性，或者也是来自我们的身体机能，但它也需要一定的环境才能发展起来。没有这种诱发的原因，一个人即使生来就是重感情的，他也一点儿也感觉不出来，以致还没有领略到他的人生的乐趣就死了。在此以前，我的情况大体上就是如此。如果我不认识华伦夫人，或者，即使认识了她，但没有和她在一起生活相当长的时间，没有受到她对我的温情的感染，也许我永远也是这个样子。我敢直言：一味追逐爱情的人，并不见得就真能体会人生的美

① 圣普乐和沃尔玛夫人是卢梭著《新爱洛伊丝》中的男主人公和女主人公。沃尔玛夫人，即朱莉。关于这里所说的圣普乐和朱莉重逢时的心情，请参见《新爱洛伊丝》卷 4 第 6 封信："……在进入韦威的时候，我的心情很不轻松，我的心跳得很厉害，几乎使我的呼吸都很困难。我说话的声音也变了，有点儿发抖……到达克拉朗时，我让马车停在栅栏旁边……朱莉一看见我，马上就认出来了；她立刻叫我的名字，跑步过来投入我的怀里。……她的目光，她的声音，她的姿态，立刻使我产生了信任、勇气和力量。"（卢梭：《新爱洛伊丝》，李平沤、何三雅译，译林出版社 2002 年版，第 422—423 页）——译者

究竟美在哪里。我还有另外一种感情,它虽不如爱情那么强烈,但却比爱情甜蜜一千倍;它有时候和爱情联系在一起,但更多的时候和爱情毫无关系。这种感情也不是单纯的友情;它比友情更温柔和更令人陶醉。我认为,这种感情是不可能发生在同性朋友之间的。无论从哪方面说,我都是一个重友情的人,但我从来就没有对我的男朋友产生过这种感情。对于这个问题,我现在虽然还难以把它说清楚,但以后会把它讲清楚的,因为感情上的事,是只有通过它们的效果才能说明白的。

华伦夫人住的是一座老房子;房子相当大,其中有一间很漂亮的空屋子装修成了一个陈列各种摆设的花厅。我就被安排住在这间屋子里。它位于我在前面提到的过道上;我和她第一次交谈就是在这里。从我的屋子可以看见小溪和花园那边的田野。这种景致,不能不使一个年轻的住客产生许多联想。自从离开波塞以后,我这是第一次看见我窗前有花草之类的植物。由于我离开安纳西以后住的屋子四周都有墙遮挡;推开窗子看到的,全是住户和灰暗的街道。现在看到这么新鲜的景象,我心里是多么快乐啊!它使我的心感到极大的温暖,感到她对我的柔情。我把这美妙的景色也看做是华伦夫人给我的一份恩情。我觉得她是特意把我安排在这里欣赏这一美景的。我要心情闲适地在这迷人的景色中陪伴她,在红花绿叶中处处跟随她,让她的美和春天的美一起呈现在我的眼前。我这颗一直感到压抑的心在这样的环境中活跃起来了,我的呼吸在这果树园中也更为自由了。

在华伦夫人家里,没有我在都灵看到的那种豪华气派,但整个房子收拾得很干净和整齐,呈现出一种与豪奢迥异其趣的古色古香的朴实气氛。她没有多少银餐具，没有任何一件珍贵的瓷器，厨房里没有悬挂野味，地窖里没有收藏外国酒，但在厨房和地窖里储藏了很多足够大家食用的东西。用陶瓷杯子给客人端来的咖啡，非常可口。无论谁来看她，她都要留他和她一起吃饭或者在她家单独用餐。不论是工人还是信差或过路人，没有一个不是在她家酒足饭饱之后才走的。她的仆人一共五人：一个贴身侍女名叫默尔塞赫，是弗里堡人，长得相当漂亮；一个男仆名叫克洛德·阿勒，是她的同乡，关于这个人，后文还要谈到；一个女厨和两名在她外出访友时给她抬轿的轿夫。不过，她外出访友的时间不多。对每年只有两千利弗尔年金的她来说，这些开销是相当的多了。好在她住在一个土地肥沃、物价低廉的地方，所以她的收入虽少，但还是满可以应付的。可惜的是，她从来不知道节俭，以致经常举债度日，而且钱一到手，马上花光，一个铜板也不剩。

她治家的方式，正好是我想采用的方式，因此，我借此机会乐得享用一番。我不太那么赞成的是，每顿饭花费在吃饭上的时间太长。她不喜欢汤和菜刚端上来的那股气味，几乎一闻到就感到头晕。她的这种厌恶感要持续很长的时间，要慢慢缓过劲儿来以后才开始吃。这时候，她只好和大家瞎聊一气，一点儿东西也不吃；要等半个小时以后，她才开始吃第一口菜。花这么多时间，我三顿饭也吃完了；她还没有开始吃，我早就吃饱了。为了陪伴她，我只好再吃。我这样虽吃了双份，倒也没有觉得有什么不舒服的地方；我在她身边尽情享受幸福生活的甜蜜，无忧无虑，满以为她手中的钱足可以支持。这时候，我还不太详细了解她的家底，以为她一直是这么富足，因此我在她家也一直高高兴兴地尽情享受。

后来，当我了解到她家的真实情况，知道她已预支了几年的年金，我就不再那么无忧无虑地享受了；一想到往后的日子怎么过，我的心就乐不起来了。我已经预感到她的家业必然败落；对于这种前景，我是无法躲避的。

从第一天起，我们之间就建立了亲密的关系，而且后来在她一生中，她对我一直是这么亲密。她叫我“孩子”，而我则称呼她“妈妈”，甚至后来我们已相处多年，几乎已经消除了我们之间的年龄差异感时，我们仍然以“孩子”和“妈妈”互相称呼。我觉得，这两个称呼把我们的关系的密切、交往方式的淳朴，特别是我们两人的心灵的沟通，表达得非常贴切。她是我最慈爱的母亲；她从来不寻求她自己的快乐，而一心只为我好，即使在我对她的依恋之情中掺杂有感官的成分，也不仅没有改变我们之间的关系的性质，反而使它令人感到更加甜蜜，感到我有这样一位年轻漂亮的妈妈亲切地抚爱我，简直令我无时无刻不心醉神迷。我在这里所说的“抚爱”二字，是字面上的意思，因为，尽管她经常吻我，像慈母那样爱我，但我从来没有滥用过她对我的爱。也许有人会说，我和她后来终于有了另外一种关系，这，我承认，但那是后来的事情，我不能把后来的事情拿到这里来一起说。

我们第一次见面的那一刹那，是她唯一使我真正动情的瞬间；使我感到吃惊的，也是这一瞬间。我贪婪的目光从来没有偷看过她前襟下边的东西，尽管那个在前襟下面遮挡得不够严密的丰盈隆起的部位最能引起我的注意。我在她身边，既不感情冲动，也不产生情欲，我只静静地感到心醉，而又不知道为什么会心醉。我可以这样在她身边度过我的一生，永远这样，绝不会有片刻的厌腻。

她是我唯一感到谈话不枯燥的人；不像和别人谈话那样，明知他的话十分无味，但出于礼貌，也要硬着头皮听下去，简直像受苦刑。我们俩人单独在一起时，我们的谈话，与其说是商讨什么事情，还不如说是没完没了地山南海北闲聊天，没有人来打扰，就不会停止。她从来不强要我说这说那，反而常常叫我赶快闭嘴。因为她在心中要思考她的这个或那个计划，以致常常陷入沉思。这很好嘛！我让她沉思，我一言不发，我静静地注视着她；这时候，我感到我是男人当中最幸福的男人。我还有一个非常奇怪的癖好：我虽不指望她时时刻刻和我单独相处，但我总是不断地寻找和她单独在一起的机会，并尽情地享受和她单独在一起的乐趣。这时，如果哪个冒失鬼来打扰我们的话，我会急得发疯的；不论来打扰我们的人是男人还是女人，我都会气得嘟嘟囔囔地口出怨言，立刻走开，而不愿意在她身边当个第三者看着别人和她说话。我在她房间旁边的小屋子里，一分钟一分钟地计算着时间，千百遍咒骂那些赖着不走的客人。我不明白他们怎么会有那么多话要说，我只知道我要说的话，比他们还多。

我只有在看不见她的时候，才感觉到我对她的爱恋是多么强烈。只要一看见她，我就高兴得不得了。当她外出，不在家的时候，我不安的心情是非常痛苦的。想和她在一起的心情有时候使我激动得竟流出了眼泪。我永远记得，在一次大节日，当她到教堂做祷告时，我虽然是一个人到城外去散步，但心里充满了她的形象和希望能和她朝夕相处的愿望。我看得相当清楚：这个愿望目前是不能实现的，我所享受到的如此美满的幸福也将是短暂的。一想到这些，就给我的心平添了许多忧伤，不过还没有使它感到沮丧，因为有一个令人欣慰的希望给它带来了安慰。令我的心弦颤动不已的钟声，鸟儿的鸣啭，灿烂的阳光，宜人的景色和稀稀疏疏的农舍（其中有一个，我觉得，正适合我们居住），这一切使我获得了一个既如此深刻动人同时又使我无限感伤的印象，以致使我神思恍惚地好像觉得幸福的时光已经来临，我们已经住进了那幸福的住所。我的心充满了喜悦，尽情领略这难以形容的令人陶醉的心灵的快乐已经够我享受了，哪有时间去想肉体的快乐？我不记得我后来还再次有我当时的那种激动和幻想。最使我惊异的是，在这个幻想后来实现之时，我发现，其情景竟和我当初幻想的样子完全一样。如果说一个头脑清醒的人的幻想有时候真的像先知的预言的话，那么，我当时经历的便是这种幻想。我的幻想中唯一出现的错误是幸福持续时间的长短问题：我本想天天如此、年年如此，甚至一生都如此不可更改地平平静静过这种幸福的生活，哪知到头来它持续的时间只是一瞬间。唉！我永恒的幸福原来是一场梦，在它刚要实现的时候，我就醒了。

如果要我把我亲爱的妈妈不在我眼前的时候，由于我思念她而做的那些傻事都一一详细叙述的话，那将永远也叙述不完。一想到她曾经在我这张床上睡过，我就无数次地亲吻它！一想到我房间的窗帘和家具是她柔嫩的手摸过的，我就无数次地亲吻它们！一想到我脚下的地板她也曾经在上面来回走过，我就无数次地趴在地板上亲吻！有时候甚至当着她的面我也情不自禁地做出一些只有疯狂的爱才能使我做出的荒唐举动。有一天，在吃饭的时候，当她正要把一块肉放进嘴里时，我大叫一声说肉上有一根头发，她立刻把那块肉扔在她的菜盘子里，而我一下子就把那块肉抓过来塞进嘴里吞下肚去。现在,在我和最疯狂的情人之间只有一个区别,不过,这个区别是实质性的区别,因而使我的情况从道理上讲,几乎是不可想象的。

我从意大利回来后的情况,同我去意大利时的情况完全不一样了,也许同任何一个像我这样年龄的人从意大利回来时的情况也不一样。我从意大利带回来的,不是童贞的心,而是我的处男之身。我觉得我的年龄越来越大了,本能的冲动终于暴露出来。第一次爆发完全是无意识的;它使我对自己的健康感到担忧。这一点,比任何其他情况都更能说明我的身体直到现在依然保持了童贞。没过多久,我就觉得这没有什么可担忧的,因为我发现了一种能欺骗天性的解决问题的办法;这种办法虽有危险,但可以临时应付本能的需要,而且还可以使许多有我这种癖好的年轻人不去干那种有损健康、精神甚至生命的淫乱事。这一见不得人的事,那些胆小怕羞的人做起来也很方便;对于那些有很强的想象力的人来说,也是很有吸引力的;可以说,用这个办法就能使他随心所欲地去占有女人,让自己心爱的女人来满足他的乐趣,而又不需要问她们是同意还是不同意。在我经常采取这个有害的办法之后,我就一再损害大自然赋予我的健康的身体;我这副健康的体魄,是我花了多年时间的锻炼才有的啊。我这一恶习的养成,除了我本身的原因以外,还与我当时所处的环境有关:我住在一个漂亮的女人家里,她的形象经常出现在我的脑际;白天我时时见到她,夜里在房间里见到的每一样东西都使我想起她,又睡在她睡过的床上。这一切,是多么使人动心啊!读者若是从这几段文字描述的情况来看我的话,也许会以为我已经是一个半死的人了。其实,恰恰相反,原来以为会毁灭我的这件事情,反而挽救了我,至少在一段时间里挽救了我。由于我沉醉在与她朝夕相处的生活的乐趣里，希望永远生活在她身边，因此，无论她在或不在我面前，我都把她看做是一位慈祥的母亲、一位亲爱的姐姐、一位漂亮的女友，仅此而已。我始终都这样看待她。我心目中，除她以外，便别无他人。她的身影一直萦回在我心里，没有给旁人留下任何位置。在我看来，好像世界上只有她这样一个女人使我产生的温柔感情没有给我留下去想得到别的女人的余地，因此，既保护了她，也保护了其他女人。总而言之一句话：因为我爱她，所以我总是循规蹈矩，非常老实地与她生活在一起。关于这方面的情形，我现在还不能讲得十分清楚，至于我对她的依恋之情属于什么性质，人们爱怎么说就怎么说，而我能说的是：如果人们认为我对她的感情现在看起来是非常奇怪的话，往后还将显得更加奇特。

尽管我每天都这样快快乐乐地生活，但做的事情却不太令我感兴趣：成天草拟这样或那样的计划，誊写这样或那样的文稿，登记收支账目，挑选草药，研磨药粉和看管蒸馏器；此外，还要应付路过的行人和讨饭的叫花子、接待来访的客人；无论是士兵还是药剂师、俏女人、修道院的司铎和杂役，我都得一个一个地应酬。对这一帮可恶的家伙，我在心里骂个不停，一个劲儿地诅咒，巴不得他们立刻被魔鬼抓去送进地狱。可是她，无论对谁都是那么一脸笑容。她见我气成那个样子，竟哈哈大笑得流出眼泪来；她看我愈生气；便笑得愈厉害，竟致最后连我自己也禁不住笑了起来。其实，在我嘀嘀咕咕不停地抱怨的那一会儿，我心里是很快乐的，因为，在这个时候，如果又来了一个讨厌的家伙，她正好可以利用这个机会取乐，故意拉长和那个家伙谈话的时间，频频瞟我一眼，气得我真想过去打她一下。她看见我因出于礼貌而不敢对客人发火，只用生气的目光盯她，她才没有笑出声来。我虽然很生气，但在心里还是不由得感到这种场面是十分可笑的。

这一切，虽然它们本身没有什么使我感到喜欢的地方，但我觉得还是满有意思的，因为它构成了我所欣赏的生活方式的一部分。我周围发生的事情，人们让我去做的事情，虽然没有一样合我的口味，但都令我很喜欢。如果不是因为我不喜欢闻药味，所以才做出许多使人不断取笑的怪样子的话，我认为，我会最终爱上制药这个工作的。这门技术能产生这样的效果：只要我一闻一本书的气味，我就知道它是不是一本药书(这也许是第一次我敢吹牛)。而且有趣的是，我还很少有判断错误的时候。她常常让我尝味道最苦的药，弄得我想跑也跑不了、想躲也躲不开；尽管我使劲反抗，并做出最难看的怪相、而且紧紧闭着嘴巴、咬紧牙关，但一看见她沾有药汁的纤纤细指一伸向我的嘴边，我只好张开嘴巴舔她的手指，尝一尝药的味道。当这个小小的家庭中的人都聚齐在同一间屋子时，如果人们只凭我们在屋子里跑来跑去、又笑又叫的欢声来判断的话，也许还以为我们是在演什么滑稽剧，而不知道我们是在配制提神剂或芳香剂。

我每天的时间并不全都用在这些零七八碎的小事上。我在我的房间里发现了这样几本书：《旁观者》①、普芬道夫②的著作、圣埃弗尔蒙③的著作和《亨利亚德》④。尽管我不再像从前那样喜欢读

① 英国人约瑟夫·阿狄生 1711 年在伦敦创办的报纸，1714 年集结成册译成法文，在阿姆斯特丹出版发行。——译者

② 普芬道夫(1632—1694)：德国法学家和史学家。——译者

③ 圣埃弗尔蒙(1614—1703)：法国作家。——译者

④ 伏尔泰 1723 年发表的一部长篇史诗。——译者

书了,但在闲着没事的时候,我也偶尔看一下这些书。我尤其喜欢看《旁观者》,它使我获益匪浅。古丰神甫曾经告诉我读书的要诀不在于书读得多,而在于读后要多加思考。这个阅读方法使我得到很大的好处,我经常反复思考作者遣词造句的方法,研究如何才能把句子写得更美,并学会了如何分辨纯正的法语和外省法语,例如通过《亨利亚德》中的下面这两行诗,就纠正了我和日内瓦人常犯的一个拼写上的错误:

Soit qu'un ancien respect pour le sang de leurs maîtres.
Parlât encor pour lui dans le cœur de ces traîtres.[①]

我注意到"parlât"这个动词用的是第三人称虚拟式,有一个"t",而不是像我从前那样无论是书写或发音时都用第三人称直陈式过去时"parla"。

我有时候向妈妈谈论我读的书,有时候就在她的身边阅读,读得特别高兴。我着重练习抑扬顿挫地朗读,这个方法使我很有收获。我已经说过,华伦夫人是很有才情的,现在又正当她风华正茂的时候,所以有好几位文人都争相讨取她的欢心,指导她如何阅读优秀的作品。依我看,她的思想有点儿像新教徒。她对我谈到拜尔[②]的

---

① 这两行诗的意思是:
也许是对他们主人的子孙仍怀着旧日的敬意,
因此在这些叛徒们的心中还在为他哀鸣。
——译者

② 拜尔(1647—1706):法国哲学家和史学家,其著作(如《历史词典》)对法国18世纪"百科全书"派哲学家影响很大。——译者

时候特别多，并对那位在法国早已被人遗忘的圣埃弗尔蒙十分尊重；但这并不妨碍她对文学有一定的造诣，谈起文学来，头头是道。她是在上流社会中成长起来的。来萨瓦时，她还很年轻，在和萨瓦上流社会人士的交往中，她已逐渐丢掉沃州人说话娇声娇气的腔调。沃州的女人们以为说话文雅才能表现上流社会的才情，因此一开口就咬文嚼字，文绉绉的。

尽管她只是顺道去看过一次王宫，但这匆匆一瞥已足够使她对宫中的情况有相当的了解。她在宫中有几位好朋友；尽管有人暗中嫉妒她，对她的行为和债务缠身的事说了许多闲话，但她依然照领她的年金。她有与人打交道的经验，又有如何利用这些经验的头脑，这两点，是她最喜欢谈论的话题；对于像我这样爱好空想的人来说，这两点，正是我需要学习的本领。我们两人一起读拉布吕耶尔[①]的书；她喜欢拉布吕耶尔的作品，而不太喜欢拉罗什福科[②]的作品，因为他的作品读起来往往令人感到忧郁和悲伤，尤其是在那些不按人的本来面目评判人的青年们看来，更是如此。一谈论道德问题，她有时候就海阔天空地越说越走题，这时，我只能不时吻一下她的嘴或她的手，我才有耐心听下去而不感到她的长篇大论令人腻烦。

这种生活太美了，所以不可能长久如此。这一点，我早有觉

① 拉布吕耶尔(1645—1696)：法国散文作家，著有《众生相，或本世纪的风气》一书，文笔明快，风行一时。的确，标题中的"'本世纪的风气'，真是一语破的。一个世纪或一个国家的风气之良窳，政治是否修明，从活跃在它的社会中心的人物就可以看出来"。(《法国散文精选》，李平沤选编，北岳文艺出版社1999年版，第52页)——译者

② 拉罗什福科(1613—1680)：法国散文作家；他的《警句集》一书，对人类社会持悲观态度。他说："我们的美德，往往是披上伪装的恶行。"——译者

察，我担心它不久就将结束：这是我在享乐中唯一感到不安的事情。正是在闹闹嚷嚷嬉戏逗乐的过程中，妈妈仔细观察我，问我一些问题，为我的前途制订了许多计划，而这些计划，我后来一个也没有用。幸亏她认为除了研究我的个性、爱好和小小的才能以外，还需要寻找和创造发挥它们的机会，而这就不是短期内可以实现的了。正是这个可爱的女人看重我的才能，所以才推迟了我发挥才能的时机，才难以确定选用什么方法发挥它们才好。不过，由于她对我的考虑十分周到，因此事情的进展倒也符合我的心意。然而，她对我的估计太高了，使我很难达到她的希望：我平静安宁的生活从此就结束了。

她有一个名叫奥波纳的亲戚来看她。此人很聪明，诡计多端；他也像她一样，头脑一热，就能制订出一个这样或那样的计划。不过，他虽然是冒险家一类的人物，但他倒也没有因此而破产。不久前，他向红衣主教德·弗勒里提出了一个非常复杂的发行彩票的计划。主教对他的计划一点儿也不感兴趣，于是他转而向都灵的宫廷提出这个计划，结果还真的被采纳和实行了。他在安纳西待了一段时间，而且爱上了这里的地方长官的夫人。这位夫人很漂亮，我也很喜欢；在来妈妈家中做客的女人当中，只有这位夫人我看起来很顺眼。奥波纳先生看见了我，于是妈妈就对他讲了一下我的情况。他答应妈妈对我进行一番考核，看我适合于干什么。他说，如果他发现我确实有能耐的话，他就为我谋个差事。

华伦夫人接连两三个上午找借口派我到他那里去办事而又不告诉我办什么事。他想了许多办法迫使我不得不发言。他在一旁观察我，尽量让我感到轻松，并对我既东拉西扯地讲一些无关紧要的话，又谈论了各种各样的问题，一点儿也不像是在考核我，丝毫没有故意安排的样子，就好像是非常喜欢和我无拘无束地聊天似的：我被他迷住了。他对我考核的结果是：尽管我的外表和我聪慧的相貌看起来好像很有前途，但实际上，虽不能完全说我是一个蠢人，但至少可以说我是一个没有多少才情、没有思想和几乎没有任何知识，总而言之一句话，无论从哪方面看，我都是一个前途有限的年轻人，将来能当一个乡村布道师就算不错了，就算到头了。他对华伦夫人所讲的对我的评价，就是如此。这是第二次或第三次我被人们这样评说了，不过，这还不是最后一次，因为后来马塞隆先生对我的看法，曾一再得到人们的赞同。

人们对我做出这样评价的原因，主要是根据我的性格，因此，不能不在这里解释一下。人们对我的评价，我从来没有打心眼儿里心悦诚服地赞同过。老实说，不论马塞隆先生、奥波纳先生和其他许多人怎么说，我从来没有把他们的话当一回事儿。

有两个互不相容的东西，我不知道它们为什么会在我身上结合在一起。这两个东西，一个是火热的心，满腔的激情；另一个是迟钝而又混乱、事后才完全清楚的思想。可以说，我的心和我的头脑不是属于同一个人的。比闪电还快的感情一下子就充满了我的心，但它不仅不能照亮我的心，反而使我心情冲动，净犯糊涂。我感觉到一切，但又什么也看不清楚；我非常兴奋，但反应却很迟钝。我必须冷静下来，才能进行思考。令人吃惊的是，只要给我时间，我也能拿出应付事情的好办法，也能深入分析问题，甚至讲得头头是道；闲来无事，我也能写出很好的诗句；但仓促之间，我却从来没有做过一件得体的事或说过一句得体的话。正如人们所说的，西班牙人只有在下棋的时候才心明眼亮；我也一样，我只有在写信的时候才能写出很好的词句。我曾经在一本书上读到一则笑话说：一个萨瓦省的大公已经走出巴黎城很远，才想起一句如何回答一个说话粗野的巴黎商人的话，转过头去对着巴黎的方向大声骂道："巴黎的商人，当心你的狗头。"我认为，我的情况同那个萨瓦省的大公是完全一样的：只会放马后炮。

我不仅和别人谈话时有这种头脑迟钝而感觉却很敏锐的情形，甚至在独自一个人工作时，也是如此。我的思想在我的头脑里简直乱得令人难以相信，很难理出一个头绪；它在我的脑子里嗡嗡直响，像发酵似的使我激动不已，使我的心怦怦直跳。在这激动不已的过程中，我什么也看不清楚，一个字也写不出来，使我只好静静地等待，等这种激动的感觉慢慢平静下来，我才能把乱糟糟的头脑逐渐理出头绪，把一桩桩、一件件的事情妥善安排。当然，这个过程是很慢的，而且是要混乱一段很长时间之后才能整理清楚的。诸位不是都看过意大利歌剧吗？在换场另布新景的时候，戏台上乱哄哄的各种声音吵得令人讨厌，而且要经过很长的时间之后才停止。在更换各种道具时，台上忙忙乱乱，好像闹翻了天。等一切都安排好了，一样都不缺了，那时，人们将吃惊地发现：在经过一段时间的忙乱之后，出现在观众面前的是一个绚丽多彩的新场景。这种情况，和我每次动笔写作之前脑子里的那种乱劲儿差不多是一样的。只要我耐心等待，我就能把各种事物的美描绘出来，这时候，我敢说，能超过我的作家，没有几个。

因此，对我来说，写作是很困难的。我的稿子，涂抹和修改的地方甚多，有时候弄得乱七八糟，几乎难以辨认，这就证明我的写作是花了多么大的心血;没有一部稿子不是反复誊抄四五遍之后才送到印刷厂去印的。如果我手里拿着笔,坐在桌前面对稿纸,我是一个字也写不出来的。我只有在山石和林木之间散步的时候,在夜里躺在床上睡不着觉的时候,我才能开动脑筋构思。人们可以想象得到,对一个记性特别差、一辈子也未能做到完整地背六七首诗的人来说,这样写作,其速度是多么慢啊。有些文章我要花五六个夜晚在脑子里反复思考,才能落笔写在纸上。正是由于这个原因,我的那些需要花许多力气才能写出的作品比书信之类只需一挥而就的东西好得多。如何写信,我始终不得要领,因此,写信就简直是如同受苦刑;就连写一封无关紧要的信,我也要花好几个小时。如果要我马上把心中想到的话都写在纸上,那我就不知道如何开始和如何收尾了。我的信写得又长又乱、啰啰唆唆,读了半天,也不知道我想说明什么问题。

我不仅在表达自己的思想方面要花许多力气才能表达清楚,而且在领会别人的思想方面,也要花许多力气才能弄明白。我曾经对人进行过研究,我认为我是一个相当好的观察家。然而我对于我所看见的现象,却不能当时马上就看出一个所以然来,只是事后回忆,才能逐渐明白。我只有在回忆的时候,才能发挥我的本领。对于别人说的话或做的事,对于发生在我眼前的一切,我当时一点儿感受也没有,觉察不出其中的奥秘。当时触动我心弦的,只是现象的外表,而事后一回想,我才能完全清楚其内容、地点和时间以及别人的声调、眼神、姿势与环境,我全记得,一个细节也不遗漏。这时候,根据别人说的话或做的事,我就能弄清他的思想,而且很少有弄错的时候。

我独自一人的时候尚且如此之掌握不好自己的思想，可想而知，我和别人谈话的时候是什么样子了。和别人谈话要谈得得体，就既需要反应快，又需要考虑方方面面，这对我来说，的确是难上加难。一想到和别人谈话要注意那么多礼节，而自己又准定会有一星半点疏忽时，我就感到害怕。我真不明白为什么有些人竟敢在稠人广众之中高谈阔论；人们须知，在这种场合，每说一句话都要考虑到所有在场的人，必须了解他们的性格和职业，才能有把握地不说任何一句得罪他们任何一个人的话。在这方面，那些久在上流社会中混的人就掌握了其中的奥秘，因为他们知道哪些话不该说、哪些话说了准没有错。不过，尽管如此，他们也常常免不了说一些莫名其妙的蠢话。那样有阅历的人尚且如此，请大家想一想，一个涉世不深的人又该如何呢？要他不说错话，那是一分钟也办不到的。在面对面地与一个人单独谈话时，还更令人伤脑筋，因为两个人必须一刻不停地不断说话；人家问你，你就得回答；对方的话一停，你就得重拾话题，接着他的话茬儿讲。单单这一点，就足以使我不愿意与人交谈。最令我感到难受的是，硬要我发言，而且没话也要找话说。我不知道这是不是因为我非常讨厌受拘束的缘故；如果硬要我讲话，我就不可避免地非讲一大堆蠢话不可。

更要命的是，当我无话可说的时候，我就该闭着嘴巴不说了吧，可谁知我这时候反而像急着还债似的一个劲儿地讲起话来，结结巴巴地抢着发言，说一大堆毫无意义的废话；如果真的毫无意义，那还算我走运，否则还会把我弄得尴尬难堪哩。本想克服或掩盖我这个弱点，我反而把它一再暴露出来。在这方面的许许多多例子中，我在这里只举其中的一个，这个例子，不是我青年时候的事，而是我已经在社交界混了几年，已经能够摆出一副从容不迫、侃侃而谈的时候的事。有一天晚上，我同两位贵妇和一个男人在一起。这个男人，我不妨说出他的名字，他的名字是贡铎公爵。屋子里没有别人，我很想在这次四人谈话中插几句嘴，而那三个人根本就不愿意我插嘴，因此，我插的那句嘴，真是糟糕透了！事情的经过是这样的：女主人叫人端来一块含鸦片的膏剂，因为她的胃不好，一天要服用两次。另外那个贵妇见她龇牙咧嘴的样子，便笑着问她："是特农香先生配制的鸦片膏剂吗？"女主人用同样的声调回答说："我看不是。"这时，自以为聪明的卢梭冷不丁地插话说："就算是，这种药也不见得有效。"一听我的话，大家都愣住了，谁也没有说一句话，谁也没有笑。过了好一会儿，大家才把话题转到别的事情上去了。如果是别的女人，也许只把我这句蠢话当作一句玩笑话而已，但对一位不容许别人在言语上稍有不敬的女人说这样的话，那就太不合适了。虽然我不是故意冒犯她，但这句话也是不该说的。我相信在场的两位证人（一男一女）费了很大的劲儿忍住，才没有笑出声来。这就是我在没话找话说的时候脱口说出的一句傻话。我很难忘掉这句话，因为，除了它本身值得记忆以外，我认为它还产生了一些使我常常想起这句话的严重后果。

我认为，上面所举的这个例子就足以说明我虽然不是傻子，却常常被人看作是傻子的原因。甚至那些很有判断力的人也这样看我，更糟糕的是，虽然从我的相貌和眼睛看，我是一个很有前途的人，但人们对我的期待却往往落空，因此在别人看来，我的确是一个蠢人。这件事情虽然是在一次特殊情况下发生的，但对于了解我往后叙述的事情是很有用处的，它是了解人们认为我是由于我的性情孤僻(其实我的性情并不孤僻)而做的许多事情的钥匙。如果不是由于我深知在社交场合不仅会暴露我的弱点,而且还会失去我的本色,我也会和别人一样,很喜欢和人交往。我之所以决定深居简出、从事写作,就是因为这样的生活最适合于我。我站在别人面前,他绝对看不出我有多大本领,甚至根本就不认为我有本领。这种情况,就发生在杜宾夫人身上;尽管她是一个很聪明的女人,但我在她家住了好几年,她也没有看出我是一个有才气的人。这一点,她亲自对我说了好几次。不过,也有一些例外;这,我留待以后再说。

我的才能的大小,就这样被人们评定了;适合于我干的职业,也这样被人们选定了。剩下来的事情,就是再次看我怎样表现了。困难在于我没有正式上过学;我会的那一点儿拉丁文,连当个神甫都不够用。华伦夫人打算把我送到神学院去学习一段时间,她和神学院的院长商量此事。院长是一个遣使会教士,名叫格罗,个头不高,人很忠厚,一只眼睛是瞎的,身体很瘦,灰头发,是我见过的最有才学而又最少学究气的遣使会教士;老实说,我对他的这个评价,并不过分。

他有时候到妈妈家里来做客。妈妈很欢迎他、喜欢他,甚至戏弄他;有时让他帮她系她上衣后面的带子,而他也非常乐意帮她系。当他帮她系带子时,她故意忙来忙去,从房间的这边跑到那边,而格罗院长就被带子牵着跟在她身后在房间里转,嘴里不停地嘟囔道:“好了,夫人,别跑了。”看他两人跑来跑去的样子,真是好玩极了。格罗先生非常赞成妈妈的计划。他答应教育我,只收我一点儿膳宿费。现在的问题,就看主教是不是同意了。主教不仅同意，而且还愿意替我付膳宿费，并允许我在通过考试达到预期的成绩以前，一直穿俗家人的衣服。

这个变化多大啊！我只好服从。我像进监狱似的进走了神学院。神学院只不过是一座死气沉沉的房子，特别是在我这么一个刚从一位美丽的女人的住宅来到这里的人看来，更是如此。我随身只带了一本书到神学院去；这是我恳求妈妈给我的，它给了我很大的安慰。读者也许猜不出这是一本什么书，我告诉你：它是一本乐谱。在她所学的各项学科中，就包括了音乐。她的嗓子很好，唱得也还可以，还会弹一点儿羽管键琴。她曾经耐心地教我唱歌。因为我连圣诗都不会唱，所以必须从最简单的歌曲开始教起。她只给我上了八九次课，而且常常有人来打扰，所以我不仅没有学会看着谱子就能唱，而且连乐谱的符号也不认识几个。不过，我对音乐这门艺术还真的特别喜欢，因此打算自学，自己一个人琢磨。我带到神学院的这本乐谱，并不浅易，是克莱朗波谱写的合唱曲。请大家想一想，我一个既不懂变调又不懂节拍的门外汉，终于把谱子看懂了，而且还准确无误地会唱《阿尔菲和阿赫都斯》这首合唱曲的第一首咏叹调和第一首宣叙调，我是下了多大的工夫，多么顽强地练习，才做到这一点啊。当然，这首曲子的节拍是谱写得很准确的，因此，只需按照拍子唱歌词，自然就合拍了。

在神学院，有一个可恶的遣使会神甫经常找我的麻烦，因而使我对他教的拉丁文也不愿意学了。他头上的头发剪成平头，头发黑而发亮，脸盘儿像一块香料蜜糖面包，说话的声音像水牛，两只眼睛像猫头鹰；胡须不长，活像野猪的鬃毛。他的微笑总带着讽刺人的样子，手脚活动起来就像木偶的手脚那样呆呆板板的。他那讨厌的名字,我已经忘记了,但他那副笑里藏刀的面容,我始终记得。我一想到它,就不寒而栗。我有一次在走廊里遇见他的情形,至今还记得。他彬彬有礼地用他那顶到处是油渍的方形帽向我打招呼,示意让我进他的房间;我觉得他那个房间比牢房还可怕。请各位想一想,拿这样一个教师同我那位曾经当过宫廷神甫的古丰老师相比,两人的判别何止十万八千里啊!

如果再让我受这个恶魔的摆布两个月,我敢说,我会发疯的。好心的格罗先生发现我心里不舒畅,吃不下东西,人也瘦了,于是稍一思索便弄清了我心情郁闷的原因。这个问题解决起来并不难,把我从那个畜牲的魔爪下救出来,交给一个性情非常温和的老师就行了。这个老师名叫嘉迪耶,是弗西尼地区的一个年轻教士;他是到神学院来深造的。他一方面是为了帮格罗先生的忙,另一方面也是出于仁爱之心,所以愿意从他的进修时间中抽出一部分时间来教我学习。我从来没有见过谁的面貌是像嘉迪耶先生的面貌那么动人的。他一头金发,胡须近似赤红色。他的言谈举止,跟他家乡人的言谈举止完全一个样。他憨厚的面容下隐藏着大智慧;而他身上给人印象最深的,是他有一颗与人为善的爱心;他那双蓝色的大眼睛里,流露出既温柔多情而又有几分忧伤的目光,使看见这种目光的人无一个不关心他。从这个可怜的年轻人的目光和声音来判断,可以说,他似乎早已预料到他的命运,已经预感到他生来就是为了吃苦的。

一看他的相貌,就知道他的性格;他既耐心又和气,他好像是在和我一起学习,而不是在教我。由于格罗院长为了搞好我和他的关系已预先铺平了道路,所以没过多久,我就很喜欢他了。然而，尽管他为我花了许多时间，尽管我们两人都很努力，他的教法也好，但我无论怎样用功，我的进步都不大。说来也很奇怪，虽然我的理解力不错，但除了我的父亲和朗伯西埃先生以外，我从未在哪一个老师那里学到什么东西。我这一点点儿知识，都是我自学的，关于这一点，我们在后文还要谈到。我的性情急躁，没有耐心，不愿意受任何形式的束缚和时间限制。我愈担心学不好，反而愈不专心听老师讲；因为怕使教我的人犯急，我只好假装听懂了，于是，教的人继续往下讲，而我却什么也没有听明白。我的头脑要按照它自己的时间行进，而不愿意跟着别人的时间走。

举行圣职授任礼的时间到了，嘉迪耶先生要回到他家乡去当副祭师。临分别的时候，我们两人都依依不舍，两个人的心都充满了惜别之情。我对他的祝愿，也像我对我自己的祝愿一样，后来都没有实现。几年以后，我听说他升任了一个教区的神甫，并和一个女孩子发生了关系，生了一个孩子；他的心从未爱过任何一个女人，唯独对这个姑娘产生了温柔的爱心。在一个管理严格的教区里，和一个未婚的姑娘私通，是一件骇人听闻的丑行。按规矩，神甫只能和已婚的妇女发生关系生孩子，由于他违反了这条规定，他被关进了监狱，名誉扫地，最后被逐出了教会。我不知道他后来是不是恢复了职务，由于我对他不幸的遭遇深表同情，所以后来在撰写《爱弥儿》的时候又想起了这件事情，于是便把嘉迪耶先生和格姆先生两个可敬的神甫的形象合并在一起，构成那个萨瓦省的牧师的原型。我很高兴的是，我在《爱弥儿》中的描写，没有玷污这两个模特儿。

我在神学院期间，奥波纳先生被迫离开了安纳西，起因是那位地方长官先生认为自己的妻子同奥波纳勾搭是一件丑事。他这种做法,同看守菜园的狗的做法是一样的[①],因为,尽管柯尔维奇夫人相当漂亮,但他对她很不好,他不喜欢她那种山区人的习气,因此对她很粗暴,甚至提出分手的问题。柯尔维奇先生是一个坏蛋,像鼹鼠那样阴险,像枭那样狡猾;由于一再欺压好人,结果他本人终于被大家撵走了。有人说:普罗旺斯人是用歌曲来向他们的敌人报仇的;奥波纳先生写了一出喜剧来报自己的仇。他把这出喜剧的剧本寄给华伦夫人,她把剧本给我看了,我觉得写得很好,使我也产生了写一个剧本的念头,看一看自己是不是像奥波纳先生所说的那么蠢笨。不过,这个想法直到我到了尚贝里才得以实现,写了一本《自恋者》[②]。我在这个剧本的序言里说我写这个剧本的时候是十八岁,但我实际上不止十八岁,我瞒了好几岁。

差不多就在这个时候发生了一件事情,这件事情的本身并不重要,但对我却产生了一些影响,而且在我已经把它忘记的时候,反而在社会上有人议论纷纷。神学院允许我每个星期外出一次;我怎样使用这段外出的时间,我在这里就用不着说了。有一个星期天,我正在妈妈家里的时候,临近她家的方济各会的一间屋子着了火。这间屋子是方济各会的厨房,里面堆满了干柴,一会儿全都烧着了。被风吹过来的火苗已经到了妈妈的房子的房顶上,情况十分危急,大家赶快从屋子里往外搬东西,把搬出的家具堆在我以

---

① 意即看守菜园的狗自己不吃园里的蔬菜,但也不让别人来偷园里的蔬菜。——译者

② 即《纳尔西斯,或自恋者》,是卢梭1731年前后在尚贝里写的一部喜剧,直到1752年12月18日才在法兰西剧院首次演出。——译者

前住的房间的窗户对面的花园里。在花园与我的房间之间隔着一条小溪，这，我在前边已经说过了。我当时是那样的慌乱，无论抓到什么东西都不分青红皂白地往窗子外面扔，连平时搬不动的一块大石臼也扔出去了；如果不是有人拦住我的话，说不定我把一面大玻璃镜也扔出去了。那一天，好心的主教也正好来看妈妈，他也没有闲着；他把她搀扶到花园里，和她与其他在场的人一起开始祈祷。我晚了一会儿才到花园里，看见大家都跪着，我也跟着跪下。在主教祈祷的时候，风向变了，而且变得如此突然和如此及时，使房顶上的火苗以及眼看就要从窗子蹿入房间的火苗全都转到院子的另一个方向去了；妈妈的房子毫发未损。两年后，贝尔奈主教去世了，他的老会友们——安东尼会的修士们为了给他举行宣福礼，便开始收集有关的材料。应布德神甫的请求，我就把我刚才讲的情况写成一份作为见证的材料。这，我做得很对，而我做得不对的是，我把这件事情说成是奇迹。我的确看见主教做祈祷；在他祈祷的时候，我看见风向变了，而且变得很及时，我能说的和能证实的，就是这两个事实。至于这两个事实中，哪一个是另一个的原因，我就不该证明了，因为我不可能知道嘛。就我的记忆所及，我那时是真诚的天主教徒，说的全是实话。一方面是出于对奇迹的喜爱（这是非常符合人之常情的），另一方面是出于对德高望重的主教的尊敬，再加上自以为我对那次奇迹也出了一份力气，因此便暗自在心中感到骄傲。这三者合在一起，便促使我犯了那次错误。不过，如果那次奇迹真的是人们诚心祈祷的结果的话，那么，我敢断言，这当中也确有我的一份功劳。

三十多年后，当我的《山中来信》出版时，我不知道弗雷隆先生怎么发现了这份证明材料,并在他的文章中提到了它。应当承认,发现这个材料是件好事,但这么凑巧偏偏在这个时候发现,这在我本人看来,就真的是一件有趣的事情了。

我命中注定,世上没有任何一样是适合我做的事情。虽然嘉迪耶先生对我的进步的书面报告写得尽可能好,但人们认为,报告中的话与我的学习成绩对不上茬儿,这就无法让我再继续学下去了。因此,主教和院长对我灰了心,把我又送回到华伦夫人家里。他们虽然说我当一个神甫还不够格,但认为我的确是个好孩子,没有任何恶习。正是这个缘故,尽管他们说了许多不利于我的话,华伦夫人才没有抛弃我。

我带着她的那本乐谱又得意扬扬地回到了她的家;我从这本乐谱中真的学到了许多东西,而我在神学院的学习成绩,只是学会了唱《阿尔菲和阿赫都斯》。她看见我喜欢音乐,便产生了让我专门学这门艺术的想法。机会多得很:在她家,每个星期至少要举办一次音乐会;这种小型音乐会的指挥,是教堂的音乐总监。这位总监经常来看她;他是巴黎人,名叫勒·梅特,是一位很优秀的作曲家。他性格很活泼,经常是一脸笑容,年纪不大,身材很匀称;尽管学识不多,但从各方面看都是一位好人。妈妈把我介绍给他;我很喜欢他,他也不嫌弃我。妈妈和他讨论了食宿费问题,没有几句话便商定了,接着,我便到了他的家,我很愉快地在他家度过了一个冬天;尤其令人高兴的是,教堂的儿童唱诗班离妈妈家只有一二十步远,所以我们一有空便到她那里去,并经常和她在一起吃晚饭。

人们可以想象得到,教堂唱诗班的生活,经常是歌声不断,非常快活的。和唱诗的儿童与音乐家在一起,比在神学院和遣使会的神甫在一起，愉快多了。不过，这种生活虽比较自由，但班里的规章并不比神学院少，而我生来是喜欢自由自在不受任何约束的。不过，我从来没有滥用过我的自由，在整整六个月中，除了到妈妈家或去教堂以外，我就没有外出过一次，甚至根本就不想出门。这段期间是我一生中心情最平静的时期，如今回想起来，真是愉快极了。在我经历的各种各样的环境中，有几处环境是那么的美好，以致现在回忆起来，还历历在目，好像我还身在其中。我不但记得当时的时间、地点和人，而且还记得周围的各种事物、气候的温度、空气的气味、天空的色彩和只有那个地方才有的某些特色。一回想起这些，我仿佛又回到了那些地方似的，例如唱诗班的孩子们练习的曲子和演唱的歌、人们的动作、大司铎身上穿的又美丽又庄严的教士袍、神甫们穿的坎肩、唱诗班的孩子们头上戴的锥形帽、音乐家的表情、那位吹低音巴松管的瘸腿老木匠和拉小提琴的矮个子金发神甫；我还记得勒·梅特先生解下佩剑以后，在他的世俗服装上披上一件破旧的长袍，再穿一件好看的宽袖白色短上衣到唱诗班去指挥的情形。我怀着骄傲的心情拿着一支短笛，坐在祭坛的乐队席上一边等着演奏勒·梅特先生特意为我安排的一小段独奏曲，一边在心里想着演出完毕以后的盛馔和吃饭时的好胃口。总之，在我的脑海里一再出现的情景，使我感到的快乐，跟当时一个样，甚至比当时还要快乐。我记得在圣诞将临前的一个星期天，天还没亮，我还睡在床上的时候，听见人们在教堂的石阶上按照当地教堂的仪式，按一长一短的节拍唱的《圣洁的众星之神》中的那段颂歌，声音之柔和与清丽，简直是动人极了。妈妈的贴身侍女默尔塞赫小姐也会一点儿音乐；我永远不会忘记勒·梅特先生让我和她一起唱的那一小段《献礼曲》。她的女主人聚精会神地听了，非常高兴。最后，连那个被唱诗班的孩子们惹得生气的好心的女仆佩琳娜的样子，我也记得非常清楚。一回想起当初那种幸福和天真的时光，我的心既感到快乐，同时又感到事过境迁，令人十分忧伤。

我在安纳西生活的将近一年的时间里，没有做过任何一件可让人指摘的事情，大家对我都很满意。自从我离开都灵以后，我就没有做过蠢事；在妈妈的监护下，我没有做过任何错事。她循循善诱，时时指导我。我对她的依恋已经变成我心中唯一存在的感情：这不是疯狂的感情。能证明这一点的是，我的心培养了我的理智。是的，这唯一的感情，可以说是耗尽了我的全部精力，使我什么也没有学好，甚至连音乐也没有学好，尽管我努力学了。不过，这不能怪我，因为我的确曾尽心尽力，下了一番苦功，但我总是分心，总是出神，常常叹气。在这种情况下，我有什么办法呢？在力求学好方面，我该做的事情，一样也没有少做，而要让我去干新的蠢事，只需一个人来稍一怂恿，我就去干了。这个人一出现，料想不到的事便一桩桩、一件件地出现，读者在后文即将看到：我混乱的头脑又要趁机作怪，胡思乱想了。

二月的一个晚上，天气很冷。大家都在围着炉子烤火，忽然听见有人在敲临街的大门。佩琳娜提着灯笼下楼去，把门打开，一个年轻人走进来，跟着她上楼。他从容不迫地来到我们跟前，向勒·梅特先生打了一个招呼，说了几句很有礼貌的客套话。他说他是一个法国音乐家，由于囊中羞涩，所以希望能在教堂里干活，挣点儿路费。一听这位法国音乐家的话，好心的勒·梅特先生吃了一惊，因为他热爱他的国家和他从事的这门艺术，所以对这个年轻人表示欢迎，并留他住宿。这正合这个年轻的过路人的心意，因此没有怎么推辞就住下了。当他一边烤火、一边东拉西扯地瞎聊等吃晚饭的时候，我仔细打量他：他个头不高，但肩膀很宽；我虽看不出他的身体有什么畸形的地方，但我总觉得有点儿不匀称，因此可以说他是一个“溜肩驼子”，而且好像走起路来还有点儿一瘸一拐的。他穿的黑色上衣，虽不旧，但已经破了，有好几个碎片吊在衣服上。他的衬衣很考究，袖口镶有花边，不过已经穿得很脏了。他的腿肚子套着腿套，腿套很肥大，每个腿套差不多可以放进两条腿；他腋下夹着一顶遮雪用的小帽子。尽管他的装束这么可笑，但他一举一动却很有气派；他的脸庞很秀气，很讨人喜欢。他很会说，可就是说话不太庄重。这一切表明这个年轻人虽行为浪荡，但是是受过教育的，现在虽向人讨饭吃，但并不是一个真正的乞丐，而倒像是一个演滑稽剧的小丑。他告诉我们，他的名字叫汪杜尔·德·维尔勒夫，是从巴黎来的，走迷了路；他好像忘记了他的职业是搞音乐的，突然一下说他要到格勒诺布尔去找一位在议会工作的亲戚。

在晚饭席上，大家谈起了音乐问题。他很健谈，谈得头头是道。一提起某个大演奏家、著名的曲子、著名的男演员和女演员、漂亮的女人和大人物，他说他全都认识。别人说什么，他好像就知道什么，但一深入话题，他就插科打诨，满嘴的俏皮话，弄得大家哈哈大笑，把刚才讨论的问题全忘了。这一天是星期六，第二天要在教堂里举办一次音乐会，勒·梅特先生请他参加演唱，他回答说：“没有问题。”问他唱哪一个声部的曲子，他回答说：“男高音……”

说完就把话题扯到别的事情上去了。在去教堂以前,勒·梅特先生把他要唱的那段曲子的歌片给他,让他先熟悉一下,可是他连瞧都不瞧,这么傲慢的样子,使勒·梅特先生大吃一惊。勒·梅特对着我的耳朵低声告诉我:"你看见了吧,他连一个音符都不认识。"我回答说:"我很担心。"我怀着不安的心情跟他们一起去了。音乐会开始了,我的心怦怦直跳,因为我替他捏了一把汗。

我很快就放下了心。他非常准确地演唱了他那两段高音独唱,唱得很有韵味;最令人吃惊的是,他的嗓音非常好,我听了之后,高兴得了不得,像这样的高兴劲儿,我以前还很少有过。做过弥撒以后,汪杜尔先生受到大家的祝贺,教士和乐师们对他纷纷表示赞扬。他虽然用开玩笑的语气答谢大家对他的称赞,但态度还是很诚恳的。勒·梅特先生一个劲儿地拥抱他;我也衷心拥抱他,他看见我满心欢喜,他也十分高兴。

我敢肯定:人们根据我对巴克勒先生那样的粗人尚且那么入迷的情况来判断,一定会说我现在见到了既有教养,又有才能,头脑又灵活,而且有处世经验的可爱的浪子汪杜尔先生,当然是更加入迷了。是的,事情的确是这样。我认为,任何一个青年人处在我的地位,都会这样,特别是一个有爱才之心的人愈是对他人的才能表示倾慕,便愈会像我这样敬爱汪杜尔先生。无可争辩的是,汪杜尔先生的确有才,尤其是他有一种像他那样年纪的人少有的一种特点:他深藏不露,不急于显示自己的本领。是的,他爱吹牛,好多他根本不了解的事情,他也瞎吹一气,而对于他真正了解的事情,反而闭口不谈,一字不提。他等待展示他的才能的机会,机会一到,他才不慌不忙地把他的本领一个一个地使出来。他这样做,效果反而更好。由于每件事情他只约略提及而不深谈，人们就不知道他什么时候才把他的全副本领全都使出来。在与人谈话时，他总是爱开玩笑爱逗趣，东拉西扯没个完。他一直是面带微笑，但从不笑出声来；他能把最粗俗的事情说得很文雅，让人听了不觉得刺耳。甚至连最正派的女人也很纳闷儿：当时听了他的那些话为什么就听任他那么胡说八道；她们本该生气的，不知道为什么就是生不起气来。他最喜欢淫荡的女人，但我不相信凭他那副样子会讨得女人的欢心，他的做法只能让那些交际场中的人把他取笑一阵。好在他有那么多讨人喜欢的才能，在一个既识才又爱才的地方，要让他长期局限在音乐家的圈子里，那是很难的。

我之所以喜欢汪杜尔先生，是经过一番理智的考虑的。因此，尽管比我对巴克勒先生的喜欢更强烈、持续的时间更长，但没有做出什么荒唐事。我喜欢和他见面，喜欢听他讲话，他的一举一动我都觉得很可爱，他说的每一句话我都觉得像是神的启示。不过，我对他的倾慕并没有达到须臾不可离开的程度。我身边有一道很好的护栏[①]，使我不致做出越轨的事情。另外，我发现他的那一套行为方式适合他，而不适合我，我不能采用。我需要的是另外一种享乐方式；对于这种方式，他根本就没有概念，而我又不敢对他讲，因为对他讲了，他一定会取笑我的。不过，我非常愿意让我所倾慕的人和我最钟情的人认识一下。我十分高兴地对妈妈谈起他；勒·梅特也对他极力夸赞。她同意我把他带去见她，但这次会面的结果很糟糕：他说她附庸风雅，是一个爱卖弄才学的女人；而她则说

① 指华伦夫人的监护。——译者

他流里流气，像一个二流子。妈妈对我有这样一个坏朋友，感到担心，因此，不仅不允许我再把他带去见她，而且还给我讲述了和这样一个年轻人交往的坏处；她要我多加谨慎，不要和他交往过深。好在我和汪杜尔先生不久就分手了，因此，我的人品和思想没有受他的影响。

勒·梅特先生喜欢音乐，也喜欢酒。在吃饭的时候，他很有节制，喝得不多，但在他的小屋子里工作起来，就喝个没完。他的女仆很了解他的习惯，一看见他铺开作曲纸、拿起大提琴，便立刻把酒壶和酒杯给他送去；一壶喝完了，又送去一壶。不过，他虽然常常喝得醉醺醺的，但从来没有彻底醉倒过。他本质上是一个好青年，成天乐呵呵的，连妈妈都戏称他为“小猫”。但是，如果他老这样下去的话，这的确是一件令人遗憾的事情。他喜欢音乐，工作的时间多，但不幸的是，他喝的酒也多，这对他的健康和性情都产生了很坏的影响，因而有时候疑神疑鬼，动不动就发脾气。他说话从来不粗声粗气，对任何人都很有礼貌，即使对他的唱诗班的孩子们，也没有说过一句难听的话。不过，他也不允许任何人对他有失礼貌，这个要求当然是合理的，可惜他不大动脑子，分不清别人说话的语气和性质，以致往往为了一点点儿小事，便大发雷霆。

昔日的日内瓦教务大会，如今在流亡中虽失去了它的光彩（过去有许多王公和主教都以能参加这个大会为荣），但依然保持着它的尊严，想参加的人必须是一个贵族或索尔邦神学院的经师。如果说它有什么虽情有可原但过于严格的要求的话，那就是：除了个人的功绩以外，还要看每个人的出身。另外，神甫们对于他们雇用的俗家人的要求，通常也是很苛刻的。神甫们对待可怜的勒·梅特,就是如此。尤其是那个名叫维多勒的领唱神甫,他对人虽很讲礼貌,但由于他因自己的出身高贵而过于自以为了不起,便往往不按勒·梅特的才能来对待他;勒·梅特当然不能忍受他的这种轻蔑态度。在这一年的圣周[①]期间,大主教按惯例宴请神甫;勒·梅特也受到了邀请。可是在席间,他和维多勒发生了比平日更为激烈的争吵。这位领唱神甫对勒·梅特做了一个有失礼貌的动作,并说了几句难听的话,于是勒·梅特先生当即决定第二天夜里离开此地;谁也劝不住。在他去向华伦夫人告别的时候,尽管她对他百般劝解,也未能使他打消此意。他要报复那些专横的神甫,因为在复活节期间,他们正需要他指挥音乐,而他不辞而别,这会使他们感到难堪的。不过,勒·梅特也有难处,因为他想带走他自己的乐谱,这就不容易了,因为装乐谱的箱子很大又很重,是不可能挟在腋窝下边随身带走的。

妈妈做的事,我觉得完全对;即使是现在,换成我,我也会这样做的。既然百般劝说也留不住他,见他铁了心地一定要走,妈妈便决定要尽自己的力量帮助他。我敢说,她这样做是应该的,因为勒·梅特先生也曾经尽力帮助过她,无论是在音乐的演唱方面,还是在为妈妈办事方面,他都是按照她的想法去办的,而且实心实意地办,使妈妈很高兴;而现在她所做的一切,只不过是在紧要关头对一位朋友这三四年间对她的帮助的回报而已。当然,她没有想到她这样做纯粹是为了了却自己回报的心愿。她把我叫到她跟前,命令我至少要一路陪伴勒·梅特先生到里昂。他需要我

① 每年复活节前的一周。——译者

跟随他多久，就跟随他多久。后来她曾坦白对我承认她这样安排，和使我远离汪杜尔有很大关系。至于如何搬运箱子，她和她忠实的仆人克洛德·阿奈商量了一下。阿奈认为，千万不可在安纳西雇驮东西的牲口，因为雇牲口运，一定会被人发现，因此，最好是在夜里抬着箱子走一段路，到一个村子里去雇一头驴一直驮到西塞尔。到了那里，就进入了法国国境，就什么也不用怕了。大家采纳了阿奈的意见，于是我们在当天晚上七点钟出发。妈妈借口说是给我的路费，给可怜的"小猫"的那个小钱袋里添加了好些钱，这对勒·梅特当然是很有用的了。园丁克洛德·阿奈和我一口气尽快抬着箱子到最近的一个村子去雇了一头驴，当天夜里我们就到了西塞尔。

我在前面已经说了，我有时行事是如此的不像我本人，以致有些人把我看作是另外一种性格的人。现在就举一个例子。西塞尔的神甫雷德勒先生是圣皮埃尔修士会的成员，因此和勒·梅特先生是老熟人，是勒·梅特此行最应当躲避的人。可是我的看法却相反，我主张径直到他家，找个借口去求宿，好像我们是得到了教务大会的批准才路过他家似的。勒·梅特觉得这个主意很有趣，既报了他对教务大会的仇恨，又拿教务大会开了一次心。于是，我们就大着胆子到了雷德勒的家。他很热情地接待了我们。勒·梅特告诉雷德勒说，他是受主教的委托到柏勒去，在复活节那一天指挥人们演唱他作的曲子，而且还说，几天之后回安纳西时，还打算从这里路过，而我则从旁帮腔，穿插了许多像真有其事的假话。我说话的态度是那样的自然，以致雷德勒先生竟认为我是一个好青年，并把我当朋友看待，说了许多夸奖我的话。我们吃得很好，住得也很好，雷德勒先生不知道用什么好酒好菜招待我们才好，分别时我们竟像老朋友似的约定回来时在他家多住几天。我们从他家走出不远，一看身边没有旁人，勒·梅特和我便开始哈哈大笑；老实说，直到现在一回想起此事来也依然忍不住好笑，因为我们当时根本就没有想到我们的那套谎话竟编造得那么天衣无缝，把那个雷德勒神甫着实捉弄了一番。如果勒·梅特先生不那么没完没了地喝酒，不老是那样胡言乱语，还犯了两三次老毛病，这件事情会使我们一路之上都会笑个不停的。他的老毛病好像是癫痫病，弄得我不知道如何办才好，因此感到很害怕，准备尽早想个办法抽身离开他。

我们真的是像我们对雷德勒先生说的那样到柏勒过的复活节。尽管我们是不请自到的不速之客，但还是受到了乐队指挥的热情接待和大家的热烈欢迎。勒·梅特在音乐界是挺有名气的，他也的确值得大家尊重。柏勒的指挥对于自己的作品是很得意的，因此很想得到一位如此有名望的评论家的好评。勒·梅特不仅是一位行家，而且为人很正直，既不嫉妒人，也不奉承人；他比外省的乐队指挥高明得多，这一点，他们自己也很清楚，因此，他们不把勒·梅特看作是他们的同行，而把他看做是他们的老师。

我们在柏勒待了四五天，接着又登程上路，继续前进。除了前面所说的那些事情以外，便没有发生别的事情。到了里昂，我们住在慈悲圣母旅店，等我们的乐谱箱子，因为我们用另外一个谎言，托好心的雷德勒先生帮我们把它送到罗讷河的船上去了。在这个时候，勒·梅特先生便去拜会他的朋友，其中有方济各会的加东神甫（后文还要谈到他）和里昂的伯爵多尔坦神甫。这两个人都热情地接待了他；但是，正如我们即将看到的，这两个人后来又出卖了他。勒·梅特的好运到雷德勒家就结束了，以后就是噩运临头了。

到里昂之后的第三天，当我们经过离我们下榻的旅店不远的一条小街时，勒·梅特先生又犯病了，而且病得很厉害，使我害怕极了。我赶快大声喊叫，求人来帮助；我说出我们住的旅店的名称，求大家把他抬回旅店去。然而，正当人们赶来救一个倒在街上失去知觉、口吐白沫的病人时，他唯一的朋友和可以依靠的人却抛弃了他，趁大家没有注意我的时候，我赶紧走出小街，溜之大吉。感谢上苍，我终于把我第三件难以说出口的丑事[①]坦坦白白地全盘说出来了；如果还有许多类似这样的事要讲的话，我也许就放弃写这本书的念头，索性不写了。

我在前面所讲的事情，每一件都在我生活过的地方或多或少留下一些痕迹，而我在下一卷要讲的，就几乎全是人们所不知道的事情了。它们是我一生中所做的最荒唐的事情，幸运的是，它们的后果都不严重。我的脑子虽然曾一度按照别人的乐器的调子运转，结果思路紊乱走了调，但是，好在它又自动调整了过来，因此，我也就停止了我的那些荒唐的行为，或者说，我的荒唐行为至少是比较符合我本来的天性的。我对我青年时期的记忆，最为模糊，因为在那个时期，几乎没有任何一件事情的印象是深刻到足以使我的心能够清清楚楚地回忆起来，何况那时候我东奔西走，接连不断

① 卢梭难于说出口的第二件丑事，是他诬陷女佣玛丽蓉，即人们通常所说的“玛丽蓉丝带事件”（见本书第二卷），而第一件丑事是他早熟的性意识和可笑的表现，而不是有些人所说的改宗天主教。因为在18世纪，一般的穷苦人改宗他教是平常事，哪个宗教给饭吃，就改信哪个宗教，当时已习以为常，不是什么大不了的事。——译者

地变换居住和生活的地方，因此在时间和地点方面难免不弄错。我是完全凭记忆写的，没有任何可以帮助我回忆的文件和材料可资查阅。在我一生经历的事情中，有一些事情回忆起来好像是刚才发生似的，然而也有许多缺漏和空白的地方，我只好用跟我残缺不全的记忆同样模糊的文字加以填补。我有时候可能弄错，特别是在一些鸡毛蒜皮的小事方面，在没有找到可资佐证的材料以前，便更容易记述错了，但在大事方面，我深信我的叙述是准确的和忠实的。我将永远这样做，请各位读者相信我在这里所做的承诺。

我一离开勒·梅特先生，就立即决定回到安纳西。我们离开安纳西的原因和行动的秘密，曾使我对我们此行的安全十分担心，使我接连好几天都在心中考虑这个问题，而没有考虑是否回安纳西。现在，我发现安全已经不成问题，于是我的心便马上思念起我朝思暮想的那个人了。没有任何一样东西能引起我的兴趣，也没有任何一件事情能留住我。现在，我只有一个心思，那就是：赶快回到妈妈身边。我对她的依恋和我对她的真情，打消了我心中所有的一切空想的计划和狂妄的野心。我感到只有厮守在她身边，才是真正的幸福。我每离开她一步，就感到远离这真正的幸福一步。因此，一有可能，我就要尽快回到她身边。我曾做过许多次旅行，对于这许多次旅行的情况，我都清清楚楚地记得，然而，唯独对这次从里昂到安纳西的情况却一点儿都不记得了，因为我是那样的行色匆匆，急于赶路，因而没有分心去欣赏一路的美景，所以旅途的情况一点儿印象都没有了。除了离开里昂和到达安纳西的情况还依稀记得以外，其他一切全忘了。请各位读者想一想：这段时间的事情怎么能在我的脑子里记得住呢！我回到了安纳西，但是却没有见到华伦夫人:她已经到巴黎去了。

我始终没有弄清楚她此次去巴黎的秘密原因。如果我硬要她告诉我的话,我相信她一定会告诉我的。但是,没有任何一个人是像我这样对朋友的秘密一点儿也不感兴趣,从来不打听的。我的心唯一无二地只专注于眼前;眼前的事情已经装满了我的心,除了那些可供我日后回味的过去的欢乐以外,我的心没有一丝空隙容纳其他的事情。在她告诉我的那一点点情况中,我约略觉察到她此行的原因,与由于撒丁国王逊位而在都灵引发的革命有关:她担心革命发生以后,她将遭到忽视,因此想利用奥波纳的暗中活动,从法国宫廷中得到同样的好处。她曾经有好几次告诉我,她希望能得到法国宫廷的接济,因为法国宫廷要办的大事多得很,顾不上像都灵这样令人不愉快地老监视她。如果真是这样的话,那就更奇怪了,因为在她从巴黎回安纳西以后,谁也没有说她什么;她的年金照发,从未中断过。许多人都认为她的巴黎之行是负有某种秘密使命的,不是受了主教的指派到法国宫廷去办本该由他亲自去办的事,便是受了另外一个更有权势的人的指派,所以从巴黎回安纳西之后才表现得那么高兴。如果是这样的话,可以说,他们选派这样一位女使节到巴黎去办事,真是选对了,因为她当时年轻貌美,又具有一切在谈判桌上稳操胜算的必要才能。

第 四 卷

(1730—1731)

我回到了家，可是没有见到她；人们可以想象得到我是多么吃惊和多么伤心啊！这时候，我想起我在里昂抛下勒·梅特先生和自己悄悄溜走的情形。这件事情做得太可耻了，我懊悔的心情立刻涌上心头，尤其是，当我得知他后来不幸的遭遇时，我懊悔的心情就更沉重了。他那个装乐谱的箱子，可以说装的是他的全部家当。我们费了许多力气才抢运出来的这个珍贵箱子，一运到里昂便被多尔坦伯爵派人扣留了，因为教务大会早已写信把勒·梅特先生携物潜逃的事通知了他。这个箱子，是勒·梅特先生的全部财产，是他谋生的工具和一生劳动的成果，因此他一再要求发还他，但结果却没有成功。这个箱子的产权问题至少应当通过诉讼程序来解决，但没有这样做，就按最强者的法律，一句话就决定没收了；可怜的勒·梅特先生的音乐才能的结晶、青年时代的全部作品和晚年的生活保证，就这样全都失去了。

我当时受到的打击，差一点儿就使我的身心全都崩溃。不过，当时我还年轻，即使是最伤心的事，对我的影响也不大。我不久就想出了一些自我宽慰的说法。尽管我不知道她在巴黎的地址，她也不知道我回到了安纳西，但我估计不久就会得到她的消息。至于我丢下勒·梅特先生不管这件事，从各方面看都不算太大的罪过。在他逃走的过程中，我已经为他出了力，这是我唯一能做的力所能及的事情，即使我后来留在法国与他同住在一起，我也治不好他的病，也保不住他那个箱子，何况还要增加他的开销，又于事无补呢。这是我当时对这件事情的看法，而今天我当然就不这样看了。我们对一件丑事的后悔心情，并不产生在刚刚做这件事情的时候，而是产生在很久以后我们想起它时，这时候，它才使我们心里十分难过，因为丑事的痕迹是永远也抹不掉的。

要想得到妈妈的消息，唯一的办法只有耐心等待，因为，即使我赶到巴黎，我也不知道到哪里去找她，何况这笔路费又如何筹措呢？要想或迟或早地打听到她在哪里，没有比安纳西更妥当的地方了，因此我决定留在安纳西。然而在安纳西这段期间，我做得很差；我没有去拜访那位曾保护过我而且以后还能继续保护我的主教；这时华伦夫人又不在身边，我怕他会责问我们为什么要悄悄逃走。我也没有到神学院去，因为格罗先生已不在那里了。我更没有去看望任何一位朋友；我本想去拜访一下地方长官的夫人，但我又不敢。更糟糕的是，我又见到了汪杜尔先生。这个人，尽管我对他很欣赏，但自从我出走以后，我心里连想都没有想过他。我发现他现在已大出风头，在安纳西到处受人欢迎，有地位的女人都争相招待他。他这么成功，简直使我佩服得五体投地。我心目中只有汪杜尔先生，他使我几乎把华伦夫人也忘记了。为了便于向他请教，我提议索性与他同住在一起，他也同意了。他住在一位鞋匠家里；这个鞋匠爱开玩笑、爱逗乐；他用当地的土话叫他的妻子“臭娘儿们”。说实话，用这个名称叫他的妻子，也真的十分合适。他和她常常吵架，汪杜尔在一旁好像是在劝解，但实际是在挑动他们继续吵下去。他态度十分冷静地用普罗旺斯口音向他们说的话，产生了很大的效果：他们越吵越厉害，最后让人乐得哈哈大笑起来。每天上午就这样不知不觉地过去了；下午两三点钟的时候，我们吃点东西之后，汪杜尔便到他常去的交际场所，并在那里吃晚饭，而我便独自一人上街去一边散步、一边琢磨他为什么有这么大的本领。我既羡慕和钦佩他出色的才能，同时又咒骂我倒霉的命运不让我过他那样幸福的生活。唉！我对我的生活的看法简直是大错特错了。因为，如果我不这么愚蠢，如果我能善于享受我的生活，我的生活比他的生活还美好一百倍呢。

华伦夫人只带阿奈一个人一起去巴黎，而把我在前面提到的她的贴身女仆默尔塞赫留在家里。我发现她仍然住在她的女主人的那套房间里。默尔塞赫小姐比我的年纪稍大一些，虽不怎么漂亮，但挺讨人喜欢，是一个没有任何坏心眼儿的弗里堡姑娘。她唯一的缺点是有时候不听女主人的话，并和女主人顶嘴。我常去看她，她是我的老熟人。由于一看见她就使我想起那个更可爱的人，因此我也爱她了。她有几个女朋友，其中有一个是日内瓦人，名叫吉罗小姐。活该我倒霉，这位吉罗小姐不知怎么搞的竟喜欢上了我。她老是强迫默尔塞赫把我带到她那里去。一则是因为我爱默尔塞赫，再则是因为吉罗小姐那里还有其他几位姑娘我也很想认识一下，所以我也就跟着默尔塞赫去了。吉罗小姐对我百般挑逗，频送秋波，使我对她厌烦透了。当她那张被西班牙烟草熏得又干又黑的嘴亲吻我的脸儿时，我恨不得吐她一脸唾沫。不过，我还是耐住性子让她亲，因为除了这一点令我不快以外，我和那些姑娘们还是玩得很开心的。她们或者是为了讨好吉罗小姐，或者是为了讨好我，全都争相与我攀谈。我当时认为她们只不过是出于友谊才这样做的，可后来一加回忆才发现：当时只要我愿意，是可以从中取得比友谊更深一层的效果的。但我没有这样做，也没有这样想。

老实说，女仆、女裁缝和小小的女商贩，这类女人哪一个也打动不了我的心。我需要的是大家闺秀。每个人都有自己的幻想，我的幻想就是如此。在这一点上，我的看法与贺拉斯的看法不同。我这样选择，不是出自高攀门第的虚荣心，而是由于我心仪的女人必须是皮肤细嫩、十指纤纤、服饰简朴，全身有一种轻盈端庄的气质，而且举止要大方、谈吐要高雅、衣服的剪裁要合身、做工要精细、鞋子要小巧、丝带和花边的搭配要恰当、头发要梳得很整齐。只要具备了这些，即使脸蛋儿不那么美，我也喜欢。我自己也觉得这样来挑选女人，实在可笑，但是，我的心不由我自主地要这样挑选。

啊呀！机会来了；如何利用这个机会，那就要看我的了。我是多么喜欢时而又回过头去再次享受我青年时期的美好时光啊！青年时期的美好时光是多么甜蜜呀！尽管它们是那么短暂和那么稀少，我却没有费多大力气就享受到了！啊！只要一回想起它们，我的心便怡然自得。现在我需要的，正是这种心情，以便恢复我的勇气和忍受晚年的凄凉。

有一天黎明，我发现天空是那么的晴朗，于是我赶快穿上衣服，急匆匆地出城到乡间去观看日出。我兴致勃勃地观赏了它升起时的全部美景。时间是圣约翰节后的一天。大地披上了盛装，到处是花草，夜莺一声接一声地鸣啭，似乎是想把它们的歌咏会推向高潮。百鸟合唱，送别残春，迎接美丽的夏日的来临。这么美丽的日子，到了我现在这样的年纪，是不可能再见到了；在我今天[1]所居住的这块凄凉的土地上，就从来没有看见过这么美好的景色。

我不知不觉地走到了离城很远的地方，天气越来越热，我在一个山谷的树荫下沿着一条小河漫步。我听见我身后传来了马蹄声和女孩子唧唧喳喳的说话声。尽管她们好像是遇到了什么麻烦，但还是笑得挺开心的。我刚转过头去，便听见她们在叫我的名字。我走过去一看，原来是我认识的两个姑娘——格拉芬丽小姐和嘉莉小姐。她们两人不大会骑马，不知道如何让马涉过那条小河。格拉芬丽小姐是一个很可爱的伯尔尼人，因为在家乡做了一些在她那个年龄很难避免的蠢事，便被赶出了家门，所以现在无论说话或做事都处处学华伦夫人的榜样。我在华伦夫人家里见过她几次；她并不像华伦夫人那样有一份年金，不过，好在她的运气不错，遇上了嘉莉小姐，两人一见如故，结成了朋友。嘉莉小姐要求母亲答应让格拉芬丽小姐给她做伴儿，在格拉芬丽小姐有了更好的去处以前，一直住在她家。嘉莉小姐比格拉芬丽小姐小一岁，比格拉芬丽小姐漂亮得多，有一种我难以形容的高雅气质，而且身材苗条，长得十分匀称，正处于少女豆蔻年华的美好时期。她们两人相亲相爱；从她们两人很好的性格来看，如果没有情人来插足，她们

① 指作者写作这段文字那一天，即1766—1767年中的一天；这时，卢梭在英国斯塔福德郡的伍顿，文中“这块凄凉的土地”即指伍顿。——译者

一定会永远在一起的。她们对我说：她们要到图讷去，那里有嘉莉夫人的一座古堡；她们自己不会驱马过河，便求我帮她们的忙。我本想用马鞭子在马屁股后边赶马过河，但她们怕马尥蹶子踢我，又怕她们自己从马上摔下来。于是，我只好另想办法：我手握马缰，牵着嘉莉小姐的马从深及膝盖的水中走过去，而另一匹马也就毫无困难地跟着我们过了河。过河之后，我向两位小姐道别。可是，正当我像傻瓜那样转身要走的时候，我听见她们两人低声交谈了一下，接着，格拉芬丽小姐便对我说："别走，别走，别这样说走就走嘛。你为了帮我们的忙，衣服都打湿了，我们要给你把衣服晾干才好嘛；你和我们一起去吧，我们要把你当俘虏那样带走。"一听这话，我的心怦怦直跳。我望着嘉莉小姐；她看见我惊慌失措的样子，便笑嘻嘻地说："好啦，好啦，俘虏，快上马，骑在她的后边，我们会好好招待你的。""可是，小姐，我不认识你母亲呀，她看见我跟你们一起去，她会说什么呢？""她母亲不在图讷，"格拉芬丽小姐说道，"古堡里就只有我们两个人。我们今天下午还要回城去，你同我们一起回去吧。"

这几句话对我产生的效果比电还快。当我一骗腿儿跳上格拉芬丽小姐的马上时，我高兴得全身直哆嗦。为了骑得稳，我必须搂着她的腰；这时候，我的心跳得那么厉害，以致连她都感觉到了。她告诉我，她的心也在跳，因为她怕摔下马去。让我这样搂着她，这几乎等于是请我去摸她的心是不是在跳嘛。不过，我不敢；一路上我的两只胳臂给她当腰带；虽然是搂得很紧，但我一点儿也不敢挪动。有些女人读到这段话，也许会扇我两耳光；她们打得有理。

一路上，大家都很高兴。两位小姐唧唧喳喳说个没完，她们的谈话也引起了我的谈兴。那一天，直到天黑，只要我们三个人在一起，我们的嘴便没有片刻停过。她们对我很随和，尽量让我不受拘束，因此我的舌头也像我的眼睛不停地转动那样不停地说，尽管它说的事情跟眼睛看的东西不一样。只有当我与这位或那位小姐单独在一起的时候，我们谈起话来才稍微有一点儿羞羞答答的样子，但是，离开的那一位一会儿就回来了，因此没有给我们留下足够的时间弄清楚我们羞羞答答的原因。

到图讷后，我首先烘干我的衣服，接着，我们便开始吃早点，随后，最重要的一件事情就是准备午饭。两位小姐频频去吻佃户的几个小孩子，我在一旁瞧着她们，心里干着急，一点儿也帮不上忙。做饭的材料，是早就从城里送到了的，东西很多，足够做一顿丰盛的午餐，尤其是糕点简直多极了，遗憾的是，送东西的人忘了把酒送来；对不常饮酒的两位小姐来说，这当然没有什么，可是我就有一点儿不高兴了，因为我想借酒壮胆嘛。她们也不大高兴，她们是不是也想像我一样喝几口酒壮壮胆子，这我不敢肯定。她们活泼可爱的高兴样子，是那样的天真，我和她们两人之间还能干出什么名堂来呢？她们派人到附近去买酒，可是没有买到，因为这个地方的农民太穷，从来不喝酒。她们对我表示歉意，我对她们说："不要为这点儿小事就这么不安，其实，你们不用酒，也会把我灌醉的。"这是那天我大着胆子向她们说的唯一一句风流话。我觉得，这两个猴儿精的姑娘一定明白我这句风流话说的是实话。

我们在那位佃户的厨房里吃午饭。两位姑娘坐在一张长桌子两端的凳子上，而我则坐在她们中间的一只三条腿的小圆凳子上。这是多么惬意的一顿午餐！多么美的一段回忆啊！既然我只花那么一点儿力气就享受到这么纯洁和真实的快乐，我为什么还要去寻找别的乐趣呢？在巴黎的任何一个家庭里也吃不到这样一顿午餐。我这个话的意思，不仅仅是指进餐时的快乐心情和口腹的满足，同时还指我身旁的两位佳丽：她们的秀色可餐，真的让我大饱眼福啊。

午饭以后，为节省起见，我们没有喝早餐剩下的咖啡，而是把咖啡留待下午喝午后茶时与她们带来的奶油和糕点一起吃。为了促进食欲，我们到果园里去摘樱桃来做我们的餐后点心。我爬上樱桃树，抓着树枝，连枝带叶地掰下来扔给她们，而她们却把吃剩下来的樱桃核从树杈缝里扔过来打我。有一回，嘉莉小姐两只手兜起她的围裙，头朝后仰，摆出站稳接东西的架势，而我便马上瞄准她，不偏不倚地把一束樱桃正好扔在她的乳房上。她哈哈大笑起来。我心里暗中对我自己说："要是我的嘴唇能变成樱桃，让它们亲一下她那个地方，那该多好啊。"

那一天就是这样嘻嘻哈哈、无拘无束和自由自在地度过的；但大家都很规矩，没有说一句出格的话，也没有乱开玩笑。这么规规矩矩的表现，不是装出来的，而是自然而然地来自我们的内心。我是那样的胆小（也许有人说我是傻子），以致在那整整一天里，我做出的唯一放肆的行动是抓着嘉莉小姐的手吻了一下。的确，从当时的情况看，她能让我轻轻吻一下，也是很不容易的。当时只有我们两个人在房间里，我的呼吸急促，她低下头；我的嘴本想说什么，可是还没有说出来就赶紧去吻她的手了。她把我吻过的那只手轻轻地缩了回去，望了我一眼，但没有露出怒容。正当我犹犹豫豫，不知道该对她说点什么的时候，格拉芬丽小姐进屋来了：这时候，我觉得她的样子显得有点儿丑。

最后，她们两人都说最好是不要等到天黑才回城，现在剩下的时间刚够在天黑前回到城里，于是我们赶快像来的时候那样各人骑各人的马往回走了。要是我胆子够大的话，我就会提出改变一下我原来的位置，骑在嘉莉小姐的那匹马的马背上。其实，嘉莉小姐的目光已经向我传来了信号，搅动了我的心，只怪我不敢说出来，而她也不好意思主动提出让我同她同骑一匹马。在归途中，我们都感到这一天就这样结束了，真是太可惜。不过，我们也没有抱怨白天的时间太短，因为我们玩得挺开心，没有浪费一分一秒，因此也就等于把白天的时间延长了。

我差不多就是在她们早晨遇见我的地方同她们道别的。临别时，我们是多么地依依不舍啊！我们怀着喜悦的心情相约以后再见面！我们在一起度过的那十二个小时，仿佛像是亲密相处了几个世纪。将来，这两个可爱的姑娘回忆当天的情形，是只会感到甜蜜，而不会感到有什么令人羞愧的地方的。从洋溢在我们三人之间的温柔情谊中得到的快乐，比肉欲的快乐更甜蜜，何况这两者是不能并存的呢。我们倾心相爱，没有做任何见不得人的或令人羞愧的事；我们愿意永远这样彼此相爱。天真的性格有它独特的魅力；它胜过肉欲的快乐，它将永远存在而不会中断。至于我，我深深知道，对如此美好的一天的回忆，比我这一生享受到的其他乐趣都更使我感动、使我高兴、喜在心头。我心中当然明白我应该怎样对待这两个可爱的姑娘；真的，她们两个人都同样使我感到喜欢。我的意思并不是说：如果由我做主安排，我的心对她们两个人都同样对待；我当然是稍稍有一点儿偏向的。如果格拉芬丽小姐做我的情人，这当然好；但是，如果由我选择的话，我倒是希望她做我的密友。不管怎么说，总而言之一句话，在我离开她们的时候，我觉得，少了她们当中的任何一个人，我都无法活了。然而，不幸的是，和她们一别之后，我这一生就再也没有见到过她们，我们昙花一现的爱情到此就结束了。这一点，谁能料到呢？

读到这里，人们难免不对我的风流韵事感到好笑，说我花了那么多心思和力气之后，得到的最大收获，只不过吻了一下嘉莉小姐的手而已。啊！各位读者，你们错了，因为我从以吻手结束的恋情中得到的乐趣，比你们从以吻手开始的恋情中得到的乐趣多得多。

汪杜尔昨天夜里睡得很晚；今天，我回来之后不久，他也回来了。这一次，我不像平时那样一见到他心里就很高兴；我守口如瓶，没有把今天经历的事情告诉他。那两位小姐在对我谈到他的时候，颇有微词，显然对我和这样的坏人交往很不高兴。她们的看法也影响了我，使我也开始对他有点儿看不顺眼了，何况凡是能分散我对那两位小姐的思念的事，都使我感到讨厌。然而，当他一谈到我目前的景况时，又立刻使我想到了他，想到了我自己。我的景况现在已经到了山穷水尽维持不下去的地步了。尽管我的花费不多，但钱袋里的那一点儿钱也快用完了。我既没有别的生活来源，又一直没有得到妈妈的消息，我真不知道我将变成什么样子。一想到作为嘉莉小姐的朋友的我即将沦为乞丐，我就心乱如麻，不知如何是好。

汪杜尔告诉我说，他曾经向预审法官谈起我，并打算第二天带我到预审法官那里去吃午饭，预审法官可以通过其朋友帮助我。汪杜尔还说预审法官是一位值得结交的人，因为他不仅聪明，而且还很有学问，为人处事十分随和；他自己有才，而且也喜欢有才能的人。过了一会儿，汪杜尔又像平常那样把正经事和无聊的小事混在一起谈；他让我看从巴黎传来的一首按当时正在上演的穆赫的一部歌剧的调子谱写的歌词。汪杜尔说，西蒙先生（这是那位预审法官的名字）很喜欢这首歌，不但他自己想按照同样的曲调另写一首，而且还让汪杜尔也写一首。这个汪杜尔不知道怎么搞的，竟忽发奇想，让我也写一首。他说：我们三人各写一首，第二天就可让三首歌词一首接一首地亮出来，就像《笑林传奇》中描写的一辆接一辆出现的华丽马车那样，让人看得目不暇接。

那天夜里，我彻夜未眠，绞尽脑汁写歌词，这虽然是我平生写的第一首歌，但写得还不错，甚至可以说是写得相当好。如果是让我前天夜里写的话，也许还不能写得这样有韵味，因为歌词的主题表述的是我的心正在回忆的爱情故事。早晨，我把我写的歌词给汪杜尔看，他说写得好，接着就把我写的歌词放进他的衣兜里，也不告诉我他的歌词是否已经写完，随后我们就到西蒙先生家去吃午饭了。西蒙先生对我们的招待十分热情；他们两人谈笑风生，两个饱有才学又读过很多书的人谈起话来当然是很愉快的了。而我，我守着我的本分：我静静地听着，一句话也没有说。不过，奇怪的是，他们两人谁也没有谈写歌词的事，而我更是一句话也不敢提。我察言观色，发现他们那天根本就无意把我写的歌词列入他们的话题。

西蒙先生对我的表现似乎很满意；在这次会面中，他对我的印象差不多就是这么一点点。此前，他已经在华伦夫人家中看见过我几次，只不过没有怎么注意罢了，因此，我应当把他和我真正相识的时间定为从这次午餐开始。这次会面，虽然没有达到原定的目标，但后来给我带来了另外的好处，所以回想起来，还是很愉快的。

他的外表，我必须叙述一下，否则就是一个很大的疏忽；关于他作为预审法官的身份和他颇为自诩的才能，如果我一字不提的话，人们是很难想象出来的。西蒙预审法官先生的身高肯定不到二尺①，他的两条腿又直又细长；如果他的两条腿都挺直站立的话，可能会使他的身子显得高一些，然而他的两条腿总是斜叉开，就好像两脚规叉开的两根脚似的。他的个子不仅矮，而且很瘦，简直是矮小得难以想象；如果他光着身子的话，可以说他真的是活像一只蚂蚱。他的头大小适中，五官端正，一派高贵的样子。他的眼睛相当明亮。他的脑袋虽好看，但身躯却不美，两者搭配起来就使得他的脑袋好像是安放在一根树桩上的假脑袋。在穿扮方面，他可以省一笔开销，因为单单用他那副大假发就可以把他从头到脚全都遮挡起来。

在谈话中，他有两种不同的声音，不断交替使用，形成鲜明的对照：开头让人听起来很愉快，但一会儿以后，就令人讨厌了。他的两种声音，一种既凝重又响亮，如果可以的话，我认为这是他的脑袋的声音；另一种声音，虽清晰，但很尖锐刺耳，这是他的身躯的声音。当他故意慢慢吞吞装模作样地讲话时，他便呼吸匀称，一直用低沉的声音说话，而一当他情绪激动语速加快起来的时候，他的声音便尖锐得像哨子；这时候，要他再恢复低沉的声音，那就难了。

① 古法尺。——译者

尽管他的外貌像我在这里描述的样子(我的描述一点儿也不夸张),但西蒙先生为人却很风雅,善于辞令,穿扮极其考究,甚至可以说是十分妖艳。为了尽量利用他的优点,他往往是早晨在床上接待来见他的人,因为,当人们看见睡在枕头上的脑袋是那么漂亮的时候,谁也不会想到他全身只有脑袋才美。不过,正是因为他这样做,有时候反倒闹出了许多笑话。我敢说,他闹的笑话,全安纳西的人至今都还记得。有一天早晨,他还睡在床上,或者说他还坐在床上等诉讼当事人的时候,他头戴一顶非常漂亮的白色睡帽,睡帽上还有两条玫瑰色的大丝带。一个乡下人来敲他的门。当时,他的女仆恰巧不在,预审法官西蒙先生听见咚咚咚的几声敲门声,便大声喊道:“进来。”不过,这一声用的是尖嗓子,声音太大了一点儿;那个乡下人走了进去,四处张望这女人的声音是从哪里叫出来的。当他看见床上的人戴的是有两条丝带的圆锥形女帽时,便连声向“夫人”道歉,想转身出去。可是,西蒙先生很不高兴,说话的声音便越来越尖,这样一来,那个乡下人更加认定床上的人是女人,认定自己受到了侮辱,因此便大声嚷嚷地骂了起来;他骂床上的“女人”是个不懂规矩的臭婆娘,骂法官先生怎么在自己家里也不给下人树立一个好榜样。一听这话,西蒙先生便气破了肚子,因为手边没有别的东西,便抄起夜壶准备向那个可怜的乡下人扔去,这时候,他的女仆回来了。

这个小矮子,虽说他的身体受到了大自然的亏待,但在智力上却得到了补偿。他先天就很聪明,再加上后天的努力,所以就越聪明了。他是一个相当好的法学家,但他并不喜欢他的本行;他喜欢搞文学,而且还相当成功。他尤其喜欢摘录文学作品中的佳言隽语和华丽辞藻，在谈话中引用起来，使他显得颇有才华，甚至和妇女们谈话也是如此。他能把《佳句集锦》和其他类似的书中的小片断背得滚瓜烂熟，从其中挑出一两段就可发挥成一篇漂亮的文字或说辞，饶有趣味地把六十年前的老事说得像是昨天才发生似的。他懂音乐，而且用他那男低音声音唱得很好听。总之，作为一位法官，他这么多才多艺，的确是难能可贵的。他对安纳西的贵妇们备献殷勤，因此她们对他都很宠爱，把他当作跟在她们身后的一个小猴子看待。他曾经不自量力，向某些美女求过爱，结果弄得她们好笑不已。有一位名叫埃巴妮的女士说：像他这样一个丑八怪，让他跪下来吻一下女人的手，就算是给他顶大的面子了。

由于他读过许多好书，而且也喜欢谈论他读过的书，因此他谈的话不仅很有意思，而且也使人颇受教益。后来，当我对读书产生浓厚兴趣的时候，我便经常去拜访他，这对我大有教益。我住在尚贝里期间，有时候还从尚贝里到安纳西去看他。他赞赏我好学不倦的精神，并一再鼓励我上进，指导我如何读书，使我获益匪浅。一个那么聪明的人身躯竟如此瘦小，这是多么令人遗憾啊。几年以后，不知道是什么为难的事情使他终日忧伤，含恨死去。这太可惜了；这个小矮人的确是个好人，人们开始时会觉得他可笑，但最后一定会喜欢他的。虽然他和我之间的交情不深，但我曾经受过他的许多教导，为了表示我对他的感激，我认为应当在这里写一段文字纪念他。

我一有空，便跑到嘉莉小姐住的那条街上去转悠，希望能看到有人走出或走进她的家，哪怕只看见有人开一下窗子，我也是高兴的。然而，我什么也没有看见，连一只猫也没有看见。我在那条街的时候，她家的门始终关得严严的，好像里边没有人住似的。那条街很小，空空荡荡的，只要有人出现，就会引人注意的；时而有人从街上经过，或走出或走进她家旁边的房子；我一个人待在那里，真感到十分狼狈。我觉得似乎有人已经猜到了我老待在那里的原因。一想到这一点，我就感到如同遭受苦刑，因为，我虽然是想得到与她见面的快乐，但我更希望我喜爱的人的荣誉和宁静得到保持。

我不想老是这样当一个单相思的情人。由于我手中没有吉他，我便拿起笔来给格拉芬丽小姐写信。我本想给她的朋友嘉莉小姐写的，但我不敢；我觉得还是先给格拉芬丽小姐写比较合适，因为我是通过她才认识嘉莉小姐的，何况我和她比较熟悉。信写好后，我把它交给吉罗小姐送去。这个办法是我和那两位小姐上次分别时约定的，而且是她们首先说这样办的。吉罗小姐是做针线活儿的，有时候在嘉莉夫人家干活，能随时进出她家。当时我觉得选吉罗小姐做信使，这并不妥当。但是，如果我对吉罗小姐过于挑剔的话，我又担心她们找不到别人。此外，我又不敢告诉她们吉罗小姐本人就在打我的主意。说实话，像吉罗小姐这样的人也敢像那两位小姐那样爱上我，我觉得，这实在是一个耻辱。不过，后来我还是觉得有这么一个送信的人，总比没有强，所以我决定：不管风险多大，我都要把信交给吉罗送去。

吉罗听我头一句话，就猜出我为什么事去找她；她能猜出来，这并不难，因为姑且不说这是一封交给那位姑娘的信，单单看我这傻头傻脑难为情的样子，就看出了我的全部秘密。人们可以想象得到，托她去办这件事，她是不怎么高兴的，可她不但接受了，而且还很忠实地把信送去了。第二天上午，我跑到她家去，收到了回信。我是多么迫不及待地想跑出她家去看回信，并尽情吻它！这是用不着我说，读者也可以想象得到的，而需要我详细表述的，倒是吉罗小姐当时的态度竟是那么的诡秘和稳重，这就完全出乎我的意料了。她现在行年已三十七岁，当然知道凭她那双兔子眼、齉鼻子、尖嗓门儿和黑脸蛋儿，肯定是争不过那两个如花似玉的少女的，因此她决定，既不泄露她们的秘密，也不为她们效力。她宁可失去我，也不愿为了她们而留下我。

默尔塞赫已经有好长时间没有她女主人的消息了，因此很想抽空回弗里堡一趟。现在在吉罗的怂恿下，便立刻做出了回去的安排。此外，吉罗还告诉她：最好是有一个人陪她一起回家，而且建议由我陪送。可爱的默尔塞赫对我没有什么坏印象，因此觉得吉罗的这个主意很好。她们当天就来找我谈这件事情。听她们的口气，好像事情就这么定了似的，而我当时对她们这样随意支配我的做法也没有感到有什么不妥，于是便同意了，觉得此行顶多只不过是一个星期的事情。吉罗有她的另一套想法，她说：旅行的准备工作由她来安排。我告诉她们，我手中拮据，没有路费。这一点，她们也早已想到；默尔塞赫答应路费由她出。为了弥补负担我的费用，我提出先把她的小行李包寄走，我们把旅途分成几小段，我们步行，每天走一点，这样就可省下雇马车的钱。她们认为这个办法很好，于是就决定这样办了。

我在这里说有那么多姑娘爱我，我自己也觉得不好意思。不过，由于我在这几次艳遇中都没有得到什么实际的好处，所以我认为可以毫无顾忌地如实说出来。默尔塞赫比吉罗年轻，又不像吉罗那样什么都懂，因此没有对我说过任何一句挑逗我的话。她喜欢模仿我的声音和腔调，或者重复我说的话。一路上，不是我照顾她，反倒是她照顾我，对我十分关心。不过，我们夜里睡在同一个房间里，这使她感到有点儿害怕，因此她也时时留心、处处提防。一个二十岁的小伙子和一个二十五岁的姑娘在这次旅途中，两人近距离接近，就只这么一点点，而且接近的次数不多。

这次旅行，我们的确只有这么一点点近距离接触。虽然默尔塞赫的长相不难看，但我那时的心也十分单纯，所以在整个旅途中，不但没有搞风流事的打算，甚至连想也未曾想过，即使有时候心里有点儿冲动，但由于我太傻，所以也不知道应当如何下手。我想象不出一个未婚女子同一个小伙子要怎样安排才能睡在一起。我觉得需要几个世纪的预备才能做好这么一种危险的安排。如果可爱的默尔塞赫想利用她给我出路费就可以从我身上得到什么补偿的话，她这个如意算盘真的落空了。我们像从安纳西动身时一样，什么事情也没有发生，平平安安地到了弗里堡。

在经过日内瓦那天，尽管我谁也没有去看望，但当我们从桥上经过时，我心里还是十分难过的。只要一看到这座幸福的城市的城墙，只要一进入市区，我便由于过于激动而心乱如麻，久久不能平静。在这座城市的崇高的自由的形象升华了我的心灵的同时，平等、团结和风尚淳朴的形象也把我感动得流下了眼泪，使我对我失去了这一切感到万分后悔。我的错误是多么大啊，而犯这种错误的过程又是多么自然啊。我相信我在我的祖国里已经看到了这一切，因为我已经把它们铭刻在我心里了。

尼翁是我们的必经之地。经过尼翁而不去看望我慈祥的父亲！如果我真敢这么做，我以后会后悔一生的。我把默尔塞赫留在客栈里，不顾一切地去看我的父亲。唉！我原来的担心完全是多余的。他一看见我，就向我敞开了充满父爱的心；在互相拥抱时，我们流下了多少眼泪啊！起初，他以为我这次回到他身边就不走了。我对他讲了我的情况和我今后的打算，他只淡淡地讲了一下他不赞成我的打算的理由。他向我指出我可能遇到的危险，并着重告诉我：头脑一热就听凭性子干荒唐事的时间越短越好。不过，他没有表示强迫我留下的意思。这一点，我觉得他做得对。但有一点是可以肯定的，那就是：他没有尽他最大的努力来挽留我。推究其原因，要么是由于他本人觉得，在我走上了我所选择的这条道路以后，已经不可能回头了，或者是由于他也确实不知道对我这样年纪的孩子应当怎样办才好。后来我才知道，他对我的旅伴有一种不符合事实的错误看法。他有这种看法，是很自然的。我的后母是一个善良的女人，但对人稍微有一点儿虚情假意的样子；她假装要留我吃饭，我没有吃。我告诉他们，我从弗里堡回来的时候，将尽可能和他们多待一些时间。我把我从水路运来的一个小包裹寄存在他们那里，因为我觉得带在身边太累赘。第二天一大早我就离开了尼翁。我心里很高兴，因为我见到了我的父亲，尽到了我省亲的孝心。

我们终于平平安安地到了弗里堡。在旅行快结束时，默尔塞赫小姐对我的热情稍微减少了一些；而在到达以后，她对我干脆就冷淡了。她父亲的家境并不宽裕，对我的招待也不怎么热情，因此我只好去住小客栈。第二天，我去看他们，他们请我吃午饭，我接受了。饭后道别时，大家都没有依依不舍的表示，当晚我回到小客栈，第二天就走了；至于到哪里去，连我自己也不知道。

在我这一生中，这是上帝再次给我以过幸福日子的好机会。默尔塞赫的确是个好姑娘，虽不十分漂亮，但长得一点儿也不难看；虽不活泼，但做事很讲道理，尽管有时候也闹点小脾气，但哭一会儿就完事了，从来不大吵大闹弄得大家不安宁。她的确很喜欢我，如果我想娶她，那是很容易的，而且娶了她还可以跟着她父亲干他父亲的那门职业，因为我喜欢音乐，所以也很喜欢她父亲的那门职业，这样，我就可以在弗里堡安家。这个小城虽不怎么美，但居民却很善良。毫无疑问，我在这个小城里是享受不到什么大快乐的，但我可以一辈子过平静的生活，这一点，我比谁都看得更清楚，所以，这样的机遇要是真的来临的话，我是一定会把它抓住，绝不会有半点犹豫的。

我临时决定不回尼翁，改道直奔洛桑。我要去观赏那个美丽的湖；在洛桑观看湖景，才可一览无遗、见其全貌。支配我的行动的内心动机，大部分都是没有坚实的基础的。远大的理想，很少有实现的可能，因而引不起我的兴趣。由于对未来没有信心，所以我总感到一切长远计划都只不过是镜花水月的梦呓。我也同一般人一样，常常抱有某种希望，但必须是不费多大的劲就能实现的希望。如果需要花许多力气，长期坚持，那我就宁肯放弃。一切只需举手之劳就可获得的小小的快乐，在我看来，比天堂的大快乐更具有吸引力。凡是事后会带来痛苦的快乐，我都不去追求，我对这种快乐一点儿也不感兴趣，因为我追求的是纯洁的快乐；明知事后一定会后悔的快乐，就绝对不是我所说的纯洁的快乐。

我必须马上到一个地方歇息；这个地方愈近愈好，因为我走迷了路，在傍晚时到了穆东。身上的钱已经不多了，除留下十个克勒泽尔准备明天吃午饭以外，我把余下的钱都花光了。第二天吃午饭，那十个克勒泽尔也仅仅刚够这顿饭钱。傍晚时，我到了洛桑附近的一个小村庄；我走进一家小旅店，身上一文钱也没有了。拿什么付店钱，我自己也不知道。这时我的肚子饿极了，然而我却装出一副派头，好像我有足够的饭钱似的吩咐店家给我端来晚饭。我吃饱之后就上床，什么也不去想，晚上我睡得很香。第二天早晨，吃完早饭以后，我让店家结账，一共七个巴兹。我说我身上没有现钱，只好用上衣来付这笔账。那位憨厚的店家表示拒绝。他对我说：凭老天作证，我还从来没有扒过任何一个人的衣服，因此他不愿意为了七个巴兹便开这个头。他让我把上衣穿上，将来什么时候有钱什么时候付。我对他的好心非常感激，不过，我当时的感激心情并不大，更不像后来回忆此事时这么深。没过几天，我就托一个可靠的人把欠他的钱给他送去了，并向他表示深深的谢意。事隔十五年之后，我从意大利回来又再次路过洛桑时，令我非常遗憾的是，我把那家旅店和老板的名字全都忘记了。如果记得的话，我一定会去看望他，以一种出自内心的快乐心情向他讲述他当年所行的善事，向他证明他那番好心没有白费。的确，对别人做好事，如果是为了表现自己而做的话，在我看来，即使做的是一件顶大的好事，也不如这个忠厚的老板朴朴素素、毫不炫耀的行为更值得称道。

在快到洛桑的时候，我就开始琢磨，要如何才能改变我目前的困境，不让我的后母看见我这副可怜的样子。我把这次徒步旅行的我，比作到达安纳西时的汪杜尔。这么一比，我的心思就活跃起来了。尽管我没有汪杜尔那样的风度，又没有他那样的才能，我也要以小汪杜尔自居，在洛桑闯荡一番，以教音乐谋生（其实我根本就不懂音乐），并说自己是来自巴黎（其实我从未到过巴黎）。这个计划固然是好，但是，由于一方面在这个地方根本就没有我可以谋到一个职位的音乐学校，另一方面我又不敢贸然到懂这门艺术的行家当中去冒充内行，所以临时决定：先找一个价钱便宜一点儿的小旅馆住下再说。有人告诉我，有一个名叫佩洛特的人的家里可以留宿过往行人。这个佩洛特真是世界上顶尖的一个大好人，他非常欢迎我。我把我事先编好的一套假话讲给他听；他答应向别人介绍我，帮我找几个学生，等我挣到钱以后才付膳宿费；他定的膳宿费是每天五埃居，这个价钱并不贵，但对我来说就是很可观的了。因此他建议我开头入半伙：午饭只供应一份浓菜汤，别的什么都没有，而晚饭则稍微吃得好一点儿。我同意了他的建议。这个忠厚的佩洛特对我百般关怀，想尽一切办法帮助我。为什么我年轻的时候遇到那么多好人，而到了老年遇到的好人却那么少呢？是不是好人绝种了？不是的；而是由于今天我去寻找好人的社会阶层已不是当年遇到好人的社会阶层了。在平民中间，尽管巨大的热情只偶尔才流露，但自然的感情则是随时可以见到的。在上层社会，人的自然的感情被窒息了。上层社会的人所说的感情，实际是从利益出发，虚情假意，停留在口头上的。

到洛桑之后，我给我父亲写了一封信；他把我存放在他那里的包裹给我寄来了，还给我写了一封信，信中勖勉有加的忠言使我颇受教益。我在前面已经说了，我的头脑有时候竟混乱得不可思议，使我行事简直不像我本人。现在让我举一个最明显的例子，要了解我的头脑当时昏乱到什么程度，要了解我当时是多么地崇拜汪杜尔，只需看一看我当时干了多少可笑的事就够了。首先，我连歌谱都不认识，就公然当起音乐老师来了。虽说我和勒·梅特一起待了六个月，学了一点儿音乐知识，但这一点儿知识是远远不够用的，何况跟这样一位音乐大师学，反而学不好。作为一个日内瓦的巴黎人，作为一个在新教国家中的天主教徒，我觉得应当更改我的姓名，就像我曾经改变我的宗教和祖国一样。我尽量使自己与我模仿的模特儿处处都相似。他的名字叫汪杜尔·德·维尔勒夫，我就把我的姓氏“卢梭”改成“沃索尔”，再加上“维尔勒夫”。这样一改变，我的名字全称就叫作：沃索尔·德·维尔勒夫。汪杜尔会作曲，但他从不夸耀，而我不会作曲，反倒见人就吹嘘自己是作曲高手。我连最简单的小调都不会作，却公然说自己是作曲家。这还不算。有人把我介绍给一位名叫特雷托朗的法学教授。这位教授喜欢音乐，常常在家里举办音乐会。为了显示我真有作曲的本领，我想先作一首曲子给他看一看。这个主意一打定，我便大着胆子像真懂作曲门道的人那样特地为他的音乐会作起曲来。我前前后后一共花了两个星期作这首曲子，最后很仔细地把它誊清，标定音部，划分乐章，让人看起来就好像真的是一部杰出的交响乐作品。尽管令人难以置信，但确实千真万确的是，为了使这部美妙的作品更加出色，我在曲子的末尾加写了一段优美的小步舞曲。这段曲子当时唱遍了大街小巷，甚至今天也许还有人记得下面这几句当时是那么著名的歌词：

反复无常小妞妞！

处事不公令人忧！
唉！你的克拉丽丝
辜负了你的一片真心。……

这首男低音歌曲，是汪杜尔教我的。歌词十分鄙俗，正因为如此，所以我才记得。我删去原来的词句，配上低音，把这首小步舞曲加在我作的曲子的末尾，并厚着脸皮像骗三岁孩子似的硬说是我作的。

在大家开始演奏我的曲子之前，我向他们解说了一下乐章的种类、演奏的风格和各个声部的配合。我滔滔不绝地讲了好一阵，大家校音虽只花了五六分钟，但对我来说，这五六分钟就好像五六个世纪之久。最后，看大家都准备好了，我便用一个大纸卷在指挥台上敲上五六下，示意"注意了"。于是大家都鸦雀无声地安静下来。我郑重其事地开始打拍子，演奏开始了……唉，自从有了法国歌曲以来，谁也没有听见过这么声音不协调的音乐。不论人家对我自以为了不起的音乐才能有怎样的看法，但谁也没有料到演奏的效果竟那么糟。演奏音乐的乐手们个个都笑得喘不过气来，听众也都睁大了眼睛，直想堵住耳朵，可是没有办法堵呀。台上演奏的乐手们又趁机捣乱，故意寻开心，弄出的噪音简直能刺破盲人耳朵的鼓膜。我若无其事地继续指挥；尽管直冒大汗，但颜面攸关，不敢一跑了之。要命的是，我听见我身旁有人在窃窃私语，或者说得更确切一点儿是悄悄告诉我听众的反应。这个人说："这真是让人受不了"；那个人说："乱七八糟，这哪儿像音乐呀"；还有一个人说："这简直像一群巫婆瞎唱歌。"可怜的让-雅克呀，在这要命的时刻，你哪能料到将来有一天在法国国王和宫中贵妇们面前，你作的音乐将赢得大家的啧啧称羡和阵阵掌声；坐在你周围的包厢里的可爱的女人们也将窃窃私语："多么迷人的音乐！多么好听的旋律啊！每一句歌词都打动人心！"①

不过，最令人好笑的是那首小步舞曲，刚刚演奏了几小段，我就听见全场响起了一片哈哈大笑的声音，大家都对这首曲子的音韵大喝倒彩，还说这首曲子将使它的作者臭名远扬，到处受人议论。我当时难过的心情，不用我说，读者也是可以想象得到的。这一切，我谁也不怪；要怪就怪我自己。

第二天，一个名叫鲁托德的乐队队员来看我；他为人厚道，没有对我昨天的遭遇说什么。然而，由于我深深感到自己的愚蠢，羞愧、懊悔和失望的心情一起涌上心头，便迫使我不能不坦坦白白地向他吐露真情。我泪如泉涌，不仅向他承认我根本不懂音乐，而且还把前后经过全都说了出来。我要求他为我保密，他答应了；他的诺言，我是完全相信的。当天晚上，我的名字就传遍了洛桑。不过，令人惊异的是，竟没有一个人对我有异样的表示，就连那个善良的佩洛特也没有因此便不留我吃和住。

我继续待在洛桑，但心情十分苦闷；这样一个开端，当然不会使我在洛桑的日子好过了。来向我学音乐的孩子不多，一个女孩子也没有，而且没有一个是城里的孩子，只有两三个胖乎乎的说德语的孩子跟我学。他们笨头笨脑，而我对音乐也外行，真是半斤八

① 这段话中所说的"赢得大家的啧啧称羡和阵阵掌声"的音乐，指卢梭的《乡村巫师》，这部芭蕾舞剧 1752 年 10 月 18 日在法国国王的离宫枫丹白露演出，获得巨大的成功。——译者

两，凑在一起，把我烦得要死。他们在我手里，肯定是培养不成大音乐家的。只有一家请我去当老师，教一个小女孩；这个小女孩很调皮，故意拿许多乐谱给我看，我看了半天，一个也看不懂。她看出了苗头，就拿我开心，在我这位老师面前唱了起来，并告诉我该怎么演唱。对于一个歌谱，我的确是没有一看就能唱的本事，所以在前面谈到的那次音乐会上，我实在是跟不上演奏的节奏，既不知道他们演奏的是不是摆在我眼前的我自己写的谱子，更不知道他们是不是演奏得对。

尽管受了那么多委屈，但在这期间，我也不时从两位可爱的女友给我寄来的信中得到暖人心田的安慰。只有女人才能给我以巨大的安慰；在我遭受屈辱的日子里，再也没有什么比一个可爱的女人对我的关心更能减轻我的痛苦了。可是，我和她们的书信往还不久就停止了，而且此后就再也没有恢复。这个过错要怪我，因为我在改变住处的时候，忘了告诉她们我的新的通信处，再加上我一直不断地忙于考虑我自己的处境，所以就把她们完全忘记了。

我有很久没有谈到我可怜的妈妈了。如果人们以为我忘记了她，那就错了。我一直在思念她，希望见到她；这不仅是为了生活的需要，而更多的是我的心需要她。不过，不论我对她的爱恋是多么强烈和温柔，这也不妨碍我去爱别的女人，只不过爱的方式是不同的。我对别的女人的爱，是爱她们的姿色，姿色一消失，我对她们的爱也随之停止了，而我对妈妈的爱，即使将来她变得又老又丑了，我对她的爱也不会减少一丝一毫的。我的心起初是爱她的容貌的美，而后来变成爱她这个人了，不论将来她的容貌会发生什么变化，只要是她，我对她的感情就永远不会变的。我当然知道我是欠她的情的，但我并未认真思考过这一点。不论她对我做了什么或没有做什么，我对她都是始终如一的。我对她的爱既不是出于义务，也不是为了利益，更不是由于两人性格的投合。我爱她，是因为我生来就是为了爱她的。当我爱上别的女人的时候，我承认，我有点儿分心，我思念她的时候就少了。但是，只要我一想到她，我的心便依然是快乐的，而且，不论我是否爱上了别的女人，只要我一想到她，我便感到，如果我和她不在一起，我的生活就没有真正的幸福。

尽管我有很长时间没有得到她的任何消息，但我不相信我真的失去了她，也不相信她忘记了我。我对我自己说："她或早或晚必将知道我在流浪，必将给我传来某些消息；我一定会找到她的；这一点，我是深信不疑的。"何况我现在就住在她的家乡，在她走过的街道上走来走去，观看她居住过的房子，这一切，对我来说已经是够幸福的了，虽然这种幸福是纯属猜测的。当时我有一种非常奇怪的想法，那就是：除了有绝对的必要以外，我不向任何人打听她的消息，甚至连她的名字也不提，因为我担心一提她的名字，就会暴露她和我的关系，我的嘴就会泄露我心中的秘密，就会给她带来麻烦。另外，我还担心，一提她的名字，别人就会对我说她的坏话，因为人们对她离家出走一事议论甚多，对她的品行也有微词，既然不想听别人乱说一些我不想听的话，我就干脆什么话也不说。

由于我的学生来跟我学习的时间不多，由于华伦夫人出生地离洛桑只有四法里，所以我就到那里去玩了两三天。在这两三天里，我的心情一直是非常愉快的。日内瓦湖的景色和它沿岸的风光，始终对我有一种我自己也感到难以描述的魅力。我不仅觉得它的景色美，而且还感到它有一种难以形容的打动我心弦的特殊风姿。每当我来到沃州的时候，我就想起了出生在这里的华伦夫人和曾经在这里生活过的我的父亲，想起了那个使我春情初动的维尔松小姐，想起了我少年时候在这里的几次愉快的旅行；除此之外，我还觉得这当中必然还有另外一些比这一切更为强烈和神秘的原因才使我如此地激动不已。每当我渴望得到我生来就应该享受而始终又未曾享受到的幸福生活时，我火热的心就想起了沃州，把我的希望寄托在它的湖滨和美丽的田野里。我一定要在这个湖的湖边而不是在别处有一个果园，有一个忠实的朋友和一个可爱的妻子，有一头奶牛和一条小船；只要有了这一切，我就可以在这里过上美满的幸福生活。我自己也感到好笑：我想得太简单了，以致曾经单单为了寻求这想象的幸福就到沃州去过好几次，而我每次去，使我感到惊异的是，沃州居民的性格，尤其是女人的性格，和我想象的完全不同。我觉得这里的人和这里的风物太不相称了！这个地方和居住在这个地方的人，在我看来，是不相配的。

这次去沃州，我是怀着既甜蜜又忧伤的心情沿着景色宜人的湖岸缓缓行进的。我的心满怀激情地想象了千百种天真无邪的美好的幸福情景。我心潮起伏，唉声叹气，甚至像一个孩子似的哭了起来。我有好几次停下步来，坐在一块岩石上放声痛哭，让自己的眼泪滴到水里。

我到了韦维，住在“拉克勒”旅店，开头两天，我待在旅店里，谁也没有去看望。我对这座城市的爱，在我每次旅行的记叙里都要提到，并最后把我小说中的几个主人公也安排在这里。[1] 我愿真

① 句中的“小说”指《新爱洛伊丝》；“几个主人公”指本段末句中所说的朱莉、克莱尔和圣普乐。——译者

诚地告诉那些既有鉴赏力又重感情的人："到韦维去，去看一看那个地方，观赏那里的景色，泛舟湖上，看那里是不是大自然特意为朱莉、克莱尔和圣普乐这样的人创造的。不过，如今已物是人非，你们在那里见不到他们了。"现在言归正传，让我继续谈我在洛桑的情况。

既然我是天主教徒，我就要像天主教徒的样子，毫不迟疑地去参加我所信奉的宗教的敬拜仪式。每逢星期天，只要天气好，我就到离洛桑两法里的亚桑斯去做弥撒。我通常是和其他天主教徒一起去的，特别是和一个来自巴黎的刺绣工人(他的名字，我忘记了)一起去的次数比较多。他不是像我这样的巴黎人，他是一个真正的巴黎的巴黎人，货真价实的巴黎人，像香槟省人那样的大好人。他太爱他的祖国了，以致压根儿没有怀疑过我是否真的是巴黎人，以免揭破我的老底，失去和一个人谈巴黎的机会。大法官克鲁札先生有一个园丁也是巴黎人，但他就不如那个刺绣工人那样和气；他认为我不是巴黎人而竟敢冒充巴黎人，这就损害了巴黎的荣誉。他常常像抓住了我的把柄似的考问我，然后流露出诡秘的微笑。他有一次问我巴黎新市场那里有什么值得一看的东西，我回答不出来，只好瞎说一气；这是可以想象得到的。后来，我在巴黎住了二十年，照理说，我应该熟悉这个城市了吧，然而，要是今天有人还是拿这样的问题问我，我仍然会被弄得十分尴尬，答不出来的。人们从我尴尬的样子往往会得出结论说我根本没有到过巴黎；由此可见，只要看问题的角度错了，人们对真实的事实也往往会得出错误的结论。

我在洛桑究竟待了多久，我自己也很难说清楚。我对这个城市的印象不深，我只记得由于我在洛桑无法谋生，只好离开那里，到纳沙泰尔；在纳沙泰尔过了一个冬天。我在纳沙泰尔还比较顺利；我招了几个学生，挣到了钱。我首先还清了我欠好心的朋友佩洛特的债。尽管我欠了他许多钱，但我上次离开他那里后，他还是把我那个小小的行李包妥善地寄给我了。

在教音乐的过程中，我不知不觉地学会了音乐。我的生活相当舒适；照理说，一个有理智的人对这样的生活应当知足了，然而我浮躁的心却还想得到其他的东西。每逢星期天和我空闲的日子，我就到乡下和附近的树林中去瞎转悠，胡思乱想，不断地唉声叹气。只要一出城，我就一定要玩到傍晚才回城。有一天，我走到了布德利，我走进一家小酒馆吃午饭。在酒馆里，我看见一个长一脸大胡子的人。他身穿一件希腊式的紫色外衣，头戴一顶皮帽子；从他的一身行头和相貌看，他是一个相当有地位的人。可是他讲的话，谁也听不懂，全是一些很难理解的土话，近似于意大利语，而不像其他的语言。不过，他说的话，我几乎全都懂得，而且只有我一个人能听懂。他和酒馆的老板与当地的人只能用打手势的办法来交流彼此的意思。我用意大利语对他说了几句话，他全听懂了。他起身走到我跟前，使劲地拥抱我。我们立刻就交上了朋友，而且，从这个时候起，我就成了他的翻译。他的午饭有酒有菜，十分丰盛，而我的午饭却寡酒寡菜，非常寒酸。他请我同他一起吃饭，我只客气了几句，就答应了。我们一边喝酒一边聊，越谈越投机，吃完饭以后简直就变得有点儿难舍难分了。他告诉我说他是希腊正教的高级教士、耶路撒冷修道院的院长，此行是为了重修圣墓①

① 指耶路撒冷的耶稣墓。——译者

到欧洲各国募集捐款的。他拿出俄国女皇和奥地利皇帝发给他的漂亮的证书给我看,此外,还让我看了许多其他各国君主颁发的证书。他对他募到的捐款相当满意,但在德国却遇到了很大的困难,因为他一句德语、拉丁语或法语都不会说,而只能用希腊语、土耳其语和法兰克语与人交谈,因此他在德国很难开展工作,募到的捐款不多。他提议我与他同行,担任他的秘书和翻译。我当时穿在身上的一件新买的紫色小外衣和我新担任的职位虽相当配称,但我的外表毕竟还不够气派,所以他认为我不是一个难对付的人;这一点,他的看法是对的。我们三言两语就达成了协议。我没有提任何要求,而他却对我许下了许多诺言。在既无中介,也无证人,我对他又缺乏了解的情况下,我就这样把自己交给他支配,并且第二天就起程前往耶路撒冷了。

我们首先到弗里堡;在弗里堡他的收获甚微。碍于主教的身份,他不好意思去向人乞讨和向私人募捐,因此便到元老院去陈述自己此行的使命。元老院给了他一小笔钱。接着,我们便从弗里堡到伯尔尼。这里办事有许多规矩,单单审查他的那些证件,就不是一天能办完的。我们下榻在当时很漂亮的“猎鹰饭店”。住这家饭店的,都是些有身份的人。餐厅里吃饭的人很多,吃的都是上等酒菜。我有好长时间没有吃过荤菜了,现在急需补养补养身子,此时有了机会,当然要趁此机会好好地吃一顿了。主教本人性情开朗,是一位好交朋友的人,喜欢在饭桌上与人聊天,与那些能听懂他的话的人一聊起来就没个完,越聊越起劲,滔滔不绝地卖弄他那一套有关希腊的学问。有一天,在吃餐后点心用钳子夹核桃时,一不小心把一根手指夹了一个大口子,血流不止。这时,他一边伸出手指，一边笑着对大家说："先生们，你们瞧，这才是真正的古希腊人的血呢。"

在伯尔尼，我对他的工作还真的起了大作用，效果并不像我原先担心的那样坏。我既大胆又会说，比为我自己办事还办得好。在伯尔尼办事，不像在弗里堡办事那么简单，因为要和当地的首脑们进行冗长而又频繁的商讨；单是文件的查验，就不是一天能办完的。等把一切手续都办好了以后，元老院才同意接见他。我以他的翻译的身份与他一起到元老院；元老院的人让我发言，这简直出乎我的意料。我真没有想到经过与元老院的长时间商讨后，还要我单独对他们发表一番谈话，就好像刚才与他们什么也没有商讨似的。请大家想一想，我当时是多么为难啊！我本来就是一个腼腆的人，现在，不是要我对一般的公众讲话，而是对伯尔尼的元老们讲话，而且连一分钟的准备时间也不给，这不等于是要我的命吗?！好在我没有被吓倒。我简明扼要地把主教此行的任务陈述了一遍，并对各国君主的解囊相助给予了充分的赞扬。为了激起各位元老争相支持的热心，我说我相信他们是一定会一如既往地慷慨捐助的；最后，为了证明这一善举对各个教派的基督徒都是有益的，我说：愿上天赐福给所有一切参与这一善事的人。虽不能说我这番讲话产生了多大效果，但可以说它是受到欢迎的。接见结束后，主教收到了一份巨额捐献，他的秘书的才能也受到了赞扬，尤其是对我作为译员所起的作用更是给予了充分的肯定。不过，这后半段肯定我的作用的话，我没有敢逐字逐句地翻给他听。这是我平生唯一一次在大庭广众中面对最高当权者发表的讲话；能讲得那么慷慨激昂，词句又讲得那么漂亮，在我一生中，也只有这一次。同一个人，他的才情的表现在不同的时间竟有天壤之别！三年前我到伊弗东去看望我的老朋友罗甘先生。由于我曾赠送该市图书馆一些图书，该市便派一个代表团来向我表示感谢。瑞士人个个都是大演说家，代表团的先生们轮番向我致辞感谢。我觉得必须对他们致答辞，然而我却窘得晕头转向，不知道说什么好。我的脑子乱成一锅粥，一句话也说不出来，结果使我当场出丑。虽说我这个人天生就胆怯，但在青年时期我有时候也是挺胆大的，哪知年岁大了以后，胆子反而变小了；我阅世愈多，反而在人多的场合不能现场发挥，不能从容应对。

按照主教的计划，我们从伯尔尼到索勒尔，重新取道德国，然后经匈牙利或波兰回国。整个路程很长，好在一路之上他的钱包一直装进得多，花销得少，所以不怕绕道多走路。至于我，不论是骑马还是步行，我都很高兴，巴不得这样旅行一辈子才好哩。然而时乖运蹇，我没有走那么远。

到索勒尔后，我们要做的头一件事是去拜会法国大使。话该我们的这位主教倒霉。这位大使是德·波纳克侯爵，曾经担任过法国驻土耳其大使，对有关圣墓的事十分清楚。主教晋见的时间只有一刻钟，没有让我同他一起去见法国大使，因为这位大使懂法兰克语，而且他的意大利语至少讲得与我同样好。当我看见那位希腊人出来时，我便想跟着他一起离开，可是，有人把我拦住了。现在轮到我去见法国大使。我既然说自己是巴黎人，那就同其他巴黎人一样，受大使阁下的管辖。大使问我究竟是什么人，他要我说实话。我答应向他说实话，不过，我要求和他单独谈；我的要求被允许了。大使把我带到他的书房，并立即把门关上，这时，我扑通一声跪在他面前，把实情全对他讲了；即使我没有答应他毫无保留地讲，我也会有什么就说什么，一句也不少讲的，因为我的心早就想把憋在肚子里的话全都倾吐出来。既然我已经向音乐家鲁托德说了实情，我还有什么秘密向德·波纳克大使隐瞒的呢。他对我向他讲的我的简短经历和我讲话时流露的激情十分满意，并拉着我的手走进大使夫人的房间，把我介绍给她，并向她简短地讲了一下我的情况。德·波纳克夫人很热情地接待了我，并告诉我不要再跟那个希腊教士到处乱跑。这时，大使决定：在没有想好怎样安置我以前，就让我暂时住在大使馆。我想去向那个可怜的主教道别，因为我和他毕竟有这么一段时间的交情；可是我的要求没有被允许。大使派人把我被扣留的事通知了他，一刻钟以后，有人就把我那个小行李包送来了。使馆的秘书拉马蒂尼埃先生临时负责照拂我。他把我领到给我预备的房间里，对我说："这个房间，当年在德·吕克伯爵的安排下，有一个和你同姓的名人[①]住过。你应该在各方面都要像他那样成为名人，以便将来谈起你们的时候，分别称你们为'卢梭一号'和'卢梭二号'。"他这样生拉硬扯地把我和那个人相比，我当时听了一点儿也不感兴趣；如果我能预见到我要花多大的力气才能有朝一日和那个人并驾齐驱，我对他的话就更不感兴趣了。

不过，拉马蒂尼埃先生对我讲的话，还真的引起了我的好奇心。我把曾经住过这个房间的人的作品找来读了一下。由于受到了别人的夸奖，我便自以为我有写诗的才情，于是，作为试笔，我作

① 指诗人让-巴普蒂斯特·卢梭(1670—1741)。——译者

了一首献给德·波纳克夫人的颂诗,但我作诗的兴趣没有继续下去;我有时候也写一些平淡无奇的诗句,这对于遣词造句和写漂亮的散文,的确是一个很好的练习,但是,我从未感到法国的诗歌有足够的魅力使我愿意全身心地投入诗歌的创作。

拉马蒂尼埃先生想看一下我的写作才能,他让我把我向大使讲的话用书面写出来。我给他写了一封长信。我听说这封信后来保存在德·波纳克侯爵手下供职多年的马里扬纳先生手里。在德·古尔德耶先生接任大使以后,马里扬纳先生便接替了拉马蒂尼埃先生的职务。我曾经请马尔泽尔布先生[①]想办法让我得到一份这封信的抄件;如果我能通过他或别人得到这份抄件,我将把它作为附录收入我的《忏悔录》里。

经过我在前面讲述的这件事情之后,我的种种浪漫的想法也开始一点一点地减少了。举例来说:我不仅没有对德·波纳克夫人产生爱慕之心,而且感到在她丈夫手下工作,是不会混出过远大前程的。拉马蒂尼埃先生是现任秘书,马里扬纳先生可以说是正在等候补他的缺,而我能指望的,充其量是当一个秘书的助手而已;这对我来说,是毫无吸引力的。因此,当他们问我今后有什么打算时,我非常明确地表示我想去巴黎。大使先生觉得我这个想法很好,因为这至少可以让他甩掉我这个包袱。使馆的秘书兼翻译梅尔维耶先生说他的朋友戈达尔先生是一位在法国军队中效力的瑞士上校;这位上校的侄子小小年纪就到军中服役,所以想找一

① 马尔泽尔布(1721—1794):法国政治家,在法王路易十五时代,曾任宫内大臣和图书总监。——译者

个人去照料他。梅尔维耶先生觉得我去做这个工作最合适。就这么三言两语便把事情定下来了。至于我，我认为只要有机会去旅行就好，何况是到巴黎，当然是好上加好了，因此心中感到无比高兴。他们给我写了几封介绍信，还给了我一百法郎的路费，并告诉我一些注意事项之后，我就起程了。

这次旅行，我花了大约两个星期时间，是我一生中最愉快的旅行之一。当时，我年纪轻，身体又好，衣兜里的钱也多，又怀着许多希望，因此，我晃晃荡荡，一路步行，单独一个人旅行。如果人们不熟悉我的性格，也许就会因为我把一个人单独徒步旅行看作是一桩乐事而感到吃惊的。我美妙的幻想一路伴随着我，我奔放的想象力还从来没有像现在这样漫无边际的异想天开过。如果有人请我坐他的马车，如果有人在路上与我攀谈，我是一定会生气的，因为他打破了我步行途中在脑子里构建的空中楼阁。这一次，我幻想的是军旅生涯，我去投奔的是一位军人；因为有人已经替我安排好了，所以我一去就会当一名士官。我仿佛觉得我已经穿上了军官服，军帽上还插了一根雪白的羽毛，一想到这么神气，我的心就激动不已。我曾经学过一点儿几何学，对城防工程的修建也略知一二，我的舅舅就是一位工程师，在某种程度上我是一个军人家庭出生的孩子。我的近视眼虽然是一个不利的条件，但问题不大，并无多大妨碍；我遇事沉着冷静，加上胆子又大，完全可以弥补这个缺点。我记得有一本书上曾经说过朔姆贝格元帅的眼睛非常近视：他眼睛近视能当元帅，我卢梭的眼睛近视，为什么就不能当元帅呢？我胡思乱想，越想越兴奋、越离奇，仿佛看到了前方到处是士兵、城堡、战壕和炮队。我在炮声和硝烟中，手持望远镜，镇定自若地发布命令。然而，当我走过碧绿的田野，看见丛林和小溪的时候，这动人的景色便不禁使我发出几声忧伤的叹息。我感到，尽管我获得了赫赫战功，但我的心是不喜欢这喧嚣的场面的，转瞬之间，连我自己也不知道我怎么又感到我身处可爱的牧场，从此不再去想望什么靠军功飞黄腾达了。

当我走到巴黎郊区时，我看到的情景同我想象的情景相差得太远了！我在都灵所看到的美丽市容、漂亮的街道和街道两旁排列整齐的房屋，使我以为巴黎必然另有一番更好的景象。在我的想象里，巴黎是一个又大又美的大都会，市容壮观，街道整洁，到处是金碧辉煌的宫殿。我是从圣马尔索进巴黎城的，进城一看，街道又脏又窄，臭气熏天，房屋破破烂烂，被烟尘弄得乌黑，空气污浊，到处是一片贫穷的样子，满街的乞丐、车夫、缝补旧衣服的女人、叫卖茶汤的婆娘和兜售旧帽子的老太太。所有这一切，使我吃惊到如此程度，以致后来我在巴黎见到的一切真正的宏伟景象都不能消除我那次进城时所得到的印象，从而使我心中始终蕴藏着一种反感，不愿意长期住在这个号称法国首善之地的巴黎。可以这么说，我后来之所以住在巴黎，完全是为了在这个城市挣一笔钱，使我能到他处去居住。过于活跃的想象力造成的结果就是如此。它把别人本来就是夸大其词的描述，自己再夸大一番；把别人说的话，再添枝加叶地转述得更令人动听。人们对我是如此地夸赞巴黎，以致使我把它想象成古代的巴比伦；当然，我在这里所说的巴比伦，是我想象中的巴比伦，然而要是见到了真正的巴比伦，我对它的评价说不定也会大打折扣、同样扫兴的。我对歌剧院的印象就是如此。我到巴黎的第二天，就急不可耐地到歌剧院去看了一下，它的样子也不过尔耳。后来去参观凡尔赛宫，再后来去看大海，都是如此，看到的景象与过去人们向我吹嘘的样子，相去甚远，因为，无论是人们的渲染，还是大自然本身，都既不可能也很难超过我的想象力所想象的气象的宏伟。

从我持介绍信去拜见的人对我的态度来看，我满以为我的好运到了。我抱着最大的希望去拜见的第一个人是苏尔贝克先生；他对我的态度最冷淡。苏尔贝克先生是一位退役军官，在巴涅尔过着平平淡淡的生活，我到巴涅尔去看过他好几次，每次去，他连白开水都不给我喝一杯。使馆的翻译梅尔维耶先生的弟妹梅尔维耶夫人和他的侄子对我的态度比较热情。他的侄子是一名近卫军军官，母子两人不仅亲切地接待了我，还留我吃饭。我在巴黎期间，到他们家去吃过好几次饭。据我观察，梅尔维耶夫人过去曾经是一个美人：头发乌黑，两鬓梳着两个旧式发髻，徐娘虽半老，但模样儿依然是很俊俏和聪明的；看来，她也很喜欢我的聪明样子。她虽然想尽一切可能帮我的忙，但没有人支持她，因此我不久就看出他们开头的那股热情劲儿只让我空欢喜一场而已。不过，对法国人也应当说句公道话：只要他们许诺你，他们就一定会兑现，而不空口说白话；他们的许诺可以说都是真诚的。不过，他们也有貌似关心你，但实际只是口头上说说而已的时候。瑞士人的那一套花言巧语，只能欺骗傻子。法国人的态度更具有诱惑力的原因，是由于他们的话说得比较简单，使人以为他们之所以不把他们要为你做的事全都告诉你，是为了将来使你感到惊喜。我还要进一步指出：他们所表现的感情，都不是虚假的，他们对人素来是很殷勤、厚道和乐于助人的。不论人们怎么说，我认为法国人比其他国家的人都更真诚,不过,他们行事也比较轻浮,见异思迁,心性不专一。他们对你是什么感情就表现出什么感情,但这种感情来得快,消失得也快。在和你谈话的时候,他们就一心专注于你,而一离开你,就把你全忘了。他们没有常性,无论做什么事情都全凭一时的热情。

夸奖我的人挺多,但实际帮助我的人却一个也没有。我本来被安排去照料戈达尔上校的侄子,可是这位戈达尔上校是一个老吝啬鬼,他虽然很富有,但看见我一副穷愁潦倒的样子,便想不给报酬,白使唤我。他想让我到他侄子那里去当一个不挣工钱的仆人,而不是去当他的真正的老师。当他侄子的随从,虽说可免服兵役,但只能领一份候补士官生的薪饷,也就是说只能领一份士兵的薪饷。他本想让我凑凑合合穿一件士兵的衣服,经过我的力争之后才勉强给我做一套军官服。梅尔维耶夫人对戈达尔上校的做法十分气愤,劝我拒绝接受,她的儿子也赞同这个意见。我想另找出路,但急切之间也没有其他的路子可走。现在,我心里很着急,一百法郎的路费已经用得差不多了,剩下的钱用不了几天就完了,幸亏大使先生又给我寄了一点儿钱来,帮了我的大忙。从这一点看,当初要是我再耐心一点儿,他是不会抛弃我不管的。不过,让我在他那里百无聊赖地等待和求人提携,那是我绝对不愿意做的事情。现在,我已灰心丧气,再也不愿去见什么人了,一切都完了。我心中始终没有忘记我亲爱的妈妈,可是到哪里去找她呢?要怎样才能找到她呢?对我过去的经历有所了解的梅尔维耶夫人也帮我打听了许久,但毫无结果。最后,她告诉我:华伦夫人两个多月以前就离开巴黎了,但不知道她是到萨瓦还是到都灵去了,也有人说她回瑞士去了。单单听到这一点儿消息，就足以使我下决心去找她，因为我觉得，不管她在哪里，到外省去寻找，总比在巴黎寻找更容易。

在离开巴黎之前，我又锻炼了一下我最近培养起来的写诗的才能，用诗歌体给戈达尔上校写了一封信，尽情把他揶揄了一番。我把这封信给梅尔维耶夫人看，夫人不仅没有像我估计的那样责备我，反而哈哈大笑起来，说我信中挖苦上校的话写得好，她的儿子也笑了起来，看来他也不喜欢戈达尔先生。说实话，戈达尔先生也确实不讨人喜欢。我打算把这封诗体信给戈达尔先生寄出，他们表示赞成。于是我把信封好，写上他的地址；由于当时在巴黎还没有收寄市区信件的邮局，我便把信放在衣兜里，在路过奥克塞尔的时候才把它寄出去。直到现在，每当我一想起戈达尔先生在读到我信中那几句把他描绘得惟妙惟肖的讽刺诗将气成什么样子时，我还依然忍不住好笑。我那封信的开头两句是这样写的：

> 你这个老闲散鬼派我去教你的侄子，
> 你妄想我会对这份苦差事感兴趣。

说实话，我信中的那首短诗写得并不好，不过，还是写得挺风趣的，显示了我有写讽刺诗的才能。我的心素来不记仇，所以没有让我在讽刺诗方面发挥我的才能。不过，我敢断言，只要人们把我有时候为了替自己辩护而写的论战类文章拿来一看，就可看出：如果我生性好斗的话，攻击我的人是很难有得逞的机会的。

我最感到遗憾的是，我从来没有写过旅行日记，以致生活中的许多细节我全都忘记了。我敢说:我任何时候都没有我独自一人徒步旅行时想得那么多,而且着实感到了自己的存在,生活得那么充实,表现出真真实实的我。步行可以起一种启发和活跃我的思想的作用。如果我坐在一个地方不动,我的头脑便动不起来。必须让我的身体不停地活动,我的头脑才能一直活跃。田野的美景,接连不断地出现的湖光山色,清新的空气,由于步行而带来的旺盛的食欲和身体健康,小酒馆的自由气氛,远离那些使我感到我必须依赖他人的事物,远离那些使我想起我的处境的情景:这一切,解放了我的心灵,给我以大胆思考的勇气,仿佛使我置身于无穷无尽的事物,让我无拘无束地按照我的心意安排它们,挑选它们和支配它们。我是大自然的主人,整个大自然都听从我的调遣,观看了这一事物,又去观看另一事物。看见合我心意的事物,我的心便与它结合在一起,融合成一体。我周围都是迷人的景色,我的心陶醉在甜蜜的感情之中;如果我欣然命笔,把这些迷人的景色描述出来,使之长留世间,我要用多么美的笔调和多么华丽的词句与多么有力的表达方式才能把它们充分表达出来啊!有人说,在我接近晚年的著作中能看到这一切。唉!我青年时候在旅行途中曾见过许许多多赏心悦目的旖旎景色,在心中酝酿,打了腹稿,想把它们记下来,但可惜始终未能铺叙成文。如果当时我能把我的所见所闻写成游记,今天读起来是何等惬意啊!人们也许会问我为什么不写呢?我将回答说:为什么要写呢?我为什么要为了告诉别人就停下来去写那些东西,而不尽情享受眼前的风景之美呢?当我翱翔在天空的时候,我哪里能分心去思考如何为读者、公众和全世界的人写文章呢?再说,我随身哪里带有纸和笔呢?如果我连这些东西都要一一想到的话，那我就什么也不用干了。何况我也无法预先知道我将获得什么印象；印象什么时候产生，完全取决于它们而不取决于我。有时候一个也没有，有时候又蜂拥而至，数量既多，来势又猛，简直使我应接不暇，一天用十个本子也写不完，我哪里有时间去写那么多东西？到了一个地方，我什么都不想，就是肚子饿了想吃东西；第二天上路时，同样是什么也不想，就只想旅途顺利。我感到有一个新的乐园已打开大门等我去观赏。现在我心里想的是赶快去找到它。

我从来没有过像此次归途中的这么好的心境。在去巴黎的时候，我心里想的全是到巴黎之后要办的事情；我憧憬的是我将要从事的职业。我怀着巨大的希望走完了那段路程，然而那个职业不是我本心选择的；所见到的人与我心中想象的人相差十万八千里。戈尔达上校和他的侄子与我这样的英雄相比，显得十分卑微。谢天谢地，如今我总算摆脱了所有这一切障碍，我可以在想象中的乐园里任意驰骋，因为在我眼前除此之外便没有别的。我就这样一路之上漫游在梦幻之乡，以致有好几次真的走错了路。然而，要是我没有迷路，一直沿着正确的道路走的话，我反而会不高兴的，因为一到了里昂，我就感觉到又回到现实世界，所以我心里巴不得永远也到不了里昂。

有一天，我绕道去看一处我觉得十分漂亮的地方，我对那里的景色的确入了迷，在那里来回走了好几圈，最后竟使我真的迷了路。我走了好几个小时也没有找到我来时的原路。这时，我精疲力尽，又饥又渴，累得要死，我只好走进一个农民的家。他家的房子外观并不漂亮，但这是我在附近所能找到的唯一一座房子。我以为在这里也如同在日内瓦和瑞士一样，生活安适的居民们一定是殷勤好客的，因此我请那位农民为我准备一顿饭菜，饭费我一定照付。他给我端来撇去了奶皮的牛奶和粗糙的大麦面包，说他家只有这些东西。我津津有味地一边喝牛奶、一边吃面包，把面包吃得光光的，连面包渣也没剩。不过，对于一个累得精疲力尽的人来说，这点儿东西是不够的。这位农民仔细观察我，从我吃东西的那股饿劲儿来看，认为我对他们说的话是真的，于是告诉我说他已看出*我是一个好青年，不会出卖他。说完这句话，马上就打开厨房旁边的一道小活门，走进地窖，不一会儿工夫，就给我端来了一大块纯小麦面包、一块虽然是切开过的但却非常可口的火腿、一瓶葡萄酒（单看酒瓶的外观，就足以使我的心比看见什么都高兴），此外，还有一大盘煎鸡蛋，使我吃了一顿非徒步旅行就难以吃到的美餐。当我准备付钱的时候，他的神色又紧张起来，不收我的钱，并露出一副非常害怕的样子。我心里十分纳闷儿，怎么也弄不明白他到底怕的是什么。他迟疑了一会儿之后，终于战战兢兢地从口中吐出两个可怕的词："税吏"和"地窖耗子"。他说：他之所以把酒藏起来，是因为他怕收附加税；把小麦面包藏起来，是因为怕征人头税。如果他让人看出他还不至于饿死的话，他可就完了。他对我讲的这些情况，我以前一点儿也不知道，因此在我的心中留下了永不磨灭的印象。我心里逐渐发展起来的对于不幸的人们遭受的痛苦的同情，对压迫他们的那些人所抱的不可遏制的憎恨，就是从这里开始萌芽的。这位农民尽管家境不错，但却不敢吃自己用汗

* 看来，我那时的面貌并不像后来人们给我描绘的那个样子。

水挣来的面包；不装出一副同他周围的人一样贫穷的样子，他就难逃破产的厄运。我离开他家的时候，既感到气愤，也感到激动，对这块土地肥沃的地方的居民的命运深表同情。大自然慷慨赐予他们的粮食却变成了凶狠的税吏们的掠夺品。

这是我此次旅途中唯一给我印象深刻的事情。除此以外，我只记得在快到里昂的时候，我特意绕道去观赏了一下里尼翁河沿岸的风光，因为，在我和我的父亲一起阅读的小说中，我始终没有忘记《阿斯特蕾》①，书中描写的故事常常浮现在我的心里。我向人打听去弗雷茨的路，在和一位女店家谈话的时候，她告诉我：那里是工人们挣钱最多的地方；那里有许多铁厂，生产的铁器非常好使。她这番赞扬那个地方的话，反倒使我浪漫的好奇心泄了气，不愿意到举目皆铁匠的地方去寻找狄阿娜和西尔旺德赫。那个鼓励我到弗雷茨去的好心的女人，肯定是把我看成是一个锁匠铺的学徒了。

我此次到里昂去，并不是没有目的的。一到里昂，我就到莎索特女修道院去看华伦夫人的朋友莎特莱小姐。我上次陪勒·梅特先生到里昂时，华伦夫人曾托我给她捎去过一封信，因此我和莎特莱小姐已经是熟人了。莎特莱小姐告诉我，华伦夫人的确曾经路过里昂，但不知道她是不是到彼埃蒙去了，而且，华伦夫人在动身的时候，自己也拿不准是否要在萨瓦停留。莎特莱小姐还说，如果我愿意的话，她可以写封信去打听一下华伦夫人的消息，而目前最

① 法国17世纪小说家奥·于尔菲(1567—1625)的一部言情小说，本段提到狄阿娜和西尔旺德赫，是这部小说中彼此相恋的一对情人。——译者

好的办法是在里昂等到有了确实的消息以后再说。我接受了莎特莱小姐的建议，但是我不敢告诉她说我急等回信，也不敢说我钱包里的钱已快花光，不允许我在里昂久等。我之所以不敢告诉她这些情况，并不是怕她因此就对我态度冷淡；恰恰相反，她对我一直是很热情的，然而，正是因为她以平等的态度对待我，反而使我没有勇气把自己的情况告诉她。我不愿意让她看见我从一个朋友的地位一下子就堕落成一个可怜的乞丐。

我觉得，我在本卷讲述的情况，已经把前后的经过讲得相当清楚了。不过，我记得在这期间还去过一次里昂，但确切的时间我已经想不起来了。我只记得我那时真的已经快身无分文了。我之所以永远忘不了那次里昂之行，是因为在里昂碰上了一次令人难以启齿的小插曲。一天傍晚，吃了一顿非常简单的晚饭之后，我一个人坐在贝莱古广场上思考怎样才能摆脱眼前的困境。这时，一个头戴便帽的男人走来坐在我旁边。看他的样子好像是丝绸厂的工人，也就是里昂人所说的织锦工。他开口问我话，我回答了他，于是话茬儿就这样接上了。刚刚谈了一刻钟，他就以同样冷漠和毫无变化的声调说要我和他一起玩一玩，我正等着他说明怎么个玩法时，他一句话不说，却开始向我做示范动作。我们的身子几乎快挨在一起了；夜色虽然昏暗，但依稀尚能看见他正在准备干什么。他没有做出想侵犯我身体的样子，至少他没有露出这个打算，何况那个地方也不容许他公然这么做。他的意思，正如他对我说的，他玩他的，我玩我的，各人玩各人的。他把这种事看得极其简单，所以他认为我也会像他那样把这种事看得很简单。我被他那种不知羞耻的动作吓了一大跳；我一句话不说，立刻站起身来撒腿就跑，生怕那个下流无耻的家伙追上来。我心里是那么的慌，以致，本该从圣多米尼克街跑回我的住处，我却向码头方向跑去，一直跑过了木桥才停下来。我全身战栗，好像方才做了一桩坏事似的。我自己也有这种恶习，但这件事情给我留下的印象，使我有很长一段时间没有犯这种毛病。

我这次在里昂，还遇到了另外一件类似我在前面讲的事情，而且更加危险，眼看我身上的钱就要花光了，我就处处节省着用，我尽量少在旅店里吃饭，甚至后来完全不在旅店里吃了，因为在旅店里吃一顿饭要花二十五个苏，而在小饭铺里只花五六个苏就能吃得饱饱的。既然不在旅店吃饭，就不好意思在旅店住，这并不是因为我欠了旅店多少债，而是因为我占用旅店一个房间，就会让女店主少挣一个房间的钱，这使我心里实在过意不去。当时正值美好的季节，有一天晚上，天气很热，我想到广场去过夜。当我刚在一张长凳上躺下的时候，一位神甫从我身边走过，他见我躺在长凳上，便问我是不是没有住处。我把我的情况告诉了他，他露出同情的样子，接着便坐在我旁边和我聊了起来。他非常健谈；他对我说的那些话，使我认为他是世界上最好的人。当他看见我已经被他迷住的时候，就对我说他住的地方并不宽裕，只有一个房间，不过，他不想让我这样一个人睡在广场上，但是，若要给我另找住处，时间又太晚了，所以他愿意把他的床铺让一半给我，让我在他的床上过一夜。我接受了他的好意，把他看作是一个对我有用的朋友。于是我们就一起到他的住处去了。他用打火石点燃了灯；他的房间虽小，但很整洁；他对我招待得非常周到，从柜子里拿出一个玻璃瓶，瓶子里装的是酒泡樱桃，我们每人吃了两个樱桃就睡下了。

这位神甫也有安纳西教养院里的那个犹太人的那种癖好，不过表现得没有那么粗野。这或许是他怕逼使我进行反抗，因为他知道我一嚷出声就会让别人听见；也可能是因为他对自己想达到的目的没有把握，所以不敢公开提出干那种事，只是想方设法挑逗我而又不使我突然感到吃惊。由于我已经有了上一次的经验，所以我马上就明白了他的意图。我感到害怕：既不知道我住的是什么地方，也不知道我落到了什么人的手里；我怕一嚷出声来就会被他杀害。我假装不明白他想干什么，对他的挑逗表现出十分讨厌的样子，决心不让他的企图向前发展。我这种做法立即产生了效果，使他不得不停止他的动作。这时，我开始用极其温和但又十分坚定的语气和他谈话。我一方面不露出我怀疑他有那种癖好的样子，同时又把我在安纳西遇到的情况告诉了他，以此说明我刚才感到不安的原因。我尽量用充满憎恶之感的词句向他讲述那件事情，我相信他听了我那番话，他自己也感到恶心，因而完全放弃了他那肮脏的企图。接着，我们便平平静静地睡了一夜。第二天，他还向我讲了许多有益的和很有道理的事情。此人虽然是个大流氓，但肯定不是一个不知羞耻的人。

早晨，神甫的脸上没有露出不高兴的样子；提到吃早饭的事，他请女房东的一个女儿（一位长相很美的女孩）把早餐给我们送来。她回答说她很忙；他又去求她的姐姐，这个女孩根本就不理他。我们一直等着，没有人送早餐来。最后，我们走进那两位姑娘的房间里，她们对神甫露出很不高兴的样子，而我就更不受她们的欢迎了。那位姐姐在转身的时候用她尖尖的鞋后跟踩了一下我的一个脚趾头（这个脚趾头上长了一个很疼的鸡眼，使我不得不在鞋尖上开一个洞),她的妹妹突然一下把我正准备坐下的椅子从我身后抽走了。这时,她们的母亲从窗子往外泼水,结果,泼了我一脸。不管我待在什么地方,她们总借口说找什么东西,把我赶开。这样对待我,我一生中还从来没有遇到过。我发现,在她们充满了轻蔑和嘲笑的目光中隐藏着一种愤怒之气。我的头脑迟钝,当时怎么也弄不明白这当中究竟是什么原因。她们的表现使我吃惊得目瞪口呆,以为她们全都中了邪气。于是我开始感到害怕,而那位神甫却假装什么也没有看见,什么也没有听见;他最后感到既然没有吃早饭的希望,便只好走开算了。我也赶紧跟着他走了出去,庆幸自己终于逃离了那三个泼妇。我们走不多远,神甫便提出到咖啡馆去吃早点。尽管我腹中饥饿,我也没有接受他的邀请,而他也没有怎么坚持。我们拐了三四个弯儿就分手了。我很高兴此后再也看不到一切与那座可诅咒的房子有关的东西了;而他,据我看,他也高兴,因为他终于把我支得远远的,使我往后就很难认出那座房子来了。无论在巴黎或其他城市,我都没有遇到过类似我在里昂遇到的这两桩怪事,因此使我对里昂人的印象很不好,使我把里昂看作是欧洲道德最败坏的城市。

一想到我在里昂陷入的困境,我就怎么也想不出一两件使我对这个城市怀有好感的事情。如果我也像别人那样有一套在旅店一再赊欠的本领,我也能毫无困难地渡过难关,混口饭吃。但是,这种事,我既干不出来,也不愿意干。为了说明这一点,只需指出以下情况就够了。尽管我一生贫困,常常连面包都没得吃,但我从来没有等债主来向我讨债我才还他的钱;这样的事,我一次也没有干过。我欠人家的债,从来都是我一有钱就立刻还他的,我从来不让人家吵吵嚷嚷三番两次来讨，我才还钱的。我宁肯自己受穷，也不愿意欠人家的债。

穷得只好在大街上过夜，这当然是很难受的；这种情况，我在里昂经历过好几次。我宁可把我剩下的几个苏用来买面包吃，而不用来住旅店，因为困死的可能性不大，而要是腹中饥饿，不进饮食的话，那肯定会把我饿死的。令人吃惊的是，在我当时处境极端困难的时候，我既不焦虑，也不悲伤，更不为将来发愁，而一心只等莎特莱小姐的回音。我在露天躺在地上或一张长凳上，同躺在舒适的床上睡得一样香甜。我记得有一天夜里在城外罗尼河或索恩河畔的一条路上睡了一夜（究竟是在哪条河的河畔，我已记不清楚了），而且睡得很好。在河对岸的那条路上，路边到处是花坛；那天白天，天气很热，夜里的景色特别美，露水滋润着被炎热的太阳晒蔫了的花草，没有风，夜色宁静，天气十分凉爽；日落以后，太阳在天空留下了一片红色的云彩，把河水映成玫瑰色；从层层叠叠的树林中传来夜莺此唱彼和的不停的鸣唱。我心旷神怡，让我的感官和我的心享受这一切。唯一稍感遗憾的是，只是我一个人享受。我深深沉醉在甜蜜的梦想中，像夜游人似的一直漫步到深夜也不觉得困乏，但最后还是感到疲倦了，于是舒舒坦坦地在凹进一堵墙里的壁龛或假门的石板上睡下了。旁边的几棵树的树冠便是我的床幔，一只夜莺正好歇在我上方的一根树枝上，我听着它的歌声，一会儿就入睡了。我睡得很香，醒来时更是精神抖擞。这时天已大亮，我睁开眼睛一看，眼前是清清的河水、碧绿的草地和一片迷人的田园景色。我站起身来活动活动身子，感到肚子有点饿了，于是高高兴兴地往回城的方向走，准备用我身上仅剩下的两个铜钱好好地吃一顿早餐。我的心情非常好，边走边唱着歌，我现在还记得我当时唱的是巴迪士坦作的一首曲子，曲名叫作《托梅里的温泉》。这首曲子的歌词，我全记得。感谢巴迪士坦和他那首优美的曲子；这首曲子不仅使我吃了一顿比我原来打算吃的还要好的早餐，而且还吃了一顿更丰盛的午餐；这是我根本没有料到的。当时我边走边唱，正唱得起劲的时候，听见身后有人叫我。我回头一看，原来是一个安多尼会的修士，好像很感兴趣地在听我唱的歌。他走到我跟前向我道声好，接着便问我是不是懂音乐。我回答说："略知一二"，言下之意是说"知道得很多"。他又问我几个问题，我便把我的经历简单地告诉了他。他问我是否抄写过乐谱，我回答说"经常抄"。我说的是实情，因为我觉得学音乐的最好办法就是抄乐谱。"好极了，"他说道，"现在，你跟我走，到我那里去干几天活儿，只要你答应在这几天不走出屋子，我就管吃管住，包你什么都不缺。"我满口答应，接着就跟他去了。

这个安多尼会修士名叫洛里什翁；他喜欢音乐，而且懂音乐，经常在他举办的音乐会上和朋友们一起唱歌。这本来是一件正大光明的好事，但他对音乐的爱好显然已经变成了狂热，使他不得不把一部分有关音乐的事情藏起来悄悄地搞。他把我领进一间供我抄乐谱的房间；我发现房间里有好些他抄写的乐谱。他给我几张乐谱让我抄，特别是我唱的那首曲子，因为几天以后他就要唱这首曲子。我待在房间里接连抄了三四天，除了吃饭以外，我一步也没有离开过屋子。在我这一生中，我从来没有像这几天那样经常感到肚子饿，吃得那么好。他亲自从厨房里把饭菜给我端来。如果他们平时也像我这几天吃得那么好的话，他们家的膳食一定是上等的。尽管我平生对饮食不怎么讲究,但应当承认,这几天的丰富菜饭却吃得正是时候,因为我已经饿瘦了,应当好好补一补身子。说我在工作中的干劲儿之大,几乎同我吃饭时的馋劲儿之大是一样的,这个话并不夸张。然而也应当承认,我工作虽很努力,但不够细心。工作结束几天之后,我在街上遇见洛里什翁先生,他告诉我说:我抄的谱子使他无法演唱,其中遗漏、重复和抄错的地方太多。应当承认,我后来虽选择抄写乐谱作为我谋生的职业,但我恰恰是最不适合于干这个工作的人,其中的原因,倒不是因为我抄写的音符不好看,或者抄得不够清楚,而是因为我在长时间工作之后,便感到厌烦,心思便无法集中,精神是那样的分散,以致使我在抄错之后花在涂改上的时间比抄写的时间还多。抄完之后,如果不细心检查和核对的话,抄出来的谱子当然是无法演唱的了。这一次,我本想把工作做好,但结果却做得很糟;为了赶快抄,结果抄写得乱七八糟。尽管这样,洛里什翁先生依然一直对我很好,在我离开他家的时候,还给了我一个埃居。这个埃居,我虽然是受之有愧,但它却使我精神振作起来了。没过几天,我就收到了妈妈从尚贝里给我写来的信和让我到尚贝里去找她的路费;这使我高兴极了。从这时起,虽然我依然经常经济拮据,但并未穷到饿肚子的地步。我以感激的心情把这段时间视为上帝特别眷顾我的时期。在我一生中受穷挨饿的情况,这是最后一次了。

我在里昂又待了七八天,等莎特莱小姐把妈妈托她办的事办完;在这几天里,我去见莎特莱小姐的次数比以前多了。由于我喜欢和她谈她的女友,再加上我现在不害怕暴露我穷愁潦倒的处境,所以和她谈起话来就不再遮遮掩掩了。莎特莱小姐年纪已不小了，长得虽不漂亮，但很有风度，为人非常随和，再加上她的头脑聪明，使人感到她对人总是十分亲切的。她喜欢从道德的角度观察人和研究人，我之所以喜欢从道德的角度观察人和研究人，就是从她那里学来的，在这方面，她是我的第一个教师。她喜欢读勒萨日的小说，尤其爱读勒萨日的《吉尔·布拉斯》。她向我介绍这本书，并且把书借给我，我读得津津有味。不过，我当时的思想还没有成熟到读这类作品的程度；我当时喜欢读的是描写炽热情感的小说。我就是这样在莎特莱小姐的小客厅里度过这段时间的，既快乐又受到许多教益。毫无疑问，对一个青年人来说，和一个聪明且有见识的女人进行既有趣又有丰富内容的交谈，比从书本上那一套迂腐的大道理学到的东西多得多。我在沙索特还结识了几位修女和她们的女友，其中有一个名叫赛尔的十四岁少女；对于这个姑娘，我当时并未十分注意，但八九年以后我却狂热地爱上了她。我爱她，是有道理的，因为她的确是一个讨人喜欢的姑娘。

在焦急地等待着见到亲爱的妈妈这段时间，我爱幻想的毛病稍微消停了几天。我日夜盼望的真正幸福即将到来，所以我也就不到幻想中去追求其他的幸福了。我不仅即将和她久别重逢，而且还通过她的帮助在离她不远的地方给我找到了一个体面的工作。她在信中说：她已经为我找到了一份工作，她希望这个工作既适合我，又不使我远远地离开她。我开动脑筋成天猜想她给我找的究竟是什么工作；我没有猜测的本领，哪能猜得出来呢。我现在有了充足的路费，因此莎特莱小姐建议我骑马。我没有采纳她的建议；我做得对，因为，如果一路骑马的话，我就会失去我这一生中最后一次徒步旅行的乐趣。我住在莫蒂埃的时候，虽然也常常到附近的地方去远足，但那算不上是徒步旅行。

非常奇怪的是，我的幻想总是在我身处逆境的时候才十分活跃，而在我身处顺境的时候却反而平平静静，不胡思乱想了。我的这个喜欢异想天开的头脑不能局限于现实的事物，它不满足于只是美化客观的事物，它要创造各种各样的新事物。现实的事物充其量只不过是什么样子就按原来的样子呈现在我的脑际，而我的头脑却善于设想想象中的事物。我只有在冬天才能描绘出春天的景色；我必须身居陋室才能描绘美丽的田野。我曾经说过一百次，只有把我关进巴士底狱，我才能撰写出一部论自由的书。我离开里昂的时候，我所看到的全是美好的未来。我不久前离开巴黎时心里是多么不愉快，我现在的心里便是多么愉快，而且有理由感到愉快。在这次旅行途中，我丝毫没有产生上次旅行时的美妙幻想。我的心很宁静，真的很宁静。我怀着激动的心情愈来愈走近我的好友，我即将和她重逢，我虽然已预先品尝到了和她朝夕相处的快乐，但我并不陶醉，因为这种快乐是一定会到来的，所以我对它的到来并不感到新奇。我对我即将去做的工作感到担忧，总觉得它好像是一件令人烦恼的事情。我的心是宁静的和快乐的，没有去想那些只天上有而世间无的令人魂销的事情。我在旅途中见到的东西，都使我看得入迷。我特别喜欢看田园风光，喜欢观赏路边的树木、房屋和小溪。到了十字路口，我就反复琢磨该走哪条路；我怕迷路，但迷路的情况一次也没有发生。总之，我的心没有飞到九霄云外：我去哪里，它就跟着去哪里；它有时候在我所在的地方，有时候又在我所要去的地方，从来没有偏离我此行的目的。

我今天记述当年旅途的经过时，仿佛觉得我此身此时此刻还依然在旅行途中;我不想很快就到目的地。在愈来愈走近我亲爱的妈妈的身边的时候,我的心虽高兴得直跳,但我并不因此就加快我的步伐;我喜欢缓缓而行,想停下来休息就停下来休息。我向往的就是这种晃晃荡荡的旅途生活。在风和日丽的时候,在一个景色秀丽的地方徒步旅行,既没有急事需要赶路,又将在旅行结束时见到心中喜爱的人,这无论从哪一方面说,都是我最求之不得的事情。大家也许早已知道我所说的景色秀丽的地方究竟是什么样的地方。一马平川之地,无论它多么漂亮,在我看来都不是景色秀丽的地方。我所说的景色秀丽的地方,必须有湍急的河流、嶙峋的岩石、挺立的松杉、幽深的林木、起伏的山峦和崎岖的羊肠小道,左右两边还要有令人不敢直视的悬崖绝壁。此次旅行,我享受到了这种美景。在快到尚贝里的时候,我心旷神怡地尽情领略了那个地方的美:在离一座被埃歇勒峡谷切为两段的高山不远处,在山崖中凿出的一条大路的下方的那个名叫沙耶的地方,在万丈深谷中奔流着一条好像是经过千百个世纪才挖成的小河。为了防止不幸的事故,路边筑了一道护墙。我扶着护墙往下看,看得我头发晕。观赏这类险峻之地之所以令人快乐,就乐在它能使人头发晕;我喜欢这种头晕,但条件是必须首先保证安全。我趴在护墙上,探头往下看了好几个小时,一边看蓝蓝的河水和水中激起的泡沫,一边听那哗哗的水声和在我脚下几十丈的山谷的树丛中飞来飞去的乌鸦和猛禽的啼叫。我走到坡度比较平坦而树丛又不太密的地方,搬了好些我能搬得动的大石头,我把石头放在护墙上,然后一块一块地推下去,看见它们滚到谷底蹦跳起来,然后跌到地上粉碎成无数石片抛向四方,这时,我心里真是快活极了。

在快到尚贝里时，我又看到了一处迥然不同的景致。我所走的这条路，要经过一道我一生所见到的最美的瀑布的前边；山势是那样的陡峭，以致山上的水像抛物线似的冲下山崖，形成一块拱桥似的弧形，弧的跨度相当宽，让行人可以从瀑布和山崖之间走过，有时候甚至还会打湿行人的衣裳；真的，如果不注意的话，的确会遭殃的。我这一次就遭了殃，因为，水从极高的地方奔腾而下，将散发成霏霏细雨，如果离得太近，开头还不感到细雨已经落到了身上，但一会儿以后就发现一身全湿透了。

我终于到了尚贝里，见到了她；屋子里另外还有一个人。我进屋的时候，看见财政总监先生和她在一起。她一句话也没有说就拉着我的手，以最能打动人心的优美姿势向总监先生介绍说："先生，这就是我所说的那个可怜的年轻人。请多加关照，他值得你关照多久，就尽量关照多久。这样，我就可以不为他操心了。"接着，她转过身来对我说道："我的孩子，你今后就是国王的人了。你要感谢总监先生，你能有一份挣钱吃饭的工作，全是他的安排。"当时，我睁着一双大眼睛，什么话也没有说，只一个劲儿地在心里瞎琢磨。单听妈妈的这两句话，我新产生的利禄之心就开始活跃起来，以为自己已经走上了仕途，是一个小总监了。我的光明前程虽然不如我开始时想象的那么好，但现在至少有一碗饭吃，这对我来说就已经是蛮好的了，因为我当前急需解决的，就是吃饭问题。

维克多-阿默德国王考虑到前几次战争的结果和他祖上留下的基业早晚有一天会落到他人手里，便想尽一切办法搜刮钱财。几年前他下令所有的贵族也要纳税之后，就通令全国进行一次土地普查，造册登记，按土地的多少课税，使税额的分摊更为公平。

这项工作，从老国王在世的时候就开始了，到当今国王登基以后才完成。一共用了两三百人，其中有称作几何学家的测量员，有称作文书的登记员；妈妈替我报名去当文书。在这个位置上，薪水虽然不多，但在这个国家里足可以生活得很宽裕了。遗憾的是，这个工作是有一定期限的，不过，在这项工作结束之后可以另外安排其他的工作。妈妈是有远见的，她已获得长官先生的允诺，对我将特别关照，在这项工作结束之后，给我安排一个比较固定的工作。

我回到尚贝里之后不几天，就去上班了。这项工作一点儿也不难，我很快就熟悉了。就这样，自从离开日内瓦之后，经过四五年的到处流浪，干了许多荒唐事，受了数不清的苦之后，我第一次体体面面地开始自己挣钱吃饭了。

对我刚进入青年时期的这一连串故事的长长叙述，也许人们会觉得很幼稚，对此，我深表遗憾。尽管在某些方面我生来就像成年人，但在一个很长的时期里我依然是一个孩子，就是现在，我在许许多多其他方面仍然未脱孩子气。我没有向公众许诺描述我是一个大人物，我只是许诺我是怎样一个人就怎样描述我。要了解成年以后的我，就必须先了解青年时期的我。在一般情况下，事物当时给我的感受，是不如我事后回忆它们时的感受那么深的，何况我所有的观念都是形象；当初刻画在我头脑里的线条始终存在，而后来刻画的线条，不但没有抹掉当初刻画的线条，反而与它们结合在一起了，我的感情和思想有一定的连续性，以前的思想感情必然会影响后来的思想感情，所以要正确地评判后者，就必须先了解前者。我的行文处处都着重阐述起始的原因，以便使读者能看出产生那些后果的由来。我要用这样或那样的方式向读者敞开我的心扉，使他们能从各个角度观察它；我要用事实的真相来说明它，使我心里的任何一个活动都无法逃脱读者的视线，最后让读者自己去评判发生那些事实的原因。

如果由我自己来下结论说：“我的性格就是这样”，读者很可能认为我虽然不是在欺骗他，但至少是我的结论错了。不过，在详细叙述我所遇到的一切事情以及我本人所做的、所想的和所感觉到的一切事情时，我的态度是诚实的，是不会把读者引入歧途的，除非我故意这样做，何况即使我想这样做，我用这种方法也是很难达到目的的。收集事实，评判这些事实所涉及的人，这是读者的事情；结论由读者去做，如果他的结论错了，责任应该由他去负。不过，为了让读者能得出正确的结论，我的叙述单单是忠实，这还不够，我的叙述还要详细。判断哪些事情重要或不重要，这不是我的事；我应当做的事情是：把所有的事情全都说出来，由读者去挑选。迄今为止，我鼓足勇气力争做到的，就是这一点。今后我还是要这样做，绝不松懈。不过，对中年时期的回忆的表述，总是不如对青年时期的回忆的表述生动。因此，我要从青年时期的事情开始说起，并尽可能把它们表述得详细一些；如果我对中年时期发生的事情也这样表述的话，性急的读者也许会感到厌烦，但我本人并不感到厌烦。我唯一担心的，不是怕说得太多或者撒了谎，而是怕没有把事实说全和隐瞒了真相。

第五卷

(1732—1739)

正如我在前面所说的，我大概是 1732 年到尚贝里开始在土地普查局为国王效力的。那时我已年满二十岁，快到二十一岁了。在智力方面，以我这样的年龄来看，是相当发达的，但判断力却很差，我急迫需要他人的指点，教我如何立身行事。这几年的经验教训，并没有使我彻底根除我耽于浪漫式幻想的习性；尽管吃了许多苦头，但我对世事和人情的了解不深，好像没有从以往的事情中取得过什么教训似的。

我住在我自己家里，也就是说住在我妈妈家里，但我住的房间没有我在安纳西住的房间那么好。这里没有花园，没有小溪，看不到美丽的田园景色。她住的房子既阴暗又破旧，而我所住的又是其中最阴暗和最破旧的房间，窗外是一堵高墙和一条死胡同，通风不好，又见不到阳光，地方窄小，而且还有蟋蟀和耗子，地板已经腐朽。这番景象，当然不会令人住起来感到舒服了。不过，话又说回来，我总是和她住在一起的，住在她身边。由于我不是去我的办公室，就是在她的房间里，所以也就不怎么理会我的房间难看的样子了：我没有时间去管它。令人奇怪的是，她之所以住在尚贝里，似乎就专门为的是住这么一座破房子。这正是她的手段高明之处；这一点，我不能替她秘而不说。她之所以不愿到都灵去，是因为她觉得在发生了革命不久之后和宫廷尚在动荡不已的时候到那里去，是很不合适的，但由于她和宫廷的关系，她又不能不到那里去露一下面，才不至于被人遗忘或者被取消年金。尤其是她知道财政总监圣洛朗伯爵平时对她是不怎么理睬的。伯爵在尚贝里有一座旧房子，修建得并不怎么好，地点又偏僻，多年无人居住，一直是空的，于是她就把这座房子租下来，并迁居到尚贝里。有了与财政总监的这层关系，就比自己亲身到都灵办事更方便；她的年金非但没有被取消，而且从此以后圣洛朗伯爵还成了她的一位好朋友。

我发现她家中的陈设和从前差不多，忠实的克洛德·阿勒依然和她在一起。这个人，我在前面已经说过，是穆特鲁的一个农民，少年时候曾经在汝拉山上采集花草来制作瑞士茶。她之所以雇用他，是因为他会制作草药。她认为，在她的佣人中有一个懂植物的人，是大有用处的。他是那样地专心研究各种植物，而她也全力支持他的研究工作；他实际上已经成了一个真正的植物学家，如果他不是那么年轻就去世的话，他也许会在植物学界成为一位名人，就如同他在诚实的人们当中已经被公认为一个极诚实的人一样。他表情庄重，有时候甚至相当严肃。由于我比他年纪小，他对我就以管教我的人自居，使我少干了许多蠢事；他对我一直是一本正经、不苟言笑的，所以我在他面前始终不敢轻举妄动、不敢得意忘形。他甚至对他的女主人也享有一定威信。她了解他的巨大才干，深知他为人正直，对她忠心耿耿，所以她也很好地对待他。克洛德·阿勒的确是一个罕见的人物。他这样的人，我一生只见过他一个：他举止稳重，头脑冷静，处事十分谨慎，说话简单明了；他心中蕴藏着一股炽热的感情，但他从来不露之于外表。这股炽热的感情吞噬着他的心，以致最终使他做了他一生唯一一件可怕的傻事：服毒自尽。这一悲剧，是我到这里之后不久发生的。此事发生之后，我才了解到这个年轻人和他的女主人之间的暧昧关系；如果不是她亲口告诉我的话，我说什么也不会往这方面想的。是的，如果说对一个人的依恋、热爱和忠诚应当得到对方同样的回报的话，他得到她的回报是完全应该的；他的行为证明他得到她的回报是受之无愧的，而他也从来没有滥用过她对他的回报。他们之间很少发生争吵；即使发生，最后也总是言归于好的。然而有一次争吵的收场却很糟糕，他的女主人一怒之下对他说了一句侮辱他的话，使他感到十分难堪。他心灰意冷，咽不下这口气，这时，他看见他旁边有一瓶鸦片酊，于是便把它喝下肚去，然后静静地躺在床上，打算这一睡便永远不醒来。幸运的是，由于华伦夫人也心绪不宁，十分激动，在屋子里走来走去，突然发现那个瓶子空了，鸦片酊没有了，于是全明白了。她一边跑去救他，一边大声喊叫；我听见她的喊声，也跟着她跑过去。她很坦率地把他们的事情告诉了我，求我帮助她。我们费了很大的劲，终于使阿勒把鸦片水吐了出来。看到这一情景，我笑我简直是傻到了家，怎么此前就一点儿也没有看出她对我讲的他们之间的那种关系的痕迹呢。不过，这也不能怪我，因为克洛德·阿勒行事是那样的谨慎，所以，即使眼光比我锐利的人也是很难发现的。事情一过，他们又和好如初，好像什么事情也没有发生过似的。他们的这种表现，使我本人也深受感动。从这以后，我不仅对阿勒十分尊重，而且还对他非常钦佩，从某种意义上说，我成了他的学生；我觉得我这样看法也没有什么不好。

当我知道另一个人比我与她相处得更亲密的时候，我心中是不无痛苦的。尽管我从来没有想得到这个位置，但看见别人占有这个位置，我心里还是很难过的；这种难过的心情是很自然的。然而，对于那个夺走了我的位置的人，我不但没有怨恨，反而把我爱她之心也真真实实地扩展到他身上了。我最大的愿望就是她生活得很幸福，既然她需要他才能幸福，我当然希望他也同样幸福了。至于他，他是完全了解他的女主人的心意的，因此也用真诚的友谊对待她所选择的朋友。虽然他从来不仗着他的地位赋予他的权威对待我，但他凭借他的智力比我高强这一点，自然而然地也就成了我的上司。我不敢做任何一件可能会受到他的斥责的事；凡是坏事，他都要毫不留情地严厉谴责的。我们这样和睦相处，大家都感到幸福，只有死亡才能使我们分离。能表明这个可爱的女人的品格高尚的证据之一是，她能使所有爱她的人也彼此相爱。嫉妒和争风吃醋这些现象，在她所唤起的高尚情操的影响下，从来没有发生过。在她周围的人当中，从来没有发生过互相诋毁和恶意中伤的情形。请各位读者在读完这段赞美的话之后，暂时停下来想一想还有没有别的女人也值得这样赞美；如果有，那么，为了你一生能过上安宁的日子，即使这个女人出身卑微，也值得你去爱她。

自从我来到尚贝里，直到我 1741 年离开尚贝里到巴黎为止的这八九年间，值得叙述的事情不多，因为在这段期间，我的生活平平静静，非常愉快。这种平静的生活，正是我在培养我的性格方面最需要的；如果烦恼不断、纠纷迭起，那就不可能过上这种平静的生活了。正是在这段最珍贵的时期，我杂乱而又缺乏系统的教育逐渐打下了坚实的基础，因而当我后来遇到暴风雨时，能够做到依然故我，保持我一生的本色。这一进步的过程是不知不觉的和非常缓慢的，其间发生的值得记忆的事情虽然不多，但还是应当加以详细叙述的。

在开始的时候，我几乎是一心一意地埋头工作：土地普查局的公务缠身，不容许我去想别的事情，剩下来的那一点点空闲时间，我全都用来陪伴我亲爱的妈妈。我没有时间读书，甚至连想都没有想过读书这件事情。但是，当我对工作已经熟悉，摸到了那么一套门路，不需要太费脑子的时候，我的心又开始活跃起来，读书又成了我生活中的一种需要。愈是难于找到读书的时间，我读书的兴趣反而愈浓；这期间，如果不是由于其他的爱好的干扰，分散了我专心读书的心，我很可能又像当初在我师傅杜康曼家那样成为读书迷的。

我们的工作虽然不需要太高深的算术知识，，但有时候也遇到相当大的困难。为了克服这些困难，我买了几本算术书，努力学习，而且是我一个人单独自学。实用算术，如果真的要算得很精确，并不像人们想象的那样简单。有些算式特别长，计算起来很麻烦。我发现，有时候连高明的几何学家也被搞得晕头转向。其实，只要动脑筋思考，再加上实地运用，就能产生明确的概念，从而找到简便的方法，而这些方法的发现，又激励着人的求知欲。方法的正确性使人的心灵感到喜悦，使原本枯燥无味的工作变得很有趣味。我是如此地深入钻研，以致凡是能用数字解决的问题，没有一个能难住我。现在，尽管我当初获得的知识一天一天地从我的记忆中消失，但仍然有一部分在时隔三十年之后还记在心里。前几天，我到达文波尔一个朋友家做客，看见他的孩子正在演算算术题，我居然轻轻松松地把一道最复杂的算术题准确无误地算出来了。当我把得数算出来的时候，我觉得我好像又回到了在尚贝里的幸福日子。现在让我们言归正传，接着谈我在尚贝里的生活情形。

看见测量员们给土地丈量图着色，便又引起了我对绘画的兴趣。我买了一些颜料，开始练习画花草和风景。可惜我对这门艺术没有多大的天才，但我又非常喜欢它，甚至在画上了瘾的时候，我几个月都待在家里不出门，真的入了迷，人们只好生拉硬拽，才能使我放下手中的画笔。对任何一件我感兴趣的事情，只要我一开始爱上了它，我都是这样锲而不舍，直到后来变成狂热的追求，以致在这个世界上，除了忙于我所喜爱的事情以外，其他一切都不在我的眼里。尽管后来年岁大了，我也没有改掉这个毛病。就是在目前我撰写本书的时候，虽然我已经是一个老糊涂了，但依然沉溺于另外一门学科的研究[①]，对于这门学科，我原本就是一个门外汉，而那些在青年时期研究这门学科的人，到了我这把年纪已经不得不歇手不干了，而我却在这个年纪刚刚开始。

在尚贝里这段期间，正是研究这门学科的大好时机。机会很好，我要好好地利用。每逢阿勒采摘到什么新的植物归来时，我便从他的眼睛中看出了他那份高兴劲儿。我曾经有两三次差一点儿提出和他一起去采摘。我深信，只要我和他一起去一次，我就会对这件事情喜欢得入迷的，说不定我今天已经成为一个大植物学家

① 指植物学。——译者

了，因为在这个世界上，还没有哪一种事情是像植物学那样投合我的自然的兴趣。我在乡间生活的那十年，几乎天天都要去采集植物。不过，我要在这里说句实话，我当时去采集植物，既无一定的目的，也没有取得什么成就，不仅对植物学这门学问一点儿概念也没有，而且对它还抱有一种轻视的态度，有时候甚至对它还有一点儿厌恶；我把它只看作是药剂师的事。妈妈虽然喜欢植物，但她也没有拿它作其他的用途，她只采集那些常用的植物来配制药剂罢了。所以当时在我的思想里，往往把植物学、化学和解剖学混在一起，认为它们都属于医学的范畴；每天同这三门学问打交道，只不过是为了好玩、有逗趣说话的资料，有时候说得大家都高兴的时候，妈妈还捧着我的脸蛋儿轻轻拍两下。不过，在这个时候，另外一种完全不同甚至相反的爱好正逐渐滋长，而且不久就取代了一切其他的爱好。我说的这个爱好就是音乐。我肯定是为这门艺术而生的，因为我从童年时候起就喜欢音乐，它是我一生中唯一始终喜爱的艺术。但令人感到奇怪的是，我为之而生的这门艺术，我学起来却非常费劲，进步很慢，以致尽管我搞了一辈子音乐，却始终未能达到打开乐谱一看就能唱出来的程度。当时，使我特别喜欢音乐的原因，是我可以和妈妈一起演唱。虽然我们的爱好各有不同，但音乐是一个能使我们两人耳鬓厮磨的东西，因此我非常喜欢利用唱歌的机会和她在一起，而她也从来不表示反对。这时，我在音乐上的进步差不多赶上她了。一首曲子，我们只要练习两三次，就可以准确地把它唱出来。有时候看见她围着炉子忙来忙去，我便对她说："妈妈，这里有一首非常好听的二重唱，我看，它准会让你喜欢得顾不上熬药，结果会把药熬焦的。""啊！真的吗，"她说道，“如果你真让我把药熬焦了，我就要你把它吃下去。”我一边说，一边就把她拉到羽管键琴那里。这时，我们把一切都忘了，刺柏和苦艾都熬焦了，变成黑末子了。她抓起黑末子抹了我一脸，这一下，真让人心里乐开了花。

大家都看到了：我利用我仅有的一点儿空闲时间做了这么多事情。此外，我还有另外一种娱乐，它比其他的娱乐更使人开心。

我们住的这座破旧的房子，实在太憋闷了，所以有时候需要到户外去呼吸新鲜空气。阿勒鼓动妈妈到郊外去租了一处栽培植物的园子。离园子不远处有一个相当漂亮的农家小屋；我们根据小屋的形制安放了几件家具和一张床。我们常到那里去吃饭；我有时候就睡在那里。我不知不觉地竟把这个小小的隐居之地看作一个安乐窝，在屋子里放了几本书，还挂了好几幅版画。我花了些时间把小屋装饰了一番，以便妈妈遛弯儿遛到这里来时，给她一个惊喜。我之所以离开她，恰恰是为了想念她，只有在想她的思绪中才能得到更大的乐趣。这是我的又一种怪癖；对于这一怪癖，我既不辩白，也不多作解释，我只是把它坦坦率率地说出来，因为事实就是如此。我记得有一次卢森堡夫人以讥笑的口吻告诉我说：她知道有一个人之所以离开他的情妇，就为的是在异地能经常给他的情妇写信。听了这个话，我便告诉她说：我很想模仿她所说的那个人；我接着还补充了这么一句话：我已经模仿过好几次了。不过，当我和妈妈在一起的时候，我从未感到为了更好地爱她便需要离开她，因为，即使和她单独在一起的时候，我也感到同我独自一个人的时候一样无拘无束、十分自由。这种情况，是我和其他任何人在一起的时候都没有过的，不管这个人是男人还是女人，也不管有多么深厚的情谊。遗憾的是，她经常被一些我看不惯的人所包围，我又气又恼，只好躲到我的隐居室；在隐居室里，我爱怎么想她就怎么想她，用不着担心哪个冒失鬼来打扰我们。

当我这样把工作、娱乐和学习安排得井井有条，过着极其宁静的生活时，欧洲却不像我这样安宁：法国和皇帝[①]彼此都向对方宣战[②]，撒丁国王也加入了这场争端。法国的军队取道彼埃蒙去攻打米兰；有一个纵队经过尚贝里，其中有一个团称为香槟团，上校团长是特里穆耶公爵。有人将我引见给他，他满口答应我许多事情，但后来却把我忘得一干二净。我们的小园子正位于郊区的高处，部队从郊区经过时，我大饱眼福，看着他们从我面前经过。我对这场战争的结局非常关心，好像它的胜败与我有密切关系似的。在此以前，我从来没有关心过国家大事，而现在是我有生以来第一次阅读报纸。我的心是偏向法国的；看见报纸上说她取得了胜利，即使是最微小的胜利，我的心也高兴得直跳；而一看见她失利，我就感到忧虑，就好像失利的后果会落到我身上似的。如果说这种冲动的情绪只不过是转瞬即过的表现的话，我也就不会浪费笔墨去谈它了，然而，它在我心里不知为何竟然是那样的根深蒂固，以致后来我在巴黎已经成了专制政体的反对者和坚定的共和主义的拥护者时，对于这个我认为是奴性十足的民族和我一再批评的政府，依然是不由自主地抱有一种内心的偏爱。可笑的是，由于对自己有这么一种与我的行为准则截然相反的倾向而感到可耻，所以

① 指奥地利帝国皇帝查理六世(1685—1740)，1711—1740年在位。——译者

② 指1733年10月爆发的以俄国和奥地利为一方，法国、西班牙和撒丁王国为另一方的波兰王位继承战争。——译者

我不敢向任何人透露我对法国的偏心；相反，一听说法国军队打了败仗，我还嘲笑他们，而实际上我的内心比他们更难过。我确信，全世界只有我一个人是这样生活在如此厚待我而我又十分尊敬的国家里，却硬是装出一副看不起这个国家的样子。我的这一倾向最后竟变得如此的无私、如此的坚定和不可克服，以致在我离开这个王国以后，在政府和各种官员与作家都联合起来向我疯狂进攻，人人都对我大加挞伐和侮辱的时候，我对法国的这种狂热的爱也丝毫没有改变。我是情不自禁地爱法国人，尽管他们对我不好。在英国无往而不胜的时候，我曾预言她必将衰败；后来，在看到她的衰败刚开始露出苗头时，我便千盼万盼，盼望胜利的凯歌现在轮到法国来唱；轮到法国无往而不胜的时候，她便终有一天会把我从可悲的囚徒似的生活中解救出来。

我曾经花了许多时间寻找我为什么这样偏爱法国的原因，后来终于在让我产生这种偏爱的环境里找到了它。我对文学日益增长的喜爱，使我也爱上了法国的图书和图书的作者与产生这些作者的国家。说来也真凑巧，当我那天看见法国军队排列整齐地从我面前经过时，我正在读布朗托姆的《名将传》。我满脑子都是克里松、巴亚尔、洛特雷克、科里尼、蒙莫朗西和特里穆耶这类人物。我把从我眼前经过的士兵看作是这些名将的孩子，是他们骁勇善战的才能的继承人。每当一个团队经过时，我便想起当年在彼埃蒙立过许多战功的赫赫有名的黑旗军。我把我从书本上读到的描写，用来形容我眼前看到的情形。我继续不断地阅读法国出版的书，这就培养了我对法国的感情，以致最后变成了一种任何力量都不可战胜的对法国的盲目的爱。后来，我在几次旅行途中发现有这种感情的人不止我一个。在所有的国家中，凡是喜欢阅读和从事文学活动的人，都或多或少地受了这种感情的影响，从而抵消了他们对法国人高傲态度引起的反感。法国的小说比法国的男人更能赢得其他国家的女人的欢心。法国杰出的戏剧作品使各国的青年人都喜欢看法国戏剧的演出。巴黎歌剧院驰名全世界，引来了成批的外国人前来观看；戏终散场时，他们都纷纷赞赏不已。法国文学的高雅风格和优美的文字表述，使所有一切有才学的人都为之倾倒。在法国人吃败仗的时候，我发现，被军人玷污了的法国人的荣誉，全靠法国的文学家和哲学家来挽救。

现在，我已经是一个热爱法国的法国人的。我非常关心战争的消息，我跟着一群爱听马路新闻的人到广场去等候送报人的到来。我比寓言中的那头驴还蠢，心里惶惶不安，急于想知道我未来的主人是谁①，因为，当时盛传我们将归属于法国，萨瓦要和米兰对换。不过，我的担心是有理由的，因为，如果战争的结束对同盟国不利的话，妈妈的年金就有被取消的可能。不过，我对我的那些朋友是充满信心的；这一次，尽管布洛格里的部队遭到突然袭击，

① 文中的寓言，指法国17世纪寓言作家拉封登(1621—1695)的《老人与驴》：

……

敌人此时即将到来。
“快跑呀！”老人喊道。
“为什么？”驴回答道，“敌人难道会
让我驮两副鞍，驮两倍的东西吗？”
“不是。”逃跑的老人说道。
“我归谁所有，这没有关系，”驴回答道，
“你逃你的命，我吃我的草。其实，
我们的敌人，是我们的主人。”

但幸赖撒丁国王的及时援助，使我的信心没有落空，而撒丁国王此举，是我没有想到的。

当军队在意大利打仗的时候，在法国却弦歌之声不绝于耳。拉摩的歌剧轰动法京，从而使他那些晦涩难懂的理论著作也成了畅销书。一个偶然的机会，我听到人们谈论他的《和声学》，我便一刻不停地连走了好几家书店，终于买到了这本书。出人意料的是，我这时突然病倒了。我得的是一种炎症，来势甚猛，持续的时间虽短，但病后的恢复期却很长，我有整整一个月没有出门。在养病期间，我静下心来集中精力阅读《和声学》。我发现，这本书不仅篇幅冗长，而且论点的铺叙十分松散，层次不清，文字拖沓，我觉得需要花相当长的时间，才能明白它的意思。因此，我只好放下这本书，去练习唱歌，让我的眼睛休息休息。我练习的是贝尔尼耶作的一组合唱曲，这几首曲子始终萦回在我心里，其中有四五首我甚至背得滚瓜烂熟，《酣睡的情人》就是其中之一。虽然从那时以后我就没有再看过它，但我依然几乎完全记得。此外，在这期间我还学习了克列朗波作的《被一只蜜蜂螫了一下的情人》，这首曲子非常美。

更令人高兴的是，从瓦尔道斯特来了一位年轻的风琴家，名叫巴勒神甫。这位优秀的音乐家对人非常和蔼，弹得一手好羽管键琴。我和他认识以后，很快就成了形影不离的好朋友。他是一位意大利修士的学生；这位修士也是一位大音乐家。巴勒神甫向我讲述了他在音乐方面的见解。我把他的见解和拉摩的理论加以比较研究，我的头脑才开始明白什么叫伴奏、谐音与和声。要深入了解这一切，首先就需要练习听力。我建议妈妈每个月举办一次小型音乐会；她同意了。于是，我就放下别的事情都不做，无论白天或黑夜都忙于为举办这个音乐会做准备工作。的确,这件事情也够我忙的,而且忙得不可开交,既要挑选乐谱,又要邀请演奏者、准备乐器和分配音部,等等。妈妈担任领唱,我在前面提到的(下面还要谈到的)加东神甫也担任领唱。一个名叫罗什的舞蹈教师和他的儿子拉小提琴;在土地普查局工作的彼埃蒙的音乐家卡纳瓦(他后来在巴黎结婚安了家)拉大提琴,巴勒神甫弹羽管键琴,而手执指挥棒的指挥一职,则由我荣任。大家可以想象得到:这个场面是多美啊!虽然比不上在特雷托朗先生家举办的音乐会,但也相差无几。

华伦夫人是新近才改宗天主教的,又是靠国王恩赐的年金生活的,所以在家里举办这样的音乐会,便引起了一些信仰虔诚的人的非议。不过,在诚实的人们看来,这是一种高雅的娱乐。大家也许猜想不到,在我的心目中谁是这次音乐会的领头人。这位领头人是一个修士,一个有才能的修士,甚至是非常可爱的修士。他后来的遭遇使我深感悲痛,每一想到,我就联想到我那时所过的幸福日子,所以我至今还依然怀念他。我所说的这个修士,就是加东神甫;他是一位方济各会教士,曾伙同多尔坦伯爵扣留了可怜的"小猫"的那一箱乐谱,这是他一生中所做的最不光彩的一件事情。他是索尔邦神学院的学士,在巴黎住过很长一段时间,同上流社会的人时相过从,尤其同当时的撒丁王国的大使昂特蒙侯爵来往密切。他身材高大,体态匀称,面庞丰腴,鼓眼泡,黑黑的头发不加修饰地鬈曲在额际。他的表情既庄重,又开朗和谦逊,态度随和,没有一般修士的那种装模作样的伪善样子,也不像时髦人物那样轻浮;尽管他也是一个时髦人物,但言谈举止却很高雅。他不以穿教士的袍子为耻;他自尊自重,在上流人士中间永远保持着自己教士的身份。加东神甫的学问虽称不上是一个博学之士,但作为一个出入社会场合的人,他的知识已经是够多的了;然而他并不到处炫耀,只是在适当的场合才略为显露,因此更显得他功底十分深厚。由于他在上流社会中生活过很长时间,所以他在研究娱乐技艺方面花费的精力,比他做学问花费的精力还多。他人很聪明,会作诗,口才也好,唱得更好,声音很美,会弹风琴和羽管键琴。其实,即使他没有这么多优点,他也是很受欢迎的;他真的很受大家的欢迎,但这丝毫没有使他玩忽他本身的职守,因此,尽管他的竞争者十分嫉妒他,他还是被选为他那个省的教区参议,即人们所说的戴珍珠项链的大人物。加东神甫是在昂特蒙侯爵家与妈妈相识的。他听说我们要举办音乐会,便说他想参加;他果然参加了。他的参加,使接连几次音乐会都办得很精彩。由于我和他都喜欢音乐,所以我们很快就成了朋友。不过,虽说我们都热爱音乐,但我们两人之间有这样一个差别,那就是,他是一位真正的音乐家,而我只不过是一个半瓶醋。我和卡纳瓦与巴勒神甫经常到他的房间里演奏音乐,有时候在节日里还专门到他的教堂里听他的风琴独奏。我们经常在他家吃便餐。就一个修士来说,像这样豪爽、高雅、享乐而不粗俗,真是很令人钦佩的。在我们举办音乐会的时候,他就在妈妈家吃晚饭,席上大家高高兴兴,谈笑风生,有时候还齐声合唱。我那时的心情非常愉快,脑子灵活,插科打诨,满嘴的俏皮话,而加东神甫笑口常开,妈妈更是招人喜爱;嗓音粗得像牛叫的巴勒神甫是大家取笑的对象。无忧无虑的青年时期的美好时光啊,你为什么那么早早地就离开了我们?!

关于这位可怜的加东神甫，谈到这里就没有什么要补充的了；现在，让我最后用简短几句话讲一下他悲惨的结局。其他的修士看见他有那么多的才能，又行端品正，不像一般的修士那样荒淫无耻，不与他们同流合污，因此便心生嫉妒，或者说得更确切一点，对他恨之入骨。他们联合起来反对他，并煽动那些觊觎他那个职位而又不敢与他明争的小教士与他作对，给他加上了许多莫须有的罪名，并解除了他的职务，强占了他那个虽陈设简朴但又别具情趣的房间，把他撵到不知道是什么地方去了。那帮坏蛋是那样地诬蔑他和侮辱他，以致使他的自尊心无法忍受。这个在高雅的上流社会中曾活跃一时的人物最后竟忧伤地死在一个监牢的肮脏的床上。凡是认识他的人都感到痛心，为他流泪；大家认为，他一生唯一的失误，就是不该去当修士。

在这个小小的生活圈子里，我很快就对音乐产生了一种痴迷；除了音乐以外，其他一切我全都不去想了。我十分勉强地到办公室去上班。办公室的规矩和不停地抄抄写写，这对我来说，简直是一种难以忍受的酷刑，以致使我终于产生了辞职的念头。只有辞去职务，我才能把全部精力用来研究音乐。不言而喻，我这个荒谬的想法是一定会遭到反对的。辞去一个既体面又有固定收入的差事，去和那些不懂事的小娃娃们搞音乐，这个主意简直是糊涂之极，妈妈肯定是不赞成的。即使我将来的成就能像我想象的那么大，那也没有多大发展，充其量当个音乐家而已。妈妈历来是一心想干大事业的；她对奥波纳先生对我的评语一直是持怀疑态度的，如今看见我把全部精力用来搞这么一种在她看来只不过是雕虫小技的音乐，确实是很难过的，因此便一再用这句只适用于外省而不适用于巴黎的谚语告诫我："歌唱得好，舞跳得好，但挣的钱却很少。"另一方面，她看见我的这种爱好已经成癖，而且发展到了狂热的程度，很担心由于我工作不专心而遭到辞退，因此也认为与其被人家辞退，还不如由我主动提出辞职为好。我还告诉她说：这个工作不可能长久，我必须掌握一门谋生的本领，现在最好是通过实践把我喜爱的也是她为我选择的技艺搞精通。只有这个办法最可靠，因为，仰人鼻息，找靠山，那不是长久之计，而做另外的其他的新的尝试，也没有把握一定能成功，等到过了学习的年龄，就百无一能，没有谋生的办法了。最后，她不是因为我讲的道理，而是因为我死死纠缠，再加上我说了许多讨她欢心的话，她终于同意了我的想法。于是，我马上跑到土地普查局局长柯赛里先生那里，像一位英雄已大功告成可以衣锦荣归似的向他提出辞呈，既没有说明是何原因和理由，更没有找什么借口，便自动离开了我的职务；当时的心情，同我两年前就职时[①]的心情一样高兴，甚至还有过之。

这一行动，尽管很荒谬，却使我赢得了当地的人们的赞赏，给我带来了许多好处。有些人认为我肯定是很有钱，其实我没有钱。另外一些人看见我不惜丢掉差事而一心一意投身于音乐，便以为我的音乐才能一定不小，造诣一定很深。常言说得好：在瞎子国里，独眼人可以称王。就这样，我一下子就被大家看做是一位优秀教师，因为这个地方的那几个教师的水平也的确是太差。总之，由于我每首歌都唱得很有韵味，再加上我年纪轻，模样儿

① 这里，卢梭的记忆有误。据土地普查局1732年6月7日给他结算的薪水清单记载，前后发给他的一共是五十五个实际工作日的薪水，计一百一十利弗尔，由此推断，卢梭在土地普查局只工作了几个月，而不是两年。——译者

也长得俊，所以不久就有好几个女孩子来当我的学生；我教音乐挣的钱，比我当文书的薪水还多。

的确，从生活的乐趣来看，谁也不能像我这样一下子就从一个极端变到另一个极端。在土地普查局，每天干八小时令我厌烦的工作，而且还是和更加令我厌烦的人一起干，整天关在一间被那帮家伙的呼吸和汗味弄得臭气熏天的办公室。他们大多数人都是头发乱糟糟、一身脏兮兮的。我有时候被繁忙的工作、空气中的臭味和心情的苦闷与无聊弄得晕头晕脑，厌烦极了。而现在，完全变了样：和我打交道的，全是体面人，我到处受人欢迎，受到上等人家的争相聘请；主人们对我的款待之殷勤，简直就像过节日一样。打扮得漂漂亮亮的小姐们在等候我；映入眼帘的全是美好的事物，我闻到的是玫瑰和橘子树的花香。大家一起唱歌、聊天和嬉笑，真是快活极了。我走出这家，进入那家，受到的款待都是同样热情。即使土地普查局的薪水和我教课的收入完全一样，我也会毫不犹豫地选择后者。因此，我认为我辞职的决定做得对，从来没有后悔过。即使现在我已完全摆脱了那些促使我行事孟浪的不良动机，能从理性的角度来评判我一生的行为，我也不会对此感到后悔。

在我这一生中，几乎只有这一次我是完全听凭我的爱好行事而又没有使我的希望落空。当地居民对我的热情款待，他们友好平易的态度，使我感到同上流社会的人交往是很愉快的。我当时形成的这一看法使我坚信：我现在之所以不愿意和人相处在一起，这过错主要在别人而不在我。

可惜的是，萨瓦人并不太富裕；这个话也可以这么说：要是他们个个都是大富翁的话，那才糟糕哩，因为，正是由于他们不太富也不太穷，所以他们才成了我所见到的最可与之交往的好人。如果说世界上真有那么一个可以让人在放心的愉快的交往中享受生活乐趣的小城，这个小城就是尚贝里了。聚集在尚贝里的本省贵族，他们的财产虽可使他们生活得很舒适，但还不足以使他们跻身政坛。正是由于他们没有追逐野心的财力，所以他们只好按照西内阿斯①的忠告行事。他们年轻的时候从戎在外，年纪大了就回家安度余年；这样来安排他们的人生，就使他们既获得了荣誉，也发挥了理智的作用。萨瓦省的女人都很美，其实，她们用不着那么美，也是很讨人喜欢的，因为她们有许多办法凸显她们的某个优点和掩饰她们的某个缺点。虽然由于工作关系，我每天要见到许多少女，但奇怪的是，我怎么也想不起来我在尚贝里曾经见到过哪个姑娘不是亭亭玉立和楚楚动人的。也许有人会说，这是因为我当时有先入之见，所以才觉得她们各个都是美人。人们的这种说法也许有道理，不过，我没有必要对她们抱这个偏心，因为就是现在，我一想起我那几个女学生，我依然是感到很高兴的。当我在这里一提到她们当中最可爱的女孩子的名字时，我怎能不怀着欢快的心情回忆她们的风姿，怎能不回忆她们和我在青春年少时一起度过的天真无邪的美好时光呢?! 我要提到的第一个女孩子名叫梅娜蕾德；她是我的邻居，是格姆先生的学生的妹妹。她棕色头发，

---

① 西内阿斯是古埃皮鲁斯国国王皮鲁士(公元前 318—前 272)的谋臣。西内阿斯曾多次建议皮鲁士放弃横行天下、称雄世界的计划，但皮鲁士不听他的忠告，于公元前 280 年远征罗马；虽战胜了罗马，但他自己的军队也伤亡惨重；后来，皮鲁士又进军希腊，在公元前 272 年攻占阿尔果城时，被一老妇从屋顶上扔下的瓦片击中头部而死(事见普鲁塔克:《名人传·皮鲁士传》)。——译者

天真活泼，举止落落大方，但一点儿也不轻佻。她身材偏瘦，像她这样年纪的女孩子大多数都是这样。她眼睛明亮，身材苗条，风度优美；有了这三样，即使体态不丰盈，也是很讨人喜欢的。我一般是上午到她家去；在这个时候，她往往还穿着便衣，头发随随便便往上一拢，除了插一朵花之外，便没有其他的头饰，而那朵花也只是因为我去才插的，在我走了以后就取下了。在这个世界上，我什么都不怕，就唯独怕穿便装的漂亮女人；要是她们梳妆打扮，穿戴整齐的话，我反倒不那么害怕了，例如芒东小姐（我通常是下午去她家），我就不怎么害怕。我每次去的时候，她都穿戴得很整齐，她给我的印象也很美，但她的美与梅娜蕾德小姐的美有所不同。她长一头略带灰色的金发，身材娇小，腼腆，皮肤白嫩，嗓音清脆，像笛子的声音似的，但她不敢敞开嗓门儿说话。她胸口上有一块被开水烫伤的疤痕；尽管她胸前有一块蓝色的围巾，但也没有完全把那块疤痕遮挡住。它有时候引起我的注目，但一会儿过后，我注目的就不是那块疤痕，而是其他的东西了。夏莱小姐也是我的邻居之一。她已经是一个发育很成熟的少女了；她身材高大，两肩漂亮，体态丰满，长得很好看，但说不上是一个美人，而她优美的风度、平和的脾气和善良的天性，在女孩子当中还是数一数二的；她的姐姐德·夏尔莉夫人是尚贝里最美的女人；她自己已经不学音乐了，她让她的女儿学。这个小女孩年纪尚小，但长得很俊，而且一天比一天漂亮，将来一定会像她母亲那样是个美人，只可惜她的头发略带红棕色。在圣母访问会女修道院有一位年轻的法国小姐，她的名字我虽然忘记了，但还是值得列入我偏爱的女学生的名单里。她已经养成了修女们那种说话慢条斯理的习惯，不过，尽管她说话拖腔拖调，但语言却很尖刻，这和她的风度有点儿不相配称。此外，她还有点儿懒，舍不得花力气动脑筋。她人很聪明，但她不愿意向每个人展示她的这一禀赋。她跟我懒洋洋地学了一两个月之后，才开始按照我的教学方法努力学习，使我也有了教好的信心，而要做到这一点，光靠我单方面的努力是不行的。我一开始授课，就把全部精力投入教学，但我不愿意被人强迫去讲解，也不愿意按规定的钟点去上课。无论做什么事情，约束和强迫都是我不能忍受的。一有了约束和强迫，即使是快乐的事情，我也是不愿意干的。据说，在信奉伊斯兰教的国家里，天一破晓便有一个人沿街大声吆喝，命令当丈夫的尽自己对妻子应尽的义务。如果是我，在这个时候硬要我去做这种事，我肯定是一个不服从这种命令的土耳其人。

我有几个女学生属于一般市民的家庭，其中有一个女学生是造成我即将谈到的我与某人[①]的关系发生变化的间接原因；这件事情我必须要详细谈一下。这个女学生是一个香料店的老板的女儿，名叫腊尔小姐，全身上下长得跟一座希腊雕像一样。如果世界上真的有无生命和无灵魂的美女的话，那我一定会把她看作是我一生所见到的最美的女人，只不过她脸上的表情简直是麻木、迟钝和冷漠到了令人难以置信的程度；既没有办法使她高兴，也没有办法使她生气。我确信，如果有人想对她行非礼之事的话，她也会让他恣意而行的。这倒不是因为她心里乐意，而是由于她生性呆傻。她的母亲生怕她出事，所以一步也不离开她。她的母亲让她学唱

① 指华伦夫人。——译者

歌，还给她请了一位年轻的老师，想了种种办法试图使她活泼起来，但都未见成效。当老师挑逗女学生时，当妈妈的也挑逗她的老师；这样做的效果也不大。腊尔太太除了天生的活泼性格以外，而且一举手一投足都带有一种她女儿应当有而没有的妩媚动人的姿态。她的小脸蛋儿虽长得不够标致，有几颗麻子，但显得很可爱。她一双热情的眼睛略带红色，因为她常患眼疾。我每天上午一到她家就发现她为我准备的奶油咖啡早就摆在桌上了，而且总要紧紧地贴着我的嘴唇亲吻我。这时候，出于好奇之心，我真想像她吻我的样子吻一下她的女儿，看她如何反应。其实，这一切都是很平常的，没有什么大了不起，即使腊尔先生在场也无所谓，照样可以亲吻和说几句逗趣的俏皮话。腊尔先生为人忠厚，很疼爱他的女儿，而他的妻子也从来没有背着他做过对不起他的事，因为她没有做这种事情的必要。

我把腊尔太太对我的亲热，看作是纯粹出于友谊，傻乎乎地从来没有放在心上，甚至有时候还感到厌烦，因为活泼的腊尔太太的要求愈来愈高，白天如果我从她的店铺前面经过不停下来和她聊一会儿，她就会嘟嘟囔囔出怨言，因此，当我有急事要办的时候，我只好绕道走另一条街，因为我知道她的店铺是进去容易出来难的。

腊尔太太对我太殷勤了，所以我不能对她无动于衷。她对我的关心，使我深受感动；我认为这不是什么神秘的事情，所以我就对妈妈说了。其实，如果其中真有什么神秘的地方，我也会如实告诉她的，因为，不论是什么事情，我都不会对她秘而不谈的。就像面对上帝一样，我对她始终是敞开心扉的。谁知她对这件事情的看法就不像我这样单纯；我认为只不过是友谊的表现，她则认为其中另有企图。她断定腊尔太太在打如意算盘，那就是，要把我变得不像在她面前那样是一个不解人意的呆子，迟早会用这样或那样的办法让我明白她对我的殷勤照料究竟为的是什么。此外，妈妈还认为，由另外一个女人来教她的学生谈情说爱，是不妥当的；她认为她有不可推卸的责任保护我不落入由于我的年龄和处境可能遇到的陷阱。的确，也就是在这个时候，有人向我布置了一个更加危险的网罗，虽然我逃脱了，但使妈妈感到一定还有其他的诱饵不断向我袭来，因此必须采取一切她力所能及的措施加以预防。

芒东伯爵夫人是我的一个女学生的母亲；她人很聪明，但心眼儿很坏，据说，她曾经使许多家庭不和，尤其是给昂特蒙一家人带来了灾难性的后果。妈妈和芒东夫人很熟，所以了解她的性格。妈妈无意中引起了芒东夫人的某个意中人的好感，尽管她后来既没有去找过那个人，也没有接受过他的邀请，芒东夫人还是对她心怀怨恨，曾经有好几次设置圈套想陷害妈妈，但都没有成功。现在让我讲一个可笑的例子。有一次，她们俩人和邻居家的几个男人到乡下去，其中就有我刚才提到的那位先生。有一天，芒东夫人向这几位先生中的一个人说华伦夫人只会装模作样，一点儿风度也没有，而且穿戴得也很难看，成天用一块胸巾把胸脯遮住，像个小市民似的。对于芒东夫人的这番话，那位喜欢说笑话的先生回答说：“至于最后这一点，华伦夫人有她的道理，因为据我所知，她胸脯上有一块像老鼠似的难看的大疤痕。它同老鼠是那样的相像，以致使人觉得它在跑动呢。”恨和爱一样，往往使人轻信。芒东夫人决定要利用这个发现使妈妈当众出丑。有一天，妈妈和芒东夫人的那个不懂风情的意中人玩纸牌，芒东夫人抓住这个机会赶紧跑到妈妈身后边使劲把妈妈的椅背往下压，使妈妈仰着身子，并出其不意地撩开妈妈胸前的胸巾，然而，那位先生看见的不是大老鼠，而是另外一种令他想见容易而想忘记却很难的东西。芒东夫人没有料到自己的这一坏招产生的效果恰恰与她的目的相反。

我这个人根本就引不起芒东夫人的兴趣。她喜欢的是她周围的那几个风流人物。不过，她对我还是有点儿另眼相看的。她看中的，不是我的容貌（她对我的容貌肯定是看不上的）而是大家都说我具有的才能。我的这点儿才能也许对她的爱好有用处。她特别喜欢尖酸刻薄讽刺人，她喜欢写一些诗歌或小曲来嘲弄她不喜欢的人。她以为能鼓动我帮她作诗，而且把诗谱写成曲子，她和我就可以联起手来把尚贝里闹得天翻地覆、鸡犬不宁，而一旦追究起这些讽刺诗的源头来，芒东夫人就会一退六二五，把责任全推在我身上，说不定我会因为充当女人的笔杆子而吃官司，终生被关在牢里。

值得庆幸的是，这一切都没有发生。芒东夫人为了和我聊天，曾留我在她家吃过两三次饭，其目的是让我在饭桌上信口开河，乱说一气，但她发现我只不过是一个傻子。我自己也感到我是傻子，对此，我无可奈何。尽管我十分羡慕我的朋友汪杜尔的才气，但我也很感谢我自己的傻气，因为，正是由于我傻，才挽救了我没有遭到许多危险。我在芒东夫人家始终是个音乐老师，教她的女儿唱歌，仅此而已。因此我在尚贝里的生活一直很平静，受到大家的欢迎；这比我在她眼里是一个才子而在当地的人们的心目中是一条出口伤人的毒蛇强多了。

不论情况如何，妈妈认为，为了使我远离我青年时期可能遇到的危险,现在已经是到了应该把我当成年人看待的时候了。她的当务之急,就是这件事情。不过,她采取的方法却很奇怪,是其他女人在处理这类事情时怎么也想不出来的。我发现她的神情比平常庄重,说话的口气好像是在教训人。她平时说话是那样的轻松活泼,而现在却突然变得一本正经,既不亲切,也不严峻,好像是在讲解什么事情似的。我琢磨了半天也弄不明白这一变化的原因,于是我就直截了当地问她。她盘马弯弓,绕来绕去,等的就是由我来问她。她提议我和她第二天到小园子里去散步。我们第二天一清早就去了。她事先已经做好了种种安排,以便整天都只有我们两人单独在一起。她要用这整整一天的时间使我做好接受她将给我的恩情的思想准备。不过,她不像其他女人那样用调情的办法来达到目的,而是充满感情和理智的语言来说服我,是在教育我而不是在勾引我,是在打动我的心,而不是在刺激我的肉欲。不过,不论她说的那番话是多么精彩和有益,语气也既不冷漠也不忧伤,我都没有以应有的专心态度听,也没有像平时那样把她的话放在心里。谈话一开始,她那种有备而来的样子就使我感到不安,因此在她说话的时候,我便不由自主地暗自思索,没有专心听她讲的话。我思索的,不是她说的话,而是她到底想做什么。我费了好大的劲儿才终于明白她的目的。她所说的那件事儿,对我来说简直是太新鲜了;尽管我和她朝夕相处这么长时间,连想也未曾想过,压根儿一次也没有想过,因此,当我一明白她的意思以后,我脑子里想的全是这件事情;而她说的话,我一句也没有注意听。我的心在一个劲儿地想她,我的耳朵哪里顾得上去听她说的话呢。

当老师的为了让年轻人注意听他讲的话,往往先拿一个很可能引起他们兴趣的东西给他们看。这样做的效果，适得其反。我本人在《爱弥儿》中也未能避免这种错误。青年人被老师让他们看的东西所吸引，注意力就专注在那个东西上，巴不得一下子就弄个明白，因此就会把老师为了达到某个目的而做的开场白式的讲解当耳边风，认为老师那样慢慢吞吞地讲，实在是没有必要。如果你想使人家注意听你讲的话，就不要让对方一下子就听出你想讲些什么。这一点，妈妈做得很差。由于她有一种一切都要按部就班地依次进行的怪脾气，所以把本来用不着讲的条件先讲了出来，而且讲得很详细。因此，当我一看出了其中的好处，就不去细听她讲的条件，立刻满口答应了。我不相信这个世界上有哪个男人在这种情况下会坦率到或者会冒失到竟敢和她讨价还价进行磋商。如果他真敢这么做的话，我看，无论哪个女人也不会原谅他的，接着，她又按照她的怪脾气行事：她要我对我答应的许诺先履行一个郑重的程序，并给我八天时间考虑这件事情。我立刻脱口而出地告诉她我不需要这么长的时间考虑。说来也真是奇怪到了极点，因为事实上我真的需要有八天时间的考虑：她那些新奇的想法愈是打动我，我的头脑便愈混乱，需要时间来加以整理。

也许有人认为，对我来说，这八天时间有如八个世纪那么难熬。不，恰恰相反，我打心眼里还巴不得它们真有八个世纪之久才好咧。我不知道我该怎样描写我当时的心情：我既害怕又着急，生怕我希望的事情真的发生，以致有时候心里真想找个妥当的办法使我能不去享受那种幸福。人们可以想象得到，我强烈的色欲此时已开始冲动，我的血液已经沸腾，追逐爱情的心已经沉醉。我的精力、强壮的体魄和年龄已不容许我再等待，何况在这种情况下，我想得到女人而又从未亲密接触过任何一个女人的焦急心情与我的想象力、身体的需要、虚荣心和好奇心又互相影响，以致使我迫不及待地想立刻就成为一个成年人，像一个男子汉的样子。人们尤其不能忽略的是，我对她的温柔的依恋之情，不但没有减少，反而一天比一天增加。我只有在她身边的时候才感到快乐；只是为了思念她，我才离开她。我心中思念的，不仅是她为人的善良和可爱的性格，而且还有她女性的风姿、她的容貌和她的人品；总而言之一句话，我思念的是她整个一身，不论在哪一方面，凡是她使我感到可爱的地方，我都思念不已。人们不要以为我比她小十一二岁，她在我心目中就是一个老年妇女或者看起来像一个老年妇女了。其实，自从五六年前她和我第一次见面就使我着迷以来，她实际上只有很少的一点儿变化；这一点点儿变化，在我看来等于没有。她永远是那样迷人，在大家的心目中都是如此，只不过她的身材稍微有点儿发胖，而其他方面，则同过去完全是一样的，眼睛还是那么明亮，皮肤还是那么细嫩，胸脯还是那么丰满，容貌还是那么楚楚动人，而且还是那么一头美丽的金发，还是那么活泼的性格，声音还是少女时候那样银铃般的清脆，使我听起来是如此之感人，以致在今天，每当我听到一个少女的美妙的声音时，我还是依然为之动心。

在等待占有一个如此可爱的女人期间，我最担心的自然是试图把占有的时间提前，担心我由于没有足够的毅力控制自己的欲望和想象力而约束不住自己。人们以后将看到，在我年岁稍长以后，虽然一想到走到我所喜爱的女人身边就能得到几许安慰，我的血液便开始沸腾，但要我不犹豫再三就去走那段她和我之间相隔短短的路[①]，也是不可能的。可是在我青春年少之时，是什么不可思议的原因使我对第一次享受肉欲之乐一点儿也不着急呢？我怎么会在时间愈迫近，心中反而愈感到忧多于乐呢？本该使我陶醉的事，怎么会反而使我感到厌恶和害怕呢？毫无疑问，当时如果我能找到适当的理由拒不享受这一欢乐的话，我一定会满心情愿地这样做的。在我和她亲密无间的相爱期间，在我的行为中曾经产生过一些奇奇怪怪的现象；我刚才讲的这种情况，肯定是大家怎么也想象不到的。

读到这里，也许有人已经愤愤不平了，认为像她这样已经失身于另一个男人的女人，她的身价在我的心目中一定会降低；认为她现在又来献身于我，我会对她抱轻蔑的态度。如果人们这样认为的话，那就错了。是的，她这样和两个男人都发生关系，的确使我感到很痛苦；我这种感觉是很自然的，何况她这样做，无论对她或对我都是很不体面的。不过，这并不影响我对她的爱。我敢说，只有在我不想占有她的时候，我爱她才爱得最深和最真切。我对她纯洁的心和冷静的头脑最了解，所以深深相信她之所以这样自荐枕席，绝对不是为了贪图肉欲的快乐。我深深相信她这样做，纯粹是为了使我不遭遇那些危险。她认为，如果不这样做，我几乎是不可避免地要掉入他人为我设置的陷阱。她为了保护我，使我不戕害我的天性和背离我的本分，她才违背了她应当遵守的本分。对于这种本分，她和其他女人的看法有所不同；这一点，我在后面即

① 卢梭在这段话中所说的他"所喜爱的女人"，指的是乌德托夫人。乌德托夫人住在奥波纳，卢梭住在退隐庐，两人所住的地方只相隔一段"短短的路"（见本书第九卷）。——译者

将谈到。我既怜悯她，也怜悯我自己；我真想对她说："不，妈妈，你不必这样；你不这样做，我也会向你保证我永远是属于你的。"可是我不敢，首先是因为这是一件只能意会而不能言说的事情，其次是因为我也感到这个话不真实。事实上，也只有她这个女人才能使我不去接近其他的女人，经得起一切诱惑的考验。我虽然没有占有她的欲望，但我感到高兴的是，她使我打消了占有其他女人的念头；我把一切能使我和她疏远的事情，都看作是坏事。

长期和她朝夕相处，过着天真无邪的生活，不仅没有减弱我对她的感情，反而使我更加爱她了，只不过在表达的方式上发生了变化：我对她更加亲切、更加温存，而更少去追求肉欲之乐，由于我一直称她为"妈妈"，始终以儿子的态度对她，所以我已经把我和她的关系看作是母子关系。我认为，这才是我尽管那么爱她，但并不急于想占有她的真正原因。我记得很清楚，在开始的时候，我对她的爱虽不十分强烈，但却带有大量的淫欲的成分。在安纳西的时候，我爱她简直是爱得心醉神迷，而到了尚贝里，就不是这样了；虽然我爱她依然是爱得寸步不离，但主要是为了她，而不是为我。我在她身边追求的是心灵的幸福，而不是感官的快乐。在我的心目中，她的身份胜似姐姐、胜似母亲、胜似女友，甚至胜似一位情妇；正因为这样，我才没有把她当情妇看待。总之，我太爱她了，所以不敢对她稍存觊觎之心和非分之想：这一点，在我的脑子里是非常清楚的。

我不但不盼望而且还非常害怕的日子终于到来了。我既然什么都答应了，就不能反悔。我真心实意地履行了我的诺言，尽管我不希望对方给予回报，但我还是得到了她的报偿。我有生以来第一次被一个女人抱在怀里，被一个我所喜爱的女人抱在怀里。我感到幸福吗？不；我领略到了肉体的快乐，但我不知道为什么总感到有一种难以克服的忧伤毒害了其中的美味。我觉得我这是犯了乱伦罪。我有两三次心情激动地把她紧紧搂在怀里，我的眼泪流在她的胸脯上，可是她既不显得难过，也不感到兴奋，表现得非常温柔和平静。由于她不纵欲不贪淫，所以她既不感到男女之爱是多么甜蜜，也不为此而感到后悔。

我再说一遍：她的一切过失都来源于她错误地看待事物的方法，而不是来自她的情欲。她出生在一个良好的家庭，她心地单纯，为人诚实，性格十分直爽，情趣也很高雅；她满可以成为一个品德完美的女人：她爱美德，但她没有遵从美德的指引；她不听从可以领她走向正确道路的天性的指导，而听从把她引入歧途的她头脑中产生的自以为是的想法。她错误的想法曾多次使她迷失方向；她原本的天性也曾多次向她指破迷津。不幸的是，她自以为她精通什么哲学的原理，看法很高明，因此她为自己定下的处世原则背离了她的天性向她指引的立身行事的正确方针。

她的第一个情人塔维尔先生是她的哲学老师，他向她讲的那些哲学理论，是为了勾引她而瞎编造的。他发现她爱她的丈夫，恪守自己的本分，态度冷漠，一言一行都很规矩，不是用感情所能征服的，于是就瞎编一气，说什么她遵守的那些行为准则，同大人用来哄小孩子的教理课本一样，全是废话。两性结合并不是一件什么大了不得的事情；因为怕他人议论，所以夫妻之间才不得不在表面上显得很忠诚。做妻子的唯一职责是让她的丈夫放心，因此，不忠实的行为只要不为他人所知，对那个被欺骗的丈夫来说，就等于没有发生;对自己的良心来说,也等于没有那回事。经过这么一番诡辩,他终于说服了她,使她真的相信不忠实的行为本身算不了什么大事,只是因为传扬出去才成了丑事,才闹得满城风雨成了桃色新闻。所以,任何一个女人,只要表面正经,她就可以被大家看作真正的正经女人。就这样,这个坏蛋终于达到了他的目的。不过,他对她讲的那些纯属诡辩的话,也只是败坏了一个年轻女人的明辨事理的能力,而未能败坏她的心灵。后来,塔维尔也遭到了报应,他发现她用他教她如何对付丈夫的方法来对待他本人。我不知道他在这一点上是不是做错了。据说,柏雷牧师取代了他。据我看,恰恰是本应保障这个年轻的女人不接受他的理论的冷静头脑,妨碍了她日后抛弃他的理论。她始终不明白人们为什么把那些在她看来是微不足道的小事看得那么重要;她认为节制情欲是一件很容易的事情,所以算不上是什么美德。

她虽然没有为她自己滥用那套错误的理论,但她为别人而滥用了。她之所以这样做,是由于她按照另外一个与她善良的天性更加吻合的错误想法行事的结果。尽管她爱她的朋友纯粹是出于友谊,纯粹是出于她能采用一切办法使他们更加爱她的最亲密的友谊,但她认为,要使一个男人依恋一个女人,最好的办法莫过于肉体的占有。使人感到惊异的是,她几乎每一次都能成功。她的确是那么可爱,以致愈和她亲密相处,便愈是发现她的可爱之处甚多。值得一提的是,从她第一次失身之后,她所宠爱的都是不幸的人,而达官显宦无论怎样向她献殷勤,最后都是白费劲。如果她由于同情之心而开始爱上的男人最后未能得到她的爱的话,必定是那个男人太不值得爱了。虽说她所选择的某些人配不上她,但这一失误的造成，不是由于她有什么卑鄙的动机（她高尚的心从来没有产生过这种动机），而纯粹是由于她的心太豁达、太善良、太仁厚和太易动感情，以致影响了她的判断能力。

尽管有一些错误的行为准则使她误入歧途，但也有许多良好的准则她是始终不渝地在遵守啊！虽说她犯的那些错误是由于她的弱点所导致的，但她犯错误的原因很少是由于为了满足肉欲而造成的，何况她已经用许多美好的德行弥补了她的弱点啊！虽说那个男人在这一点上误导了她，但他在其他方面也给了她许多有益的教导。她的色欲并不旺盛，因而使她能够按她冷静的头脑行事。当她摆脱了使她误入歧途的想法时，她的行动都是很正确的。尽管有时候她把事情做错了，但她的动机是值得称赞的。她的看法错了，做的事情当然也错了，但绝对不是存心把事情做错的。她不喜欢口是心非和表里不一的人；她为人正直、厚道，不存私心，信守自己的诺言，忠于朋友，忠于她认为应当尽到的职责，不记仇不记恨，从来没有存过半点儿报复他人之心，她甚至想象不出有什么大不了的事情是不能原谅的。最后，让我回过头来谈一下她的那些不可原谅的行为。尽管她不慎重行事，轻易就委身别人，但从来没有以此为手段进行罪恶的交易。她滥用她的爱，但她绝不出卖她的爱情，虽说她曾经为了生活采用过许多权宜之计，但我敢断言，苏格拉底连阿丝帕西[①]都很尊重，他也一定会尊重华伦夫人的。

① 公元前5世纪希腊政治家伯里克利的情妇。当时，雅典的一些学界名流常在她家聚会，苏格拉底就是她家的常客之一。——译者

我早就料到，有些人将因为我一方面说她多情，另一方面又说她对人冷漠，指摘我这种说法是矛盾的。在一般的情况下，人们的这一指摘是有道理的。这也许是大自然的过错：在同一个人的身上让两种迥然不同的性格结合在一起；这种现象虽说是极不可能的，但我发现她的确是这样一个人。所有认识华伦夫人的人（其中有许多人今天还依然健在）都知道她的性格确实如此。此外，我还要强调这么一点，那就是：她心中唯一的快乐，就是使她所爱的人全都快乐。对于我在以上讲的这些情况，人们爱怎么说就怎么说，甚至逐条逐条地分析说这一切全都是假的，我也由他们去说，因为我的责任是陈述事实，而不是非要他人相信不可。

需要指出的是，我以上所说的，都是在我与她发生了关系之后从我和她的交谈中一点一点地了解到的。我只有在和她交谈的时候才感到我们之间的关系的确是两情欢洽、情意绵绵的。她有理由希望她对我的关怀有助于我的成长。的确，多亏她的细心照料，我在读书学习方面才日有长进。在此以前，她总是像对一个小孩子说话似的只谈我的事情，而现在，她把我当大人看待，开始和我商量她的事了。她对我讲的一切，都是很有意义的，使我深受感动，从而反省我自己。我从她的知心话中得到的益处，比从她对我的教训中得到的益处还多。当我们感到对方的话的确是出自真心的时候，我们也一定会敞开心扉接受对方吐露的真情的。一个冬烘先生长篇大论的说教，根本抵不上我们所喜爱的女人轻声细语说出的甜甜的情话。

正是由于我和她的关系一天比一天密切，才使她对我做出了比以前更好的评价。她认为，虽然我外表上看起来很笨拙，但值得为日后进入上流社会加以培养。将来，只要我能跻身上流社会，我一定会有锦绣前程的。有了这个看法之后，她不仅花许多心血培养我的才能，而且还教我如何注意我的仪容和举止，使我既能受到人们的喜爱，又受到人们的尊敬。如果在上流社会中真的可以做到既取得成功又同时能保持个人人品的话（我是不相信这一点的），我认为，除了她采取的和她教我采取的途径以外，至少还有另外一种途径。华伦夫人深知人情世故，有一套待人接物的高超本领。在和他人交往时，她既不说空话假话，又不举止轻率；既不欺骗人，也不得罪人。不过，这种本领是她的性格固有的，是无法传授给别人的。这套本领，尽管她运用起来得心应手，但她三番五次教我，都始终没有把我教会；在这个世界上，我是最不适合于学这种本领的人，所以她在这方面所做的一切努力，都是白费劲。她还请了老师教我舞蹈和剑术，结果也如此，我一样也没有学好。尽管我身子灵活，但我竟然连一个小步舞也没有学会。由于我的脚掌上长了鸡眼，我已养成用脚后跟走路的习惯。这个习惯，连罗什[①]也没有办法使我改掉。我走路的样子虽步履轻捷，但我连一道小沟也跳不过去。更糟糕的是，在剑术厅学了三个月，我一直停留在学如何用剑抵挡，而不能进一步学如何用剑进攻。我的手腕子也不够灵活，胳臂也没有劲，握不紧剑柄，老师用剑一碰我的剑，就把我的剑击落在地。另外，对于这门技艺和教我学这门技艺的老师，我都很不喜欢。我从来不认为能用剑杀人是一件值得夸耀的事情。为了让我能听懂他讲解的那一套高超技巧的窍门，他硬要用

① 卢梭的舞蹈教师。——译者

他根本就不懂的音乐来作比方;他说剑术中的第三和第四步冲刺,和音乐中的第三和第四音程非常相似。当他想虚晃一招佯攻对方的时候,他就告诉我说要注意这个半升音符,因为在古代的音乐中,半升音符和剑术中的佯攻这两个词的发音完全相同。当他把我的剑击落在地的时候,他便嘴角挂着一丝冷笑说这一招叫休止符。总之,这个帽子上插着羽毛、胸前披着护胸甲的这么令人难以忍受的蹩脚老师,我这一生中就只见过他一个。

我学剑术的成绩很差,所以没过多久我便怀着厌恶的心情决定不学了。然而我对另外一种更有用处的学问的钻研却大有长进。我钻研的学问是:对自己的命运要知足,不要奢望更好的命运,因为我已经开始感觉到我生来就没有命运亨达和显身扬名的福分。现在,我一心只希望能使妈妈生活得很幸福,所以我总喜欢留在她的身边。当我不得不离开她到城里去教课的时候,尽管我热爱音乐,但我也开始感到教课是我的一个累赘。

我不知道阿勒是否看出了我和妈妈之间的秘密关系。我有理由相信这件事情是瞒不过他的。他的眼光很敏锐,但行事也很谨慎。他说话虽然不口是心非,但他并不把他的心里话全都说出来。从脸上的表情看,他好像并不知道,但从行动上看,他似乎已经全知道了。他的这种态度,不来自他心灵的卑鄙,而是因为他赞同他的女主人的行事准则,所以他不能指摘她按照她的行事准则而做的事。尽管他同她一样年轻,但他一举一动却是那么的老练和慎重,以致把妈妈和我看作是两个应该宽容的孩子,而我们也把他看作是一个值得尊敬的人,并对他保持应有的敬重。只是在她已经和我发生了关系之后,我才看出她对他的感情是多么深厚。由于她知道我的思想、我的心情和我的苦与乐都以她为转移，所以她就告诉了我她是多么爱他，以便使我也同样爱他。她反复强调的，不是她对他的友谊而是她对他的尊敬。她知道这样来解释这个问题，是一定会得到我的全力支持的。她曾多次向我和阿勒表明：我们两个都是她幸福生活所需要的人。她这个话打动了我们的心，把我们两人都感动得互相拥抱，流下了眼泪！希望各位女士读到这段话的时候，不要讥笑她。由于她有那样的性格和体质，这种需要无可厚非：这完全是她的心灵的需要。

就这样，我们三个人就结成了一个在世界上也许是独一无二的三友之家。我们的希望、我们的关怀和我们的愿望，全都是共同的，没有一丝一毫脱离这个小圈子。我们三个人排他地共同生活在一起，养成了如此牢固的习惯，以致在吃饭的时候，如果三人当中少了一个人或者来了第四个人，我们的这顿饭就会吃不好。尽管她和我们两个人中的每一个人的关系各有特点，但我们总觉得两个人单独在一起不如三个人同在一起愉快。我们三个人之间之所以没有任何猜疑，是由于我们大家都互相信任；我们三个人之所以不感到无聊，是因为我们三个人都挺忙。妈妈成天都在开动脑筋订计划；她忙个不停，也不让我们两人闲着没有事干，何况我们两个人又各有各的工作要做，时间没有半点儿富余。我个人认为，游手好闲对社会的危害，并不比独善其身对社会的危害小。再也没有什么事情比两三个人老待在一个房间里无止无休地瞎扯一气，更容易败坏人的心灵，更容易无事生非、制造事端、传播闲话和谎言的了。如果大家都忙，那就只有在有事要商量的时候才说话，而一旦大家都不忙了，那就你一言我一语地说个没完，这是最令人讨厌和不愉快的事情。我敢这么说,如果想使一个集体里的人大家都快乐的话,就必须让每个人都有事情可做,而且做的都必须是多少要用点儿心思才能做好的事情。编结子是一件不需要费多大心思的事情。因此,编结子的女人同闲着没事干的女人一样,总喜欢东拉西扯地瞎聊天。可是刺绣就不同了。一个绣花的女人必须聚精会神地绣,所以没有工夫聊天。尤其令人吃惊和可笑的是,要是在这个时候在她面前有那么十几个闲汉一会儿坐下,一会儿又站起身来,走来走去,用一只脚的脚跟旋转,或者把壁炉上的小瓷人拿在手中翻过来转过去地看,指手画脚地硬要没话找话说,那才真是无聊透顶呢! 这种人,不论他们干什么事,都会给别人和他们自己添麻烦的。我在莫蒂埃的时候,常到女邻居家去编丝带。如果我将来再回到社交界去,我就要在衣兜里随身带一个不倒翁,以便不时拿出来玩,以免没话说时硬要找话说。如果每个人都这样做的话,人们就不会变得那么坏了;人与人之间的交往就更诚心,因而也就更愉快了。谁要是觉得我这番见解是可笑的,那就让他们去笑吧。总之,我认为,如今这个世道,最适用的道德箴言是:要像不倒翁那样不开口为妙。

不幸的是,我们自己固然是想摆脱烦恼,但这也很难做到,因为,川流不息地贸然来访的不速之客太多,总给我们带来许多不便,很少有让我们三个人单独在一起的时候。他们以前使我产生的那种不耐烦的心情一点儿也没有减少,所不同的是,我现在已经没有时间去理他们了。可是,可怜的妈妈依然跟从前一样,不仅没有改变她那种好大喜功的老毛病,而且恰恰相反:家里的经济愈拮据,她的幻想反而愈大,想一下子就找到办法弥补家中的开销;眼前的收入愈少，她反而幻想在将来发大财。随着年龄的增长，她的这种怪癖愈来愈严重。现在，她对社交和玩乐之事的兴趣已一天天减少了，取而代之的是热衷于收集制药的秘方，打算按秘方制药，一举成功。家中每天都要来那么一些走方郎中、药剂师和形形色色的吹牛皮的人。他们胡说什么能帮妈妈挣百万家财，而实际上是想从她手中骗取几个铜钱。那帮家伙没有一个是空手走出她家的。有许多事情我始终没有弄明白，其中之一是，我不知道她怎么在那么长的时间里一方面有那么多钱大把大把花销而一直没有花完过，另一方面又不让她的债主担心她无钱还债。

在我所说的这段期间，她最认真思考而且是颇有道理的计划，是在尚贝里建立一个王家植物园，并聘请一个可领一份薪水的人当园艺师。她想聘请的人是谁，不用我说，大家也是可以想象得到的。尚贝里位于阿尔卑斯山中部，是一个最适合于研究植物的地方。妈妈办事历来是有了一个计划以后，又联想到另外一个计划的：她想在建立植物园之后，再开办一个制药讲习班。这个计划看起来对这个地方确有好处，因为在这个如此贫穷的小山城，药剂师的职务一直就是那几个医生在兼任。维克多国王去世以后，首席宫廷医师格洛西便宣布退休，回到了尚贝里。在妈妈看来，这对她的计划的实现是一个很有利的条件，也许说不定正是因为格洛西回到了尚贝里，她才想出这个计划的。现在，她像哄小孩子似的开始游说格洛西。不过，此人并不是那么容易说服的；他是我一生中所见的说话最粗鲁和最尖酸的人。这一点，我在这里举两三个例子，人们就可以看出来。

有一天，他和其他几位医生会诊一个病人，其中一位医生是特地从安纳西请来的，而且是曾经给这个病人多次看过病的。这位年轻的医生对医生应守的行规还不太熟悉，因此竟公然发表与宫廷首席医师相反的意见，而这位首席医师不直截了当地反驳他，只简单地问他什么时候回去、经过些什么地方和乘哪班驿车。那个青年医生一一作了回答，并最后问这位首席医师有什么事情需要他效劳的。“没有，没有，”格洛西说道，“我只是想在你走的时候，到窗子那里去瞧一下一头蠢驴坐在马车里的样子。”他十分富有，但也十分悭吝。有一次，他的一位朋友向他借钱，并提出了可靠的保证，而他却紧紧地抓住那位朋友的胳臂，并把牙齿咬得咯咯直响地说：“我的朋友，就是圣彼得从天上下来向我借十个皮斯托尔，并以圣灵的名义作担保，我也是不借给他的。”有一天，非常虔诚的萨瓦总督庇贡伯爵请他吃饭，他提前到了伯爵家，这时伯爵正在念经文，于是便请他一起念。当时，他不知道怎样回答，只好做了一个可怕的鬼脸之后就跪下了，可是刚刚念了两句“圣母玛利亚”，他就忍不住了，猛地站起身来，拿起手杖，一言不发地就走了。庇贡伯爵跑步追上去告诉他：“格洛西先生，格洛西先生，别走，别走。厨房里正在给你烤一只肥山鹑呢。”格洛西转过头来对伯爵说：“伯爵先生，即使你请我吃烤天使，我也要走。”妈妈想利用而且终于使之俯首帖耳地围着她的指挥棒转的宫廷首席医师格洛西就是这么一个人。他尽管很忙，但还是经常来看她，对阿勒也很友好，称赞他有知识，并怀着钦佩的心情谈论他。尤其出人意料的是，像他这样一个傲慢的人，竟不计较阿勒过去的身份，对阿勒表示十分器重。的确，虽然阿勒早已不是仆人了，但大家知道他过去是仆人，因此仍然需要借重这位首席医师的威望和带头敬重他才能使大家从此以后对他另眼看待。克洛德·阿勒经常穿一件黑色上衣，假发梳得很整齐，举止稳重，言行十分得体，在医药和植物学方面的知识也相当渊博，再加上医学界领袖人物的好评，如果建立王家植物园这个计划能够实行的话，是满有希望得到大家的赞同，担任王家植物园园艺师这个职务的。格洛西非常赞赏这个计划，并衷心支持这个计划，只等局势一平稳，可以拨经费兴办公益事业的时候，就向宫中提出这个计划。

如果这个计划真的实现了的话，我很有可能从此就全身心地投入植物学的研究了，因为我生来似乎就对这门学科有特别的兴趣。然而，一个意料不到的打击使这个计划未能实现。虽然这个计划十分周密，但意外的事情一发生，就全盘推翻了。我命中注定要一步一步地沦落为苦命人的典型，看来，是上帝特意让我经受这么多大磨难，是他亲手把所有一切不让我成为苦命人的因素消除的。有一天，阿勒到山上去采摘格洛西先生所需要的苦蒿（这是一种只在阿尔卑斯山上才生长的稀有植物），回家之后突发高烧，诊断为胸膜炎。据说，他采摘的苦蒿就是专门治这种病的，但也没有救活他的命。尽管精通医学的格洛西先生的医术高明，尽管有他善良的女主人和我对他无微不至的照料，但在他得病之后的第五天，经过临终前的痛苦挣扎后去世了。在他临终之时，只有我怀着极度悲痛和真诚的心情对他说了几句劝慰的话。如果他当时神志尚清醒，能明白我的意思，这也是对他的一种安慰。我就这样失去了我一生中最忠实的朋友，一位罕见的值得尊敬的人。他的天资弥补了他所受的教育之不足；他虽身为仆人，但却具有伟大人物的种种高贵的品德。如果他还活在人间，并获得适当的职位，他是一定能够向世人证明他的确是一个德才皆优的人。

第二天，我怀着极其沉痛的心情对妈妈谈起了他；在谈话中，我突然产生了这样一个卑鄙的念头：我想要他留下的衣服，尤其是那件我艳羡的漂亮的黑上衣。我是这样想的，也就这样说了；在她跟前，我一直是心里怎么想嘴里就怎么说。再也没有什么事情比我这句卑鄙和难听的话更使她感到她失去他，心里是多么悲伤，因为无私和心灵的高尚正是这位死者生前具有的最高尚的品质。这个可怜的女人对我的要求不仅没有回答，而且立刻转过身去大声恸哭起来。这是情深义重感人肺腑的眼泪啊！每滴眼泪都流进了我的心，把我心中卑鄙肮脏的思想洗涤得一点儿痕迹都不留存，从此以后，这种想法我就再也没有产生过了。

失去了阿勒，妈妈不但精神上感到极大的痛苦，而且在经济上也受到很大的损失。从此时起，她的家境每况愈下。阿勒是一个很精细的人，把他的女主人的家管理得井井有条，大家都怕他那种精打细算和事事认真的严厉作风，谁也不敢浪费半点儿财物，就连妈妈本人也怕挨他的批评，也尽量克制自己任意挥霍的坏毛病。对她来说，单单有他的爱是不够的，她还需要他对她的尊敬。只要她一浪费钱财，无论是浪费别人的钱财还是她自己的钱财，他都敢对她提出批评。他批评得对，所以妈妈也是很害怕的。我和他的看法是一样的，也曾经向她提出过忠告，但我对她没有阿勒所享有的那种权威，因此我的话不像他的话那样起作用。现在，他不在了，只好由我来代替他，然而，我既没有那个能力，也没有那个兴趣，所以难以胜任。我没有那么细心，胆子又小，即使发现什么不对的事情，顶多也只是在自己心里嘀咕几句，别人爱怎么干，就听任他们怎么干，一切放任自流。何况我虽然获得了妈妈对阿勒那样的信任，但我并不具有阿勒那样的权威。我眼瞅着家里的事情乱糟糟，我也着急，一肚子牢骚，但我的话没有人听。我太年轻，讲理总讲不到点子上，因此每当我插手干预和提出批评时，妈妈总是很亲热地轻轻拍我几下脸蛋儿，说一声"行啦，我的小总管"，就让我只好闭口不言，去干适合于我做的事。

我早已料到，她那样大手大脚地花钱，早晚一定会把她置于万分困难的境地。现在我成了她家的总管，发现她家中的收支不平衡，我这层忧虑就更加严重了。我后来的抠抠搜搜的吝啬脾气，就是从这个时候开始养成的。我除了偶尔一时高兴以外，从来就没有乱花过一文钱。在此以前，我从未为我钱袋里的钱是多还是少操过心，而现在我开始注意金钱，为我的钱袋操心了。我是出于一种良好的动机而成为一个吝啬鬼的。这个动机就是：一心要为妈妈攒一点儿钱，以备不时之需，因为我早已预见到山穷水尽那一天是迟早要到来的。我还担心她的债主很有可能请求扣押她的年金，或者她的年金完全被取消。因此，在我这副未见过大世面的眼光看来，我手中所有的这一点儿积蓄也许可以帮她的大忙。为了攒点儿钱，特别是为了保住这点钱，就必须瞒住她，因为在她拆东墙补西墙到处举债的时候，是不宜让她知道我攒有那么一点儿钱的。于是我就在这里或那里找隐蔽的地方藏几个金路易，以便一点一点地凑成一笔大数，到急需的时候交给她。可是我太笨了，我选择的藏钱的地方全都被她发现了。为了暗示我她已经发现了我的秘密，她就把我藏的金路易拿走，改用更多的其他的钱币放在原地，于是我只好羞答答地把那些钱上交，归入公账，而她也总是用这笔钱为我买衣服或添置一些其他的东西，例如银剑和怀表，等等。

我发现，一点一点地攒钱，并不是好办法，而且对她来说，也是杯水车薪、无济于事的。因此，我决定：为了预防我所担心的灾难的到来，我必须掌握一套本领，在她无力供养我而且她自己也没饭吃的时候，由我来供养她。糟糕的是，我的计划全凭兴趣出发，一门心思想利用音乐这门艺术来发大财。我脑子里构想了许多音乐题材和歌曲，以为只要我好好发挥，就可以成为名家，成为一个当代的奥尔菲①，我作的歌曲可以把秘鲁的银子全都吸引到我手里。就我来说，识谱的能力还算可以，目前的当务之急是要学会作曲。现在的困难是找不到一个人教我作曲。单单拿拉摩的《和声学》来自学，肯定是学不会的。另外，自从勒·梅特先生走了以后，在萨瓦省就找不到另外一个懂和声学的人了。

在这里，读者又将看到我一生当中不断遇到的和我的目的背道而驰的事情，使我在满以为可以迅速达到目的的时候，却把我推向和我的目的相反的方向去了。汪杜尔曾经多次跟我谈到教他作曲的老师布朗沙神甫，说此人人品好，学问也好，此时在贝藏松大教堂担任音乐教习，并在凡尔赛教堂当音乐总监。我想到贝藏松去跟这位神甫学作曲。我认为这个想法很有道理，并说服了妈妈，得到了她的赞同。于是她开始为我准备行装，而且舍得花钱，需用

① 古希腊民间故事中的行咏诗人。据说，古代的齐特拉琴和七弦里拉琴就是他发明的，奏出的乐声上可以感动天上的神灵，下可以感动地下埋葬的死者，甚至连林中的野兽也听得入迷。——译者

的东西应有尽有，全都买齐了。我原本是为了防止她破产和弥补她由于浪费而造成的亏空，谁知我一开始执行我的计划就让她花了八百法郎；本来是为了让我去学好本事挣钱改善她的经济状况，结果反而很有可能由于花钱太多会加速她的破产。尽管这个计划是很荒唐的，但我心中充满了幻想，妈妈心中也充满了幻想：我认为我这样做，对她有好处；而她认为我这样做，对我是有益的。

我以为汪杜尔还在安纳西，想去求他写封介绍信给布朗沙神甫，可是他早已不在那里了。我手中能证明我和汪杜尔的关系的东西，就只有他给我的一篇四声部的弥撒曲。这是他做的，而且是他亲手抄写的。我就带着这样东西出发去贝藏松了。路过日内瓦的时候，我去看望了几位亲戚；到了尼翁，我又去看望了我的父亲。他像以往那样接待了我，并主动提出让我骑马先行，随后帮我把行李寄到贝藏松。我到了贝藏松，布朗沙神甫很热情地接待了我，并答应教我，在生活上照顾我。正当我们要开始教学的时候，我收到我父亲寄来的一封信，说我的行李在瑞士边境的鲁斯被法国关卡扣留和没收了。这个消息使我大吃一惊，于是我就请我在贝藏松结识的几位朋友去打听一下法国关卡是根据什么理由把我的行李没收的。我敢保证我的行李中没有违禁物品，实在想不出他们没收我的行李的原因。最后我终于把事情弄清楚了。这件事情值得在这里谈一下，因为讲起来非常有趣。

我在尚贝里结识了一位年纪相当大的里昂人，名叫杜维维耶。此人秉性善良，在摄政时期[①]曾经在签证局做过事，后来由于赋闲

① 指1715—1723年法国奥尔良公爵执掌国政时期。——译者

在家，便到土地普查局工作。他久经世面，为人很能干，也有学问，对人谦和，彬彬有礼，而且懂音乐；我和他同在一个办公室工作，在我们周围一群粗俗的人中间，我们两人比较亲近。他和他的几位住在巴黎的朋友常有书信往来；他们给他寄来了一些刊登无聊文章的小报。这种昙花一现的新鲜玩意儿，谁也不知道它们怎么会流行起来的，也不知道它们怎么一下子又消失得无影无踪的。如果没有人提起它们的话，那是谁也不会想起它们的。我曾带杜维维耶先生到妈妈家吃过几次饭，而他为了讨好我，送了我几份这种无聊的小报，以为我也同他一样喜欢看这些东西。其实，我对这些东西是非常讨厌的，是从来不看的；可以说，在我这一生中我一份也未看过。为了不扫他的兴，我收下了那些乌七八糟的小报，放在我的衣兜里，除了临时找手纸用时（它们只能当手纸用），我就再也没有想到过它们。倒霉的是，在这些可恶的小报当中，有一张还留在一件我只是在与同事们聚会时才穿过两三次的新上衣的衣兜里。这张小报上有一首由一个冉森派教徒模仿拉辛的《米特里达特》的笔调写的打油诗，文字平庸，毫无诗味，我连十行也没有看完，就随手把它放进我的衣兜里。这就是我的行李被没收的原因。关卡的官员在我的行李物品清单前面加写了一段危言耸听的“检查纪要”，说那首打油诗是来自日内瓦，是为了偷运到法国印刷和散发的。官员们还借题发挥，把上帝和教会的敌人骂了一通，同时又对他们高度的警惕性大加赞扬，说什么正是由于他们的警惕性高，所以才阻止了这个罪恶阴谋的实施。他们认为：由于那首打油诗，我所有的衣服都沾染了异教味，因此应通通加以没收。此时，弄得我毫无办法，一点儿也打听不到有关我的行李的消息。我去找主管的官员，他们要我提出这个证明、那个凭据、这个批示和那个结论，花样多得不得了，最后我只好干脆全部放弃，什么也不要了。我很后悔没有把鲁斯关卡的那篇“检查纪要”保存下来，收入本书，同其他材料一起发表，那才“奇文共欣赏”有趣得很呢。

由于失去了全部行李，我便无法跟布朗沙神甫学习，因此决定立即返回尚贝里。我通前彻后地全盘考虑了一下，发现我无论做什么事情都遭到厄运，因此我下定决心，从此以后就一心一意地跟着妈妈，与她同呼吸、共命运，再也不为我无能为力的将来做任何徒劳的努力。她很高兴地欢迎我，就好像我给她带回来什么财宝似的，并一件又一件地给我添置新的衣服。这件倒霉事，无论对她还是对我来说，损失都是挺大的，但没过多久，我们就把它忘记了。它发生得快，我们也忘记得快。

虽然这件不幸的意外事件使我进修音乐的计划遭到挫折，但我还是照样继续研究拉摩的那本《和声学》，而且，通过不懈的努力，终于把它读懂了，并试作了几首短短的曲子。这一成功，使我受到了很大的鼓舞。昂特蒙侯爵的儿子贝尔加尔德伯爵在奥古斯都国王驾崩后便从德累斯登回到了尚贝里。他曾经在巴黎待过很长一段时间；他非常喜欢音乐，尤其喜欢拉摩作的曲子。他的弟弟朗吉伯爵能拉一手好提琴，他的妹妹德·拉都尔伯爵夫人会唱歌，经过我们几个人的努力，终于使人们对音乐的爱好在尚贝里一下子就蔚然成风。我们准备举办一次公开的音乐会。开头，大家打算让我当指挥，后来觉得这个工作超过了我的能力，于是便另作安排。我把我作的几首小曲子拿到音乐会上去演奏，其中有一首合唱曲颇受欢迎。这首曲子虽算不上尽善尽美，但其中有好几段充满新意的曲调，人们没有料它们的作者竟然是我。有几个人不相信我这个连乐谱都读不懂的人会作出相当不错的曲子；他们怀疑我把别人的作品说成是我自己的作品。为了验证这一点，有一天上午，朗吉先生带着一首克列朗波作的合唱曲来看我。他说：为了便于演唱，他给这首合唱曲变了调，但是，一变了调，克列朗波的这首曲子就无法演奏了，因此要我给它配一个低音部。我回答说，这个工作相当艰巨，不能马上完成。他认为我这是找借口，因此硬要我至少要作一段低音部宣叙调。我答应了；当然作得不怎么好，因为无论什么事情，若要我做好的话，就必须让我从从容容、自由自在地做。不过，我这次作的低音部宣叙调至少是合乎规则的，而且是当着他的面作的，这就使他不再怀疑我连作曲的基本规则都不懂了。就这样，我那几个女学生还继续跟我学。但是，由于有一次他们举办音乐会没有邀请我参加，我对音乐的兴趣便稍微低落了一些。

差不多也就是在这个时候，战争宣告结束，和平重新到来，法国的军队又从峰峦起伏的阿尔卑斯山开回来了。有几位军官来看妈妈，其中有奥尔良团上校团长洛特雷克伯爵（他后来还担任过驻日内瓦的全权公使，并最后晋升法国陆军元帅）。妈妈把我介绍给他。他听了她的话以后，表现得对我十分关心，对我许了很多诺言，可是直到他临终那一年，他才想起他答应我的事，而我这时候已经不需要他帮我什么忙了。年轻的塞勒克特尔侯爵（他的父亲当时任法国驻都灵的大使）这时也在尚贝里。有一天，他在芒东夫人家吃晚饭，我也在座。饭后，大家谈到了音乐问题。他对音乐很内行。当时歌剧《耶弗德》正在接二连三地上演，他就谈起这部歌剧，并叫人把谱子拿来，他提议要我和他一起演唱这部歌剧，这一下弄得我登时全身战栗。他打开歌谱，正好翻到那段著名的二重唱：

世上的人，地狱的鬼，甚至
天上的神，全都在主面前战栗。

他问我："你唱几个音部？我唱这六个音部。"那时，我对法国人的快节奏转换音部的唱法还不熟悉，尽管我有时候也能勉强唱几段，但我不明白一个人怎么能唱六个音部，就是唱两个音部也不可能嘛。在演唱的时候，最使我感到费劲的，就是从一个音部一下子就跳到另一个音部，而眼睛还要盯着整个乐谱。塞勒克特尔先生看见我为难的样子，便以为我不懂音乐。也许是为了弄清楚我到底懂不懂音乐，他要我把他准备献给芒东小姐的一首歌记下来。我当然无法推辞。于是他开始演唱，我也开始记录。我没有让他反复重唱几次，就全记下来了。他拿着我记录的谱子一看，发现我记得完全正确，一个差错也没有。他把他所看见的我为难的样子和我记谱记得完全正确这一小小的成就一加对照，便非常高兴，对我大加赞扬。其实，这件事情非常简单，因为我对音乐是很有造诣的，我缺乏的只是那种一看就会的机灵劲儿；我在任何事情上都是这样的，尤其在音乐方面，我必须经过反复练习和研究，才能达到一看谱子就能演唱的程度。不管怎么样，我对他后来为了消除我受到的那一点点儿屈辱在他人和我自己心中留下的阴影而做的努力，是十分感激的。事隔十二年或十五年以后，我在巴黎的几次社交场合又见到了他。我有好几次想对他重提这件事情，想向他表达我永志不忘的谢意，但他那时已双目失明，我怕一回忆往事会引起他的伤感，所以就没有提。

现在，我即将进入一个把我过去的生活与我现在的生活联系起来的过渡时期。从那时一直保持到现在的友谊，对我来说，是十分珍贵的。这些友谊经常使我一想到我当初默默无闻时候的幸福情景，便感到十分留恋。那时候，那些自愿和我交往的人，都是由于爱我这个人而同我交朋友的；都是出于至诚，而不是出于想和一个名人结交的虚荣心，更不是居心叵测地为了有更多的机会伤害我。我第一次和我的老朋友高福古相识，就是在这个时期。尽管有人曾想方设法离间我们，但他始终对我情谊甚笃。自始至终，真是难得呀！唉！可惜他最近去世了。他对我的爱，只是在他的生命终结之后才停止；我们的友谊，只是在他离开人间之后才告一段落。高福古先生是我见过的最可爱的人之一。凡是见过他的人，没有一个不喜欢他；凡是和他相处过的人，没有一个不对他产生敬意。在我这一生中，我还没有见过哪一个人比他更落落大方，比他对人更亲切和真诚，更明达事理，一言一行更赢得人们的信任。不论多么拘谨的人都会和他一见如故，好像是已经相识二十年的老朋友那样亲热；就连我这个一见生人就手足无措的人第一次和他见面也感到好像是和他已相识多年似的。他的声音和他的言谈，与他的仪表非常相配。他说话的声音清脆响亮、浑厚有力，既悦耳又能打动你的心。他成天都是那样高高兴兴的，对人极其真诚和朴实；他既有天生的才能，也有后天的修养。除此以外，他还有一颗爱人的心，而且是一颗稍许过分多情的心。他乐于助人，几乎是不加选择地帮助他人，竭诚为朋友效劳，或者说得更确切一点，他能帮助谁，就主动做谁的朋友。他既善于办理他自己的事情，又能满腔热忱地办理别人的事情。高福古是一个普通的钟表匠的儿子，他本人也是一个钟表工人。但是，他的仪容和他的才华促使他走向另外一个社会圈子，而他后来也真的进入了那个环境。他结识了当时法国驻日内瓦常驻代表德·拉·克洛苏尔先生，两人成了很要好的朋友。德·拉·克洛苏尔先生给他介绍了几位对他大有用处的巴黎朋友。通过那几位朋友的帮助，他获得了在瓦勒的食盐供销权，每年有两万利弗尔的收入。就财运来说，一个男人有这样的业绩已经是够好的了，就已经知足了；而在女人方面，他也很走运：女人纷至沓来，因此他必须加以选择，而且也真的选到了意中人。最奇怪又最令人称赞的是，他和各行各业的人都能拉上关系，他无论走到哪里都受到大家的欢迎，既不遭人嫉妒也不遭人恨。我确信，他这一辈子到死都没有遇到过任何一个仇人。他真是幸福的人啊！他每年都要到艾克斯温泉浴场去几次，和聚集在那里的附近一带的上流社会人士攀交情；他和萨瓦省的几位贵族都有联系，经常从艾克斯到尚贝里来看望贝尔加尔德伯爵和伯爵的父亲昂特蒙侯爵，妈妈就是在侯爵家与他相识，并把我介绍给他的。那次见面似乎没有什么特别的印象，而且后来又中断了好几年，但是在我即将谈到的场合，我们又见面了，而且结下了真正的友情，因此我有资格详细谈一谈这位与我交往甚密的朋友。不过，我不是因为私交甚密而追忆他，而是由于他的确是一个十分可爱的和天资特高的人。为了人类的荣誉，也是应该让大家永远不要忘记他的。不过，这个如此优秀的人，同其他的人一样，也有他的缺点。这方面的情况，我在后面即将谈到。然而，话又说回来，如果他没有那些缺点的话，他反而不那么可爱了。他为了能尽量引起人们对他的注意，因而有了那些缺点，这也是可以原谅的。

在这个时期，我还结识了另外一个人。我和他的交往一直没有中断过，而且正是由于和他的交往，才诱使我心中抱有难以消除的追求世上幸福的希望。孔济埃先生是萨瓦省的一位绅士；我认识他的时候，他还年轻，很可爱。那时，他忽然心血来潮，想学音乐，或者说得更确切一点，他想结识一位教音乐的人。他很聪明，对艺术很感兴趣。他的性格很平和，喜欢与人交往，由于我本人就十分平易近人，所以对具有这种性格的人非常喜欢。因此，我和他不久就成了好朋友。那时候，文学和哲学的萌芽已开始在我的头脑里滋生，只要稍加培养和激励，就可以迅速成长起来，而给我以培养和激励的，正是这位孔济埃先生。他音乐的天赋不高，这对我来说，是件好事。教唱歌的时候我们不但无心唱歌，反而把时间消磨到谈论别的事情上了。我们在一起吃饭、聊天和阅读新的出版物，没有一句话涉及音乐。当时，伏尔泰和普鲁士王储[①]的来往书信正闹得沸沸扬扬，成为街谈巷议的话题。我们常常谈起这两位著名的人物，其中一位不久即将登上王位，而且已经展示了他日后将成为一个雄才大略的人的能力；另一位当时受到的诋毁之多，亦如他现在所受到的敬仰之普遍。我们非常同情他不幸的遭遇；他走到哪里，不幸的事情就跟随到哪里。不幸的事情好像专门是为了伟大的天才人物而发生似的。那位普鲁士亲王年轻时候很不幸

① 指弗雷德里克二世。——译者

福，而伏尔泰生来就好像是一个一生也享受不到幸福的人。由于我们对这两个人都十分关心，因此对凡是与他们有关的事物都很感兴趣。伏尔泰所写的文章，我们全都仔细阅读了；从阅读中领略到的乐趣，使我也产生了字斟句酌学写文章的念头，尽量模仿这位作家使我入迷的华丽文笔。不久以后，他的《哲学通信》出版了；虽然这本书不是他最好的作品，但它把我领上了细心读书和探求学问的正确道路。我在这方面的兴趣一天比一天浓厚，而且从那个时候起，就一直没有消失。

不过，真正使我潜心做学问的时机尚未到来。我的性情依然是那样见异思迁，很难专一，喜欢东奔西跑。这种性情现在虽然有所收敛，但未完全改变；华伦夫人家中的生活环境对我这种性情的养成也起了一定的作用，因为她家中太乱，不可能让我静下心来独自一个人做学问。每天都有许多人川流不息地从四面八方来到她的家。我看得很清楚，他们之所以来，完全是为了想方设法骗取她的钱财，因此使我感到在她家里居住无异于一种苦刑。自从我接替阿勒的工作，得到她的信任以后，我就密切注意她家中的景况的变化。我发现景况愈来愈糟，因而使我感到十分忧虑。我曾无数次反复向她汇报真情，请求和催促她改弦更张，但结果毫无成效。我曾跪在她的膝前再三强调那场威胁她的灾难即将到来。我强烈要求她节省开支，并首先从我开始。我反复说明在年轻的时候受点儿苦，总比到了老年债台高筑好得多，不至于使自己陷入债主上门讨债的困境。她被我的真心实意所感动，与我抱有同感，满口答应照我的话办。然而，只要来那么一个无赖汉，她立刻就会把她答应我的话忘得一干二净。在千百次证明我的规劝纯属徒劳之后，我除了避而不见我无法防止的灾难以外，还有什么其他的办法呢？我远远地离开这个我无力看好大门的家，我到尼翁、日内瓦和里昂去短暂旅行，暂时忘掉我心内的痛苦，虽然由于旅费的开销也增加了我的忧虑。我可以对天发誓，如果我节省开支真能使妈妈得到好处，我是情愿处处节约，不乱花一文钱的。然而我看得很清楚：不论我节省多少钱，最后全都会落到那些骗子的手中去的，因此我就利用她对谁都是有求必应的弱点，与他们分享她的钱财。我就像那条从肉店跑出来的狗一样，既然无法看守那块肉，就叼走我这一份算了。

要想到外地旅行，是不难找到借口的。单单妈妈本人就可以向我提供许许多多到外地去的事由。她和各个地方的人都有往来，有事情要商谈和办理，因此要委托一个可靠的人去办。她每次都派我去，而我也巴不得去，这样，我就可以东奔西跑，到处旅行了。由于到各地旅行，我结识了许多好朋友，他们后来对我都大有帮助。例如我在里昂认识的佩里雄先生，从他对我的热情接待来看，我很后悔没有继续和他深交；我还认识了对人和气的帕里索（关于他，我以后在适当的时候还要谈到）。在格勒诺布尔，我认识了黛邦丝夫人和巴尔多朗什议长的夫人。巴尔多朗什夫人是一位很聪明的女人，如果我常去拜访她的话，我和她一定会结成好朋友的。在日内瓦，我认识了法国常驻日内瓦的代表德·拉·克洛苏尔先生。他对我经常谈起我的母亲，虽然她已去世多年，但当年我母亲的风采，他仍记忆犹新。我还结识了巴里约父子两人：老巴里约把我看作他的孙子。他对人挺和气，是我所见过的最正直的人之一。在共和国动乱时期，这两位公民分别加入了两个敌对的派别；小巴里约加入市民派，而他的父亲则加入政府派。1737 年发生武斗的时候，我正在日内瓦，看见这父子两人各持武器从同一座房子里跑出去，一个跑到政府大楼，而儿子则跑到他那一派人的集合地。他们两个人都知道，两小时以后就要面对面地互相厮杀。这个可怕的场面给我的印象是如此之深，以致使我发誓：如果我恢复了公民权利，我绝不参加任何内战，永远不在国内用武力去争取自由；无论在个人行动上或言论上，我都不采用同室操戈以兵戎相见的做法。我曾以实际行动证明我在一件极其棘手的事情上遵守了我的誓言。我这种克制的做法，至少在我个人看来是值得赞许的。

不过，当时我还没有产生后来由武装起来的日内瓦在我心中激起的那种朴实的爱国主义热情。人们从一件因我一时莽撞而造成的严重事件就可看出那时候我对爱国主义是一点儿概念也没有的。这件事情我当时虽忘记谈它，现在就不应该略而不谈了。

几年前，我的舅舅贝尔纳为了监修他所设计的查尔斯城便去了卡罗来纳；他不久就死在那里。我那可怜的表兄也在为普鲁士国王服兵役期间病故。我的舅妈就这样差不多同时失去了她的儿子和她的丈夫。这丧夫丧子的悲痛，使她对我这样一个仅存的最亲的亲属备感亲切。我去日内瓦的时候，就住在她家；闲暇之时我就喜欢翻阅舅舅留下的图书。我发现了许多好书和一些不为他人注意的信件。我的舅妈对这一堆旧书从来就不重视，我愿拿走多少就拿走多少。我只拿了两三本有我外祖父贝尔纳牧师亲笔加了批注的书，其中有洛豪尔特身后出版的《文集》(四开本)，书的空白边上写满了非常精彩的注释；看了这些注释，我便开始对数学产生了兴趣。这本书，我后来就把它留在华伦夫人的书橱里，后悔我没有把它保存在我身边。除了这几本书以外，我还拿走了五六份手稿，唯一的一个已经付印的稿本是著名的米舍里·杜克雷所写的一份备忘录。此人博学多才，但太爱放言高论、喜谈国是，因此遭到日内瓦官员的残酷迫害，最后死在阿尔贝格城堡。他被关在城堡里好几年，据说是因为参与了伯尔尼的阴谋事件。

这份备忘录的内容是针对日内瓦的大而无当的城防工程计划提出的相当正确的批评。这个计划已部分实施。有一些行家由于不了解议会这个宏伟计划的秘密目的，便对它大加嘲笑。米舍里先生因批评这个计划，便被城防委员会取消了他的委员资格。然而他认为：姑且不说他是两百人议会的议员，即使是一个普通公民，他也可以发表他的看法。这就是他写这份备忘录的目的。由于他考虑不周、行事太冒失，他竟把这份备忘录印了出来，不过没有对外散发，而只印了两百份准备发给两百人议会的议员。这两百份备忘录，后来都被邮局奉小议会之命通通予以扣留。我在舅舅的书堆里发现了这份备忘录和答辩书；我把这两份文件都拿走了。我是在离开土地普查局之后做这次旅行的；那时候，我同担任局长之职的柯赛里律师还保持着良好的关系。此后不久，税务处的处长请我做他的儿子的教父，请柯赛里夫人做教母。这项荣誉使我高兴得忘乎所以，对我能够有机会如此接近律师先生而感到自豪，因此我准备尽量装出一副大人物的样子，以表示我的确配享这份荣誉。

根据这个想法，我认为，为了向他证明我是知道国家机密的日内瓦的上层人士，最好的办法莫过于把我手中这份用印刷机印的米舍里先生的备忘录拿给他看，因为这的确是一份非常难得的稀有文件。不过，我不知道当时出于什么谨慎的考虑，我也留了一手，没有把我舅舅写的那份答辩书给他看；这也许是因为它是手稿，而柯赛里先生想要的是那份印刷的备忘录。他当然一眼就看出了我愚蠢地给他的这份文件的价值，因此，我从此以后不仅没有把它要回来，而且连看也没有再看见过。后来，我断定，无论我费多么大的劲儿也是要不回来了，便索性做个人情，把他存心强占的这份文件当作一件礼物送给他。我敢断言，他一定会把这份虽稀有但无甚用处的文件拿到都灵宫中去炫耀，说他是花了多少钱买的；谁想要，也必须出那么多钱才能得到。幸好，在诸多难以预料的事情中，撒丁国王来围攻日内瓦的可能性是很小的。不过，由于不可能发生的事情有时候也会发生，万一真的发生了撒丁国王的军队围攻日内瓦的事，那么，由于我出于愚蠢的虚荣心而把城防工事的弱点泄露给日内瓦的夙敌，我的罪过可就大了。

我就这样时而搞音乐，时而搞制药，时而又到各地旅行，晃晃荡荡虚度了两三年光阴；我想固定干一样事情，但又不知道究竟干什么事情才好。不过，在这期间，我对读书做学问的兴趣愈来愈浓厚，还经常去拜访文人，听他们谈论文学，而且有时候还插嘴说几句，当然，我的插话无非是从书上学来的那些词句，而不是对书的内容有什么真正的见解。我每次到日内瓦，都要抽空去看望我的老朋友西蒙先生；他把巴耶和柯罗米埃[①]对文学界的非常新颖的

① 巴耶，指安德里安·巴耶(1649—1706)，法国文学评论家，著有《评几位学者对几位作家的主要著作的评论》。柯罗米埃，指保尔·柯罗米埃(1638—1692)，法国17世纪著名的基督教作家。——译者

看法讲给我听,因而大大助长了我求知的上进心。在尚贝里,我曾多次去拜见一个多明我会的修士(他的名字我已忘记),此人是一位物理学教师,为人很忠厚。他常常做一些小实验给我看,引起我极大的兴趣。我想按照他的样子做密写墨水。我在一个瓶子里装了大半瓶生石灰、硫化砷和水,接着,我便塞上瓶塞。我刚一塞上瓶塞,瓶子里立刻就猛烈地沸腾起来。我赶紧跑过去,想拔掉瓶塞,但已经来不及了,瓶子像炸弹似的砰的一声爆炸了。瓶子里的水溅了我一脸,我咽了一口含有硫化砷和生石灰的水,差一点儿要了我的命。有六个星期,我两眼什么也看不见,成了瞎子。此事教训了我:没有实验物理学的基本知识,就千万别去搞这玩意儿。

对我的健康来说,这件意外的事情发生得真不是时候,因为近来我的健康状况很明显地越来越坏了。我真不明白:我的身体很好,又没做任何过度劳累的工作,怎么会眼睁睁地一天天衰弱下去。我宽肩膀、宽胸围,呼吸应当是很顺畅的,然而我却经常气短,感到憋闷、喘不过气来,有时候还心跳、咯血,后来又时常低烧,一直没有好过。我正在壮年,五脏六腑都无毛病,又没有做任何有损健康的事,怎么一下子就衰弱到这步田地呢?

人们常说:利剑终归要损伤剑鞘的。我的情况就是如此。对某些事物的追求,使我感到生活得很有意义,但同时也毁坏了我的身体。人们也许会问我追求些什么呢?我追求的都是一些不值一提的小事情、非常幼稚的事情,然而它们在我心目中却如同占有海伦[①]或登上王位那么重要。首先让我谈一谈女人。我占有了一个

① 古希腊神话故事中传说的美女。——译者

女人之后,我的感官虽然平静了,但我的心却不平静。在肉体的快乐享受中,性爱的需要吞食着我。我虽然有了一位温柔的母亲、一位亲爱的女友,但我还需要一个情妇。我头脑中经常想象有那么一个情妇来代替妈妈。为了欺骗自己,我曾想方设法在想象中变换她的样子。因为,当我一想到躺在我怀中的女人是我的妈妈,即使我把她抱得紧紧的,我的情欲的冲动也会立刻减低,甚至完全消失。虽然我被她的温存感动得啜泣,但一点儿也不感到快乐。肉体的快乐!男人非享受不可吗?唉!我经常在心中暗自琢磨:在我这一生中要是真有那么一次尽情享受两情欢洽之乐,我这孱弱的身体未必能经受得住,说不定我会当场死去的。

我想女人已经想得要命了,但始终没有找到具体的对象。这种状态也许是最伤身体的。另外,一想到可怜的妈妈的愈来愈坏的境遇,想到她那种大手大脚乱花钱的做法早晚会使她彻底破产,我就忧心忡忡,十分难过。我活跃的想象力早已料到灾祸必将来临,并不断描绘它将产生的可怕的景象和严重的后果。我还黯然神伤地这样预测:由于妈妈破产了,我将被情势所迫而不得不离开这个我已为之献身而且没有她我就没有生的乐趣的女人。我心神不安的原因就在于此,欲望和忧虑交相摧残着我的肉体与心灵。

音乐是我的另一个追求,虽不那么狂热,但也消耗了我许多精力,因为我喜欢音乐已经入了迷,成天埋头钻研拉摩的那几本难以看懂的书。虽然我的脑子已经不听我使唤,但我却硬要把书中的内容记在我的脑子里,另外,我还要时常从这家走到那家去给学生上音乐课,编写一首又一首的曲子,往往是一写就是一通宵,这些事情都是很消耗体力的。我为什么要在这里花这么多笔墨谈这些事情呢？既然我见异思迁的头脑里的那些荒唐的想法和因一时的兴之所至而又只能坚持一天的爱好以及旅行、参加音乐会或赴晚宴，还有散步、看小说或看戏剧这些乐趣或事情都是无须事先筹划就可以享受得到或办得到的，为什么会让我着急得令人好笑，甚至拼命地去苦苦追求呢？当我读到《克里夫兰》[①]这本小说（我曾如饥似渴地阅读，但又时时中断）所描写的书中主人公的那些想象的痛苦时，我的确认为他的那些痛苦比我自己的痛苦更令我感到忧伤。

有一个名叫巴格列的日内瓦人曾在俄国宫廷为彼得大帝效过劳。此人是我见过的心术最坏而又最狂妄的家伙；他一脑子的馊主意，他的主意之狂妄，与他为人的狂妄是一样的。他说，只要他一出手，百万银币就会像江河的水那样滚滚流进他的钱袋，因此，对他来说，白手起家并不难。他来尚贝里，本来是为了到参议院去办什么事情的，可是他放下正事不办，却对妈妈狠下工夫，兜售他的白手起家的计划，十块八块地骗取她仅有的那一点儿钱。我很讨厌他；这一点，他也看出来了。对于我这样的人，要看出我的心意，那是一点儿也不难的，因此他便用种种卑鄙的手段来讨好我。他会下棋，他说他可以教我下，我勉勉强强地答应他可以试一试。我刚学了几下走法，进步就很快，在第一局快结束时，我就利用他开头让我的那一步棋赢了他。从这里开始，我就对下棋入了迷、上了瘾。我去买了一副棋，又买了一本棋谱，无论白天或黑夜我都一

① 法国小说家普列伏神甫 1732—1739 年间陆续发表的一部四卷本长篇小说；这部小说的全名是：《一位英国哲学家，或：克伦威尔的私生子克里夫兰先生的故事》。——译者

个人关在屋子里学，想把书上讲的那些招数全都记在心里。我没完没了地研究；脑子里想的和装的，全是下棋的诀窍。经过两三个月难以想象的刻苦努力之后，我就到咖啡馆去想试一下身手。那时候，我面黄肌瘦，活像一个傻子。我和巴格列先生对弈起来。第一盘我输了，第二盘我又输了，我一连输了二十盘。我脑子里记得滚瓜烂熟的那些招数全乱了套，我的想象力也凝固了，一下子就晕头转向，如坠五里雾中。我一遍又一遍地拿起费里多尔和斯塔玛的棋谱来研究，分析他们的走法，结果累得精疲力尽，还是白费劲，下棋的本事比以前更糟了。后来我停了一段时间不下棋，等到我心情良好再去和人对弈时，还是和第一次一样，一点儿进步也没有，依然停留在第一次下棋终盘时的那个水平。即使再练习几百年，顶多也只能掌握上次把巴格列将死那一招；如此而已。也许有人会说，用下棋这个办法来消磨时间，这很好嘛。是的，我在这方面的确花了不少时间，只是到了实在没有力气的时候，我才没有继续尝试。当我走出房间到街上去的时候，人家一看，几乎把我当做一个从坟墓里挖出来的死人。如果再这样继续下去的话，我一定会不久于人世的。人们不难想象，像我这样在青年时期爱下死工夫钻研的人，要想保持身体健康，是多么困难啊。

健康不佳的状况影响了我的心情，也使我爱胡思乱想的头脑比以前冷静了许多。由于我身体非常虚弱，我变得好静而不好动了，出外旅行的兴趣也减少了。我喜欢待在屋子里。我心里感到的不是无聊，而是忧郁；闷闷不乐的心境代替了奔放的热情，颓丧变成了悲伤，时常无缘无故地叹息和哭泣。我担心我还没有享受到生的乐趣，生命便离我而去。一想到可怜的妈妈迟早要陷入困境，我便不断地唉声叹气。我敢说，我唯一感到遗憾的，是我将离开她，使她处于无依无靠的境地。最后，我终于病倒了。她对我的照料，比任何一个母亲照料自己的亲儿子还周到。这对她来说，倒是一件好事，因为这不但可以使她不再去搞这样或那样的计划，而且还可躲开那些帮她订计划的人。如果那时候我死了，我将死得多么宁静啊！虽说我没有享受到多少生的幸福，但我也没有感受到多少人生的痛苦。我平静的灵魂可以在尚未痛感那残害活人与死人的世间不公正之事以前离开这个世界。我感到欣慰的是，我的生命将继续活在我的女友的身上，这样，我就虽死犹生了。要不是我对她的命运感到忧虑的话，我死的时候就会像安然入睡那样闭上我的眼睛。不过，我的这种忧虑，由于有一个温柔多情的对象，因此也就不感到那么痛苦。我曾经对她这样说过："你掌握着我的命运，你要使我一生幸福啊。"在我病情最严重的时候，我曾经有两三次半夜起来，一步一步地挪动我病弱的身子走到她的房间里，对她的持家的方式提出忠告。我敢说，我的意见都是非常正确的和合理的，其中最重要的一点就是对她的命运的担心。我的眼泪就像食品和药物一样有益：我坐在她的床边，紧紧握着她的双手和她一起痛哭一场之后，我感到我的精神一下子就振奋起来了。我们的这种夜间谈话，有时一谈就是几个小时。回屋的时候，我的心情比我去她房间的时候好多了，对她向我许的诺言和使我产生的希望感到非常高兴与满意。于是，我怀着平静的心情安然入睡，因为今后的一切，自有上帝的安排。上帝啊，经历了一生许多恨事和震撼我心灵的风暴之后，我感到，对我来说，生命反倒是一个大累赘，因此，我确信那结束生命的死亡来临之时，也将像它此刻这样，不会使我感到多大的痛苦。

由于她的细心照料和关怀，她终于把我救活了，而且也只有她才能救我。我不太相信医生给我开的药，但我深深相信真正的朋友对我的关怀。与我们的幸福有关的情谊，比任何其他事物更能产生良好的效果。如果在生活中真有那么一种甜蜜的感觉的话，那就是我们此刻相依为命的感觉。我们两情之间的爱虽然没有因此而增长（它显然是不可能增长的），但却变得比以前更质朴、更款洽和更动人。我完全成了她的作品、她的孩子；她比我生身的母亲还亲。我们不知不觉中竟变得形影不离，仿佛两个人的生命已经结合在一起了。我们不仅彼此都感到互相需要，而且感到，只要我们两人在一起，就什么都满足了。我们从此不再去考虑任何与我们无关的事情，我们唯一关心的，是我们的幸福和我们的互相占有。我们的这种占有，很可能是世上绝无仅有的，因为它不是我在前面所说的那种出自情爱的占有，而是更真诚的心灵的占有，它与感官的享受、性的冲动和年龄的大小与容貌的美丑无关；它是建立在只有死后才能消失的种种使人之所以为人的道德观念上的占有。

这一难得的珍贵机会，为什么没有在她的晚年和我的晚年给我们带来幸福呢？这不能怪我；对于这一点，我是心安理得、深信不疑的。这也不能怪她，至少是不能怪她有意为之。怪只怪难以克服的人的本性又占了上风。不过，那悲惨的结局也不是一下子突然发生的。感谢上天的庇佑，中间有一个间隔期，为时虽短，但却是非常珍贵的间隔期。它既不是由于我的过错而结束的，也不能怪我没有很好地加以利用。

我这场大病虽然治好了，但精力并未恢复。我的胸部仍然感到憋闷，时常低烧，全身软弱无力。我对什么都不感兴趣，一心只想在我喜爱的女人身边度过我的余年，使她能坚持她改弦更张的决心，并认识到真正的幸福生活的美究竟是美在什么地方，而我则尽我的力量使她成为真正的幸福的人。然而我发现，我甚至已经感觉到，在一个凄凉的屋子里，两个人老是那样面对面地坐在一起，最后也会感到十分寂寞和无聊的。改变这种状况的机会竟自动出现了。妈妈一定要我喝牛奶，而且要我到乡下去买奶喝。我说，只要她和我一起去，我就同意照她的话办。她立刻答应了。剩下的问题只是选择到什么地方去。我们在郊外的那个园子，严格说来不是在乡下。它周围都有别的房子和花园，没有乡下那种幽静的样子。另外，自从阿勒去世以后，为了节省开支，我们已经离开那个园子，无心去侍弄那里的花草和其他植物了，何况我们还有许多其他的事情要做，所以就放弃了那个园子，任其荒芜。

趁她现在对城市生活感到厌倦这个机会，我建议她完全放弃那个园子，到另外一个幽静的地方去住；找一个离城较远的小房子，使那帮讨厌的家伙找不到我们。如果她采纳了我的建议，这个由她的天使和我的天使共同启发我们想出来的主意，说不定真能保证我们一直到死都过着幸福安宁的日子。然而，我们没有这个福分。妈妈过惯了富足的生活，现在要她毅然舍弃这种生活去过艰苦的日子，她必然是受不了的。至于我，我已屡遭劫难，什么苦都受过，因此我深信我总有一天能以自己的言行给那些热爱正义和公众福祉的人做个榜样：我不拉帮结派，不靠同党庇护，全凭自己的赤子之心向世人勇敢地揭示真理。

她心中有一层顾虑，使她不敢马上搬离她现在住的这座房子：因为她怕得罪房子的主人。她对我说："搬到乡下去住的这个计划，很好，很合我的心意。不过，到乡下去住，也需要钱呀。如果现在就完全离开这座监狱似的房子，我就有失去生活来源的危险。我们在树林里找不到饭吃的时候，还得回到城里来找，为了避免这种麻烦，我们最好是不退这座房子，照样给圣洛朗伯爵付房租，而他也照样付我的年金。我们去找一个离城相当远的小房子，既可以让我们平平静静地生活，又便于我们在必要的时候回城办事。"事情就这样决定了。我们看了几处地方之后，最后决定搬到夏梅特；这块地方的土地属于孔济埃先生，离尚贝里虽然很近，但地方很偏僻，好像离城里有一百里之远似的。在两座相当高的山丘之间，有一道南北向的山谷，谷中有一条掩映在乱石和树丛中的小溪。沿山谷的半山腰，有几座稀稀疏疏分散的房子，凡是喜欢在偏远幽静的地方隐居的人都觉得这里非常适宜。我们看了两三座房子以后，最后选定了其中最漂亮的一座。这座房子的房主是正在军中服役的卢瓦赫先生。房子很适合于居住。房子前边有一个梯形花园，上边有一排葡萄树，下边有一个果园，对面是一座小小的栗树林；附近有一处泉水，后山上有几处作牧场用的草地。总之，我们小小的乡居房舍所需要的东西，全都应有尽有了。就我的记忆，我们大概是 1736 年夏末搬到这里来的。我们第一夜在这里准备睡觉的时候，我心里快活极了。我抱住我心爱的女友，心情激动得眼泪汪汪地对她说："妈妈，住在这里真感到幸福和宁静啊！如果我们在这座房子里都得不到幸福和宁静，到任何别的地方就更得不到了。"

第六卷

(1737—1740)

> 我希望有一块不大也不小的土地，一座花园，房前有一条流水潺湲的小溪，另外还有一座小小的树林。[①]

我不愿意接着说："诸神赐给我的，已经远远超过了我的希望。"[②]不过，没有关系，别的东西，我全都不要了；甚至连雕梁画栋的府第，我也不要了。我现在拥有的东西已足够我享受了。我早就说过，而且也亲身感受到：所有者和占有者往往是完全不同的两个人，例如丈夫和情夫就是一例。

我一生中仅有的短暂的幸福生活，就是从这里开始的。使我敢说我真正享受到了人生乐趣的那段恬静而转瞬即逝的时光，就是从此时开始的。令人留恋的珍贵的时光啊！请为我再重新开始一次你那美好的历程，尽量在我的回忆中慢慢走过，而不要像你现在这样如流星赶月似的转眼就过去。要怎样下笔才能按照我的心

---

① 引自拉丁诗人贺拉斯（约公元前65—前8）的《讽喻诗集》，第2章，讽喻诗6。——译者

② 同上。

意把这朴实而又动人的故事写得长一些？要如何写法，才能做到尽管一再重复同样的事情也不使读者感到腻味？要怎样铺叙才能做到尽管不断重新开始，也不使我自己感到厌烦？如果这一切都是真实的事实，是真正做过的和说过的事情，我当然可以用这样或那样的方式详详细细地描写，但是，如果这一切既没有说过，也没有做过，甚至连想都没有想过，而只是欣羡过和感觉过，连我自己除了有这种感觉以外，也说不清我的幸福是不是还有别的原因，在这种情况下，我要如何叙述才叙述得好呢？太阳一升起，我就起床，我心里非常快活。我高高兴兴地出去散步。我看见妈妈，就感到自己很幸福，即使我离开她一会儿，我也感到幸福。我在树林中和山坡上到处转悠，我跑遍了每个山谷。我读书，悠悠闲闲地在园中劳动，采摘果子，帮着做家务活儿。我走到哪里，幸福就跟随我到哪里。幸福不存在在任何一种固定的事物中，它存在于我的自身，它一刻也没有离开过我。

在这段宝贵的时期所发生的事情，以及在这段时期我所做的、所说的和所想的事情，没有一件我不记得，而在这段时期之前和之后的事情，我只是偶尔想起，而且即使想起了，也是很不全面的、很零乱的。唯独这个时期发生的一切事情，我全记得，好像就发生在眼前似的。我的想象力在我年轻的时候总是往前看，展望未来，而现在则往后看，一个劲儿地回忆往事，用甜蜜的回忆来弥补我永远失去的希望。我感到未来没有任何值得我向往的地方，只有回顾往事，才能使我感到快乐。对我所说的这个时期的回顾，是如此的甜蜜和如此的亲切，以致尽管我遭遇了许多不幸，我也感到非常幸福。

我从我回忆的往事中，只举一件事情作为例子，就可看出它们是多么真切和生动。在我们第一次去夏梅特那天，妈妈是坐轿子去的，我跟在后面步行。由于山路很陡，她的身子又相当重，为了不让轿夫过于劳累，在差不多走了一半路的时候，她便下了轿，剩下的路步行。走着走着，她忽然看见篱笆旁边有一个蓝色的东西，她对我说："你看，长春花现在还在开花呢。"我过去从来没有见过长春花，当时也没有俯身仔细看，加上我的眼睛又很近视，站着是看不清地上的花草的。我只边走边瞧了它一眼。从那以后，我差不多有三十年没再见到过这种花，也没有回想过这种花。1764 年在克列西埃，我同我的朋友迪佩鲁先生一起登上一座小山，在山顶上有一个很漂亮的亭子，迪佩鲁先生称它为"畅观亭"，这个名字取得很好。那时候我正开始采集植物标本，正当我一边走一边往树丛里看的时候，我突然一下高兴得叫了起来："啊呀！这不是长春花吗！?"再仔细一看，果然是长春花。迪佩鲁发现我非常激动，但他不知道我激动的原因。我想，他将来有一天读到这段文字的时候，自然就明白了。根据这么一个小小的山花给我留下的印象，各位读者就可以看出那个时期的事物在我心中留下的记忆是多么深刻。

乡间的空气虽清新，但也未能使我完全恢复健康。我本来就身子虚弱，现在更加衰弱了。我不能喝牛奶，一喝就难受，只好停止。当时正流行一种用泉水治病的方法，于是我就试喝泉水，但喝的方法很不得当，以致不但没有治好我的病，还差一点儿要了我的命。每天早晨一起床，我就带着一个大杯子到有泉水的地方去，一边散步一边喝，一直要喝两大杯。我完全戒酒了，每餐都滴酒不喝。我喝的水同大多数山中的水差不多,是硬水,不易消化。情况很糟糕,不到两个月时间,就把我很好的胃弄坏了,无论吃什么东西都不消化。看来,十之八九没有治好的希望了。在这个时候,突然在我身上发生了一种怪现象,无论就它本身还是就它对我今后一生的影响来说,都是非常奇怪的。

有一天早晨,我的病情比平常加重了。当我去搬一张小桌子的时候,突然感到全身有一种难以形容的震颤,好像血液中发生了一场暴风雨,一下子就传遍了我的全身。我的动脉跳动得很厉害;我不仅感觉到它们在跳动,甚至还听到它们跳动的声音,特别是颈动脉尤其明显。此外,我还感到两耳有强烈的耳鸣,鸣声有三种甚至四种:低沉的嗡嗡声、潺潺的流水声、尖而细的哨子声和我刚才所说的那种跳动声(我不用按我的脉搏或用手摸我的身体,就能数出它们跳动的次数)。我耳朵里的耳鸣声是如此之大,以致使我失去了敏锐的听觉,成了一个十足的聋子,而且从此以后我就开始有点耳背了。

人们可以想象得到我当时是多么吃惊和多么害怕。我认为我快要死了。我躺在床上,人们请来了一位医生,我战战兢兢地向他叙述了我的病情。我说我的病无法医治了,我当时发现那位医生也这样认为,不过,他还是给我诊断了一下,并啰啰唆唆地向我讲了许多医理,可是我连一句也没有听懂。接着,他便根据他高明的医理,采用他那一套实验疗法来医治我这个半死不活的人。然而,他的疗法既令人难受,又令人讨厌,而且没有多大效果,所以,不久我就不再要他为我治病了。过了几个星期,我发现我的病既不见好,也不见坏,于是便不顾脉搏的剧烈跳动和嗡嗡的耳鸣,下床活动。从那个时候起,也就是说,三十年来,这个病一直伴随着我。

在此之前,我是很贪睡的,自从有了这个病以后,我就睡不好觉,一直到现在还是经常失眠,因此我认为我将不久于人世。有了这一看法,使我有一段时间不再去考虑治病的事情。既然我活不长了,我就下定决心要尽可能好好地利用我剩下的日子。由于大自然的格外关照,尽管我的健康状况极坏,但我竟然没有遭到我似乎难以幸免的痛苦。耳鸣虽然使我感到不快,但并未使我有太大的烦恼。除了夜里失眠和经常气短以外,就没有其他不舒服的感觉,而且,气短这个毛病也没有发展成气喘,只是在我跑步或动作猛烈的时候才稍许严重一点儿罢了。

这个病,看起来好像将摧毁我的身体,但它实际上只不过消除了我的情欲。我每天都为这个病在我心灵上产生的良好效果而感谢上天。我可以这么说,我只有在把我自己看作死人的时候,我才开始感到生活的乐趣;只是到了这个时候,我才体会到我要离开的那些事物的真正价值,才开始关心更崇高的事情,好像是一心要提前完成我一直未认真对待的应尽的义务似的。我虽然经常按照我的想法曲解了宗教的意义,但我并未成为完全不信宗教的人,因此,我没有费多大的力气,便又回到了宗教的怀抱。宗教问题,在许多人看来是那样的空洞,但在那些把宗教看作是一种安慰和希望的人看来,则是那样地有它的意义。在这个问题上,妈妈对我的教导,比所有神学家对我的教导都更为有用。

她对任何事情都有她独特的见解,在宗教问题上也不例外:她对宗教有她自己的一套看法。她那套看法很复杂;有些看法有道理,有些看法却很荒唐,还有一些看法则来自她的性格和她所受的教育。一般地说，信宗教的人都各自按照各自的样子来想象上帝的样子。善良的人认为上帝是善良的，邪恶的人认为上帝是邪恶的，而虔诚的信徒，无论他们是心怀仇恨还是心怀愤懑，全都相信地狱的存在，因为他们巴不得把世上的人全都打入地狱，而心地善良的人则不相信真的有地狱。令我感到吃惊的是，好心的费纳龙[①]在他的《忒勒马科斯奇遇记》里也大谈起地狱来了，好像他真相信地狱似的。不过，我希望他书中的那些话是在撒谎，因为，不论多么诚实的人，只要当上了主教，有时候就不得不撒谎。妈妈对我从来不撒谎。这个无半点恨人之心的女人，从来不把上帝想象为满腔怒火和有仇必报的神。即使是最虔诚的信徒，他们对上帝的认识，顶多也只是把上帝看作是公正的和惩罚恶人的；而妈妈对上帝的认识是：上帝是仁慈的和对世人充满了怜悯之心的。她经常说：如果上帝对我们过于严厉，按照他的标准来衡量我们的话，那他就太不公平了，因为他并没有赐予我们处处都能为人正直的能力，所以，如果时时都要求我们行端品正，那就无异于要求我们必须按照他并没有教导我们的法则行事。最奇怪的是，她虽然不相信地狱，但她相信炼狱[②]。推究其原因，这是由于她不知道如何对待恶人的灵魂：既不能把它们打入地狱，又不能在它们还未变好

① 费纳龙(1651—1715)：法国冈布雷天主教主教，曾任法国路易十四的孙子布高涅公爵的师傅。文中提到的《忒勒马科斯奇遇记》是他为布高涅公爵编写的一本"消遣读物"，但实际上这本读物是一部"政治教材"。这本看似神话故事的小说，明眼人一看就知道是在讽喻朝政、讥刺时弊，因而使它的作者失宠于路易十四，被解除了布高涅公爵的师傅的职务。——译者

② 炼狱是天主教神学中的一种说法。据说，好人在死后也要在炼狱中待一段时间，把身上的一切尘世罪过和杂念洗涤干净之后，才能进入天堂。——译者

以前就让它们和好人的灵魂在一起。因此必须承认:无论在这个世界上还是在另一个世界上,恶人始终是令人感到很难对付的。

另外还有让人感到奇怪之处是,按照她那一套看法,原罪说和赎罪说就会全被推翻,不能成立,一般的基督教教义的基础也将动摇,至少天主教就不能继续存在了。然而,妈妈的确是一个好天主教徒,或者说得更确切一点,她自信是个好天主教徒。可以肯定的是,她的自信是出自真诚的。她认为人们对《圣经》的解释过于呆板和过于生硬,太拘泥于字面。《圣经》上关于永恒的苦难的说法,她认为是比喻性的,是用来威吓人的。她认为耶稣基督的死,是真正的上帝仁慈的榜样,其目的是为了教导人们既要爱上帝,也要彼此互爱。总起来说,她是忠于她所信奉的宗教的;她真诚遵守它的全部信条。不过,如果一条一条地和她讨论的话,人们将发现,尽管她每一条都遵守,但她对每一条的理解都和教会的理解完全不同。在这个问题上,由于她心地单纯和直率,所以她讲的话是非常朴实和有力的,比教士们引经据典的长篇大论更能说服人,甚至经常把她的听忏悔师弄得十分难堪,因为她对他是非常直爽,什么也不隐瞒的。"我是好天主教徒,"她对他说道,"我自始至终要做一个好天主教徒,并衷心服从教会的一切决定。我虽然尚未彻底理解我的信仰,但我能支配我自己的意志,我将毫无保留地让我的意志服从教会。教会的一切,我全都相信,你还要我怎样呢?"

我相信,即使世上未曾有过基督教的道德观念,她也会按照它的精神行事的,因为这和她的性格十分契合。凡是教会规定的,她都照着做;即使没有明确的规定,她也同样去做。在一些无关紧要的事情上,她是一定服从的。如果没有准许她或命令她开斋,她就会一直守斋。她这样做，不是出于行事谨慎，而是为了让上帝喜悦。这些道德原则，是来自塔维尔先生向她讲述的论点，或者说得更确切一点，她认为这与塔维尔先生讲的话并不矛盾。她可以每天和二十个男人睡觉，也不感到良心不安；她在这方面虽有所顾忌，但她的顾忌不如她的情欲多。我知道有许多虔诚的女人在这件事情上的顾忌并不比她多，但其间的区别在于：她们是受情欲的诱惑，而她则是受了那套诡辩哲学的错误引导。在我和她最亲密的和最感人的谈话中谈到这个问题时，她的表情和声音完全同平常一样，而无丝毫改变，因为她觉得这和她自己的为人并不矛盾。如果当时有什么事情打断了她的谈话，等过一会儿接着谈时，她的态度依然是那样平静，因为她认为这一切只不过是一种社会行为的问题。每一个有头脑的人都可以根据具体情况对它做出自己的解释；是否按照它去做，完全由自己决定，根本谈不上冒犯上帝的问题。虽然在这一点上我不赞同她的看法，但我不敢反驳她，因为我不好意思为了反驳她而出言不逊地顶撞她。其实，我倒是很想定一条规矩让别人遵守，而我则例外，可以不遵守。但是，由于我不仅知道她的性格可以防止她违反她的行事准则，而且知道她是一个不容易欺骗的女人。如果我要求例外的话，那就会让她对她所喜欢的人全都例外对待。在这里，我只是在谈到她言行方面的许多乖谬之处时，顺便提一下这个令人难解的地方。好在这对她的行为并没有产生多大的影响，甚至在当时一点儿影响也没有。不过，我既然答应了要完全忠实地叙述她在各种问题上的看法，我就要遵守我的诺言把它们全都讲出来。现在，让我回头来谈我自己。

我发现,她的那些准则正合我的需要,可以用来保障我的心灵不怕死亡和它的后果的来临,因此,我就放心大胆地按照她的准则行事。我比从前对她更加依恋,我希望能把我这个即将离我而去的生命移到她的身上。由于我加倍依恋她,再加上我深知我在世上的日子已经不多,我未来的命运如何已不足挂怀,因此我心中便产生了一种十分平静甚至非常快乐的感觉,缓解了我对恐惧和希望的过度思虑,使我无忧无愁地尽情享受我已剩余不多的时光。我发现有一个可以使我的日子过得更加愉快的办法是:用各种各样有趣的活动来培养她对乡村生活的喜爱,而且在逐渐使她喜欢侍弄花草、饲养家禽、鸽子和奶牛的过程中,使我自己也爱上了这些活动。这些零零碎碎的事情虽然几乎占用了我整个白天的时间,但却没有扰乱我心灵的宁静,比牛奶和药物更有益于我虚弱的身体,使我逐渐恢复了健康。

收获葡萄和水果的工作虽很繁忙,但使我们愉快地度过了那一年余下的时间。我们愈来愈喜爱田园生活,愈来愈喜欢同我们周围的那些心地淳朴的人交往。可惜,转眼之间冬天到了,我们不得不像流亡他乡似的回到城里。我心里非常难过,因为我担心我活不到明年春天,生怕从此一去,就和夏梅特永别了。我依依不舍地离开夏梅特的土地和树林,一边走又一边无数次地回过头去看它们。由于我同我那几个女学生已很久没有联系,再加上我对娱乐和社交生活早已失去兴趣,所以回城以后,我便老待在家里,成天不出门,除了妈妈和萨洛蒙先生以外,我谁也不见。萨洛蒙先生现在是妈妈和我的医生。他为人很诚实,而且有学问,对笛卡尔的著作很有研究;一谈到宇宙间的万千现象,他的话就讲得头头是道、很有见地。和他谈话，我感到非常愉快、很受启发，比他给我开的药方有用得多。我不喜欢同任何人东扯西扯地瞎聊一气，但是，和人进行有益的和有丰富内容的谈话，我是非常高兴、从来不感到厌倦的。我喜欢同萨洛蒙先生交谈。我觉得，我们的交谈已开始涉及我这颗已摆脱种种束缚的心所渴望的高深知识。由于我喜欢他，尤其喜欢听他谈论他所探讨的问题，所以我便开始寻找一些可以帮助我理解他谈话内容的书。我觉得，那些能把宗教信仰与科学融合在一起的著作，尤其是奥拉托利会和波尔-罗亚尔修道院的修士们的著作，对我最合适。我开始读这些书，或者说得更确切一点，我成天废寝忘食和手不释卷地钻研这些书。我买到了一本拉米神甫写的《关于科学的谈话》，这是一本入门读物之类的书，主要介绍书中谈到的几本著作。我把它反复读了一百遍，并决定以它作为我的学习指南。尽管我的健康状况不佳，然而也正是由于我的健康状况不佳，我才怀着一种不可抗拒的毅力，一步一步地走上了做学问的道路。虽然我每天都觉得我的生命已经到了最后一天，但我依然勤奋学习，好像我还要继续活下去似的。有人认为，我这样天天埋头读书，对我的身体有害，但我却觉得这对我非常有益，不仅对我的心灵有益，而且对我的身体也有益，因为我愈用心读书，便愈感到其乐无穷，使我没有工夫去琢磨我的病。这样一来，疾病对我的影响反而少了许多。是的，这并未使我的病真正减轻，但是，由于我心中不再有剧烈的痛苦，我对身体的日益虚弱，对夜不安眠，对用脑筋思考代替体力活动，便习以为常，把身体一天天地衰败看作是不可避免的进程，到死才能停止。

这种看法，不但使我摆脱了对生命徒劳的操心，而且使我决心从此不再吃人们强要我吃的药。萨洛蒙自己也知道他的那些药对我没有什么用处，因此也就不再强要我吃那些难吃的东西了。现在，他只给可怜的妈妈开一些可吃也可不吃的药，以宽慰她心里的痛苦。这样，既可使病人感到身体有好转的希望，同时也可维护医生的声誉。我放弃了严格的节食疗法，又开始像过去那样喝酒，像健康的人那样生活，只不过一切都量力而行，而不过度劳累，但无任何禁忌。我甚至出外活动，去看望朋友，特别是孔济埃先生，我和他的交往使我感到非常愉快。最后，或者是由于我感到努力学习直到生命最后一刻是一件很有意义的事情，或者是由于我内心深处还怀有继续活下去的希望，因而死亡的威胁不但没有减弱我对学习的兴趣，反而使我愈学愈有劲了。我赶紧收集我准备带到另一个世界去读的书，好像除了书以外，我就没有其他可以带到另一个世界的东西。我经常到文人常去的布沙尔书店。眼见春天（我以为我再也见不到的春天）即将来临，我便到那家书店去选购了几本书，以便在我还能继续活着的情况下，带到夏梅特去读。

我有幸活了下来，而且尽情享受了这一幸运给我带来的乐趣。当我看到草木在初春吐露的幼芽时，心中的快乐真是难以形容。再看到春天，这对我来说，无异于重登天堂。积雪刚一融化，我们便离开了城里那座监牢似的房子，早早地来到夏梅特听夜莺的鸣啭。从那个时候起，我就不再相信我会死了。实际上也的确很怪，我在乡下就从来没有生过什么大病；尽管我的身体不舒服，但从来不卧床不起。当我感到身体比平日更坏的时候，我就对大家说："当你们看见我快要死的时候，就把我抬到一棵橡树的树荫下；一到了那里，我保证一定能死而复生地活过来。"

我的身体虽然虚弱，但我又重新干起我的那些田间活儿来了，只不过悠着劲儿干，量力而行而已。最使我苦恼的是，我不能单独一个人干园子里的活儿；刚用锹翻了几下地，我就气喘吁吁，满身大汗，再也不能继续翻地了。我一弯腰，我的心便跳得很厉害。感到有一股血液直冲脑门，使我不得不直起身子来。因此，我只好去做一些不那么劳累的活儿，例如养鸽子。这个工作，我很喜欢，往往一干就是几个小时也不觉得厌烦。鸽子的胆子小，怕人接近，但我终于使它们非常信任我；我走到哪里，它们就跟到哪里；我想把哪只鸽子抓在手里，它就让我抓在手里。我一到菜园或院子里，立刻就有两三只鸽子落到我的肩上或头上。虽然我很喜欢它们，但这样纠缠着我，终于使我感到它们成了累赘，不得不把它们赶走。我很喜欢接近动物，尤其喜欢接近那些胆小的和野生的动物。我非常希望能把它们养驯。我觉得，能把它们养驯到愿与我亲近、愿信任我，是一件很有趣的事情。不过，我从来没有利用它们对我的信任便任意伤害它们。我希望它们都自由自在地和无拘无束地爱我。

我在前面说了，我带了几本书到乡下。我一有空闲，便展卷阅读。但是，我读书的方法不对，结果是事倍功半，得到的益处比我花费的力气少得多。我在这方面有一个错误的看法是：我认为要从一本书的阅读中受益，便需具备书中所涉及的各种知识，而没有想到就连作者本人也没有那么多知识嘛。他写那本书所需要的知识，也是参考了其他资料，从其他的书中得来的。由于我有这个看法，所以我在读书的时候必须经常停下来，不断地看了这本又看那本，甚至有时候对我打算研读的书还没有看到十页，就要到好几家图书馆去查阅好几本有关的材料。我是如此顽强地坚持这种笨办法，以致浪费了许多时间，把脑子弄得越来越糊涂，结果哪一本书也没有看懂，更谈不上彻底明白了。幸亏我及时发现我走错了道路，进入了一个无边无际的迷宫，因此立刻回头，才没有陷落在迷宫里。

一个人只要一开始决心做学问，他首先发现的第一个现象是：各门学科之间是有联系的，因而是互相启发、互相补充和互相阐释的，是谁也离不开谁的。尽管人的精力不能把所有的学科全都掌握，而只能把其中的一种作为主要研究的对象，但是，如果他对其他的学科一点儿也不了解，那他对他主攻的那门学科也往往会遇到一些难以弄懂的问题。我觉得我的计划是很好的，是有用的，只是在方法上要改变一下。由于学科的种类繁多，数以百计，因此，如何着手研究，便成了首先要解决的第一个问题。开头我想把它们全都收集起来加以分类，但不久就发现应当采取相反的方法，一类一类地分别收集和研究，直到最后把它们加以融会贯通，接着下一步就按一般的方法对它们进行全面的综合；这时候，我已经深深知道应当如何综合才最为正确。在这方面，多动脑筋思考，弥补了我的知识之不足；细密而有条理的分析，指引着我向正确的方向迈进。今后，无论我是继续活在世上还是即将死去，我都不能再浪费光阴了。我行年即将二十五岁，还依然一无所知，要想充实自己，就必须争分夺秒地好好利用时间。由于我不知道命运或死神什么时候来终止我学习的热情，所以我下定决心，不论情况如何，我都要对各门学科获得一些基本的知识，这既是为了试探一下我有多大的天资，也是为了亲自判断我究竟是研究哪一门学问才好。

我发现，这个计划的执行，还给我带来了一个我未曾料到的好处：让我把一分一秒零零星星的时间全都利用上了。应当承认，我生来就不是一个适合于读书做学问的人，因为看书的时间一长，我就会感到如此之疲乏，以致，如果硬要我集中精力研究同一个问题，尤其是按照别人的思路研究，我连半个小时也做不到，可是，如果按照我自己的思路研究，虽然花的时间多一些，但效果却相当好。如果硬要我专心去读一个作家的著作，我顶多只能读几页就会感到头晕，不得不把书合上。即使我坚持读下去，把力气使尽，也是枉然，最后还是糊里糊涂，什么也没有看懂。但是，如果让我接连研究几个不同的问题，即使中间不停顿，我也能非常轻松地研究了这个，接着又研究另外一个，无须休息，也能应付裕如。我按照这个办法安排我的学习计划，交叉进行我不同的研究工作，虽然整天都忙得不可开交，我也不感到累。当然，侍弄园子和做家务活儿也是有益的活动，但是，在我的求知欲日益高涨的情况下，我不久就找到了一个既能从工作中匀出时间来学习，又同时能把这两件事情都做好的办法，而不会出现它们当中有哪一个被忽略的问题。

我觉得非常有趣而读者往往感到厌烦的细节，我虽然讲了这么多，但也有我为谨慎起见而没有提到的地方，如果我自己不讲，读者是怎么也猜想不到的。举个例子来说：我很高兴地记得，为了尽可能轻松而又有实效地分配我的时间，我曾经做了种种不同的尝试。可以说，在我到乡下居住的这段时间，虽然我一直生病，但是是我一生中最不懒闲和最不感到厌倦无聊的时期。有两三个月的时间我是这样度过的：我观察我的思想将向哪个方向发展，我尽情在一年之中最美好的季节和令人陶醉的地方享受我深知其珍贵价值的人生的乐趣，享受既自由又甜蜜的家庭生活（如果可以把我和她如此亲密的结合称之为家庭生活的话）的乐趣，尤其是享受我力图获得的有用的知识给我带来的乐趣，因为在我看来，我好像已经获得了这些知识，甚至超过了我的预期，可以说，学习的乐趣已经成为我幸福生活的重要因素了。

对于我在时间的分配上所做的尝试，在这里就略而不谈了。因为，虽然它们在我看来是非常有趣，但十分简单，用不着在这里细谈，何况真正的幸福是无法用文字描述的。真正的幸福只能在心中感受。感受愈深便愈难于用文字表达，因为它不是许多事情的汇集，而是一种永恒的状态，我经常反复提到这一点，而且，今后只要一想起它们，我还要比现在讲得更详细。总之，我每天的活动虽时有变化，但已经有了一个规律。时间的分配大致如下：

我每天早晨日出以前就起床。我穿过房屋旁边的一个果园，然后顺着葡萄园上方的一条非常美丽的小路一直走到尚贝里。我一边走一边祈祷。我的祈祷，不光是在嘴皮子上嘟囔几句空话就完事的，它完全是我的内心向创造我眼前所见到的这如此美好的大自然的神吐露的真诚的感激之情。我不喜欢在房间里做祈祷，我觉得房间的墙壁和人制作的那些小物件妨碍着上帝同我之间的交流。我喜欢在观赏他的创造物时，让我的心飞奔到他跟前。我的祈祷是纯洁的，是能够得到上帝的嘉许的。我没有别的心愿，只是为我和我一心惦念的那个女人，祈求让我们过着无忧无虑的平静的生活，不受邪恶和贫病的困扰，并在未来享有正直的人所应有的命运。在我的祈祷中，赞美上帝和反躬自问的话多于向上帝的祈求。我深深知道：面向真福的赐予者，要想得到我们需要的幸福，最好的办法不是祈求，而是为人正直，配享他所赐予的真福。我转了一大圈之后才漫步回家，饶有兴趣地观赏我周围的田野景色；只有田间的景色，我的眼睛才永远也没有看够，我的心才永远乐于沉浸在它们中间。我从远处观察妈妈的房间里是否已经有了日光；当我看见她的外板窗已经打开，我便欣喜若狂，赶快跑步回家。如果外板窗还关着，我便到园子里去，或者回顾我昨天读过的书，或者干点儿零星活儿，一直等她醒来。外板窗一打开，我就到她房间去拥抱睡眼惺忪的她。我们的拥抱，既纯洁又甜蜜；在纯真无邪的拥抱中，让人享受到了一种与肉欲的快感迥然不同的情趣。

我们的早餐通常是喝牛奶咖啡。这是我们一天当中最宁静的时候。我们一边吃早点、一边闲聊，往往一顿早餐要花很长时间；这种方式，我很喜欢。我觉得英国人和瑞士人的习惯好。在英国和瑞士，早餐是一顿正餐，全家的人都聚在一起吃；而在法国，则是每个人单独在自己的房间里吃，而且往往马马虎虎随便吃点儿东西就了事。聊了一个小时或两个小时以后，我就去看我的书，一直看到吃午饭。我开始看的是哲学著作，如波尔-罗亚尔修道院的修士们编写的《逻辑学》、洛克的论著[①]和马尔布朗什[②]、莱布尼茨[③]与笛卡尔[④]的著作。我不久就发现，所有这些著述家的说法是互相矛盾的。因此，我拟订了一个想把他们的看法统一起来的计划，但

① 洛克（1632—1704）：英国哲学家和政治学家。卢梭在这里所说的“论著”，指洛克1690年发表的《人类理解论》。——译者

② 马尔布朗什（1638—1715）：法国哲学家。——译者

③ 莱布尼茨（1646—1716）：德国哲学家和数学家。——译者

④ 笛卡尔（1596—1650）：法国哲学家。——译者

是，这个计划根本不切实际，结果，不但把我弄得疲惫不堪，而且还浪费了许多时间，头脑晕沉沉的，一点儿效果也没有，最后只好放弃这个计划，改而采用另外一个好得多的方法进行研究。我虽然缺乏学习和研究的能力，但我后来之所以依然能取得一些成绩，都要归功于这个方法。不过，可以肯定的是，我做学问的能力是非常差的。我给自己定了这样一条规矩：在阅读一位作者的著作时，我就全盘采纳他的意见，按照他的思路去思考，既不掺入我自己的意见，也不掺和他人的意见，更不和这位作者争论。我对我自己说："先把别人的观点，不论是对还是错，只要言之成理，全都收集起来存放在我的脑子里。等到收集得相当多了，才把它们加以比较和选择。"我知道这个方法也有它的缺点，但从积累知识的角度来看，它还是很有用的。开头几年，我完全按照他人的思路去思考，采纳别人的观点，可以说我自己从来不动脑筋，从来不分析，但几年以后，我发现我的积累已经多到足以使自己独立思考而不需要求助他人了。在我外出旅行或办事因而没有时间读书的时候，我就回顾我读过的书，并把它们加以比较，把每一本书都放到理智的天平上来衡量。有时候我对我的老师的见解也加以评说。在锻炼我的判断力方面，我开始的时间虽然太晚，但我发现它并没有失去它的活力。当我后来发表我自己的作品时，谁也没有说我书中的话全是拾人牙慧、照搬前人的论点。

后来，我又开始学初级几何，但是，由于我想弥补我记忆力差的缺点，所以老是翻来覆去地无数次从头学起，因而进展不大。我不喜欢欧几里得的几何学，因为它侧重于一连串题目的演示，而不阐述概念的联系。我特别喜欢拉米神甫的几何学。这位神甫是我最喜欢的著述家之一,直到现在,我还依然饶有兴趣地读他的书。接着,我又开始研究代数,我还是用拉米神甫的代数学作我的入门读物。取得了一些进展以后,我就开始读雷诺神甫的《计算学》。后来又读他的《图像解析》。这本书,我只是随便翻阅了一下,没有细读。我一直没有弄懂把代数运用于几何解析的方法;我不愿意在未搞清楚如何着手以前就采用这种演算方法。我觉得用方程式来解析几何问题,就有点儿像用手摇风琴演奏乐曲。当我第一次用数字计算出一个二项式的平方是由该二项式的每一项的平方加上两个项的二重积的合数时,尽管算得很正确,我还是不敢相信,直到我做出了图形之后,我才相信它的确是那样的。我之所以产生这种怀疑,并不是由于代数只考虑未知量,因而就不喜欢代数,而是由于把它应用到计算面积时,我就要根据图形来计算,否则我就不知道如何着手才能把它算出来。

接着,我便开始研究拉丁文。这是我最感吃力的一门学科,因此进展始终不大。我开头研究的是波尔-罗亚尔修道院出版的《拉丁文初阶》,但毫无收获;书中的那些打油诗似的诗句,令我读起来感到不快,很不悦耳,尤其是文法规则一大堆,把人搞得晕头转向,学到后面,忘了前面。其实,对一个记忆力差的人来说,记那么多单词本来是不合适的,然而,我却正是为了要训练死记硬背的功夫,才偏偏要研究这门学问。不过,最后我还是放弃了它,因为我对拉丁文的句子的结构已经有了相当的理解,借助一本字典就可以读一些浅易的拉丁文著作了。我按照这个办法学习,效果很好。我练习翻译,不是练笔译,而是练心译。我坚持这样做,经过一段时间的练习,我终于能相当轻松地阅读拉丁文著作了,不过,还不能用拉丁文写作，也不能用拉丁语与人对话；就这么一点点儿成绩，我不知道怎么搞的，有些人竟把我列入学者的行列，弄得我受宠若惊、尴尬不已。按照这个方法自学，还有一个缺点是：我始终没有学会拉丁文音韵学；对作诗的规律，我了解得更差。我很想感受一下用拉丁文写的诗句和散文的音调的谐和，而且为此做了许多努力，但后来发现，没有老师的指导，根本不可能。由于我曾学过六音节诗的作法（在各种诗体中，要数这种诗最容易作），所以我花了许多力气把维吉尔的诗作差不多全都仔细读了一遍，标出它们的韵脚和音节的数目，后来，当我弄不清楚某个音节是发长音还是发短音的时候，我就去查维吉尔的那本书。由于我不知道在作诗方面有时候也可以不按格律，因而对维吉尔那本书有许多地方也理解错了。可见，自学虽有它的优点，但也有它的大缺点，尤其是辛苦费力得简直令人难以相信。这一点，我比谁都更清楚。

快到中午的时候，我就停止阅读了。这时，如果午饭还没有准备好，我就去喂我那一群可爱的鸽子，或者到园子去干点儿零碎活儿，一直干到开饭的时候才停止。当我听见妈妈叫我去吃饭的时候，我马上就感到胃口大开，高高兴兴地跑回屋去。顺便提一下，不论我病得多么厉害，我的胃口一直是很好的。吃午饭的时候，我们感到很开心，没完没了地谈我们的家务事，一直谈到妈妈能开始吃饭时才稍稍停止。如果天气好的话，我们每个星期有两三次到房子后边的一个亭子去喝咖啡；那里空气凉爽，四周都有花木。我还特意种了几棵忽布花，天气炎热时到这里来乘凉，是非常舒服的。我们在这里差不多要待一个小时，观赏我们种的蔬菜和花草，谈论我们生活方面的一些事情，越谈越高兴。在园子的尽头处，我养了一箱蜜蜂。我经常去看它们,妈妈也常常同我一起去看。我喜欢看它们忙个不停地劳动,看见它们带着采集的花粉飞回来,有时候腿上的花粉太多,累得它们几乎都飞不动,我心里真是高兴极了。头几天,我因为好奇,所以动作不小心,被它们螫了两三次,后来我和它们愈来愈如此熟悉,以致不论我多么接近它们,它们也让我爱怎么看就怎么看它们。蜂箱里的蜜蜂密密麻麻多得快要分群了;它们在我周围飞来飞去,有些蜜蜂甚至落到我的手上和脸上,但没有一个螫我。所有的动物对人都存有戒心;它们做得对;但是,一旦它们确信人不伤害它们时,它们就会变得如此之信任人,以致使人感到:除非自己比野蛮人还野蛮,否则就不会滥用它们的信任。

下午,我又继续读书,不过,下午的活动与其说是劳动和学习,还不如说是娱乐和休息更为贴切。午饭后,我从来不待在小屋子里用功。下午的天气热,往往是非常热,稍稍干一点儿活儿,我就受不了了。我也看书,只不过是自由自在地随便翻阅一下,而不用心研究。下午,我通常看的是历史和地理方面的书,因为这两类书不需要太动心思,再加上我的记忆力不好,所以能看多少就看多少。我打算研究贝托神甫的著作①,因此我陷入了编年史的迷宫。我虽然讨厌他漫无边际地把什么都罗列在一起,但我喜欢他对气候的变化和天体的运行都做出了准确的记载。如果我有仪器的话,我也会对天文学发生兴趣的。不过,眼前我只能从书中汲取一些天文学的基本知识,用一个望远镜对天空做粗略的观察,因为我

① 指贝托神甫(1583—1652)1628 年发表的《编年史表》。此书以表解的形式详细记载了朝代的兴亡、战乱的发生和天象地震等自然现象的出现。——译者

的眼睛近视，用肉眼看不清楚星星的位置，所以只能用一个望远镜观看几个大天体。谈到这里，我想起了一件至今还感到可笑的事情。为了观察天空的星座，我买了一幅平面天体图，把它钉在一个框子上，在天空晴朗的夜里，我就到园子里去把这个框子放在一个与我的身子一般高的四根柱子上。由于平面天体图的图面是朝下的，需用一支蜡烛照亮才能看清；为了避免蜡烛被风吹灭，我就在四根柱子当中的地上放一个桶，把蜡烛放在桶里。我先用眼睛看了天体图之后，接着又用望远镜看天上的星星，这样交替进行，用这个办法练习辨别星座和观察星球。我记得我已经说过，卢瓦赫先生的这个园子是在一个高地上，无论在园子里做什么，从大路上都可以看见。有一天夜里，时间已经很晚了，有几个路过这里的农民，看见我在一个奇形怪状的东西里忙来忙去，不知道我在干什么。他们看见平面天体图上的亮光，但不知道它是从哪里来的（因为桶里的蜡烛被木桶的桶边挡住，所以他们看不见），再加上那四根柱子和木框上画满了图形的天体图与来回转动的望远镜，这一切，便把他们吓了一跳；以为我在那里施魔法。我的那身装束也使他们感到惊讶：我头戴一顶便帽，又在便帽上加了一顶有两个下垂的帽耳的大帽，上身穿着妈妈强要我穿的她的那件小棉袄，因此，在他们看来，我简直就是一个巫师，何况时间已近半夜，所以便以为我要在这里召开巫师和巫婆的见面会。他们不敢继续看，惊恐万分地赶快逃走，并且叫醒他们的邻居，把看见的情况讲给他们听。这件事，传得非常快，第二天附近的人全都知道在卢瓦赫先生的园子里举行了一次巫师大会。幸好那天有两个耶稣会教士到夏梅特来看我们，那个亲眼看见我“施魔法”的农民向他们发了一顿对我不满的牢骚，两位教士也不知道到底是怎么回事，只好对那个农民泛泛地说了几句让他安心的话，这才了事，否则的话，我真不知道这件事情会产生怎样的后果。在那两位教士到我们家向我们提到这件事情的时候，我便把事情的经过详细告诉了他们，他们听后，不禁哈哈大笑起来。为了避免再发生这样的事情，我决定：以后要参看天体图，就在屋子里看，而且不点蜡烛。在我的《山中来信》中有一段关于我在威尼斯演魔术的话。[①] 我敢断言，凡是读过那段话的人一定知道我是早就具有当魔术师的大本领的。

以上所述，是我在夏梅特不干田间劳动时的生活情形。我非常喜欢干农活，只要是不超过我的体力的活儿，我干得和农民一样好。不过，由于我的身体很虚弱，所以干起农活来往往是心有余而力不足。可惜的是，由于我想同时把学习与农活这两样都做得很圆满，结果是哪一样也没有做好。我以为用死记硬背的办法可以增强记忆力，便想下苦工夫硬背一些东西；我经常随身带一本书，以难以置信的毅力，一边劳动，一边反复诵读，我不明白的是：像我这样虽十分顽强但最后还是不见成效的学习，怎么没有成为傻子。维吉尔的田园诗，尽管我学了又学，不知道背了多少遍，但末了还是一句也背不出来。我不论是去喂鸽子还是到园子里去锄地，或者到果园或葡萄园摘果子，我都习惯性地随身带一本书，我因此而丢失或弄坏的书不知道有多少本。由于我忙于干好些活儿，所以我经常把书随便放在一棵树的树根那里或篱笆上，后来就忘了拿走，往往十

① 这段话是这样说的："1743 年，有人在威尼斯表演了一套新魔术，……表演这套魔术的魔术师是法国驻威尼斯大使馆的一等秘书，他的名字叫让-雅克·卢梭。"（见卢梭：《山中来信》书信三，巴黎米尼约版，第 62 页脚注①。）——译者

天半个月之后才想起来去拿时，它们不是已经破烂了便是被蚂蚁和蜗牛咬坏了。我学习的热情后来成了一种癖好，把我弄得呆头呆脑，甚至在干活儿的时候也不断在嘴里叽里咕噜地背书上的句子。

由于我经常读波尔-罗亚尔修道院和奥拉托利会出版的书，结果使我成了半个冉森派教徒。虽然我觉得他们书中讲的那些话是对的，但有时候也对他们的那种严酷的神学观点感到恐惧。地狱的恐怖情景，我本来是并不怎么害怕的，而它现在也渐渐扰乱了我的心灵。要不是妈妈一再安慰我，这可怕的教义一定会使我的心神完全混乱的。我的听忏悔师（他也是妈妈的听忏悔师）也想了许多办法使我的心灵保持良好的状态。这位耶稣会神甫名叫埃默，是一个很和善的长者；我一想到他，心中便油然对他产生敬意。他虽然是耶稣会教士，但有着孩子般的天真。他对道德的看法，虽持温和态度，但不赞成过于放浪。这正符合我的看法，可以帮助我消除冉森派教义的那种枯燥无味的论调对我的影响。这个和蔼可亲的人和他的朋友柯必埃神甫常到夏梅特来看我们。这两位老人来的路是那么远，又那么崎岖难行；他们每次来看我们，都使我们受到很大的教益。愿上帝也像他们对我们这样庇佑他们的灵魂。他们那时年已高迈，我不知道他们今天是否还依然健在。我也常到尚贝里去看望他们，和他们家里的人也逐渐熟悉了，可以随便看他们家里收藏的图书。每当我回想起这段幸福的时光，我便联想到耶稣会教士，因而使我因喜欢前者便同时也喜欢后者；尽管在我看来他们的教义很极端，但我从来没有在心中恨过他们。

我很想知道别人的心中是否有时候也产生类似我心中的这些幼稚的想法。尽管我专心读书，过着无忧无虑的生活，还有人常常开导我，但我对地狱的恐惧依然弄得我心绪不宁。我问我自己："我现在的情况怎么样了？如果我现在立刻就死了的话，我会不会下地狱呢？"按照冉森派的教义来说，此事是必定无疑的。可是根据我的良心的感觉来说，我觉得事情并不是这样的。我一直忧心忡忡，十分困惑。为了摆脱这种忧虑，我竟然采取了最令人好笑的办法，然而，要是我看见另外一个人也采取我这个办法的话，我一定会把他当成疯子关起来的。有一天，当我深深沉思这个令人苦恼的问题时，我无意识地扔石头去打那几棵大树，按照我平常的技巧，我几乎是一棵也打不中的。正扔得起劲的时候，我忽发奇想：用扔石头的办法来预测一下，以消除我的疑虑。我对我自己说："我扔这块石头去打我对面那棵树，如果打中了，这就预示着我的灵魂能得救，升入天堂；如果打不中，这就预示我必然要下地狱。"我一边说，一边心里直跳，手颤抖着把石头扔了出去。我竟如此幸运，居然打中了那棵树的树干的正中央。其实，这并不难，因为我打的是我特别挑选的那棵又粗离我又很近的树。从此以后，我对我的灵魂必然得救便深信不疑了。我不知道我在这里回顾这件事情时，我是该笑还是该责备我自己无聊。你们这些大人物，当然会发笑的。你们要笑就笑吧；不过，请不要嘲笑我的心境是那么消沉，我实话告诉你们，我当时的心情确实如此。

我不安和恐惧的心情也许是与我对宗教的虔诚分不开的。不过，这不是一种经常的状态。我的心情平常还是相当宁静的。对于死亡的即将来临，我心中的感受不是忧伤，而是无可奈何，其中甚至还有令人快乐的地方。前不久，我在一堆旧稿纸中发现了一篇我为勉励我自己而写的短文。我在文中以我能死在有足够的勇气面对死亡的年龄而感到庆幸,因为这样在我一生中既可在肉体上免遭巨大的痛苦,也可在精神上不受巨大的折磨。我的这种看法,真是正确极了!我有这样一种担心:担心我活着就会受苦受难。我好像对我晚年的命运已有预感。我这一生从来没有像我在这么幸福的时期如此接近于大彻大悟:对过去既无太大的后悔,对未来也没有过多的忧虑,心中时时向往的是享受现在。即使是最虔诚的人也往往有一种虽然不大但却是非常强烈的追求感官快乐的欲念,希望能尽情享受允许他们享受的纯洁的快乐,而世俗的人们却认为虔诚的信徒有这种欲念就是犯罪。我知道,或者说得更确切一点儿,我非常了解他们之所以有这种看法,是因为他们嫉妒别人享受他们失去其兴趣的那种纯洁的快乐。那时候,我有这种兴趣,而且觉得问心无愧地满足这种兴趣,是一件乐事。当时,我还很幼稚,所以对一切令人高兴的事情,我都以孩童般的快乐心情对待,我甚至敢说是以天使般的快乐心情对待,因为这种无忧无虑的享受,也确实像天堂里的那种宁静的幸福。在蒙塔尼约勒草地上吃午餐,在凉棚里用餐后点心,采摘水果和葡萄,灯下同佣工们一起剥亚麻皮,这一切,对我来说,真是快乐得像过节日一样,妈妈也同我一样感到非常高兴。我同妈妈单独去远足,那更是令人心旷神怡,因为这时候我们可以敞开心扉无拘无束地自由交谈。我特别不能忘怀的是,有一次去远足,正逢圣路易纪念日(妈妈的名字就取自这位圣徒[①]),那天在我们家旁边的一座小教堂做完弥撒

① 华伦夫人出嫁前的全名是:弗朗索瓦兹·路易丝·德·拉都尔,其中“路易丝”是取自圣徒路易。——译者

（这场弥撒是由一位加尔默罗会的神甫在天刚亮时到教堂做的），我们一大早就出发了。我提议到我们尚未去过的对面那座山上去游览。由于我们这次去远足，一去就是一整天，所以我们先派人把食品等物送到那里。妈妈的身子虽然有点儿发胖，但走路还是很行的。我们翻过一座座的山冈，穿过一片片的树林，有时候我们顶着太阳走，而更多的时候是在树荫下漫步。我们走一会儿歇一会儿，不知不觉就这样走了好几个小时。我们边走边谈我们的生活，谈我们的亲密关系，谈我们美好的幸福，为它能天长地久而祈祷。这一天，一切都很顺利，都令人十分满意：雨后不久，空中没有一丝尘土，溪水潺湲，阵阵微风吹拂着树叶，空气清新，蓝天无云，蓝蓝的天空同我们的内心一样灵静。我们的午饭是在一个农民家里同他全家的人一起吃的。他们全家都真诚为我们祝福。这一家可爱的萨瓦人是多么善良啊！午饭后，我们到大树荫下去休息。当我去捡干树枝准备煮咖啡的时候，妈妈便到草丛中去采集药草。她拿着我在路上给她采的一束花对我讲了许多关于花朵的构造的有趣的知识，使我很感兴趣。按理说，这满可以使我对植物学产生爱好，但时机不对，因为那时候我要研究的东西太多，顾不上这门学问，再加上那天我突然有一种百感交集的想法，因此使我无暇去思考那些花草。我当时的心情，我们那天所谈的和所做的一切，以及种种使我深受感动的事物，无不使我回想起七八年前在安纳西我头脑清醒时所向往的我在前面讲的那种梦幻似的美好希望。今天的情景同七八年前的情景是如此之相似，以致使我一想起，就感动得流下了眼泪。我怀着激动的心情对我亲爱的女友说：“妈妈，妈妈，这样的日子我已经盼望很久了，除此以外，我什么也不想了。

有了你，我的幸福便十分美满，但愿它今后永远丝毫也不减少。只要我能领略它的乐趣，我就希望它和我的生命一样长久，希望它在我的生命告终之日才宣告结束。”

我的幸福的日子就是这样一天一天地度过的，尤其是因为没有外来的干扰，所以我幸福的日子就更加令人感到愉快。我希望它只是在我离开这个世界之时才终止。这并不是因为使我产生忧虑的源泉已完全消失，而是因为它已经朝另一个方向流去，所以我要尽我最大的努力把它导向有益的事物，以便从中找到补救的方法。妈妈是非常喜欢乡村的；她的这一喜欢，并没有因为我和她在一起便分散了她喜欢农村生活的心。她逐渐开始干田间的活儿，用地里的产品去赚钱。她在这方面很内行，很想发挥她的特长。现在，她已经不满足于只经营房屋周围的土地；她有时候去另租一块地来种作物，有时候又去租一块牧场来饲养牛羊。她再也不像从前那样老待在家无所事事，而一心想在农业方面大干一番。从她现在的劲头来看，她不久就要成为一个农场主了。我不赞成她一下子就把规模搞得太大，我一再提出了反对的意见，因为我看得很清楚，她这样干，一定会受人家的欺骗的。她大手大脚地花钱惯了，结果，肯定是支出超过收益，得不偿失的。然而，一想到她的收益不会是零，多少可以贴补家用，我也就不再多说什么了。在我看来，在她所制订的种种计划中，这个计划所冒的风险还算是最小的。尽管我不像她那样指望着靠它发大财，但我认为，有了这件事就可以使她天天在这方面花心思，因而不去干其他更没有把握的事，不再受别人的欺骗。有了这层想法，我便巴不得赶快恢复我的健康，以便能照管她的事业，成为她的监工或管家。这样一来，我当然就放下了书本，没有时间去思虑我的病，结果，我的身体反倒好多了。

这年冬天，巴里约神甫从意大利回来，给我带了几本书，其中有邦齐利神甫编写的《音乐史》和《音乐论文集》。这两本书使我对音乐的历史产生了极大的兴趣，并决心要对这门艺术做一番理论上的探索。巴里约神甫和我们一起住了一段时间。由于我在几个月前已经达到成人的年龄，所以我打算来年春天到日内瓦去领取我母亲的遗产，至少要领取在未得到我哥哥的确实消息以前应该归我的那一部分遗产。这件事情是早就安排好了的。我去日内瓦的时候，我的父亲也去了。他早就回日内瓦去了。尽管以前对他的判决并未撤销，但也没有人找他的麻烦。人们钦佩他的勇气、敬重他的为人，便假装把他的案子忘记了，再加上官员们正忙于一个不久之后即将实施的计划，所以也不愿意在这个时候招惹市民对他们对于我父亲的案子判决不公平的不满。

我担心有人会因为我改宗天主教便在遗产的继承问题上设置障碍。结果没有。在这方面，日内瓦的法律没有伯尔尼的法律那么严格。在伯尔尼，一个人如果改宗他教，他丧失的不仅是他的公民身份，而且还会丧失他的财产。对于我应得的遗产问题，并未发生什么争议，但不知道为什么我得到的钱数竟那么少。虽然大家都知道我的哥哥已经死去，但尚无确实的证据，因此我没有充分的材料证明我有权得到他那一份遗产。我毫无保留地把他应得的那份遗产留给了我的父亲，以帮助他的生活，由他在去世前一直享用。我一办完了继承手续，刚一拿到那笔钱，便从中拿出一部分钱来买书；买完书就赶快回家，以便把余下的钱交给妈妈。一路上，我的心高兴得直跳。当我把钱交到她手中那一瞬间，我高兴的劲儿比我收到那笔钱时还大一千倍。可是她收下那笔钱的时候，态度像见过大世面的人那样，显得很平常，好像对这笔钱并不稀罕，不值得惊讶。后来，这笔钱几乎全都花在我身上了，而且花的时候也是那样平平常常、满不在乎。我觉得，如果这笔钱是她从别处得到的，她也会这样花掉的。

这时候，我的健康不仅没有完全恢复，反而眼瞅着一天天坏下去。我的脸色苍白得像个死人，全身瘦得像骷髅，脉搏跳得很厉害，心率加速，经常感到憋闷，身体虚弱得几乎连动都不能动了；步子稍为走快一点儿，就喘不过气来；一弯腰就感到头晕，连最轻的东西也拿不动。像我这样好动的人弄得如今什么也干不了，真是令人苦恼极了。除了这些症状以外，我还有严重的神经衰弱的症状。神经衰弱，是幸福的人才得的病。我得的就是这种病：我经常无缘无故地哭；树叶掉落在地上的响声或小鸟的叫声，也会把我吓一跳。在这么平静和甜蜜的生活中，我的心情也经常发生波动。这一切表明我对舒适的生活已感到厌倦，可以说它已经使我心绪不宁到了极其混乱的程度。我们本来就不是为了在世上享受美满的幸福而生的。我们的灵魂与肉体，即使两者不同时受苦，至少其中的一个必然受苦；这一个的良好状态，似乎总是不利于另一个。当我可以美滋滋地享受生活的时候，我日益衰败的身体却不让我享受。我始终没有弄清楚我的病因是什么，不知道问题出在哪里。可是今天，尽管我已年纪衰迈、重病缠身，我的身体似乎反而恢复了精力，能够忍受种种痛苦。在我写这段文字的时候，虽然我身体虚弱，且已年届六旬，周身是病，但我却觉得在这受苦受难的晚年比我当初风华正茂尽情享受甜蜜幸福的青年时期有更多的活力。

后来，我又读了一点儿生理方面的书，对解剖学发生了兴趣，开始一个一个地研究组成我身体的各种器官，尤其细心研究它们各自的功能。这样一研究，竟弄得我天天都觉得它们各个都有毛病。我感到惊奇的，不是我为什么老是这样病病歪歪，毫无生气，而是我怎么还居然照样活着。每当我读到书中对某种疾病的描写时，我就觉得我身上得的就是这种病。要是再这样对号入座地研究下去的话，我敢说，我本来没有病，也会弄出病来。由于我在每一种疾病中都发现有与我的病相同的症状，我便觉得我各种各样的病全都有，结果使我以为得了一种原先没有而如今却有的大病。这种病，可以称之为"没病自疑病"。一个人医书读得太多，就难免不得这种病。由于我不断研究、思考和比较，我竟然认为我的病根是在我的心脏上长了一个肉瘤。对于我的这个看法，萨洛蒙似乎不以为然。按理说，我应当根据我这个看法更加坚持我以前的决心，但是，我不仅没有这样做，反而把全部心思都用来研究如何治疗我心脏上的那块瘤，巴不得马上就找到一个治疗的良方。有一次阿勒到蒙彼利埃去参观植物园并拜访该园的园艺师索瓦日的时候，有人告诉他说费茨先生曾经治好过这种瘤。妈妈也想起了这件事情，并把详细的情况告诉了我。于是，我毫不犹豫地决定立刻去找费茨先生。由于治病心切，我马上也就有了到蒙彼利埃去的勇气和精力，用从日内瓦带回来的钱做我的路费。妈妈不但没有劝阻我，反而鼓励我去，于是我就动身到蒙彼利埃去了。

其实，我用不着跑那么远去寻找我所需要的医生。由于骑马太累，我在格勒诺布尔雇了一辆马车。到了穆瓦朗，我发现我的马车后面跟着来了一连串五六辆马车。当时的场面，真有点儿像有一部喜剧中描写的马车队。这些马车大都是护送一位名叫科伦比埃的新娘子的；和她同行的那个女人，名叫拉尔纳日夫人，长得虽然不如科伦比埃夫人那么年轻和那么漂亮，但也非常可爱。科伦比埃夫人到了诺曼斯就要停下来不继续前进了，而拉尔纳日夫人则要从诺曼斯继续赶路到圣灵桥附近的圣安得奥尔镇。人们也许以为像我这样腼腆的人是不会和这些漂亮的女人与她们的仆从很快就熟悉起来的。然而，由于我们走的是同一条路，住的又是同一家旅店，为了不至于被他们看作是一个性情孤僻的人，我便不得不和她们同一张桌子吃饭，因此也就同她们熟识了。其实，我并不愿意这么快就和她们搞得这么熟，因为她们说说笑笑的嘈杂声对一个病人，尤其是对我这样体质的病人，是很不相宜的。然而，聪明伶俐的女人总有一股好奇心。她们为了结识一个男人，总是先把他撩拨得晕头转向和糊里糊涂的，我这一次的情况就是如此。科伦比埃夫人身边有好几个年轻的男仆，所以没有时间来挑逗我，何况对她来说也没有必要，因为我们不久就要分手了，而拉尔纳日夫人身边没有男人，一路上就需要有人陪她聊天，因此她就一再死气白赖地主动同我接近。这一下，全完了。可怜的让-雅克，再见吧，或者说得更确切一点儿，什么发烧啦、神经衰弱啦、肉瘤啦，全都没有了；一接触她，这一切全都好了，剩下的就是我这心跳的毛病，唯独这个毛病，她不愿意给我治。我的身体不好，是促使我同她相识的第一个原因。她发现我病了，到蒙彼利埃去治病，从我的样子和举止来看，我不是浪荡子。我从后来的事情发现，她已经断定我到蒙彼利埃去治的，不是花柳病。虽然一个男人病病歪歪的样子不太受女人的欢迎,但却使这个女人对我表示关怀。早晨,她们派人来问我的病情,并邀请我同她们一起喝可可茶,还问我夜里睡得好不好。有一次,我按照我说话不假思索的习惯回答说我不知道。我回答得这么突兀,竟使她们以为我是一个傻子,于是便仔仔细细观察我。这样观察我,对我倒也没有什么坏处。我有一次听见科伦比埃夫人对她的女友说:“他虽然不会说话、不懂礼貌,但却很招人喜欢的。”这句话使我很受鼓舞,使我真的成了一个招人喜欢的人。

由于彼此愈来愈熟悉,所以就难免要谈到个人的情形,例如:从哪里来,是干什么工作的,等等。这些问题把我弄得很尴尬,因为我很清楚,同上流社会的人在一起,特别是同上流社会的风流女人在一起,一说我是新近才改宗天主教,马上就会遭到她们的白眼,看不起我。当时,我不知道从哪里来了那么一股冲劲儿居然脱口而出地说我是英国人,是英国激进民主主义者,而她们也真的相信我是激进民主主义者;我说我的名字叫达丁先生,她们也跟着叫我达丁先生。在这一行人当中,有一个名叫托里尼昂侯爵的令人讨厌的家伙,他同我一样,也是一个病人,不但年纪大,而且脾气还很坏,竟来和我达丁先生耍嘴皮子,说什么他了解詹姆士国王,了解那个觊觎王位的人,而且还谈到过去圣日耳曼王朝宫廷的情形,弄得我当时感到如同芒刺在背,不知如何应对,因为这一切,我只是在哈密尔顿伯爵的著作和报纸上的文章里约略读到一点儿大概情况。好在我知道得虽然不多,但应用得相当巧妙,三言两语也就敷衍过去了。幸亏他没有同我谈到英国的语言问题,因为我连一句英语也不会说。

我们这一行人还很投缘,眼见就要分手了,大家都有依依不舍的样子,因此我们特意放慢速度,像蜗牛那样前进。到圣玛瑟林那天正好是星期日,拉尔纳日夫人要去做弥撒,我同她一起去了。这一去,差一点儿把我的事情弄糟了。在教堂里,我的一举一动跟平常去教堂完全一样。她见我毕恭毕敬的样子,竟以为我真是一个虔诚的信徒,因而对我产生了极坏的看法。这是两天以后她亲自告诉我的。后来,我花了许多工夫向她大献殷勤,才消除了她对我的坏印象。拉尔纳日夫人是一个偷情老手,是不会轻易罢手的。她曾接连几次大着胆子主动向我示好,看我怎样做出反应,而我当时认为她这样三番两次地亲近我,绝不是因为她看中了我的容貌,而主要是为了捉弄我。有了这个愚蠢的看法,我便做了好些蠢事,比《遗赠》[①]中讲的那位侯爵还蠢。当时,尽管拉尔纳日夫人眉来眼去地百般挑逗我,还说了许多情意绵绵的温存话,但是,即使一个不像我这么傻的人也不会把这一切看作是她真的对我有那个意思。她愈向我表示好感,我愈是认为我的看法是对的。然而,最使我苦恼的是,到后来反倒是我真的动了感情。我对我自己说,而且也唉声叹气地对她说:"啊!如果这一切都是真的,我就是男人当中最幸福的男人了!"我发现,我这个初涉情场的新手的傻样子,反倒更加搅动了她的春心。于是,她决定非把我拿到手不可。

到了诺曼斯,科伦比埃夫人和她的随从就和我们分别了。拉尔纳日夫人、托里尼昂侯爵和我,我们三人以最慢的速度和最愉快

① 法国剧作家马利伏(1688—1763)写的一出独幕喜剧。剧中的那位侯爵暗恋一位伯爵夫人,但他生性腼腆,不敢向夫人表白,三番几次欲言又不敢言的呆样,令人捧腹不已。——译者

的心情继续赶我们的路。托里尼昂先生虽然身体有病，又爱发脾气，但是是个好人，不过，他不愿意发现了情况而不发表意见。由于拉尔纳日夫人并不怎么掩饰她对我的喜爱，所以侯爵比我本人还早就看出了端倪。他那些风言风语的话，本可以使我对我不敢相信的女人的好意产生信心的，然而，由于只有我才有的糊涂思想作怪，我还以为他和拉尔纳日夫人是串通起来戏弄我的。我的糊涂思想把我弄得如此的晕头转向，以致使我在本来可以成为风流人物的关键时刻竟然成了一个不懂风情的人，虽然那时候我已经真心爱上了她。我不明白拉尔纳日夫人为什么对我这副愁眉苦脸的样子不感到讨厌，没有把我一脚踢开。这个女人的确很有眼力，善于识人；她从我的举止言谈中看得很清楚，我的外表虽然笨拙，但我的心并不冷漠。

最后，她终于使我明白了她的心意；不过，她还是费了一番工夫的。我们到了瓦朗士就吃午饭。按照我们这几天形成的习惯，午饭之后就不走了。我们住在城外的圣雅克旅店。我这一辈子也永远记得这家旅店和拉尔纳日夫人住的那个房间。午饭之后，她想出去散步；她知道托里尼昂先生是不愿去的，因此这是安排两个人幽会的绝好机会。这个机会，她已下定决心要好好利用，因为旅程剩下的时间已经不多了，再不利用，就没有这样的机会了。我们沿着城外的那道水渠漫步。我又向她详细讲述了我的病情；她回答我的声音是那样温柔，甚至还时而挽着我的胳臂按在她的胸脯上。当时，只有我这样的傻子才没有听出她的话的确是出自真心。令人好笑的是，我本人当时也非常激动。我已经说过，她是很讨人喜欢的，现在，情欲的冲动使她显得更加迷人，完全恢复了青春时期的妩媚。她用来挑逗我的手段之多,任何一个男人也是经受不住这种考验的。因此,我被弄得按捺不住,好几次都到了要动手动脚的地步。可是,由于怕冒犯她,怕惹得她不高兴,尤其是怕受人嘲笑,怕被人看不起,成为茶余酒后的笑料,怕被那个心直口快的托里尼昂先生批评我胡来一气,所以我不敢轻举妄动;连我自己对我这样傻里傻气畏首畏尾的心态也非常生气。尽管我恼恨我自己是个胆小鬼,但我又没有办法克服这种心情。当然,我简直是等于在受苦刑。我已忘记了我背得滚瓜烂熟的塞拉东[①]说的那套情话。不过,即使记得,现在在大路上说那套话,也是很可笑的。由于我不知道应当采取什么态度,也不知道应当说些什么,所以我只好一声不吭;我当时的样子就好像是在与谁赌气似的。没有料到的是,我的这些表现给我招来了我最害怕的事情,幸亏拉尔纳日夫人通达人情,她猛然一下搂着我的脖子,才打破了这沉默的局面。她的嘴唇一下子紧贴着我的嘴唇。这个动作太明显了,我还有什么可犹豫的呢。该冒险时就冒险。就这样,我立刻就成了一个知情识趣为女人所喜欢的人了。两情欢洽,现在正是时候。在此以前,由于我不相信她对我的真情,所以不敢放浪形骸,而现在我可以尽情贪欢了。我的眼睛,我的感官,我的心和嘴,从来没有像当时那样完美地施展过它们的本事,而我也没有圆满地弥补过我从未享受过的快乐。拉尔纳日夫人虽然为了这片刻的欢娱花了许多心思,但我有理由相信她是不会后悔的。

① 法国小说家于尔费(1567—1625)的言情小说《阿丝特赫》中的主人公。——译者

即使我到了一百岁，我一想起这个迷人的女人，也是挺高兴的。我之所以说她是迷人的，是因为，尽管她既不美也不年轻，但她既不丑，也不显老，在她的容貌上也没有什么地方表明她不聪明不伶俐；与其他女人不同的是，她的脸色不够鲜嫩，我认为，这是由于脂粉抹得太多，因而损害了她的皮肤。她之所以行事轻浮，是有她的道理的，因为这是表现她的可爱之处的好办法。你虽然可以见到她而不爱她，但一旦占有了她，就不可能不喜欢她了。我觉得，这足以说明她对别人是不会像对我这样滥用她的感情的。她这样匆匆就委身于我，是不可原谅的，但在她对我的爱中，除了肉体的需要以外，也有精神的需要。在我和她一起度过的短短几天快乐的日子里，从她强要我节欲的做法来看，我充分相信，虽然她是一个相当淫荡的女人，但还是以我的身体为重而克制了她贪欢做爱的淫心。

我们勾勾搭搭的事儿，并没有逃脱托里尼昂侯爵的眼睛的觉察。尽管他风言风语的话听起来好像是在嘲笑我，但实际上是同情我，认为我已经成了一个为女色所迷的可怜的情人，成了那个女人满足淫欲的牺牲品。我从他的每一句话、每一个笑容和每一个眼神中并没有看出他已经发现了我们的秘密；因此我竟认为他被我们瞒过了；而拉尔纳日夫人比我看得清楚，她告诉我说，我们的事情并没有瞒过侯爵，只不过他为人厚道，不当面拆穿我们的秘密而已。的确，像他那样始终保持君子风度的人是很少的；即使是对我，特别是在我已经把拉尔纳日夫人弄到手以后，除了对我说几句玩笑话以外，便没有说别的。他的玩笑话说不定还是在夸奖我，夸奖我并不是一个在外表上看起来那样的傻瓜。其实是他弄错了，不过，这没有关系，我正可以利用他的错觉，而且当时大家嘲笑的，不是我，而是他。我故意让他看出我的缺点，让他揶揄几句，我有时候还顶撞他，相当巧妙地反唇相讥，在拉尔纳日夫人面前显示她教我的本领。我已经变了，不再是从前那样的人了。

我们在一个风光明媚的地方和气候宜人的季节旅行，心情非常愉快。由于托里尼昂先生的细心安排，一切都很顺利，只不过我不喜欢他一直操心到安排我住的房间：他总是事先派他的仆人去预订房间，而那个可恶的仆人，不知是自作主张还是奉他主人之命，总把侯爵的房间安排在拉尔纳日夫人的隔壁，而把我的房间安排在房子的尽头。不过，这不但难不住我，反倒使我们的幽会更有滋味。这么快活的生活持续了四五天；在这短短的几天中，我尽情欢乐，沉醉在甜蜜的肉欲享受之中。我无拘无束地享受到了纯粹的和强烈的感官的乐趣；这是我一生中第一次也是唯一一次享受到这种乐趣。我可以很坦率地说，要不是拉尔纳日夫人，我很可能未领略到此中乐趣就死去。

我对她的感情虽然说不上是真正的爱情，但至少是对她向我奉献的爱的一种温情的回报。她之所以既享受到了感情的甜蜜而又没有沉醉到因迷失本性而不会享受这种乐趣，是由于她在得到两情欢洽的强烈的肉欲快乐的同时，从我们情意绵绵的坦诚交谈中听到了我向她吐露的心声。在我这一生中，我只有一次体验到了真正的爱情，但不是在她的身上体验到的。我爱她，但不像我爱其他女人那样爱法，也不像我爱华伦夫人那样爱法。正因为如此，所以我才感觉到占有她比占有华伦夫人更快乐一百倍。在华伦夫人身边，我的快乐总掺杂有令人伤感的成分，总感到一种令人难以克服的内疚;我占有她,不仅不感到幸福,反而感到损害了她的身份。在拉尔纳日夫人身边,情况却恰恰相反,我感到了做男人的骄傲,感到了幸福;我尽情享受感官的快乐,我分享我对她的感官引起的快感;我情绪稳定,怀着自负与喜悦的心情欣赏自己的胜利,并再接再厉,希望能取得更大的成功。

托里尼昂侯爵是当地人,他与我们分手的地方,我已记不得了。此后,一直到蒙德利马尔,就只有我和拉尔纳日夫人我们两个人。她让她的女仆坐我的车子,我就到她的车子里和她在一起。这样旅行当然是再好不过了。至于沿途有什么可观赏的风景,我已印象模糊,说不清楚了。在蒙德利马尔,她有些事情要办理,我们便在那里停留了三天。在这三天中,她只是为了去拜访一个人才离开我一刻钟。那次拜访,给我们招来了一些不相干的人来回访和邀请,但她都借口身体不适而谢绝了。我们两个人每天都趁风和日丽的天气到景色最美的地方去游览。啊!这三天真快活呀!时至今日,我有时想起这三天的情景还感到不胜依依。这样的日子,已经一去不复返了。

旅途相识而结下的情缘是不能持久的;我们必须分手了。我觉得现在分手,正是时候,这倒不是因为我已经感到腻烦或即将感到腻烦;恰恰相反,我对她一天比一天更加爱恋。我之所以说已到了该分手的时候,是由于尽管拉尔纳日夫人一再克制自己的情欲,但我此时已经快要力不从心了。不过,在分手以前,我一定要把我剩下的一点儿精力用来尽情享乐一番,而她为了防止我受蒙彼利埃的女人们的勾引,也顺从了我的求欢。为了弥补离别之苦,我们制订了重新相会的计划。我们商定:既然这种调养方法对我有好处,我就继续采用这种方法,我到圣昂德奥尔镇过冬,由拉尔纳日夫人照料我。不过,我必须先在蒙彼利埃待五六个星期,以便给她留下足够的时间事先做好安排,才不会引起人家的议论。她把我此后应当知道的事和应该说的话与应该保持的态度,都极其详细地告诉了我。我们还约好在分别的这段期间要常常互通音讯。她对我千叮咛万嘱咐,要我好好保养身体,还说治病要找名医,要听从医生的吩咐;不论医生的规定多么严格,等我回到她身边时,她都要监督我执行。我相信她的话完全是出自真诚,因为她爱我,她在这方面的表现比她对我的肌肤之亲更能证明她对我的情谊的的确确是真心实意的。她从我的行装就可看出我并不富有,虽然她本人也不宽裕,但在我们分别时,她硬要把她从格勒诺布尔带来的钱分一半给我;我费了很大的劲儿才推辞了。尽管我最后离开了她,但心里一直想着她。从她的表情上看,我觉得,她的心中对我怀有一种真情的留恋。

我一边从头回忆这一路之上的经过,一边加快我的行程,坐在一辆舒适的马车里回味我已经得到的享受和即将得到的快乐,心里真是愉快极了。我脑子里除了圣昂德奥尔镇和那个小镇的幸福生活以外,便没有别的。我一心思念的是拉尔纳日夫人和她的家人;除此以外,世上的一切都和我没有关系了。甚至连妈妈,我也忘记了。我在心里细细回忆拉尔纳日夫人对我说的每一句话,我把她的话联系起来想象;我仿佛看到了她的房子、她的邻人和她的朋友以及她日常的生活情景。她有一个女儿,她曾多次对我说这个女儿是她的心肝宝贝。这个女孩子已经年满十五岁,非常活泼,长得也很俊,性格也很温柔;拉尔纳日夫人向我保证说她的女儿一定会喜欢我。她这个话，我一直记在心里，因此不断地胡思乱想瞎琢磨这个姑娘将怎样对待她母亲的亲密朋友。从圣灵桥到雷穆兰的这段路上，我心里像白日做梦似的想的就是这些问题。有人向我介绍说加尔大桥[①]值得一看。我当然不会错过这个机会，一定要去看的。早餐吃了几块美味的无花果饼子以后，便找了一名向导领我去参观加尔大桥。这是我所看见的第一座古罗马人修建的大桥。我老早就想见识一下能体现他们高超艺术的建筑物了。果然是名不虚传。走到近前一看，它的宏伟气势完全超过了我的想象，这是我一生中唯一一次如此惊讶。的确，只有古罗马人才能修建这样的大建筑物。它典雅朴素的雄姿之所以令我赞叹不已，是由于它是建筑在一片荒野之地，那里的寂静和荒凉使它更加显得巧夺天工。它的名称虽然为"桥"，但实际上是一个输水渠道。我不明白是什么人的力量把那么多大石头从老远的采石场运到这里来的？是谁把数以千计的劳动力集中到这无人居住的地方？我把这座大桥的三层建筑都仔细看了一遍。这时候，一种敬仰的心情便不禁油然而生，使我连走路的步子都不敢迈得太重。高大的桥涵响起了我脚步的回声，使我觉得它们好像是建筑这些桥涵的人的响亮的话音。我宛如一个昆虫似的迷失在这座庞大的建筑物中，我虽然觉得自己很渺小，但我感到有一种难以名状的力量鼓舞着我的心灵，使我不由自主地感叹道："要是我生在罗马人那个时代就好了！"我在那里待了好几个小时，沉浸在心醉神迷的境界里，

① 加尔大桥其实不是"桥"，而是古罗马人修建的水道在低洼处构筑的石拱卷渡槽，现存法国尼姆的罗马水道长约四十公里，渡槽最高处离地面约四十米。——译者

然而我回来的时候却驰心旁骛，若有所思。我所思的是拉尔纳日夫人：她只考虑到了要我提防蒙彼利埃的女人的勾引，却没有告诉我要提防加尔大桥对我的吸引力。可见智者千虑，必有一失。

到了尼姆，我去参观了圆形剧场。这个建筑物虽然比加尔大桥大得多，但它给我的印象却不那么令人惊异；推究其原因，或者是由于我看过加尔大桥之后，再看别的，就不觉得有什么了不起了；也有可能是由于它是位于市中心，所以不那么令人感到它的工程有多么难。这个漂亮的大圆形剧场的周围都是一些破破烂烂的小房子；剧场里边也修了许多小房子，它们比剧场周围的房子还更破败，以致使人感到与剧场的雄伟气势相比，显得极不协调和混乱，不但看起来没有令人愉快和惊讶之感，反而令人很不舒服和叹息不已。后来，我又去参观了维诺纳的竞技场，它虽然比尼姆的圆形剧场小得多，也没有那么漂亮，但保存和维护得十分完好与整洁，因此使我对它有一个很愉快和深刻的印象。法国人对什么都满不在乎，对古代的建筑物一点也不爱护。他们无论做什么事情都是虎头蛇尾，开头热火朝天，后来草草了事，做完之后也不知道好好维修和保存。

我完全变了，我追求感官享乐之心一产生，便剧烈地膨胀起来，以致有一次我特意在吕奈尔桥餐厅停留了一天，为的是同其他的旅伴一起在这家餐厅里大吃一顿。这家餐厅当时在欧洲是最受人称道的；它也的确值得人们的夸赞。凡是光顾过这家餐厅的人，无不大饱口福，对它供应的菜肴的品种之多，都交口称赞。在这乡野之地的一座孤零零的房子里，竟能吃到海鱼和河鱼，还能吃到鲜美的野味、喝名贵的美酒，这真是一件极其罕见的事儿，而且餐厅老板对客人的招待之周到，与大官和富豪之家款待上宾并无两样。而这一切，只收三十五个苏。可惜这家吕奈尔桥餐厅这样经营并没有维持长久。它一心想图个好名声，结果反而失去了它的名声。

在旅途中，我把我的病全忘记了，一直到蒙彼利埃才想起来。我的忧郁症治好了，但其他的病还依然存在。虽然对症状的感觉已习以为常，不那么痛苦了，但无论是谁，只要突然发现得了这么多病，也一定是受不了的，是必然会认为自己必死无疑的。其实，我身上的这些病使我心里感到的恐惧，远远超过它们使我的肉体感到的痛苦；尽管它们看起来好像是在摧残我的肉体，但它们对我肉体的折磨比它们对我精神的折磨少得多。因此，当强烈的情欲分散了我的心的时候，我就把我的那些病忘得一干二净了。当然，我的病是实实在在的，而不是想象的，所以，一当我的心宁静下来的时候，症状便又凸显出来。这时候，我便想起了拉尔纳日夫人对我的劝告和我此行的目的。我立刻去找最有名的医生，特别是费茨先生。为了便于就医，我索性就寄住在一位医生家里，在他家吃包伙。这位医生名叫菲茨-莫里斯，是爱尔兰人。有许多学医的学生在他家包伙。对一个病人来说，在他家包伙很合算，因为他收的膳食费并不多，而且，他对在他家包伙的人看病，是分文不取的。他按照费茨先生的处方给我服药，细心照料我的身体。他在节食疗法方面很有经验。在他家吃包伙那段期间，我一直就没有感到有消化不良的病症。不过，我对这样节制饮食的做法并不完全赞同，因为，把我现在吃的东西和前不久吃的东西一加比较，我有时候就觉得，论膳食的搭配，托里尼昂先生的做法比菲茨-莫里斯先生的做法好得多。好在节制饮食的办法虽执行得很严格，但我也没有饿死，再加上那帮青年人成天乐呵呵的，这样的生活方式对我来说还真的很合适，防止了我又陷入从前那种忧忧愁愁和郁郁寡欢的状态。我每天早晨吃药，特别是要喝一种我也不知道叫什么名字的矿泉水（我估计是瓦尔的矿泉水），此外就是给拉尔纳日夫人写信，我们之间的书信一直来往不断；卢梭是以朋友的身份代达丁先生收信的。中午，我常常和同桌用餐的青年之一到卡鲁尔格去散步。这些青年人都是好小伙子。午饭时总是大家都到齐了才开始一同进餐。从午饭以后到傍晚这段时间，我们大多数人都要到城外去玩两三场槌球，谁输了，谁就做东请大家吃点心。我是不玩这种球戏的，因为我没有那份精力，也不会那门技巧，但我参加赌输赢。由于关心输赢，所以我跟着玩球的人和他打出去的球在高低不平的石子路上跑来跑去，这对我倒是一种很合适的运动，既快活又有益于健康。我们在城外一家小酒店吃点心，大家吃得很高兴，这是用不着我说的，不过，我要补充一句：尽管酒店里的女孩子都挺漂亮，但我们都很规矩，谁也没有放肆的言行。菲茨-莫里斯先生是玩槌球的能手，是我们的领队。虽然一般的大学生的名声都不太好，但我可以说，在我们这一群青年人当中所表现的庄重和诚实，即使在许多成年人中也是很少见到的。他们虽然话多，但不胡说八道；虽然活泼，但不轻佻。任何一种生活方式，只要它让人自由，我都能适应。像我们目前的这种生活方式，对我来说，真是再好不过了。我巴不得它永远继续下去才好呢。在这些学生当中有几个爱尔兰人，我打算跟他们学几句英语，以备到圣昂德奥尔镇应用，因为预定我到该镇的时间即将到了，拉尔纳日夫人在每封信中都催我去，我也准备照她的话办。很显然，我的医生并未弄清楚我的病根何在，因此都把我看作是一个本来没病而以为有病的人，让我吃拔葜、喝矿泉和淡牛奶，用这些东西来糊弄我。同神学家们的做法相反，医生和哲学家只把他们能够解释的事物才看作是真的；如何应付，则以他们能否解释为前提。这些先生们既然瞧不出我有什么病，那我就是一个没有病的人了。谁敢说这些博学的先生们不是无所不知的人呢？我发现他们是在拿我开心，让我白浪费钱财。与其被他们捉弄，还不如到圣昂德奥尔镇去找那个女人。她不但不比这些医生差，而且比他们讨人喜欢。于是，我决定去找她。这个明智的主意一拿定，我马上就离开了蒙彼利埃。

我大概是在十一月末动身的。我在蒙彼利埃待了六个星期或两个月左右，大约花了十二个路易，既没有治好病，也没有学到什么东西，只有跟菲茨-莫里斯先生学的那一点点儿解剖学还多少对我有些用处，不过，也只是学了一点儿初浅的常识，由于尸体的难闻的臭味使我受不了，我不得不放弃这门学问。

其实，我内心深处对我去圣昂德奥尔镇的决定是有很多顾虑的。在去圣灵桥的路上（这条路既通向圣昂德奥尔镇，也通向尚贝里），我一直在思考这个问题。对妈妈的思念和她给我写的信（虽然没有拉尔纳日夫人写的信那么多，但也很经常）在我的心中激起了一种悔恨交加之感。在来时的路上，我没有一点儿这种负疚感；而现在在回程的路上，我的这种负疚感竟变得如此强烈，以致把寻欢作乐之心全都打消了，使我的头脑顿时清醒，从而完全听从理智的声音。首先，如果这次再冒充我是达丁先生，便很可能不像上次那样轻易就蒙混过去，因为，在圣昂德奥尔镇只要有一个人去过英国，能辨认英国人的样子，或者会说英语，就会把我的真相揭穿，拉尔纳日夫人家里的人便会对我大起反感,便会不客气地对待我;尤其是那个女儿已经使我感到心神不安了,因为我情不自禁地想她已经到了不应有的程度。我担心我会爱上她;这一担心,打消了一大半我想去她家的勇气。拉尔纳日夫人对我一片痴情,我怎么能再去勾引她的女儿,怎么能和她的女儿发生不正当的关系?怎么能在她家制造不和,让她的家庭蒙羞,出现丑闻,甚至千般痛苦呢?我能用这种方式去报答她对我的恩情吗?一想到这里,我就不寒而栗。于是我下定决心,如果这种可鄙的想法一萌生,我一定要和它搏斗,坚决克服它。不过,我为什么一定要和它搏斗呢?一方面我明知拉尔纳日夫人同我相处日久迟早会感到厌倦,另一方面我虽爱她的女儿但又不敢向她吐露心中的感情,这是多么令人难过啊!为什么要为了去追求那片刻的欢乐(我早已领略到它的甜蜜了)而去自寻烦恼、痛苦、羞辱和无穷的悔恨呢?可以肯定的是,我爱胡思乱想的心如今已失去了它当初的活力;寻欢作乐的念头虽然还有,但激情没有了。除此以外,我还考虑到了我的处境和我的责任,考虑到了我那么善良和厚道的妈妈:她早已负债累累,如今由于我乱花了那么多钱,她背的债又更多了。她为我操尽了心,而我却如此厚颜无耻地欺骗她,一想到这些,真感到无地自容啊。我这无限内疚之心已变得如此强烈,终于战胜了其他一切杂乱的念头。在即将到达圣灵桥的时候,我下定决心不在圣昂德奥尔镇停留,并加快速度一直往前行进。我横下一条心,坚决执行我的决定;尽管我发出了几声叹息,但这是我一生当中第一次在内心对我自己感到满意。我自言自语地说:“我赞赏我自己的这一果断行为,我终于做到了宁尽自己的责任而不去贪图那片刻的欢乐。”这是我第一次从钻研学问中明白的大道理:行事要多思考,要多权衡利与弊。尽管我不久前订了几条纯洁的道德原则和明智的为人之道,而且以我能遵守它们而感到自豪,但令人羞愧的是,我有始无终,没有忠于我自己订下的这些规矩,并肆无忌惮地转眼就违背了我自己的诺言。现在,这羞愧之心终于战胜了对感官快乐的追求。在我的决定中,自尊心很可能也起到了与道德心同样的作用。这种自尊心虽说不上是美德,但它所产生的效果是如此的相似,因此即使我在这里说得不对,也是可以原谅的。

美好的行为的好处之一是,可以培养人的心灵,促使一个人做出更美好的善行。人是有弱点的,所以,一个人只要能下定决心不做外界引诱他去做的坏事,就可以看作是美好的行为了。我一下定了我的决心,马上就变成了另外一个人,或者说得更确切一点,我又重新成为从前的我,完全恢复了迷醉之时一度消失的我。我心中充满了高尚的情操和美好的愿望;我加快速度,赶路前行,以便早日弥补我的过错,决心从今以后一定要按照道德的原则行事,毫无保留地把我的一切奉献给世上最慈爱的母亲,全身心地忠实于她和依恋她,除了对她尽我的责任以外,绝不听从其他欲念的驱使。唉,我以为我真诚地回心转意,今后行端品正似乎就可以使我获得另外一种命运了,然而我的命运早已注定,而且已经开始。当我的心充满着对美好事物的爱,憧憬着生活中天真和幸福的景象时,我已经临近将给我带来一连串不幸灾难的悲惨时刻了。

因急于到家,我催促我的马车夫加速前进。我从瓦朗士给妈妈写了一封信,把我到家的日期和时间告诉了她。由于加快了速度,到家的时间比我原先定的时间提前了半天,我便特意在巴里扬多待半天，以便按照我在信上告诉她的时间准时到家。虽然我急于尽情享受同她久别重逢的快乐，但我觉得还是把它往后推迟一些，以便给这种快乐添加一种等待亲人归来的乐趣。这样安排，以往一直是很成功的：我每次从外地回来，全家都喜气洋洋，像过节日似的。我想这一次也不会例外。因此，虽然我归心似箭，但把到家的时间稍微延缓一点儿，也没有关系。

我按照预定的时间准时到家。我从老远的地方就开始观看，看她是不是在路上等我。离家愈近，我的心愈跳得厉害。我一进城就下车步行，所以到家时已气喘吁吁。可是，在院子里，在家门口，在窗口，我一个人影也没有见到；我感到不安，担心家里出了什么事情。我走进门去，看见家中平平静静，有几个工人在厨房里吃点心，谁也没有表现出迎接我的样子。有一个女仆看见我，还大吃一惊，她一点儿也不知道我要回来。我上楼去，终于见到了她，见到了我一片真心爱恋的亲爱的妈妈。我快步走到她跟前，仆倒在她的脚下。“啊！你回来了，我的孩子，”她一边拥抱我，一边说道，“你旅途愉快吗？身体怎么样？”这样接待我，使我感到有点儿茫然。我问她是否收到了我的信。她说收到了。我接着说：“我还以为你没有收到呢。”我们的谈话到此就结束了。有一个年轻人和她在一起；我认得他。在我动身去蒙彼利埃之前在家里就见到过他，不过这一次他好像是住在这里的。他真的是在妈妈家里住下了。于是我明白：我的位置被他占据了。

这个年轻人是沃州人；他的父亲名叫温曾里德，是看门人，即所谓的“希戎堡的大总管”。这位大总管的这个儿子是一个理发师。他以这个身份出入上流社会，也以这个身份来到华伦夫人家。

她盛情接待了他(她对所有路过她家的人,特别是沃州人,总是一律盛情款待的)。他身材高大,一头淡金黄色头发,体态匀称,模样儿平平,头脑也平平,说话的样子像那个小白脸儿利昂德[①],喜欢用他那个行业特有的腔调没完没了地谈他过去的风流事,指名道姓地列举了好几个同他睡过觉的侯爵夫人;还说凡是他给理过发的那些漂亮女人,都给她们的丈夫戴了绿帽子。他无知无识、十分愚蠢,而且动作粗鲁,不过,在其他方面还说得上是一个挺不错的小伙子。在我离家期间,她找来代我为她效劳,并在我回家之后要我与之合作的人,竟然是这么一个家伙。

啊!如果摆脱了尘世羁绊的灵魂还能从天国的光辉中看见人间的变化无常,那么,我亲爱的和尊敬的心上人,请原谅我不像宽恕我自己的过错那样宽恕你的过错,并把你的过错和我的过错都披露在读者眼前。我应当而且也愿意对你像对我自己一样的诚实;在这件事情上,你的所失,比我的所失少得多。唉!如果我们可以把你的理智考虑不周也称为弱点的话,我倒想知道:你温柔可爱的性格和无比善良的心,你的坦诚和美好的德行,它们怎么没有能帮助你克服你的弱点呢!?你有过错,但没有存心为恶。你的行为应当受到责备,但你的心始终是纯洁的。如果大家都能把好事和坏事一一列举出来,让人们公正评判,那么,我倒要看看哪一个女人也能像你这样把她的私生活向人们公开,敢站出来和你相比?

这个新来的人对于交给他办的一些小事情(这类小事情天天都有)的确是件件都马上办了的,而且是办得很好的。他把他自己

---

① 意大利喜剧中的一个擅长油腔滑调地向妇女大献殷勤的年轻人。——译者

看作是她雇用的工人的监工。他同我恰恰相反:他遇事爱大声嚷嚷,而我只是轻声地简单说几句。他成天在地里、草料场、木工房、马厩或家禽场转来转去,尤其是每到一处总要指指点点大声嚷几句。只有花园里的事情他不管,因为花园里的工作非常安静,谁也不出声的。他最喜欢干的活儿是装车运料、锯木头或劈木头。他经常手里不是拿着一把斧子就是端着一把十字镐,到处指手画脚,嚷个不停。我不知道他是在干几个人的活儿;听他话不停嘴的嚷嚷声,就好像是在干十几个人的活儿似的。他这样东奔西跑的那股忙乱劲儿,蒙蔽了可怜的妈妈的眼睛,以为这个年轻人是她的一个好帮手。为了使他尽心尽地为她效力,她使用了一切她认为适当的办法,尤其是她认为最有效的那个办法。

大家想必是知道我的心的,知道我对她始终不渝的真挚感情,尤其是促使我现在回到她身边的这份感情。然而,这突如其来的变化,对我来说,是多么地出人意料啊!请大家为我设身处地地想一想吧。我所憧憬的幸福的未来转眼之间全都化为乌有了,我满心怀抱的种种美好的希望全都消失了。从青年时候起我就一直和她生活在一起,可是如今,我第一次发现我已成为孤零零的单独一个人;这种光景太可怕了,以后的日子也很难过啊。我虽然还年轻,但那种使我的青春充满活力地向往快乐和希望的心情已永远地离开了我;从这个时候起,我多情的心便处于半死的状态;前途茫茫,仅仅剩下毫无意义的凄凉的余生。虽然有时候我还有某种幸福的影子引发我对幸福的希望,但那种幸福已不再是我原有的幸福了。我觉得,即使得到那种幸福,我也不会感到真正幸福。

我是那样的愚蠢,又是那样地充满信心,因此,尽管我发现那个新来的人和妈妈谈话的语气十分亲昵，我依然认为这是由于妈妈的性情随和，同谁都亲近的缘故。要不是她亲口告诉我，我怎么也想不出其中真正的原因。时隔不久，她便以极其坦率的态度把他们之间的事情原原本本地告诉了我。当时，如果我不控制我的脾气的话，她那种态度是足以火上浇油，使我大发雷霆的。她认为这件事情的造成，原因很简单：她责备我对家里的事情漠不关心，而且又经常不在家，所以她要听从她强烈的本能的驱使，找一个人来填补我留下的空缺。“唉！妈妈，”我怀着非常难过的心情说道，“你怎么能反倒说我的不是呢？我一往情深地爱你，你就这样对待我吗？你曾多次救过我的命，难道就为的是不让我享受使我感到生命的可贵的感情吗？我会气死的，而你将后悔不该这样气死我。”她回答我时的说话声调是那么平静，简直把我气疯了。她说我是个孩子，是不会为这件事情气死的；她还说我什么也没有失去，说我们依然是好朋友，在各方面都同从前一样亲密，她对我的温情一点儿也没有减少，只要她还活着，她对我的爱就不会结束。说来说去，她的话无非要我明白：我的一切权利完全同从前一样，虽和另外一个人分享，但不会因此便有丝毫的损失。

我从来没有像此时此刻这样深切地感到我对她的感情的纯真和强烈，感觉到我的心灵的高洁和浑厚。我猛地一下扑在她的脚前，抱着她的两膝，情不自禁地哭了起来。我心情激动地说：“不，妈妈，我太爱你了，所以不愿意有任何轻贱你的事情发生。你已经委身于我，我就要珍惜你，就不能让他人来与我分享你。我当初占有你时所感到的后悔心情已随着我对你的爱而与日俱增。不，我不能为了保持今后对你的身体的占有而再次做那种令我后悔的事。我将永远敬爱你，但愿你永远无愧于我对你的敬爱。对我来说，当前的当务之急，是使你获得美名，而不是占有你。妈妈呀，我把你的事情交给你自己去决定。为了使我们两个人的心相结合，我愿牺牲我的一切幸福，我愿死一千次也不愿意享受那种糟践我所喜爱的人的享乐！”

我坚定不移地遵守这个决定。我敢说，我的这种坚定态度，是和促使我采取这个决定的看法一致的。从这个时候起，我就完全以真正的儿子的态度对待亲爱的妈妈了。需要指出的是，虽然她的内心并不赞成我的决定（这一点，我看得很清楚），但她并没有采取任何办法使我改变我的决定；既没有用含情脉脉的话来劝我，也没有用亲热的动作来挑动我，更没有用任何巧妙的手段来勾引我，尽管这种手段女人用起来既省事又十拿九稳必定成功。目前，由于我必须为我自己寻找一条不以她为转移的出路，而又想不出用什么方法寻找，所以，我便走到了另一个极端，干脆就在她身上寻找。我一心一意想着她，以致几乎把我自己都忘记了。不论我将付出多么大的代价，我都要使她成为一个幸福的人。这个想法是主导我的思想的核心。她休想把她的幸福同我的幸福分开，不管她愿不愿意，我都要把她的幸福看作是我的幸福。

在我的灵魂深处早已播下了美德的种子。由于读书学习，我的美德得到了很好的培养，只等逆境的激励便可破土成长。现在，随着我目前的痛苦遭遇，它已开始发芽了。我这种完全不计较个人得失的心态的第一个果实，就是从我的心中抛弃了我对那个取我而代之的人的怨恨和嫉妒，而且真心实意地愿意与这个年轻人搞好关系。我要培养他和教育他，使他明白他的幸福何在；如果可能的话，还要尽量使他配享这种幸福。总而言之一句话，阿勒在这种情况下是如何对我的，我也要像阿勒那样对待他。可是，人和人不一样，是没有办法比的。虽然我的性情比阿勒平和、知识比阿勒多，但我不像阿勒那样处事稳重和果断，更没有阿勒的那种威信。此外，我在那个青年人身上发现的优点，也没有阿勒在我身上发现的优点多，例如：随和、友好、知恩，尤其是知道自己需要得到他人的指导，希望从他人的指导中得到益处。这一切，他全都没有。我愿意培养的这个人，把我看作是一个只会空谈的学究，而把他自己则看作是家中的大人物。他以为到处指手画脚瞎嚷嚷，便是他在家中干的活儿多的证明；他以为他的斧子和十字镐比我的书本有用得多。从某一方面看，他的看法并不错，但他因此便做出一副了不起的神气样子，那就可笑之极了。他像乡下的土财主那样对待农民，后来对我也如此，甚至对妈妈也是如此。他觉得他的名字"温曾里德"不够显赫，便改名换姓称自己为"德·古尔迪耶先生"。后来，他就以这个名字在尚贝里和摩里安出了名，并在摩里安结婚安了家。

最后，这个趾高气扬的家伙竟成了家中发号施令的主人，而我什么都不是，成了一个无足轻重的闲人。当我偶尔招他不高兴时，他不责备我，而是去责备妈妈。由于我担心妈妈受到他粗鲁的对待，所以我只好听任他想做什么就做什么。他每次劈木头的时候，都表现出十分骄傲的样子；我插不上手，只好站在一边旁观，而且还要装出一副啧啧称羡的样子。这个年轻人的秉性也不是绝对的坏。他爱妈妈，因为他不可能不爱她；他对我也没有什么恶感。在他不乱发脾气的时候，他也会听从人家的意见的，有时候还相当和颜悦色地听从大家的意见，而且坦率承认自己是个蠢人。不过，承认归承认，事后还是照样做蠢事。另外，他的智力是那么有限，他的喜好也是那么无聊，以致很难和他讲通道理，而且几乎不可能和他愉快地相处。他占有一个风致翩翩的女人还嫌不够，又和一个上了年纪还掉了牙的女仆勾搭成奸。这个红棕色头发的老婆子，妈妈尽管一见到她就感到讨厌，但还是耐着性子继续使用她。我发现这桩新鲜事儿以后，简直把肚子都气破了；接着，我又发现另外一桩令人生气的怪事；它比此前发生的所有一切不愉快的事情都更令人灰心丧气，一下子便使我的精神颓丧到了极点。这件事情是：妈妈对我的态度已开始冷淡了。

节制房事（我已开始自我要求节制房事，而她也似乎赞同）是女人们绝不原谅的事情之一；不论她们外表上装得如何，她们心里是绝不原谅的。推究其原因，倒不是由于男人一节制房事，她们本身的情欲便得不到满足，而是由于她们认为不和她们同房，显然是不把她们放在心上的表示。就拿最通情达理和情欲最淡薄的女人来说，她也认为男人（即使是她最不在乎的男人）最不可饶恕的罪过是：明明有精力和她交欢，但却偏不和她交欢。这一点，这个女人也不例外。我之所以不同她再行房事，完全是出于道德和敬爱她的缘故，而她却不以为然，硬是把我这种最纯真和强烈的感情往坏处想，看作是不再爱她的表示。从此以后，我在她身上再也感觉不到以前那种心心相印的甜蜜情谊了。她只有在对那个新来的人生气的时候才对我说几句真心话；而当他们和好时，我在她心目中就等于零了。最后，她竟逐渐逐渐地采取一种把我排斥在外的生活方式。我到她跟前时，她虽然依然是很高兴的样子，但并不认为有非要我到她那里去的必要；即使我接连几天不见她，她也满不在乎。

我以前是这个家的中心，过着双重身份的生活，而现在，竟不知不觉地被孤立起来，成为形单影只的人了。我逐渐逐渐地习惯于远离家里的一切事情，甚至远离居住在家里的人。为了不看见那些令人心碎的事儿，我便关着房门读我的书，或者到树林中去独自叹息或痛哭一场。这种生活不久就变得令人难以忍受。我感觉到，我如此喜爱的女人身虽在我眼前，但心已离我而去，因此使我备加痛苦；如果看不见她，也许我的痛苦还会大大减轻。我制订了一个离开这个家的计划；我把这个计划告诉了她。她不但不反对，反而十分赞成，她在格勒诺布尔有一位女友名叫德邦夫人；这位夫人的丈夫是里昂大法官马布里先生的好朋友。德邦先生介绍我到马布里先生家去当家庭教师。我接受了这个工作，于是便开始做去里昂的准备。临行时，我们双方都没有丝毫的依依不舍之感，而在以前，只要一想到要分别一段时间，我们两人的心都会感到如同死亡一样痛苦。

当一个家庭教师所必须具备的知识，我差不多都有了。我相信我有当家庭教师的才能。在马布里先生家待的那一年里，我有充分的时间衡量我自己。如果没有外界的刺激使我大发脾气，我的性格温和，是适合于干这一行的。只要一切顺利，只要我付出的劳动和心血能收到很好的效果，我一定会不辞辛苦地尽力工作，行事就会像一个天使；反之，如果事情不顺利，我行事就会像一个魔鬼。如果我的学生不听我的话，我就要大发雷霆；如果他们捣乱，我说不定就会把他们揍个半死。这显然不是使他们变得聪明和喜欢学习的办法。我有两个学生，他们的性格完全不同。老大八九岁，名叫圣玛丽，模样儿长得很漂亮，性格开朗，相当活泼，成天大大咧咧，十分调皮，不过调皮得令人高兴。老二名叫孔狄亚克，样子显得很愚蠢，成天心不在焉，脾气犟得像一头驴，学什么也学不进去。大家可以想象得到，碰上这两个学生，我的工作是很难做好的。如果我有耐心、遇事冷静，我也许能够成功。然而，由于我既无耐心，也不冷静，因此我的工作毫无成效，两个学生反而愈来愈坏了。其中的原因，并不是由于我不尽力，而是由于我缺乏平心静气的态度，在教法上有欠考虑。我对他们采用的办法只有这么三个，即动之以情、喻之以理和大发脾气。这三个办法不仅没有用，而且对孩子们来说还往往是有害的。有时候我劝圣玛丽要好好学习，竟劝得连我自己也动了真情，大把大把地流下了眼泪。我想感动他，以为这个孩子能被我的真情所打动。有时候我又唇焦舌敝地同他讲道理，以为他真能听懂我讲的道理。有时候他也能说出一些很有意思的话，我便以为他真的善于推理，是一个明白事理的孩子。至于小孔狄亚克。这个孩子真叫人伤脑筋，他什么也听不懂，成天不吭声；不论我怎么动情也打动不了他，脾气倔得谁也拿他没办法，最后把我气得暴跳如雷的时候，反倒是他在一旁显得很得意，这时候，聪明的贤者是他，而我反倒变成了一个不懂事的孩子。我知道我的这些缺点，我心里非常明白。我也研究了我的学生的心理，而且研究得很透彻。我自信，他们使用的诡计，一次也没有瞒过我。但是，虽发现了缺点但却找不到补救的办法，这又有什么用呢？我什么都明白，然而却拿不出任何办法，结果事事都不成功。我所做的一切，恰恰是我不应该做的事情。

我不但没有把学生教好，就连我自己也没有管好我自己。德邦夫人把我介绍给马布里夫人，并请她教我学习上流社会人士的言谈举止，马布里夫人也的确花了许多力气教我，希望能把我培养成一个为家庭增光的人。可是我是那样的笨、那样的腼腆、那样的愚蠢，以致使她完全灰了心，把我撂在一边不管了。此外，我又犯了我一见漂亮女人就喜爱的老毛病；尽管她不理我，但我仍然爱她。我的态度相当明显，所以她也觉察到了。不过，我始终不敢向她明说，而她也没有做出任何对我有意思的表示。不论我怎么眉目传情和唉声叹气，全都劳而无功，因此我不久也就感到厌倦了。

我在妈妈家里早就改掉了小偷小摸的毛病，因为她家里的一切我都可以享用，用不着去偷，而且，我给我自己定了严格的规矩，因此使我也不敢再去干那种卑鄙的事。从那个时候起，我的确做到了这一点，而我之所以能做到这一点，推究其原因，倒不是由于我战胜了诱惑，而是由于我切断了受诱惑的根源。因此我很担心：如果我再面临诱惑，我很可能又像童年时候那样去偷。这一点，我在马布里先生家的一件事情就是明证。虽然我周围都有许多可偷的小物件，但我连瞧都不瞧一下，唯独阿尔布瓦出产的那种美味白葡萄酒，却偏偏被我看中了。我曾在吃饭的时候偶尔喝过几杯，觉得很过瘾。这种酒颜色有点儿浑浊，我自吹我是一个滤酒的能手，于是主人就把这件事情交给我去办。我把酒都滤了一遍，看起来效果虽不算太好，但喝起来味道还是挺不错的。我在滤酒这几天，我有时就顺手带几瓶到我房间里独自享用。可是我向来是在喝酒的时候要吃点下酒的东西的。要怎样才能弄到点面包呢？我总不能在用餐之后带几块面包回房间去吧。叫仆人到街上去买，这就要露马脚，而且可以说是会丢主人的脸，让人家说主人连饭都不让我吃饱。我自己去买吧，我又不敢；一个身佩短剑的体面人到面包店去买一块面包，这怎么可以呢？最后，我想起了一位公主说的一句蠢话。有人告诉她说农民没有面包吃了，她回答说："那就让他们吃奶油蛋糕吧。"于是我就去买奶油蛋糕。上街去买奶油蛋糕，这说起来容易做起来难哪！为了这么一点点事儿，我最好是独自一个人去。可是跑遍了整个城市，一连经过一二十家点心铺，我哪家也不敢进去，因为，必须要那家铺子里只有一个人，而且那个人对我的表情很和气，我才敢进他的店铺。不过，等我买到了蛋糕，自己一个人关在房间里，从柜子里拿出一瓶酒来，一边看书，一边自斟自饮的时候，那是多么痛快啊！房间里没有其他的人，我一个人边吃边看书，真是别有情趣；书就代替了我所缺少的伙伴；我看一页书，吃一块蛋糕，仿佛书在同我一起用餐。

我并不是一个行为放肆，不知羞耻的人，在我这一生中也从来没有喝醉过。我小偷小摸的行为虽然有限，但还是被发现了：酒瓶暴露了我的行径。主人虽然没有说，但酒窖就不再由我掌管了。这件事情，马布里先生处理得很谨慎；他真不愧是一个心地厚道的人。尽管由于职业的关系，他的表情十分严肃，但他的性格却很平和，有一副好心肠。他为人正直；作为一个地区的最高司法长官，竟这么仁慈，这是我怎么也没有想到的。正是由于他对我的宽容、对我的关爱和敬重，我才在他家继续待了下去；否则，我是不会待那么长的时间的。最后，由于我对我的工作已感到厌倦，意识到我不适合于从事这门职业，再加上我的处境十分尴尬，一点儿也不愉快，因此，在尽心尽力尝试了一年之后，决定不再继续教我的这两个学生，深深感到自己实在没有能力把他们教好。对于这一点，马布里先生同我一样，看得很清楚。但是，如果不是我为了不使他为难，因而主动提出辞职的话，他是不会辞退我的。当然，如果他真的过于迁就，再让我继续干下去，我也是不会赞成的。

使我对当前的处境感到难以忍受的是：我老拿它和过去的景况相比。我不断回忆我喜爱的夏梅特，回忆我的花园和树木，回忆那股清清的泉水和果园，尤其是回忆那个我是为她而生的女人，因为，使这一切具有生命的，是她。我一想到她，一想到我们快乐的时光和真心相爱的生活，我便心乱如麻，什么也不想干了。我曾经有许多次想立刻动身，步行回到她身边，只要能再见她一面，我就是马上死了，我也愿意。最后，我终于决定不再这样只沉湎于对过去的回忆，而必须要不惜一切代价立即回到她身边。我对我自己说，我以前不够耐心和不够温存，如果我今后做得比以前更好一些，我还是能生活得很幸福，得到她的友谊的。于是，我制订了最周详的计划，而且巴不得马上付之实施。我要抛弃一切，立刻动身；我要怀着我青年时期的全部激情飞奔到她跟前。啊！如果我在她对我的接待中、在她对我的亲热态度中，总之，在她的心中能够发现我过去曾经感受过的而现在还依然记忆犹新的情谊的四分之一，我一定会高兴死了的。

世间的事情全是虚幻，真是令人难以预料啊！她依然是那样热情接待我；她对人的这种热情是到死也不会改变的，而我是来寻求过去的，而这过去的时光已一去不复返。我在她身边待了不到半个小时，便感到我往日的幸福已彻底结束了。我又陷入了上次迫使我离家的那种令人难堪的境地。不过，我认为其中的原因不能怪任何人。德·古尔迪耶这个人其实并不坏；他看见我回来时，他脸上的表情很高兴，并没有什么不愉快的样子。我过去是她唯一的心上人，而她也是我唯一的心人上，可是如今我却变成了多余的人，这叫我怎么受得了呢？从前，我是她家里的孩子，如今我怎么能像一个外人似的住在她家呢？家中的一切事物都是我过去的幸福的见证，可现在已今非昔比，它们与我已毫无关系了。我要是住在别处，也许还没有这么难过。我愈是不断地回忆甜蜜的过去，便愈是感到我今天的落寞。无论怎样后悔，都没有用了；无论怎样忧伤，也无济于事了。我只好恢复从前的生活方式，除了吃饭的时间以外，我总是独自一人待在房间里看书，在书中寻找有益的消遣。由于我感到我以前担心的灾难即将到来，我便苦苦思索在我身上寻找办法，以便在妈妈没有经济来源时帮助她。我在家的时候，把她家里的事情安排得井井有条，使之不往衰败的方向发展；自从我走了以后，一切全变了。她那个管家人花钱大手大脚，爱讲排场，出门不是骑高头大马，便是坐华丽的马车，还要带一帮随从，一心想在邻人眼中装出一副富贵人家的样子。他继续不断地经营了好几种他根本不懂行的事业。她一年的年金不到年底早就用光了，每个季度的收益也作了抵押，房租拖欠，债台高筑。我估计她的年金早晚会被宫中扣押甚至取消。总之，我觉得破产和灾难到来的时刻是如此逼近，以致使我时时感到忧心忡忡、不寒而栗。

我的这个小房间是我唯一能获得几许安宁的地方。我在小房间里，一方面寻找医治我这心烦意乱之症的良方，另一方面又百般寻求能防止我所预料的灾祸的办法。在回顾我以前的那些想法的过程中，我又产生了许多新的想法（其实它们都是不切实际的），以便在不久的将来能将可怜的妈妈从她即将陷入的绝境中挽救出来。我自知我没有足够的学识和才华登上文坛显身扬名并成为富翁，但现在有一个新的想法出现在我的脑际，使我这个资质平庸的人有了信心。我现在虽然不当音乐教师了，但我并未放弃音乐。恰恰相反，我已经掌握了相当多的音乐理论，我认为我在这方面的知识至少是相当丰富的。我回顾我在学习辨认音符，尤其是在练习按谱唱歌方面所遇到的困难时，我发现这种困难既来自我，也来自音乐本身。音乐并不是每一个人学起来都是很容易的。我研究了每个音符的形状，我发现它们并非每一个都设计很巧妙。我早就想用表示数字的符号来记录乐谱了；用数字记录的乐谱①，可以避免为了谱写一首小小的曲子也要画那么多线条和符号。我一时还不能解决的困难是如何表达八度音和节拍与时值。现在我又思考了这个问题；我发现，只要肯动脑筋，这个问题是不难解决的。我终于获得了成功：不论什么曲子，我都不仅可以用表示数字的符号非常准确地记录，甚至这种记录可以说是十分容易。从这个时候起，我便认为我发财的路子找到了。我怀着同我衷心喜爱的女人分享财富的强烈愿望，巴不得马上去巴黎，希望一宣布我的发明，立刻就会在音乐界掀起一场革命。我从里昂带回来一些钱，我又卖掉了我的书，只花了两个星期的时间收拾行装，便一切就绪，准备起程。我心中充满了促使我去巴黎的美好希望（我做事历来都是这样往美好的方面想的），像上次带着埃农喷水器从都灵出发那样，带着我发明的这套记谱法离开了萨瓦。

① 即现在所说的简谱。——译者

我青年时期的过错和荒唐事，就是这些。我敢说，我对事情的经过的叙述是忠实的；我的心要求我必须原原本本地如实记录。即使将来随着年齿日增我在德行方面有所增进，我也要如此坦率地讲述。这是我未来的计划，而现在写到这里就该停笔了。随着时间的推移，一道道帷幕必将揭开。如果我能名留后世，也许终有一天人们会知道我有哪些要说的话还没有说，那时候人们自然会明白我现在闭口不谈的原因。

珍藏本
纪念版

汉译世界学术名著丛书

忏悔录

下册

〔法〕卢梭 著

李平沤 译

商务印书馆
SINCE 1897 The Commercial Press

2017年·北京

卢梭出逃图

卢森堡元帅把卢梭送到后墙门,《爱弥儿》的作者旋即出门登车,开始长达八年的流亡生活。

卢梭的遗骸移葬巴黎邦德翁

法兰西共和历3年葡月20日（公元1794年10月11日）巴黎的全体政要和各界代表把卢梭的灵柩护送到“供奉不朽的人的殿堂”邦德翁。

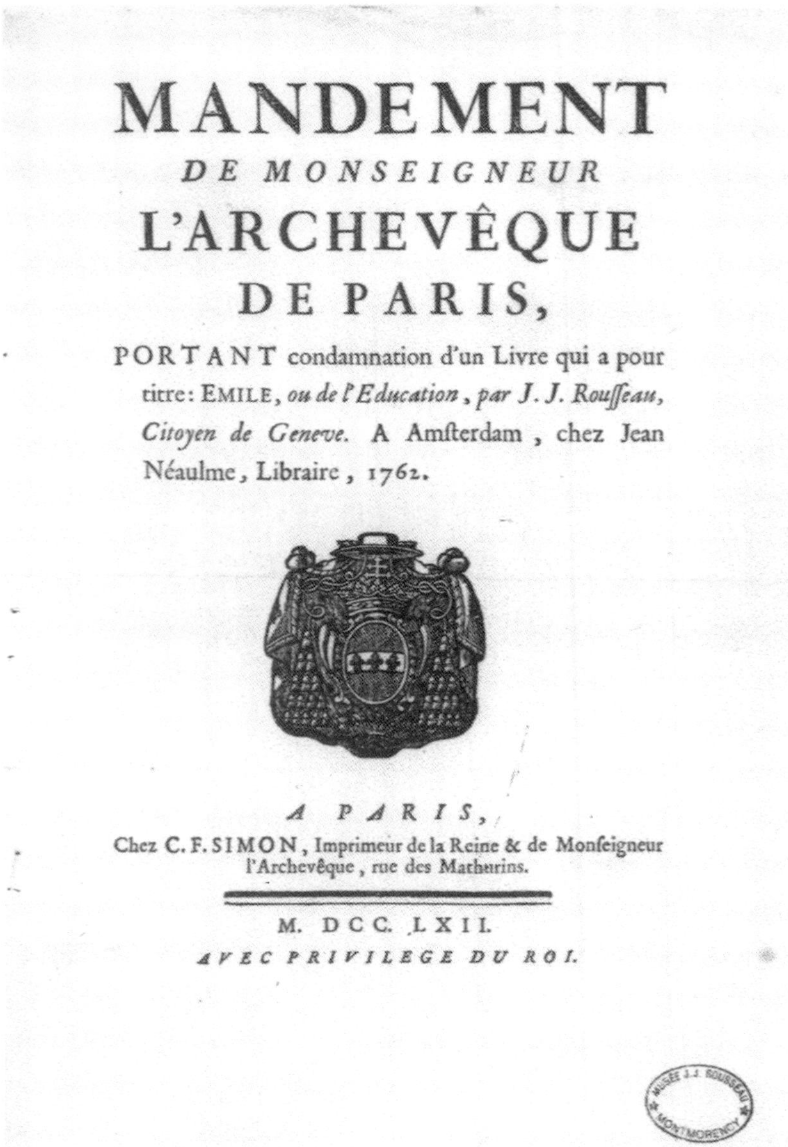

MANDEMENT
DE MONSEIGNEUR
L'ARCHEVÊQUE
DE PARIS,

PORTANT condamnation d'un Livre qui a pour titre: EMILE, *ou de l'Education, par J. J. Rousseau, Citoyen de Geneve.* A Amsterdam, chez Jean Néaulme, Libraire, 1762.

A PARIS,
Chez C. F. SIMON, Imprimeur de la Reine & de Monseigneur l'Archevêque, rue des Mathurins.

M. DCC. LXII.
AVEC PRIVILEGE DU ROI.

巴黎博蒙大主教1762年8月28日发布的谴责《爱弥儿》及其作者的训谕

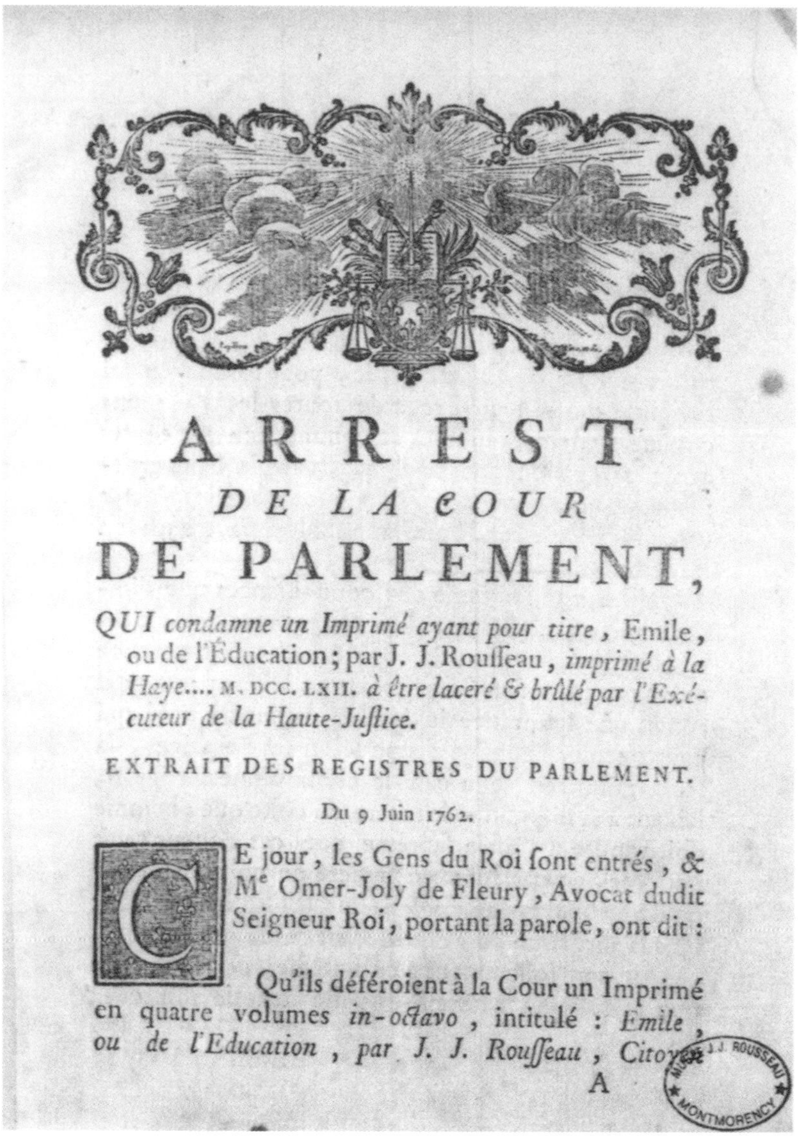

ARREST
DE LA COUR
DE PARLEMENT,

QUI condamne un Imprimé ayant pour titre, Emile, ou de l'Éducation; par J. J. Rousseau, *imprimé à la Haye....* M. DCC. LXII. *à être laceré & brûlé par l'Exécuteur de la Haute-Justice.*

EXTRAIT DES REGISTRES DU PARLEMENT.

Du 9 Juin 1762.

CE jour, les Gens du Roi sont entrés, & Me Omer-Joly de Fleury, Avocat dudit Seigneur Roi, portant la parole, ont dit:

Qu'ils déféroient à la Cour un Imprimé en quatre volumes *in-octavo*, intitulé: *Emile, ou de l'Education, par J. J. Rousseau, Citoy*

A

巴黎高等法院1762年6月9日下达的逮捕令

缉拿《爱弥儿》的作者卢梭

卢梭替人抄写的乐谱

佩戈勒齐的歌舞剧

《奥林匹克运动会》

要独立生活，就需要有谋生的手段，我想出了这样一个最简单的办法：替人抄写乐谱，按页数计酬。……这个办法最适合我的兴趣，也是唯一不受他人的约束而又天天可挣到买面包的钱的办法。

《忏悔录》卷 8

目　录

下　册

小　　引[①]

这几卷书稿，错误的地方甚多，各种各样的错误都有，而我眼下又没有时间再检查一遍，没有时间进行修改。不过，错误虽多，但它们的内容已足以使热爱真理的朋友掌握探寻事情真相的线索，并获得一个根据自己的了解弄清真相的方法。不幸的是，我觉得，我这几卷书稿要想逃脱我的敌人的监视，那是很难的，甚至是不可能的。如果它们幸而落入一个正人君子之手[（即使这个人是舒瓦瑟尔[②]的朋友）或者落入舒瓦瑟尔本人手里，我不相信我身后的名声就没有恢复的希望。啊，上帝呀，你是清白无辜的人的保护者，但愿你能使我这几卷可证明我无辜的最后的申辩书不要落入德・布弗勒和德・韦尔德兰这两个女人手中或她们的朋友的手中。你至少不要让这两个泼妇看到一个不幸的人写的这份材料，尽管你已经让这个不幸的人在生之时吃尽了她们的苦头。][③]

① “小引”二字为译者所加。——译者

② 舒瓦瑟尔（1719—1785）：法国政治家，曾任法王路易十五的外交大臣和陆军大臣。——译者

③ 方括号[　]中的这几句话，后来被卢梭划了许多线条删去，但字迹仍清晰可辨。——译者

第七卷

(1741—1747)

我虽然早已决心辍笔，但沉默和忍耐两年之后，我又拿起笔来。各位读者，请先别急于评说我不得不再执笔撰文的理由，因为你们只有在把我的书看完之后，才能作出评论。

你们已经看到，我的青年时期是在一种平静而又相当美满的生活中度过的，既无大不幸，也无大喜事。这种平平淡淡的生活，大部分是由于我虽易激动但又十分软弱的天性造成的。我的天性难于坚持而易于灰心；它要受到强烈的驱动才能走出悠闲的状态，而稍一感到厌倦，便又懒怠如初，因此，它使我既无大美德，也无大恶行，经常处于我自认为生来就挺适合的优哉游哉的宁静生活，因而不容许我无论是为善还是为恶而走得太远。

我在后面展示的画面，与以前的画面是多么不同啊！命运在前三十年间处处有利于我的天性的发展，而在后三十年，却事事与我的天性发生冲突。在我的处境与我的倾向继续不断的冲突中，我犯了许多巨大的过错，遭遇了许多前所未闻的不幸，但其间除了没有使我养成坚强的性格以外，也确实培养了许多能给我遭到的不幸带来荣誉的美德。

本书的上册，完全是凭记忆写的，因此必然有许多错误；而下册也要凭记忆来写，其中的错误说不定比上册还多。我美好的少年和青年时期，是在既宁静而又淳朴的环境中度过的。当年甜蜜的往事，给我留下了许许多多难以忘怀的美好印象，使我不断地时时回忆。然而，人们即将看到，对我后半生的回忆，我心中的感受是多么不同啊。再回忆这段时间的往事，那等于是让我重新再遭受一次痛苦。我不能拿痛苦的回忆来增加我现在的景况的艰难。我要尽量避免；我这种想法是对的，所以使我在需要回顾往事时，有些痛苦的往事就回忆不起来了。易于忘记痛苦，这是上天在命运使我陷入痛苦的泥淖时给我的一种安慰。我的记忆力让我单单地只回忆那些愉快的事情，因而抵消了我只往坏处想的想象力，没有把未来只看作是一片漆黑。

为了弥补我的记忆力之不足和提示我如何写作本书而收集的材料，都已落入他人之手，再也收不回来了。我唯一能依靠的忠实向导，是我有线索可循的一系列感情；它们给我的人生打上了不可磨灭的印记。通过我的感情，便可以推知我这一生遭遇的事情的原因和后果。我很容易忘记我的痛苦，但我不能忘记我的过错，更不能忘记我的美好的感情。对我的过失和美好感情的回忆真是刻骨铭心，是永远不会从我心中消失的。我很可能遗漏一些事情，把这里发生的事情说成是在那里发生的，也可能把时间弄错了。但是，对于我深有感触的事，对于我的感情驱使我去做的事情，我是绝不会弄错的。我要在书中讲述的，主要是这些。我这本《忏悔录》的目的，是要人们准确了解我这一生在种种不同的境遇中的内心感情。我向读者许诺的，是我的心灵的历史。为了忠实地记述这部历史，我不需要其他的材料，只需像我迄今所做的这样反躬自问、吐露心声就行了。

幸运的是，我从一个信函抄录本里找到了一些记录这六七年间发生的事情的可靠材料；这些信件的原件现在都在迪佩鲁先生手里。这个抄本截止于1760年，包括了我在退隐庐居住以及我和我的那些所谓的朋友不断争吵的整个时期。这段时间是我一生最难忘怀的；我的种种不幸的根源都是从这段时间开始的。至于比较近期的一些信件的原件，我手中留存的已为数不多，所以我没有把它们抄录在这个本子里，以免分量过重，无法逃脱我的那些阿耳戈斯[①]式的敌人的觉察。不过，当我觉得它们能提供某些情况的时候，不论它们提供的情况对我有利或不利，我都会把它们转录在这本书里。我不怕读者指摘我不是在写《忏悔录》而是在写自辩书。当事实为我申辩的时候，谁也休想我不说实情。

本书的下册，只是在如实讲述事情的经过方面与上册相同，而它之所以显得写得比较好，是由于它讲述的事情非常重要；除此以外，它在各方面都不如上册美。上册是在伍顿和特里堡写的，当时的心情怡然自得，非常愉快。我所回忆的往事件件都给我带来新的欢乐；我愈回忆它们，便愈感到新的乐趣。我可以无拘无束地谋篇布局、斟酌词句，直到把文字写得满意为止。今天，我的记忆力和脑子已经衰退，几乎不能工作了，因此，下册的写作是勉力为之的，心中是怀着无限忧伤的。文中记述的全是灾祸和一些人的背

① 希腊神话故事中的百眼神。据说，在他的一百只眼睛中，有五十只眼睛昼夜不停地总是睁着观察周围的情况。——译者

信弃义的行为，全是令人痛心的往事。我本想把我要讲的事情全都埋葬在沉沉的黑夜里，然而，由于有些事情又不由我不说，所以我在写下册的时候不能不躲躲藏藏悄悄地写，不能不耍花招示人以假象，自甘堕落地做出一些我生来就不愿意做的事情。我头上的天花板有眼睛，房间的四面墙壁有耳朵，再加上我周围都有密探和心怀恶意的监视人，所以我时时感到不安、心绪不宁，把断断续续想说的话匆匆写在纸上，连重读一遍的时间都没有，更不用说细心修改和润色了。我当然知道，人们之所以在我的周围设置无数的屏障，是由于他们害怕真理会从某个缝隙透露出去。我应当怎样做，才能使真理穿过他们设置的屏障呢？我想过一些办法，但成功的希望甚微。人们可以想象得到，在这种情况下，要想写出动人的文字，给它们加上引人入胜的色彩，那是何等的艰难啊！因此我要把话说在前头：凡是已经开始阅读本册的人，我无法担保他们在继续往下读的时候不感到腻烦，除非他们真的想了解一个人和真诚热爱正义与真理。

我在上册写到我怀着恋恋不舍的心情动身去巴黎就搁笔了。不过，我的身虽往巴黎行进，但却把我的心留在了夏梅特，在那里建立了我最后一座空中楼阁，打算有朝一日把我获得的钱带回去交给我那头脑重新清醒的妈妈。我已经把我那套新的记谱法看作是一笔准可到手的财富了。

我在里昂停留了些时间，一是为了去看看朋友，其次是想请人为我给巴黎的熟人写几封介绍信，再则是想把我随身带的几本几何学的书卖掉。马布里先生和夫人见到我，非常高兴，并请我吃了几次饭。我在他家结识了马布里神甫，还见到了孔狄亚克神甫（我和他是早已相识的),他们都是来看望他们的兄长的。马布里神甫给我写了几封介绍信,其中有一封给封特奈尔先生,另一封给克吕斯伯爵。我同这两位先生相识以后,交往得非常愉快;尤其是封特奈尔,他在去世前一直同我保持很好的友谊,并在他和我促膝谈心时给了我许多有益的指导,可惜我没有完全照着他的话去做。

我又见到了波尔德先生。我和他已相识很久了,他曾经非常热心地多次帮助过我。这一次,他依然是那样的热心,帮我把那几本几何学的书卖掉了,并亲自或托人给我写了几封带到巴黎去的介绍信。我又见到了地方长官先生;我此前是通过波尔德先生和他相识的,后来,通过他,我又认识了黎歇留公爵。现在,公爵正在里昂,于是,巴吕先生领我去见他。他很热情地接待了我,并告诉我到巴黎之后去见他。后来,我真的去看了他几次,不过,和这样的大人物(我以后还要谈到他)交往,对我并没有什么真正的用处。

我还见到了音乐家达维。在我有一次旅行遇到困难时,他曾经帮助过我。他曾借给我(或者说送给我)一顶便帽和几双袜子;虽然我们后来常常见面,但我一直没有还他,他也没有问我要。不过,我后来也送了他一件礼物,其价值和他那顶帽子与几双袜子差不多。如果这里讲的是我应该做的事情,我是可以把我讲得更好一些的;可是这里讲的是我实际做的事情,唉,在性质上就不一样了。

我还见到了慷慨大方的佩里雄先生。这一次,他又使我感受到了他平素的那种豪爽气魄;他像从前给文雅的贝尔纳付马车费那样,也替我付了马车费。我也见到了外科医生帕里索。这位医生的确是一个顶好的好心人;我还见到了他供养了十年的可爱的果德弗瓦;这个女人并无他长,只是性格温柔和心地善良;无论是谁,只要一到她身边,就不会不喜欢她;一离开她,就不会不思念她。那时她已到了肺痨病晚期,不久以后就去世了。观其友便知其人*,此话的确不虚。只要你见过温柔的果德弗瓦,你就知道好心的帕里索是一个什么样的人了。

对于这几位好友,我都心存感激之情,可是后来,我把他们都淡忘了。其中的原因,绝对不是由于我忘恩负义,而是由于我一贯的疏懒成性(这往往令人看起来是忘恩负义)。他们对我的帮助,我从未忘记,但我认为今后用行动来报答他们,比不断用书信感谢他们要好得多。勤写书信,这是我力所不能之事。而我一疏于音问之后,便感到羞愧,不知道如何弥补我的过失,因此愧上加愧,就索性不写信了,于是与他们音信杳无,好像把他们全都忘记了。帕里索和佩里雄对此并不介意,对我依然如故,而波尔德则不然;二十年后人们将看到一个有才学的人以为被人忘怀的时候,他的自尊心将如何寻求报复。

在离开里昂之前,我不应该忘记一个可爱的人。我又见到了她,心中感到十分高兴;她的身影在我心中留下了极其美好的记忆。这个人是我在上册中提到过的赛尔小姐;后来,我住在马布里

* 除非他当初在选择朋友的时候就选择错了,或者他所喜欢的人后来由于种种特殊的原因而改变了性格(这并不是绝对不可能的)。如果人们刻板地理解这条"观其友便知其人"的法则的话,人们就会按苏格拉底的妻子克桑迪普来评判苏格拉底,按狄戎的朋友卡里普斯来评判狄戎。这样评判就荒谬绝伦、大错特错了。此外,人们切不可错用这条法则来评判我的妻子。是的,她的智力之有限和上当受骗之容易,简直超出了我的想象,但就她的性格而言,她的确是一个非常淳朴、善良、没有一点儿坏心的女人。她值得我的衷心敬爱;在我有生之年,我将永远敬爱她。

先生家里时，又再见到过她一次。我这一次到里昂，有许多空闲的时间，所以和她见面的次数就比较多了。我对她动了心，而且很强烈，我有理由相信她也不会不动心的。但是，由于她对我那么真诚，使我反倒不敢产生滥用她的真诚的念头。她没有任何家产，我也身无长物，我们的境况太相似了，所以不能结合，何况我有要紧的事情要办，因而根本没有想和她结婚。她告诉我，有一个名叫日勒弗的年轻商人似乎很喜欢她；我在她家见过他一两次，人挺老实的，大家都说他是个老实人。我相信她和他结合一定会很幸福。我希望他赶快娶她（后来他果然娶她了）。为了不影响他们纯真的爱情，我决定赶快离开里昂，我衷心祝愿这个可爱的人婚后的生活美满幸福（唉！可惜我对他们祝愿的幸福在世上只持续了很短一段时间，我后来听说，她婚后两三年就去世了）。我一路之上都对她怀着深深的依恋之情。我感到，而且以后每一想到她都会感到：为义务和美德而做出牺牲固然要付出很大的代价，但这种牺牲在心中留下的甜蜜回忆，就是对我的最好的补偿。

我上次到巴黎，看到的大部分是它糟糕的一面，而这次到巴黎，看到的大多是它漂亮的一面。不过，我所住的旅店不在漂亮之列。按照波尔德先生给我的一个地址，我住进了离索尔邦神学院不远的科尔迪埃街的圣冈丹旅馆。乱糟糟的街，乱糟糟的旅馆，乱糟糟的房间。然而，在这个乱糟糟的旅馆里，却曾经住过许多有才学的人，例如格雷塞、波尔德、马布里神甫、孔狄亚克神甫和其他一些名人。可惜的是，这些人我一个也没有见着。我在旅馆里认识了一个名叫博纳丰的先生；他是一位小乡绅，腿有点瘸，好争论，说起话来爱咬文嚼字。通过博纳丰的介绍，我认识了罗甘先生（现在，在我的朋友当中，就数他的年龄最大），通过罗甘先生的介绍，我认识了哲学家狄德罗；关于狄德罗，我以后还要多次谈到他。

我是 1741 年秋天到达巴黎的。当时我身上只有十五个路易，除此以外，就是我写的喜剧《纳尔西斯》和我的新的音乐记谱法：这些就是我的全部家当。因此，我必须抓紧时间，用这两样东西去打开一条出路。我赶紧取出我带来的介绍信。一个五官端正又有点才能的青年人来到巴黎，一定会受欢迎的。我受到了一些人的热情接待；他们对我虽然热情，但不给我实际的帮助。在带着介绍信去会见的人当中，只有三个人对我有用处。这三个人，一个是来自萨瓦的绅士德梅桑先生，他当时是王室侍从，我看出他是莎丽妮安公主的宠信；另一个是铭文研究院的秘书博茨先生，是国王勋章局的司库；第三个是耶稣会教士卡斯特尔神甫，他曾发明一种表音管键琴。除德梅桑先生外，其余二人是马布里神甫介绍的。

德梅桑先生有鉴于我急需人帮助，便给我介绍了两个人：一个是加斯克先生，他是波尔多法院的院长，小提琴拉得很好；另一个是勒翁神甫，他当时住在索尔邦神学院，是一个很可爱的年轻贵族；他以诺汉骑士这个称号在上流社会出过一阵风头之后便英年早逝了。这两个人都曾经脑子热过一阵想学作曲。我教了他们几个月，聊补我行将花光的钱袋。勒翁神甫和我结下了友谊，并且想让我当他的秘书，但他并不富裕，只能给我八百法郎，我很歉然地推辞了，因为这点钱实在不够我吃住和其他花销。

博茨先生非常热情地接待我。他爱有学问的人，他本人也有学问，只不过稍微有点儿学究气。博茨夫人简直是像他的女儿，长得光艳照人，身材娇小。我在他们家吃过几次饭，再也没有什么人是像我这样在她面前显得一副笨相和蠢相了。她举止大方，而我却十分羞怯，一举一动都令人好笑。当她把菜盘送到我面前时，我总是羞羞答答地用叉子去叉一小块菜，如此接连几次以后，她只好把菜盘交给她的仆人送到我面前，她自己转过身去怕我看见她在笑我。她没有想到的是，我这个乡下人并不真的是一个草包。博茨先生把我介绍给他的朋友雷沃穆尔先生，雷沃穆尔先生在每个星期五研究院院务会的日子都要来他家吃午饭。博茨先生把我想将我的音乐改革计划提交科学院审查的想法告诉了他。雷沃穆尔先生代我提交了我的计划，并被科学院接受了。到了预定的日子，雷沃穆尔先生把我领进科学院，并向在场的人作了介绍。就在当天——1742 年 8 月 22 日——我荣幸地在科学院宣读了我的论文。尽管这个名气很大的科学院的确是十分庄严，但我并没有像在博茨夫人面前那样显得拘谨；我从从容容地宣读了我的论文，并回答了所有的提问。我的论文很成功，并得到了好评；这既使我吃惊，也使我感到飘飘然。真没有想到科学院的院士们也承认一个不是科学院的人通晓音乐。负责审查我的论文的院士是麦朗、埃洛和弗什三位先生。他们固然都是饱学之士，但没一个是真正懂音乐的，至少懂的程度还不足以审查我的计划。

在我和这几位先生对话的过程中，我发现，而且非常吃惊和深信不疑地发现，虽说学者们的偏见有时候比其他人少，但他们一旦有了偏见，他们就比任何人都更固执地坚持他们的偏见。尽管他们的反对意见大部分都软弱无力和不正确，尽管我回答问题时显得胆怯、措辞欠妥当，但我提出的理由是不容置疑的。然而我却没有一次使他们真正听懂了我的话，没有一次使他们感到满意。他们那种自以为是的草率态度简直使我惊讶到了极点。他们夸夸其谈，还没有听明白我的话，就对我进行反驳。不知道他们从哪里搬出一个名叫苏艾迪的修士来，说什么这位修士早就提出了用数字记谱的办法，因此便硬说我的这套办法不是新发明。这简直是胡下结论、乱弹琴嘛，因为我从来没有听说过什么苏艾迪修士，何况他那套七音记谱法中没有八度音，所以无论从哪方面讲都不能和我这套又简单又方便的记谱法相比。我的记谱法可以用数字记录音乐中的一切标识，如谱号、休止符、八度音、节拍、速度和音值，等等。所有这些，在苏艾迪的记谱法里都是没有的，当然，如果只就七个音符的基本表达法而论，说他是第一个发明人，那也是很合适的。但是，那几位先生不但对那位修士的初浅的发明的评价过高，更有甚者，在谈到记谱法的基本内容时，他们发表的意见简直是离题万里、一派胡言。我的记谱法的最大的优点是省掉了变调和更改音符的麻烦，因而可以使同一首曲子不论用什么调演唱，只要在曲子的开头换一个字母，整个曲子就可以按照你的意思记录下来和改变调式。那几位先生听信了巴黎的那些蹩脚音乐家的胡言乱语，说什么变调演奏法毫无价值，因而使劲反对我的方法中的这一最大优点，硬说我的方法用在声乐上是好的，而用在器乐上则不行，尽管他们本想说我的方法不仅适用于声乐，而且更适合于器乐。根据那几位先生的报告，科学院发给我一张奖状；奖状上的话虽对我颇为夸赞，但从字里行间可以看出，他们认为我的方法既不新颖又无用处。我后来写了一本《论现代音乐》把这件事情的经过公之于众，我认为没有必要把这张奖状作为插图印在书中。

通过这件事情，我认识到：为了正确评判一件事物，一个人即使对各门学科都有渊博的知识，但如果对该事物没有专门的研究，那么，他的判断是远不如一个知识有限但对该事物有深入了解的人的判断中肯的。对我这套记谱法，唯一说得有道理的反对意见，是拉摩提出的。我刚一向他解释，他便看出了它的弱点。"你的那些符号，"他对我说道，"在简单而又明了地确定音值方面，是很好的，而且能非常清楚地表明音程，将复杂的东西用简单的符号表示出来。这些都是一般的记谱法做不到的。但你的方法的不好之处是，它要求脑子必须非常灵活，然而脑子总是跟不上演奏速度的。而我们的音符的位置明摆在眼前，用不着动脑筋去想。如果把两个音符，一个特别高，另一个特别低，用一串中间音符连起来，那么，我一眼就可看出由此到彼依次进行的速度，而用你的记谱法，要我一下子就弄清楚这一串中间音符的音值，就必须把那些数字一个一个地读出来，这是目力做不到的。"我觉得拉摩的反对意见是无可辩驳的，因此就马上表示赞同。这个反对意见虽既简单而又明了，但是，我认为是只有对音乐这门艺术造诣很深的人才能提出来。当时，没有任何一个院士看出这一点，这是不足为奇的，而奇怪的是，这些大学问家尽管一肚子学问，但他们却不知道每个人只有对自己那一行才能发表正确的见解。

由于我经常去拜访那几位审查我的论文的院士和其他人，我便结识了许多当时享誉巴黎文坛的杰出人物，所以，当我后来一跃而跻身学界，虽是新秀，但论交情，我与他们已经是老熟人了。至于目前，我还是集中精力搞我的记谱法，我决心要用它在音乐界掀起一场革命，从而一举成名；在艺术领域有了成就，在巴黎就一定能发财。我关起房门，花了两三个月的工夫，以无比的热情把我向科学院提交的论文改写成一本以公众为对象的作品。现在的困难是要铸造许多新的符号，这要花一大笔钱，而书商们是不愿意随便把他们的钱花在新手头上的，而我要用这部作品捞回我为了写作它而花去买面包的钱，这也是完全应该的，所以，要找到一个肯出版我这部作品的书商，是很不容易的。

博纳丰帮我找到了老基约，老基约与我订了一个合同，赚了钱平分，而申请出版许可证的费用，则由我一个人负担。但结果是，老基约没赚到钱，我为申请出版许可证而花的钱也没捞回来。第一版书出版后，我连一个铜子儿也没有拿到手。尽管德封登神甫为我努力宣传，有些报纸对这本书也有好评，但销路一直不佳。

我的记谱法遇到的最大障碍是：人们担心这种方法不会得到广泛应用，这样一来，学这种方法所花的时间就白浪费了。对于人们的这种担心，我回答说：我的方法能使音符表示的意思非常清楚，先学好我的方法，然后才去按照一般的方法学音乐，就可以省许多时间。为了用实际的例子来证明，我免费教了一个名叫德鲁琳的美国姑娘学音乐。这位姑娘是罗甘先生给我介绍的。她只学了三个月，就能够看懂按照我的音符记录的任何乐曲，一打开谱子就能唱出一首不太难的歌，而且比我唱得还好。这次试验的成功，是很惊人的，但却没有人知道。要是别人，那是一定要在报纸上大肆宣扬的。我做有益的事情的才能，略有几分，但自吹自擂的本事，却一点儿也没有。

就这样，像上次想用埃农喷水器发财结果大失败一样，我这次想用我的记谱法发财，也失败了，而这第二次失败时，我已年满三十。在巴黎街头，没有钱就无法生活。我在这极端窘迫的情况下采取的办法，只有不曾读过本书上册的人才会感到吃惊。前一阵子，我花了那么多力气，结果是纯属徒劳，现在，我需要歇一口气了。我不但不灰心丧气，反而优哉游哉地过日子，把一切交给上天去安排。为了让老天爷有时间去从容办理，我一点儿也不着急，就靠着身上仅有的几个路易度日。该玩的，还是要玩，只是稍微节省了一些：我两天才上一次咖啡馆，一个星期只去看两次戏；至于寻花问柳的事，我没有什么要改变的，因为我这一辈子也没有在这方面花过一文钱；只有一次例外，这次例外，我以后即将谈到。

我手里的钱尽管维持不到三个月，但我依然成天懒洋洋地孤单一个人过日子，而且过得很安闲、舒适和充满信心。这是我的生活中的一大奇特之处，也是我的性格中的一个怪异之处。现在我非常需要人家想到我，然而恰恰是这种需要使我失去了到处去求人的勇气。越是需要去登门拜访，我却偏不上人家的门，以致连科学院的院士以及我已经拉上关系的文人，我也懒得去看他们了；只有马利伏、马布里神甫和封特奈尔，我有时候还到他们家去。我还把我写的喜剧《纳尔西斯》拿给马利伏看过，他很喜欢，并在几个地方作了修改。狄德罗比他们年轻，同我的岁数差不多；他喜欢音乐，并懂音乐理论，我们常在一起谈论音乐问题。他还向我谈到了他的写作计划，这样，我们不久就建立了亲密的友谊。我们的友谊持续了十五年，要不是由于他的过错使我像他那样投入了作家这一行，我们的友谊很可能还会继续下去。

人们很可能想象不到我在迫不得已去向人乞讨面包之前是怎样利用那段短暂而又很宝贵的时间的。我利用这段时间练习背诵诗人的作品，因为那些作品我曾经学了一百次，也忘了一百次。每天上午10点左右我就到卢森堡公园去散步，随身带一本维吉尔或卢梭[①]的诗集，在那里一直待到吃午饭的时候。我有时背一首颂歌，有时背一首田园诗；虽然背熟了今天的就忘了昨天的，但我一点儿也不灰心。我还记得尼西阿斯[②]在叙拉古打了败仗之后，被俘的雅典人就靠向人咏诵荷马的史诗谋生。我从这种博闻强记的榜样中得出的教益是：努力锻炼好我的记忆力，把所有诗人的作品都牢记在心，以备将来穷得没有饭吃时，以向人咏诵诗歌挣碗饭吃。

我还有另外一种消磨时间的办法，就是去下棋。这个办法的效果也不错。每天下午只要不去看戏，我便到摩日咖啡馆去与人对弈。在这家咖啡馆里，我结识了勒加尔先生、于松先生和菲里多尔。尽管和这几位当时的棋界高手下过多次棋，我的棋艺也没有太大的长进。不过，我毫不怀疑我最终一定会超过他们。我认为到那时我就可以靠下棋吃饭了。总之，不论我迷上了哪一行，我都按同样的思想方法对待那一行。我对我自己说："无论干哪一行，只要我能拔尖，就准定会有人来找我，因此，不论做什么事情都要成为尖子。一成了尖子，我就会时来运转、诸事亨通、无往而不利的。"我有这种幼稚的想法，不是由于我的头脑出了毛病，而是由于我的懒惰使我这样一厢情愿地想当然。而一想到要奋发图强，就必须做出艰苦的努力，这就使我非常害怕。因此，我就尽量为我的懒惰找借口，想出一套冠冕堂皇的理由来为我可耻的懒惰习

① 指诗人让-巴普蒂斯特·卢梭(1671—1741)。——译者

② 尼西阿斯(公元前470—前413)：雅典政治家和军事家；公元前415年率军远征西西里，在叙拉古战败被俘。——译者

性辩解。

我就这样静静地等我的钱花光为止。要不是卡斯特尔神甫(我有时候在咖啡馆碰见他，便和他聊天)及时把我从糊里糊涂过日子的状态中解救出来，我深信，我终有一天会弄得囊空如洗没饭吃的。卡斯特尔神甫有点儿疯疯癫癫，但真是个好人。他看见我这样虚度时光，便感到很惊异。他对我说："既然那些音乐家和学者不赏识你，你就要另辟蹊径，去走女人的路子好了。也许你走这条路子会成功的。我曾经对贝桑瓦尔夫人谈起过你，你代表我去看她。这个女人对人很和蔼，看见你是她的儿子和丈夫的同乡，一定会很高兴的。你在她家一定会见到她的女儿布洛格里夫人；这个女人很聪明。另外，我还向杜宾夫人谈到过你，把你的作品带去给她看。她很想见你，一定会欢迎你去的。在巴黎不依靠女人，就什么事情也办不成。女人好比曲线，而聪明人就是渐近线。他们不断地接近她们，但永远也挨不到她们。"

去拜访女人，这等于是叫我去受苦刑嘛，这太可怕了。因此，我把此事往后推迟了一天又一天，但最后还是鼓起勇气去拜访贝桑瓦尔夫人。她很热情地接待了我，正巧这时，布洛格里夫人走进她的房间，她便对布洛格里夫人说："女儿，这位就是卡斯特尔神甫对我们说的卢梭先生。"布洛格里夫人说我的记谱法很好，并把我领到她的羽管键琴旁边，看她演奏，以表示她的确研究过我的方法。我一看她家的挂钟快一点了，便想告辞。这时，贝桑瓦尔夫人对我说："你住的地方远，就别走了，就在这里吃午饭吧。"我不客气地留下了。一刻钟以后，我从她们的谈话中听出：她是让我到下人的房里去吃饭。贝桑瓦尔夫人为人虽好，但见识有限，处处显示出波兰贵族的傲慢气，根本不懂得对有才学的人应当十分尊重。这一次，她是根据我的举止而不是根据我的一身衣着来评判我这个人。我的衣着虽很简朴，但非常整洁，绝不是一个应该安排到下人的房里去吃饭的人。我久已不到下人的房里去了；今天她叫我去，我是绝对不去的，不过，我并未露出我心里的不快，只对贝桑瓦尔夫人说我突然想起有点儿事情不能不回去办理。说完就起身要走。这时，布洛格里夫人走到她母亲身边，附耳说了几句话便改变了她母亲的态度。贝桑瓦尔夫人站起身来拦着我说："你若留下来同我们一起用餐，我们将感到十分荣幸。"这时，如果我再赌气，那就太蠢了。于是，我留了下来。布洛格里夫人的好意感动了我，使我对她产生了敬意，和她一起吃这顿饭，我感到很愉快。我希望她将来对我有更多的了解以后，将对她此次使我获得这份荣幸不感到后悔。此次同桌用餐的，还有这家人的老朋友德·拉穆瓦尼翁院长。他和布洛格里夫人讲的是巴黎社交界的行话，用词典雅、含含糊糊，令人摸不着头脑。可怜的让-雅克在这方面可就拿不出半点可炫耀的货色了。我很识相，不敢信口开河、不懂装懂，因此一句话也没有说。如果我一直是这样老实，那就好了，我就不会像今天这样跌入深渊了。

对于我所表现的这副笨相，对于我不能在布洛格里夫人面前表现才华，以证明我无负于她对我的关照，我心里非常难过。饭后，我又想起了我的那一套老办法。我的衣兜里有一首我在里昂写的献给帕里索的颂诗。这首诗表达了对友人的深情厚谊，我在朗诵时把这份情意表达得淋漓尽致，使三个人都流下了眼泪。我从布洛格里夫人的眼神中看出（也许我看得对，也可能看得不对），她好像是在对她的母亲说："怎么样，妈妈，我说这个人应当与你同桌用餐，而不应当让他去同仆人一起吃饭，我的话没有说错吧?!"直到此时，我心里都是憋着一肚子气的；在这样报复了他们一番之后，我心里才舒服了。布洛格里夫人把她对我的好评又往前推进了一步，她认为我将来一定会名扬巴黎，成为一个大有前途的人。她发现我缺乏经验；为了指导我，便送给我一本《某某伯爵的回忆录》[①]，"这本书"，她对我说道，"可以说是一位良师益友，对你以后到社会上去如何为人处世很有用，你可以时不时地看一看。"鉴于这位夫人对我的好意，我怀着感激的心情把这本书保存了二十年之久；但对于她似乎认为我有了不起的才华，又时时感到好笑。读了这本书以后，我便想和它的作者交个朋友。我的这个出自本能的愿望真不错，这位作者后来真的成了我在文人当中唯一一位真正的朋友。*

鉴于贝桑瓦尔男爵夫人和布洛格里侯爵夫人那么关心我，所以我相信她们是不会让我老是这样穷困潦倒的。我的这个看法没有错。现在，让我们来谈一谈我登上杜宾夫人家门的经过。这次登门拜访，后来引发了许多长长的故事。

大家都知道，杜宾夫人是萨穆尔·贝尔纳和封丹夫人的女儿。杜宾夫人姊妹共三人，这三姊妹堪称三朵金花：拉都什夫人跟金斯顿公爵私奔到了英国；达尔蒂夫人是孔迪亲王的情妇，而且，不只是情妇，还是他唯一真诚的朋友，这个可爱的女人的脾气很好，既

---

① 杜克洛1741年发表的一本小说。——译者

* 我一直非常信任他，所以在我回到巴黎以后，就把我的《忏悔录》的稿子托他保管。我让-雅克怕受骗，但不幸的是，我总是在受了骗之后才发现他人的背信弃义和虚伪。

温柔又忠厚和聪明,成天乐呵呵的,总是一脸的笑容。最后是杜宾夫人,在三人当中只有她最漂亮,也只有她没有招得人们对她的行为指指点点说闲话。她是杜宾先生殷勤待客所得到的奖品:她的母亲为了感谢他在他的家乡对她的盛情款待,便把女儿嫁给了他,并设法让他当上了包税人,还给了他一大笔财产。我第一次见到她的时候,她是巴黎最美的女人之一。她接待我时,正在梳妆,裸着胳臂,头发散披在肩上,披肩也没有整整齐齐地系好。这样打扮,我从来没有见过。太美了,我可怜的脑袋瓜儿真受不了啦;我心慌意乱,手足无措;总而言之一句话:我爱上杜宾夫人了。

我慌乱的样子似乎没有使她对我产生不好的印象,因为她一点儿也没有看出来。她看过我的书,现在又见到书的作者,她表现得很高兴。她谈到了我的音乐改革计划。她的见解,我一听就知道她是懂音乐的。她边唱边用羽管键琴伴奏。她留我吃饭,并安排我就坐在她旁边。我受宠若惊,高兴得头脑都迷糊了。她许诺我以后可以再去看她。我后来真的去看她,甚至滥用了她的许诺。我几乎天天都去,每个星期在她家吃两三次饭。我很想向她诉说衷肠,但又不敢开口。有好几个原因使我本来就胆小的天性更加胆小了。能出入豪门大宅,这就打开了走向好运的大门。从我现在的景况来说,我是绝不愿意有个一差二错让人家关闭这个大门的。杜宾夫人虽然很随和,但也很严肃、很庄重。我在她的言谈举止中找不到一丁点儿挑逗我胆大妄为的样子。她的家,无论和哪一个人的家相比,都说得上是最豪华的,经常是高朋满座,人数虽然不多,但已经把各界的精英都汇集齐了:其中有才华出众的人和大名鼎鼎的人,也有文学界人士和巴黎的美人。来她家的客人都是王公贵族和各国使节。洛昂王妃、弗尔卡基埃伯爵夫人、米尔布瓦夫人、布里尼约勒夫人和赫尔维夫人可以说都是她的好朋友；封特奈尔先生、圣皮埃尔神甫、萨里耶神甫、弗尔蒙先生、贝尼先生、布封先生和伏尔泰先生都是她家的常客和座上宾。虽说她那矜持的态度不吸引年轻人，但和她家来往的人都是经过精心挑选的，各个都是挺有身份的。在这些人中间，可怜的让-雅克自惭形秽，拿不出一星半点值得夸耀的东西，因此我不敢对她说什么。但是，我也不甘沉默，我大着胆子给她写了一封信。她把我的信压了两天，一直没有对我提起。第三天，她把信退回给我，并以冷峻得令我直打寒战的态度对我说了几句规劝的话。我想回答几句，但话到嘴边又被我咽了回去。我一时冲动的爱恋之情连同我的希望全都破灭了。我向她泛泛地解释了一下之后，便继续像此前那样和她见面。我不仅从此绝口不谈什么爱呀情呀之类的事，而且甚至自我约束到非礼莫乱看的程度。

我以为我的蠢事被人忘掉了。其实没有。弗兰克耶先生是杜宾先生前妻的儿子；杜宾夫人是他的继母。他同我的年龄差不多，人很聪明，长相很漂亮，而且有野心。有人说他曾打过他后母的主意，唯一的根据是她给他娶了一个很丑的媳妇。不过，这个媳妇的脾气很温柔，与她的后母和丈夫都相处得很好。弗兰克耶先生多才多艺，又喜欢读书。他颇懂音乐，音乐就成了我们之间交往的纽带。我常去看他，也很喜欢他。有一天，他突然暗示我：杜宾夫人嫌我去看她的次数太频繁，让我以后不要再去看她了。这个意思，如果在她退还我的信的时候表示，那是合适的，而在事情已经过去十来天之后突然提出，又没有说有什么其他的理由，我觉得，这就不对了。更为奇怪的是,弗兰克耶先生和弗兰克耶夫人并未因此就不欢迎我。当然,我此后到杜宾夫人家去的次数也的确少了。真的,如果不是由于杜宾夫人有一个谁也没有料到的奇怪想法忽然产生,我也许从此就不再到她家去了。她请我照管她的儿子八天到十天,因为他的老师要换人,在这期间,她的儿子孤孤单单,没有人陪伴。我在这八九天里简直是如受苦刑,只是想到这是杜宾夫人交代的差事,心里才感到一点儿快慰,才咬着牙干了下去。这个可怜的舍农索那时候就满脑子的坏主意,后来差一点儿就因为他的坏主意而使他家蒙羞;不过,虽未使他家蒙羞,但却使他自己在波旁岛丧了命。在我照管他期间,我的任务是防止他捣乱,害人又害己;就这点儿工作。尽管工作非常少,但已把我弄得精疲力尽。如果再要我照管他八九天,即使杜宾夫人以身相许,我也不干。

弗兰克耶先生和我结下了友谊,我经常同他一起学习:到卢埃勒先生家去上化学课。为了住得离他近一点儿,我从圣冈丹旅馆迁到维尔德勒路的网球场附近;网球场的对面就是弗兰克耶先生居住的普拉特里埃街。在网球场附近住的时候,我因粗心大意而得了感冒,后来转成了肺炎,差一点儿要了我的命。我青年时期常常患这类炎症,如胸膜炎,尤其是咽喉炎,我最容易得;至于其他炎症,我在这里就不一一列举了。这些病把我折腾得九死一生,使我和死神已经打过好几次照面,彼此都已熟识了。在养病期间,我有充足的时间对我的境况进行思考。我怨我太腼腆、太优柔和太疏懒。由于有了这些弱点,所以,尽管我有火热的心,但依然成天没精打采、死气沉沉,始终处于贫困的境地。在我生病的前夕,我去看了当时正在上演的罗瓦耶写的一部歌剧(歌剧的名称我忘记了），虽说我对他人的才能历来都称赞，而对自己的才能信心不足，但看了罗瓦耶这部歌剧以后，我总觉得他的音乐太软弱，没有激情，缺乏创意。我有时候甚至自言自语地说："我觉得我可以比他写得好。"但是，一想到创作歌剧实在太难了，再加上听这一行的人把这门艺术说得深不可测，我立刻就泄了气，连想都不敢想了。更困难的是，到哪里去找一个愿意按照我的心意填写歌词的人呢？在我生病期间，这种谱写音乐和写作歌剧的念头又浮现在我的脑际，甚至在我发烧迷迷糊糊的时候，我还写了好几首小曲、二重唱和合唱曲。我有两三首即兴曲，如果音乐大师们愿意听我演唱的话，他们一定会赞不绝口的。啊！如果人们把一个发高烧的病人的梦呓记录下来，人们将发现他有时候迷迷糊糊说的话，竟然是伟大的作品呢！

作曲和写歌剧这两件事情，在我养病期间一直在我心里萦回，只不过不像以前那样激动。由于我一直在思考这个问题，所以不由自主地翻来覆去在心里估量，看能不能够由我单独一个人写一部歌剧，连词带曲都由我一个人来写。这已经不是我第一次尝试了，我以前在尚贝里就写过一部悲歌剧，剧名叫做《伊菲克思和阿纳克萨雷特》。由于我自知写得不好，就把它扔进火里烧了；后来在里昂又写过一部《新大陆的发现》，还念给波尔德先生、马布里神甫和特鲁布勒神甫及其他几个人听过。尽管我已经为序幕和第一幕配了曲子，而且达维说曲子中的有些片段可以同彪龙奇尼[①]的作品相比，我还是把它扔进火里烧了。

---

① 彪龙奇尼（1670—1750）：意大利作曲家。——译者

这一次，在动笔以前，我花了好些时间把全剧的布局通盘筹划了一下。我要在一部壮观的芭蕾舞剧里，用各自独立的三幕表现三个不同的题材；每个题材所配的音乐都不相同。因为三个题材分别写三个诗人的爱情故事，所以我把这部歌剧的标题定为《风流的缪斯[①]》。第一幕的音乐的调子非常刚劲，表现塔索[②]；第二幕的音乐的调子十分柔和，表现奥维德[③]；第三幕的标题是《阿纳克列翁[④]》，曲调中弥漫着赞美酒神的欢乐气氛。我拿第一幕试手，怀着巨大的热情全身心地投入这一幕的写作，第一次使我品尝到写芭蕾舞剧的极大乐趣。有一天晚上，在我快要走进歌剧院的时候，突然感到我的思路大开，心里涌出一股写作狂热，于是，我把准备用来买票的钱放回衣兜里，一口气跑回家去关好房门，把所有的窗帘都拉得紧紧的，不让有一丝光线进入我的房间，然后躺在床上，完全沉醉在诗兴和乐兴之中，花了七八个小时就把第一幕的大部分内容想好了，我可以说我是沉浸在对菲娜尔公主的爱（因为我当时就把我当作塔索）和我在她那位行事不公的兄长面前表现的高尚和坚定的感情中度过了美妙的一夜的，比我真正躺在公主怀里感到的乐趣还美妙一百倍。到了早晨，我所构思的曲子只有一小部分我还记得，但是，就这么一小部分（它差一点儿被我的困倦和

① 希腊神话故事中九个分别掌管诗歌和音乐等艺术的仙女。——译者

② 塔索（1544—1595）：意大利诗人，主要作品有《被解放的耶路撒冷》等。——译者

③ 奥维德（公元前43—18）：拉丁诗人，主要作品有《爱的艺术》和《变形记》等。——译者

④ 阿纳克列翁：公元前6世纪的希腊抒情诗人，其作品已大部散失，只留下一些残缺不全的片段。——译者

睡意驱散)也能使人看出那几段曲子的气势的雄伟了。

不过这一次,我没有把这部芭蕾舞剧继续写下去,因为其他事情把我的精力和时间转移到别的方面去了。当我经常出入杜宾夫人府第的时候,我有时也去看望贝桑瓦尔夫人和布洛格里夫人;她们也经常想到我。禁卫军首脑德·蒙台居伯爵新近被任命为驻威尼斯的大使。这是一位靠经常巴结巴尔雅克而被任命的大使。他的哥哥蒙台居骑士(当时是世子的近侍)认识贝桑瓦尔夫人和布洛格里夫人与法兰西学院院士阿拉利神甫;我有时候也和这位神甫见面。布洛格里夫人知道德·蒙台居大使要物色一位秘书,便把我推荐给他。我们就此事进行了几次商谈。我要求的薪金是五十路易,因为担任这个职务就必须衣着华丽、讲究气派,所以我要求的数目不算多,但他只肯给我一百个皮斯托尔,而且到威尼斯上任的路费由我自己出。他这个条件太可笑了。我们无法达成协议。而这时弗兰克耶先生又尽力挽留我,并终于把我留下了。德·蒙台居先生带着另外一个秘书走了。此人名叫福洛,是外交部派给他的。刚一到威尼斯,两人就发生了争吵。福洛发现,与他共事的这个人是个疯子,便撂挑子不干了。德·蒙台居先生身边只有一个名叫比尼士的年轻神甫;此人只能在秘书领导下做点抄抄写写的工作而不能胜任秘书之职。于是,德·蒙台居先生又想到了我。他的骑士哥哥很聪明,多次劝说我,并暗示干秘书这个工作还有其他的好处。我终于被他说服,接受了这个工作。讲定薪金是一千法郎,给我二十路易作路费,于是我就动身了。

到了里昂,我本想取道蒙塞里斯顺便去看望我可怜的妈妈。可是,由于当时正在打仗,我又想节约一点儿路费,再加上还要到米尔普瓦先生(他当时在普罗旺斯指挥军队)那里去领取护照,所以我就坐船从罗讷河顺流而下到土伦去搭海船。德·蒙台居先生少不了我,写了一封又一封的信催我赶紧去。可是,一件意料不到的事情反倒把我的行程延误了。

这时候,在墨西拿正流行瘟疫,停在那里的英国军舰来检查了我们坐的这只帆船,硬要我们在一个漫长而艰苦的航程之后,到热那亚去接受二十一天的检疫隔离。他们让我们自己选择检疫期间居住的地方,或者留在船上,或者到检疫所去。不过,他们也预先告诉我们:因为来不及布置,所以检疫所除四面墙壁以外,便空无一物。大家都选择留在船上,而我则鉴于天气热得实在令人难以忍受,船上的空间又狭窄,无法走动,蚤虱又多,所以便甘冒一切风险,住到检疫所去。我被引进一座三层楼的大房子里,房子里真是空无一物:没有窗玻璃,没有床,没有桌子,没有椅子;想坐,连一张小凳也没有,想睡,连一把稻草也没有。他们把我的大衣、旅行袋和两口箱子送来之后,就用大锁把门锁上。我在房子里随意走动,从这间屋子走到那间屋子,从这一层楼走到那一层楼,到处都是静悄悄的,到处都是空空如也。

尽管如此,我也不后悔我选择了检疫所而不愿意留在船上。我像一个新鲁滨逊那样开始安排我这二十一天的生活,就好像我要在那里待一辈子似的。我首先用捉虱子来消磨时光,这些虱子都是我从船上带来的,接着便把内衣和外衣全都换了。身上一个虱子也没有了之后,我便开始布置我的房间。我用几件外衣拼成一个床垫,用几条毛巾缝成一条床单,用睡衣做被子,把大衣卷起来做枕头,把一口箱子平放在地板上做坐凳,另一口箱子立起来当桌子;我把纸和写字用具取出来,把我带来的书排列整齐,摆放成一个书架的样子。总之,除了没有窗玻璃和窗帘以外,我觉得住在空无一物的检疫所里,同我住在维尔德勒路网球场附近的屋子里一样的舒服。我的一日三餐供应得很好,而且送饭菜来时还有隆重的仪式:两个士兵扛着上了刺刀的枪护送我的饭菜。楼梯就是我的餐厅,楼梯的最上边的梯级就是我的餐桌,它下边的一个梯级就是我的椅子。饭菜一摆好,送饭人临走时把铃子一摇,就请我入席。饭后,在我不看书或不写作或不整理我的东西时,我便到新教徒公墓去散步。这个公墓成了我的庭院,我登上一个面对海港的灯台观赏进出海港的船只。我就这样在检疫所里度过了十四天,如果不是法国公使容维尔先生的从中帮助,缩短了我在检疫所居住的时间八天,我会在那里一直待满二十一天也不会感到厌烦的。他之所以来帮助我,是因为我用一张洒了醋和香水而且熏得半焦彻底消了毒的信纸给他写了一封信;这缩短的八天时间,我是在他家度过的。在他家,我承认,比在检疫所舒服多了。他盛情款待我;他的秘书杜邦先生是一个好年轻人,领我把热那亚城里城外全转了一遍,拜访了好几户人家,玩得相当愉快。我和杜邦先生结下了友谊,而且保持了很长一段时间的通信。我取道横贯伦巴第的那条路继续我的行程;我经过米兰、维罗纳、布雷西亚和帕多瓦,最后到达威尼斯,这时,大使先生已经等得很着急了。

我的办公桌上公文已经堆成了山,有来自朝廷的,也有来自其他大使馆的。这些公文都是用密码写的,他都看不懂,尽管译这些密码的密码本他都有。由于我这一生从来没有在任何一个办公室工作过,也没有见过任何一个大臣的密码,所以开头办起来还感到有些麻烦，但后来我发现，这件事情太简单了，不到一个星期，我就把全部密码文件译出来了。这件事情根本就不费力，因为驻威尼斯的大使是相当清闲的，即使有交涉要办，也不会交给德·蒙台居这样的人去办的。在我到威尼斯以前，他成天被弄得焦头烂额，因为他既不会口授文件，自己又不会写，所以我来了之后，对他很有用；他自己也发现了这一点，因此对我很好。他之所以对我好，还有另外一个原因。自从他的前任弗鲁勒先生因精神失常离职后，就由法国领事勒布隆先生代行大使职务；德·蒙台居来了以后，勒布隆先生依然代行此职，直到德·蒙台居先生熟悉馆务以后才停止。德·蒙台居先生尽管自己不会办事，但又嫉恨别人代他办事，所以对这位领事很不满意。我到馆以后，他便把勒布隆先生担任的使馆秘书的职务交给我担任。由于职务与头衔是分不开的，所以他也给了我秘书的头衔。我在他身边工作的时候，他一直让我用这个头衔去和参议院与参议院的外交部门打交道。事实上，他宁肯要一个自己的人当使馆的秘书，而不要一个领事或朝廷派来的办事员当秘书，这也是很自然的。

这使我所处的地位相当有利，可以防止他所用的那几个意大利籍雇员、仆人和大部分职员在使馆里和我争权夺利。我相当成功地利用我的秘书权力维护了使馆的特权，例如：有好几次有人想侵占使馆的地界，都被我阻止了。对于这类事情，他那几个威尼斯籍雇员向来是不管的；另外，我还不允许使馆包庇匪徒，尽管包庇匪徒我可以从中得到好处，而大使阁下也可以从我得到的好处中分得一部分利益。

大使阁下甚至公然敢伸手来分那笔向来属于秘书的外快（人

们美其名曰“手续费”)。当时正在打仗,免不了要签发许多护照,每份护照都要由秘书办理和副署,并由秘书收取一个西昆[①],所有我的前任都不加区别地收一西昆,不论来办护照的是法国人还是外国人。我觉得这个惯例不公平。虽说我不是法国人,我却为法国人免掉了这一西昆费用,但是,只要不是法国人,我就一定要他交这笔钱,例如西班牙王后宠幸的弟弟斯科提侯爵没有交这一西昆就派人来要我给他护照,我就派人去向他索取。我办事竟这么大胆,那个好报复的意大利人是不会忘记的。自从人们知道我在护照收费方面进行的改革以后,来办护照的人全都自称是法国人。他们一个个南腔北调,语音难听极了;有的自称是普罗旺斯人,有的自称是庇卡底人,有的自称是勃艮第人。我的耳朵相当灵,是不会受骗的;我不相信哪个意大利人能用这个办法少交这一西昆,也不相信有哪个法国人误交这一西昆。我进行的这项改革,德·蒙台居先生本来是一点儿也不知道的,然而我竟做了傻事,把这件事情告诉了他。他一听“西昆”二字,就竖起了耳朵。对于免法国人交这笔费用,他没有提什么意见,但对于其他人交的这笔钱,他提出要同我平分。对于他这个意见,我一听就火了。不过,我冒火的原因,不是因为我的利益受到了损害,而是因为他这种想法太卑鄙了,因此我断然拒绝。他还要坚持,于是我便大着嗓门对他说:“不,先生,阁下有阁下的利益,而属于我的利益,我是一分钱也不会给你的。”眼见在这笔钱上没有捞到什么好处,他便另外想办法,不知羞耻地对我说什么他给了我办公费,办公室的开支就理应由

① 威尼斯政府发行的一种金币。——译者

我负担。我不愿意在这件事情上和他斤斤计较，便决定从此以后办公室用的墨水、纸张、火漆、蜡烛和丝绳，甚至叫人刻个图章，都由我掏腰包，他连一个铜子儿也没有补偿我。虽然我不给德·蒙台居先生，但我还是把办护照的收入分了一小部分给比尼士神甫。他的确是一个好年轻人；对于这一类钱财，他从来没有想要过。他对我好，我也对他很真诚；我们两人一直相处得很愉快。

在工作中经过一番摸索以后，我觉得它并不像我担心的那么难。开头，我担心我没有经验，而这位大使也同样没有经验。他不但无知，而且性情还非常执拗；凡是我从良知上判断对他和对国王都是有益的事，他都故意刁难和反对。在他所做的事情当中，只有一件事情做得对，那就是：他和西班牙大使马利侯爵相交甚好。马利侯爵很精明能干；如果他愿意的话，他可以牵着德·蒙台居的鼻子走。他以两个王室的共同利益为重，给德·蒙台居先生提了许多好的建议，但是，由于德·蒙台居先生在执行中添加了他自己的主意，结果把马利先生的建议办得很糟糕。他们两人唯一要齐心协力做好的事情是：使威尼斯人保持中立。威尼斯人尽管口头上一再声称保持中立，但实际上却公开把军火卖给奥地利军队，甚至替奥军输送兵员，谎称是抓获的逃兵。我看得很清楚，德·蒙台居先生是想讨好威尼斯共和国，他不顾我的一再劝阻，硬要我在他的每一件公文中都强调威尼斯共和国不会违反中立。这个可怜的家伙既非常固执，又很愚昧，经常要我写许多荒唐的文件和办许多荒唐的事。既然他要那样办，我只好遵命照办。然而，这却使我的工作有时候变得令人难以忍受，甚至几乎难以进行。举个例子：他硬要我给国王和外交大臣的报告大部分都用密码写，尽管给这两者的报告都无此必要。我告诉他，朝廷的公文是星期五到，而我们的回文必须星期六发出，所以没有足够的时间把报告都用密码写，何况还有许多信件要赶在同一个邮班发出。他真有妙招：他叫我在星期四就预先对星期五到的文件拟好回文。他觉得这个办法很巧妙，虽然我一再告诉他不能这样做，而且做起来也文不对题，但最后还是不能不按照他的意见去做。在整个我在他手下工作的那段期间，我都是把他一周之内东一句、西一句告诉我的话记下来之后，加上我在这里或那里听到的一些微不足道的新闻，拼凑成报告的材料，在星期四上午把星期六发出的回文的草稿送给他过目，除了添加几个字或做几处修改以外，就这样马马虎虎把给星期五才到的公文的回文办好了。他还有另外一个很有趣的怪毛病，使他的函件可笑到令人难以想象的程度：他把收到的每一条信息都发回原地，而不转送其他地方。他把来自朝廷的公文批转给阿默罗先生[①]，向莫尔巴先生报告来自巴黎的消息[②]，向达弗兰古尔先生报告来自瑞典的消息[③]，把来自彼得堡的函件批转给拉·什塔尔先生[④]；有时候甚至把收到的信件批转给发信人本人，只是由我在用词上稍加改动而已。在我送请他签署的文件中，他只浮皮潦草地看一下给朝廷的报告，而给其他大使的公文，他连看都不看便签字了。这就使我可以把给其他大使的公文按照我的意思稍加改

① 阿默罗当时就在朝中任职，担任外交部国务秘书。——译者

② 莫尔巴当时就在巴黎，担任海军部国务秘书。——译者

③ 这里，卢梭的记忆有误。卢梭在威尼斯期间，法国驻瑞典大使是兰马利侯爵，而不是达弗兰古尔；达弗兰古尔是1749年才被任命为法国驻瑞典大使的。——译者

④ 拉·什塔尔当时就在彼得堡，任法国驻沙皇俄国的大使。——译者

动，至少可以把其中的信息互相交流。但是，我无法对重要的公文做合理的修改，因为他经常心血来潮在公文中添加他临时想到的莫名其妙的话，这就使我不得不把已经写好的公文拿回去加上他胡诌的荒唐话，用密码把全文重抄一遍，否则他就不签字。为了他的荣誉，我曾经无数次想把他说的话用另外一种措辞以密码发出去，但又觉得这样不忠于他的原话的确不妥，因此，最后还是照着他原来胡说八道的话原样发出；责任由他自己去负，而我也只是坦率地向他提出来，好好地尽我的职责罢了。

我始终这样实心实意热情地工作，的确值得从他那里得到一种与他最后给予我的回报完全不同的回报。上天曾赋予我美好的天性，又受过几位善良的女人的养育，再加上我本人的努力进修，现在正是我一展身手、表现这几方面优点的时候；目前，我正是这样做的。当时，我孤身一人，没有朋友，没有人指导，又缺乏经验，远在异乡，服务于异国[①]，周围是一群宵小无赖之徒，他们为了自己的利益，为了不让我良好的模范行为显现他们的丑行，便极力怂恿我与他们同流合污，而我没有这样做。我一心一意为法国服务（尽管我并未从这个国家得到任何特别的好处），全力为大使效劳，凡是该做的事情，我都不遗余力地去做，在一个相当突出的岗位上把工作做得那样无可指摘，我理应得到而且也确实赢得了威尼斯共和国与所有和我们有联系的大使们的赞赏，受到了所有在威尼斯的法国人的爱戴，就连那个被我取代的领事也不例外。我知道，有好些工作本来是属于他的职权范围，我越俎代庖，实在歉然，尽

① 指法国。卢梭是日内瓦人，故称法国为“异国”。——译者

管那些工作给我带来的麻烦多于愉快。

德·蒙台居先生毫无主见，完全依赖马利侯爵，但马利侯爵是不可能过问他工作中的一切细节的，因此德·蒙台居先生就对使馆的工作索性撒手不管，若不是有我出面应付，在威尼斯的法国人就感觉不到这里有一位他们国家的大使。当他们来求他保护的时候，他不等人家把话说完，就把他们打发走了。他们对他大失所望，因此后来便没有任何一个法国人来找他或者与他同席用餐。他是从来不请法国人吃饭的；我经常主动办理本应由他办理的事。凡是来求他或者求我的法国人，我都尽我所能为他们服务。在其他国家里，我也许还能做更多的事；而在这里，由于我的职位不高而不能去见任何一个有权势的人，所以不得不经常去求助于领事，而这位领事因其家眷在威尼斯，故而办事总是有点畏首畏尾，不敢放手做他想做的事。有时候我见他细声细气不敢发表意见，我就自告奋勇去办一些十分棘手的事情，而且有几次办得很成功。其中有一件事情我至今回想起来还感到可笑。谁也不会想到巴黎的戏迷之能看到科娜琳和她的姐姐卡米叶的表演，还是我的功劳呢。这是千真万确的事。她们的父亲维洛勒茨和她的两个女儿已经跟一个意大利戏班子签订了合同，然而在收到了两千法郎的路费之后，不但不动身到法国，反而一声不吭地来到威尼斯，在圣吕克戏院*演出。科娜琳当时虽然还是一个小孩子，但一炮打响，捧她的人非常之多。热弗雷公爵以王室首席侍从的身份写信给德·蒙台居大使，让他去找这个女孩子和她的父亲。德·蒙台居先生把信

* 我记不清楚了；也可能是在圣萨穆尔戏院。专用名词我总是易于忘记的。

递给我看，唯一的指示只有五个字："你看这封信。"我去找勒布隆先生，请他去和圣吕克戏院的老板（是一位贵族，我记得他的名字叫什么朱斯提涅阿尼）交涉，叫他把维洛勒茨打发走，因为他已签了合约，要为国王演出。勒布隆对我交给他去办的这件事情一点儿也不重视，因而交涉的结果很糟糕。朱斯提涅阿尼一再借故搪塞，而维洛勒茨也没有被打发走。我很生气。那时正值狂欢节，我披上斗篷，戴上面具，坐上一只平底小船，命船夫划船直奔朱斯提涅阿尼的住宅。所有看见我这条挂着大使旗号的船的人都大吃一惊，因为这种情形在威尼斯还从未有人见过。我一进门就叫人去通报说："一位戴面具的女士求见。"我被领进客厅之后，便摘去面具，说出我的真实姓名。那位参议员立时脸色刷白，呆若木鸡。"先生，"我用威尼斯腔调对他说道，"我来打扰阁下，实在很抱歉。事情是：你开的圣吕克戏院请了一个名叫维洛勒茨的人演戏，而此人已经签了合约，要为法兰西国王演出。我曾派人来向你要这个人，而你总是推托。现在，我是奉国王陛下之命来向你要这个人的。"我这短短的两三句话产生了效果。我一离开他的住宅，他便立即跑到大法官那里去报告刚才发生的事情，结果被大法官狠狠地训斥了一通。他当天就把维洛勒茨辞退了。我派人去告诉维洛勒茨，如果他一星期内不动身，我就要派人去把他抓起来。于是，他赶快离开了威尼斯。

还有一次，没有任何人的帮助，我单独一个人替一个商船的船长解决了一大难题。这位船长的名字叫奥利维，马赛人，船的名字我忘记了。他的船员同威尼斯共和国雇用的斯洛文尼亚人发生了争吵，并动手打人，于是船被扣留，严加看管；除船长以外，未经许可，任何人均不准上船或下船。奥利维船长去向大使求助；大使三言两语就把他打发走了。接着，他又去向领事求助，领事说这不属于商务上的事情，他不便插手。在求助无门的情况下，船长就来找我。我向德·蒙台居先生提出，请他允许我就这件事情给参议院去一件公文。他是不是同意了我的意见，我是否写了这件公文，我已经记不得了。但我记得很清楚的是，我去交涉了几次，都毫无结果。船继续被扣。于是，我就另想办法，结果成功了。我的办法是：就这件事情写一份报告附在给莫尔巴先生的公文里；就是这样办，我也是费了许多唇舌，才得到德·蒙台居先生的同意的。我知道我们的公文虽可免予拆检，但在威尼斯却往往被人拆开检查。对于这种拆阅我们公文的事情，我是有证据的，因为我发现报纸上的有些消息都是照抄我们的公文，一字不改的。这种非法行为，我曾多次请大使提出抗议，但他始终没有照办。我之所以把威尼斯对商船的处分不公的报告附在给莫尔巴先生的公文里，就是利用他们爱拆阅公文的好奇心，让他们看到我的报告便感到害怕，迫使他们不得不释放被扣押的商船。如果此事真要等到朝廷的复文来了之后才开始交涉，那么，朝廷的复文还没到，船主早就破产了。另外，我还亲自到那条船去询问船员，我请领事办公室的巴迪策勒神甫同我一起去，他勉勉强强地同我一起去了。这帮可怜的家伙生怕得罪参议院啦！由于有禁令，我不能上船，我只好在我的平底小船上一边大声一个一个地问船员、一边做笔录，引导他们对我的询问做出有利于他们的回答。我本想让巴迪策勒询问和做笔录，因为这项工作由他做比由我做更合适，可是他坚决不同意。他不仅一言不发，而且让他在笔录上我的名字后面副署他的名字，他也几乎不答应。我这稍嫌有些冒失的行动，很幸运地成功了；外交大臣的复文还没有到，商船早就被释放了。船长要送我一件礼物，我和颜悦色地拍一拍他的肩头说：“奥利维船长，请你想一想，我连早有定规的护照手续费都不向法国人收，怎么能借国王保护之功收你的礼物呢？”他请我无论如何都要到他船上去吃顿饭，我同意了，我带着西班牙大使馆的秘书卡里欧一起去了。卡里欧很聪明能干，后来还担任过驻巴黎大使馆的秘书和代办。我像我们的大使们那样，和卡里欧先生相处得很好。

当我毫无半点私心、尽职尽责的时候，如果我能把一切大小公务都处理得井井有条、十分周密，不至于上当受骗，帮了人家的忙而自己受到损害，那就好了！然而，在我所处的岗位上，哪怕是一点点小差错，也可能产生严重的后果。所以，我总是十分细心，以免在工作中因粗心而出纰漏。凡是与我主要的工作有关的事情，我都有条有理地做得一丝不苟、分毫不差。是的，我在匆匆忙忙译密码时出现过几处错误。这一点，阿默罗先生的属员有一次抱怨过。除此以外，无论是大使或其他人都没有说过我在工作中有任何一个疏忽的地方。就一个像我这样大大咧咧的人来说，能做到这个程度，就算不错了。当然，在我经办的一些个人的私事中，有时候确实有健忘和不够细心的地方。不过，由于我办事一贯公正，所以，有亏总是我自己吃，而不让别人来抱怨我。在这方面，我只举一个例子。此事与我离开威尼斯一事有关，而它对我的影响，在我回到巴黎以后还存在。

我们的厨师名叫鲁塞罗，从法国带来了一张二百法郎的欠条。这是一个名叫扎勒托·纳尼的威尼斯贵族从他的朋友那里赊购一副假发而开的欠条。鲁塞罗把欠条交给我，求我去和纳尼好说歹说多少要几个钱回来。我知道，他也知道，威尼斯的贵族有个老习惯，就是在国外欠的钱，一回国之后就照例不还的。如果你逼他们还，他们就借故拖延，让倒霉的债权人耗费许多时间和金钱，最后只好放弃或者要回一点点儿便了事。我请勒布隆先生去和扎勒托谈。扎勒托承认有这么一回事，欠条是他打的，但现在没有钱还。谈来谈去他最后答应付三个西昆。当勒布隆把欠条带去时，他的三个西昆还没有准备好，只好再等待。在此期间，我同大使发生了争吵，准备离开大使馆。我把大使馆的文件收拾得整整齐齐放在办公室里，但鲁塞罗的那张欠条却找不到了。勒布隆说已经交还给我了。我知道他为人诚实，所以对他说的话并不怀疑。我怎么也想不起来那张欠条究竟放到哪里去了。既然扎勒托承认这笔欠款，我就请勒布隆先生去要回这三西昆，然后给他一张收据，或者由他重新另写一张欠条，予以注销。扎勒托知道那张欠条丢了，便对这两个办法都不接受。于是我便自掏腰包给鲁塞罗三个西昆，以便了结此事。他拒不接受，并把债权人的地址给我，要我回巴黎后去和他商量如何了结。那个假发商知道事情的经过以后，便硬要他那张欠条，否则就照欠条上的金额如数全额还他。我当时非常生气，真想翻箱倒柜把那张可恶的欠条找到！没有办法，我只好付给他两百法郎。那时，我手里的钱本来就不多啊。就这样，那张欠条丢了，让债权人获得了全额欠款；反之，如果那张欠条当时找到了，我看，该倒霉的就是他，他连扎勒托·纳尼答应的十个埃居恐怕也要不到手。

我自信我的才干能完全胜任我的工作，所以对办理公务很感兴趣。除了同我的朋友卡里欧和品德高尚的阿尔图纳（我以后还要谈到他）常相过从，或者到圣马克广场去闲逛和看戏以及与他们两位一起去拜访朋友以外，我便把做我的工作当作我唯一的乐趣。虽然我的工作并不繁重，而且有比尼士神甫做助手，但要处理的公文还是很多的，再加上是在战争时期，所以我的工作还是相当忙的。我每天的工作大部分都是上午做；在有邮班的日子，我有时候就要干到半夜；其余的时间，我就用来研究我开始从事的这门职业，希望凭这起始的成绩往后获得提升。对于我的工作，人人都说好，首先是大使说我好。他对于我的工作态度一再高度赞扬，从未说过一句不满意的话，他后来之所以对我很生气，完全是因为我多次提意见都没有被采纳便愤而辞职的缘故。所有和我们有通信关系的大使和大臣都向他称赞他的秘书的才能。这些称赞的话，他本应感到高兴，然而在他的糊涂脑瓜子里产生的效果却恰恰相反，特别是在有一次重大的场合里，他听到一句人家称赞我的话，竟生气得永远也不原谅我。这件事情，值得花点儿时间讲一讲。

他这个人缺乏耐性，总静不下来，就连星期六几乎所有的公文都要发出的日子，他也不能等到工作做完就要出去。他不断地催我把给国王和大臣们的报告发出去；他匆匆忙忙在报告上签字之后，便不知跑到哪里去了，而留下大部分信件都没有签。如果信件的内容只涉及一些消息的话，我可以把它们改成通报，无须签署；但是，如果涉及国家大事，那就非要有人签署不可了，而他出去了，便只好由我来签。我们从法国驻维也纳代办万森那里收到的一份重要情报，我就是这样办的。那时，罗布科维茨亲王[①]正在向那不

① 罗布科维茨亲王(1702—1753)是文中提到的这次战役的奥地利军队统帅。——译者

勒斯进军，而嘉日伯爵却从容有序地转移了阵地。这是本世纪战争史上最漂亮的一次军事行动，但欧洲人知道的还不多。情报说：有一个人（万森先生对他的面貌特征都讲得很清楚）已从维也纳动身，要经过威尼斯潜入阿布鲁士煽动民众在奥地利军队到达时乘机闹事，里应外合。由于德·蒙台居伯爵不在（即使他在，他也是什么事情也不管的），我便签字把这份情报转发给德·洛比塔尔侯爵[①]。情报转发得非常及时，波旁王朝之能保住那不勒斯王国，也许还多亏我这个经常被人呵斥的可怜的让-雅克果断地签转这一情报呢。

德·洛比塔尔侯爵十分感谢他的同僚（这当然是应该的），并向他谈到他的秘书和这位秘书对共同事业做出的贡献，但这个本该自己责备自己玩忽职守的德·蒙台居先生却认为德·洛比塔尔的称赞话中含有批评他的意思，因此对我谈起这件事情时便很不高兴。我曾经对发给驻君士坦丁堡的大使卡斯特拉纳伯爵的文件，也像对发给德·洛比塔尔侯爵的文件那样权宜行事，虽然事情没有这么重要。那时候，到君士坦丁堡没有别的邮班，只有参议院有时候派的一名专差给它的外交特派员送公文；专差在出发前总是先通知一下法国大使，问他有没有公文给他在君士坦丁堡的同僚，以便顺便带去。通知一般是提前一天或两天送到，但是，由于他们根本就没有把德·蒙台居先生看在眼里，所以对他只是走个形式，在出发前一个或两个小时才把通知送给他，这就使我只好越俎代庖，有好几次他不在使馆的时候由我备函签名把公文发出。

① 德·洛比塔尔侯爵是当时法国驻那不勒斯王国的大使。——译者

德·卡斯特拉纳先生在给他的复信中一再用赞许的词句提到我；在热那亚的容维尔先生在复信中也是如此，结果，次次都使德·蒙台居先生很不高兴。

我承认，凡是有出头露面的机会，我都是不放过的，但是，不该我露面的时候，我也绝不乱出风头。工作做得好，想得到人们的良好评价，得到有资格评论的人的赏识和褒奖，这也是很正常的。我虽然不认为我的尽职尽责是导致这位大使埋怨我的原因，但我敢肯定，直到我和他分手那天为止，他能举出的对我不满的理由，就只有这么一条。

他那个大使馆，根本就不像一个大使馆，里面尽是些品行不端的无赖之徒。馆中的法国人受欺负，而意大利人则占上风；就是在意大利人当中，那些在馆中已工作多年的好属员，也全都被无端辞退，如他的第一随员，此人在弗鲁勒任职的时候就当第一随员了，我记得他的名字叫贝阿提伯爵或者叫一个近似这个音的名字。他的第二随员是德·蒙台居先生自己挑选的，此人名叫多米里克·维塔利，原是芒杜城的一个地痞，而德·蒙台居先生却把馆中的总务工作交给他；他吹牛拍马，用不择手段地克扣雇员薪金的办法赢得了大使的信任，成了他的宠儿，使仅有的几个正直的人和作为全馆属员之首的秘书都大吃苦头。一个正直的人的目光总是使那些坏蛋感到惴惴不安的；单单这一点，就足以使维塔利对我怀恨在心了；此外，还有另外一个原因使他对我恨上加恨。这个原因必须在这里讲一下，以便大家秉公判断，如果我真的错了，就说我错了。

按惯例，大使在五个戏院中的每一个戏院都有包厢；每天吃午饭的时候，他就选定他当天到哪个戏院去看戏。他选了之后，就该我选，其余包厢就由其他随员去分配。我出门时就拿走我所选的那个包厢的钥匙。有一天，维塔利不在我跟前，我就叫我的听差把钥匙送到我指定的那个屋子里，而维塔利不给，说他已经分配完了。我非常生气，特别是我的听差当着众人的面讲他去要钥匙的经过，我就更生气了。晚上，维塔利想对我说几句道歉的话，我不接受。"先生，"我告诉他，"明天，你在我派听差去取钥匙的那个钟点到我受侮辱的那个房间当着那些看见我受侮辱的人的面向我道歉。否则，后天不管情况如何，我告诉你，不是你便是我离开这个大使馆。"我斩钉截铁的语气把他吓着了。到了指定的钟点，他来到我指定的地方向我公开道歉，表情之卑鄙，只有他才做得出来。但是，他后来却暗使阴招，表面上对我恭恭敬敬，背地里却按照意大利人的方式对付我。结果，他虽未能说动大使辞退我，但却弄得我最后不得不主动辞职。

这样一个可鄙的人当然是不了解我的为人的，但他发现我身上有可以被他攻破的弱点。他发现我对于无心的过错可以极其宽宏大量地忍之又忍，而对于故意的冒犯行为则一点儿也不能忍受。他知道我在处理公务时非常认真和严肃，时刻保持对别人的尊重，同时也要求别人对我表示尊重。他针对我这种对人和对事的态度，故意制造麻烦，终于使我被困扰到不知如何应付的程度。他把大使馆搞得乌烟瘴气；他把我为了保持使馆的肃穆、上下级关系和房舍的整洁而订的规章破坏无遗。一个家庭没有主妇，就需要稍微严格的纪律才能保持与它的尊严分不开的肃静气氛，而他却把我们的使馆搞成一个藏污纳垢之地和流氓与无赖麇集的场所。他设法把第二随员解雇后，给大使找来一个跟他是一路货色的人来担任这个职务，而此人是在马耳他十字街开妓院的。这两个坏蛋沆瀣一气，在馆里横行霸道、胡作非为。除了大使的办公室（就连大使的办公室也不像以前整洁了），在馆里就没有一个能让正人君子安静的角落。

大使阁下通常是不在馆里吃晚饭的，我和随员们就单开一桌，比尼士神甫和其他工作人员也与我们同桌用餐。在这简陋的小饭厅里，餐具还比较干净和整齐，桌布也没有那么脏，吃得也比较好些，桌上只点一支光线昏暗的小蜡烛，用的是锡碟子和铁叉子；好在是在这个小饭厅里吃，这也没多大关系。可是，连我专用的平底小船也被取消了，在所有各大使馆的秘书当中，只有我外出时要临时雇用平底小船，否则就只好步行，而且，从此以后，除了到参议院以外，我就没有大使阁下的仆从跟随了。使馆里发生的一切事情，传得全城无不知晓。馆里的官员们都大声抱怨，表示不满。这种情形是多米里克一手制造的，而他却比任何人都嚷得凶，因为他知道，我们受到的这种嘲弄，我比谁都更感到难堪。使馆里只有我一个人不在外面谈论馆里的事。我向大使表示了强烈的不满；我埋怨其他的人，也埋怨他本人，而他心胸狭窄，暗中使坏，每天都要让我受一次新的侮辱。为了要在其他大使馆的秘书面前保持体面，穿着得适合我的职位，我就不得不有许多额外的花费，把薪金花得光光的，一文也不剩，而当我去向他要钱时，他却闭口不谈钱，而只谈他对我的器重和信任，好像有了这两样就可以代替钱应付我的一切开销似的。

那两个坏蛋最后竟把他们这位头脑本来就不清楚的主人弄得晕头转向，撺掇他不断地去买卖古董，明明是让他去上了人家的当，两个坏蛋却对他说是占了大便宜，结果弄得赔了老本。他们还让他花双倍的租金在布伦塔河边租了一座乡间别墅，他们把他多付的钱与别墅的主人平分。别墅的房间都按当地的习惯镶嵌了瓷砖，并配有用上等的大理石做的圆柱和方柱。而德·蒙台居先生却让人用杉木板把这些都包起来，唯一的理由是巴黎的房间都是这样加了护板的。在各国驻威尼斯的大使中，只有他一个人不允许他的随员佩剑，不允许他的仆从执杖，其理由，和前面讲的差不多。这个人就是这么怪。也许是出于同样的理由，他总看我不顺眼，唯一的原因是我对他处处都公事公办。

对于他对我的傲慢态度和粗暴对待，我都尽量忍耐，看做是他的性格使然，而不是对我有什么怨恨。但是，一当我发现他是存心剥夺我尽忠职守而应当享受的荣誉后，我就不再忍耐了。我第一次发现他存心歧视我，是在他宴请当时在威尼斯的摩德纳公爵及其家眷吃饭这件事情上。他通知我这次宴请没有我的席位。我虽然没有生气，但满心不快地回答他说："既然我很荣幸地天天与你同桌同餐，那么，当摩德纳公爵来赴宴时，即使他本人要求不让我同席，为了大使阁下和我的职位的尊严，你也应当拒绝。"他怒气冲冲地对我说："这次盛宴，连我的高级同僚都不能入席，而你这个秘书，连同僚的资格都不够，怎么能妄想同一个公国[①]的元首同桌用餐呢？""是吗？先生，"我反驳道，"我荣幸地担任阁下让我担任的这个职务表明，只要我在职一天，我比你的那些同僚，不论他们真的是贵族或自称是贵族，都高一级，他们不能参加的场合，我能参

① 指摩德纳公国。——译者

加。你不是不知道，将来你任满回国那一天，按照宫中的礼仪和自古以来的规矩，我都要穿着礼服跟着你到圣马克宫荣幸地与你同席用餐。我就不明白，一个人能够而且应该参加威尼斯元首和参议院举行的国宴，为什么反而不能参加招待摩德纳公爵先生的私人宴会。”尽管我讲的道理无可辩驳，大使还是不同意。不过，我们没有再次就此事争吵的机会，因为摩德纳公爵根本就没有来大使馆赴宴。

从此以后，他就继续不断地给我找麻烦，处处歧视我，想方设法把本来属于我的职位应当享受的一些小特权剥夺掉，让他的亲信维塔利去享受。我确信，如果他真有胆子派他代替我到参议院去办事的话，他一定会这样干的。原先，他让比尼士神甫到他的办公室替他写的通常是私人信件，而现在，他竟让他给莫尔巴先生写有关奥利维船长的案件的报告了。这个案子是我一个人解决的，但他在报告中不但对我只字未提，甚至连那份笔录（他在报告中附有一个笔录副本）也不说是我写的，而说是巴迪策勒写的，而巴迪策勒当时连一句话也没有说。他这样处处排挤我和讨他的亲信的欢心的目的，倒不是想赶走我，因为他知道，要想找一个人来接替我，也不会像当初找我来接替弗洛先生那么容易。弗洛先生已经把他待人处事的劣行到处宣扬，广为人知了。他绝对需要一个懂意大利文的秘书替他经办与参议院往来的公文。他需要的这个秘书是：既能替他办公文和一切事务，不让他有所操心，而且还要对他的那些随员老爷们卑躬屈膝、百般奉迎，因此，他要留我，又要整我，让我待在离我的国家和他的国家都远的地方，没有路费回去。如果他的做法不过分，他也许能够成功，但是，维塔利另有图谋，一心想逼我走人，结果他成功了。此时，我已很清楚地发现我的种种辛苦都是白费劲，大使对我的工作不仅不感谢，反而百般指摘；我不但在馆内不愉快，在馆外也受到不公正的对待，何况他本人已到处声名狼藉，无论他恶待我还是善待我，都只对我有害无益，因此，我便下定决心向他提出辞呈，并给他留下时间，让他另找一位新秘书。对于我的辞呈，他既不说同意，也不说不同意，态度一如往常。当我发现情况并无好转，他又不加紧找人的时候，我便给他的哥哥写了一封信，详细说明我辞职的原因，请他转告大使阁下准许我辞职，并着重说明我无论如何是不能再在这里待下去了。我等了很久没有收到回信，我开始感到不安。不久，大使终于收到了他哥哥的信，信中的话一定很难听，因为，尽管他动不动就发脾气，但我从来没有见他像这一次的火气这么凶：他脏话连篇地破口大骂一阵之后，便愣在那里无话可说，最后竟瞎编一气，说我出卖了他的密码。我哈哈大笑，以讥讽的口吻问他是不是相信在威尼斯有哪一个人愿出一个埃居买它。我的话把他气得口吐白沫，装出一副架势，说是要叫他的仆人来把我从窗子扔出去。到此时为止，我一直非常冷静，但一见他威胁我的样子，便猛地一下怒从心上起，轮到我发火了。我冲到门口，用插销把门从里边关起来，然后迈着方步走到他面前对他说："伯爵先生，别这样，这件事情用不着你的仆人来掺和，最好是由我们两人来解决。"我的动作和我的气势立刻使他蔫头耷脑起来。一看他的样子，就知道他已经感到吃惊和害怕。我看他的火气消了，就随便说几句话向他告辞，而且，不等他回答，我走过去把门打开，跨出房门，昂首阔步地走进大厅，从他的仆从中穿过，他们照例马上站起来；看样子，他们是准备帮我对付他，而不是帮他对付我。我没有上楼回到我的房间，径直走下大门的台阶，离开使馆，从此不再回去。

我直接走到勒布隆先生家里，向他说明事情的经过。他并不感到意外，因为他知道德·蒙台居的为人。他留我吃午饭；这顿午饭虽然是临时做的，但菜肴非常丰盛。所有在威尼斯有身份的法国人都请到了，而大使手下的那帮家伙，一个也没有。领事向在座的人详细讲述了我的情况，大家一听，就大声叫了起来；这一叫声，显然不是支持大使阁下的。大使没有结算我的薪金，没有给我一分钱，而我身上的全部家当只有几个路易，连回法国的路费都成问题。于是，大家解囊相助：勒布隆先生给了我大约二十个西昆；圣西尔先生也大约给了我二十个西昆。除了勒布隆先生，我和圣西尔的交往是最密切的。对于其他人的帮助，我都谢绝了。在等待起程期间，我住在领事馆的秘书家里，以此向公众表明法国人是不赞成大使对我的种种不公正行为的。德·蒙台居看见我丢了差事反而受到大家的庆贺，而他尽管是大使，却无人答理，便气急败坏，一举一动像个疯子。他居然忘了自己的身份，竟给参议院写了一封公函，要求逮捕我。我得到比尼士神甫给我传来的这个消息之后，反而决定再多待十五天，而不照原来的计划后天就动身。大家对我的决定都很赞成。我受到人们普遍的钦佩。参议院认为大使那封莫名其妙的公函不值得答复，并请领事转告我愿在威尼斯待多久就待多久，用不着担心一个疯子对我要什么花招。我继续去拜访我的朋友。我去向西班牙大使辞行，他很热情地接待了我。我还到那不勒斯公使费罗奇蒂伯爵府上辞行；他不在家，我便给他留了一封信，他回了我一封措辞非常亲切和客气的信。最后，我起程了。虽然我手头拮据，却没有留下别的债务；只有我在前面讲的那两笔借款和欠一个名叫莫朗狄的商人五十来个埃居。这笔欠款，由卡里欧替我付清了。虽然后来我同卡里欧经常见面，但我一直没有还他；而前面所说的那两笔借款，在我的境况稍好时，我都如数还清了。

在离开威尼斯之前，我应当向各位读者讲述一下它五光十色的娱乐活动，或者，至少应把我曾经参加过的那一小部分活动讲一下之后才离开这个城市。读过本书上册的人都知道，我在青年时期是很少玩适合我的年龄的游戏的，或者说，我至少是很少去玩一般人所说的青年人喜欢玩的那些游戏的。这种性格，我在威尼斯并没有改变。我的工作很多，也没有时间去玩。不过，对于那些比较简单的娱乐活动，我倒是很喜欢的。第一个活动，同时也是最愉快的活动，是同那些有才学的人交往。例如勒布隆先生、圣西尔先生、卡里欧先生、阿尔图纳先生和一个孚尔兰地方的绅士。可惜这位绅士的名字我忘记了，对此，我每每想起都不能不深感遗憾；在我平生所认识的人中，这位绅士的心和我的心是最相似的。我们还同两三个英国人过从甚密，他们都饱有才学，而且同我们一样喜欢音乐。这几位先生都有他们的妻子、女友或情妇；他们的情妇几乎各个都是有教养的女人，我们就在她们家中弹琴、唱歌和跳舞。大家也在她们家中赌博，但次数很少，因为我们有高雅的兴趣和艺术追求，又喜欢戏剧，所以觉得赌博是最乏味的；赌博是那些无聊的人玩的游戏。巴黎人对意大利音乐是抱有成见的，我把这种成见也带到威尼斯来了。但是，大自然赐予了我一种能破除一切成见的敏锐感，因此，我不久就对意大利音乐产生了一种只有懂这种音乐的人才有的热爱。听了威尼斯的船夫曲以后，我就觉得在此以前就没有听到过哪一个人能像他们那样善于唱歌。不久，我又对意大利歌剧入迷到了如此程度，以致，当我一心想听音乐时，如果在包厢里有人唧唧喳喳闲聊或吃东西弄得我心烦，我便离开他们到另一个包厢去听。虽然歌剧很长，我还是饶有兴味地一直听到末尾。有一天，我在圣克里索斯托姆戏院竟睡着了，比在我的床上睡得还香，就连清脆嘹亮的歌声也没有把我吵醒，但最后终于把我惊醒的那首歌曲的甜美的和声与天仙般的歌声所给予我的如醉如痴的感觉，有谁能表达得出来呢？我一下子竖起耳朵，睁开眼睛，我从沉睡中醒来的精神为之一振，立刻心醉神迷，飘然若仙！我的第一个感觉是：仿佛我此身已进入天堂。那段迷人的歌曲我至今还记得，一辈子也不会忘记。它的开头两句是：

那个美人细心护持我，
她的柔情温暖了我的心。

我想得到这首歌的谱子，后来还真的得到了，而且在我手中保存了很久。不过，纸上的歌谱和我心中的印象毕竟不一样。音符是那首歌的音符，但给我的感受就不一样了。这首歌的神韵只能在我的脑子里才能像那天把我惊醒之时那样唱得出来。

还有一种音乐，我觉得它比歌剧的音乐还美；不但在意大利，就是在全世界也堪称是独一无二的。这种音乐名叫“善堂音乐”。所谓“善堂”，其实是一些慈善机构，是为了教育贫苦的女孩子而设立的。这些贫苦的女孩子长大之后，由共和国资助，或者嫁人，或者进女修院。在这些女孩子所受的教育中,音乐占第一位。每个星期天,在四个善堂的每一善堂的教堂里做晚祷时,都有大合唱队由大交响乐队伴奏演唱经文歌,由意大利的音乐大师指挥,担任演唱的,全是女孩子,其中年龄最大的,还不到二十岁,她们站在装有护栏的演台上演唱。我想象不出哪种音乐是像她们的歌声那样悦耳和动人:音色之丰富、曲调之幽雅、歌喉之婉转和演唱之准确,这一切给人的印象当然和台上的那道护栏不相协调。不过,我深深相信没有任何一个人不为歌声所打动。卡里欧和我对芒迪冈蒂善堂的晚祷没有一次不去的,而且去的不只是我们两个人。教堂里坐满了爱好音乐的听众,就连歌剧院的演员也来听她们演唱,仿照她们美好的唱法培养自己的才能。使我扫兴的,是那些难看的护栏:它们只让歌声从它们当中传送出来,却不让我一睹那些歌声只有美若天仙的女子才有的演唱者的芳容。别的我都满意,只有对这一点感到遗憾。有一天,我在勒布隆先生家里谈起此事,他对我说:"如果你真的那么好奇,一定要看一看那些女孩子,这很容易嘛。我是这个善堂的董事之一,我请你到善堂去和她们一起吃点心。"他这个话一天不兑现,我就缠得他一天不得安宁。当我走进那个关着这些我急想一见的美女的大厅时,我感到一种我以前从来没有经历过的爱的冲动。勒布隆为我一一介绍这些我只听过其声音和名字的美妙歌手:"这位是苏菲",这个苏菲的样子真难看;"这位是卡蒂娜",这个卡蒂娜一脸的麻子。几乎没有一个女孩子没有明显的缺陷。我那位爱恶作剧的勒布隆先生看见我吃惊的样子便暗自好笑。不过,也有两三个女孩子的脸蛋儿还长得可以;她们只是在大合唱的时候才出场演唱。我感到失望。在吃点心的时候，人们捉弄她们，她们也嘻嘻哈哈地直笑。丑陋并不排除心灵的美；我发现她们各个的心灵都很美。我对我自己说："没有心灵美，歌声就不可能唱得这么美。她们的心灵是很美的。"最后，我对她们的看法完全改变了；在快走出善堂的时候，我差不多把所有这些丑姑娘全都爱上了。我几乎不敢再去听她们晚祷的歌声。但后来我觉得还是应该去听。我依然觉得她们的歌唱得很好。她们的歌声把她们的容貌装点得如此之美，以致她们一开口演唱，不管我的眼睛看到的样子如何，我都把她们想象成美女。

在意大利听音乐花钱不多，只要你喜欢，那是随处都可听到的。我租了一架管羽键琴，花一个小埃居就可以请四五位乐师每星期到我的住处来一次；我和他们一起演奏我最喜欢的歌舞剧中的一些片段。我在家里也试演奏了几次我的《风流的缪斯》中的几首合唱曲。也许是它们真的好听，也或许是他们奉承我，圣约翰·克里索斯托姆剧院的芭蕾舞教师派人来向我要了两首曲子。后来，我很高兴地听过他们让一个著名的交响乐队演奏这两首曲子，由一个名叫贝蒂娜的小姑娘担任舞蹈。这个小姑娘很漂亮、很可爱，由我们的一个名叫法戈亚加的西班牙朋友包养。我们经常在她家举行晚会。

谈到女人，在威尼斯这样一个城市，谁都不可能不和女人有沾染。人们也许会问我：在这件事情上你就没有什么要忏悔的吗？我回答说：有。在这个问题上，我有几件事情一定要像以前那样以十分坦诚的态度来忏悔。

对于妓女，我始终是很厌恶的。在威尼斯，我没有什么机会可以让我接触女人；由于职务的关系，当地大部分上等人家我都无法出入。勒布隆先生有三个可爱的女儿，但不容易接近，何况我非常尊敬她们的父亲和母亲，所以从来没有产生过觊觎她们的心。我对一个名叫卡塔尼奥的女子倒是有过爱慕之意；她是普鲁士国王的外交代表的女儿，但卡里欧已经爱上了她，而且已经在谈论结婚的问题了。卡里欧很阔气，而我是个穷光蛋；他的薪金是一百路易，而我的薪金只有一百皮斯托尔。除了我不愿意夺朋友之所爱以外，我知道，在任何地方，尤其是在威尼斯，像我这样一个囊中羞涩的人是不应当硬着头皮像花花公子那样乱花钱的。我虽然没有改掉用自伤身体的办法满足情欲的坏习惯，但因工作太忙，加之天气又热，所以对此种需要的感觉并不强烈。因此，我在威尼斯将近一年的时间里，一直是像在巴黎那样循规蹈矩，到十八个月之后我离开那里的时候[①]，只有两次由于特殊的机会接触过女性。

第一次机会是馆里炙手可热的红人维塔利给我的，时间是在我逼迫他向我正式道歉之后不久。有一天，在吃饭的时候大家谈起威尼斯的各种好玩的事情，他们说我不该对一切好玩的事情中最刺激人的一种乐事一点儿也没有兴趣。他们对威尼斯的妓女的温存赞不绝口，说全世界没有哪一个地方的妓女能和她们相比。多米里克·维塔利说我应该见识一下那个最可爱的妓女，还说他愿意带我去，保证我满意。我一听他这种献殷勤讨好的话，便笑了起来；这时，出人意料的是，那个上了年纪而又受人尊重的皮阿蒂伯爵居然以一个意大利人少有的坦率态度说他相信我是一个老实人，是不会让我的敌人带去逛窑子的。事实的确如此，因为我从来

① 这里，卢梭的记忆有误：他在威尼斯实际上只待了十二个月。——译者

没有往这方面想过。然而，由于一种连我自己也不明白的思想作怪，我最后竟违背了我的理智，甚至违背了我的意志，禁不住跟着他去了。个中的原因，纯粹是由于我的意志不坚定，不好意思让对方看出我对他不信任，同时也由于像当地人所说的“为了不至于让人家说我太迂腐”。我们去的那家妓院的姑娘名叫潘多阿娜，模样儿相当漂亮，甚至可以说是美人；不过，她的那种美，我并不喜欢。多米里克把我带到她那里之后就走了。我叫人去买了一些冰糕，我让潘多阿娜唱歌，待了半个小时之后，我把一个杜卡特[①]放在桌上，准备起身离去，但她的表情简直犹豫得出奇，说没有干那种事儿，就不收那份钱。而我也傻得出奇，立马便同她干了那种事。我回到使馆后感到自己染上了梅毒。我进门的第一件事就是派人去请一位外科医生，请他来给我处方开药。接连三个星期，我不安的心情真是无法形容，虽然没有任何身体上的不适和明显的症候表明我真的染上了梅毒。我不相信有谁被潘多阿娜拥抱之后能不被传染。尽管那位外科医生一再解释，我还是不放心。后来，他告诉我说这是因为我的体质特别好，不容易感染，这才使我放下心来。医生的话很有道理，因为我比别人贪欢的时间少，所以我的健康没有受到损害。不过，我并没有因为他这样解释，就大胆行事；虽说我得天独厚，但我敢说，我从来没有滥用过上天的恩赐。

我第二次接触女人，虽然也是一个妓女，但原因和结果都和第一次不同。我在前面已经讲过，奥利维船长曾请我到他船上去吃饭，我还带了西班牙大使馆的秘书一起去。我以为船上会为我鸣

① 威尼斯的一种小金币。——译者

礼炮，船员们会列队相迎。但是，礼炮一声也没响，这使我很不痛快；我发现卡里欧也面露愠色。可不是么，在商船上，对那些身份不如我们的人还鸣礼炮呢，何况我为船长的事尽了心出了力，更应当受到他特别的礼遇才对嘛。我无法掩饰我不高兴的心情，因为这是我做不到的，所以，尽管菜肴很丰盛，奥利维也殷勤招待，但我一入席就面露不愉之色，吃得很少，话说得更少。到第一次敬酒的时候，我想，总该鸣一发礼炮了吧；还是没有。卡里欧明白我的心情，看见我像孩子似的嘟嘟囔囔嘴皮一个劲儿地动，便暗自好笑。饭吃到三分之一的时候，我看见来了一条平底小船。“天哪，先生，”船长对我说道，“当心呀，你的冤家来了。”我问他这话是什么意思，他用一句笑话回答我。那条小船一靠近我们的大船，便从船中走出一个年轻的女人。她光艳照人，穿扮妖冶，步履轻盈，三脚两步就走进了房间里；还没有等人在我旁边摆餐具，她就在我旁边坐下了。她既漂亮又活泼，棕色头发，年龄顶多二十岁。她只会讲意大利语，单单她的声音就已经把我迷得晕头转向了。她一边吃，一边说个不停，盯着我瞧了好一会儿之后，突然说道：“圣母呀！唉！我亲爱的布雷蒙，我有好久没有看见你了！”说着说着一下子就坐在我怀里，把她的嘴唇贴在我的嘴唇上，弄得我几乎喘不过气来。她那一双只有东方人才有的大黑眼睛，把火一样热烈的温情射入了我的心里。这一阵惊喜立时使我感到心慌意乱，再加上肉感的欢乐，更是使我神魂颠倒了。尽管有许多人在座，但还是需要这个美人儿亲口叫我不要慌乱，我才镇定了下来，因为我已经醉了，或者说得更确切一点儿，我已经疯了。当她看见我已经入迷到她所希望的程度，她对我的那股亲热劲儿才缓和了一些，不过，她那种活泼的样子仍然照旧。她向我解释她这么兴奋的原因(谁知道她的话是真是假):她说我的样子像托斯卡纳海关关长布雷蒙,所以把我看做是他了。她说她曾经迷恋过布雷蒙,而且现在还依然迷恋他;可是,只怪她当初太傻,把他抛弃了,现在她就要我来代替布雷蒙。她说她爱我,因为我很合她的心意;由于同样的理由,我也得爱她:她想爱我多久,我就得爱她多久。万一将来她把我甩了,我也得像她亲爱的布雷蒙那样忍耐。她这样说,也这样做。她把我当下人使唤,她把她的手套、扇子、腰带和帽子交给我看管,命令我到这里又到那里,做了这件事情又做那件事情。我乖乖地完全服从。她让我去把她那条小船打发走,因为她想坐我的小船,我马上照办。她让我把我的位子让给卡里欧坐,因为她有话要对他说,我也马上照办。他们两人低声谈了很久,我只好让他们谈。她一开口叫我,我马上回到她跟前。"听着,扎奈托,"她对我说道,"我不愿意你用法国人的方式爱我,那样爱法没有意思。要是你现在觉得玩腻了,你就走;切不可人在这里而心不在这里,这个话,我要说在前头。"饭后,我们去参观缪拉诺玻璃厂,她买了许多小玩意儿,毫不客气地叫我们付钱。她到处给人家小费:她花的钱比我们还多。看她自己花钱和让我们花钱都满不在乎的样子,她显然是一个视金钱如粪土的人。她之所以让人家替她付账,我看,其原因不是出于贪心,而是出于摆谱儿、好面子。她要人家捧她,她才感到开心。

晚上,我们把她送回家去。谈话间,我看她梳妆台上有两把手枪。"啊呀!"我拿起一把来,对她说道,"这是一盒新生产的香粉,请告诉我它是干什么用的?其实,你有许多别的武器,比这个玩意儿的火力强得多嘛。”她用同样的语气说了几句玩笑话之后，便带着使她更加妩媚的天真样子对我说道：“我不喜欢的人，我也好言好语对他们，只不过让他们多花几个钱来补偿他们给我带来的麻烦；这样做，才公平嘛。我可以忍受他们对我的那种肉麻劲儿，但不能容忍他们对我的侮辱。谁对我不尊重，我也不尊重谁。”

在离开她的时候，我同她约好了第二天去看她的时间。我准时到达。我发现她穿一身只有南欧的人才有的虽花哨但不妖艳的便装。这种服装的样子，我虽然记得很清楚，但没有兴趣去描写它。我只指出它的袖口和领口都镶有一道缀有玫瑰色小绒球的丝边，使她本来已经很美的皮肤更显得柔嫩。后来我发现这样穿扮是威尼斯的一种时尚；我感到惊奇的是，这么好看的衣服怎么就没有传到法国。对于这一次我将享受到何等的肉体快乐，我没有过多地去想它。拉尔纳日夫人给我的快乐，我有时候回想起来虽依然感到十分甜蜜，但和我眼前这位朱莉达相比，她已经又老又丑，在感情上已冷漠了！这个迷人的朱莉达究竟是多么妩媚和动人，读者是怎么想象也想象不出来的，任你怎样想来想去，也是想象不出她美丽的姿容的。修道院的童贞女也没有她那么娇嫩，后宫的嫔妃也没有她那么妖娆，天堂的仙女也没有她那么令人神魂颠倒；像这样的美女，凡人的心灵和感官何曾如此尽情享受过。啊！如今，只要我能完完全全和美美满满地享受一分钟也好呀！……后来，我终于享受到了，但毫不甜蜜。本来是快乐的事情，我却感到不快乐；我好像是有意要把快乐的心情全都抹杀掉似的。不，大自然绝不是单单为了我享乐才生我的。它让我心里渴望得到难以形容的美妙的幸福，但又在我混乱的头脑里放置了损害这种幸福的毒药。

在我这一生中，如果有什么事情最能反映我的天性的话，那就是我即将在这里讲述的这件事情了。我此时此刻一再想起了我写作本书的目的，因此我要抛掉那种妨碍我实现这个目的的假正经。不管你是谁，只要你想了解我这个人，就请你大着胆子读一下后面这两三页文字，读完之后，你就能充分认识让-雅克·卢梭是一个什么样的人了。

我走进一个妓女的卧室，就仿佛觉得走进了爱和美的圣殿，觉得她就是爱和美的化身。我不相信哪一个人在领略到她使我感受到的那种柔情之后不产生爱慕和尊重之心。当我刚一和她亲昵之时，我便感到她的温柔和妩媚是如此的甜蜜，使我生怕失去了这个果实，巴不得立刻就去摘取。然而突然一下，我感到的不是欲火在我身上燃烧，而是一股冰凉的血在我的血管中奔流。我的两腿发抖，差一点儿晕倒了，我赶快坐下，眼泪汪汪，哭得像个孩子。

我哭泣的原因和我当时心里在想些什么，谁能猜出来呢？我心里在这样思量："我即将占有的这个人是大自然和爱神的杰作；她的头脑，她的身子，她的一切都是十全十美的；她不仅既美且慧，而且心地善良、仪态万方；王公贵族只配当她的奴隶，手执权杖的君主也将拜倒在她的脚下，然而如今竟沦为烟花，供人玩弄，听一个商船船长的吩咐来博取我的欢心。她知道我一无所有，而我的才能她又不了解，因此在她眼里便等于零。这当中一定有某种不可思议的原因：要么是我的心欺骗了我，迷惑了我的感官，把一个下贱的妓女看成为天仙，否则就是她有某种隐秘的缺陷破坏了她柔媚的效果，使那些原来想争夺她的人觉得她令人讨厌。"我开始仔仔细细地探寻这个缺陷，我并不认为这个缺陷来自梅毒，因为她肌肤的光泽、脸色的红润、牙齿的洁白和呼吸的清新，以及全身的整洁，这一切不仅使我断定她的缺陷与梅毒毫无关系，反倒使我认为自从我与潘多阿娜发生关系以后，我的身体出了问题，应付不了她。我深信，在这一点上我的看法是不会错的。

这些思虑，不早不晚恰恰在这个时候产生，搅得我心绪不宁，竟至使我哭了起来。朱莉达看见在她房中出现的这一情景，感到十分新奇，一时竟不知道如何是好。她在房间里转了一圈之后走到她的梳妆镜前，她看出来了，而且我的眼神也向她表明我哭泣的原因不是由于我感到不高兴。对她来说，要使我高兴，消除那小小的害羞之心，这并不困难。但是，当我准备去亲吻她那仿佛是第一次让一个男人的嘴和手接触的胸脯时，我突然发现她有一个乳房是瘪的，我吃了一惊，我仔细观察了一下，发现这个乳房和另一个乳房完全不一样。我在心里琢磨她怎么会有一个乳房是瘪的；我认为这是一个天生的大缺陷。我翻来覆去思考一阵之后，终于明白：我想象中的这个美人，我抱在怀中的这个美人，原来是一个怪物，是大自然的弃儿，是男人嫌恶的女人，是谁也不愿意与之有肌肤之亲的丑婆子。我竟傻到问她那个乳房为什么是瘪的。她开头以为我的话是开玩笑，依然高高兴兴地边说边做出一些动作使我的欲火上升。不过，我始终有一种无法向她掩饰的不安的心情，使她一下子脸红了。她整理了一下衣裳，站起身来，一言不发地走过去伏在窗口。我走过去想站在她的身边，她马上走开，一会儿坐在一张躺椅上，一会儿又站起来，在房间里走来走去，摇着扇子，以冷冰冰的轻蔑的语气对我说："书呆子，别再泡女人了，快回去看你的书吧。”

在离开她家的时候，我想跟她约定第二天再见一次面，但她推迟到第三天，并面带讥笑的样子说我也需要歇一歇了。这两三天我过得很不舒服。心里老想着她美丽的容貌和绰约的风姿，痛感我行事的荒唐。我自己责备我自己不应该把那段只要我稍许聪明一点儿就能使之成为我一生中最美好的时光白白浪掷了。我焦急万分地等待着弥补这一损失的时间的到来，另外，我还要弄个水落石出的是，这个可爱的女人处处那么完美，为什么会沦落风尘。我按照约定的时间一口气跑到甚至可以说是飞到了她那里。我虽不知道她那火热的心是否会对我这次赴约感到满意，但她的骄傲心至少该满意了吧。我对我能以这样的方式向她表明我诚心弥补我的过失而感到欣慰。可是，她让我扑了一个空：小船一靠岸，我就派船夫去通报，船夫回来告诉我说她昨天就到佛罗伦萨去了。如果说我在占有她的时候没有感觉到我是多么爱她，而在失去她的时候却强烈地感觉到了。我后悔不已。不论她在我看来是多么可爱和多么楚楚可人，我都能够自我排遣我失去她的难过心情，而我无法自我消除的，是她心中从此对我产生的鄙视。

以上是我两次嫖娼狎妓的经过。除此以外，我在威尼斯的那十八月里就只有一段简单的包养女人的插曲要讲了。卡里欧是个风流人物，他觉得老是到别人包养的女人那里去玩，实在没有意思，因此他忽发奇想，打算自己也包养一个女人。由于我们两人经常在一起，他便提出一个在威尼斯常见的办法：由我们两人合包一个姑娘。我同意了，问题是怎样找到一个上好的女子。他找来找去，终于不知道从哪里找到了一个十一二岁的小姑娘；她那狠心的母亲正想办法把她卖掉。我们两人去看了她,我见她还是一个孩子,我的心肠便软了。她一头金黄色头发,温顺得像一只羔羊,怎么看也看不出她是一个意大利人。意大利的生活程度很低,我们给了她母亲几个钱,此后,这个女孩子就由我们养起来。她的嗓子很好;为了使她学一门谋生的本事,我们给她买了一台小羽管键琴,还给她请了一个教唱歌的老师。所有这一切,我们每人每月顶多只花两个西昆,但却省下了许多其他费用。不过,要等到她成年以后我们才能享用。所以,从播种到收获,这段时间是很长的。我们只是晚上到她那里去,和那个女孩子天真无邪地说说话和玩玩游戏。我们觉得这样消遣,比真正占有她更快乐。的确,我们在生活中之所以感到女人不可或缺,不完全是为了发泄肉欲,而大部分还是由于只要有她们在身边,就会感到某种乐趣!我的心不知不觉地对安卓莉达这个小姑娘产生了深厚的感情,不过,是慈父般的感情,其中毫不掺杂感官享乐的成分:感情愈深,感官享乐的成分便愈少。我甚至认为,即使将来在这个女孩子长大成人的时候,我如果想占有她,那也等于是乱伦。这太可耻了;一想到这一点,我便惊惶万分。我发现善良的卡里欧也有此同感。我们没有想到:我们得到的快乐与我们原先设想的快乐虽同样有趣,但性质却完全不同。我深信,不论这个可怜的女孩子将来长得多么美,我们不仅不会破坏她的处女身,反而会全力保护她的童贞。可惜,时隔不久,我的灾难来临,使我没有时间继续参与这一美好的事情。在这件事情上,我感到欣慰的是:我心中的想法始终是很端正的。现在,让我们回过头来谈我从威尼斯出发之后的旅途情形。

从德·蒙台居先生那里出来以后,我开头的打算是回日内瓦,等我运气好转、没有障碍以后，回到我可怜的妈妈身边。但是，由于我同德·蒙台居先生的争吵已到处传开，再加上他愚蠢地把此事报告了朝廷，我便决定回巴黎亲自陈述我在大使馆的工作情形，并诉说那个疯子对我的种种不公。我从威尼斯写信把我的决定通知了在阿默罗先生去世后担任代理外交大臣的杜德耶先生。信一发出，我就起程。我取道贝加姆、科摩和多摩多索拉，穿过圣普隆隘口。在锡翁，法国代办舍尼翁很热情地接待了我；在日内瓦，德·拉·克洛苏尔先生也对我非常友好。我又见到了高福古先生（我有一点钱要从他手里取回）。经过尼翁的时候，我没有去看我的父亲，心里虽极其难过，但我还是决定在我倒霉的时候最好是不要在我的继母跟前露面，因为她肯定不会听我解释，而一味怪我。我父亲的老朋友杜维亚尔是开书店的，他把我狠狠地批评了一通，说我不该不去看我的父亲。我向他解释了其中的原因之后，为了弥补我的过失，同时为了避免见到我的继母，我就雇了一辆车，同他一起回到尼翁，住在一家小酒店里。杜维亚尔去找我的父亲，我的父亲赶快跑来拥抱我；我们一起吃了晚饭，很愉快地过了一夜之后，便于第二天早晨同杜维亚尔一起回到日内瓦。他在这件事情上对我的帮助，我始终铭记在心。

如果抄近道，我就不必经过里昂，但我还是去了里昂，为的是去查清楚德·蒙台居先生对我搞的一桩非常卑鄙的讹诈钱财的行为。我托人从巴黎给我寄一只小箱子，里面装有一件绣有金边的上衣、几副套袖和六双白丝袜子，就这几样东西。按照德·蒙台居先生主动向我提出的建议，我把这口箱子，或者说得更正确一点儿，我把这个盒子附在他的行李里。在他亲手写的那张开有许多浮报款数的单子上列有我那口箱子的运费。他说我那口箱子是大件行李,重十一担[①],他替我付了一大笔运费,这笔钱要从我的薪金中扣还。承罗甘先生的侄子布瓦·德·拉都尔先生帮助,在里昂和马赛两处海关的记事本上查实,德·蒙台居先生所说的那个大件行李只有四十五斤[②],并按这个重量收的运费。我把这个证明附在德·蒙台居先生给我的运费单上,带着这份材料和其他几件有同等效力的文件到巴黎去,想赶快用这些材料去揭露德·蒙台居先生的卑鄙行径。在这次长途旅行中,在科摩、瓦勒和其他地方都见到过一些小小的有趣的事情。我游览了好几个地方,其中值得详细描写的是波若美四小岛,但是,由于时间紧迫,又有暗探跟踪我,我只好匆匆忙忙速描式地写了一篇游记,而写这些东西,是需要有闲暇和宁静的,我那时缺少的,恰恰是这两个条件。如果上天眷顾,将来我有比较安宁的日子,我一定要把那篇游记重写一遍,或者,至少要给它加写一个“补遗”;我认为这是完全必要的。*

我在威尼斯和大使争吵的事情,早就传到了法国。一到巴黎,我就发现,无论是部里的人还是公众,大家都在议论大使的荒谬。但是,尽管如此,尽管威尼斯的公众也同声谴责,尽管我提出的证据是无可辩驳的,但我还是得不到公正的处理,不仅不给我满意的答复和相应的补偿,连大使任意克扣我的薪金这件事也不予以纠正,唯一的理由是:我不是法国人,所以无权得到法国的保护,薪金问题是他和我之间的私人事情,公家不予过问。大家都认为我受

① 按法国旧制,一担等于一百旧制斤。——译者

② 这里说的“斤”指法国旧制斤,等于四百九十克。——译者

* 我已经放弃了这个写作计划。

到了欺负和伤害，认为大使是个大浑人，行事不公，他的所作所为将成为他一生的耻辱。但是，这又能把他怎么样呢?！他是大使，而我只不过是一个秘书。官场的规矩，正如大家所说的，是官官相护，注定了我得不到公正的处理，我有冤无处申。我以为只要我大声呼吁，到处斥责那个疯子(他本来就是个疯子)，到最后总会有人来告诉我：既然他是疯子，你就别同他一般见识了(我要的就是这句话)。我下定决心一定要人们说句公道话之后才停止。但是，当时没有外交大臣，他们虽让我大吵大闹，甚至还鼓励我，与我唱一个调，但事情毫无进展。尽管我有理，但始终讨不回公道。最后，我终于失掉了勇气，只好罢手，不了了之。

唯一对我态度恶劣的人，是贝桑瓦尔夫人。我怎么也没有料到她会这样对待我。她满脑子的等级特权观念和贵族思想，总认为一个大使是不会亏待他的秘书的。她接待我时的那个态度，表明她的这种成见非常之深。我很生气，所以，从她那里回到我的住处以后，便给她写了一封我一生中写的措辞最不客气的信，而且从此以后就不再登她家的门。卡斯特尔神甫对我的态度比较好，但是，一听他那套耶稣会教士油腔滑调的话，我就发现，他遵循的还是社会上那种以强凌弱的老规矩。我生性高傲，而且认为在这件事情上我没有错，所以对卡斯特尔神甫的那种偏袒态度不能忍受，因而从此以后就不再去看他了，也不再到耶稣会去了(我在那里本来就只认识他一个人)。再加上耶稣会的人各个都很专横和阴险，与好心的埃默神甫大不一样，所以我对他们只好敬而远之，从此以后就再也没有见过他们当中的任何一个人。只有贝尔蒂埃神甫例外，我在杜宾先生家见过他两三次；那时候，他同杜宾先生一起，在撰文猛批孟德斯鸠。

关于我和德·蒙台居先生之间的纠纷,就谈到这里为止,以后就不再谈它了。在我同他争吵的那段期间,我曾对他说过,他需要的不是秘书,而是账房先生。果然,我走了之后,他还真的请了一个账房先生;而那位账房先生不到一年便贪污了他三万利弗尔。他把他赶走了,并把他送进了监牢。他还赶走了好几个随员;他和随员们大吵大闹,丑态百出;他到处与人发生争执,遭到连一个仆人也不能忍受的侮辱。由于他干的荒唐事太多,他被召回国,解除了职务。在他所受到的朝廷的谴责中,他同我的纠纷也没有被忘记:他回巴黎不久,就派他的管家来和我结账,把该给我的钱付给了我。那时候,我正缺钱用;我在威尼斯欠的债,都是凭信用借的,时时刻刻压在我心头,因此,我一收到德·蒙台居先生付给我的钱,便马上把债还清了;扎勒托·纳尼那笔账,我也了清了。人家愿付给我多少钱,我不计较,但我欠人家的钱,必须分文不少地还清。把债还清之后,我虽然又同从前一样囊空如洗,但总算摆脱了压得我难以忍受的重负。此后,我就没有听谁谈起过德·蒙台居先生;他逝世的消息,我还是从别人口中听说的。愿上帝宽恕这个可怜的人!他当大使,如同我少年时候当诉讼承揽人一样,真是入错了行。不过,事在人为,只要他好好地干,在我的帮助下,他一定会成为一个好大使,并很快地把我提拔到古丰伯爵在我青年时期准备分派的位置上;这个位置,今后只有靠我自己在年岁稍长时去争取了。

我尽管有理,但申诉无门,这就在我的心中激起了对我们愚蠢的社会制度的愤恨。在这种社会制度里,真正的公众利益和真正的正义总是被某种我只看到它的表面但不明白其实质的秩序所牺牲,而这种秩序,实际上是破坏性的:它将摧毁一切秩序,任由官府压迫弱者和袒护强者。有两个原因阻止了我的这一愤恨的种子,当时不像它后来那样发芽生长。这两个原因,一个是由于这件事情只涉及我个人,而个人利益是永远不会产生伟大和崇高的效果的,因此它在我心中未能引发只有对正义和美好的事物抱有纯洁的爱才能产生的圣洁的内心冲动。第二个原因是真诚的友谊以一种美好的感情的影响力,缓解和平息了我的愤怒。我在威尼斯结识了一个比斯开人,他是我的朋友卡里欧的朋友,同时也称得上是一切善良的人的朋友。这个可爱的年轻人多才多艺,品德高尚,前不久为了增长美术鉴赏力到意大利各地去周游了一趟之后,觉得没有什么可学的了,便打算回到他的家乡。我对他说,就他的天赋来说,他应当用他的天才来研究学问,而只能把艺术当作一种业余的消遣。为了培养他做学问的兴趣,我建议他到巴黎去住半年。他信了我的话,果然到巴黎去了。我到巴黎时,他已先期到达,正在那里等我。他住的房间一个人住太大,让我分住半间;我同意了。我发现他正在努力地研究高深的学问。没有一门学科是他无法弄懂的;他博闻强记,在短短的时间里就读了许许多多的书。他渴望求知,而他本人又不知道如何着手。现在,我向他提供了那么多精神食粮,因此他很感谢我!我发现,这个性格坚强的人不但学识丰富,而且人品也很高尚;我需要的,正是这样的朋友:我们两人不久就成了知交。我们的看法不同,老是争辩;我们都很固执,所以对许多问题都各持己见。不过,尽管如此,但我们两人还是谁也离不开谁;我们虽不断争辩,但谁也不希望对方是一个有不同的看法却不开诚布公地说出来讨论的人。

伊格纳西奥·埃马努埃尔·德·阿尔图纳是西班牙才有的那种罕见的人；像他这样为国争光的西班牙人真是太少了。他没有他那个国家普遍存在的偏激的民族心理；他头脑里不记仇，他心里没有贪欲，他心胸非常豁达，不屑于记仇。我经常听见他十分冷静地说："世上的凡人休想惹得我生气。"他风流倜傥，但不沉湎女色；他同女人们游玩，就和同跟小孩子们游玩一样。他喜欢同朋友们的情妇在一起，但我从来没有看见他有过情妇，他甚至连找一个情妇的念头也没有。他心里强烈的道德观念不允许他的感官的欲念产生。他到许多国家游历之后就结婚了；他英年早逝，留下几个孩子。我深信，甚至敢断定，他的妻子是第一个而且是唯一一个使他感到两情相爱之乐的女人。从外表上看，他是一个像西班牙人那样的信徒，但内心里却有天使般的虔诚。除我以外，我这一生只见过他对信仰问题是持宽容态度的。他从来没有打听过任何一个人在宗教问题上的看法。他的朋友是犹太人也好，是新教徒也好，是土耳其人也好，是虔诚的信徒或无神论者也好，对他来说，都毫无关系，只要他为人诚实就行了。虽然他对一些无关紧要的事情的看法非常固执，但一涉及宗教问题或道德问题，他便慎重起来，甚至闭口不谈，或者只简单说一句："我只管我自己的事。"令人难以置信的是，他的心胸是那样的开阔，但对一些小事却精细入微。他每天几点几分做什么事，都安排得如此严格，以致只要时间一到，铃声一响，即使书中的某段文字还没有看完，他也马上把书合上。他对时间的使用，事先都有一个分配：什么时候研究这个问题，什么时候研究那个问题，什么时候思考，什么时候与别人谈话，什么时候做日课，什么时候读洛克的著作，什么时候念经书，什么时候访友、听音乐或作画，都是事先定好了的。任何娱乐之事或分心旁骛之事，都休想打乱这个次序；只有急待履行的职责才不受这个次序的约束。他把他的时间分配表给我看，要我也像他那样做，我先是觉得好笑，后来竟佩服得流下了眼泪。他从不打扰别人，也不允许别人来打扰他。对于那些出于礼貌来看他的人，他竟板着面孔，一脸不高兴。他的性子急，但从来不和人家斗气。我经常看见他生气，但从来没见过他冒火。他成天都是乐呵呵的。他从不计较别人对他开玩笑，他自己也喜欢开玩笑。他开的玩笑很精彩，他有说俏皮话的天才。他一来了兴致，他的话就像连珠炮似的叽里呱啦没个完，声音老远就能听见。他一边闹闹嚷嚷，一边又面露微笑，情绪激动到极点时，会突然说出一句笑话来把大家乐得前仰后合，笑破了肚皮。他没有西班牙人那种肤色，也不像西班牙人那样对人对事都很冷漠。他肤色白皙，脸色红润，头发栗色而近似金黄；他的身材高大，体态匀称，他的身体就是为了寄托他的灵魂才长得那么魁梧的。

这个心地善良和头脑聪慧的人，得到了大家的敬慕，因此成了我的朋友。我要以他为例子，反过来说明那些不是我的朋友的人是何许样人。我们相处得如此之好，以致计划我们一生都要在一起，再过几年我就到阿士科细亚他家里。这个计划在他离开巴黎前夕就安排好了，而我们无法安排的，是那些不以人的意志为转移的事情。这类事情，无论计划多么周密，都是难以避免的。果然，后来我遇到了大灾难，他结了婚，最后，他去世了，终于把我们永久地分开了。

天下的事情就是这样：坏人的阴谋处处得逞，而好人美好的计划反倒事事落空。

我已经深感依附他人之苦，因此决定：从此以后再也不去投靠任何人。此前，我在某些情况下制订的宏伟计划，往往是一开始就被推翻；我开头干得那么顺利的工作，人家不让我继续干下去，并把我逐出了大门。有鉴于这一切，我下定决心从此以后不再去依靠任何人，我要保持独立，靠我自己的才能。我以前总是把我的才能估计得过低，而现在，我究竟有多大的才能，我已心中有数。我又把我在威尼斯没有写完的那部歌舞剧[①]重新拿出来继续写。为了能全力投入这个工作，在阿尔图纳走了以后，我又回到了我过去住的圣冈丹旅馆。这家旅馆在一个偏僻的小区，离卢森堡公园不远，比住在闹闹嚷嚷的圣奥诺雷街更能让我静静地工作。在那里，有一个上天让我在苦难中唯一得到的大安慰正在等我。正是由于有了这个安慰，我才度过了我的苦难。这不是一次匆匆相识又匆匆分离的偶遇。我要把我们结识的经过详细讲一讲。

这家旅馆的新老板娘是奥尔良人，她从她家乡雇了一个约莫二十二三岁的姑娘专做洗洗缝缝的活儿。她也同老板娘一样，与我们同桌吃饭。这个姑娘名叫黛莱丝·勒瓦赛尔，出生在一个良好人家；她的父亲曾担任过奥尔良造币厂的官员，母亲做小买卖。他们家孩子多。造币厂关门以后，他的父亲就没有工作，她的母亲也因经营不善破了产，不再做生意，跟丈夫和女儿一起到巴黎。这一家三口，就靠女儿一个人的工钱吃饭。

---

① 指《风流的缪斯》。——译者

我第一次看见这个姑娘出现在餐桌上的时候，就被她那种羞羞答答的样子所打动，尤其是她那一对又温柔又活泼的眼睛，在我看来，可以说是举世无双。同桌吃饭的人，除了博纳丰先先以外，还有几个爱尔兰神甫、几个加斯科尼人与另外几个与他们相似的人。我们的老板娘本人就是一个调情的老手；在餐桌上，只有我一个人言行还比较庄重。看见有人逗弄这个小姑娘，我就护着她。于是，大家一个劲儿地嘲笑我。这样一来，即使我对这个小姑娘本来没有兴趣，但出于同情之心和对那些人的不满，我也会对她产生兴趣的。我的言谈举止历来是很端庄的，尤其是对女人。我公开成了她的保护人。我发现她已经感觉到了我对她的关心，她充满感激之情（这种感情，她嘴里不敢说）的目光就更加动人了。

她非常腼腆，我也很腼腆。我们两人都有的这种秉性，似乎使我们不可能接近，然而事情的发展却很快，我们不久就有了往来。老板娘发现了我们的秘密，便大发雷霆。她这种粗暴的做法，反倒使这个小姑娘对我的心事有进一步的理解。在旅馆中，她只有我这个唯一的保护者，因此，她一见我出去，心里便感到难过，巴不得我早些回来。我们心心相印、情投意合，很快就产生了情理之中的效果。她在我的一言一行中看出我是一个正派人，她没有看错。我从她的一举一动中也看出她是一个心地单纯、重感情但不风骚的女人，我也没有看错。我事先对她声明：我永远不会抛弃她，但也永远不和她结婚。我对她的爱、尊重和真诚，是我取得成功的法宝；我的胆子不大但却很幸运的原因，是她的心地忠厚和温柔。

我担心我会因在她身上找不到她以为我一定要找到的东西而不高兴，这种心理成了推迟我享受快乐的主要原因。在她献身于我之前,我发现她成天惶惶不安,想说点儿什么而又不敢大胆地说出来,我不仅想不出她如此犹豫的真正原因,反而既不正确而又有辱她的品德地认为她这种表情是在警告我:如果和她接触,我的健康就有受到损害之虞。我不知道如何办才好。这种心理虽未妨碍我对她亲近,但有好几天使我总感到闷闷不乐。由于我们互不了解对方心里的想法,所以一谈起话来句句都像是在打哑谜,吞吞吐吐,令人好笑之极。她几乎以为我完全疯了,我也几乎不知道怎样看待她才好。最后,我们终于把话挑明了。她哭着向我说,她刚刚成年的时候犯了她一生中唯一的一次错误:由于她的无知和一个诱奸者的诡计,她失去了童贞。我一明白个中的原因原来如此,便乐得叫了起来:"什么童贞不童贞的!在巴黎,一满了二十岁,哪个姑娘还是黄花女?!啊,我的黛莱丝呀,我占有了又诚实又健康的你,就够幸福了!干吗还要去找我从来不想找的东西?"

我开头只不过是想和她玩玩而已,但后来我发现,我不只是想和她玩,我还想把她当作我的伴侣。在我和这个绝妙的姑娘更熟悉并对我当前的境况稍加思考之后,我发现,我心中原本只不过是想寻求一点儿欢乐,但事情的发展却大大有助于我的幸福。在我的雄心壮志消失之后,我需要有一种强烈的情感来填补我的心,简单说来就是:我需要一个接替妈妈的人。既然我已经不能和她生活在一起了,那就需要另外一个人来和她的学生生活在一起,而且在这个人的身上必须具有她当年在我身上发现的那种心灵的单纯和温柔。我需要我个人的和家庭的生活的美满来补偿我所失去的锦绣前程。当我是孤孤单单一个人的时候,我的心是空虚的,需要另外一个人的心来充实它。大自然正是为了使我得到那颗心而让我诞生在这个世界上的，然而命运却使我失去了它，或者说至少是使我远远地离开了它。不过，如今我虽孤身一人，但对我来说，要么就完全得到它，否则就宁可一点儿也不要，其间是没有什么折中的办法的。我在黛莱丝身上找到了我所需要的那种能够代替华伦夫人的人。有了她，我就有了就当前的情况来说最大的幸福了。

我开头想培养她的智慧，结果却白费劲，她的头脑始终是大自然原先造成的那个样子，无论怎么教，都不起作用。我毫不羞愧地承认，她虽然多多少少能识几个字，但一直没有养成读书的习惯。当我住在新小田路朋沙特兰旅店的时候，我的窗子对面有一个大时钟，我花了一个月的工夫教她辨认时钟的钟点，但她直到现在还是不怎么会；她始终不会按顺序说出一年十二个月的名字。她不认识任何一个数目字；尽管我费了牛劲教她，她还是不会。她既不会算账，也不知道买一样东西究竟花了多少钱。她说话颠三倒四，不但词不达意，而且往往把意思与她想表达的意思恰恰说反了。我曾经把她说的那些话编成一本小册子送给卢森堡夫人取乐。她那些牛头不对马嘴的话已经在我经常出入的社交圈里成为笑柄了。可是，这个智力如此有限甚至可以说是如此愚笨的人却往往能在关键时刻给我出许多好主意。在瑞士，在英国，在法国，每当我遇到极大的困难时，她都能看出我本人没有看出的问题，并给我提出好的建议。她曾把我从盲目地走进的险境中挽救出来。在高贵的夫人们面前，在王公贵族们面前，她的谈吐，她的见识，她的应对和举止，都为她赢得了普遍的称赞，许多人都对我夸奖她的优点。人们夸奖她的话都是出自真诚的。

在我们所喜爱的人的身边，感情就能润育我们的智慧和心灵，而不需要到别的地方去寻求行事的指南。我同我的黛莱丝生活在一起，就如同和世上最聪明的天才生活在一起那样愉快。她的母亲以自己曾经和蒙比波侯爵夫人一起受过教育而感到骄傲，自以为了不起，经常对她的女儿指指点点、乱说一气。她花样百出，结果败坏了我们两人之间的淳朴关系。我原来不好意思带黛莱丝出门，但由于讨厌她母亲那张碎嘴子，便逐渐克服了我那种不好意思的心理，带着黛莱丝到乡间去散步、吃点心，这使我非常快乐。我发现她是真心实意地爱我，这就使我对她更加温存。对我来说，和她这样亲密相处，就已经知足了，至于前途如何，我已不再操心了，这就是说：只要现在的状况延续下去，便是我最美好的前途了。我别无他求，只希望现在的状况能永远保持下去就好了。

有了对黛莱丝的这份爱恋之情，我觉得其他一切逸乐之事都是多余的、淡而无味的。除了到黛莱丝的家，我便不出门；她的家几乎成了我的家。这种深居简出的生活方式对我的工作很有利，不到三个月，我就连词带曲把那部歌舞剧写完了，剩下的只是再写几首伴奏曲和中音部了。这种难度不大的工作，我觉得做起来没多大意思，便请费里多尔承担，将来分给他一部分收益。他到我这里来过两次，在《奥维德》那一幕里配了几段中音部。但是，他对这个既艰苦而收益又遥遥无期的工作不感兴趣，以后就不再到我这里来了，最后还是由我自己来完成。

这部歌舞剧终于全部写好了，剩下的问题是如何想办法使它得到演出；这比另写一部歌剧还难。在巴黎，一个人与世隔绝，是什么事也办不成的。高福古上次从日内瓦到巴黎来，曾带我到拉·

波普里尼埃尔先生家去过,因此我想借这位先生之力崭露头角。拉·波普里尼埃尔先生是拉摩先生的音乐事业的热心支持者,他的夫人又是拉摩先生最忠实的学生。正如人们所说的,拉摩先生在拉·波普里尼埃尔先生家中享有巨大的威信:他说往东,大家就往东;他说往西,大家就往西。我见他很赏识他的学生的作品,便想把我的作品也给他看。他表示拒绝,说他不能看谱,看谱太累。拉·波普里尼埃尔先生说可以演奏给他听,并表示愿意替我去找几个乐师来演奏几个片段。我当然是求之不得了。拉摩先生也同意了,但嘴里却嘟嘟囔囔地说什么一个没有经过名师指点全靠自学的人作的曲子是好不到哪里去的。我赶忙挑了五六段最精彩的曲子;他们找来了十几个乐师,由阿尔贝、贝哈尔和布尔波勒小姐担任演唱。序曲一开始,拉摩就赞不绝口,但他赞美的口气显然是说这段曲子不可能是我作的。每演奏一段,他都表现出不耐烦的样子。在演唱到那首歌声既雄壮嘹亮且伴奏也非常精彩的男高音合唱曲时,他按捺不住了,他粗声粗气地直呼我的名字,声音高得使大家都吃了一惊。他对我说,他刚才听的那段曲子,一部分是出自音乐界的高手,其余部分则是一个根本不懂音乐的人作的。是的,我的作品质量很不均匀,有些地方非常出色,有些地方又很平庸。一个人全靠灵机一动而没有扎实的基本功,写出来的作品当然是这个样子。拉摩说我是一个小剽窃者,既无音乐才能,又无音乐鉴赏力。在座的人,特别是主人,和他的看法却不同。黎歇留先生那时常和拉·波普里尼埃尔先生见面,而且也常见到拉·波普里尼埃尔夫人。他曾听人讲起过我的作品,而且很想把我的全部作品都听一遍,如果满意的话,还打算拿到宫中去演出。后来,果然由宫中出资，请了一个大乐队和大合唱队，在宫廷游乐总监波勒瓦尔先生家里演出，指挥是弗兰克尔。演出的效果好极了。公爵先生不断叫好和鼓掌。在《塔索》那一幕的合唱曲结束时，他站起身来，走到我跟前，拉着我的手说："卢梭先生，那段和声真令人听得入迷，我从来没有听过这么美的音乐。我要把这部作品拿到凡尔赛宫去演出。"拉·波普里尼埃尔夫人当时在场，但她一言不发；拉摩尽管也受到邀请，但他却没有来。第二天，拉·波普里尼埃尔夫人在她的梳妆室接待我，态度十分冷峻，一个劲儿地贬低我的作品，说什么尽管音乐中的那些花里花哨的调子开头把黎歇留先生迷惑了一下，但后来却醒悟过来了。她劝我不要指望这部歌舞剧会一炮打响。过了一会儿，公爵先生也到了。他说的话，与拉·波普里尼埃尔夫人说的话完全不同；他对我的才能着实夸奖了一番。听他的口气，他依然是想把这部歌舞剧拿到宫中给国王演出。他对我说："只有《塔索》那一幕不适合在宫中表演，要另外写一幕。"听了这句话，我回家关起门来，花了三个星期另写一幕来替换《塔索》。这一幕的主题是描述赫西奥德[①]如何受一位女诗神启发的故事。在这一幕里，我巧妙地把我的音乐天才发展的过程和拉摩对我的才华的嫉妒都用音乐表达出来了。这新写的一幕，昂扬高亢的气势不如《塔索》，但浑厚凝重的音色则有过之。它的音乐很高雅优美，如果其他两幕也这么好的话，则全剧的演出一定会成功。可是，当我正要把这部歌舞剧最后润色杀青的时候，另一件事情把它的演出推迟了。

① 赫西奥德(约公元前8世纪)：与荷马齐名的古希腊诗人。——译者

丰特努瓦战役[①]之后的那个冬天，在凡尔赛举行了多次庆祝活动。在小赛马厅演了几次歌剧，其中有拉摩作曲和伏尔泰作词的《纳瓦尔公主》。这部歌剧经过改编之后更名为《拉米尔的庆祝会》。这个新题材，要求把原剧的几个幕间剧在歌词和音乐方面都要加以修改，但问题是，要马上找一个人来承担这项双重任务的工作是很不容易的。伏尔泰（当时在洛林）和拉摩两人都在搞歌剧《光荣的圣殿》的创作，忙不过来，黎歇留先生想起了我，请我来承担。为了让我考虑如何着手，他把歌词和乐曲分开给我。我认为，我应当先征得歌词作者的同意之后，才能动笔。于是，我给伏尔泰写了一封信，信中的措辞很谦逊和恭敬，他的回信的原件见卷宗A，No.1，全文如下：

1745年12月15日

先生：

作词和作曲这两项工作，历来是分别由两个人承担，而你一个人竟具有担任这两项工作的才能。有了这两条充分的理由，我认为，我应当钦佩你和仰慕你。我感到歉然的是，你把这两种才能用在这部作品上，实属不值。几个月前，黎歇留公爵先生一定要我在极短的时间内写出几场既乏味又支离破碎的戏的草稿，说是作为歌舞剧的幕间剧，而这个幕间剧与全剧的情调又不太协调。我只好遵命照办。我写得很匆促，写得很不好。我把那份匆匆写成的草稿寄给了黎歇留先生，原以

① 指1745年5月11日法国萨克斯元帅在丰特努瓦大败英国、奥地利、荷兰和汉诺威四国联军之役。——译者

为他不会采用，或者退回给我，由我加以修改。幸而他把它交给了你，如何处理，那就由你完全做主好了，因为它的内容我早已忘记。在一份写得如此匆促和简略的初稿里，必然有许多错误，我深信你一定会把它们改正过来，并补充一些不足之处。

我记得，在许多不足之处中，有这样一个明显的缺点，那就是：在场与场之间的幕间剧里没有交代格蕾纳迪娜公主是怎样从监牢里出来一下子就到了一座花园或宫殿里。既然为她举行欢庆仪式的人不是魔术师而是一个西班牙的贵族，所以我觉得，剧中的一切都以不带上魔术色彩为宜。先生，这个情节我已经记不太清楚了，我请你再检查一下。我请你斟酌一下是不是要加写这样一个场景：牢房的门一打开，公主就被人从牢里请到特意为她布置的金碧辉煌的宫殿。我知道，这一切都没有多大的意义，不值得一个有思想的人把这些零零碎碎的事情当作主要的事情来做。不过，既然是要尽可能使人不感到不愉快，那就把它修改得尽可能合理一些，虽然它是一场不重要的幕间剧。

这一切，就拜托你和巴罗先生酌情办理。我希望不久就有机会向你当面致谢。专此，顺致敬意。

这封信写得很客气，和他后来写给我的那些措辞傲慢的信对照起来一看，是多么令人惊异啊。那时候，他以为我在黎歇留先生那里很受宠信，再加上他为人十分圆滑（这是人所共知的），因此就对我这个新露头角的人大套近乎，等他摸清了我究竟有多大身份以后，态度就变了。

得到伏尔泰先生的授权以后，我就不再理会拉摩（他总是想方设法损害我），立即开始放手地干起来，花了两个月工夫就全部完成了。歌词方面改动不大，而且，即使有改动，也尽量使人感觉不到风格上的不同，我自信我在这一点上是做得很好的。我在音乐方面花的时间比较多，难度也较大，除了要另写几首包括序曲在内的几段过门儿以外，由我负责写的宣叙调都非常困难，因为有许多合奏曲和合唱曲的调子不一样，要用短短的几句歌词和极快的转调把它们连起来。为了不让拉摩说我篡改原作，我就没有更改或挪动他的任何一段曲子。我作的那套宣叙调，音调高昂、气势恢弘、转折十分自然。一想到人们看得起我，让我与两位高手合作，我的才情就迸发出来了。我可以说，在这个无名无利而且公众全然不知内情的工作中，我几乎总是全力以赴，可与我那两位榜样并驾齐驱的。

这个剧本就按照我改写的样子在大歌剧院彩排。三位作者中，只有我一人在场，伏尔泰当时不在巴黎，拉摩没有来或者是故意躲开了。

第一段独白很悲怆，开头一句是：

> 死神啊！快来结束我这多灾多难的一生。

情调如此，当然要配上与之相应的音乐，但拉·波普里尼埃尔夫人却批评我，用尖酸的语气说我写的是送葬曲。黎歇留先生很公正，主张查一查这段独白是谁写的。我把他交与我的原稿给他看，证明是出自伏尔泰的手笔。“既然这样，”他说道，“这过错，要怪就怪伏尔泰一个人。”在彩排过程中，凡是我作的曲子，都受到拉·波普里尼埃尔夫人的批评，而得到黎歇留先生的首肯。然而，毕竟我遇到的对手太强大了，我接到通知说，我的曲子中有好几处要修改，而且一定要去请教拉摩先生如何修改。我不但没有得到我所期待的称赞（我理应得到人们的称赞），反而得到这样一个结果，我真是伤透了心。我心灰意冷地回到家里；我精疲力尽，愁肠百结，一下子就病倒了，足足六个星期，我出不了门。

拉摩只不过是负责修改拉·波普里尼埃尔夫人指出的那几个地方，却派人来问我要我那部大歌舞剧的序曲，说是用它来代替我这次写的序曲。我感到其中必有蹊跷；我拒绝了。由于离正式演出只有五六天时间，已来不及另外写一个，所以只好仍旧用我写的那首序曲。这是一首带意大利风格的序曲；这种风格当时在法国还非常新颖，故而得到了普遍的好评。我的亲戚穆萨尔先生的女婿瓦尔玛勒特先生是宫廷总管，他告诉我说，音乐爱好者们对我的音乐都很满意，听众没有分辨出来哪些曲子是我作的、哪些曲子是拉摩作的。可是，拉摩和拉·波普里尼埃尔夫人串通一气，想了许多办法不让人们知道我参加了这部作品的写作。在散发给观众的小册子上，所有作者的名字通常都是要一个一个地列出来的，但在这本小册子上却只有伏尔泰一个人的名字。拉摩宁愿他自己的名字不写上，也不愿意把我的名字和他的名字并列在一起。

当我的身体一恢复到能出门的时候，我就想去见黎歇留先生。但为时已晚，他已经动身去敦刻尔克指挥开往苏格兰的部队的登陆行动了。在他回巴黎后，我又懒病发作，心想现在去找他，已经太晚了。自此以后，我就一直没有再见到过他，以致使我失去了我的作品应当为我赢得的荣誉和应得的报酬；我的时间，我的劳动，我的愁苦，我的疾病和我为了治病所花的钱，全都由我自己承担，而没有得到一分钱的好处或补偿。不过，我始终觉得黎歇留先生对我是真诚的，对我的才能是赞赏的，只怪我倒了八辈子大霉和拉·波普里尼埃尔夫人的从中捣鬼，所以才使他的好心没有对我产生好的效果。

我对这个女人曾百般讨好，并经常去看望她，而她对我却如此憎恨，我实在百思不得其解。后来高福古告诉了我其中的原因。他说："这首先是因为她与拉摩之间的友谊；她对拉摩佩服得五体投地，不容许任何人与他竞争。何况你是日内瓦人，单单这一点，就是你的一大罪过，在她看来就该打入地狱，永远不会原谅你。"接着，他就给我讲了于贝尔神甫的故事。于贝尔神甫也是日内瓦人，是拉·波普里尼埃尔先生的好朋友。他深知她的为人，曾花了许多力气想阻止他娶这个女人。因此，在结婚之后，她对于贝尔神甫便恨之入骨，而且恨所有的日内瓦人。高福古还说："尽管拉·波普里尼埃尔先生对你很好，但依我看，你以后别再指望他会支持你了，因为他很爱他的妻子，而他的妻子又恨你。她的心眼儿很坏，手段又高明，你和他们一家是永远也相处不好的。"我把高福古的话牢记在心；我和那一家人的往来就到此为止。

差不多也就是在这个时候，高福古在我正需要人帮助之际帮了我一个大忙。我慈爱的父亲前不久去世了，享年约六十岁。要是在别的时候，我处境的艰难没有这样使我困扰，我对父亲的去世也许不会像现在这样感到悲伤。当他在世的时候，我从来没有提出过要分得我母亲留下的一部分遗产，这一部分遗产的收益一直由他享用。现在他去世了,我就没有什么要顾虑的了,而麻烦在于:关于我哥哥的死亡,迄今一直没有弄到一个有效的证明。高福古答应帮我解决这个难题。他通过罗尔姆律师的协助,这个问题果然解决了。那时,由于我正急需这笔小小的款子,而事情的进展情况我当时还不知道,所以我非常焦急地等待着最后的消息。有一天晚上,我从外面回家,收到了那封告诉这个消息的信。我拿起信来就想拆开,急得手都发抖了,但突然一下心里却责怪我自己干吗这么着急。“唉,怎么啦!”我羞愧地对自己说道,“我让-雅克难道就为了几个钱的事儿急成这个样子吗?”于是我马上把信放在壁炉台上,脱下衣服,安安静静地躺下,睡得比平时还香。第二天早晨很晚才起床,也没有想起那封信,直到穿衣服的时候才看见它。我不慌不忙地把信拆开,发现里边有一张汇票,我很高兴,而最令我感到高兴的是:在昨天夜里收到这封信的时候,我做到了控制我的心情。我一生中像这样控制自己心情的事,是很多的,但我实在太忙,就不一一详述了。我从这笔款子中拿出一小部分钱寄给我可怜的妈妈。回想起过去我有一次把全部所得交给她时的快乐情景,我禁不住怆然泪下。她给我的信,每一封都谈到了她的窘境。她给我寄来了许多配制药剂的秘方,告诉我可以靠这些东西发财,也可以给她带来好处。穷困已经使她心力交瘁,想不出别的办法了。我寄给她的那一点点儿钱,肯定会落入她身边的那些骗子之手,她是一点儿也享受不到的。一想到我这点活命钱竟让那些坏蛋来分享,尤其是在我极力想把她从那些坏人手中救出而终归无效的时候,我的心就沉痛之极。这一点,我在后面还要讲到。

时光一天一天地过去,我手中的钱也随着时光的流逝而花光。

我们本该是两个人生活，而实际上却是四个人生活，更正确地说，是七八个人生活。尽管黛莱丝毫无私心（像她这样没有私心的人是不多的），但她的母亲就同她不一样了。她一看有我接济，境况稍好一点儿，就把她的全家搬来分享成果。什么二姐三姐呀，儿子女儿呀，孙儿孙女呀，全都来了；只有她的大女儿因为嫁给了昂热市的一个车马行的老板没有来。我给黛莱丝购置的东西，全部由她的母亲拿去分给那些饿鬼了。由于和我生活在一起的这个女人没有贪心，而我也没有被疯狂的情欲所迷惑，所以我从来没有因此便乱发脾气。只要黛莱丝生活上过得好（但不奢华）、经济上不紧张，我就满足了。我同意她把她的全部劳动所得都交给她的母亲，此外，我对他们还有别的照顾。可是，倒霉的事情一件接一件地发生：妈妈[①]成了一群骗子掠夺的对象，而黛莱丝成了她一家人掠夺的对象。对她们两个人，我都白帮助了，没有一个人得到了我的好处。说来也真奇怪，黛莱丝是勒瓦赛尔太太的最小的女儿，在女儿当中只有她没有得到父母给的嫁妆。可是，她的父亲和母亲却靠她一个人供养。这个可怜的孩子，不仅过去常挨她哥哥和姐姐们的打骂，甚至还受她的侄女们的欺负，如今又遭到他们的掠夺。正如她过去无法抵御他们的打骂一样，现在也无法抵御他们的掠夺。只有一个名叫戈登·勒杜克的侄女儿性格比较温和可爱，可是后来也跟着别人的榜样学坏了，被别人教唆坏了。由于我常同她们两人在一起，我也就跟着她们那样称呼她们两个人：我叫戈登为“我的侄女儿”，叫黛莱丝为“姨妈”，她们两人都称我为“姨父”。这

① 指华伦夫人。——译者

就是我为什么一直叫黛莱丝为“姨妈”以及我的朋友有时候也跟着我戏称她为“姨妈”的由来。

人们可以想象得到，在这种情况下，我必须赶快想办法改变我困难的处境。鉴于黎歇留先生已经把我忘记，又不能指望宫中对我做些什么，我就试图把我写的歌剧拿到巴黎去演出。但是，我遇到了一些困难，需要相当多的时间才能克服。我一天比一天着急；这时，我想起了我写的小喜剧《纳尔西斯》，打算把它拿到意大利歌剧院去上演。剧本被接受了，我得到几张免费入场券，这使我很高兴。但也仅此而已，剧本始终无法演出。我天天去找喜剧演员们，弄得我都厌烦了，以后干脆就不去找他们了。我又回到最后剩下的一条门路，也是我本来就该走的门路。当我常去拉·波普里尼埃尔先生家的时候，我就很少去杜宾先生家了。两家的夫人虽说是亲戚，但相处得很不好，彼此很少见面，两家的客人也互不往来，只有迪埃利约两家都去。他受托要想办法把我拉到杜宾先生家去。那时，弗兰克耶先生在学博物学和化学，办了一个实验室。我看得出来，他想一跃而进科学院。要达到这个目的，就必须要著一本书。他认为我在这项工作中能对他有用。杜宾夫人也想写一本书，在我身上也打着差不多同样的主意。他们两人想合请我做秘书之类的工作。这时我才恍然大悟迪埃利约先生之所以要我到杜宾先生家去，原来是为了这件事。我首先要求弗兰克耶先生利用他和耶尔约的影响力把我的作品拿到歌剧院去排演，他同意了。《风流的缪斯》先在后台、后来在大剧场排演了好几次。彩排那一天，到的人很多，有好几段音乐都得到了观众的喝彩。然而在演出过程中（雷贝尔指挥得很不好），我本人感到这个剧本是通不过的，不经过重大的修改,是不能演出的,因此我什么话也没有说,就把剧本收回了,免得遭人家来退给我。但是,有许多迹象使我很清楚地看出,我的作品即使写得十全十美也是通不过的。弗兰克耶先生承诺的是拿去排演而不是演出。他严格遵守了他的诺言。我在这件事情和其他许多事情上看出,他和杜宾夫人都不想我在社会上出名,以免将来人们看他们写的书的时候怀疑我是他们的捉刀人。杜宾夫人始终认为我的才具平常,只让我替她做一些笔录她口授的文件或查找资料的工作。我这番话,对她来说,也许有失公平。

最后这次失败,使我完全失去了信心,我完全放弃了一切进取和成名的计划,再也不想什么凭我的才能就能如何如何了,因为不论我的才能是真也好假也好,反正不会使我显身扬名。从今以后,我要把我的时间和精力用来为我和黛莱丝谋求生计。谁给我们饭吃,我就讨谁的欢心。我今后要完全投靠杜宾夫人和弗兰克耶先生。这当然不能生活得很富裕,因为头两年他们每年只给我八九百法郎,勉勉强强只够我生活的基本需要,何况我还不能不到离他们家近的地方租房子住,房间要装修,那个地段的房租又贵,另外还要在巴黎城边的圣雅克街的尽头处租一套房子,不论晴天或雨天,我几乎每天晚上都得回到那里去吃饭。对于这种生活方式,我不久就习惯了,而且也喜欢上了我的新的工作。我对化学产生了浓厚的兴趣,我跟弗兰克耶一起到卢埃勒先生家去听了几次课之后,便开始对这门我们只学了点儿皮毛的学科深一句浅一句地撰写起论文来了。1747 年我们到都兰去度秋季,住在舍农索城堡。这座城堡是舍尔河畔的王家府第,是昂利二世为狄亚娜·德·普瓦蒂埃修建的;用她的名字的起首字母组成的图案还依稀可见。现在,这座府第归包税人杜宾先生所有了。在这个漂亮的地方,我们玩得很开心,吃得也很好,我变成了一个像和尚似的胖子。我们天天搞音乐,我作了几首三重唱,音调相当和谐。如果将来我有机会写补遗的话,我还要重提一下这几首曲子。我们还演喜剧,我用十五天时间写了一部三幕剧,题目叫作《冒失的婚约》。读者可以在我的文稿中找到这个剧本;它除了让大家乐一阵子以外,便没有别的优点。我还写了几个短小的作品,其中有一首诗,题名叫作《茜尔维的林荫道》。这个名字取自舍尔河畔一座公园的一条林荫小道。我写这些东西,都没有耽误我对化学的研究工作与杜宾夫人安排我做的工作。

当我在舍农索发胖的时候,我那可爱的黛莱丝在巴黎也发胖了,只不过她是另外一种胖法。我回家时发现,我干的那件事儿竟比我估计的时间提前显露出来了。以我当时的境况而论,要不是同桌吃饭的伙伴给我想出了一个唯一能使我摆脱困境的办法,我会被弄得焦头烂额、不知如何是好的。这是我在书中要讲述的重要事情之一,所以不能叙述得过于简略,因为,如果要我对此事加以解说的话,我只好要么为自己辩护,要么自己责备自己,而我现在在这里既不做前者,也不做后者。

在阿尔图纳在巴黎期间,我们不到饭馆用餐,通常是就近吃饭,在歌剧院这条死胡同对面一个裁缝师傅的妻子拉赛尔大娘家吃包伙。她做的饭菜很差,但由于在她那里吃饭的都是正派人,所以还是很受欢迎的。她不接受不相识的生人,必须要有一个平常在她家吃饭的人介绍,她才接纳。格拉维尔队长是个老风流人物,对人彬彬有礼，头脑也很聪明，但说话总带脏字儿。他住在那个裁缝家，经常招来一批衣着华丽的警卫队和长枪队的年轻军官。诺朗队长是歌剧院全体舞女的保护人，天天都要把那帮美人儿的新鲜事儿带来讲给大家听。杜·普勒西斯是一位退休中校，是一位秉性善良的老人；昂塞勒*是长枪队的军官。全靠他们两人维持，那帮青年人才守一点儿规矩。到这里吃饭的，也有商人、经纪人和食品商；他们都很有礼貌、很正派，是各行各业中的体面人物，如贝斯先生和弗尔卡德先生；还有一些人的名字，我已经忘记了。总之，在这里吃饭的，各行各业的人都有，只有教士和司法界的人例外，我一个也没有见到过。这似乎已经成了一种心照不宣的规矩，那就是：不要把这类人介绍到这里来。吃包饭的人很多，大家谈笑风生但不喧哗，笑话连篇但不粗俗。那个老队长的话，内容很花哨，但从来不失去宫廷里的那种高雅的语气。从他嘴里说出来的每一句俏皮话，虽有伤大雅，但很风趣，所以连女人也能原谅。他谈话的方式给大家定了标准，所以那些青年人在大谈他们的艳遇时，话虽放肆，但用词却很文雅。涉及姑娘们的故事是很多的，因为拉赛尔大娘家所在的那条街正对着著名的时装商杜莎太太的铺

* 我为这位昂塞勒先生写了一部小喜剧，题名叫作《战俘》，是在法国军队在巴伐利亚和波希米亚惨败之后写的。我一直不敢承认它是我写的，也不敢拿给任何人看。我之所以这样谨慎，其中的原因说来也很奇怪，那就是：法国的国王、法兰西这个国家和法国人从来没有受到过他们在这部喜剧里受到的那种真诚的称赞，而我是一个彻头彻尾的共和派和投石党人，所以我不敢承认我是这个其信条和我的信条完全相反的国家的吹捧者。对于法国遭受的灾难，我比法国人还要伤心。我在本书上册已经谈到了我从什么时候开始和因什么缘故使我对法国如此真诚地热爱的。这种热爱，我一直不好意思说，因为我怕人家说我胆子小，想千方百计讨好法国人。

子。她的铺子里雇有许多漂亮的姑娘，我们这帮年轻人饭前或饭后都喜欢去和她们聊天。如果我的胆子大一点儿，也一定会像他们那样去寻开心的，只要敢跟他们一起去就行了，可是我从来不敢。在阿尔图纳走后，我还是常到拉赛尔大娘那里去吃饭，我在那里听到了许多有趣的新鲜事儿，也逐渐学到了一些处世的箴言（多亏老天庇佑，我没有学他们的那一套生活作风）。他们谈得最多的是：哪个老实人受了气，哪个男人戴了绿帽子，哪个女人被诱奸，哪个女人有了私生子；他们还说什么谁给育婴堂送去的孩子最多，谁的功劳就最大。这句话很中我的意，因此我也打算采取这种在非常和蔼可亲的人当中流行的办法。我对我自己说："既然此地有这种风俗，我生活在这里，就照此办理好了。"我到处寻找的就是这个办法。我毫不犹豫而且痛痛快快地决定采取这个办法。唯一要做的工作，是如何打消黛莱丝的顾虑。我费了九牛二虎之力也没有说服她采取这个唯一能保全她的面子的办法。她的母亲担心有了孩子会增添许多新的麻烦，也来帮我说话。黛莱丝终于被说服了。我们找了一个稳妥可靠的接生婆，名叫古安小姐，住在圣欧士塔什街的尽头处。我们把这件事情交给她去办理。到了生产那一天，黛莱丝就由她母亲陪着到古安小姐家去分娩了。我到古安家去看了黛莱丝好几次。我给她送去了两张卡片，把孩子的生辰年月日一式两份分别写在这两张卡片上，其中一张放在婴儿的襁褓里，由接生婆按通常的办法送到育婴堂去。第二年又出现了同样的难题，我如法炮制，同样办理，只不过忘了放一张记有孩子生辰年月日的卡片罢了。这一回，我依然不加考虑，而她也依然不赞同，最后还是唉声叹气地听了我的话，照我的话办。各位读者以后将不断看到这一严重的错误行为对我的思想方法和命运产生的后果；至于目前，此事就暂时谈到这里为止。它的后果既十分惨重又完全非我的始料所及，竟一再使我不得不回过头来谈它。

在这里，我要谈一下我第一次见到埃皮奈夫人的经过。她的名字在本书中将经常出现。她原名德士克拉维尔小姐，不久前和包税人拉里夫·德·贝勒加尔德先生的儿子埃皮奈结婚。她的丈夫，同弗兰克耶先生一样，是一位音乐家，她本人也是一位音乐家；由于都喜欢音乐，所以三个人非常亲密。弗兰克耶先生把我介绍给埃皮奈夫人，我有时候同他一起在她家吃晚饭。她对人很亲切，头脑很聪明，办事也挺能干。和这样一个女人相识，当然是件好事。不过，她有一位名叫艾特小姐的女朋友，人们都说这个女人很坏。艾特和瓦罗里骑士同居，这个骑士的名声也不好。我认为，同这样两个人交往，对埃皮奈夫人是有害的。埃皮奈夫人对人虽十分苛求，但她有许多优点足以调节或弥补行事过头的地方。弗兰克耶先生对我的友谊也感动了她，她因此对我也很友好。弗兰克耶先生还向我讲了他和她的暧昧关系。如果不是已经成了连埃皮奈先生也知道的公开秘密，我在这里是不会提到的。弗兰克耶先生还给我讲了这位夫人的许多奇怪的隐私。这些隐私，她本人从来没有向我讲过，也从来没有想到我会知道，因为我无论现在或将来都不会向她或另外的人讲的。由于她同弗兰克耶先生对我都很信任，所以我的处境很尴尬，在弗兰克耶夫人面前，因为她对我很了解，所以虽然知道我和她的情敌有往来，但并不因此就对我有猜疑。我尽力安慰这个可怜的女人；她的丈夫的确辜负了她对他的恩情。这三个人的话我都听，但我守口如瓶，不泄露他们的半点儿隐私。他们三个人当中的任何一个人都休想从我口中套出其他两个人的秘密；我也不向两个女人中的任何一个隐瞒我与她的情敌的友谊。弗兰克耶夫人多次想利用我帮她办事，都被我严词拒绝了。埃皮奈夫人有一次想让我帮她捎一封信给弗兰克耶先生，不但遭到同样的拒绝，而且我还向她郑重声明，只要她再次要我替她办这类事，我将从此不再进她家的门。应该替埃皮奈夫人说句公道话，我这种态度不但没有使她感到不快，她反而向弗兰克耶先生十分称赞我，以后依然很热情地接待我。在这三个我必须不偏不倚地对待的人的风波迭起的关系中，我就是这样行事的。虽然我在某些方面要依靠他们，对他们都有深厚的情谊，但我处处表现得既亲切又一秉大公，所以赢得了他们的友谊、尊重和信任。尽管我外表上显得又蠢又笨，但埃皮奈夫人还是让我参加舍夫雷特的娱乐活动。舍夫雷特在圣丹尼附近，是德·贝勒加尔德先生的一处公馆，公馆里有一个戏台，他们时常演戏。他们让我也担任一个角色；我把这个角色的台词整整练习了六个月，但到演出的时候还是要不断有人提示。这次演出之后，他们就不再让我担任什么角色了。

在认识埃皮奈夫人的同时，我又认识了她的小姑子德·贝勒加尔德小姐。这位小姐不久之后就出嫁，成为乌德托伯爵夫人。我第一次见到她，是在她结婚的前夕，她以她那种天生的亲昵态度和我谈了很久。我觉得她很可爱，但压根儿没有料到这个女人将来有一天会主宰我一生的命运，而且把我推进了（虽然是无心的）我今天仍深陷其中的万丈深渊。

我从威尼斯回来以后，我虽然没有谈判狄德罗，也没有谈到我的朋友罗甘,但我既没有忘掉前者,也没有忘掉后者,尤其是目前我同前者的友谊一天比一天更亲密起来了。就如同我有一个黛莱丝一样,他也有一个纳内蒂;这在我们两人之间又多了一个共同点,但区别在于:我的黛莱丝除模样儿长得同纳内蒂一样好看以外,脾气还很温和,性格非常可爱;而他的那个纳内蒂,乃是一个成天碎嘴唠叨、吵吵闹闹的泼妇,一看就是一个没有教养的女人。然而他却正式娶她为妻。他这样做,如果有约在先,当然好;至于我,我可没有这样事先许诺,所以我不急于照他那样办。

我还和孔狄亚克神甫时相过从。他当时同我一样,在文化界默默无闻,不过,就他的学识而论,他笃定是会成为今天这样的名人的。我也许是第一个发现他的才能并十分器重他的人。他也乐于同我交往;当我在歌剧院附近让-圣丹尼街的一家旅馆的房间里写《埃西奥德》那幕戏的时候,他有时来和我一起吃顿便餐。他那时正在撰写他的第一部著作《人类知识起源论》。写完以后,很难找到一个书商出版。巴黎的书商对新手都是很傲慢的,再加上形而上学在当时也不时髦,引不起人们的兴趣。我对狄德罗谈起了孔狄亚克和他的著作,并介绍他们两人互相认识;他们一见如故,十分投缘。狄德罗说服书商杜朗接受了孔狄亚克的稿子,于是这位大玄学家的第一本书便给他带来了一百埃居的稿酬。这笔钱,几乎等于是天外飞来之财,如果没有我,孔狄亚克就得不到这一百埃居了。由于我们住的地方彼此都离得很远,我们三人约定,每个星期在罗亚尔宫聚会一次,并一起到一家名叫"大花篮"的饭馆去吃饭。狄德罗非常喜欢这种每周一次的小聚餐会。他这个人是有约必爽的,但对这种小聚餐会却从来没有缺席过一次。在一次聚餐会上，我制订了一个出版一份期刊的计划，期刊的名称叫作《嘲笑者》，由我和狄德罗轮流主编，第一期由我执笔，这就使我认识了达朗贝尔，因为狄德罗同他谈过此事。由于有许多预料不到的事情的干扰，这个计划也就搁浅了。

这两位作家最近在着手编一部《百科词典》。这本词典，原来是打算把钱伯斯的《百科词典》译成法文，同狄德罗最近翻译的詹姆士的《医学词典》差不多。他要我也为《百科词典》写点儿什么，并建议我写音乐方面的词条；我答应了。他对每个参加这项工作的作者规定的交稿期限是三个月，我只好匆匆忙忙、马马虎虎地如期完成。后来我发现，像我这样按时交稿的，只有我一人。这份稿子是我请弗兰克耶先生的一个名叫杜邦的仆人誊清的，他的书法很好，我自掏腰包给了他十个埃居。这十个埃居，后来一直没有人补偿我。狄德罗告诉我说书商将给我报酬，但后来他一直没有再提此事，而我也没有向他开口要。

《百科词典》的工作，由于狄德罗被抓进了监狱而中断了。他的《哲学思想录》给他招惹了一些麻烦；这些麻烦，后来也不了了之，没有人再过问。这一次，他那封《关于盲人的信》，情况就不一样了；其实，这篇文章除了几句涉及个人相貌的话以外，就没有其他可指摘的地方。[①] 但是，就是这几句涉及个人相貌的话，得罪了

---

① 句中的《关于盲人的信》是简称。这篇文章的全题是：《供眼睛正常的人阅读的关于盲人的信》。巴黎当局借口文章对德·圣莫尔夫人那双美丽的眼睛说了俏皮话，便把狄德罗抓进了监狱。这是表面原因，而真正的原因是：狄德罗在文章中宣扬唯物主义，他以英国盲人数学家桑德森（1682—1739）为例，说这位数学家自幼双目失明，没见过天上的光明，因此意识不到上帝的存在；他对外界事物的认识，全凭感知。狄德罗在文章中反复陈述感觉论的观点，进而达到宣扬唯物主义无神论的目的。——译者

杜普蕾·德·圣莫尔夫人和雷奥米尔先生，因此他被关进了万森纳监狱。我的朋友的这桩祸事，使我感到的焦急心情，简直无法形容。我头脑里的糟糕的想象力总是凡事都往坏处想，越想越坏。我认为他将在监狱里关一辈子。我简直急得晕头转向，差一点儿就急疯了。我给蓬巴杜夫人[①]写了一封信，求她说情，把狄德罗放出来，或者把我也关进监狱，让我和他在一起。我一直没有得到回信，这也许是因为我的信把道理讲得太简略了，所以没有产生效果。好在没过多久，对可怜的狄德罗的看管就松了一些。对于这一点，我不敢自诩我那封信也起了点作用，但是，如果对狄德罗的看管再继续那样严厉的话，我敢断言，我会伤心得死在那座可恶的监狱的墙根儿下的。不过，虽说我的那封信没有起多大作用，但我也没有到处宣扬，我只向很少几个人谈过，就连狄德罗本人，我也没有告诉他。

① 蓬巴杜夫人(1721—1764)：法王路易十五的情妇。——译者

第八卷

(1748—1755)

在写完前卷书之后，我要暂时歇一下。从本卷开始，我要从头讲述我长长的一连串不幸的遭遇。

我曾在巴黎两个最显赫的人家生活过。虽然我不怎么善于交际，但也结识了几个人：我在杜宾夫人家里结识了萨克斯-戈特公国年轻的储君和他的师傅图恩男爵；在拉·波普里尼埃尔先生家里结识了图恩男爵的朋友塞基先生，他因编了一本精美的《卢梭[①]诗集》而享誉文坛。男爵邀请塞基先生和我到储君在封特奈——苏布瓦的那座府第去玩一两天。我们两人都去了。在经过万森纳时，一看见那座监狱，我的心就如同刀绞一般难过。男爵注意到了我脸上的这一表情。在吃晚饭的时候，储君谈到了狄德罗被关押之事；男爵批评狄德罗笔下太不谨慎。他这样说，显然是为了挑动我发表意见。于是，我便为狄德罗辩护，而且情绪非常激动。我的态度和言辞虽然偏激，但这是为了一个遭难的朋友，所以他们也就原谅了我，并把话题扯到别的事情上去。当时，同席用餐的还有两

① 指诗人让-巴普蒂斯特·卢梭。——译者

个随侍储君的德国人：一个名叫克鲁普费尔，此人很有头脑，是储君的私人教堂的主管神甫，后来还接替男爵成了储君的师傅。另一个是一位青年人，名叫格里姆，是储君的侍读，正在寻找机会另谋高就；他的穿着很寒酸，这表明他是急需找一份好工作的。那天晚上，克鲁普费尔和我谈得很投机，我们不久就成了朋友。我同格里姆的友谊进展得没有这么快。他很少站在人前显示自己，与他后来小有名气时的那种趾高气扬的样子完全两样。第二天午饭时，大家谈论起音乐，他发表了许多意见。我听说他能用羽管键琴伴奏，便很高兴。饭后，主人派人去拿乐谱来，我们就用储君的羽管键琴演奏，玩了一整天，就这样结下了我们深厚的友谊。我们的友谊开始是这么甜蜜，后来竟变得那么苦涩：我以后在这方面有许多话要说。

一回到巴黎，我就得到好消息说狄德罗已经不关在单间牢房里了，可以在万森纳监狱的看管区内和花园里自由活动，而且，只要他不乱说话，还可以会见朋友。可是，我当时不能立刻去看他，心里真是难过极了！我在杜宾夫人家被一些非办不可的事耽搁了两三天，急得我像过了三四百年似的，随后，我便马上飞也似的跑到万森纳，一下子就投入我的朋友的怀抱。这一刹那之间的百感交集的心情，真是难以形容啊！他当时不是单独一个人，还有达朗贝尔和圣堂的司库与他在一起，但我一进门，我眼睛里只看见他一个人。我大喊一声，猛冲几步，跑过去紧紧抱住他，把我的脸贴在他的脸上，除了哭哭啼啼直流眼泪以外，什么话也说不出来；我心情激动得连气都喘不过来了。他挣脱我的胳臂以后，他的第一个动作是转过身去对那位教士说：“先生，你看，我的朋友是多么爱我。”我当时正心情激动,对他这样利用我的友情来自夸的做法没有怎么多想,不过,后来有时候想起此事时,总觉得:如果我是狄德罗,从我嘴里说出的第一句话,绝不会是如此。

我发现:监狱生活对他的影响很大,牢房给他留下了可怕的印象。虽然他在监狱里相当舒适,可以在花园里自由自在地散步,这个花园虽然连围墙都没有,但他需要朋友陪伴,才不感到郁闷。当时,最同情他的苦恼的人,是我。我相信,只要他一见到我,他就会感到最大的安慰。所以,不管事情多么忙,我最多每隔两天就去看他一次,有时候我单独一个人去,有时候又同他的妻子一起去,同他一起度过一个下午。

1749年的夏天特别热。从巴黎到万森纳有两法里。我手中拮据,没钱坐马车,所以,如果是我一个人去,我就步行。下午两点出发,快步前进,以便早一点到那里。路边的树,按照当地的通常做法,总是把枝叶剪得秃秃的,几乎没有阴凉的地方。每当我又热又累的时候,便躺在地上,全身都动不了了。为了放慢脚步,我往往是随身带一本书,可是有一天,我随身带的是一份《法兰西信使报》,我边走边看,突然看到第戎科学院刊登的下一年的有奖征文题目:《科学与艺术的进步是助长了风俗的败坏还是促进了风俗的净化》[①]。

在看到这个题目的那一刹那,我看到了另外一个世界,我变成了另外一个人。尽管我对当时得到的印象记得很清楚,但详细情

① 1749年10月第戎科学院在《法兰西信使报》上公布的原题是:《科学与艺术的复兴是否有助于敦风化俗》。——译者

况，自从我在给马尔泽尔布先生的四封信中的有一封信里[1]讲过之后，便完全忘记了。这是我的记忆力的奇特现象之一，值得在这里讲一下。当我用它的时候，我能把我记得的事情回忆得清清楚楚，而一旦把我回忆的事情写在了纸上之后，我的记忆便离我而去，一切都再也想不起来了。这种奇怪的现象，甚至在音乐方面也有。在开始学音乐以前，我能背许多歌曲，而在我一开始能按谱唱歌以后，我便一首歌也记不住了；我以前最喜欢的歌曲，今天我一个也背不出来了。

这件事情，我记得很清楚的是：我到万森纳时，心情激动得近似疯狂。狄德罗看出了我的这种心情。我向他说明了原因，我把我在那棵橡树下面用铅笔写下的那几句法布里西乌斯[2]式的话读给他听。他鼓励我大胆发挥我的观点，把文章寄去参加比赛。我照他的话做了。然而，没有料到的是，从那时那刻起，我就坠入了万丈深渊；我一生不可避免的灾难，就是从这一念之差开始的。

我的情感也以难以想象的速度升华起来，与我的思想同步前进。我所有一切其他的欲望，都被我对真理、自由和美德的积极追求打消了。而更令人惊异的是，这种狂热的状态在我心中一连持续了四五年之久，其高昂的程度也许在别人的心中还从来没有过。

我写这篇文章的方法也是很奇特的。这个方法，我后来在撰写其他著作时也采用。我把我的失眠之夜全都用来写这篇文章。我闭着眼睛在床上沉思，我把文章的布局和各段的内容翻来覆去

① 指卢梭写给马尔泽尔布四封信中的第二封信。（见卢梭：《一个孤独的散步者的梦》，李平沤译，商务印书馆 2008 年版，第 190 页）——译者

② 公元前 3 世纪罗马政治家。——译者

地琢磨，到满意的时候我就把它们存在脑子里，直到我认为能写在纸上为止。但是，在我起床穿衣的时候，又全忘记了；等我拿起笔来要写时，我编排好的段落竟一个也想不起来了。于是，我就想了一个办法，让勒瓦赛尔太太充当我的秘书。幸亏我早就让她和她的丈夫与女儿搬到离我近的地方住了。为了少用一个仆人，她每天早晨来生炉子和做些杂事。她一到，我就把我夜里在床上想好的文章内容口授给她笔录。这个办法，我用了很久，使我少忘掉许多构思好了的词句。

文章写好后，我拿给狄德罗看。他很满意，并提出了几处修改的意见。不过，这篇文章尽管文字激昂，但缺乏逻辑，段落铺叙的层次不够分明。在所有出自我笔下的作品中，就数它推理的说服力最弱，词句修饰的美也参差不齐，不甚匀称。可见一个人不论天资多高，写作的艺术不是一下子就能学好的。

我把文章寄出去以后，除格里姆以外，我就没有对其他任何人说过。自从他到弗里埃茨伯爵家以后，我们的来往就密切起来了。他有一台羽管键琴，这就成了我们聚会的地点。我有空就到他那里去，由他用羽管键琴伴奏，我们一起唱意大利歌曲和威尼斯船夫曲，从早唱到晚，或者说得更确切一点，一刻不停地从晚上唱到早晨。那段时间，如果在杜宾夫人家找不到我，到格里姆的住处准能找到；即使不在他那里，也是和他一起出去散步或者看戏去了。我有意大利喜剧院的免费入场券，因他不喜欢那个剧院，我只好和他一起到他喜欢的法兰西喜剧院花钱买票进去看。那时，使我和这个年轻人交往密切的吸引力是如此之强，以致使我变得和他须臾不可分离了，和我可怜的黛莱丝也疏远了；我说的“疏远”，只不过是说我去看她的时候少了，而我对她的依恋之情，在我这一生中没有一时一刻减弱过。

由于我空闲的时间不多，不能各方面都兼顾到，所以我又想起了要如何安排，才能使我和黛莱丝经常在一起。其实，这个想法我早就有了的，但因她家人口太多，尤其是因为我无钱购置家具，便一直把这个计划搁了下来。现在有了在这方面做一番努力的机会，我就利用这个机会来实现我的计划。弗兰克耶先生和杜宾夫人觉得每年八九百法郎不够我的花销，便主动把我的年薪提高到五十路易，而且，杜宾夫人听说我要购置家具，也在这方面给了我一些帮助，加上黛莱丝原有的家具，我们便在格莱内尔——圣奥诺雷街的隆格多克公寓租了一套小房间。在这座公寓住的，都是正派人。我们尽力之所能布置了一下，就在那里一直住到搬家到退隐庐。

黛莱丝的父亲是一个脾气很好的老人，性格很温和，特别怕他的老婆，因此他给他的老婆起了个绰号叫作"刑警队长"，后来，格里姆还用这个绰号来戏称我的黛莱丝。勒瓦赛尔太太不是不聪明，也就是说，她并不缺乏才能，她甚至还以她懂得上流社会的礼仪和做派而自夸呢。但她有一种爱讨好巴结人的诡秘样子，这就叫我实在受不了了。她经常给她的女儿出坏主意，教她的女儿对我不说真话，见到我的每一个朋友都假意奉承，挑拨他们彼此之间以及他们和我之间的关系。不过，她真的是一个好母亲，因为她发现当一个好母亲，对她是有利的。她想方设法掩盖她女儿的过失，从中得到好处。这个女人，尽管我无微不至地关怀她和照顾她，送她许多小礼品，一心想使她喜欢我，但结果纯属徒劳。我这个小家庭中发生的许多不愉快的事情,唯一的罪魁祸首就是她。不过,我应当承认这六七年间我还是享受到了脆弱的人心所能品尝到的美满的家庭幸福。我的黛莱丝的心是一颗天使的心。我们的感情随着我们关系的密切而增加。我们一天比一天感觉到我们彼此是互相为对方而生的。如果要把我们的快乐生活加以描写的话,那简直简单得令人好笑。我们两人经常到城外去肩并肩地散步,在小酒馆里花八九个苏吃点儿小吃。我们紧靠窗口,面对面地坐在两把小椅子上吃晚饭:把椅子放在一个与窗子一样宽的大木箱上,窗台就是我们的饭桌,我们呼吸着新鲜空气,观赏窗外的景色和行人,虽然是在第五层楼,但我们一边吃饭,一边感觉到是置身街中。我们的晚餐,吃的喝的总共就是四分之一块大面包、几个樱桃、一小块奶酪和四品脱葡萄酒。我们吃得很开心;这种乐趣,谁能描写得出和感觉得到呢?我们之所以吃得那么津津有味,靠的是我们两人之间的友谊、信任和心灵的亲密与温馨!有时候,我们在那里一直待到半夜,如果不是她母亲来提醒我们,我们还不知道已更阑人静,时间已是深夜了。现在,让我们放下这些细小的事情不谈,因为它们既乏味又令人好笑。我早就说过,而且也确实体验到:真正的乐趣,不是文字所能描写的。

差不多也就是在这个时候,我还有过一次粗俗的享乐,也是我应该自己责备自己的最后一次这类享乐。我在前面曾经说过,克鲁普费尔神甫是很可爱的。我和他的交往之密切,不亚于与格里姆的交往,而且同样亲密。他们两人有时在我家吃饭。我们的饭菜虽然简单,但却被克鲁普费尔疯疯癫癫的玩笑话和格里姆带德国口音的令人好笑的法语(那时候他还不是一个法语纯正癖者)搞得乐不可支。我们小小的宴会不在乎菜肴是否精致，而在于大家吃得高兴。我们相处得如此之好，以致大家都感到须臾不可分离。克鲁普费尔在他常去的一个暗娼家包养了一个姑娘，但她仍然可以接客，因为他一个人养活不了她。有一天晚上，我们走进一家咖啡馆，碰见他从咖啡馆出来，准备到那个姑娘那里去吃晚饭。我们嘲笑他，于是他存心报复，邀我们同他一起到那个姑娘家吃饭；这时，轮到他来嘲笑我们了，因为他终于把我们像他那样拉下了水。我发现那个可怜的女孩子天性相当善良，性格很温柔，不像干那一行的人。有个老鸨和她在一起，正在努力调教她。闲谈和酒足饭饱使我们乐得忘乎所以。好心的克鲁普费尔不打算请客只光请吃饭，于是我们三个人便一个接一个地同那个可怜的姑娘哭笑不得地到隔壁那个房间去了。格里姆一再说他没有碰她，说他之所以和她待那么久，是拿我们开心，让我们着急。可是，如果他真的没有碰她的话，这也不像是因为他不好意思，因为他在搬进弗里埃茨伯爵家之前就住在圣洛什区的一些妓女家里。

我走出那个姑娘住的穆瓦洛街时，同圣普乐[①]走出他被人灌醉的屋子时一样的羞愧。我写他的故事时[②]，便回想到了我这段往事。黛莱丝从某些迹象，特别是从我慌乱的样子，看出我好像是做了什么对不起人的事情。为了减轻我心中的负担，我马上向她坦白了一切。我这样主动，还真是做对了，因为第二天格里姆一来就绘声绘色地向她讲述了我的丑行，而且从此以后，他一有机会就

① 卢梭著《新爱洛伊丝》中的男主人公。——译者

② 这段故事，见卢梭：《新爱洛伊丝》卷二书信26。（卢梭：《新爱洛伊丝》，李平沤、何三雅译，译林出版社2002年版，第285—289页）——译者

故意添油加醋地向她重提此事。他不应当那样做，因为我是那样衷心信任他，我就有权利期待他不要做任何令我后悔不该那么相信他的事。没有任何事情是像这件事情这样令我感到我的黛莱丝的心地的忠厚。她对格里姆的那种做法的憎恨，比对我的不忠的责备更有甚之。她只含情脉脉地批评了我几句，而没有丝毫恼怒的样子。

这个好女人的头脑，同她的心地一样的单纯。对她的头脑的描述，单单这句就够了。不过，有一件事情还是值得讲一下的。我曾告诉她说：克鲁普费尔是萨克斯-戈特公国储君的私人礼拜堂的主管神甫。在她看来，一个主管神甫当然是一个特殊人物，以致令人好笑地把许多不相干的概念混淆在一起，认为克鲁普费尔就是教皇。有一天我回家时，她告诉我说教皇曾经来找过我。我开头还以为她疯了。我让她把详细的情况讲给我听，于是我才恍然大悟。我赶快跑去把事情的经过告诉格里姆和克鲁普费尔。从此以后，我们就一直称克鲁普费尔为"教皇"，我们还把穆瓦洛街的那个姑娘叫作"教皇皇后珍妮"。这个名称，使我们笑得气都喘不过来。有些人硬说我自己曾经在一封信中承认我平生只笑过两次。他们显然是既不了解那个时候的我，也不了解青年时代的我；如果了解的话，他们是不会这样说的。

第二年，即 1750 年，当我差不多已经忘记了我写的那篇文章时，忽然获悉它在第戎得奖了。这个消息使我回想起当初促使我写那篇文章的那些思想，并赋予它们以新的力量，使我的父亲、我的祖国和普鲁塔克在我童年时候在我心中播下的英雄主义和道德观念的种子开始萌芽生长了。我从此认为，人生在世，只有做一个自由的和有道德的人才是最伟大的和最高尚的。我一定要把财富与他人的评说不放在眼里，一切靠自己的努力奋斗。虽然我对他人的嘲笑仍然感到不应有的羞惧，因而妨碍了我按这些原则行事，并与我那个时代的处世信条毅然决裂，但我已下定决心，如果再遇到违背我心意的事情，我一定要意志坚定地抱着必胜的信心，毫不迟疑地按我的意志行事。

正当我从哲学的角度对做人的种种义务进行探讨时，有一件事情使我对我自己的义务更加深入地思考。黛莱丝第三次怀孕了。由于我对自己太真诚，内心太自尊，不能以我自己的行为来否定我自己的原则，我便开始仔细思考我的孩子们的命运和我与他们的母亲的关系。我是本着自然的、正义的和理性的法则进行思考的，是按照这个与它的创立者同样纯洁、神圣和永恒的宗教的教义进行思考的。这个宗教，人们表面上说是要净化它，实际上是在玷污它，用他们的那一套办法把它变成了尽说空话的宗教。他们规定了许多本来就不可能做到的规章，所以大家只好空谈一阵，谁也不实行。

我对我的做法的后果的严重性固然是估计错了，但我是怀着宁静的心灵那样做的，而且，当时的心灵的泰然，简直到了令人吃惊的程度。如果我生来就是恶人，从来不听从大自然温馨的呼声，心中没有萌生过真正的正义感和人道感，那么，这种铁石心肠之所以产生的原因，就极其简单了。然而，我的心是火热的，我的感情是那样强烈，那样容易产生依恋之情，容易听从这种感情的驱使，而在需要割断这种感情时我是感到那样摧肝裂胆般的心碎；我对人抱有天生的同情心，我热爱伟大的真、美与正义，对任何种类的邪恶都十分痛恨；我不记仇，不害人，甚至连这种念头都从未产生过；我看到刚强、豁达和可敬的行为，真诚的仰慕之情便在我心中油然而生；这一切表现，能和那种肆意践踏最崇高的义务的邪恶思想在同一个人的心灵中并存吗？我认为不能；我要坦率地说：这是不可能的。让-雅克一生中没有一时一刻是这种没有心肝的人，没有一时一刻是这种天性败坏的父亲。我也许是做错了，但我的心绝非铁石。如果要我讲述我的理由的话，那说起来就话长了，何况这些理由既然能使我那样做，它们当然也能使别人那样做。我不想让那些将来读我这本书的青年人犯同样的错误。在这里，我只想说明我的错误在于：由于我自己无力抚养我的孩子，因而把他们交给国家去教育，让他们成为工人或农民，而不成为游民或追逐钱财的人。我当时这样做，还以为我做的是一个公民和父亲应该做的事，我把我自己看作是柏拉图的书中描写的共和国的一分子。而从那时以后，我内心的后悔曾不止一次使我认识到我当时的想法和做法是错了。由于我那时的理智还没有认识到这一点，所以我还常常感谢上苍保佑了他们：由于我这样做，他们才没有遭到他们的父亲的这种命运，才没有因为我迫不得已而抛弃他们，使他们很有可能沦落到我如此穷愁潦倒的境地。埃皮奈夫人和卢森堡夫人出于友谊，或者是出于慷慨或其他动机，曾表示愿意替我抚养我的孩子，但是，他们是不是因此就会幸福，或者，至少成为诚实的人呢？这，我不知道。但有一点我可以肯定，那就是：人们将促使他们怨恨或背弃他们自己的父母。与其如此，那就不如让他们不知道自己的父母是谁为好。

因此，我把我的第三个孩子也像头两个孩子那样送到育婴堂去了；后来，第四个和第五个孩子也照此办理。我一共有五个孩子。我觉得这个办法非常好，既合情合理又合法，而我之所以没有公开宣扬，这纯粹是为了照顾到黛莱丝的面子。但是，我向所有知道我们关系的人都讲了。我向狄德罗和格里姆讲过此事，后来又告诉过埃皮奈夫人，再后来还告诉过卢森堡夫人。我在向他们讲这件事情的时候，态度非常坦率，没有觉得有什么不可告人之处。当时，如果我想保密，不告诉任何人，那也是很容易的，因为古安小姐人挺老实，不会泄密，我完全信得过她。在我的朋友当中，我因有事求他而必须向他说出实情的，只有梯耶黎医生一个人，因为有一次黛莱丝在坐蓐期间生病，我曾去求他来为她治病。总之，我对我的行为从来不保密，这不仅是因为我从来就不知道我有什么事该瞒住我的朋友，同时还因为我看不出我这样做有什么不妥当的地方。在通盘权衡利弊之后，我为我的孩子选择了最好的安置办法，或者说我认为是最好的办法。我曾愿意，而且现在还依然愿意我小时候也受到他们那样的抚养和教育呢。

当我这样对人无话不谈的时候，勒瓦赛尔太太也在对人无话不谈，不过，其目的就不是没有私心了。我曾把她和她的女儿带进杜宾夫人府上，把她们两人介绍给夫人认识。夫人出于对我的友谊，对她们殷勤招待，十分欢迎。她把她女儿的秘密全都告诉了杜宾夫人，但她没有告诉夫人尽管我的工薪微薄但已尽了我的全力供养她们一家。夫人为人厚道大方，便另外给了她一些钱。这一点，黛莱丝受她母亲的指使，在我住在巴黎期间一直瞒着我，等我搬到退隐庐以后，有一次在谈别的事情时，她才告诉我。我不知道杜宾夫人对我们的事情竟了解得那么清楚，因为她在我面前没有表露过半点知道内情的样子。我不知道她的儿媳舍农索夫人是否也知道我们的事,但弗兰克耶夫人是知道的,她肚子里留不住话,第二年就向我谈起这件事情,那时我已离开她们家了。于是,我不得不就这件事情给她写了一封信(这封信,在我的文稿箱中存有一份抄件)。我在信中说的,都是我可以说而又不伤害勒瓦赛尔太太和她家人的理由,而最关键的理由,我却一字未提。

我对杜宾夫人的语言谨慎和舍农索夫人对我的友谊是深信不疑的;弗兰克耶夫人对我的友情也是很真实的,何况在我的秘密泄露之前她早就去世了。我这个秘密,只有那些私下听我讲过的人才能泄露出去,而且是在我与他们绝交之后才泄露的;单凭这一点,人们就可以看出他们的用心何在了。我不想逃避我应当受到的谴责。我宁肯受这种谴责,也不愿接受他们出于恶意而对我冷嘲热讽的批评。我的错误虽大,但这只不过是一种过失。我无视了我的天职,但伤天害理之心却一点也没有。我对我那几个没有见过面的孩子固然谈不上有什么慈父的爱,但是,他们那种背叛朋友的友谊,破坏最神圣的信义,故意泄露我们心中的秘密,恣意诋毁一个虽然离开了他们但依然尊重他们的朋友的名誉的行为,就不是错误或过失,而是灵魂的卑污和邪恶了。

我向各位读者许诺的,是如实忏悔我做过的一切,而不是为我辩护,因此,关于这件事情,就谈到这里为止。讲实情在我,而秉公评判在读者;我永远不向读者提更多的要求。

舍农索先生结婚以后,由于新娘子为人贤惠,这就使得我在她婆婆家的生活更加愉快了。这个可爱的年轻女人,对我特别关照,认为在替杜宾先生办理文书工作的人当中,我的工作做得最好。

她是罗什舒雅尔子爵夫人的独生女儿。罗什舒雅尔子爵夫人是弗里埃茨伯爵的好友，因此，通过伯爵，也成了格里姆的好友。而格里姆之所以能进她的女儿家的门，还是我介绍的，但是，他们两人的个性不大合得来，所以往后没有进一步深交。从此时起，格里姆就开始讨好权贵，一心想同她的母亲来往，而不同她来往，因为她的母亲在上流社会中的交游甚广，而她的女儿的交友原则是：脾气要相投，人要老实，不搞阴谋，也不巴结权贵。杜宾夫人发现舍农索夫人不像她希望的那样听话和顺从，便想方设法使她在家里过冷冷清清的日子，而舍农索夫人也心高气傲，也许是由于出身高贵，宁肯独自一人待在自己的房间里，也不愿意到社交界去寻找什么乐趣，不愿意受那种她天生就不喜欢的约束。她这种孤芳自赏的性格，使我对她更加敬慕，因为我的天性历来是对不幸的人十分同情的。我发现她爱空想，好思辨，虽然有时候有点儿喜欢强词夺理。她的谈吐，一点儿也不像那些从女修道院出来的少女，我听起来十分入耳。她那时还不到二十岁，肤色白嫩；如果她多注意一下姿势的话，她的身材是非常苗条动人的。她的头发金黄而略带灰色，十分好看；这使我想起了我那可怜的妈妈[①]风华正茂时候的头发，因而搅得我心猿意马，不得安宁。但是，由于我刚给我自己制定了严格的行为准则，必须不惜一切代价严格遵守，所以保证了我不对她抱非分之想，不被她的美色所迷惑。在整整一个夏天，我每天都要和她单独在一起待三四个小时，严肃认真地教她学数学。虽然那些枯燥无味的数目字弄得她很讨厌，但我从来没有对她说

① 指华伦夫人。——译者

过一句不正经的话或使过一个不正经的眼色。而五六年以后的我，就没有这么老实，或者说就没有这么傻了。这也是命中注定，在我这一生中只有一个让我倾情相爱的女人：我心灵中最初的同时也是最后的万缕情丝，不是向她，而是向另外一个女人吐露的。

自从我住进杜宾夫人家以后，我对我的生活已感到十分满足，没有产生过任何试图进一步改善的心。她和弗兰克耶先生一起增加我的薪金，完全是出于他们的主动。这一年，弗兰克耶先生对我真是一天比一天好，想让我手头再宽裕一些，境况不那么窘迫。他是府中的财务总管。他的出纳员迪杜瓦耶先生年事已高，而且家境富足，因此想退休。弗兰克耶先生让我去接替他。为了能胜任这个工作，我有几个星期到迪杜瓦耶先生那里去学习必要的知识。然而，要么是由于我没有担任这个工作的才能，也或者是由于迪杜瓦耶想另外推荐一个他自己的人，因而不认真教我，我学习的进步很慢，效果很糟，对那一大堆被故意弄得乱七八糟的账目一看就头疼。不过，虽说我没有全盘掌握这个工作的奥秘，但对其中的要点也粗略学到一些，对担任这个工作是不成问题的。于是我就接手干这个工作了。我既管记账，又管日常的现金收支，还要核算和保存票据。尽管我对这个工作不感兴趣，也缺乏这方面的才能，但我的年龄已大，因此也就逐渐安下心来，克服厌恶情绪，下定决心要做好这个工作。不幸的是，正当我的工作开始做得非常顺手的时候，弗兰克耶先生要到外地去旅行。在他离家期间，就由我负责掌管银库，款数大约有二万五到三万法郎之多。保管这么多钱，使我日夜操心，担惊受怕，精神十分紧张。因此，我深深感到我不适合干出纳工作。我毫不怀疑，在他离家这段期间，我日夜不安的心情，是他回家之后我生病的原因之一。

我在本书的上篇已经说了，我生下来就是一个半死不活的孩子。我的膀胱有一处先天的畸形，使我幼年时候就几乎不断地患尿潴留症。我的苏逊姑母照护我；她为了保全我的生命，真是操尽了心。她把我的生命保住了。我健壮的体魄终于战胜了疾病。我的健康竟是那么的好，除了我在前边讲过的那次虚弱症以及稍微受热便感到频频尿急有点不舒服以外，我一直到三十岁就几乎没有再犯过我幼年时候的那种病。我的病第一次复发，是在我到威尼斯之后。旅途的劳累和气候的炎热，使我患上了尿道炎和腰疼，直到入冬以后才好。我和潘多阿娜姑娘干了那档子事以后，以为必死无疑了，但结果却没有感到身体有任何不适之处。我对朱莉达虽曾一度朝思暮想，茶饭不思，但毕竟只是心动而身体未受损害，单相思一阵之后，身体反而比从前更结实。只是在狄德罗被捕入狱之后，我在那可怕的大热天常去万森纳看他，受了暑热，我才得了严重的肾绞痛，从那场病以后，我就一直没有恢复得像我原先那样健康。

在我目前谈的这个时期，也许是由于保管那个令人烦心的银库，工作繁重而稍微劳累了一些，我又病倒了，病得比前几次还厉害，在床上躺了五六个星期之久，病情沉重的程度就可想而知了。杜宾夫人请名医莫朗来瞧我的病。尽管他医术高明，又十分细心，但也使我疼得难以忍受。他用探条探查，始终未能查出我的病因。他建议我去找达朗医生。达朗用的探条比较柔软，果然插进了患处。可是莫朗向杜宾夫人讲述我的病情时，说我顶多只能活六个月。他的话传到了我的耳朵里，这就使我开始认真思考我的处境：

我能活的日子既然不多了，为了继续担任我本来就不喜欢的工作而牺牲我剩余不多的日子的闲暇和乐趣，这的确是太愚蠢。还有，我自己制定的严格的行为准则，和一个与这些行为准则不相适合的职位，怎么能调和得起来呢？我当了财务总管的出纳员，还有脸面去向别人宣讲做人要无私和安于贫穷与不慕名利吗？这些想法，随着体温的高烧，在我的脑子里翻来覆去地琢磨，而且，从此以后它们就在我的脑子里扎下了根，再也无法消除。在我病愈之后的休养期间，我又冷静地把我在高烧之时所产生的这些想法重新思考了一遍，我认为我的想法是完全正确的。我要永远抛弃一切飞黄腾达和发财的念头，并下定决心无论多么贫穷都要独立自持地度过我的余生。我一定要不顾他人的议论，毫不考虑他人的毁誉，勇敢地做一切我认为是美好的事情。为此，我要克服的障碍，以及我为了克服这些障碍而做的努力，真是多得令人难以置信。我尽量做到了，而且成功的程度超过了我自己的预期。如果我能像摆脱他人的议论的束缚那样摆脱友谊的束缚，我的计划就一定成功了。我的计划，也许是世人从未有过的最伟大的计划，或者，至少是最有益于培养道德的计划。可是，当我一方面把庸俗的人们所说的大人物或贤者的一切荒谬的评说不放在眼里的时候，另一方面却被那些自称为朋友的人玩弄于股掌之间，使我像一个孩子似的听凭他们的摆布。他们不愿意看见我独自一个人另辟新路。他们表面上是在处处关心我的幸福，而实际上是在想尽一切办法使我成为笑柄：首先让世人看不起我，最后达到他们败坏我的名誉的目的。引起他们忌恨的，不是我在文坛上的名气，而是我在那时开始实行的个人生活方式的改革。我在写作艺术上标新立异,他们是可以原谅我的,而他们不能原谅我的是:我在生活方式上树立了一个似乎使他们大为不满的榜样。我是素重友谊的,我的个性随和而文静,是很容易增进友谊的。在我默默无闻的时候,凡是认识我的人,无一个不喜欢我,我没有任何一个仇人,而我一出了名,就一个朋友也没有了,这真是大不幸啊。而更糟糕的是,我周围的那些自称为我的朋友的人却千方百计借朋友之名,行置我于绝境之实。我将在本书的后面几卷中揭露这个卑鄙的阴谋。我在这里讲的这番话,只不过是指出其中的原因。读者不久即将看到它的第一个圈套是怎样设置的。

要独立生活,就需要有谋生的手段。我想出了这样一个最简单的办法:替人抄写乐谱,按页数计酬。如果有什么其他更好的办法,我当然是会采取的,但这个办法最适合我的兴趣,也是唯一不受他人的约束而又天天可挣到买面包的钱的办法,因此我就决定采取这个办法了。从今以后,我就用不着去考虑我的前途如何了,也没有去追求虚荣之心了。我从财务总管手下的一个出纳员变成了一个以替人抄写乐谱为业的人。我认为我的这个选择给我带来了许多好处,我从来没有后悔过,即使将来被迫不干这个工作,但只要一有可能,我还是会回头再干这一行的。我的第一篇论文[①]获得的成功,使我实行这个决定更加容易了。它获奖以后,狄德罗便想办法把它印了出来。那时我正卧病在床;他给我写了一个便笺,告诉我文章出版的经过和它产生的效果。“这篇论文已轰动九

① 指《论科学和艺术的复兴是否有助于敦风化俗》(简称《论科学与艺术》)。——译者

霄，”他写道，“像这样成功的例子，以前还没有过。”公众对一个无名作家的好评，绝不是用欺世盗名的办法获得的。因此，这就使我对自己的才能第一次产生了真正的信心，而过去，尽管我内心对我自己的才能有所感觉，但一直是十分怀疑的。我发现，这次成功，对于执行我制订的计划是大有好处的。我断定：一个在文坛上已有点名气的乐谱抄写员，肯定是不会没有活儿干的。

我一下定了决心，便写了一封短信给弗兰克耶先生，把我的打算告诉了他，并感谢他和杜宾夫人对我的关爱；请他们有乐谱要抄写，就来找我。弗兰克耶先生不明白我这封信的意思，以为我还在发高烧说胡话，于是赶快跑到我家里来。但是，他发现我的决心是如此的坚决，无法挽回，便立刻去告诉杜宾夫人和其他人说我疯了。我由他们去说，我照我的决定行事。我首先从我的穿戴上开始改革：我再也不戴镀金的饰物，不穿白色袜子；我头上戴顶圆假发，摘下佩剑，把表也卖了。我心里异常高兴地说：“我用不着看表上是几点钟，只看天色就知道是什么时间了。”弗兰克耶先生很厚道，等了许多日子，都没有把出纳工作交给别人。最后，他见我决心已定，才把它交给达里巴尔先生。达里巴尔先生是舍农索青年时候的老师，曾以《巴黎植物志》一书而享誉植物学界*。

不论我这宏伟的改革行动是多么严厉，但开始的时候还没触及我的内衣。我的内衣很漂亮，数量也多，是我在威尼斯的时候置办的。我对它们非常喜欢。内衣一定要干净。为了保持内衣的干

---

* 我毫不怀疑，弗兰克耶先生和他那一伙人现在对这一切的说法已不一样了。但我在这里叙述的，是他当时的说法，而且对大家都这样讲了许久，直到开始搞阴谋的时候为止。对他原来的说法，诚信而有良心的人，想必是还记得的。

净，我舍得花钱，因此，它们竟变成了一种奢侈品。幸亏有人帮忙，替我解除了这一重负。圣诞节前一天的晚上，当勒瓦赛尔太太和她的女儿去做晚祷、我去听圣歌大合唱时，有人撬开了顶楼的门，把刚洗干净放在里边晾着的所有的内衣全都偷走了，其中有我的四十二件衬衣，都是细布做的，是我的衣橱里存放的主要衣服。据邻居们说，他们看见一个人提着几大包东西走出公寓，时间正好是她们去做晚祷和我去听大合唱的时候。黛莱丝和我都怀疑那个人是她的哥哥，大家都知道他是一个大坏人。勒瓦赛尔太太矢口否认我们的怀疑。但是，不管她怎么说，能证实我们的怀疑的迹象是很多的。我不敢去做周密的调查，怕发现的证据超过我的估计。那个哥哥从此就没有再到过我的家，最后竟完全失踪了。我哀叹黛莱丝和我的命不好，怎么会有这么一个复杂的家庭。我极力劝她早日摆脱这个危险的家的束缚。这件意外的事情改正了我喜欢漂亮衬衣的癖好。从此以后，我就只穿普通的衬衣，这样反倒与我的其他衣服更加协调。

我这样完善了我的改革计划以后，就一心使它的效果更加巩固和持久。我把别人对我的议论不放在眼里，只要我认定是好的或合理的事情，我做起来就不怕别人指手画脚地批评。我的文章引起轰动，我的决心令人啧啧称奇，这就给我招揽了许多活儿，一开张便相当成功。然而有好几个原因使我不能像在其他情况下干得那样更加出色。首先，我的身体不好。我前不久得的那场病，给我带来的痛苦还没有完全消失，因而不能使我恢复到从前那样健康，而且我深信：给我治病的那些医生让我受的罪，同疾病让我受的罪是一样的多。先后为我治病的医生有：莫朗、达朗、爱尔维修斯、马鲁安和梯耶黎。他们都很有学问，都是我的朋友，每个人都按自己的方法诊治，不仅未能减轻我的痛苦，反而使我的身体更加虚弱。我愈按照他们的方法吃药，我愈是变得面黄肌瘦，身体衰弱得不像样子。他们说的话，句句使我胆战心惊。我根据他们给我吃的药来衡量我的病情，我发现，他们是要我把尿潴留症、肾结石和砂淋这一连串疾病给我带来的痛苦受完之后才让我死。对他人有效的办法，如汤剂、药水浴和放血疗法，对我不但无效，反而加剧我的痛苦。我发现，只有达朗的探条对我还有点效果，能暂时减轻我的疼痛；如果没有这种东西，我恐怕就没命了，因此我花了许多钱买了一大堆探条存着，以备达朗万一去世，我这一生都有探条可用。我一连用了八九年，累计在这方面花的钱大约有五十路易之多。人们可以想象得到，这么昂贵又这么痛苦的医疗办法是不可能不分散我的工作精力的。一个行将就木的人哪里能精力充沛地去挣每天的饭钱呢。

我的文学活动是分散我的精力的另一个原因，它对我的日常工作的妨碍，并不比疾病对我的妨碍少。我的论文一发表，文学界的卫道士们便一窝蜂似的向我发动围攻。看见那些小小的若斯[①]先生连问题都没有弄清楚就以大师的语气乱发议论，我真是气愤极了，于是，我拿起笔来把其中的几个人狠批了一通，使那些跟着他们叫嚣的人再也不敢胡说一气。第一个被我批倒的，是一个名叫戈蒂埃的南锡人，我在写给格里姆的一封信中把他驳得体无完

① 莫里哀的喜剧《医生的爱心》中的一个银器商，是一个典型的以私利为重的伪善者。——译者

肤。第二个被我批倒的，是斯坦尼斯拉斯国王本人[①]，我一炮就把他轰倒了，使得他不敢再同我继续较量下去。他以国王之尊撰文批评我的文章，这是我的一大荣幸，因此我对他的回答也不得不改变笔调。我采取了一种行文更加庄重但笔锋毫不减弱的写法，一方面保持了对他的尊重，另一方面又全面驳斥了他对我的批评。我知道有一个名叫梅鲁的神甫对国王的文章提供了一些意见；我把国王的意见和那位神甫的意见分辨得清清楚楚，对出自那个耶稣会教士之口的论调，我毫不留情地集中火力猛批，而且还指出他把有一件事情发生的年代弄错了；这个错误，我相信，只有那个神甫才会犯。我对波兰国王的回答，我不知道为什么不像我的其他文章那样引起轰动，其实，它在论战类文章中直到现在也是一篇独一无二的作品。我抓住这个送上门来的机会，让公众知道一个普普通通的平民为了捍卫真理也敢于和一个君王对阵。对他的回答，要把文章既写得很有声势，同时又显得很敬重，这是相当难的。我感到高兴的是，我向我心中充满敬意的对手既表达了我的尊重之忱而又未向他说任何阿谀奉承之词。这一点，我做得很成功，而且始终保持了我的尊严。我的朋友们替我感到担忧，认为我一定会被抓进巴士底狱。我本人一点也不害怕，因为我做得很对。这位气量宽宏的国王看了我的回答以后说："我认输；我以后再也不惹他了。"后来我又多次受到他对我好意的表示，其中有几次表示，我将来是要提到的。从这时以后，我那篇文章便在法国和欧洲顺

① 指斯坦尼斯拉斯·勒辛斯基(1677—1766)：波兰国王(1704—1709 和 1733—1736 年在位)。——译者

顺当当地广为流传，谁也没有从其中找出什么可指摘的地方。

可是时隔不久，我又碰到了另外一个我万万没有料到的对手。这个对手名叫波尔德，里昂人。十年前他对我很友好，还帮过我许多忙呢。我从来没有忘记他，但由于我的懒惰，便对他疏于问候。另外，由于没有适当的机会，所以我也没有把我写的文章寄送给他；这，我当然是做得不对。他撰文攻击我，不过，语气还算平和；我对他的回答，语气也同样平和。接着，他又对我的答复进行反驳，语气就很强硬了，这就逼使我对他写了一篇《我的最后回答》[①]。他对我的这篇答复，虽然没有进行反驳，但从此以后就成了我的最凶恶的敌人，在我倒霉的时候写了许多诽谤性的文章攻击我，而且，为了达到损害我的目的，还特意到伦敦去了一趟。

这场论战花费了我不少的精力，使我损失了许多抄乐谱的时间，既无助于真理的弘扬，又没有为我的钱袋挣到一个铜子儿。书商皮索给我的文章的报酬一直是很少的，甚至常常是什么也不给。就拿我的第一篇论文来说吧，我就没有得到一文钱，狄德罗是白送给他的。有时候即使给一点儿钱，也要等很长时间之后问他要，他才一个铜板一个铜板地给我。这时候，我抄乐谱的工作已陷于停顿：我同时做两件事情，哪一件事情也没有做好。

这两种工作有时候还互相矛盾，逼得我不得不采取不同的生活方式。我开头几篇文章的成功，使我成了名人，我采取的生活方式引起了人们的好奇心，都想来看一看我这个万事不求人的怪人是怎样无忧无虑和自由自在地按照自己的方式快快乐乐生活的。

① 这篇文章的全题是：《日内瓦的让-雅克·卢梭的最后回答》。——译者

这一下糟了，我每天的安排全被打乱了。我的房间来客不断，以种种不同的借口来浪费我的时间。女士们还玩弄花招，想方设法请我去吃饭。我越是对来看我的人不客气，他们越是缠着我不放。我总不能把所有的人都拒之门外吧；如果都拒绝，就会招来无数的敌人；如果都笑脸相迎，我就会听凭他们任意摆布。总之，不管我怎样应付，每天就没有一个小时是属于我的。

这时我感觉到要想过清贫和独立的生活，并不是像人们想象的那么容易。我想靠抄乐谱谋生，公众却不让我这么做。人们想了许多办法来补偿他们使我损失的时间，他们让我像木偶戏中的小丑那样出现在公众面前，看我一次就得付几个钱。我真不知道世上还有什么比这种做法更羞辱人和更糟践人的了。对此，我没有别的办法，只有拒绝一切大大小小的馈赠，对谁也不例外。殊不知，我这样做，反而招来更多的送礼的人。他们都自鸣得意地以为打消了我的拒绝，不管我愿意或不愿意，硬是强迫我领他们的情。有些人，过去即使我向他们要，他们一文钱也不会给我的，可如今却不断来纠缠，向我送这样或那样的东西。一看我把所有的礼物都退了，便指摘我这样做是矫情，是故作姿态。

我的决定和我采取的生活方式，当然是不合勒瓦赛尔太太的口味的。虽然黛莱丝不贪私利，但也经不住她母亲的怂恿。这母女两人(高福古称她们为“管家”)对别人送来的礼物，就不像我这样坚决拒绝了。她们虽然对我隐瞒了许多事情，但我还是看出了相当多的蛛丝马迹，足以使我判断其中的情形。我心里非常难过。我难过的，不是我预料得到人家会说我与她们母女两人串通作假，而是我在我自己家里做不了主，甚至对我自己也不能做主。我请求,我苦劝她们不要这样做,甚至对她们大发脾气,但全都不起作用。勒瓦赛尔太太说我成天唠唠叨叨,是个粗人。她们和我的朋友老是没完没了地说悄悄话。我家里的一切,对我来说,全都是谜,全都是秘密。为了避免成天和她们吵吵闹闹过日子,家里的事情我甚至不敢打听。要摆脱这种困境,就必须果断行事,可是我又办不到。我只会嚷嚷,但没有采取措施,因此,她们就让我嚷我的,她们照样干她们的。

家中的人闹得我不得安宁,加上每天不断来访的不速之客,终于使我感到待在家里和住在巴黎,实在太不愉快了。当我的病体允许我可以出门,又没有熟人硬拽我到这里或那里的时候,我便独自一个人出去散步,思考我那庞大的写作计划,取出我随身带的白纸本子和铅笔,把我想到的要点写在纸上。这就是为什么我自己选择的职业所遇到的诸多未曾料到的烦恼使我为了排遣郁闷而重新把我推向文学这条道路上来的原因。我之所以把我心中的不快和恼恨全都写进了我早期的作品,其原因就在这里。

另外还有一个原因也起了一定的作用。我不由自主地被拉进了社交场合,然而我没有那种善于交际的气派,而且也不愿意装模作样地摆出一副派头反而使自己处处感到拘束。因此我就采取了一种我自己特有的做法,而不去学他人的样子。既然我无法克服的愚蠢的羞涩心使我时刻害怕对人有失礼仪,我反而干脆大着胆子无视礼仪。我心里害羞,表面上反而装出一副大大咧咧满不在乎的样子。我不懂礼节,反而故意蔑视礼节。这种与我的新的行为准则相符合的粗鲁态度,使我的心灵变得愈来愈高雅,敢于大胆地实践美德,而且,我敢说,正是由于它有那么巩固的基础,我这种违背我的天性而故意作出来的粗鲁态度才保持得出人意料的好和长久。不过，尽管我的外表和朴实的语言使我在社交界的人看来是一个愤世嫉俗的人，但在个人交往中，我却不是这样的人。我的朋友和相识的人都把我这头如此凶猛的熊像一只羔羊似的牵着走。我说的那些带针带刺儿的话，尽管听起来十分刺耳，但却是普遍的真理，我对任何人都没有说过一句冒犯的话。

《乡村巫师》这部歌剧使我更加成了一个风头人物。在巴黎城中，谁也没有我这样受人追捧。这个剧本在我的一生中有里程碑的意义，它的故事与我当时结交的人有关系。其中的详细情况，我必须在这里讲一讲，以便使读者了解后来发生的事情。

我认识的人相当多，但好朋友只有两个，即狄德罗和格里姆。我一直想把我所喜欢的人都聚集在一起。我既然与他们两人都好，当然也希望他们两人很快成为知交。我介绍他们两人相识，他们一见就很投缘，而且他们两人之间的来往比和我的来往还更密切。狄德罗认识的人不计其数，而格里姆是一个外国人，又是新到巴黎，所以需要多交朋友。我当然愿意给他多介绍一些人。我给他介绍了狄德罗，又给他介绍了高福古，我还把他带到舍农索夫人家里，带到埃皮奈夫人家里和霍尔巴赫男爵家里（顺便说明一下：我同这位男爵的交往可以说是不甚情愿的）。我所有的朋友也都成了他的朋友；这是最简单不过的事。而他的朋友却没有一个成为我的朋友，这当中的原因就不简单了。当他住在弗里埃茨伯爵家的时候，他常常请我们到他那里去吃饭，但我从来没有见到弗里埃茨伯爵对我有任何友谊和亲切的表示，他的亲戚朔姆贝格伯爵（他和格里姆是非常熟悉的）对我也是如此。总之，凡是与格里姆交往密切的人，不论是男是女，对我都是如此。只有雷纳尔神甫是例外。这位神甫虽然是格里姆的朋友，但对我也以朋友相待，在我手中拮据时，还解囊相助，十分慷慨。在格里姆认识雷纳尔以前，我早就同这位神甫相识了；在有一件事情上，他还曾经对我有过非常亲切的和尊重的表示。那件事情虽然不大，但我始终没有忘记，对他一直抱有敬意。

这位雷纳尔神甫，的确是一个热心的朋友，我可以举出一件差不多就在这个时期发生的事情来证明。这件事情与格里姆有关，那时候雷纳尔神甫与他交往甚为密切。格里姆同菲尔小姐来往一段时间之后，突然发疯似的爱上了她，想把卡于萨顶掉。可是这个美人儿自炫贞洁，拒绝了这个新来的追求者。于是，这个追求者把这看作是一件令人悲伤的事情，打算一死了之。他突然害起一种谁也没有听说过的怪病，一连好几天，他无论白天和夜里都一直神情麻木，眼睛睁得大大的，脉搏正常，就是不说话，不进饮食，不动弹，有时也好像能听见人家说话，但不搭腔，连个示意的表情也没有，既不烦躁不安，也不痛苦，也不发烧，躺在那里就像死人似的。雷纳尔神甫和我轮班看护他；神甫身体好，值夜班，我值白班，从来没有两个人都同时离开他；另一个人不来接班，这个人就不走。弗里埃茨伯爵认为病情严重，便把塞纳克请来。塞纳克仔细检查之后，说什么病也没有，连药方也没有开。出于对朋友的担心，我仔细观察了医生的表情，我看见他出门时还面带微笑呢。可是这个病人还是一连几天躺在那里一动也不动，连一口米汤也不进，只吃了几个蜜饯樱桃。我把樱桃一个一个地放在他的舌头上，他一下子就咽下去了。一天早晨，他忽然起床了，穿上衣服，恢复了他往常的样子。他此后一直没有对我，就我所知，也没有对雷纳尔神甫和其他任何人再谈起那场离奇的怪病，也没有提起过他生病期间我们对他的照顾。

这件事情难免不引起人们的议论。如果一个歌剧女演员板着面孔拒绝他，就使他这个男人绝望而死，那才真是一条绝妙的新闻呢。这段美妙的爱情故事使格里姆出了名，不久就被大家看作是爱情、友情和种种依恋之情的奇迹。人们的这种看法，使他在上流社会里大出风头，到处受人欢迎，由此也就使他疏远了我；在他看来，我这个朋友是可有可无的了。我发现他准备完全离开我。他到处夸口说他对我是多么地重感情，而我却从来不像他那样逢人便吹嘘我对他的感情。我愿意看到他在社会上取得成功，但我不愿意看到他一成功之后便忘掉了他的朋友。有一天，我对他说："格里姆，你疏远我，我可以原谅你，但是，将来有一天，在你得意扬扬的成功使你产生的陶醉心情的飘飘然的感觉过去之后；你感到空虚时，我希望你再回到我这里来，你随时都能找到我。至于目前，你也不必勉强；一切由你自己决定，我等待着你。"他说我说得对，就照我的话办，而且露出一副满不在乎的样子。从此以后，除了与我们共同的朋友在一起时见到他以外，就再也没有单独同他见过面。

在他后来跟埃皮奈夫人交往密切之前，我和他见面的地点多半是在霍尔巴赫男爵家里。这位男爵是一个暴发户的儿子，家资富有，花钱很大方，经常在家里招待文学界人士和社会才俊，而他自己也很有学问和智慧，与那班人相比，并不逊色。他和狄德罗早有往来；在我成名之前，曾托狄德罗介绍，想和我认识。但是，由于我对富人有一种天然的厌恶之心，所以迟迟没有接受他的好意，后来，有一天他问我这当中的原因何在，我回答他说："因为你太富了。"他依然坚持要和我交往，而且终于战胜了我的拒绝。我最大的弱点是抵抗不住人家的百般殷勤。每一次屈服于他人殷勤的结果，都没有落到好的收场。

另外有一个人，在我一有机会接近他时，便立刻成了朋友。这个人就是杜克洛。我第一次见到他，是几年以前的事了，地点是在舍夫雷特，在埃皮奈夫人家里。他同夫人的交情甚厚。我们只是在一起吃过一顿饭，饭后交谈了一会儿之后，他当天就离开了埃皮奈夫人的家。夫人以前对他谈起过我和我的歌舞剧《风流的缪斯》，杜克洛本人很有才情，而且也很喜欢其他有才情的人。他对我早有好感，邀请我到他家去看他。不过，尽管我对他早有敬慕之心，而且不久前又有一面之缘，但是，由于我的胆怯和懒惰，所以一直没有去看他，何况我觉得，单凭他的好意，而自己拿不出任何能证明我够做他的朋友的成就，是不宜于去见他的。后来，由于我的第一篇论文获得了成功，而他对我的赞赏之词又传到了我的耳里，我才鼓起勇气去看他了。他也来看我，于是我们两人之间就开始结下了友谊。在我们的友好交往中，我感到他为人非常和蔼可亲。正是在我同他的交往中，我发现，为人正直与坦诚有时候是与文学修养相辅相成的。

还有许多相识的人，但来往的时间不长，我在这里就不一一列举了，因为他们都是由于我早先的成功而出于好奇之心来看我的；好奇心一满足，他们就再也不来了。我这个人是一眼就可看透的，只要看过一次，第二次就没有什么新鲜之处可看了。但是，在这个时候，却有一个女人想同我深交，其情意比其他任何人的情意都更真诚。这个女人就是克雷基夫人。她是驻马耳他的大使弗鲁勒大法官先生的侄女；大法官的哥哥是驻威尼斯的大使蒙台居先生的前任；我从威尼斯回来后，曾去看望过他。克雷基夫人写了一封信给我，我就到她家去拜访了。她对我很友好，我有时在她家吃饭。我在她家认识了好几位文学界人士，其中有索罕先生。他是《斯巴达克斯》和《巴尔恩维尔特》等剧本的作者，后来成了我凶恶的敌人。他与我为敌的原因，除了我与那个被他的父亲卑鄙地迫害过的人同姓①以外，我怎么想也想不出来。

本来，一个以抄乐谱为业的人是应当从早到晚都专心致志地干他这一行的，可是我分心的事情太多，它们既不能增加我的收入，反而妨碍我做好我的工作，而剩下来的那一点点儿时间又大都用来修改我抄错的地方，有时候甚至整页重抄。这些烦心的事情使我一天比一天感到在巴黎的生活令人难以忍受，极力想到乡下去。我有几次到马尔古西去住了几天。勒瓦赛尔太太认识那里的小教堂的神甫，我们就住在他家，我们安排得没有让主人感到不便；格里姆也同我们一起去过一次*。那位神甫的嗓子很好，唱得也不错，他虽然不懂音乐，但学起来又快又准确。我们成天把时间都消磨在唱我在舍农索作的三重唱歌曲。我另外还根据格里姆和那位神甫临时编的歌词作了两三首新曲子。我感到惋惜的是：这

---

① 指诗人让-巴普蒂斯特·卢梭。——译者

* 既然我在这里忘了叙述我同格里姆一起到圣汪德里耶温泉去吃饭的那天早晨发生的一件虽然是很小但值得记忆的事情，我以后就不再提它了。不过，我后来一稍加回忆，便可断定他从那个时候起就在心中策划他后来执行得非常成功的阴谋了。

儿首在天真无邪的欢乐气氛中作的和唱的三重唱曲子的谱子和我的其他音乐作品都留在伍顿，也许达文波尔小姐把它们拿去当包糖纸用了，然而，它们是值得保存的，用对位法作的那几首曲子，大部分都写得很好。在这几次短途旅行中，我发现黛莱丝心情很舒畅，很快活，我也很快活。在有一次短途旅行之后，我拿起笔一会儿就潦潦草草地写了一首诗献给那位神甫。这首诗的底稿，在我的文稿箱里可以找到。

在离巴黎更近的地方，我还有另外一个更合我口味的去处，那就是穆萨尔先生的家里。穆萨尔先生是我的同乡，我的亲戚，我的朋友。他在帕西修了一幢漂亮的别墅，我在那里度过了许多宁静的时光。穆萨尔先生原来是个珠宝商，人很精明，做买卖挣了一份家产。在把他的独生女儿嫁给一个银钱兑换商的儿子、宫中总务官瓦尔玛勒特先生之后，便做了一个决定：脱离商业和杂事的缠扰，在生活的忙乱与死亡之间安排一段时间专门用来休闲和享乐。这位忠厚的穆萨尔先生是一个重实践的哲学家，在自己修建的漂亮的房子里无忧无虑地生活着，每天在一个美丽的园子里亲手种花锄草。在深挖园子的花畦时，他发现了贝壳化石，数量特别多，以致使他兴奋的想象力竟认为自然界到处是贝壳，宇宙里也到处是贝壳和贝壳的残余，整个地球是由含贝壳的泥土构成的。他成天都在思考这种东西，思考他这些奇怪的发现。他愈思考，便愈兴奋，最后在他的脑子里竟产生了一套理论，一套胡说八道的话，如果死神不从他的朋友们的手中把他夺走的话，他准会成疯子。他的死，对他的理智来说是一大幸事，但对他的朋友们来说则是个大不幸，因为他们都喜欢他，在他家里小住，大家都感到非常愉快。

他的病很奇怪，也很痛苦：他的胃里长了一个瘤，不断地增大，使他不能吃东西。人们始终找不出他不能进食的原因。这个病把他折磨了几年之后，终于使他饿死在病榻上。我一想起这个可怜而又可敬的人最后那几天的情景，便十分伤心。那时候，他还非常高兴地接待勒涅普和我；在他病危期间，一直守在他病榻旁边直到他生命最后一刻的，只有勒涅普和我两个朋友。他看见我们吃他吩咐仆人给我们送来的饭菜时，真是馋极了，可是他连一点淡茶水都不能喝，喝了之后就马上呕吐出来。然而，在他病重之前，我在他家和他结交的那些好友中间度过了多么多愉快的时光啊！在他的朋友中，为首一个最出色的，是一位神甫，名叫普列伏。他为人和蔼，很朴实；他的思想使他的作品富有生命力，足可成为万世不朽之作，而他的个性和他在社交界的表现，却丝毫没有他在他的作品中所描写的那种忧郁色彩；普洛戈卜医生很受女士们的宠爱，大家都称他为“小伊索”；布朗热是《东方专制制度》（他死后才发表的）一书的著名作者，他曾试图把穆萨尔的那一套理论用来说明地球存在的时间。在女士当中，有伏尔泰的侄女丹妮丝夫人，那时候，她还是一个很朴实的女人，从不装出一副才女的样子；汪努夫人当然说不上美，但模样儿却楚楚可人，唱起歌来声音像个天使；瓦尔玛勒特夫人也爱唱歌，虽然身材很瘦，但只要她不那么装模作样，还是挺可爱的。经常在穆萨尔先生家聚会的，差不多就是这些人。他们使我感到相当愉快，如果不是穆萨尔先生老跟我谈他那一套胡诌的贝壳学理论的话，我会更感到愉快。我可以说，我在他的书斋里工作的那六个月中，我的心情之舒畅，不亚于他本人。

他早就对我说过喝帕西的矿泉水，对我的身体有好处，并劝我到他家里去喝。为了躲避乱哄哄的城市生活，我接受了他的建议，到帕西去住了八九天。我的身体确实大有起色，不过其中的原因更多的是由于我这八九天是住在乡下，而不是由于我喝了矿泉水。穆萨尔会拉大提琴，非常喜欢意大利音乐。有一天夜里，我们在就寝前谈意大利音乐谈了很久，尤其是对我们两人都在意大利看过的喜歌剧谈得更起劲。我们两人对这种歌剧真是看入了迷。那天夜里我翻来覆去睡不着，于是就开始思考如何让法国人也了解一下这种歌剧的特点，因为《拉贡德的爱情》[①]根本就不像意大利的这种歌剧。第二天早晨，我在一边散步一边喝矿泉水的时候，匆匆忙忙写了几行像诗句似的歌词，配上我写这几句歌词时想到的曲子。我在花园的高处那个穹隆式的小亭子里赶快把它们写在纸上。早茶时，我情不自禁地把我写的歌曲拿给穆萨尔先生和他的女管家杜维尔努瓦小姐看；这位女管家是一个很可爱的女人。我匆匆忙忙写的歌词：第一段是独白《我失去了我的仆人》，第二段是巫师唱的一首小曲《情人不安，爱情便会增长》，最后一段是一首二重唱《科兰，我要你永远……》等等。我自己并不认为这点东西值得花工夫继续写下去，要不是他们二人的称赞和鼓励，我就把这几张破破烂烂的纸扔到火里，不再去想它们了。我写了好多曲子，都同这几段曲子一样好，但都被我扔到火里烧了。但是，他们一个劲儿地鼓励我，于是我花了六天时间就把全部歌词写完了，只差几行诗没有写；音乐部分也有了初稿，回巴黎之后再补充点儿宣叙曲和

① 1742年在法兰西歌剧院上演的一部芭蕾舞剧，勒里戈-德都什作词，穆雷作曲。——译者

中音部就行了。我写得如此之快，仅仅三个星期就把整个剧本的词和曲都誊清，可以排演了；所缺的只是一段幕间剧，这个幕间剧是很久以后才写出来的。

这部作品写好后，我心中非常高兴，巴不得马上听一遍。这时，我想起了吕利当年曾请乐师把《阿尔米德》单独为他一个人演奏一遍[①]，我希望我也能像他那样花巨资请人按照我的心意把这部作品单独为我演奏一遍。由于我无力办到这一点，我只好与公众一起欣赏，让巴黎歌剧院来演出我的这部作品。困难之处在于，这部作品的格调是全新的，公众的耳朵当然不习惯，再加上《风流的缪斯》的失败使我感到，如果以我的名字把《乡村巫师》拿去演，它还是注定要失败的。杜克洛帮我解决了这个难题，他自告奋勇把这部歌舞剧拿去试演，而不让观众知道它的作者是谁。为了不暴露我，试演那天我没有到场。领奏这部戏的“那两个小提琴手”[*]也只是在全场一片掌声证明作品确实是好之后，才知道它的作者是谁。凡是听过这部作品的人都称赞不已。第二天，各个社交场合谈论的话题不是别的，全是这部音乐作品。宫廷乐坊总管居利先生听过试演之后说，他想把这部戏拿到宫中去演出。杜克洛是了解我的心意的，他看出，剧本一拿到宫中去，就不能像在巴黎这样由我做主了，因此没有把剧本交给他。居利仗势硬要，杜克

① 吕利(1632—1687)：意大利籍法国作曲家，文中提到的《阿尔米德》全名是《阿尔米德和雷诺》。1686 年 2 月 15 日此剧在法兰西歌剧院上演，效果不佳，吕利便请乐师单独为他一个人再演奏一遍。法王路易十四知道此事后，下令将此剧在宫中重演，结果大获成功。——译者

* 这两个小提琴手名叫雷贝尔和弗朗科尔，他们从年轻时候起，到各处去演奏时两人总是在一起，因而被人们称为“那两个小提琴手”。

洛坚决不给。两人争执得那样激烈，以致有一天，如果不是有人把他们拉开的话，他们会走出剧院去打起来的。有人来找我，我就把事情推给杜克洛去决定，因此他们又去找他。最后，阿蒙公爵先生亲自出马，杜克洛只好向权威让步，交出剧本，准备拿到枫丹白露去演出。

我最满意的部分，同时也是最不合常规的部分，是剧中的宣叙曲。我的宣叙曲以全新的调式决定声音的抑扬，一开始就同歌词韵味相一致。别人不敢这样大胆革新，生怕那些听惯了老调式的人听起来刺耳。我同意弗兰克耶和耶尔约特另写一套宣叙曲，但我不愿插手他们写的东西。

当一切准备就绪并决定了排演的日期时，大家建议我到枫丹白露去一趟，至少要参加最后一次排练。我同菲尔小姐、格里姆，我记得还有雷纳尔神甫，同乘一辆宫中的马车去的。最后这次排练还不错，比我预料的还好。乐队的人数很多：有歌剧院的乐师，还有国王的乐队。耶尔约特演科兰，菲尔小姐演柯丽特，居尔维里耶演巫师。合唱队是歌剧院的合唱队。我没有说多少话，一切由耶尔约特提调，我不愿意更改已经安排好了的事情。尽管我的表情严肃得像个罗马人，但在这一群人中间却害羞得像个小学生。

第二天，即正式演出那一天，我到大众咖啡馆去吃早点。那里的人很多，大家都在谈论昨晚的彩排和入场的困难。其中有一个军官说他没有费多大的劲就入场了，并且把场内的情况说了一遍，把作者描述了一番，并且有鼻子有眼儿地把作者的动作和说的话大加渲染，而使我感到惊异的是，他那段长长的叙述尽管语气肯定和自然，但没有一句是真的。我看得出来：对彩排的情况讲得那么详细的这个人,当时根本就不在场,因为他所描述的作者就在他眼前而他却没有认出来。更奇怪的反倒是那位军官对我产生的影响。他的年龄相当大了,表情和语气都不矜夸,而且像是一个有地位的人;他佩戴的圣路易勋章表明他是一个老军官。尽管他那么胡说一气,尽管我也不乐意听,但我对他这个人还是很感兴趣的。他在那里大吹牛皮,而我却羞得一脸通红,真是如坐针毡。我在心里琢磨:想个什么办法把他的那番话看作是因弄错了而说的,而不是存心吹牛。最后,我生怕我被人认出来,当面使他下不了台,便赶快喝完我的那杯可可,一声不响地低着头从他面前走过,赶快走出咖啡馆,这时,在场的人还在对他讲的情况津津有味地谈论呢。到了街上,我发现我满身大汗;我敢断言:当时如果有人把我认出来,在我走出咖啡馆以前叫出我的名字,使那位可怜的军官因牛皮被拆穿而难为情,我一定会心里不安得像一个罪人。

现在,我正处在我一生中最严重的关键时刻之一,很难做到只单纯地叙述事实,而不在叙述过程中几乎是不可避免地要加上一些或褒或贬之词。不过,我还是要尝试一下不褒不贬地只讲述我当天的表现和我是出于什么动机而那样表现的。

那天,我穿的还是我平时穿的那套衣服,一脸大胡子,假发也梳得很不整齐。我把这种不修边幅的打扮当作是一种勇敢的表现。我就这样走进国王、王后、王室成员和宫中大小官员一会儿就要来临的大厅。我坐在居利先生领我去坐的那个包厢里。这是他自己的包厢,是剧场中的一个大包厢,对面有一个位置较高的小包厢,国王和蓬巴杜夫人坐在那里。我四周都是贵妇人,只有我一个男人坐在包厢前排的位子上。我毫不怀疑,他们把我安排在这里,是让大家都能看见我。灯光一亮，我立刻发现：在那么多打扮得非常漂亮的人当中，我竟穿这么一身衣服；我开始感到局促不安。我心里琢磨：我是不是该坐在这里？我的穿扮是否合适？但是，经过几分钟的不安之后，我以一种大无畏的心态做出回答："是的，我该坐在这里。"其实，我当时的这种心态来自无法脱身者多，来自心安理得者少。我对我自己说："我该坐在这个位子，因为演的是我写的剧本。我是他们邀请来的。我写这个剧本的目的就是为了演出，而且，不管怎么说，谁也不能比我更有权利享受我的劳动和才能的成果。我穿我平时穿的衣服，既不穿得更好，也不穿得更坏。如果我在某件事情上又听从他人议论的话，我以后无论什么事情都将听别人的摆布了。我要始终保持我的本色，无论在什么地方，我都不会因为按照我选择的职业穿扮而感到羞愧。我的外表虽然朴朴素素、大大咧咧，但并不邋遢肋腻。我的胡子也不难看嘛；胡子是大自然给我们的，按照时代和风尚的不同，它有时候还是一种装饰品呢。你们觉得我可笑，不懂礼仪，哼！我才不在乎呢！我要经得起别人的嘲笑和指摘，只要别人的嘲笑和指摘不是我应该得的。"经过这一段内心的自言自语之后，我马上挺直腰板儿，信心十足，如果必要的话，我甚至还敢做出神气活现的样子。不过，或者是由于国王在场，或者是由于心灵的自然倾向，人们虽然以好奇的目光看我，但都表现得很喜悦和尊敬。我深受感动，以致又开始对我自己和我的剧本的命运感到不安，担心人们对它如此赞赏的表示不久就会消失，因为大家都好像只是因为我在现场才鼓一阵掌罢了。对于他们的嘲笑，我是早有思想准备的；而对于他们的热情，我是没有料到的，因此使我感到惶恐不安，很不好意思，以致在开始演出的时候，我竟像一个小孩子似的直哆嗦。

过了一会儿，我就定下心来了。演员的演技虽然不怎么好，但就音乐来说，都唱得好，演奏得也好。第一场就十分动人。从第一场起，我就听见包厢里有人啧啧称羡，一个劲儿地叫好。这样的赞美声，以前在这类演出中从未听见过。人们的激动情绪很快就出现在整个剧场上，用孟德斯鸠的话来说就是："用效果本身来提高效果。"在两个情人对话那一场，这种效果达到了顶点。有国王在场，是不许鼓掌的，所以每一句台词和每一段音乐都听得清清楚楚，这就使剧本和它的作者想达到的效果全都达到了，我听见我周围美若天仙的贵妇们在交头接耳地窃窃私语："真美啊，真好听，没有一句歌词不打动我的心。"那么可爱的人儿都被我感动，我心中怡然自得，竟使我自己也激动得流下了眼泪，到第一段二重唱时，我实在控制不住，眼泪噗噜噜地直往下流。我发现，当时泪流满面的人，不止我一个。我有一阵子回想起过去在特雷托朗先生家开音乐会时的情形，于是感到飘飘然，就像奴隶忽然一下子戴上了胜利的桂冠。好在这一心态持续的时间很短暂，我又定下心来咀嚼我的成功的滋味。我认为，在此时刻使我如此冲动的，是女士们的赏识，而不是作者的虚荣心。我敢肯定，如果场中都是男人，我就不会那么冲动了。我恨不得用我的嘴唇去舔我让她们流出的甘美的泪水。我曾经见过有些戏剧赢得的赞美比这还要热烈，但从来没有见过哪一部戏是像我的《乡村巫师》这样使全场的观众全都陶醉，称赞和感动之情洋溢着整个剧场，尤其是在王宫，又是首场演出。凡是见过这个场面的人，想必都还记得，因为它产生的效果之奇伟，是独一无二的。

当天晚上，阿蒙公爵派人通知我：让我第二天上午十一点到宫中去，他要领我去觐见国王。给我送这个口信的人是居利先生，他还补充一句话说他相信会赐给我一笔年金，而且由国王亲自宣布。

谁会相信，在取得如此辉煌成就之日的那天晚上，对我竟然是一个焦虑和惶惶不安之夜呢？一提到要觐见国王，我首先想到的是，我今后就要经常出现在公众面前。那天晚上我出现在剧场时候的情景已经使我够受的了，还要第二天再去受这种罪：到长廊或国王的接见大厅里，夹在那么多显要人物当中等候国王，这就更叫人难受了。这一心理上的弱点，是使我避免社交和不愿意与女人老待在屋子里的主要原因。一想到这种场面，我浑身就不自在，一不自在，被人家看见就至少会引起哄堂大笑，而我是宁死也不愿意陷入这种令人难堪的局面的。只有经历过这种情况的人才了解我不敢冒此危险的原因。

后来我又这样想象了一下：我走到国王面前，被介绍给国王陛下，国王陛下惠然对我说话，这时候就需要镇定和机智才能向国王答话。可是我这可气的羞涩心理使我在最不足道的生人面前也感到手足无措，到了法国国王面前还能让我谈笑自若地从容对答吗？我非常希望我能在既不改变我一贯庄重的表情和说话的语气的情况下对如此伟大的国君给予我的荣耀表示感谢，在美好而又恰如其分的颂词中包含一些伟大而有益的真理。但是，为了事先准备这样一套巧妙的答词，就必须准确地估计到他会向我说些什么。我敢肯定，即使估计对了，但一到了国王面前，我也会忘得一干二净，一句也想不起来的。这时候，当着宫中官员的面，万一我慌乱，又露出一两句我平时的那些蠢话，我会成什么样子呢？这种危险使我感到惊慌和害怕，甚至怕得全身发抖，因此，下定决心，无论如何不能去冒这个险。

是的，我失去了那笔可以说是已经到手的年金，但是，我也免掉了年金给我带来的束缚。一领了年金，我就不敢说真话，就失去了言行的自由，就不能勇敢行事了。我往后还能独立自主和远离名利吗？一接受了年金，我往后就得阿谀奉迎，或者闭着嘴巴，什么话也别说。还有，谁能保证年金一定会发到我手里？要办多么多的手续和求多么多的人，才能拿到手啊！何况为了保有这笔年金，我要花多少心思和遇到多少不愉快的事情啊，与其如此，干脆以不要为好。因此我认为，放弃这笔年金，这个决定是符合我的行为原则的；我要踏踏实实地为人而不慕虚荣。我把我的决定告诉了格里姆，他毫不反对；对别人，我以我的身体不适为由，于当天早晨就走了。

我离开枫丹白露的消息引起了人们的议论，受到了普遍的谴责。我提出的理由没有得到大家的认同。有些人指摘我此举是出于愚蠢的骄傲心，而那些自己不会这样做的人却巴不得我这样做。第二天，耶尔约特给我写了一封信，详细叙述了我这部作品取得的成功和国王本人是看得多么入迷。他告诉我说："国王陛下用他在全王国最难听的左嗓子把'我失去了我的仆人'和'我失去了我的全部幸福'这两段歌词唱了一整天。"他还说，不出半个月，《乡村巫师》还要再演一次。这第二次演出，将对公众充分证实第一次演出的圆满成功。

两天后，当我晚上 9 点左右正要走进埃皮奈夫人家吃晚饭的时候，忽然看见一辆马车迎面而来，停在门口。马车里的人向我招手,示意我上车。我上车一看,原来是狄德罗。他向我谈起年金的事情,表情十分热衷。我没有料到一个哲学家竟对这个问题谈得如此起劲儿。他虽然认为我不愿意觐见国王算不上是什么罪过,但不要年金,这罪过可就大了。他对我说:如果从我的角度考虑,不要这笔年金,这也没有什么关系,但从勒瓦赛尔太太和她的女儿的角度考虑,那就不能这样做;他认为我应当采取一切可能而又正当的办法为她们挣钱买面包。他还说,趁现在人家还没有宣布我已经拒绝这笔年金,而且仍愿意给我的时候,我赶快提出请求,不惜一切代价把它拿到手。尽管我感谢他的热心,但我并不赞同他那番话。我同他发生了激烈的争吵;这是我和他的第一次争吵。我们两人后来的历次争吵,都属于这种类型:他硬要我做他认为我该做的事,而我却偏不做,因为我认为不应该那样做。

我们分手时,时间已经很晚了。我想带他到埃皮奈夫人家去吃饭,他不愿去。我很想把我喜欢的人都联络在一起,而且多次提出让他去看她,他都不去,甚至在我已经把她带到了他的家门口,他也让我们吃了闭门羹,不愿意见她,而且一谈起她,他总带着一种鄙视的样子,只是在我同她,后来又与他闹翻之后,他们才开始有了来往,在谈到她的时候,他才带着尊敬的表情。

从那个时候起,狄德罗和格里姆似乎就在下工夫离间我和我的两位女管家的关系,暗示她们:她们之所以生活得不宽裕,全怪我做错了事,跟着我是永远也不会有好日子过的。他们想方设法怂恿她们离开我,说什么凭埃皮奈夫人的面子,可以帮她们在一个食盐分销店或烟草店找一份工作。他们还想把杜克洛和霍尔巴赫也拉进他们一伙,但杜克洛始终表示拒绝。当时,我已经看出了他们的这套阴谋的苗头，但只是在很久以后才了解得十分清楚。我经常抱怨我的朋友们的这种没事找事的瞎操心。像我这样病病歪歪的样子，他们还一心要把我投入孤苦伶仃的境地。他们以为是在为我谋幸福，但他们采用的方法将反而使我愈来愈不幸福。

1753年狂欢节，《乡村巫师》在巴黎公演。在这之前，我抽空写了一首序曲和一场幕间剧。这个幕间剧，正如印出来的那样，从头到尾都是以动作表演为主，贯穿一个题材。据我看，这样表现的场景是很好看的。可是，当我把这个设想向歌剧院提出时，他们连听都不愿意听，因此只好照通常的做法穿插一些歌唱和舞蹈。这样一来，尽管这个幕间剧充满了美妙的情趣，也无损于正剧的气氛，但取得的成功并不突出，只能说是一般。我删去了耶尔约特所写的宣叙曲，而用我写的宣叙曲，也就是歌篇儿上印出来的那一首。我承认，这首宣叙曲有点儿带法国味儿，也就是说，由演员们拖腔拖调地唱出来。不过，它不但没有使听众感到不快，而且它取得的效果并不亚于咏叹曲，甚至在听众们看来至少和咏叹曲一样好，我把我的这个剧本献给杜克洛，因为他曾经保护过它。我要在此声明：在我的作品中，向他人题写献词的，这将是唯一的一次。[①] 不过后来又破了例，在他的同意下，我又写过第二篇献词。[②] 我觉得，他将感到有这个例外比没有这个例外更光荣。

---

① 卢梭在《乡村巫师》篇首写给杜克洛的献词中说："……这是我的第一篇也是唯一的一篇献词。"——译者

② 这"第二篇献词"，指卢梭在他的《论人与人之间不平等的起因和基础》中所写的"献词"：《献给日内瓦共和国》。（见卢梭：《论人与人之间不平等的起因和基础》，李平沤译，商务印书馆2009年版第19—31页）——译者

关于这个剧本，有很多有趣的事情可讲，但由于我还有其他更重要的事情要说，所以在这里就没有时间谈它们，留待将来有一天写一个补遗来叙述。不过，有一件事情我不能不在这里提一下，因为它和以后发生的事情有关。有一天，我在霍尔巴赫男爵的小书房里翻看他的乐谱，他向我展示了各种各样的乐谱之后，指着一本羽管键琴的乐谱对我说："这些曲子是人家专门为我作的，每一首都写得很好，很有特色。除我一个人以外，谁也不知道，也没谁见过。你可以从其中选几首用在你写的那个幕间剧里。"我脑子里的歌曲与合奏曲根本就用不完，所以对他的那些曲子一点也不感兴趣。但他再三要我选，碍于情面，我选了一首田园曲，稍加压缩，把它写成一首三重唱，让柯丽特的女伴们上场时唱。几个月以后，当《乡村巫师》上演的时候，有一天我走进格里姆的家，发现有许多人站在他的羽管键琴旁边。他一看见我，突然一下站起身来，我无意识地把他的乐谱架瞧了一眼，我发现，乐谱架上放的正是霍尔巴赫的那本乐谱，翻开的那一页正是他再三要我选的曲子，而这首曲子，他曾经说过他是永远不会让其他人知道的。不久以后，埃皮奈先生家中举办音乐会，我发现他的乐谱架上放的也是霍尔巴赫的那本乐谱。无论是格里姆或任何其他人都没有对我谈过那首曲子，要不是不久以后有人散布谣言说我不是《乡村巫师》的作者，我在这里是不会谈这件事情的。我从来没有自夸过我是"音乐大师"；我深信，要不是我有一本《音乐词典》问世的话，有人也许会说我根本就不懂音乐呢。*

在《乡村巫师》演出之前不久，巴黎来了一拨意大利滑稽剧团

* 我没有料到，在我的《音乐词典》问世之后，还是有人在说。

的演员。人们让他们在歌剧院演出，而没有事先考虑到它将产生的后果。尽管演员们的演技很拙劣，乐队演奏得也不好，把他们演的戏搞得乱七八糟，但他们的演出还是使法国的歌剧受到了冲击，直到现在也没有恢复过来。人们同一天在同一个剧场听了法国的音乐和意大利的音乐之后，一对比，便比出了高低。在听了意大利音乐的那种活泼和节奏分明的曲调之后，没有谁的耳朵还能忍受法国音乐的那种拖腔拖调了。意大利的滑稽演员一演完，观众们便纷纷走了。人们不得不改变演出次序，让滑稽演员最后演出。歌剧院接连演出《艾格勒》、《皮格马利翁》和《空中的精灵》，都不叫座，一个一个地败下阵来，只有《乡村巫师》还能和意大利的歌舞剧唱对台戏，虽然是排在他们的《当家女仆》演出之后才演，还是有人看，而且比看《当家女仆》的人还多。当我写这个芭蕾舞剧的时候，我的头脑里是充满了那类曲子的；它们给我以启发。但我没有料到的是，竟有人把我作的曲子和那些曲子一个一个地加以核对。如果我是一个剽窃者，我该有多少剽窃的乐段被揭露出来，他们将多么幸灾乐祸地把这些把柄公之于众啊！可是一个把柄也没有，他们枉费心机。他们在我的作品里连任何一点别人音乐的痕迹都找不出来。把我所作的歌曲，同那些所谓的原本一加比较，就可看出，我这次所作的歌曲和我以前的音乐作品都是全新的。如果把蒙东维尔①或拉摩也叫来经受这样的检验的话，我看，他们将被人们指指点点，弄得体无完肤的。

滑稽剧团的意大利音乐，赢得了许多非常热心的追捧者。全

① 蒙东维尔(1715—1773)：法国作曲家和小提琴演奏家。——译者

巴黎的人分成两派，比争论国家大事或宗教问题还吵得激烈。有一派的人数比较多，势力也较强，都是达官显宦、富豪和贵妇人。他们捍卫法国音乐。另一派人则比较活跃，更专业，都是些行家和有才学的人；这一派人都聚在歌剧院里的王后的包厢下边[①]。另一派人在整个剧场和走廊里到处都是，但核心人物都在国王的包厢下边。壁垒如此分明，于是便产生了当时颇为风行的两个著名的派别名称："国王之角"和"王后之角"[②]争论愈来愈激烈，两派的文章满天飞，"国王之角"用玩笑的口吻指斥对方，但立马就遭到《小先知》[③]的嘲讽；他们想从理论上阐述他们的观点，但被《论法国音乐的信》[④]批驳得哑口无言。这两个作品，前一个是格里姆写的，后一个是我写的。在两派争论之后唯一流传下来的，就是这两个作品，其余的文章便湮没无闻了。

不过，《小先知》（很久以来许多人硬说是我写的，尽管我再三否认）一直被人们看作是一篇游戏文章，所以没有给它的作者带来任何麻烦，而《论法国音乐的信》却受到了人们的认真对待，全法国的人都行动起来反对我，认为他们国家的音乐遭到了侮辱。这本小册子产生了难以置信的效果，是值得用塔西佗[⑤]的史家之笔加

---

① 这一派的核心人物有：狄德罗、达朗贝尔、格里姆和卢梭。——译者

② 此处的"角"原文为"coin"，意为"角落"。——译者

③ 《小先知》：格里姆匿名发表的一篇讽刺性文章，全题是《洛米施布洛达的小先知》，仿照《圣经》的笔调描写一个大学生在睡梦中被人从布拉格弄到了巴黎，结果被法国"咕哝咕哝的歌曲"吵醒。——译者

④ 卢梭在《论法国音乐的信》这篇文章中指出，音乐的根本要素是悦耳的音调，而不是和声。他认为法国的音乐拖拖沓沓靠和声来"拼凑"，求助于复调，结果弄成一片"嘈杂的声音"。——译者

⑤ 塔西佗（约公元55—120）：古罗马历史学家。——译者

以描写的。当时，议会和教会正吵得不可开交；议会被解散，人心浮动的局面达到了顶点，大有爆发一场全国骚乱之势。恰恰在这个时候，我的文章发表了。我的文章一出来，其他的争论马上就被人遗忘，大家都把关注的重点转移到法国音乐遭遇的危机上了。群情激昂，都起来反对我，把矛头对准我一个人。举国上下的愤慨之气，到现在也没有平息。当时法院已经在考虑是把我关进巴士底狱还是把我逐出法国。如果不是武瓦耶先生提醒他们这样做会让人取笑的话，逮捕令就下达了。后来，我说我这篇文章也许阻止了一次全国性的大动乱，有些人还以为这个话是夸大其词的梦话，但这却是千真万确的事实。全巴黎的人想必都还记得，都能证明，因为这件稀奇的事情距今只不过十五年多一点。

人们虽然没有剥夺我的自由，但却没有让我少受侮辱，有些人甚至说要干掉我的老命。歌剧院的乐队公然打算在我走出剧院的时候把我暗杀掉。有人把这个消息告诉我，我反而愈勤去歌剧院。我很久以后才知道：对我很友好的火枪队军官安塞勒先生在我看完戏走出剧场时，曾暗中派人保护我，因此歌剧院的阴谋才没有得逞。当时，市政当局刚把歌剧院的管理权抓在手里，市长做的头一件大事就是取消我的免费入场券，而且手段极其恶劣：在我入场时，公然不承认我入场的权利，以致我不得不买一张池座票入场，才未遭到被拒之门外的羞辱。这种不公正的做法之所以令人气愤，是因为我把剧本交给他们去演出的时候，我得到的唯一报酬就是一张永久免费入场券。这种免费入场券是所有的作者都享有的权利，而且我有双重资格获得这种权利，何况我还当着杜克洛的面向他们明确提过的。是的，歌剧院的出纳员曾给我送来五十路易作为酬金(不是我开口向他们要的)。但这五十路易不仅远远不够按规定应给我的款数,而且与免费入场的权利毫无关系,因为这项权利是有明文规定的,与酬金完全是两码事。他们的这种做法是如此的不公正和如此的粗暴,以致当时对我还抱有极大敌意的公众都感到震惊,昨天还骂我的人,今天在大厅里也嚷了起来,不仅指摘这样剥夺一个作者的入场权实在可耻,而且还说这个作者理应得到这种权利,甚至应当得到双份权利。意大利的谚语说得对:每个人都能对别人的事情主持公道。

在这件事情上,我只有一个办法:把我的剧本要回来。既然他们不给我约定的报酬,我就要索还我的剧本。为此,我写了一封信给主管歌剧院的达让松先生,信中还附有一份备忘录,例举的事实和理由都是无可辩驳的,但始终没有得到他的答复,也不见他采取什么措施,我那封信就这样石沉大海。我对这个不公正的人的沉默,始终耿耿于怀。我对他的人品和才能本来就不甚佩服,现在他不回我的信,这就使我更不佩服他了。就这样,他们把我的剧本扣留在歌剧院,而且不给我把剧本交给他们时所商定的报酬。弱者对强者这样做,叫作抢劫,而强者对弱者这样做,就只能叫作侵占他人的财产。

拿钱数来说,这部作品给我带来的收入,虽然只有它在别人手里可能获得的钱数的四分之一,但仍然是相当多的,足够我几年生活之用,完全弥补了我抄写乐谱的微薄收入之不足,因为这项业务一直进行得很不顺利,所以收入非常少。我从国王那里得到了一百路易,又收到蓬巴杜夫人(她在美景宫的那次演出中亲自扮演科兰)给的五十路易,皮索出刻印本的五百法郎。这个剧本给我带来的收入是够丰厚的了。虽然我的时运不济，行事又笨拙，但我只花了五六个星期时间写的这个剧本给我带来的收入，差不多和后来的《爱弥儿》给我带来的收入一样多，而《爱弥儿》却花了我二十年心血思考和三年时间写作，才全稿完成。不过，我对这个剧本给我带来的经济上的宽裕，也付出了很大的代价，因为它给我招来了无穷无尽的烦恼。它是很久以后才爆发出来的暗中嫉妒的祸根。自从这个剧本取得成功以后，在狄德罗、格里姆以及和我相识的文化界人士身上，就再也见不到从前那种亲切、坦率和乐于与我相见的表示了。只要我一走进霍尔巴赫男爵的家，大家就不聚集在一起谈话，而是三五成群地扎堆儿交谈，叽叽咕咕地窃窃私语，撇下我单独一个人不知道和谁谈话才好。这样令人难堪地孤立我，我一直忍受着，因为霍尔巴赫夫人非常和蔼，始终亲切地接待我，只要她的丈夫的那种粗暴态度不太过分，我就忍着。可是有一天，他毫无道理和毫无借口地当着狄德罗和马尔让西的面攻击我。那么无礼的对待，无异于下逐客令，于是，我立即走出他家的门，决心从此不去他家。面对这种情形，狄德罗一句话也没有说，而马尔让西后来多次对我说他非常钦佩我当时的克制和对霍尔巴赫所说的那几句颇有分寸的话。尽管发生了这件事情，但我在谈到他和他的家人时，还是十分尊重的，而他谈到我，总是带着不屑的神情，措辞非常难听。他一直称我为"小学究"，而他又说不出我对他和他的亲朋有任何失敬的地方。这就证明了我当初的那些预言和担心。在我看来，我的那些朋友会原谅我出书，会原谅我出好书，因为这种光荣他们也能争取到，而他们不能原谅我的，是我写了一部歌剧和这部歌剧所取得的巨大成功，因为他们当中没有任何一个人能写出这类作品,他们根本没有得到这种光荣的可能。只有杜克洛没有这一妒忌心,而且表现得更加深了对我的友谊,他把我领进纪萝小姐的家,在那里,我受到了尊重、真诚和亲切的接待,而在霍尔巴赫家里,这些礼遇我一样也没有得到过。

当歌剧院上演《乡村巫师》的时候,法兰西喜剧院也在谈论它的作者,不过,说好话的人不那么多。由于我的《纳尔西斯》在这七八年的时间里都没有得到机会在意大利剧院演出,我对这个剧院便不甚喜欢,觉得它的演员们用法语演出的效果极差,因此我就想把我的剧本拿给法国演员演,而不拿给意大利人演。我把我的想法告诉喜剧演员拉努。我同他早就认识;正如人们所知道的,此人的人品很好,又是一个作家。他觉得《纳尔西斯》这部戏很有意思,于是答应设法演出,不过,不说明它的作者是谁,另外,他还答应给我弄到免费入场券,这使我高兴极了,因为我一直认为法兰西剧院比另外两家剧院好。剧本被鼓掌通过,并被演出,只是没有宣布它的作者的姓名。不过,我有理由相信喜剧演员们和其他人不是不知道的。戈桑和格朗瓦尔两位小姐扮演多情女子。虽然在我看来全剧的精神并未表达入微,但不能因此就说演得不好。我对观众的宽厚感到吃惊,也深受感动。他们耐心地和静静地从头看到尾,甚至还让它再重演一次,而丝毫没有不耐烦的表示。至于我,第一次演出时我已经感到如此的厌烦,以致戏还没有演完,我就走出剧场,到普洛歌普咖啡馆去喝咖啡,在咖啡馆里,我见到了布瓦西和其他几个人。他们大概也同我一样厌烦得不愿意看,才到这里来喝咖啡。我在咖啡馆里坦然指出我的剧本中的那些"败笔",并谦卑地或者说公开地承认我是这个剧本的作者,并且发表了跟大家同样的看法。我公开承认自己是一个糟糕的剧本的作者，得到了大家的赞赏，而我自己也没有感到有什么难为情的地方。我这种勇于认错的表示，有助于增强我的自尊心。我相信，在这种情况下，直截了当地自己评说，比因为害羞而不说反而痛快得多。这个剧本，演出的效果虽然平平，但读起来还是很够味儿的，所以我把它印了出来，前面加写的那篇序言，是我的佳作之一。在这篇序言里，我对我遵循的原理的阐述，比我在直到那时为止的其他文章中的阐述详细得多。[①]

没过多久，我又有了一次机会在一部更为重要的作品里把它们加以更详细的发挥。我记得是1753年，第戎科学院公布了一则以"论人与人之间不平等的起因"[②]为题的征文启事。这个大题目使我深感震惊。我没有料到这个科学院竟敢提出这么一个题目。好嘛，它既然有胆量提，我就有胆量写，于是我就着手写了。

为了静下心来从容思考这个重大的题目，我带着黛莱丝和我们的女房东(一个很正派的女人)及她的一个女友到圣热尔曼去小住了七八天。我把这次郊游看作是我一生最愉快的旅游之一。天

① 卢梭说他给《纳尔西斯》加写的那篇序言是他的"佳作之一"。其实，那篇序言与这个剧本毫无关系，他只不过是借这个剧本出版的机会，写那篇序言来回答人们对他提出的批评，从而结束他1750年的获奖论文《论科学与艺术的复兴是否有助于敦风化俗》发表之后引起的一场大论战。在那篇序言中，卢梭作为政治著述家的思想已开始显露端倪。他说："荒谬的社会制度极有利于富人找到聚集更多财富的手段，而一无所有的人想得到点什么好处，简直比登天还难；在这种制度下，善良的人无法走出困境，而坏人却备受尊敬，不干好事，反倒成了好人！……这些弊病的根源不在人，而在于人被治理得不好"。(《卢梭散文选》，李平沤译，百花文艺出版社1995年版，第142页)——译者

② 第戎科学院公布的题目，全文是："人与人之间不平等的起因是什么；这一现象是否为自然法所容许？"——译者

空晴朗，万里无云。几个女人负责安排每天的生活和掌管开销。黛莱丝和她们一起玩，而我什么事情也不管，到吃饭的时候和她们无拘无束地说说笑笑，十分开心。我每天走进树林深处，我在林中寻找，而且终于找到了远古时候的情景，我奋笔疾书，描述当初真正的史实。我要驳斥人们胡言乱语的谎言，我要如实展现人原本的天性，充分揭露使人的天性大变其样的时代和事物演变的过程。我要把生活在人类社会中的人和生活在大自然环境中的人加以比较，以便使人们看到他们在所谓人的完善化的过程中所遭到的苦难的真正原因。我的灵魂被这种高洁的沉思所振奋，竟致上升到了神明的境界。从那里，我看见我的同胞盲目地在那条充满偏见、谬误、苦难和罪恶的道路上前进。我以微弱到他们几乎听不见的声音向他们说道："你们这些冥顽不灵的人呀，你们天天抱怨大自然对你们不好，其实，你们应当知道，你们的痛苦都是你们自己造成的。"

这样沉思的结果，遂产生了《论不平等》[①]这篇论文。这篇文章比我的其他作品都更合狄德罗的口味；他对这篇文章提出的意见也很有用[*]。可惜的是，这篇文章在全欧洲只有很少几个人读

① 此处的《论不平等》是简称，这篇文章的全题是：《论人与人之间不平等的起因和基础》。——译者

* 在我写这段话的时候，我还没有觉察到狄德罗和格里姆的大阴谋；如果觉察到了，我就会很容易地看出狄德罗是多么狡诈地滥用我对他的信任，以致使我的这篇文章的笔调十分尖刻。后来，当他不再指导我的时候，我的笔调就不是那个样子了。在这篇文章中针对那位为了不听受难者的哭声而捂着耳朵大发议论的哲学家写的那段话，是按照他的笔调写的。他还向我提供了许多措辞更尖刻的片段，我都没有采用。我把这种怨气十足的笔调归因于万森纳监狱使他受到的委屈。这种情绪在他笔下的克莱尔瓦尔身上表现得相当明显，我那时一点也没有想到他在指导我的时候会怀有恶意。

懂了，而在读懂了的读者当中，也没人对它发表什么意见。它是为了参加有奖征文竞赛而写的，所以我把它寄出去了。不过，我早已料到它不会得奖，因为我知道各个科学院的奖品，不是为按照我这样的文笔和内容写的论文设置的。

这次郊游和这篇文章的写作，对我的心情和身体都大有好处。几年前我深受尿潴留症折磨之苦。我完全听从医生的摆布；他们不但没有减轻我的痛苦，反而耗尽了我的体力，败坏了我的体质。从圣热尔曼回来以后，我恢复了体力，身体比以前好多了。我按照这个办法继续做下去，决心不论是死是活，我都不去找医生，也不吃药，永远不与他们打交道，活一天算一天。如果不能出门，我就安安静静地待在家里；一有力气活动，我就马上出门去走动走动。在巴黎同那些自高自大的人在一起，实在不合我的脾气。文学界人士党同伐异，经常无耻地争争吵吵；他们写的书，没有几句是他们心里的话，而且还摆出一副自以为了不起的样子。所有这些，在我看来实在是太丑恶和太可憎了。甚至在和我的朋友们的交往中，我也很少发现温馨、坦诚和率真的态度；我讨厌这种乌烟瘴气的生活环境，我急切想到乡下去住。虽说我的职业不容许我真的住在农村，但目前我至少要把我空闲的时间消磨在乡下。因此，我一连几个月，一吃过午饭，便独自一人到布洛涅森林中去散步，在那里思考我准备写的作品，直到夜里才回家。

那时，我同高福古来往极其密切。他因为有事要去日内瓦一趟，特邀我同行。我的身体不太好，需要黛莱丝照顾，于是决定她也跟我们一起去，留下她母亲看家。一切安排妥当以后，1754 年 6 月 1 日，我们三人便一起起程了。

我应当讲述一下这次旅行，因为这是我活了四十二岁第一次经历的难忘的事情，它伤害了我生来就有的对人毫无保留地充分信任的天性。我们坐的是一辆四轮华丽马车，途中不换马，每天只走很短一段路。我经常下车步行；刚走了一半路程，黛莱丝就很不愿意单独一个人同高福古待在车里。当我不顾她的阻拦，还是照样下车步行的时候，她也要下车步行。我一个劲儿地骂她这样任性，坚决不让她下车，直到最后她才不得不向我说明了原因。当我听说我这位已年过六旬、身患足痛风病、步履蹒跚，而且因寻欢作乐而戕害了身体的朋友高福古先生从我们起程之时起，就想勾引一个既不漂亮又不年轻而且是他的朋友的女人时，我简直以为自己是在做梦，好像是坠入了五里雾中。他采用的手段极其卑鄙可耻，甚至用金钱诱惑，拿他随身带的淫书和淫画挑逗她。黛莱丝非常气愤，甚至有一次把他的淫书从车窗扔了出去。黛莱丝还告诉我，在起程的第一天，在我因一阵剧烈的头痛没有吃晚饭就去睡了的时候，他公然趁只有他们两人之机，对她动手动脚，样子像个色鬼，像个骚公羊，而不像一个受我信赖且托以我的女伴的正人君子。这是多么令人吃惊啊！这对我来说，的确是一件前所未有的伤心事。在此以前，我一直认为友谊和使友谊具有魅力的高尚情操是分不开的。现在，我平生第一次不能不认为这个人的友谊是不可信赖的，不能不对这个我曾深深爱戴而且以为他也爱我的人失去信任和尊重之情。这个可恶的家伙还想在我面前隐瞒他卑鄙的行径。为了不让他看出黛莱丝已向我讲了他卑鄙的行为，我不得不佯装若无其事的样子，把我心中对他的蔑视掩盖起来，把他尚未看出我对他的反感隐藏在我的内心深处。温柔的和神圣的友谊的幻象啊，是高福古第一个向我揭开了你的面纱。从那时起，又有多少残酷无情的手不让面纱重新把幻象遮挡起来！

到了里昂，我就和高福古分手，踏上了去萨瓦的那条路，因为我不忍心经过离妈妈那么近的地方而不去看她。我见到她了……天啦，她的境况多么糟糕啊！简直糟糕到难以言状了！她原先的那种风采，到哪里去了？她还是当年德·朋维尔神甫介绍我去找的那个光艳照人的华伦夫人吗？我的心都碎了！我看她没有别的办法，只有早日离开这个环境为宜。我曾经多次在我给她的信中请她来同我一起安安静静地生活，我愿和黛莱丝尽全力让她安享幸福。这一次，我又再三表示了我的这个心愿，但终归无效。她舍不得她的年金(虽如数照发，但早已一文钱也到不了她的手里了)，她不听我的话。我把我的钱分了一小部分给她。如果不是我断定我给她的钱她一文也享受不到的话，我是应当而且一定会多分给她一点的。当我在日内瓦期间，她曾到沙布勒一行，并到格朗日运河来看我。她没有多住些日子，而我也没有钱承担这笔费用。一小时以后，我让黛莱丝给她送了点钱去。我慈爱的妈妈，她的心是多么的有情有义啊！我要告诉世人：她当时剩下的最后一件首饰是一枚小戒指，她把它从手指上取下来戴在黛莱丝的手指上，黛莱丝立刻又把它取下来戴在她的手指上，并流着眼泪亲吻她那只温柔的手。唉，当时正是我偿还我欠她的债的好时机！我应当抛弃一切跟她走，与她朝夕相伴，直到她生命的最后一刻，不论她的命运如何，我都要与她同甘共苦，可是我没有这样做。现在，另一个人分了我的心，我对她的感情自然就有所减弱，对她就起不到多大作用了。我为她叹息，但没有跟她一起走。在我一生所有应受责备的事情中，要数这件事情最应受谴责，是一辈子也后悔不尽的。从这件事情上可以看出，我此后不断遭到的可怕的惩罚，的确是我的罪有应得；愿它们能赎偿我的罪过！我做了忘恩负义之事；这种行为使我内疚到心都碎了；然而我的心绝不是一个忘恩负义的人的心。

在从巴黎起程之前，我已开始起草添加在《论不平等》的正文之前的“献词”，这篇献词，我是在尚贝里写完的，并注明“1754 年 6 月 12 日于尚贝里”。因为我认为，为了避免有人风言风语说闲话，最好是既不注为“写于法国”也不注为“写于日内瓦”。一到了日内瓦，我就沉浸在我向往的这个城市的共和主义的激情之中。人们对我的欢迎，使我的这种激情更加高涨。我受到各界人士的盛情款待和关怀。这一方面使我产生了满腔的爱国热忱，另一方面也使我因改宗他教而被取消了公民权感到羞愧，因此我决心公开回到我的先辈奉行的宗教。我认为：既然所有的基督徒读的都是同样的《福音书》，可见，不同教派的信条之所以不同，是由于人们对他们所不理解的地方所作的解释不同。因此，在每个国家里，只有主权者有权规定敬拜的仪式和难以理解的信条，而公民则有义务奉行由法律规定的信条，并按照法律规定的敬拜仪式行事。我同《百科全书》派的朋友们往来，不但没有动摇反而坚定了我的信仰，因为我对教义的争论和教派的党同伐异有一种天然的厌恶情绪。我对人与宇宙的研究的结果，使我到处都发现那主宰人与宇宙的终极原因和智慧。我读了《圣经》之后，尤其是这几年精研了《福音书》之后，我对那些根本就不理解耶稣基督的人对耶稣基督所作的荒谬的和愚昧的解释感到鄙夷。总之，哲学使我深研了宗教的精髓，抛弃了人们用来曲解宗教的那些不值一驳的陈词滥调。我认为，一个有理智的人是不能有两种做基督徒的方式的。因此，在每一个国家里，凡是与形式和纪律有关的事情，都应按法律的规定办理。尽管这个如此之合乎情理、如此之符合社会的要求和如此之平易的原理给我招来了许多残酷的迫害，但我根据这个原理得出的结论依然是：要想成为公民，我首先就应当成为新教的教徒，重新皈依我们国家奉行的宗教。我决心这样做，而且还到我居住的那个堂区的教堂（它那时候位于日内瓦城外）去听取了牧师的训诲，只希望不到教务会议厅去接受"询问"。虽然这一步骤在教士法中有明文规定，但人们特地为我想了一个变通的办法：指定一个由五六个人组成的委员会单独听我发表一篇重新皈依新教的声明，就可以了。不幸的是，佩尔德利欧牧师（他为人和蔼，与我很有交情）特意向我透露说：他们以能听到我在这个人数不多的会上发表声明为快。他们的期待使我感到如此之害怕，以致我夜以继日地花了三个星期时间准备的那篇短短的声明，到了会上竟慌乱得一个字也背不出来，在会上表现得像一个笨头笨脑的小学生。虽然委员们一再替我打圆场，但我始终只能傻乎乎地简单回答说"是"或"不是"。会后，我便被批准入教，恢复了我的公民权。作为公民，我的名字也被登入了保安税册；这种税，只有公民和有产者才缴纳的。我还参加了一次小议会为听取穆萨尔议员[①]宣誓就任首席谈判代表而召开的特别大会。小议会和教务会议对我表示的盛情，以及全体官员、牧师和公民对我表示的诚挚的和友好的态

① 指皮埃尔·穆萨尔。——译者

度，使我受到如此之大的感动，以致一方面在好心的德吕克的催促下，再加上我自己内心倾向的驱使，我真想立刻赶回巴黎，把家中的东西通通处理了，把一切琐碎的事情都告一了结，安置好勒瓦赛尔太太和她的丈夫，给他们留下一些生活费，然后带着黛莱丝回到日内瓦安度余年。这样决定之后，我就把该办的正事暂时停下来，以便和朋友们一直玩到起程的时候。在所有的玩乐中，最使我开心的，是我和德吕克、他的儿媳和两个儿子以及我的黛莱丝一起乘船环湖游览。这次环湖之游一共花了七天时间。这七天的天气非常好，我对沿湖景色的美留下了如此深刻的印象，以致几年之后，我撰写《新爱洛伊丝》时，就在书中对它们做了一番详细的描述。

我在日内瓦交往密切的人，除了前边说的德吕克一家以外，还有年轻的牧师维尔纳，我在巴黎就已经和他相识了，我当时对他的评价比后来对他的评价好；还有佩尔德利欧先生，他当时是乡村牧师，现在是文学教授，和他交往，充满了乐趣，是永远值得怀念的，虽然他后来故作姿态与我保持距离；还有雅拉贝尔先生，他当时是物理学教授，后来担任议员和行政委员，我曾把我的《论不平等》读给他听过（但没有读献词），他似乎很赞赏；还有吕兰教授，我同他一直有书信往还，直到他去世以后才停止，他还曾托我为日内瓦图书馆买过书；还有维尔勒教授，我曾多次向他表示亲近和信任，这本该感动他（如果一个神学家能被感动的话，他应当是有所感动的），然而，他和别人一样，后来也和我断绝了来往；还有沙皮伊，他是高福古的伙计和接班人，他本来想接替高福古，但时隔不久，他自己倒被别人顶掉了；还有马尔赛·德·麦齐埃尔，他原是我父亲的朋友，后来又同我结下了友谊，他为国家做了一些有益的事情之后，就从事戏剧写作，还想当二百人院议员，自从产生这个想法以后，他就改变了往日的作风，在临死前还做了一件可笑的事情。不过，在我所交往的人中，我最器重的是穆尔杜；他很有才能，为人干练，确实是个大有前途的年轻人，虽然他对我的态度不明朗，而且同我最凶恶的敌人有联系，我还是很喜欢他的，并且深信将来终有一天他会为我的所作所为进行辩护，为他的朋友鸣不平的。

虽然和朋友们的交往十分频繁，但我还是保持了独自一人散步的爱好和习惯，经常在湖边漫步，走得很远很远。在散步中，我这活动惯了的脑子总是没有闲过，反复思考如何撰写我的《政治制度论》，关于这部书的写作的起因，我不久就要谈到。另外，我还打算写一部《瓦勒地方志》，用散文写一部悲剧，题目叫作《卢克莱修》[①]。尽管我明明知道这个不幸的女人的故事不能在任何一个法国剧场上演，我还是要写。我相信，我这个大胆的题目一定会使那些嘲笑我的人大吃一惊的。与此同时，我还拿塔西佗的作品来试手，把他的《编年史》第一卷译成了法文，译文收存在我的文稿箱中。

在日内瓦住了四个月之后，我于10月间回到巴黎。我没有取道里昂，以免碰上那个高福古。按照我原来的安排是来年春天回日内瓦，所以这年冬天我又恢复了我的生活习惯和日常工作，主要是校对我的《论不平等》的清样。这部作品，由我在日内瓦新认识

① 全题是《卢克莱修之死》。卢克莱修是古罗马的一位贞烈女子，因遭罗马皇帝塔尔昆尼乌斯之子的凌辱，愤而自杀，她的死引起了罗马人民的起义，推翻了塔尔昆尼乌斯的统治。——译者

的书商雷伊在荷兰印刷。由于这部作品是献给共和国的,[①]那篇献词难免不使小议会感到不快,因此,在回日内瓦之前,我想观望一下,看它在日内瓦将产生怎样的效果之后再说。它产生的效果果然于我不利。纯粹是出于一片爱国热忱而写的这篇献词,在小议会中给我招来了许多敌人,在有产者中也招来了不满。首席行政官舒埃先生给我写了一封表面客气但语气却很冷淡的信(原件见卷宗 A,No. 3)。说我的文章写得好的,只有少数几个人,如德吕克和雅拉贝尔,仅此而已。没有任何一个日内瓦人感谢我在这部作品中所流露的由衷的热忱。这种冷漠的态度使有识之士感到气愤。我记得,有一天到克里西,在杜宾夫人家吃饭,同桌的有日内瓦共和国常驻法国代表克罗姆兰,还有麦朗先生。麦朗先生当着满桌的人说小议会应当为这本书给我一件礼品,并公开表扬,它不这样做,就有失体面。个子矮小、肤色暗黑的克罗姆兰,人很阴险,他不敢当着我的面说什么,便做了一个可怕的鬼脸,逗得杜宾夫人笑了起来。这部作品给我带来的唯一好处,除了满足我的心愿以外,就是公民的称号。这个称号是我的朋友们给我的,接着,公众也仿效我的朋友给予我这个称号,但后来由于我太配享有这个称号,反而失去了这个称号。

不过,如果没有其他对我的内心更有影响力的原因,单单这点儿挫折是不会使我改变我回日内瓦的计划的。埃皮奈先生要把他在舍夫雷特的府第的厢房旁边原先缺少的那个耳房添修起来,为

① 把书标明“献给共和国”,这就表明是献给由全体公民组成的大议会,而不是献给由二十五人组成的实际执掌权力的小议会,因此引起了小议会的不满。——译者

此，他花了很大一笔钱。有一天，我同埃皮奈夫人一起去看修建的情形，并顺便散散步。我们往前大约走了四分之一里，一直走到了邻近蒙莫朗西森林的那个花园的蓄水池旁边，那里还有一个很漂亮的菜园和一座破烂不堪的小房子，人们称它为“退隐庐”。这个清幽宜人的地方，我上次去日内瓦之前第一次看见时，就喜欢上了。当时，我不知不觉地随口说出了我心中的喜悦：“啊！夫人，这是多么美好的住家之地呀！真是一个现成的供我隐居的地方嘛。”埃皮奈夫人当时没有对我的话表示什么态度。但这一次来，我吃惊地发现，这座破旧的房子已粉刷一新，布置得整整齐齐，可舒舒服服地足够三口之家住。原来，这是埃皮奈夫人不声不响地叫人修的，花钱不多，从府中的工地上抽出几个工人和一点材料，就修起来了。这次重来此地，她看见我惊异的样子，便对我说道：“我的熊[①]啊，这座房子给你作隐居之地，这是你自己选择的。出于我们的友谊，我把它奉献给你。我希望这份情谊能打消你老想离开我的念头。”就我的记忆所及，我这一辈子从来没有经历过比我当时更强烈和更愉快的感动。我的眼泪沾满了我这位女友的慷慨之手。虽说我当时没有立即接受她的好意，但我的心已极其动摇了。埃皮奈夫人巴不得她的愿望马上实现，于是便使劲催促我，用了好多方法并托了好多人来劝说我，甚至通过勒瓦赛尔太太和她的女儿来强迫我。最后，她胜利了，终于使我改变了我的决心，放弃了回日内瓦定居的计划，答应住进退隐庐。在等新修的房子干燥期间，她忙着为我准备家具，等一切准备妥当后，来年春天就可

① 卢梭的朋友们对他的戏称。——译者

迁入了。

还有一件事情也大大促使我下定这个决心。这件事情是:伏尔泰在日内瓦定居了。我很清楚,这个人在日内瓦一定会兴风作浪,制造事端。我若回去,又会在我的祖国遇到我在巴黎极力躲避的那种乌烟瘴气的氛围和环境,我又要不断地和人争吵不休。在这种环境里,我为人处事,别无选择:要么做一个俗不可耐的乡愿,否则就只好当一个胆小怕事的坏公民。伏尔泰针对我最近发表的那部作品写的信[①],使我有理由在我给他的回信中婉转说明我的担心[②]。这封信产生的效果,证实了我的隐忧[③]。从这个时候起,我就认为日内瓦完了。我这个看法没有错。如果我有本事的话,我当然是应当去抵抗这场暴风雨的。可是我孤身一人,既腼腆又木讷寡言,能去和一个傲气十足、家财万贯又有大人物撑腰的伏尔泰对阵吗?能去同这个既有能说会道的辩才,如今又成了仕女们和青年人崇拜的偶像的伏尔泰一比高低吗?我认为,凭一时的勇

① “最近发表的那部作品”指《论不平等》这部作品发表后,卢梭寄了一本给伏尔泰。伏尔泰于 1755 年 8 月 30 日写信指摘卢梭说:“从来没有人像你这样花这么多心思使我们变成野兽。”——译者

② 卢梭 1755 年 9 月 10 日给伏尔泰的回信,措辞相当“婉转”,他说:“……你为我的祖国带来了荣誉,所以我和我的同胞们一样,对你满怀感激之情……我深信他们将从你给予他们的教诲中深深获益,请你美化你所选择的休闲之地,开导值得你去教诲的人们;请你这位善于描绘美德和自由的人教导我们如何在我们的城市里也像在你的著作中那样去珍惜美德和自由。……”(卢梭:《论人与人之间不平等的起因和基础》,李平沤译,商务印书馆 2009 年版,第 161 页)从这段话中可以看出,卢梭“担心”的是信奉喀尔文教义的日内瓦淳朴的民风和美德将受到败坏。——译者

③ 果然,伏尔泰到日内瓦定居不久,就在他的新宅“谐趣精舍”的小型剧场演出他的《扎伊尔》邀请日内瓦的高层人士观看,因此,遭到教规督导委员会的下令停演。——译者

气去冒险，是于事无补的。在这件事情上，我是完全听从我和平的天性和爱好宁静的个性行事的；如果说我对宁静的爱好当初曾使我做出了错误的决定，它今天在同样的问题上也会使我做出同样错误的决定。如果当初我回到了日内瓦隐居，虽说我可以免遭后来的许多大灾大难，但我毫不怀疑，即使我有满腔的爱国热忱，我对我的国家也是做不出任何伟大而又有益的贡献的。

特农香差不多也是在这个时候到日内瓦定居的，不久以后又到巴黎挂牌行医，而且挣了一大笔钱。他一到巴黎，就和德·若古尔骑士一起来看我。埃皮奈夫人很想请他专门为她诊治，但求诊的人太多，排不上队。她来求我想办法，我只好生拉硬拽，强要特农香去看她。他们在我拉线搭桥的帮助下，就这样开始了往来。没有料到他们后来竟联起手来整我。我的命运总是这样的：一当我使两个本来不相识的人成了朋友，他们准定会联合起来与我作对。不过，尽管特农香家族中的人从那时起就参与了使他们的祖国被奴役的阴谋，他们各个对我都恨之入骨，但特农香本人在很长一段时间里还是对我很亲切的。他回到日内瓦以后，还写信给我，说他想推荐我担任日内瓦图书馆荣誉馆长之职，但我的决心早已下定，我没有被他的盛情所动摇。

也就是在这个时候，我又到霍尔巴赫先生家去看望他了，因为他的夫人去世了。霍尔巴赫夫人和弗兰克耶夫人都是我在日内瓦期间去世的。狄德罗把霍尔巴赫夫人去世的消息告诉我时，说她的丈夫是多么的悲恸；他的哀伤感动了我的心，我自己也深深怀念这位可敬的夫人。为此，我写了一封信给霍尔巴赫先生。这件令人悲伤的事情，使我忘记了他的过错。当我从日内瓦回到巴黎的时候，他也同格里姆及其他几位朋友为了排遣心中的哀伤而周游法国一圈之后回来，于是我就去看他，以后又继续去看他，直到我迁居退隐庐为止。在他那个小圈子里，当有人知道埃皮奈夫人(那时他同埃皮奈夫人还没有往来)正在为我准备房子时，一阵风言风语和挖苦嘲笑之声就像冰雹似的向我袭来，说我已经过惯了城市喧嚣快乐的生活，连半个月的寂寞也熬不过，就得重新回到巴黎。我心里明白他们的意思。我让他们说他们的，我按我的主意行事，霍尔巴赫先生对我还是大有帮助的：*他给勒瓦赛尔老头找到了一个安置的地方。老头已年过八旬，他的太太早已觉得他是个累赘，一再求我把他甩掉。他被送到一个慈善院去；一到那里不久，衰老之年和思念家人之苦就把他送进了坟墓。他的老伴和另外几个孩子都不怎么怀念他，只有黛莱丝心疼他，对他的去世哀伤不已，后悔自己不该在他垂暮之年远离他，没有守在他身边为他送终而抱恨终天。

差不多也就是在这个时候，有一个客人来拜访我。虽然他是我的旧相识，但他这次来，是我一点也没有料到的。我说的这位客人，是我的朋友汪杜尔。有一天早晨，在我万万没有想到的时候，他突然出现在我面前。另外还有一个人跟他在一起。他的变化是多么大啊！不但昔日的风采一点也没有了，而且一脸流气，像个二

---

* 这又是我的记忆力跟我开玩笑的一个例子。在我写完这段话以后很久，有一天在同我的妻子谈到她的老爸的时候，我才知道帮我安置她父亲的，不是霍尔巴赫，而是舍农索先生。舍农索先生当时是圣堂的理事之一，是他派人把勒瓦赛尔老头儿送到慈善院去的。对这件事情的经过，我一点也不知道。我当时不知怎么就一下子想到了霍尔巴赫，以为是他帮我办了这件事情。

流子。这就使我不敢对他过多地畅叙友情。这也许是因为我的眼光变了，也可能是浪荡的生活消磨了他的才气，再不然就是他当初的帅气是青春的光彩，现在这道光彩已随青春的逝去而消失。我几乎是面无表情地接待他。我们道别时，表情也相当冷淡。不过，在他走了之后，我们昔日的情谊又强烈地勾起了我青年时期的往事；我把我风华正茂的青年时期真诚地献给了那个天使般的女人[①]，而现在这个女人的变化之大，也不亚于他；我还想起了那段时期的许多欢乐的小故事，想起了在图讷度过的那浪漫的一天，我是那么天真无邪而又满心喜悦地和两个迷人的女孩子在一起，而得到的唯一恩赐，就是其中的一个女孩子让我吻了一下她的手。不过，尽管只是这么一点点恩赐，它也给我留下了如此强烈、如此动人和如此持久的思念之情。我当时充分感受到的，是一个青年人的心的令人陶醉的痴情。现在，这幸福的时光已一去不复返了。所有这些温馨的回忆，使我为逝去的青春和失去的激情流下了眼泪。唉！如果这种铭心刻骨的激情再次发生，如果我能预见到它们将给我带来多么大的痛苦，我不知道又要流多少眼泪啊！

在离开巴黎之前，在迁居退隐庐前的那个冬天，有一件非常称心的事情使我看到人们对它的处理，真是出于一秉大公之心。南锡科学院院士帕里索以写过几本剧作而知名，最近又在吕勒维尔上演了他的一个剧本，波兰国王也特地去看了这出戏。戏中表演了一个敢于一手执笔宣称要同国王较量的人。他以为这样可以讨

① 指华伦夫人。——译者

国王的好。斯坦尼斯拉斯为人虽宽厚,但不喜欢讽刺的言行,一看剧中竟敢这样在他面前含沙射影地讥笑他人[①],便非常气愤。特里桑伯爵先生奉这位国王之命,写信给达朗贝尔和我,告诉我说,国王陛下认为帕里索先生应当被逐出南锡科学院。我在给特里桑先生的回信中,再三请他向波兰国王关说,求国王饶恕帕里索先生。国王果然饶了帕里索,但特里桑先生以国王的名义通知我说:这件事情应当记录在科学院的档案里。我回信给特里桑先生表示反对。我说,那样一来,不仅没有饶恕帕里索先生,反而使他终生受惩罚,死后还要留下千古骂名。由于我的坚持,最后终于没有把这件事记入档案,没有在公众中留下任何痕迹。在办理这件事情的过程中,无论是国王还是特里桑先生,都对我表示了敬意和尊重,使我深感荣幸。通过这件事情,我深深感到:值得受人尊敬的人所表示的敬意,在他人心中产生的影响,比虚荣心所产生的影响更加令人受到振奋和激励。我已把特里桑的来信和我给他的回信的抄件收存在我的文稿箱里,原件见卷宗 A. No. 9、10 和 11。

我深深知道,万一我写的这部回忆录将来有朝一日得以发表,我反倒使这件我本想使之湮没无闻的事情传之后世。有什么办法呢?它们传之后世,完全是迫不得已嘛。我写这部《忏悔录》所始终追求的伟大目标,以及我要把一切事情都如实描述的不可推卸的责任心,不容许我瞻前顾后而偏离我的目的。在我所处的奇异而独特的境遇中,我一心专注的,是事实的真相,因而对任何人都顾不上那么多了。为了要彻底了解我,就必须从各个方面了解我,

---

① 指卢梭。——译者

不论是好的方面还是坏的方面，都要了解。我忏悔的事情，必然和其他许多人有牵连。凡是涉及我的事情，我对我自己的叙述和对他人的叙述，都同样坦率。无论是对我自己还是对任何其他人，我都不会笔下留情。我要永远公平和真实，尽可能说别人的好处，只是在别人对我确实做了不好的事情时，我才说别人的坏处，而且是在非说不可的时候才说。在别人迫使我所处的这个环境中，谁有权利对我提出更多的要求呢？我这部《忏悔录》，既不准备在我在世之时发表，也不准备在有关的人在世之时发表。如果我的命运和这部著作能由我做主的话，它应当在我和他们死后很久以后才发表。那些有钱有势的迫害我的人怕我说出事实的真相，因此千方百计地想抹掉事实的痕迹，这就迫使我为了保存这些痕迹而不得不采取最明确的权利和最严格的公理允许我采取的一切办法。如果我死之后就没有人再谈论我，我就宁愿不牵连别人，毫无怨言地忍受他们施加于我的不公正的和故意轻慢的耻辱。但是，既然我的名字要流传后世，我就应当把我这个遭受奇耻大辱的不幸的人所经历的事情按照事实的真相而不是按照那些不公正的敌人胡说的那样告诉后人。

第　九　卷

(1756—1757)

我急于想迁居退隐庐，因此，房子一收拾好，我便没有等到来年春天就赶紧搬进去了。这就引起了霍尔巴赫一伙人的嘲笑。他们公然预言我耐不住三个月的孤独就会羞答答地回来，像他们那样长居巴黎。至于我，这十五年来我已远离了我的天然的爱好，现在又回到我喜欢的环境，对他们的嘲笑一点也不在乎。自从我不由自主地进入社交界以来，我没有一时一刻不怀念夏梅特和我在那里度过的甜蜜的时光。我觉得，我生来就是适合于隐居生活和乡间环境的，在别的地方是不可能幸福地生活的。在威尼斯，我成天公务缠身，位列使节，极显尊荣，脑子里盘算的是迅速升迁；在巴黎，我出入于乌烟瘴气的社交场合，觥筹交错，遍尝珍馐，目眩于剧院的五光十色，追求的是转瞬即逝的虚荣，而对山林、小溪和孤身一人的散步的回忆，经常使我心乱如麻，万般愁思，引起我一片嗟叹和无限向往。我过去迫不得已而做的那些工作，我出于一时的热情而定的那些宏伟的计划，其目的无他，完全是为了有朝一日能再过那种悠闲自在的乡居生活。如今，我深自庆幸，这种生活即将开始了。我原来认为只有家境富裕时才能过悠闲的生活，而现在，尽管我不富裕，但我认为，由于我的境况特殊，我用不着家境好转也能从相反的道路达到同样的目的。我没有一文钱的固定收入，但是我有名气，有才能，生活简朴，没有为了应付场面而非花不可的开销。另外，虽说我很懒散，但在我愿意勤奋工作的时候，我还是能勤奋干活儿的。我的懒散，不是一个游手好闲的人的懒散，而是一个独立自主的人的懒散，喜欢在该干活儿的时候拼命干活，我干抄乐谱这一行，虽既不显身扬名，收入又不多，但生活靠得住。许多人都夸我有选择这门职业的勇气。我不愁没有活儿干；只要我好好地干，吃饭就不成问题。《乡村巫师》和我的其他作品给我带来的收入，到现在还剩下两千法郎。有了这笔钱，我就不会捉襟见肘，就不会手中拮据，何况我还有几部作品正在撰写之中，用不着向书商索取高额报酬，只要他们略给我一些酬金，我就可以适度工作，不必过分劳累，甚至还可挪出时间去散步。我的小家庭只有三个人，各个都有事做，不需要花太多的钱，就能维持生活。总之，我的收入是同我的需要和欲望相称的，是足以使我按照我的天性选择的方式过上幸福和稳定的生活的。

我完全可以把我的全部精力用去挣大钱，不干抄乐谱这一行，全身心地搞写作。以我当时所有的而且自觉有能力继续保持的劲头搞写作，稍许把作家的技巧和出好书的愿望结合起来，就可以使我过宽裕的生活，甚至可以过富翁般的生活。但是我认为：为挣面包钱而写作，这不久就会窒息我的天才和扼杀我的才能的。我的才华不在我的笔上，而在我的心里；它完全是由一种高尚的思想方法产生出来的；只有这种思想方法才能孕育我的才华。一个为金钱而写作的作家是写不出振聋发聩的伟大作品的。生活的压力和贪财的心，也许会使我写得更快，但不可能使我写得更好。如果我一心追求成功，只要一产生了这个念头，即使不使我卷入拉帮结派的小集团，至少也会使我少说有益世人的真话，而多说哗众取宠的废话，我就不可能成为卓越的作家，而只能当一个胡诌乱说的文痞。不，绝对不能这样做。我始终认为：一个作家只有在他不以写作为职业的时候，才能发挥他的天才和受到人们的尊敬。一个人如果是为了生计而动脑筋思考，他的思想是不可能高雅的。为了能够和敢于阐述真理，就不能计较成败和得失。我把我的书呈献在公众面前，确信我是为了公众的利益而发言，其他一切就在所不计了，如果我的作品不受公众的青睐，那表明他们不愿意从中受益，那就让他们糊涂一辈子好了。至于我，即使他们不赞许我，我也照样活得满舒畅；即使我的书卖不出去，我抄乐谱挣的钱也能养活我。说来也真奇怪，正因为我抱定这个宗旨，我的书反倒卖出去了。

1756 年 4 月 9 日，我离开了城市，从此以后，就再也没有在城市里居住过。此后，不论是在巴黎还是在伦敦或其他城市，我都是短暂停留或者是迫不得已而路过，所以不能算作居住。埃皮奈夫人派她的马车来接我们三个人，她的一名雇工负责运我们的简单的行李。当天我们就在退隐庐安顿好了。我发现，我这个小小的退隐的房舍的布置和家具虽很简单，但很整齐，甚至可以说很雅致。花了一番心思安排这套陈设的那只手，使它在我的眼里看来具有不可估量的价值。我觉得，作为我的女友的客人，住在我自己选择的并由她特意为我建造的房子里，真是太惬意了。

尽管天气很冷，到处都还有残雪，但大地已开始复苏，紫罗兰和报春花已经开花，树木已开始长出苞芽。我住进退隐庐的当天夜里，站在窗口就听到了我房子旁边一座树林里传来的夜莺的鸣叫。在迷迷糊糊睡了一阵之后，我忘记了我已搬家，还以为是在格莱内尔街呢。这时，突然一阵鸟儿的鸣啭使我大吃一惊，等回过神儿来才欣喜若狂地大声叫道："我的愿望终于全都实现了！"我首先想做的事情是去观赏我周围的乡村风光。我不先收拾我的房间，而是去散步。到退隐庐的第二天，我就把我房子周围的每一条小径、每一座树林、每一个灌木丛和每一个犄角旮旯儿的地方转了一遍。我愈观赏这个迷人的幽居，愈是感到它天造地设是为我而存在的。这里僻静，但不荒芜，使我感到如同身居世外。它拥有那种在城市周围难以找到的美丽景色；突然置身其中，绝不会相信这里距巴黎只有四法里。

尽情享受了几天乡村宁静生活之后，我才想到要整理我的文稿，安排一下我的工作。同从前一样，我把上午的时间都用来抄乐谱，下午带着一个小白纸本和铅笔去散步。我只有在露天之下才能自由自在地思考和写作，所以不想改变这个方法。我打算从今以后就把几乎就在我家门口的蒙莫朗西森林当作我的工作室。我有几部作品都已经开了头，现在要把它们一个一个地检查一下。我的写作计划很庞大，但在城市忙忙乱乱的生活中，进展一直很缓慢。我准备在分心的事情少一点的时候，稍微加快速度。我认为我是很好地实现了我的这个想法的，因为，尽管我那时经常生病，又经常要穿梭来往于舍夫雷特[①]、埃皮奈夫人的家[②]、奥波纳[③]和蒙

① 指包税人拉里夫·德·贝勒加尔德在舍夫雷特的庄园。——译者

② 指埃皮奈夫人在布里什的寓所。——译者

③ 指乌德托夫人在奥波纳租住的一间农家小屋。——译者

莫朗西[1]这几个地方，家中又常常有许多闲着没有事干的不速之客来纠缠，而且每天还要抽出半天时间抄乐谱，但是，如果人们计算一下我在退隐庐和蒙莫朗西度过的这六年时间所写的作品[2]，我敢肯定，人们将发现：如果我在这段期间真的浪费了光阴的话，那至少不是因为我懒散而虚度了的。

在我开始撰写的几部著作中，我思考的时间最多、写作起来最有兴味并愿以毕生之力从事，而且在我看来将使我获得盛名的，是我的《政治制度论》，我第一次想写这部书，是十三甚至十四年前的事了。那时我在威尼斯，有些事情使我看出那个被人们如此夸赞的政府竟有许多缺陷。此后，由于我从历史的角度去研究伦理学，我的眼界便大为开阔。我发现，所有一切问题的根子都出在政治上。不论从什么角度看，没有哪一个国家的人民不是他们的政府的性质使他们成为什么样的人，他们就成为什么样的人的[3]。所以我觉得："怎样才是一个尽可能好的政府"这个大问题，可以归纳成这样一个问题："什么性质的政府才能培养出最有道德、最贤明和心胸最豁达的人民？"——总而言之一句话：什么性质的政府才

① 指卢森堡元帅在蒙莫朗西度夏的府第。——译者

② 单是《新爱洛伊丝》和《爱弥儿》这两部作品，就有一百余万言，足见卢梭在写作方面是很勤奋的。——译者

③ 卢梭在1755年出版的《百科全书》第5卷发表的《论政治经济学》中有一段话行文的语气和意思，与此处的这段话大体相同。他说："可以肯定的是，人民归根结底总是政府想使他们成为什么样的人，他们就将成为什么样的人。政府想使他们成为好战的军人、公民或一般的普通人，他们就成为好战的军人、公民或一般的普通人；政府若一时高兴，想使他们成为无知无识的群氓或恶棍，他们也只好成为无知无识的群氓或恶棍。"（卢梭：《论政治经济学》，巴黎加尼埃—弗拉马尼翁1990年版，第69页）——译者

能培养出按“最好”二字最广泛的意义说来足可称为“最好的人民”？我还发现，这个问题与另外一个问题尽管有所不同但却是极其相似的，那就是：“什么样的政府才能由于它的本性的驱使，行事处处都合乎法律？”由此还产生了“何谓法律”等一系列同样重要的问题。我觉得，所有这一切正引领着我去发现有助于人类的幸福，尤其是有助于我的祖国的幸福的伟大真理。我上次去日内瓦时，我发现那里的人们对法律和自由缺乏足够正确的和足够明晰的认识，因此我认为用这种间接的方式把这些概念提供给他们，是不会伤害他们的自尊心的；他们一定会原谅我在这些问题上比他们看得稍远一点。

这部著作，我已经写了五六年，但进展不大。写这类著作，是需要沉思、悠闲和宁静的，何况写这部书，正如人们所说的，我是悄悄地写的。我不愿意把这个计划告诉任何人，连狄德罗我也没有告诉，因为我担心，对于我写书的这个时代和国家来说，这个计划似乎太胆大了。我的朋友们的担心，会妨碍我的计划的进行*；何况我又不知道它是否能及时完成，不知道它是否能在我在世之时问世。我希望我能毫无顾忌地把我要叙述的问题全都加以详细的阐述。我素来不讽刺谁，也不攻击谁。平心而论，我这个人真是无可指摘的。我既要充分利用我生来就有的思想的权利，又要始终尊

---

* 尤其是杜克洛那种谨小慎微的样子使我感到害怕。至于狄德罗，我不知道为什么我每次和他商讨之后，下笔就尖酸刻薄，超过我的天性允许的程度。正是因为这样，我才不敢去请教他。因为在这部著作里，我唯一要贯穿始终的，是条分缕析地阐述理论，不能有任何一点情绪偏激的词句。《社会契约论》就是从这部书中摘录出来的；人们从《社会契约论》就可看出我在这部作品中所采取的笔调。

重我生活在其治下的政府,绝不违背它的法律,尤其注意不要违犯国际法,不过,也不要因为怕触犯国际法就放弃它向我提供的便利。

我要坦率承认,虽然我生活在法国,但我是外国人,因此,我的地位特别有利于我放开胆子阐述真理。只要按照我原先的计划不在法国出版未经许可的书,那么,不论我在书中说了些什么,也不论它是在什么地方出版,我都无须对任何人负责。如果我在日内瓦,就没有这么自由了。因为在日内瓦,不论我的书是在哪里出版的,官方都有权审查我的书的内容。从这一点考虑,我便决心接受埃皮奈夫人的盛情,放弃去日内瓦定居的计划。我发现,正如我在《爱弥儿》中所说的[①],只要你不是阴谋家,你若想为你的祖国的真正幸福而著书,你就千万别在你的祖国的怀抱中写。

我之所以感到我的处境对我特别有利,是因为我深信:虽说法国政府也许对我并不怎么欢迎,但它即使不保护我,但至少会把它让我安安稳稳地生活,看作是它的光荣。我觉得,对无法阻止的事情大度宽容,是一种既简单而又十分巧妙的政治手段。因为,如果把我逐出法国(法国政府是有权这样做的),我的书并不因此就不写,而且说不定还写得更无克制。反之,让我安安静静地在法国写,既可使作者成为他的作品的担保人,又可消除欧洲各国对法国政府根深蒂固的成见,从而获得充分尊重人权的荣誉。

① 卢梭在《爱弥儿》中说:“也有这样一种情况,即一个人生活在国外,也许比在国内对他的同胞更有用处。在这种情况下,他便应当独一无二地听从他的热情的驱使,毫无怨言地忍受亡命国外的痛苦;亡命国外这种做法的本身就是他的义务之一,……[如果他]担负了向人类阐述真理的艰巨使命的话。”(卢梭:《爱弥儿》,李平沤译,商务印书馆2007年版,第730页)——译者

有些人根据事态的发展，认为我的这种信任是错的，其实，把问题看错了的，是他们自己。在那场使我遭受灭顶之灾的暴风雨中，我的书只不过是他们整我的一个借口，而他们真正恨的，是我这个人。他们并不怎么把作者放在心上；他们想置之死地的是我让-雅克。他们在我的书中找到的最大罪恶，正是我的作品将给我带来的光荣。未来的情况如何，目前无法预料。我不知道这个谜(对我来说，这的确是一个谜)将来是否能被读者的眼睛识破。我只知道，如果我阐述的那些原理会给我招来灾祸的话，我早就成了那些灾祸的牺牲品了。因为在我的著作中，那本虽然不是最大胆地但是是最明确地阐述这些原理的书[①]，在我迁居退隐庐之前就已经发表并已经产生了它的影响了。当时谁也没有就这本书的内容同我发生争论，而只是不让它在法国印行[②]，但它在法国与在荷兰一样，是公开出售的。后来，《新爱洛伊丝》也同样顺利地出版了，我甚至敢说，它同样受到欢迎，而且令人难以置信的是，这个爱洛伊丝临终前的那番表白[③]，和后来萨瓦省的那个牧师的《信仰自白》[④]完全是一模一样的。《社会契约论》中的那些大胆的言论，在《论不平等》中早就有了；《爱弥儿》中的那些大胆的言论，也早在《朱莉》[⑤]里就有了。这些大胆的言论既然没有为这两部作品招来

① 指《论人与人之间不平等的起因和基础》。——译者

② 这本书于1755年在荷兰阿姆斯特丹印行。——译者

③ 见卢梭:《新爱洛伊丝》卷6书信11。(卢梭:《新爱洛伊丝》，李平沤、何三雅译，译林出版社2002年版，第717—752页)——译者

④ 指卢梭《爱弥儿》第4卷中的《一个萨瓦省的牧师的信仰自白》。(卢梭:《爱弥儿》，李平沤译，商务印书馆2007年版，第377—457页)——译者

⑤ 即《新爱洛伊丝》，朱莉是这部作品中的女主人公。——译者

任何议论，可见，《社会契约论》和《爱弥儿》之招来议论，就不是因为这两本书中的那些大胆的言论了。

我另外还有一项性质差不多相同的工作，虽然是新近安排的，但它在目前却占用了我更多的时间。这项工作是：对圣皮埃尔神甫的每一部著作做一个摘编。一支笔不能同时叙述几件事情，所以这件事情直到现在我才提及。我从日内瓦回来以后，马布里神甫就想请我承担这项工作。不过，他没有直接跟我谈，而是通过杜宾夫人向我提出的，因为她也非常希望我接受这个工作。她是巴黎城中把圣皮埃尔神甫当作"惯坏了的孩子"宠幸的漂亮女人之一；虽然她没有独占神甫的偏爱，但至少是和黛姬容夫人一起分享的。这位年老的神甫故去之后，她对他一直保持着一种敬爱之心：这使他们双方都受到好评。如果她能看到她的朋友的遗著由她的秘书使它们公之于世，她将感到很荣幸。圣皮埃尔神甫的著作也的确包含有许多很好的内容，但文字的表述是如此之差，以致读起来非常吃力。令人惊异的是，圣皮埃尔神甫尽管把他的读者个个都看做孩子，但对他们说起话来又把他们当作大人，一点也不考虑怎样才能使人家看懂他的书。正是由于这个缘故，他们才要我来承担这项工作：一则是因为这项工作本身是有益的，再则是因为它非常适合一个肯苦干但懒于著书立说的人来做。自己动脑筋思考，这太辛苦了，所以我宁愿对别人的著作（如果它们合我的口味）进行阐述和点评，而不愿意另自创作。另外，既然允许我不把我的工作局限于阐述上，那就不能禁止我有时候加进我自己的思想，使我笔下的作品具有这样一种好处：让许多重要的论点穿着圣皮埃尔神甫的外衣出现在书中，比穿着我的外衣更能引人注意。不过，这项工作并不轻松：要仔细阅读和琢磨并加以摘编的材料有二十三本之多；要从一大堆文笔散乱、冗长、充满重复、肤浅和错误观点的材料中摘录某些的确是有真知灼见的文字，是需要有忍受这种艰苦劳动的勇气的。就我的本心来说，如果我能找到适当的理由翻悔的话，我是真想把这个工作推辞掉的。不过，既然这些材料在圣朗贝尔的恳求下，由神甫的侄子圣皮埃尔伯爵交给了我，而我也收下了，我就应当对如何处置做出决定：要么退回给他们，否则就好好地加以摘编。我把圣皮埃尔神甫这一大堆遗稿带到退隐庐，就是做这后一种打算的，所以我准备把我的空闲时间首先用来做这个工作。

我打算写的第三部作品，是因为我反省我自己而想起来要写的。如果工作的安排能按照我制订的计划顺利进行，我便有可能写出一本于世人真正有益的书，甚至是最有益于人类的著作之一。我愈这样想，便愈有勇气写这部作品。我发现，大多数人在他们日常生活中的言行都不像他们本人，一举一动仿佛完全变成了另外一个人似的。我写这本书的目的，并不是论证一个大家都熟知的事实；我有另外一个更新的甚至是更重要的目的，那就是：我要探索这些变化的原因，尤其要探索那些可以由我们加以制约的原因，以便指出我们应当怎样做，才能由我们对它们加以引导，从而使我们变得更好，变得对我们自己更有信心。因为，不可否认的是：一个诚实的人要想克制已经形成的欲念，其难度是比他在那些欲念刚萌发时就加以防止、改变或纠正大得多的。一个受诱惑的人，第一次抵抗住了诱惑，因为他是坚强的；而另一次就屈服了，因为他是软弱的。如果他像前次那样坚强的话，他就不会屈服了。

我通过对我自己的审视和对别人的观察来探索这些不同的生活方式形成的原因,我发现,它们大部分都是由外界事物的先入印象决定的。我们不断地被我们的感官和器官所改变,因此我们就不知不觉地在我们的欲念、感情甚至行为上受到这些改变的影响。我收集到的许许多多可靠的研究材料都是无可争辩的,从材料中包含的那些科学原理来看,我觉得,它们可以向我们提供一种随环境的变化而变化的外在的行为法则,从而使我们的心灵处于或保持在最有利于实践美德的状态。如果人们懂得如何使生理冲动向有利于它经常干扰的道德观念发展,他们就可使理智少出多少偏差,少使多少邪恶之事发生啊!气候、季节、声音、颜色、黑暗、光明、环境、食物、喧嚣、寂静、运动和宁静,所有这些对我们的身体和心灵产生影响的事物,都为我们提供了千百种几乎是准确无误的方法,使我们能对支配我们言行的感情在其萌生之时加以控制。这些就是我的基本思想,我已经对它们草拟了一个写作提纲。我希望它们能对天性良好、真心热爱道德而又想克服自己弱点的人产生有益的影响。我认为,按照这个思路去写,是准能写出一部读者爱读和作者爱写的好书来的。可是,这部标题为《感性伦理学或智者的唯物论》的书,我一直没有多少时间去写。有许多事情分了我的心(读者不久就会知道其中的原因),使我无法集中精力去写。我草拟的那份提纲的命运如何,大家将来会知道的;它似乎与我自己的命运有密切的关系。

此外,我对教育问题也思考了一段时间。这是舍农索夫人请我在这方面下工夫的,因为她丈夫对儿子的教育方法不当,使她对自己的儿子非常担忧。尽管这件事情本身不太适合我的兴趣,但友谊的力量使我对这件事情比对其他事情都更用心思考，所以，在我以上所说的几部著作中，只有这部著作我是圆满完成了的。在写这部著作的过程中，我所期望的结果，我觉得，应当带来另外一种命运。不过，在这里还是不要过早地谈这件令人痛苦的事情吧，因为在本书的以后几卷里，我将不得不一再谈到它。

以上这几部著作，都为我散步时提供了思考的材料，因为，我记得我在前面已经说过，我是只有一边散步，一边才能动脑筋思考的。脚步一停下来，我就无法思考了：我的脑筋是跟着我的两只脚一起行动的。碰上下雨天，我不能出去散步时，我就在室内工作，写我的《音乐词典》。目前，这本词典的材料十分零散，残缺不全，不成样子，差不多需要重新从头做起；为此，我带了几本需要参考的书，而且还花了两个月时间从其他书中摘录了许多材料。这些书都是从王家图书馆中借来的，其中有几本，人家还允许我带到退隐庐。如果天气不好我不能出门，或者抄乐谱抄累了，我就在室内做这个工作。这样安排是如此的适合我，以致我无论是在退隐庐还是在蒙莫朗西，甚至后来在莫蒂埃，我都这样做：一方面做这个工作，同时又兼做其他工作。我发现，时时变换工作的内容，实在是一种消除疲劳的好办法。

在有一段时间里，我相当严格地按照我自己规定的作息时间进行工作，而且进行得很顺利。但是，当美好的季节频频使埃皮奈夫人来到布里什或舍夫雷特时，我就发现，有些事情开头倒不怎么干扰我，我也没有在意，但后来却大大打乱了我的生活和工作安排。我已经说过，埃皮奈夫人有许多可爱的优点，她爱她的朋友，热心为他们效劳，既不惜时间，又不惜力气，因此，她理应得到朋友们对她的回报。到此刻为止，我一直对她恪尽这个义务，而不觉得这是一项负担。但后来我发现，我被套上了一条友情使我难以解脱的锁链，再加上我历来不喜欢和许多人交际应酬，因此我感到这条锁链愈来愈沉重。埃皮奈夫人发现了我的这种情绪，便向我提出了这样一个表面上是照顾我而实际上是照顾她的建议：每当她单独一个人或者差不多是一个人在家的时候，她便派人来通知我。我同意了，而没有看出我这一同意就意味着我承诺了某种义务。从此以后，我就不是在我方便的时候去看她，而是在她方便的时候由她召唤我去看她，因而我就没有一天是能由我自己支配的了。这种约束大大损害了我以前感到的去看她的乐趣。我发现，她所许给我的自由，我根本就没有利用的可能。有一两次我试想利用，她立刻就派那么多人来打听消息，给我写无数的短信来问我的身体如何，说对我的健康十分担忧。在这种情况下，我发现，要想免掉我一听她召唤就去看她的麻烦，我只好借口我病得卧床不起。这种约束我还非服从不可。我服从了，而且是我这个最痛恨仰人鼻息的人相当情愿地服从的，因为我当时对她的情谊是真诚的，所以并不怎么感到这一约束之苦。她就这样在她的朋友不来陪她玩时，就让我去陪她，帮她打发无聊的时光。对她来说，这个办法虽然不算好，但比绝对的寂寞好得多。她是受不了绝对的寂寞的。其实，她是有许多办法可以用来消除她的寂寞的，因为她早已有了想搞文学创作的念头，她想写小说、散文、喜剧、短篇故事和其他一些诸如此类的杂文。只不过她的兴趣不在于写，而在于把她写的东西念给人家听：她刚写了两三页，就以为写出了伟大的作品，就想找几个善于捧场的人来听她念。我很少有荣幸被她选去听她念，只偶尔有人推荐我，我才去参加。我这个孤独的人，几乎在任何事情上都是被人家看作是无足轻重的，不仅在埃皮奈夫人的社交圈子里是这样，在霍尔巴赫先生的社交圈子里也是这样。无论在哪里，只要格里姆一露面，我几乎就等于零了。这样一种被人家不放在眼里的情况，对我来说，反倒是挺好的，反而使我很自在，比和他人面对面地交谈好得多嘛。和他人交谈，我反而手足无措，不知如何是好，既不敢谈文学，因为我没有资格去评论，又不敢卖弄风情，因为我腼腆，宁死也不愿意被人家耻笑我是一个老风流。我在埃皮奈夫人身边从来没有产生过这种念头；即使我一辈子在她身边，这种念头也是不会产生的。这倒不是因为我对她这个人有什么反感，恰恰相反，作为她的朋友，我实在太爱她了，所以我不能以情人的身份去爱她。我一看见她，一和她谈话，就感到十分高兴。她的谈吐，虽然在社交场中相当引人注意，但和人个别谈话，却十分枯燥，而我的谈吐也不风雅，也引不起她多大的兴趣。有时候因为两个人干坐着，相对无言太久了，我便感到不好意思，我便大着胆子无话找话说。这样谈话虽然很累，但并不使我感到厌烦。我喜欢对她献些小殷勤，像兄长那样轻轻吻她。我觉得这样亲吻，是不会使她感到有肌肤之亲的意味的。我同她之间，仅此而已。她很瘦，肤色很白，胸脯平得像我的手掌。单单这一缺陷，就使我凉了半截。我的心和我的感官从来就不喜欢乳房不丰满的女人。另外还有一些不便说的原因使我身虽在她身边，但从来不把她当一个女人看待。

我就这样下定决心忍受这无法躲避的束缚，不做任何抵抗。我发现，这种束缚在头一年还不像我预料的那样难以容忍。埃皮奈夫人通常整个夏天都是在乡下度过的，而这一年却只在乡下住了一段时间，其中的原因，也许是由于她在巴黎有事情要办理，也或者是由于格里姆不在舍夫雷特，所以她感到在乡下没多大意思。于是，趁她不到乡下来，或者她虽然来了，但有众多的客人陪她的时候，我便尽情和黛莱丝与她的母亲享受这宁静的乡村生活，感到这难得的心境宁静之乐格外可贵。虽然最近这几年我经常到乡下，却几乎领略不到乡村的风味，因为每次到乡下，都是同一些自命不凡的人在一起，感到十分拘束，因而败坏了到乡村的乐趣。这种情况更加刺激了我对乡村的喜爱。我愈是近观乡村的景色，便愈感到失去乡村生活的乐趣之苦。我对城里的那些沙龙、人造喷泉、小树林和花坛，尤其是那些对这一切津津乐道的令人讨厌的家伙，简直是厌恶透了；什么绣花织品啦、羽管键琴啦、纸牌戏啦、丝绒结子啦，尤其是无聊的俏皮话、装模作样的媚态和捕风捉影的流言飞语与铺张摆阔的晚宴：这一切，令我如此之看不顺眼，以致，当我一瞧见乡下天然的荆棘丛、农家的篱笆、粮仓和草地，在村子里闻到葱花炒鸡蛋的香味，听见远处传来的牧羊女唱的山村小曲，我马上便把城里的粉黛胭脂、金银器皿和琥珀饰品忘到九霄云外了。更令人生气的是，我想吃家常便饭，想喝家酿的葡萄酒，而掌勺的大师傅和库房总管，就是不让我吃这种饭喝这种酒，使我恨不得给他们每人一耳光。他们硬要我在吃晚饭的时候吃午饭，在睡觉的时候吃晚饭，这就很不合道理嘛。尤其是那些听差和仆役，他们的两只眼睛盯着我吃饭的动作，他们一见我渴得要死了，就把他们主人掺了假的酒给我喝，使我花的钱比在小酒馆喝最好的酒花的钱多十倍。

现在，我终于安定下来了，住在一个幽静宜人的地方，过着自由自在和平平静静的生活。我感到我生来就是过这种生活的。在陈述这种生活状况（对我来说，目前的这种状况还是崭新的）对我的心灵产生的影响之前，我应当扼要说明我内心深处对这种状况是何等的喜爱，以便使读者从根源上更好地了解这些新的变化的进展。

我始终把我同黛莱丝结合那一天看作是稳定我的精神生活的一天。我需要寄托我的爱，因为原本可以使我感到满足的感情被彻底破坏了。对幸福的渴望，在男人的心中是永远不会消失的。妈妈衰老了，境况一天不如一天；事实证明，她今生再也不会幸福了。既然没有再和她一起过幸福生活的希望，我就只好寻求我自己的幸福。有一段时间，我思前想后，订了一个计划又订一个计划。我的威尼斯之行，如果同我打交道的那个人[①]是有心人的话，我是满可以平步青云，进入政界的。我这个人是容易灰心丧气的，尤其是在艰巨的和需要长期努力的事业上缺乏恒心。我那篇文章的成功[②]，给我带来了许多麻烦，因而使我对其他一切都不感兴趣了。按照我从前的看法，我认为，一切遥远的目标都是使人误入歧途的诱饵，所以我决定从今以后听天由命，过一天算一天，在生活中再也看不到有什么事物可以促使我努力上进了。

正是在这个时候，我们相识了。这个善良的女子的温柔性格是如此的适合我的性格，以致我对她的依恋之情是经得起时间和

① 指法国驻威尼斯大使德·蒙台居。——译者

② 指他1750年获奖的应征论文《论科学与艺术的复兴是否有助于敦风化俗》。——译者

挫折的考验的。一切看起来将使我对她的情意遭到丧失的事情，反而使我对她的情意更为加强。读者在后文可以看出我对她的爱恋之情是多么真诚，因为，尽管我在文中揭示了她使我受到的创伤，叙述了她在我最艰难的时候做了一些令我痛心的事，但直到我写这段话的时候，我都未曾向任何人抱怨过一句。

为了不和她分离，我曾做了种种努力，冒了各种各样的风险。在同她一起生活了二十五年之后，我不顾命运的坎坷和人们的讥评，在垂暮之年终于正式娶她为妻。这在她，既无此期待，也未提出过这个要求；在我，既未承诺在先，也不是非这样做不可。有些人以为我是被一种疯狂的爱情从第一天起就弄昏了头脑，因而使我逐步发展到最后做出如此荒唐之事。另外一些人则认为有许多本来可以阻止我一辈子也不和她结婚的特殊的和有力的理由，然而终于未能阻止我这样做，可见我爱她真是爱得发了疯。各位读者，你们现在想必对我已经有所了解了，如果我实话实说地告诉你们：从我第一次见到她起，一直到今天，我都从未对她产生过一星半点爱情的火花；我对她，也像对华伦夫人那样，根本就不想占有她；我在她身上得到肉欲的满足，纯粹是性欲的需要，而不是出自对她的爱——如果我这样坦诚告诉你们，你们将抱怎样的看法呢？你们一定会以为我是一个身心与众不同的人，以为我根本就不懂得什么是爱情，因为我对我最喜爱的两个女人虽亲密相处，但丝毫没有爱她们的心。各位读者，先别忙着这么说，苦涩的时刻即将到来，那时你们将发现你们的看法完全错了。

我这是重复我早先说过的话；这我知道，但必须重复。我的第一个需要，我最强烈的和难以消除的需要，完全在我的心里。我需要的是内心亲密的结合，而且是内心尽可能亲密的结合。正是因为这个缘故，我才需要一个女人而不需要一个男人，需要一个女友而不需要一个男友。这种需要的奇特之处在于：肉体的紧密结合还不够，我希望能把两个人的灵魂放在同一个躯体里，否则，我就感觉到空虚。那时，我以为我不再感到空虚的日子已经到来。这个年轻的女人有千百种好品质讨人喜欢；在容貌方面，既不浓妆艳抹，也不故意卖弄风情。如果我能像我所希望的那样把她的生活融入我的生活，她也可以把我的生活融入她的生活。我一点也不担心有第三者插足，因为我确信我是她唯一真正爱的男人；她那宁静如水的情欲，也不会促使她去找别的男人，甚至在我后来已经不能房事的时候，我也不担心她会有不贞的行为。我没有亲人，而她有一大家人。她家中所有的人的性格都与她的性格大不相同，因此我没有办法把她家中的人变成我家中的人。这就是造成我的不幸的第一个原因。我是多么想成为她母亲的儿子啊！为此，我费尽了心血，但始终没有做到。我很想把我们的利益结合在一起，但结果纯属徒劳；我没有办法做到这一点。她的利益和我的利益总是不一样，甚至和我的利益完全相反，与她女儿的利益也相反。后来，她女儿的利益与她的利益已经分不开了。她的几个子女和孙男孙女都成了吸血鬼，偷黛莱丝的东西，已经成了司空见惯的小事情了。这个可怜的女人逆来顺受惯了，甚至连她的侄女儿也拿气给她受，所以她让他们偷，听他们摆布，自己一句话也不说。我看见我的钱花光了，忠告的话也说尽了，结果是一点作用也不起，没有使她得到任何好处，这真令人痛心啊。我曾劝她脱离她的母亲，但她拒不接受我的忠言。我尊重她的这种拒绝态度，并因之对她更为敬重。不过，她这种态度到头来不但使她自己遭殃，而且也使我深受其害。由于她完全顺从她的母亲和她的家人，她的心就偏向他们而不偏向我，甚至超过偏向她自己。他们的贪婪虽使她的钱财遭殃，但同他们给她出的坏主意相比，其损失还是比较小的，他们的坏主意对她的危害可大了。总之，虽说由于她爱我，由于她的天性善良，因而没有完全受制于他们，但至少已经使她受到足够的影响，使我对她的忠言大部分都未能产生效果。无论我怎样努力，我们依然是不能同心合力的两个人。

这就是为什么在如此真诚的相互依恋的情谊中，虽然我投入了我心灵全部的爱，我这颗心依然没有得到充实和感到空虚的原因。孩子出生了，这本可以填补心灵的空虚，但情况反而更糟。我一想到要把孩子交给这样一个乱糟糟的家庭去抚养，我就感到害怕。如果把孩子交给他们去教育，那必然会愈教愈坏。育婴堂的教育，比他们对孩子的危害小得多。这就是我决定把孩子送进育婴堂的理由：这个理由，比我在给弗兰克耶夫人信中所说的理由更有力得多，但唯独这个理由我不敢对她说，因为，我宁可对这样一个应受严厉谴责的行为少做辩解，也要顾及我所喜爱的女人的家庭的颜面。不管怎么说，人们根据她那个坏哥哥的恶行就可以判断我该不该让我的孩子去受他那种教育了。

既然不能充分领略我所需要的两心亲密结合的乐趣，我就只好另外去寻找替代的办法。这种办法虽然不能完全填补我心灵的空虚，但至少可以使我空虚的感觉减少一些。由于缺少一个对我完全以心相交的朋友，我就需要一些其活力能克服我的惰性的朋友。正是由于这个缘故，我有意识地加强了我同狄德罗与孔狄亚克神甫的友谊。我同格里姆新建立的友谊,比同前两个人的友谊更为密切。最后,由于那篇给我招来许多麻烦的文章(我在前面已经讲过这篇文章的来龙去脉了)的发表,我又出乎意外地被推上了我原本以为永远无缘的文坛。

我一登上文坛,便开始从一条新的道路进入另一个精神世界,面对这个精神世界朴实无华的庄严景象,我不能不产生许多感触。由于我专心探索这个世界,我不久就发现,在我们的哲人的学说里充满了错误与荒谬的言论,在我们的社会里到处是压迫和苦难。尽管我有点儿妄自尊大,但我自信我有能力驱散那些迷雾。我认为,为了使人们能听从我说的话,我自己就必须言行一致,因而使我的行为显得有些古怪。人们不允许我继续保持这种行为;我的那些所谓的朋友也不原谅我树立了这样一个榜样。这个榜样,开头虽然使我显得可笑,但是,如果我能坚持下去,最终必将使我受到人们的赞扬。

在此以前,我只不过是一个善良的人,而自此以后,我就变成一个有道德的人了,或者说,至少是一个崇尚道德的人。我对道德的崇尚,是从我的头脑里开始的,现在已进入了我的心田。虚荣心已被连根拔除;最高尚的自尊心在被拔除的虚荣心的遗迹上已发芽滋长。我不装模作样,我表里如一,我表面上是怎样一个人,我实际上就是怎样一个人。这种无比亢奋的状态至少持续了四年之久。在这四年中,凡是人的心灵所能包容的伟大的和美好的事物,我都能在上天和我的心灵交融中体验得到。我那行云流水似的文采,就是从这里产生的;那照耀着真正的天国的火光就是从这里散布到我早期的作品中的,而这道火光之所以在前四十年中一直没有迸发出半点火星，是因为那时它还没有点燃。

我真的变了。我的朋友，我的相识，都不认识我了。我再也不是那个畏首畏尾的人了。从前，我腼腆多于谦逊，既不敢见人，又不敢说话；人家随便说一句笑话，就会弄得我手足无措；女人瞧我一眼，就会使我羞得面红耳赤。如今，我既胆大，又神气，什么都不怕。我无论走到哪里都充满自信；我的这种自信，是非常朴实的，它存在于我的内心，而不表现在我的外表，因此是极其坚定的。我愈深深思考，便愈是对我们这个时代的风尚、箴规和偏见产生鄙夷之心，不把那些遵守这些风尚、箴规和偏见的人对我的嘲笑放在眼里。我三言两语就能驳倒他们的那些无聊的俏皮话，就像用两个指头捻碎一个小虫子一样。这是多么大的变化啊！今天，全巴黎的人都在传诵我书中的那些一针见血的警世名言；然而同是我这个人，在两年以前和十年以后，就没有说过一句语意深长的话，也没有写过一篇立论恢弘的文章。人们若想在这个世界上寻找一种与我的天性截然相反的状态，我当时表现的就是这种状态。人们若是想回忆我这一生中变成了另外一个人而不像原来的我的短暂时刻，他们在我所说的这个时期就能找到这一时刻，不过，它持续的时间不是六天或六个星期，而是持续了将近六年，如果不是特殊的情况使它停止，并使我回到我原想超越的环境，它也许还要持续下去。

这个变化，从我离开巴黎那一天就开始了，从我不再见到这个大城市的乌烟瘴气的景象之时起，就产生了。我不再看见人，我就不轻视人；我不再看见坏人，我就不再恨坏人。我的心对谁都不怨恨；它同情人们遭受的苦难，认为人之所以变坏，是与他们遭受的苦难有密切关系的。这种思想状态虽然很好，但不崇高，因此不久就熄灭了我此前所抱有的慷慨激昂之情。这一点，不但别人没有觉察到，连我自己也没有觉察到。我又变得猥猥琐琐，又成了当初那个让-雅克了。

如果这一巨大的变化只不过是使我又变回原来的我，并到此为止，那就好了。但不幸的是，它走得太远了，不久以后就使我走到了另外一个极端。从此以后，我动荡的心就不再宁静，摆过来又摆过去，永不停息。这第二次剧变的详细情况，我必须在这里讲一讲，因为在世人当中，我的命运是独一无二，没有先例的，而这个时期又是我的命运经历的最险恶的和最可怕的时期。

在退隐庐中只有我们三个人，因此，生活的悠闲和宁静自然而然地使我们三人之间的关系非常亲密。黛莱丝和我之间就是这样生活的。我们两人在树荫下依偎着度过最美好的时光，我从来没有像我当时那样感觉到这种生活之美。我觉得她也比从前对这种生活有了更多的感受。因此，她毫无保留地敞开心扉，把隐瞒了多年的她的母亲和她的家人的所作所为通通告诉了我。她的母亲和她家中的人都曾从杜宾夫人那里收到许多本来是送给我的馈赠，可是，那个狡猾的老太婆，怕我知道后会生气，便干脆据为己有，并分送给她的子女，不仅一件也不给黛莱丝，而且还严厉禁止她告诉我，而这个孝顺的女儿居然照她的话办，对我一直守口如瓶，瞒着我。

尤其是有一件事情使我大为震惊。她告诉我：狄德罗和格里姆两人曾多次私下和她们母女谈话，怂恿她们离开我，只是由于黛莱丝的坚决反对，他们的计划才没有成功。此后，他们时常单独同她的母亲密谈,谈了些什么,连她也不知道,她只知道他们每次谈话都要送她母亲一些小礼物;悄悄地谈,悄悄地走,神秘得很,让她猜不出他们到底想干什么。在我们离开巴黎以前,勒瓦赛尔太太早就和格里姆有了联系,每个月要到格里姆那里去两三次;每次去,一谈就是几个钟头,十分秘密,连格里姆的仆人也经常被打发开,不让他们在旁边听。

我当时以为她们谈的无非就是原来那个让黛莱丝也参加的计划:由埃皮奈夫人帮助她们开个食盐零售店或烟草分销店,对她们进行利诱。他们告诉她们说:我不但无力供养她们,而且由于有了她们,我自己也将陷入困境。由于我觉得他们的这一切都是出自好意,所以我也就没有往坏处想,没有怨他们,只不过对他们那种神秘兮兮的样子感到不快。尤其是那个老太婆,她一方面一天比一天更加对我装出一副讨好的样子,另一方面又在私下里责备她的女儿不该那么爱我,不该什么话都对我讲,说她纯粹是个傻瓜,将来要吃我的苦头。

这个老太婆的手段很高明,最擅长两面三刀,阴一套,阳一套,无处不占便宜。她收了这个人的东西,便瞒着那个人;不论收了谁的东西,她都瞒着我。我可以原谅她的贪婪,但我不能原谅她对我事事隐瞒,因为她非常清楚,我是以她女儿的幸福和她的幸福作为我的唯一幸福的,既然这样,她为什么要隐瞒我呢?我为她女儿所做的一切,固然也是为了我,但我为她做的一切,也应当得到她的感谢;她至少应当感谢她的女儿。她既然爱她的女儿,她也应当爱她的女儿所爱的人呀。是我把她从极度贫困的境地中救出来的,她是从我手里获得生活来源的,是我介绍她认识那些人,那些人才给她好处的……黛莱丝靠劳动挣钱供养她许多年，而她现在又靠我吃饭。她的一切都靠这个女儿，可是她对这个女儿却一件好事也没有做；她对她的其他几个孩子，每人都给了一笔生活费，把她家中的钱花个精光，而他们不但不赡养她，反而直到现在还在花她的钱和我的钱。我觉得，在这种情况下，她应当把我看作是她唯一的朋友和最可靠的保护人，不应对我隐瞒一切与我有关的事，不应在我的家里处处与我作对，而应当把她比我早知道的与我有关的事情全都如实告诉我。对于她那种虚伪和诡秘的行为，我应当怎样对待呢？尤其是对她向她女儿灌输的那些想法，我应当怎样消除呢？她教唆她的女儿忘恩负义，可见她这个人的忘恩负义之心是多么严重！

由于有了这些看法，我便对这个女人感到寒心；一看见她，我便感到厌恶。不过，我对我的伴侣的母亲的敬重并未因此就有所减少，我对她依然处处表现出几乎是亲生儿子般的尊敬，只不过我不愿意老是这样同她长久相处，因为我不愿意老是这样让自己处于被动的地位。

这段期间，也是我一生当中几次短暂的幸福时刻之一：我看见幸福已近在眼前，但我未能得到它；而我之未能得到它，并不是由于我的过错。如果这个女人的人品好，我们三个人都会一生幸福的，只不过最后活着的那个人可怜罢了。可是事情的发展不是这样。诸位看一看事情的发展，就可知道我是否能使她转变了。

勒瓦赛尔太太见我赢得了她女儿的心，而她失去了她女儿的心，于是便千方百计想把她女儿的心夺回去，但她采用的方法不是通过她的女儿与我和好，而是试图使她的女儿与我分离。她使用的方法之一，就是让她全家的人都来帮她一起对付我。我曾经求黛莱丝不要让她家的任何人到退隐庐来，她也答应了。可是勒瓦赛尔太太趁我不在的时候，就把她全家的人都叫来了，不但事前没有同黛莱丝商量，而且事后还不让她告诉我。她的第一步成功了，以后的事情就好办了。一个人只要有一件事情对所爱的人保守了秘密，以后的一切事情就会毫无顾忌地对他全保守秘密。我一到舍夫雷特去，退隐庐就来了许多人，欢天喜地，吃喝玩乐。不过，虽说当母亲的对天性善良的女儿总是处于支配地位，但不论这个老太婆使用什么方法，都未能使黛莱丝赞同她的看法，未能使她跟他们一起联合起来对付我。这个老太婆是下定决心要和我作对的。她发现：一方是她的女儿和我，她在我家里只不过可以生活下去而已，而另一方是狄德罗、格里姆、霍尔巴赫和埃皮奈夫人，他们对她许了很多愿，还给了她一些好处，所以她觉得，跟一个包税人和一个男爵走，总是不会错的。如果我的眼力好一点，我早就该看出我在自己怀里养的是一条毒蛇。可是我对人的盲目的信任当时还没有改变，压根儿没有想到她会存心损害一个她应当喜爱的人。尽管我看出了他们在我周围布下了千百个陷阱，但我只是暗自在我心中抱怨我的那些所谓的朋友们太操之过急，做事太专断，硬要我按照他们的方式，而不让我按照我自己的方式去谋求幸福。

黛莱丝虽然不加入她母亲的那个小集团，但却为她母亲保守秘密。她的动机是好的，我不敢断定她这样做是对还是不对。两个女人有了共同的秘密，往往就爱凑在一起说东道西，因此她们两个人愈来愈接近。黛莱丝两边都要照顾到，所以有时候就难免不使我感到孤独，我已经不可能再把我们三个人看作是一家人了。

到这时候我才深深感到我错了;我错在我们同居的头几年没有趁她因爱我而对我百般柔顺的时候培养她的才能和文化知识。如果我这样做了的话,我们在退隐到乡下时,我们两人就会更加密切,就会使她的时间和我的时间得到充分利用,而不至于面对面坐着,感到时间太长。这并不是说我们无话可说,也不是说她在我们两人散步时感到厌烦,而是说我们两人没有共同的思想构成一个心灵幸福的源泉,以致我们谈的全是生活琐事,然而我们不能成天老谈这些事情呀。出现在我面前的事物引起我的深思,而她对那些事物却一点也不懂得。十二年的恩情是不需要再用语言来表达了,我们彼此是太了解了,再也没有什么需要互相解说的了,因而只好谈一些鸡毛蒜皮和家长里短的闲话。尤其是清静的时候,我更加感觉到要和一个有思想的人生活在一起才有意义。我当然不需要有这种修养就能获得与她谈话的乐趣,而她则需要有这种修养才能领略得到与我交谈之乐。最糟糕的是,我们两人要单独谈话,还得找机会。她的母亲老盯着我,逼得我不得不如此。总而言之一句话,我在我自己家里处处感到拘束。我们表面上看起来相爱,但实际上没有真实的情谊;我们虽同处一室,但彼此并不是一条心。

自从我发现黛莱丝有时找借口不愿同我一起去散步以后,我就不再向她提出一起去散步了。不过,我并不怨她不像我这样出去享受散步之乐。乐趣是一件不能由他人强迫的事情。我知道她的心是向着我的,这就够了;只要我的快乐就是她的快乐,我就与她同乐;如果不是,我就宁可让她高兴,而不必要我高兴。

虽然我过着适合我心意的生活,住在我自己选择的住所,而且是同一个我心爱的人住在一起，但我的期望却一半落空，其原因就在这里；我依然感到孤独的原因就在这里。我缺少的是，她们对我的真诚，因此，我虽拥有这一切，但我领略不到其中的乐趣。就幸福和享乐而言，我要么这两者都有，要么就一个也没有。谈到这里，各位读者想必明白我为什么要谈这些细节的原因了吧。现在让我回过头来继续讲我接手的工作。

我以为圣皮埃尔伯爵交给我的那一大堆稿件里必定有一些宝贵的材料。我仔细一检查，发现它们只不过是他叔父已经刊印成册的作品，由他加以注释和校订，另外还附了一些尚未发表的片断。我看了一下他在伦理学方面的著作，我认为他的才情比克雷基夫人给我的几封信中所描述的情况要大得多。然而一深入检查他在政治学方面的著作，我发现他的看法是非常肤浅的，有些方案虽然有用，但不能具体实施，因为他有一个一成不变的看法，即：人的行为是受他们的知识的引导而不受他们的激情的引导。他对现代知识的高度评价，使他产生了这样一个错误的论点：他认为人的理性已经完善。这个论点是他的全部学说的基础，是他的政治诡辩的根源。这个罕见的人物，是他那个时代和他那一类人的光荣。也许自从有人类以来，只有他一个人才这么推崇理性。然而在他的著作里，他的理论一错再错。他不按人现在的样子和将来的样子来看待人，而是想把所有的人都变成他那个样子。他心里想的是为他同时代的人写作，而实际上是为他头脑里想象的人写作。

有鉴于此，我感到十分为难，不知道应该采取什么形式来写。若是把作者的那些不着边际的空想都原封不动地保留，那我就是做了一件毫无意义的工作；若是通通严加批驳，那就会使我显得很不谦逊。既然人家把材料交给了我，而我也接受了，甚至是我要求做这个工作的，我就要尊重作者。最后我决定采取这么一个我认为是最恰当的和最有益的办法，即：把作者的思想和我的思想分别表述。为此，我要深入分析他的观点，详细加以阐述，一点也不遗漏地显示它们的全部价值。

这样一来，我的文章就应当截然分成两部分作：一部分按照我刚才所说的办法阐述作者提出的各种计划，另一部分（这一部分应当在第一部分已经在公众中引起反响之后才发表）是我对作者的那些计划的评论。这样一来，我承认，有时候很可能使那些计划遭到与《厌世者》中的那首十四行诗同样的命运。[①] 在全书的开头，应当写一篇作者的小传。为写这篇小传，我已经收集了一些很有用的材料，我有把握能很好地运用它们。在圣皮埃尔神甫晚年的时候，我曾见过他。我对他的缅怀和敬仰，可以为我保证伯爵先生不会对我评述他叔父的作品的方式感到不快。

我先从《永久的和平》[②]试做起。在圣皮埃尔神甫的著作中，要数这部作品的篇幅最长，花的工夫也最多。在我思考如何下笔之前，我曾鼓起勇气把这位神甫关于这个重大题目所写的文章全都一篇不漏地读了一遍，从来没有因为它的文字太长和重复的地方太多而气馁。大家想必已经读过这部著作的《摘要》[③]，所以我

---

① 《厌世者》是莫里哀写的一部喜剧。卢梭在这里说圣皮埃尔著作中的那些计划很可能“遭到与《厌世者》中的那首十四诗同样的命运”意为：这位神甫的著作将无人阅读，被放入故纸堆中，为世人所遗忘。——译者

② 全题是《永久的和平计划》。——译者

③ 这个《摘要》的全题是：《圣皮埃尔神甫的〈永久的和平计划〉摘要》。——译者

也没有什么可说的了。至于我对它写的那篇评论,虽然是与《摘要》同时杀青的,但它一直没有付印,我不知道它将来是否有出版的日子。后来,我就开始摘编《多部委制》或称《部委联席会议制》,这是一部在摄政时期写的作品,是专门为了支持摄政王采用的行政制度而作的,但结果却使圣皮埃尔神甫被逐出了法兰西科学院,因为书中的有些论点对从前的行政制度颇多批评,使麦纳公爵夫人和波里尼亚克大主教大为恼怒。我也照前一部作品的办法,对它既有摘要,也有评论。对于圣皮埃尔神甫的著作,就到此为止,不再继续做下去;其实这个工作我是原本就不该接受的。

我之所以放弃这个工作,理由是很明显的,但使我感到惊异的是,我没有早一些时候看出圣皮埃尔神甫的著作大部分对法国政府的某些部门是持批评态度的,或者说包含有批评性的论点,有些论点甚至是非常胆大的;他能发表出来而没有受到惩罚,还真是幸运。在各个大臣的办公室里,人们都把圣皮埃尔神甫看作是传道士一类的人物,而没有把他看作是一个真正的政治家,因此,让他爱怎么说就怎么说,说了也没有人听。但如果经过我的手加以诠释,使得人们听他的了,那情况就不一样了。他是法国人,而我不是法国人;如果我重复他对法国政府的批评,尽管是以他的名义说的,那也会引起人家来质问我为什么要插手这件事情。人们的质问虽有点儿过分,但不是没有道理的。幸亏我没有走多远就发现我将招来的麻烦,于是赶快打住,不再继续下去。我很清楚,我孤零零的一个人生活在人们当中,他们个个都比我有势力。不论我用什么方法,我都难以躲避他们想施加于我的打击。在这件事情上,只有这么一点是可以由我做主的,那就是:如果他们想加害于我的话，他们就只能采取不正当的手段。我放弃评述圣皮埃尔神甫的作品所根据的这个理由，后来也使我放弃了许多比这个工作还更有意义的工作。我知道有些人一见人家倒霉，便说人家犯了罪；如果他们发现我在这件事情上如此谨慎，他们一定会大吃一惊的。我一生谨慎，在这件事情上，也是如此；我没有做使我倒霉的事，没有给他们机会冲着我说："你这是活该。"

这个工作一脱手，我有一段时间就犹豫不定下一步该干什么。这段无所事事的间歇期，可把我毁了：没有外界事物占据我的心，我的心就一个劲儿地反省我自己。我已经没有任何一个能使我的想象力感到满足的长远计划，我也不可能制订什么长远的计划，因为，尽管我当时的一切愿望都已满足，别无他求，但我的心仍然感到空虚。正是由于我看不到有更好的境地可以企及，我对我当前的处境更感痛苦。我把我所有的温情都集中在一个称心如意的人的身上，而她对我也情意绵绵。我和她生活在一起，无拘无束，甚至可以说是随心所欲。然而，不论我在不在她身边，我心中总有一种挥之不去的隐痛。我占有了她，但又感到她不属于我；只要一想到她不把我看做是她的一切，我便觉得她在我心中也几乎是个零。

我有男朋友，也有女朋友，我以最纯洁的友情爱他们，敬重他们，我希望他们也这样对我。我从来没有怀疑过他们对我是不是真诚。然而这种友情，对我来说，苦恼的时候多，快乐的时候少，因为他们是那么固执地，甚至是有意识地反对我的一切爱好、想法和生活方式，以致每当我想做一件只与我个人有关而与他们毫不相干的事情时，他们也立刻联合起来强要我放弃做这件事情的念头。不论我有什么想法和做法，他们都是那么固执地硬要控制我，而我对他们的想法和做法，却从来不控制，甚至连问都不问。这样两相对比，可见他们对我很不公平，使我感到他们对我的控制竟变得如此之令人难以忍受，以致每当我接到他们的来信，还没有拆开，我便预感到一种恐惧；及至把信拆开一看，果然不出所料，信中的话句句使我感到不快。我觉得，他们都比我年轻，反倒把本该是他们自己非常需要的教训拿来教训我，这简直是把我当小孩子看待嘛。我常常对他们说："你们要像我爱你们这样爱我。我不管你们的事，你们也别来管我的事。我要求于你们的，仅此而已。"在这两点要求当中，如果他们做到了一点的话，那绝不是后面这一点。

我在一个景色优美的地方有一个僻静孤立的住处，我可以按照我自己的方式生活，别人用不着来管我。但是，这个住处也给我带来了既乐于履行而且又是无法免除的义务。我的自由无法保障；我要比服从命令更为驯顺地听从别人的驱使。我这么顺从，完全是我的天性使我如此。没有哪一天我在起床的时候能够说："今天全天由我自己支配。"可气的是，除了听从埃皮奈夫人的安排以外，我还有另外一个更加令人讨厌的麻烦，那就是，听任公众和一些不速之客随便来打扰我。我住的地方虽远离巴黎，但每天都有一大群闲着没事干的人来看我。他们既不知道怎样利用他们的时间，又毫不在乎地来浪费我的时间，我经常在意料不到的时候受到他人毫不客气的干扰，我一天的生活和工作安排很少有不被来客打乱的。

总之，我虽身处我所向往的美好环境中，但我一点也享受不到其中的乐趣，因此，我又回想起我青年时期的那些宁静的日子，有时候难免不唉声叹气地大声说道："唉！这里可比不上夏梅特呀！"

对我一生当中不同时期的回忆，使我想到了我现今达到的生命阶段：我发现我已经到了垂暮之年，全身都是病，行将就木，而我的心灵所渴望的那些愉快的事情，却几乎一件也没有领略过。我还没有使我心中蕴藏的激情迸发出来；我觉得我心灵中潜在的令人陶醉的欲念不但没有得到满足，甚至连约略品尝一下的希望也没有了。由于没有具体的对象，所以这种欲念老是压抑在心头，除了发出几声叹息之外，便没有其他宣泄的办法。

我生来就有一副感情外露的性格。对我来说，生活就是爱。然而，像我这种性格的人，为什么直到那时还没有找到一个全心爱我的朋友呢？像我这样一个生来就是重友情的人，为什么一直没有找到一个真正的友人呢？我的感情是那么的易于激发，我的心中充满了爱，我的心怎么就没有一次为一个既定的对象燃起爱的火焰呢？我需要得到人家的爱，我深受这种需要的折磨，而没有办法得到满足，眼见我已到了晚年，还没有真正地生活过就要死了。

这些既悲伤而又令人激动的看法，使我怀着虽然遗憾但也不无乐趣的心情反思我自己。我觉得命运似乎欠了我某种东西，虽然它并未事先许诺一定要给我。它虽让我生来就具有这么多优异的才能，可是直到我晚年也不让我施展，这又有什么用呢？我对我的内在价值的估计，虽使我感到我受到了不公平的对待，但同时也使我因为具有这些才能而感到欣慰；我这样一思忖，不禁黯然泪下，痛痛快快地哭了一场。

我是在一年当中最美好的季节（那年 6 月）在小树林里，一边听夜莺的鸣啭和小溪的淙淙水声，一边这样反省沉思的。那时，我又陷入了令人迷醉的懒洋洋的状态：我虽然生来就喜欢这种状态，但我此前在那段长时间的亢奋情绪中形成的严谨的生活态度是本该使我永远也不会产生这种状态的。我怀着忧伤的心情回忆与那两个美丽的少女邂逅和在图讷午餐的情景，时间也是在这个季节里，环境也与我此刻所在的环境十分相似。回想当时我同那两个少女天真无邪的谈话，心里不仅格外感到甜蜜，而且还勾起了我对其他许多类似的往事的回忆。我突然看到在我青年时代曾使我产生激情的美人儿都来到了我的身边：嘉莉小姐、格拉芬丽小姐、布莱耶小姐、巴西尔夫人和拉尔纳日夫人以及我那几个漂亮的女学生，还有那个我永远不能忘怀的勾人魂魄的朱莉达。我发现我身处一群天仙和女友的包围之中，像我这样对她们如此强烈的怀恋的表现，这已不是第一次了。我的血液在沸腾，在闪闪发光，尽管我的头发已经花白，但我的心依然感到迷醉。我这个表情素来庄重的日内瓦公民，我这个持身严正的让-雅克，在年近四十五岁的时候，突然一下又变成了疯狂的情郎。这样一种使我突然一下产生的如醉如痴的心情，持续的时间是那么长，是那么强烈，直到它使我遭到前所未见的可怕的灾难，才使我醒悟过来。

这种如醉如痴的心态，不论发展到什么程度，都不至于使我忘记我的年龄和我的处境，不至于使我还能得到女人的爱，不至于使我妄图把我自童年以来就感到徒然烧毁我的心的强烈的爱情的火花传递给我心爱的人。我不抱此希望，甚至想都没有这样想过。我深深知道我谈情说爱的时期已经过去，我对那些老风流闹的笑话见得太多了，所以我不会像他们那样成为笑柄。我在青年之时都不怎么风流，到现在年老体衰的时候就更不会去谈情说爱了，何况我喜欢安静，我怕引起家庭风波；我真心实意地爱黛莱丝，我不愿使她看见我移情别恋而感到伤心。

在这种情况下，我该怎么办呢？读者只要稍许注意一下我在前面的叙述，就可以猜出来。由于我不愿置身现实的环境，我便一头扎进虚幻的梦乡；既然见不到与我幻想相符合的真实存在的对象，我就到一个理想的世界去寻找，而我富于创造性的想象力便用一些让我称心如意的人把它充实起来。这个办法随时可以采用，而且变化无穷。在我持续不断的心醉神迷的状态中，我领略到了人心最温馨的情感。我完全忘掉了芸芸众生，我与之欢洽的都是一些无论在道德和容貌上均可与天国的仙子相比拟的人，都是一些在尘世从未有过的忠实可靠的朋友。我是如此地喜欢遨游太空，置身于一群可爱的人的包围之中，流连忘返，不知度过了多少时日；其他一切，我全都不去想它们了。我匆匆吃下一口饭，便急急忙忙往小树林跑去。当我正向那美妙的幻境奔跑的时候，却来了一帮可恶的凡夫俗子想把我留在尘世。我抑制不住，也掩盖不住我的恼怒。我控制不住我自己；我板着面孔，甚至可以说是以粗暴的态度对待他们，因此，人们便更加认为我是一个愤世嫉俗的人，其实，如果人们对我的心多一些理解的话。反而会发现我与愤世嫉俗的人恰恰是相反的。

正当我这样高度兴奋的时候，我突然像被一根绳子拽回来的风筝那样被大自然拽回到了原来的地方，因为我的旧病复发了，痛苦万分。我唯一能采用的减轻我的痛苦的医治方法是使用探条；这个方法也把我的那些单相思的幻想打破了，因为，除了在生病的时候不能谈恋爱以外，我只有在乡间和树林中才能活跃起来的想象力在房间的天花板下就显得迟钝，就陷于停滞了。我最感遗憾的是:世上没有山林仙女,如果有的话,我准定会在她们当中找到一个让我在她身边偎傍终生。

恰恰在这个时候,家中又有好些烦心的事情来增添我的苦恼。勒瓦赛尔太太在表面上对我百般讨好的同时,又想方设法离间她的女儿同我的感情。我从我的老邻居给我的信中得知这个老太婆瞒着我以黛莱丝的名义借了好几笔债。黛莱丝是知道的,但她从不告诉我。借钱要还,这倒不怎么让我生气;让我生气的是,她们对我保守秘密。唉!我对她从来不保密,她为什么要对我保密呢?她怎么能对她所爱的人隐瞒事实呢?霍尔巴赫那一伙人见我从此不到巴黎去,便担心起来,怕我爱上了乡村,怕我会糊涂到一直在乡下住下去。因此,他们便制造麻烦,想用这个间接的办法促使我回城里去。狄德罗不愿意这么早就亲自露面,便在德莱尔身上下工夫,让德莱尔疏远我,而德莱尔之得以认识狄德罗,还是我介绍的。现在,他把狄德罗对他说的那些话转告我,而他自己却未识破狄德罗的真正目的。

一切想使我脱离这恬静的和令人陶醉的乡村生活的怪事,全都凑在一块儿了。我的病还没有好,就收到一首标题为《里斯本大灾难咏》的诗,我猜想它是作者特意寄给我的①,这就迫使我不得不有所答复,跟作者谈一谈他这首诗。我是用书信的方式答复他的。这封信,如后文所述,是时隔许久以后未征得我的同意而印发给公众的。

---

① 1755年11月1日,葡萄牙首都里斯本发生大地震,继之又发生了一场大火和海啸,使几万人丧生,伏尔泰当时在日内瓦,得到这个消息后,写了这首《里斯本大灾难咏》,把灾难的责任归咎于上帝。——译者

看见这个可以说是功成名就和满身荣耀的可怜人对人生的苦难恶狠狠地大肆诅咒，把一切都看得很糟糕，我感到十分惊异。因此，便产生一个大胆的想法，想写封信叫他反观他自己，并向他证明一切都是美好的。伏尔泰表面上信仰上帝，但他实际上始终相信魔鬼，因为他所说的上帝，就是一个无恶不作的魔鬼，按他的说法就是：以作恶为乐的妖魔。他这套理论的荒谬，是一眼就可以看出来的，尤其是因为它出自一个备享各种尊荣的人，所以便更加令人厌恶。他自己沉浸在幸福之中，却千方百计使别人悲观失望，把他自己没有遭受到的灾难描写得十分可怕。我比他更有资格诉说人生的苦难，并对它们作一个公正的评论。我要向伏尔泰证明：在人生遭受的苦难中，没有一个可怪罪上帝，没有一个苦难的起因不是由于人们滥用他们的才能者多，由于大自然造成者少。在这封信里，我行文的语气对他十分尊敬，十分婉转，可以说是恭敬到了极点。由于我知道他非常自负，动不动就发脾气，所以我没有把信直接寄给他本人，而是寄给他的私人医师和朋友特农香大夫，授他以转交这封信或者毁掉这封信的全权，他觉得怎样合适就怎样办。特农香把信转交给他了。伏尔泰回了我一封只有短短几句话的信，说他自己病了，还要照顾另外一个病人，并说改日再详细回复我，而对我信中陈述的问题，只字未提。特农香把伏尔泰的信转寄给我时，还附有他自己给我的信，信中的有些话，对托他转信的人很不客气。

这两封信，我既未公开发表，也没有给任何人看过，因为我不喜欢宣扬这种小小的胜利。原信收存在我的文稿箱里（卷宗 A，No. 20 和 21）。后来，伏尔泰把他答应给我写的复信发表了，但他没有把信寄给我。其实，他对我的真正答复，是他那本小说《戆第德》[①]。我不能谈这本小说，因为我没有看过。

所有这些分心的事情，是满可以从根本上治好我荒唐的单相思病的，这也许是上天赐予我的一个防止单相思病的悲惨后果的方法。然而，我的恶运当头，在我刚刚能勉强出门走动时，我的心，我的头脑和我的脚，又走上了原来的老路。我说“老路”，是就某些方面而言，因为，我的思想虽然不像以前那样亢奋，这一次是停留在地上，但它要进行挑选，对地上所有一切可爱的事物都要加以如此严格的挑选，以致它所挑选出来的精华，其虚幻的程度毫不亚于我已经抛弃的那个想象的世界。

我把爱情和友谊（我心中的两个偶像）想象成为最动人的形象，我刻意用我崇拜的女性所具有的种种美来装饰它们。我设想两个女朋友而不设想两个男朋友，因为两个女人之间友爱的事例比较稀少，所以就愈加可爱。我赋予她们相似而不相同的性格，两个虽不十全十美，但却合乎我的爱好的面容，一看就知道是心地仁慈和富于同情心的人。我让她们两人一个是棕发，另一个是金发；一个活泼，另一个文静；一个头脑机灵，另一个性格软弱，但软弱得楚楚动人，似乎更显示其贤惠。我让二人之一有一个情人，而另一女人又是这个情人的温柔多情的朋友，甚至还有些超出朋友的程度，但我又不让她们之间发生争风吃醋和吵闹嫉妒之事。因为任何令人不快的情感，我都难以想象，同时，我也不愿以任何败坏天

① 伏尔泰1759年发表的一部小说，卢梭认为，书中的故事充分反映了伏尔泰的怀疑论的观点。——译者

性的东西来玷污这幅美妙的图画。我爱上了我这两个妩媚的模特儿，我尽量想象我就是那个情人和朋友，不过，我把他写成年轻的和可爱的，另外再加上我觉得我自己具有的美德和缺点。[①]

为了把我笔下的人物放在一个适合于他们居住的环境，我就把我在历次旅行途中所见过的最美丽的地方一个一个地加以细细回忆，然而我竟找不到一个有一片郁郁葱葱的丛林簇拥的景色宜人之地。色萨利山谷[②]很可能使我感到满意，但我未曾亲眼见过，所以不能选用。我的想象力已倦于创造了，它只想找一个真实的地方作为蓝本，使我按照这个蓝本的真正的样子想象我将安排住在其中的人。我对波若美四小岛考虑了很长一段时间，它美丽的景色使我入了迷，但我后来发现，对我笔下的人物来说，这几个小岛上的装饰品和人造景观太多，所以不甚合适。我一定要有一个湖，我最后选定了我的心一直向往的那个湖，[③]我就定居在那个湖的某一处岸边；我早就想把我的家安在这里享受我的命运限定我只能享受的那种幻想的幸福。我那可怜的妈妈的家乡对我依然有它特别令我偏爱的美。她的家乡有山有水，景色变化多姿，极目远眺，湖光山色相映成趣，周围的景物美不胜收，令人赏心悦目，升华了人的灵魂，因此，我最后决定让我笔下的那几个青年人就定居在韦维。我动笔之初所能想象到的，就是这些，其余的情节都是后来

---

① 卢梭在这里勾画的，是他的小说《新爱洛伊丝》中的三个主要人物：头发金色的，是书中的女主人公朱莉；头发棕色的，是她的表妹克莱尔；具有卢梭的“美德和缺点”的，是朱莉的情人圣普乐。——译者

② 色萨利山谷位于希腊中部，北有奥林波斯山，西有品都斯山，风景甚美。——译者

③ 指瑞士沃州韦维的莱蒙湖。——译者

逐步添加的。

在很长一段时间里,我就只写了一个泛泛的概要。有了这个概要,我就可以用可爱的人物去充实我想象的情节,使我的心充满它所喜欢的情感。这些虚构的情节不断出现在我的脑海里,逐渐形成了一个明确的轮廓。这时候,我活跃的想象力使我立刻执笔把我所想到的几个情节写在纸上。我仔细回忆了我青年时期所感受到的一切,我要尽情抒发我以前未能满足而现在还依然使我感到十分苦恼的爱的欲望。

我开始潦潦草草地写了几封零零散散、彼此毫无关联的信。当我想把它们串联起来的时候,我往往感到无从着手。令人难以置信而又千真万确的是,开头两卷几乎都是这样写成的;事先既没有如何谋篇布局的总的安排,后来也没有料到有一天会把它们用在一部正式出版的作品里,因此,人们可以看出这两卷书的内容是拼拼凑凑组成的,不但文气不连贯,而且也缺乏与它们在书中所占的地位相配称的极为洗练的句子,连篇累牍的废话很多;这种废话,在其他几卷就没有。①

正当我沉溺于梦幻似的甜蜜的遐思时,乌德托夫人来访。这是她平生第一次来看我,但不幸的是,这也不是最后一次。这一点,读者在后文就可看到。乌德托伯爵夫人是已故包税人贝尔加尔德先生的女儿,埃皮奈先生、拉里夫先生和拉布里什先生的妹妹;后面两位先生都担任过外交部的礼宾官。我在前面已经说过,我在她还没有出嫁前就和她相识了。她结婚以后,我只是在她的

① 《新爱洛伊丝》共六卷,的确,在后四卷里,笔法活泼,文字十分简洁。——译者

嫂子埃皮奈夫人家里和舍夫雷特的几次宴会上见过她。在舍夫雷特或者在埃皮奈夫人家，我都曾经有好几次一连几天都和她天天相见，所以我不仅发现她非常可爱，而且还深信她对我也有好感。她喜欢和我一起散步，她和我都健于步行，我们之间有说不完的话题。不过，我从来没有到巴黎去看过她，尽管她多次邀请我去，甚至请求我去，我都没有去。她同圣朗贝尔先生的关系密切；那时，由于我和圣朗贝尔先生已开始交往，所以我对她也更加喜欢。我记得圣朗贝尔先生当时在马翁，她就是为了给我带来有关她的这位朋友的消息，才到退隐庐来看我的。

她这次来访，有点儿像是一部小说的开场。她走错了路；她的车夫不走那条拐弯的大路，而走那条由克莱弗磨坊到退隐庐笔直的小路。结果，她的马车在山谷里陷入了泥潭。于是，她决定下车步行，一直步行到我这里。她那双小鞋不久就磨破了，她自己也陷进了滥泥，仆从们费了很大的劲才把她拽出来，因此她只好穿着一双靴子来到退隐庐。她一进门就哈哈大笑，我也跟着她一起大笑起来。她全身的衣服都要换，黛莱丝就把自己的衣服给她换，请她将将就就吃点儿乡村的饭食。她吃得很香，觉得很好吃。当时天色已经不早了，她没有待多久就走了。这次会晤使她感到很开心；从她的表情上看，她还想再来。她再来看我，已经是第二年的事了。唉！尽管推迟到了第二年，也没有使我忘掉前一次的印象：她的身影时时出现在我眼前。

整个夏季我都忙于做一件谁也猜想不到的事：为埃皮奈先生看管果园。退隐庐位于舍夫雷特园林里的几条小溪的汇合处。这里有一个大果园，四周有墙围着，沿墙一带都种有果树和其他树木。这里结的果子，尽管被人偷了四分之三，也比埃皮奈先生在舍夫雷特那个园子里结的果子多。为了不当一个毫无用处的住客，我自动担负起管理果园和监督园丁的工作。直到结果子的季节，一切都很顺利。但是，随着果子一天天成熟，我发现果子一天比一天少了。我也弄不清楚是怎么一回事。园丁告诉我说是被山鼠吃掉了，于是，我就向山鼠开战。山鼠虽然被打死了很多，但果子依然一天比一天减少。我暗中观察，结果发现园丁本人就是一个大山鼠。他家住在蒙莫朗西，夜里带着老婆和孩子来，把他白天摘下来藏在一边的果子扛走，大摇大摆地运到巴黎菜市场去卖，就好像果子是他自家园子里结的似的。我曾给这个坏蛋许多好处，黛莱丝还送了许多衣服给他的孩子穿；他那个到处讨饭的父亲，也差不多是靠我养活的，可他还是厚颜无耻地放肆偷我们的东西，而我们三个人都不够警惕，没有提防。有一次，他竟然一夜就把我地窖里的东西全偷走了，第二天，我去一看，什么也没有了。如果他只是偷我的东西，也就算了。但对果子的减少，我总得说明是什么原因。因此，我只好揭发这个偷果子的贼。埃皮奈夫人叫我付清他的工钱，把他辞掉，另外找一个园丁。我照埃皮奈夫人的话办了。这个大坏蛋天天夜里在退隐庐周围转来转去，手里拿着一根狼牙棒似的棍子，后面还跟着几个同他一伙的无赖。这个家伙的这种行动，可把黛莱丝和她的母亲吓坏了。为了给她们壮胆，我让新来的园丁天天夜里都住在退隐庐；这还不能让她们放心。于是，我派人去向埃皮奈夫人要了一支枪，放在园丁的屋子里，并嘱咐他只是在不得已时，例如有人试图冲门或翻墙而入时，才能使用，而且只装火药不装弹丸，吓唬一下小偷就行了。我这么一个病人，要带着两个胆小的女人在树林中过冬，为了大家的安全，这是我应采取的最起码的防范措施。后来我又买了一条小狗，给我们当哨兵。有一天，德莱尔来看我，我把我的情况告诉了他，在谈到我的武器装备时，我们两人都笑了起来。

他回到巴黎，便把这件事情告诉了狄德罗，使狄德罗也乐了。就这样，霍尔巴赫一伙便知道我真的要在退隐庐过冬了。我能这样坚持，是他们没有料到的，因此感到惊愕，于是，他们便另想办法，使我在乡下住得不痛快。他们让狄德罗怂恿德莱尔来戏弄我。这个德莱尔开头还说我的防范措施太简单，但接着便接连在几封信中用尖酸的语气大开玩笑，说什么我的防范措施与我奉行的行为准则不符合，不仅可笑，而且很糟糕。他这样说的目的，就是故意惹我生气。如果当时我的心情不好的话，我真的会被他们弄得生气的。好在那时我心里充满了爱和温馨的情感，不受任何其他情感的干扰，因此，我把他那些刻薄话只当作是开玩笑：在别人看来也许认为他说话太放肆，而我只不过认为他有点儿轻浮罢了。

由于我提高了警惕，加倍提防，我终于把果园管理得很好。虽然这一年的水果收成不佳，但产量还是达到了前几年的三倍。真的，为了保护好收摘的水果，我是费尽了心血的，甚至亲自运送水果到舍夫雷特和埃皮奈夫人家里，亲自卸车和搬水果筐。我记得有一次，筐子实在太沉，我和黛莱丝一起抬，被压得几乎直不起腰来，每走十几步就不得不放下筐子歇一会儿，弄得浑身大汗才抬进了他们的府中去。

当天气不好的季节来临，使我不得不待在屋里时，我就想做一些我喜欢做的室内工作。但我的这个想法不能实现，因为，无论在什么地方，我都看到我那两个迷人的女友，看到她们的那个男朋友[①]和她们周围的人及她们住的地方与我的想象力为她们创造的或美化的各种事物。我每时每刻都身不由己地想她们，使我一直处于如醉如痴的状态。我曾经做过许多努力，想摆脱我所想象的那些情节，但都枉然，而且最后竟被它们完全迷住了，使我只好把它们加以整理和编排，使之连贯起来，写成一本小说似的作品。

我最感到为难的是，我真的羞于这样毫无保留地公开暴露我自己的矛盾。我曾经那么大吹特吹地制定了许多严厉的行为准则，那么大声疾呼地宣讲了许多寓意深长的箴言，那么声色俱厉地谴责那些专写男欢女爱、满篇情话绵绵的作品。现在，人们突然看见我亲手把自己推进了那些被我严厉批评过的作家们的行列，难道不感到太出人意料，太令人吃惊吗？我完全感到这种自相矛盾之处，我责备我自己，我感到赧颜，我对我自己也很生气。但这一切都不足以使我恢复理智；我完全屈服了，我甘冒一切风险。不论人们怎么说，我都决心要把这部作品继续写下去，至于将来能否出版，那就等到以后再说，因为当时我还没有考虑是否把它公开发表呢。

决心一下，我便全身心地投入我梦幻似的想象中，在脑子里翻来覆去地思考，最后终于形成了一个完整的写作计划。这个计划执行的结果，人们现在已经看到了。毫无疑问，我是充分发挥了我那活跃的想象力的。对美好事物的爱，始终没有离开过我的心，它

① “两个迷人的女友”指卢梭在《新爱洛伊丝》中安排的女主人翁朱莉和她的表妹克莱尔；“她们的那个男朋友”指男主人公圣普乐。——译者

把我的想象力导向美好的目标,使之能对世道人心有所裨益。在我构思的美妙图景中,如果缺少天真无邪的柔和色彩,它便会失去它的全部魅力。一个弱女子虽然是怜悯的对象,但她的爱心能博得人们的同情;她也不会因为她的软弱而减少其可爱的程度。如今的世风日下,谁不感到愤慨呢?如果一个不守妇道的妻子认为没有让她的丈夫当场捉住她的奸情,就已经是保住了他的体面,他便应当感谢她,请问:世上难道还有什么事情比这种不贞洁的妻子得意扬扬的样子更令人气愤的吗?世上没有完人,完人对我们的教导已经离我们很远了,但是,面对书中的那个生来就有一颗既善良又温柔的心的青年女子,她婚前虽然被爱情征服,但婚后却恢复了头脑的清醒,反过来又战胜了爱情,成为一个贞洁的贤妻——面对这幅画像,谁要是说就其整体而言是有伤风化和无益于世道人心的,谁就是一个说谎者,一个伪君子,大家不要相信他的话。

除了要达到这个在根本上与整个社会秩序有关的培育风俗和夫妻间的忠诚这个目标之外,我还有一个更重要的目标,那就是:要达到促进社会的和谐。这个目标的本身,也许比前一个目标更伟大,至少在我们目前所处的这个时代是这样。《百科全书》所引起的那场风暴还没有平息,当时正闹得热火朝天。对立两派都不遗余力地互相攻击,简直就像发疯的豺狼那样互相撕咬,而不是像基督徒和哲学家那样互相启发,互相说服和互相引向真理。也许双方都缺少能统揽全局而有威信的领袖,才没有把这场争论演变成一场内战,否则,天晓得这两个内心深处都怀有极严重的排除异己的思想的派别将使这场宗教内战造成什么样的后果。我生来就仇恨一切宗派偏见,我对双方都坦诚讲述了颠扑不破的真理,而他们就是不听。于是，我就想到了另外一个在我单纯的头脑看来是很好的办法。这个办法是：消除偏见，缓和互相之间的仇恨，双方都互相称道对方所具有的值得公众钦佩和敬仰的优点和美德。当然，这个办法纯属空想，因为它是以人人皆善这样一个假定为基础的。这样一种设想，使我自己也犯了我责备圣皮埃尔神甫所犯的那种错误，因此，它的效果就可想而知了。它不仅没有使双方互相接近，反倒使他们联合起来反对我。尽管经验使我明白我的想法实在太天真，但我还是照样努力去做。我敢说，我的热忱是无愧于驱使我这样做的动机的。正是由于这个缘故，我着意刻画了沃尔玛①和朱莉这两个人物。我满心喜悦地一心想把这两个人都写得很可爱，尤其要使他们两人互相衬托而彰显他们各自的可爱之处。

我把我的写作计划这样粗略地定下来以后，便回过头去考虑我所设想的那些细节。对这些细节编写的结果，遂产生了《朱莉》的头两卷。我是怀着一种难以形容的喜悦心情在那年冬天撰写和誊清这两卷的。用的是最好的金边纸，吸墨用的是天蓝和银色粉末，装订成册用的是蓝色细丝带。总之，对这两个我像皮格马利翁②那样喜爱的妩媚的少女该用来打扮她们的高雅美好的东西，我全都用上了。每天晚上，坐在火炉旁边，我把这两卷一遍又一遍地读给黛莱丝和她的母亲听。黛莱丝一句话也没有说，感动得同我一起抽泣。她的母亲根本听不懂，静静地待在那里，一点表情也

① 朱莉的丈夫，一个不信教的无神论者。——译者

② 皮格马利翁是传说中的塞浦路斯国王，擅长雕刻。他求神赐给他一个与他雕刻的少女一模一样的仙女，于是，神就赋予那个雕像以生命，成为一个美人，嫁与皮格马利翁为妻。——译者

没有，又找不到什么话说，只好在大家默默无言的时候，翻来覆去重复对我说："先生，写得真好呀。"

埃皮奈夫人对我一个人冬天住在树林中的一座孤零零的房子里，很不放心，时时派人来问我的近况如何。她对我的友谊，只有在这段期间表现得非常真诚，而我也只有在这段期间对她的友情的回应是极其强烈的。在我们的友情中，有一件事情如果不特别提一下，那我就做得不对：她曾派人把她的画像送给我，并问我是否可以把拉都尔所画的我的画像送给她。这张画像在沙龙展出时，她曾看过。她对我还有过一次亲切的表示，我也不能略而不提。这件事情似乎很可笑，但从它给我留下的深刻印象也可看出它对我的性格的演变的影响。有一天，冰冻得很厉害，她派人给我送来一个包裹，里边是她亲自为我备办的几样东西，其中有一条用英国法兰绒做的小衬裙，她说她已经穿过，她让我把它改成一件我穿的背心。她给我写的那张便笺的措辞很动人，充满了亲切的情谊和天真。这样关心我，已超过了友谊。我感觉到了她的脉脉柔情：这等于是把她身上的衣服脱下来给我穿，以致使我感动得流下了眼泪，把她的便笺和衬裙吻了一二十遍。黛莱丝以为我疯了。说来也真奇怪，在埃皮奈夫人对我许许多多次友情的表示中，没有哪一次是像这一次这样深深地感动了我，甚至在我同她绝交以后，我每忆及此事，依然感到心酸。我把她的那张便笺保存了很久，如果它不遭到与我的其他信件同样命运的话，我到现在还把它保存着呢。

虽然我的尿潴留症一到冬天就严重，尤其是这年冬天，有一段时间我又不得不使用探条，但总的说来，这是我定居法国以来所度过的最甜美和安谧的一个冬季。恶劣的天气使我有四五个月之久都没有遭到不速之客的干扰。在此以前和以后，我都未曾品尝过这种独立、宁静而又淳朴的生活之美。我愈享受这种生活，便愈感到这种生活的价值。当时我别无其他的伴侣，只有现实中的两个女管家和想象中的两个表姐妹[①]。那时候，我一天比一天更加庆幸我不顾那些见我脱离了他们强加于我的束缚便不高兴的朋友们的风言风语而明智地做出了这个决定。当我听说一个疯子行刺的消息时[②]，当德莱尔和埃皮奈夫人来信告诉我说巴黎已乱成一锅粥时，我是多么感谢上天使我远离了那些恐怖与罪过的情景啊，否则的话，它们必将使我由于社会的混乱而养成的暴烈脾气更加乖僻的。现在，在我隐居之地的周围，举目一看，都是赏心悦目的景色，我的心感到温馨，完全陶醉了。我谨在此十分高兴地记下我一生经历的最后一段宁静的日子里的心情。在随着这寂静的冬天而来的春天里，我在后文要描述的灾难已开始露出苗头。在一个接一个的灾难中，我就再没有能让我喘息一下的时刻了。

我记得，在这段平静的日子里，即使在我偏僻的隐居之地，我也没有完全躲过霍尔巴赫一伙对我的宁静生活的干扰。狄德罗就给我制造了好些麻烦。除非我完全记错了，他的《私生子》就是在那年冬天出版的。这本书，我一会儿就要谈到。由于后文即将说明的种种原因，我在那个时期留下的可靠的文件为数不多，即使留下的，日期也不甚准确。狄德罗写信是从来不写日期的；埃皮奈夫

① “两个女管家”指黛莱丝和她的母亲；“两个表姐妹”指《新爱洛伊丝》中的朱莉和克莱尔。——译者

② 指 1757 年 1 月 4 日达米安谋刺国王路易十五事件。——译者

人和乌德托夫人在她们的信中往往只写明是星期几，德莱尔也跟她们一个样。当我想把这些信件按照顺序整理的时候，只好估计个大概，补上一些不准确的日期。因此，当我不能确定那些争争吵吵的烦心事究竟是从哪天开始的时候，我就只好把我所能回忆得起来的情况合并在一起叙述。

春回大地，使我甜蜜的梦幻似的想象更加活跃。在情意缠绵的冲动下，我又为《朱莉》的后面几卷写了几封信。我写信时的激情跃然纸上。我要特别提到那两封描写极乐园和泛舟湖上的信（如果我记得不错的话，这两封信是在第 4 卷的末尾），谁看了这两封信而不感到他的心也沉浸在使我写这两封信的温情里，那就赶快把书合上，因为他的心是不可能懂得什么叫人间真情的。

恰恰在这个时候，出乎我的意料，乌德托夫人第二次来看我。她的丈夫是近卫军的军官，她的情人也在军中服役，她就趁这两人都不在的时候到奥波纳来了，在蒙莫朗西的幽谷深处租了一座相当漂亮的房子。这一次就是从奥波纳到退隐庐来的。她穿一身男装，骑马来的。虽然我不喜欢这种乔装打扮，但她如此浪漫的装束我一见就很喜欢，一下子就使我跌入了情网。由于这在我一生中是第一次也是唯一一次真正动了情爱之心，加之它的后果在我的记忆里既永难忘怀，又十分可怕，所以请允许我把这段爱情故事讲得详细一点。

乌德托伯爵夫人那时候将近三十岁了，一点也不美，脸上还有麻子，皮肤也不细嫩，眼睛近视，略成圆形，然而她显得年轻，又活泼又温柔，一举手一投足都楚楚动人。她一头乌黑的头发，天然鬈曲，一直下垂到膝弯。她的身材娇小，动作虽显得有点儿笨拙，但很有风韵。她的表情非常自然，令人十分喜欢：愉快、天真和漫不经心的样子在她身上结合得极为完美。她说话心直口快，想到什么就说什么。她多才多艺，会弹羽管键琴，舞也跳得很好，还能作相当漂亮的诗。至于她的性格，那真是天使般的性格；天性的温柔是她的好性格的基础。除了行事欠谨慎与果断以外，其他美德她全都有。特别是在与人交往方面，她是那么可靠和那么忠实，以致连她的敌人做事也不瞒她。我所说的"她的敌人"是指那些恨她的男人，尤其是女人，而她是没有任何恨人之心的。我认为，正是由于她和我有这一相同之处，才使我对她产生了强烈的恋情。在亲切友好的交谈中，我从来没有听她背后说过人家的坏话，就连对她的嫂子，她也没有说过一句坏话。她对任何人都不掩饰她心里的想法；她有什么想法，从来就藏不住。我深信，她甚至对她的丈夫也曾坦然谈她的情人，就像对她的朋友、熟人和其他人谈她的情人一样。最后，能无可辩驳地证明她善良的天性是非常单纯和率直的，是她有时候竟那样地不动脑筋，甚至轻率到可笑的程度，以致行事往往欠考虑，给自己招来麻烦，虽然她从来不存心冒犯任何人。

她在年纪很轻的时候就由父母做主嫁给了乌德托伯爵。这位伯爵身世显赫，是个好军人，但就是爱赌博，爱惹事，一点也不可爱，而她也从来没有爱过他。她发现圣朗贝尔先生不仅有她丈夫的一切优点，另外还有许多可爱的品质，既聪明，又有德，又有才。在本世纪的风俗中，如果有什么事情可以原谅的话，那就是这种两相爱慕的恋情：它愈持久，便愈变得纯洁，因而愈令人欣羡，而要它能持久，便需要双方的互敬互爱，互相尊重。

据我的观察，她之所以来看我，固然是有点儿出于一时的兴之所至，但更多的还是为了让圣朗贝尔先生感到高兴，因为他曾叫她来看我，他认为我们之间刚开始建立的友谊会使我们三人都对这样来往感到愉快。她知道我了解他们之间的亲密关系，所以毫无顾忌地谈他，这就表明她是乐于与我交谈的。她来了，我看见她了。当时我正沉醉在没有对象的爱情之中，爱情的沉醉使我的眼睛看入了迷，于是，我就把她当作爱的对象：我把乌德托夫人看作我的朱莉。从此刻起，我便情不自禁地倾心于乌德托夫人，我看见她身上具有我用来打扮我的偶像的种种美。她存心使我神魂颠倒，特意用热恋中的情人的口吻给我讲圣朗贝尔的消息。爱情的力量是多么感人啊；听她说话的时候，我仿佛觉得我是依偎在她身边，心中美滋滋地使全身都颤抖起来，这是我在别的女人身边从来没有经历过的。她所谈的情况，使我也为之感动；我不仅对她谈的话感兴趣，而且也产生了与她相同的感情。我大口大口地吞下这毒汁，可当时还觉得它挺甜美呢。总之，我没有觉察到，她也没有觉察到，她竟使我对她本人也产生了她对她的情人的那种深情。唉！对一个心中已别有所恋的女人竟燃起虽然是炽热的但是是不幸的爱情之火，这实在是太晚了，太令人痛苦了。

尽管我在她身边已经感受到了异常的冲动，但我没有首先觉察到我心中发生了变化，只是在她走了以后，当我思考如何描写朱莉的时候，我才吃惊地发现，在我脑子里频频出现的是乌德托夫人。这时候，我睁开眼睛，一种痛苦的感觉涌上心头，我战栗，我无法预料此事的后果。

我今后应当以何种态度对待她，我考虑了很久都拿不定主意：真正的爱情是让人有慎重考虑的时间的。正当我犹豫不决的时候，没有料到她又一次来看我。这一下，我心里明白了。与痛苦伴随而来的羞涩之心使我羞得一句话也说不出来，在她面前战战兢兢，不敢抬起头来。我慌乱的样子真是难以形容，而她是不可能看不出来的。于是，我决定向她承认我心中的慌乱，让她去猜想我慌乱的原因，这样一来，就等于是把原因清清楚楚地告诉她了。

如果那时我又年轻又漂亮，而乌德托夫人也经不起诱惑，我在这里就要对她进行谴责。但事情不是这样的，因此，我在这里对她只能表示赞赏：她当时表现得非常大方，非常谨慎。是圣朗贝尔让她来看我的，因此，她不能在未向圣朗贝尔说明原因的情况下就突然与我保持距离，因为这样就有可能使两个朋友断绝往来，就有可能招人议论；这是她一定要避免的。她心里对我很尊重，也很亲切；她对我对她的痴情虽深表同情，但不助长它的发展，并尽力予以纠正。她想为她的情人和她本人保留一个受她敬重的朋友。她认为，当我头脑清醒以后，我们三人之间一定会结下亲密的友谊。每当她谈到这一点时，她便显得很高兴。她不只是对我进行这种友好的劝告，并在必要时也对我进行我应当受到的严厉责备。

我也责备我自己。当我单独一个人的时候，我的头脑便清醒了；把该说的话向她说了以后，我心里就比较平静了。只要她知道我的情意是由她激起的，我心里就满足了。我对我自己的责备，是非常严厉的，是满可以使我得到纠正的。我列举了许多强有力的理由来扼制我的爱情！例如我的天性、我的修养和我立身处世的原则，都不允许我这样做；这样做，是可耻的，是不忠于朋友的，是犯罪的，是有负朋友的重托的，最后，像我这把年纪还对一个女人这么发疯似地痴爱，是可笑的，何况她的心早已许给别人，既不能对我的情意有所回报，又不能给我以任何希望，而且这样的爱情即使耐心等待，也终将得不到任何结果，最后一定会一天比一天变得更难忍受。

最后这个理由本来是可以给所有其他的理由增添说服力的，但恰恰相反，反而把其他理由全都推翻了。这一点，谁相信呢？我心里想：既然我这么疯狂的爱只于我个人有害，那还有什么可顾虑的呢？我难道是一个让乌德托夫人不放心的花花公子吗？别人见我这样痛心疾首地自己责备自己，难道不说我是在故作姿态，在卖弄风情，在装模作样地去博取她的同情吗？唉！可怜的让-雅克，你想爱就痛痛快快地去爱吧，只要于心无愧，就别担心你对她的痴情会给圣朗贝尔带来伤害。

各位读者是知道的，我在年轻的时候就一直是自视甚高的。我刚才所说的那些看法，完全符合我的思路；它促使我的激情更加高涨，使我毫无保留地沉溺于激情之中，甚至笑我的那些多余的顾虑是出于虚荣而不是出于理智。诚实的人们应当牢记：邪恶的念头是从来不公开进攻的，它总是想方设法突然袭击，戴着假面具，甚至还往往披着道德的外衣。

我犯了罪，不仅毫无后悔之意，而且不久以后更是毫无节制地做有罪之事。请各位读者细细观察我的激情是如何循着我的天性的足迹一步一步地最后把我拖进深渊的。开始的时候，为稳妥起见，我还有些拘谨，后来便大着胆子把拘谨的态度一变而为言行放肆。乌德托夫人不断提醒我注意我的身份，要我保持冷静。对于我的痴情，她从未表示过赞成，尽管她对我一直是那么温存，那么友好。我敢保证，如果我当时能看出她那种友好的表示是出自真诚的话，我也就到此为止了，可是我生了疑心：我觉得她的表示过于热情，反倒不像是出自真正的友谊。这样一思虑，我便难免不产生种种想法，因为，就我的年龄和外表来说，谈情说爱之事对我已经很不合适，在乌德托夫人的眼睛里，我一定会受到轻视。这个狡黠的少妇准定会拿我这个老头儿的温情寻开心，她肯定会把她心里的想法告诉她的情人圣朗贝尔；而圣朗贝尔恨我对不起朋友，肯定会同她串通起来捉弄我，把我弄得晕头转向，好让大家嘲笑我。我这种愚蠢的想法曾经使我在二十六岁那年在我所不了解的拉尔纳日夫人身边说了许多傻话和做了许多傻事，而如今我已四十五岁，面对乌德托夫人，虽然也说了许多傻话，做了许多傻事，但是是可以原谅的，因为我不知道她和她的情人都非常诚实，是不会存心拿我取乐的。

后来，乌德托夫人又继续来看我好多次，而我当然也要去看望她。她喜欢散步，我也喜欢散步；我们两人常常在一个景色迷人的乡间漫步田野。我敢爱，也敢于说出我心中的情意。如果不是由于我荒唐的言行破坏了其中的乐趣的话，我当时的心态是极其欢畅的。她起先不明白我在接受她的温情时为什么会表现出那么一副傻相。由于我的心从来不隐瞒我的想法，所以不久我就把我当时的猜疑告诉她了。她本想一笑置之，但觉得这样做不妥，很可能使我不高兴，于是便改变话锋，用温柔和同情的忠言感动我；她对我的责备，令我心服口服；她对我没来由的疑虑表示担忧。这时，我赶紧抓住她的这种心理，向她发动进攻：我要求她用事实来证明她没有戏弄我。她知道，除了用事实证明以外，她没有别的办法能让我相信她的话。我一步一步地逼她，尽管每一步都达到了意想的效果，但这个被逼得只好讨价还价的女人最后还是摆脱了困境，而且是轻轻松松摆脱的。这不能不令人惊奇；这也许是世上独一无二的例子。凡是能让我感到温柔友情的话，她都说，而任何一个可能使她失身的举动，她都没有做。我感到羞愧的是，她稍微轻轻一爱抚我，我的感官便十分冲动，而她的感官却一点动静也没有。

我曾经在某处说过：如果你不想让感官享受什么东西，你就千万别让它知道那个东西。[①] 要想知道我那句话是多么不适用于乌德托夫人，要想知道她是多么能控制自己的情感，就必须详细了解我们两个人频繁秘密会晤的情形，就必须详细了解我们两个异性朋友在那四个月中是多么亲密地聚在一起而又从来不超过应当保持的界限。唉！等我感受到真正的爱情时，已为时太晚了。我的心和我的感官将为偿还这笔情债付出多么大的代价啊！单相思的爱情尚且令人神魂颠倒，在一个既爱我们同时又为我们所喜爱的人的身边，我们所感受到的喜悦心情又将如何呢？

不过，如果我说我现在的爱情完全是单相思，那就不对了，因为它只是从某种意义上说来是那样的；我现在的爱情虽不能说是互相的，但可以说双方都是相同的：我们两人都陶醉在爱情中，她爱她的情人，而我爱她；我们的叹息，我们的热泪都交融在一起了。我们彼此都是多情人，我们的感情有许多共同之处，不可能不两心

---

① 这段话的意思，卢梭在他的《新爱洛伊丝》卷3第18封信中说过。他说："我在克拉朗的小树林中发现，我对我是太自信了。当一个人不让感官享受某种东西的时候，就不应当给感官以任何刺激。有一会儿，也只有一会儿，我的感官被任何力量也无法抑制的情欲所冲动，虽然我的理智还在抵抗，但我的心从这个时候起，就已经被败坏了"。（卢梭：《新爱洛伊丝》，李平沤、何三雅译，译林出版社2002年版，第338页）——译者

相印，不过，在这种危险的陶醉心情中，她并没有一时一刻忘乎所以，而我，我敢保证，虽然我有时被感官的冲动迷糊了头脑，企图使她失身，但我从来没有真正想得到她。我强烈的爱她之心本身就控制了这种妄念。对欲念的节制，洗涤了我的灵魂，美德的光辉装饰了我心中的偶像，玷污她那神圣的形象，就等于是在毁灭她。我很有可能犯这个罪，我在心中已无数次犯了这个罪。但是，要我败坏苏菲！[①] 那是绝对不可能的！这个话，我已经向她本人说过一百次。即使我有满足我的欲望的机会，即使我有办法挑动她的春心，除偶尔有短暂的狂热的表现以外，我都不愿意以这种代价来得到一时的快乐，因为我太爱她，所以不想玷污她。

从退隐庐到奥波纳差不多有一法里路，由于我经常到那里去，所以有时候也在那里过夜。有一天晚上，月光皎洁，我们吃罢晚饭便到花园里去散步。在花园的深处有一个相当大的矮树丛，我们穿过矮树丛径直走进一个茂盛的树林，树林里还按照我给她出的主意修建了一个人工瀑布。天真无邪的快乐心情令人终生难忘啊！在树林里，我和她在一棵花儿盛开的槐树下边的草地上刚一坐下，我口中便情不自禁地说出一段真正无愧于我的感情的话语。这是我一生当中第一次也是唯一一次说话那么得体，而且表情十分高雅，如果可以把一个男人出自内心的既温存又炽热的爱的表达可以称为高雅的话。我在她的膝上流下了多少令人心碎的眼泪啊！我使她也像我一样流下了多少情意绵绵的眼泪啊！最后，她抑制不住自己的感情，用激动的声音对我说道："从来没有见过哪

① "苏菲"是乌德托夫人的名字。——译者

一个男人是像你这么可爱，从来没有见过哪一个情人是像你这样表达爱情！可是，你的朋友圣朗贝尔是永远同我们在一起的，我的心不能移情他人。”我长叹一声，便什么话也不说了。我拥抱她，紧紧地拥抱她！仅此而已。她单独一个人生活，也就是说远离她的情人和她的丈夫已经有六个月之久，其中有三个月我几乎天天都去看她；这三个月，爱神总是侧身在她和我之间作见证。我们面对面地吃晚饭，我们两人在月光下到树林中去散步，高高兴兴地交谈两个小时后，她才离开她的朋友的怀抱。走出树林时，她的身和她的心都同走进树林时一样的白璧无瑕，未受半点玷污。各位读者，我不多加一词，你们自己去想一想，就可知道这样的幽会是多么的高洁。

不过，诸位也不要以为我的感官一点也不冲动，就像在黛莱丝和华伦夫人身边那样漠然无动于衷。我已经说过，这一次是爱情，是全身心迸发出来的狂热的爱恋之情。至于我不断感觉到的激动、战栗、心跳、慌乱和神魂颠倒，我就不描写了，因为，所有这些，你们单单从她的身影对我产生的影响就可以想象出来。我已经说过，从退隐庐到奥波纳是相当远的，中间要翻过昂迪利的几道山坡，那里的风景非常迷人。我一边走，一边就在心里想我即将见到的那个人，想象她将怎样亲热地接待我，想象她见到我时的那一亲吻：单单这一吻，这要命的一吻，只是想象到而尚未接受到就已经使我的血液沸腾起来，头脑发晕，两眼发花，两膝发软，身子站立不住，不得不停下脚步，坐在地上，全身瘫软得几乎昏厥过去了。我早已料到会出现这种危险的情形，所以一出门就尽量分散心思去想别的事情。可是，还没有走二十步，我便又想起那些情景，它们在我的脑子里转来转去,使我无法摆脱,而且,不论我采取什么办法,我都不可能一个人轻轻松松地走完这段路程。到达奥波纳时,我已精疲力尽,几乎连站都站不稳了。可是一见到她,我的精神便马上振奋起来;不过,这时候我也感到很苦恼,因为我不知道如何使用我振奋起来的无穷精力。在去的路上,到了能望见奥波纳的地方,有一个风景优美的山冈,名叫奥兰普。有时候,我们两人约定各自从家里出发,到奥兰普相会。如果我先到,我便在那里等她;在等待她的这一段时间里,我心里是多么着急啊!为了消磨这着急的时光,我便用我随身携带的铅笔匆匆给她写情书。这些情书,尽管字迹潦草,难以辨认,但字字句句都饱含着我心中的血。当她在我们两人约定的隐秘的地方找到我写的情书时,她除了从中想象得到我写情书时的可怜的样子以外,我的其他心情,她当然就想象不出来了。这种状态持续了很长一段时间:在整整三个月里,我既受到爱情的不断激励,同时又受到爱情的苦苦熬煎,把我弄得形销骨立,好几年都恢复不过来,最后还使我得了疝气。将来,我是肯定会把这种病带进坟墓,或者说它是肯定会把我送进棺材的。我这个人的气质,也许是大自然所能创造的既最容易冲动同时又是最怯懦的气质;像我这种气质的人所能享受到的爱情,只能如此。我在人世上最后的美好日子,也只能如此。从这时以后就要开始我一生中不断遭遇的一连串苦难了。

人们已经看到,在我这一生中,我的心一直是水晶似的透明,从来没有把我内心开始冲动的感情隐瞒过一分钟。请大家判断我能否把我对乌德托夫人的爱情长久地隐瞒起来。我们的亲密关系,谁都能看出来;我们既不保密,也不搞得很神秘。这种亲密的关系，用不着保密。乌德托夫人对我怀着她认为无可指摘的亲密友谊，而我对她也怀着谁也没有我更清楚的敬重的心。她为人坦率，举止大方，有时候还带点孩子气，而我为人诚实，举止笨拙，性情高傲、急躁，有时候还爱发脾气。在我们自以为心地坦然的交往中，往往贻人以比我们真正干了坏事还多的口实。我们常到舍夫雷特去，我们常在那里见面，有时候甚至就事先约好一起到那里去。我们在那里的一切活动都一如往常。我们两人天天都到埃皮奈夫人房间对面的园子里去散步，有时候甚至就在她房间的窗子下边谈我们相爱的情谊，谈我们应该做的事情，谈我们的朋友，谈我们天真无邪的一些想法；没有料到埃皮奈夫人在不断从窗口观察我们，以为我们是故意做给她看，因此便怒从心上起，对我们产生了一肚子的怨恨。

女人们各个都有一套掩饰她们愤怒之心的本领，尤其是在她们愤怒到极点的时候。埃皮奈夫人虽然脾气暴烈，但行事十分慎重，掩饰内心感情的本领很高强。她不但假装什么也没有看见，什么也不怀疑，而且对我比从前更加关心，更加殷勤，甚至近似于故意逗弄我，但对她的弟妹，她却故意刁难和鄙视，似乎是想让我也用同样的态度对待乌德托夫人。大家可以想象得到，她这种做法虽然是不会成功，但使我感到十分为难。我的心被两种相反的感情撕碎了：我一方面被她向我表示的关怀所打动，但另一方面看到她那样对待乌德托夫人又感到非常气愤。乌德托夫人温柔得像天使，忍受这一切而没有说过一句怨言，甚至对她的嫂子没有露出过半点不高兴的样子，依然是那样大大咧咧，似乎对这些情况毫无觉察，没有发现她嫂子对她的态度有了变化。

当时，我完全沉醉于狂热的爱，所以，除了苏菲（这是乌德托夫人的名字之一），其他一切我都没有放在眼里，甚至连我已经成了埃皮奈夫人一家和来访的客人谈话的资料，我也没有觉察出来。就我所知，霍尔巴赫男爵以前是从来不到舍夫雷特来的，而现在他也加入了来访的客人的行列。如果当时我像后来那样多个心眼儿的话，我就会猜想到这是埃皮奈夫人特意请他到舍夫雷特来看我这个多情的日内瓦公民的笑话的。可是我当时是那样的愚蠢，以致连这明摆着的伎俩也没有看出来。不过，我虽然愚蠢，但也看出了霍尔巴赫男爵的表情比平时显得更高兴，更得意，不仅不像以前那样板着一副面孔看我，而且还说了许多逗趣的话，弄得我不明白他到底在说些什么，只好瞪着两只大眼睛，一句话也答不上来，而埃皮奈夫人则笑得前仰后合，好像是中了什么邪似的。由于这一切都没有超过玩笑的范围，所以我觉得最好的办法就是跟他们一起凑热闹，开个玩笑算了。但事实是，透过霍尔巴赫的那种得意的样子，从他的眼神就可以看出他心中是幸灾乐祸，怀有恶意的。如果当时我能像后来回想起来那样发现这一点的话，他这种幸灾乐祸的表现会使我大为不安的。

有一天，当乌德托夫人刚从巴黎回奥波纳的时候，我去看她，发现她面带忧容，好像是哭了一场似的。我不得不克制自己，因为她丈夫的妹妹布兰维尔夫人就在旁边。但是，一有机会，我便向她表示我心中的不安。"唉！"她叹口气对我说道："我担心你对我的痴情会使我这一辈子都不得安宁了。有人把我们的事情告诉了圣朗贝尔，但告诉他的话都不符合事实。不过，他虽然冷静对待，认为我没有什么大错，但心里总有点不高兴，而糟糕的是，他有些话又藏着不说出来。幸亏我没有向他隐瞒我们之间的关系，何况我和你之间的来往还是他首先提出要我来看你的。我在给他的信上通篇谈的都是你，就好像我心中装的全是你似的。我只是向他隐瞒了你疯狂的恋情，因为我想把你慢慢纠正过来也就了事了。不过，对于你向我示爱的表示，他虽然没有发表什么意见，但我看得出来，他认为是由于我的过错造成的。很显然，有人向他说了我们的坏话。既然事已至此，要么，我们从此分手，否则你就要谨守本分，我不愿意再做任何需要隐瞒我的情人的事情了。”

到这个时候我才意识到我的过错，开始感到羞愧。在一个我本该充当其导师的少妇面前受到如此严厉的责备，真是满面羞惭，无地自容啊。我恨我自己；如果不是受到伤害的乌德托夫人令我十分同情，因而软化了我的心，我这种自怨自艾的愤慨心情是足以克服我的痴情的。唉！正是在我的心被泪水完全淹没的时候，它一下就坚强起来了。我软弱的心转眼间就对那些卑鄙的告密者感到愤怒，因为他们把我们虽然有罪但是是不由自主的情感尽往坏的方面去想，而没有看到，甚至也想象不到我们心地的真诚和清白已补偿了我们的过错。好在我们被蒙在鼓里的时间不长，我们很快就发现了隐藏在幕后的黑手。

我们两人都知道埃皮奈夫人和圣朗贝尔常有书信往来。这已经不是她第一次给乌德托夫人制造风波了。她曾经千方百计地想使圣朗贝尔疏远乌德托夫人；她有好几次还真的取得了成功，所以乌德托夫人处处对她保持戒心。此外，还有格里姆。我记得那时他跟随卡斯特里先生到军队中去了，同圣朗贝尔一样，驻扎在威斯特伐伦，他们两人有时候能见到面。格里姆曾经打过乌德托夫人的主意，但试过几次都没有成功。他很生气，从此不再见乌德托夫人。现在他获悉她不爱他而去爱一个年纪比他大的人，何况他格里姆自从与大人物交往以后便把这个人一直看作是受他保护的人，请大家想一想，尽管他“处事平和”是出了名的，但在这种情况下，他是否还能保持冷静，泰然处之？

我对埃皮奈夫人开始只是怀疑，而在我知道发生在我家里的事情以后，我便确信无疑了。当我在舍夫雷特的时候，黛莱丝也常到舍夫雷特来，有时是来送寄到我家里的信，有时是来照顾我的病躯。埃皮奈夫人曾问她在乌德托夫人和我之间是否互通书信。一听说我们互通书信，埃皮奈夫人就逼迫她把乌德托夫人的信交给她，保证把信拆阅之后会重新封好，让人看不出拆过的痕迹。对于埃皮奈夫人说的这个办法，黛莱丝既没有当场反对，也没有告诉我，只是在给我送信的时候仔细藏起来。幸亏黛莱丝提高了警惕，因为埃皮奈夫人派人在她来的时候监视她，有好几次竟大胆到公然搜查她的围裙。更有甚者，有一天，她同马尔让西先生不请自来地到退隐庐来吃午饭(这是自从我住进退隐庐以来的第一次)，趁我和马尔让西先生去散步的时候，她和勒瓦赛尔太太与黛莱丝竟公然进我的书房去，逼她们把乌德托夫人的信给她看。如果勒瓦赛尔太太知道信在什么地方，就交给她了；幸亏只有黛莱丝知道，并告诉埃皮奈夫人说一封也没有保留。这个谎，撒得好，是忠诚和深明事理的撒谎，反之，如果说了真话，那倒成了背离原则的行为了。埃皮奈夫人见黛莱丝不上当，便力图挑动她的嫉妒心，她用责备的口吻说黛莱丝对男人太放心，太糊涂。她说：“你怎么没有发现他们之间有一种见不得人的关系呢？如果明摆在你眼前的事情你都不相信,还需要别的证据,那你就想办法去找呀。你说他把乌德托夫人的信看过之后马上就撕碎了,你就把撕碎的碎片收集起来交给我,由我来把它们拼还原状。”这就是我的女友给我的女伴出的主意。

黛莱丝很谨慎,把埃皮奈夫人的这些阻谋隐瞒了很久都没有告诉我。后来,她见我是那样困惑不解的样子,才不得不把前后经过一五一十地对我说了,让我知道捣鬼的人是谁,以便采取措施,预防对我玩弄的阴谋。我当时火冒三丈的样子真是难以形容。我不像埃皮奈夫人那样假装还不知道是她在捣鬼,也不以狡计破她的狡计。我按照我一贯暴躁的和想怎么做就怎么做的脾气,公开地大吵大闹起来。人们从以下几封信中就可看出我行事是多么欠考虑,同时也可以充分看出在这件事情上她和我的做法是多么不同。

埃皮奈夫人的来信

(卷宗 A,No. 44)

亲爱的朋友,是什么原因这些日子我就见不到你了?我为你感到不安。你曾多次答应我只来往于退隐庐和这里!这一点,我一直是让你自由安排的,而现在一个星期过去了,你一次也没有来过。如果不是有人告诉我说你身体很健康,我还以为你生病了呢。我前天和昨天都盼望你来,可是你没有来。我的天哪!你怎么了?你目前既没有什么大事要处理,也没有什么烦心的事情缠着你,因为,如果有的话,你早就到这里来告诉我了。可见你一定是生病了！快来看我，好让我放心。我求你了。再见，我亲爱的朋友；我说“再见，”希望你对我说一声“你好”。

复信

星期三上午

我现在什么话都不能说，我希望能把情况了解得更详细一些。这件事情，我早晚一定会弄清楚的。不过，你必须明白，那个无辜的被诬陷的人必将找到一个热心的辩护者为她洗雪冤情，让那些诬陷她的人，不论他们是谁，都会感到后悔的。

埃皮奈夫人的第二封来信
（卷宗 A，No. 45）

你的信使我感到惊愕，你知道吗？信中的那些话，指的是什么事情？我把信看了又看，一共看了二十多遍，说实话，我一点也看不明白。我只看到你心里感到不安和烦恼，那你就等到它们都消失以后才告诉我。亲爱的朋友，我们就这样约定了，好吗？我们的友谊和信任到哪里去了？我怎么会失掉朋友的信任呢？你的火气，是对我而发还是为我而发？无论如何你今天下午一定要来，我求你了。你要记住，你曾答应我什么话都不藏在心里，无论什么事情你都会立刻告诉我。你说这个话，到现在还不到一个星期呢。亲爱的朋友，我对朋友是信任的……我又把你的信读了一遍，我还是读不明白；它使我感到不安。我觉得你好像非常激动，我很想用什么办法使你平静下来。可是我又不知道你这么激动的原因在哪里，因此我就不知道对你说什么才好了。现在我只能告诉你：在见到你之前，我心里也同你一样，是非常难过的。如果你今天下午 6 点还不到我这里来，那么，不论天气如何，也不论我的身体状况如何，我明天一定要到退隐庐来，因为我实在忍受不住心里不安的折磨了。再见，亲爱的朋友。请允许我斗胆向你进献一句忠言（我不知道你是否需要我的忠言）：千万别让你心中的不安在你孤寂的生活中得到发展；一只苍蝇会变成一个魔鬼的。我经常有这种体会。

复信

星期三下午

只要我不安的心情还存在，我就不能来看你，也不能接待你的来访。你所说的那种信任，已经没有了；你想恢复，也很难了。现在你之所以表现得这么着急，我觉得，你只不过是想从别人的谈话中得到合乎你的心意的材料。我的心，对一个以诚相见的人马上就会敞开心扉，而对于玩弄诡计和狡诈手段的人就会立刻关上大门。你说你看不懂我的信，这恰恰表明你在玩弄假装糊涂的鬼把戏。你以为我真的傻到会相信你看不懂我的信吗？不，我没有那么傻。我要以我的坦率战胜你的鬼聪明。我要明明白白地向你解释,以便使你不会不明白我的意思。

两个亲密的、无愧于他们彼此相爱之情的情人,都是我的好朋友。我估计你不知道我指的是哪两个情人,除非我把他们的名字说出来。我觉得有人在试图拆散他们,并利用我来使他们当中之一产生嫉妒心。选择这个人来做这种事,虽不十分妥当,但对于那个心怀叵测的人来说,似乎比较容易。那个心怀叵测的人,我怀疑是你。我这样说,说得够清楚了吧。

请问:我最钦佩的那个女人,在我完全知道他们的感情的情况下,能无耻到把她的心和她的身份给两个男人吗?我能无耻到成为这两个卑鄙的男人之一吗?如果我能查出你这一生中曾在某个时候有些想法,我会恨死你的。不过,我现在要责备你的,不是你曾经这样想过,而是你曾经这样说过。我不明白,在这种情况下,在我们三人当中你想伤害的究竟是谁。如果你爱安宁的话,你就应当知道,如果你真成功了,你反而会遭到不幸的。对于我所觉察到的我和她这样交往的不妥之处,我既没有向你也没有向她隐瞒过半点。既然我和她之间的交往的起因是正当的,我就要用与起因同样正当的方式来结束,使不当的相爱之情变成永恒的友谊。从无害人之心的我,能愚蠢到被人利用去害我的朋友吗?不可能。如果你想利用我,我将永远不原谅你的,而且会成为你的不可调和的敌人。不过,你那些不可告人的秘密,我还是十分尊重,不予泄露的,因为我不是那种不讲良心的人。

我并不认为我目前的这种困惑心情会持续很久;我很快就会知道我是不是弄错了。那时,我也许有很多重大的过错要弥补。能弥补我的过错,那是我平生最衷心愿意做的快意事。不过,你是否知道在我还将在你身边度过的为日不多的时间里,我将弥补什么过错吗?我将做一件除我之外其他任何人都办不到的事:我将如实告诉你人们对你是怎样看的,如实告诉你在你的名声方面受到了哪些损害需要消除。尽管你有那么多所谓的朋友围绕在你身边,但只要我一离开你,你就永远听不到真话了,就再也没有人对你实话实说了。

埃皮奈夫人的第三封来信

(卷宗 A,No. 46)

我看不懂你今天上午写的信,我已经对你说过了,因为这是事实。你今天下午写的信,我看懂了。别担心我会同你争论,相反,我急于想把它忘掉。尽管我觉得你可怜,但我还是不能不承认它使我的心也感到痛苦。我!对你玩弄诡计,玩弄狡诈的手段;我!竟被你指摘做了最可耻的事!算了吧,我很惋惜你竟然……算了吧,我不知道我该说些什么……再见,我很想原谅你。你想什么时候来,就什么时候来!你将受到很好的接待,而不必有什么顾虑。不过,请你不要为我的名声操心。别人怎么说,我毫不在乎。我行端品正,这就够了。还有,那两个对你和对我都同样亲爱的人的近况如何,我真的一点都不知道。

最后这封信，虽使我摆脱了一个可怕的困境，但同时也使我碰上了一个其可怕的程度一点也不稍减的难题。虽然这几封来信和复信都是在一天当中匆匆写的，但是，其中短暂的间隔时间也足以使我在一阵阵大发雷霆的怒火中发现我行事是多么的欠考虑。乌德托夫人曾一再告诫我要保持冷静，让她一个人去处理这件事情，尤其是在当时，要尽量避免把事情弄僵，闹得满城风雨，而我竟用破口大骂的恶毒语言去招惹一个生性多忌的女人，因此我推测她给我的回信语气必定很高傲，必定会以轻蔑的口吻斥责我，逼得我如果不马上离开她的家，就表明我是最可耻的懦夫。然而她很机灵，不像我这样一团火气。她的复信语气很婉转，没有一句话逼我走向极端。因此，我当前应当决定的是：要么与她决裂，要么立刻就去看她，二者必居其一。我采取了后面这个办法，而在见到她时我应当采取什么方式解释，这倒真叫我十分为难，因为我不知道要如何解释才既不牵连到乌德托夫人，又不牵连到黛莱丝。我一说出谁的名字，谁就必然会倒霉啊！一个诡计多端和心肠狠毒的女人，要想报复的话，那是什么事情都干得出来的；这实在令我为那个将成为报复的对象的人担心啊。正是为了预防这种不幸的事情的发生，所以我才在我给她的信中说我只是怀疑，而没有提出任何具体的证据。当然，即使我这样做，也很难使我大发雷霆的表现得到她的原谅，因为，任何单纯的怀疑都不可能使我如此对待埃皮奈夫人那样的女人，尤其不能那样对待一位女友。幸而在这关键时刻我把这件事情处理得又漂亮又十分得体：我主动责备我自己犯了许多严重的错误（其实那些错误我是不可能犯而又从来没有犯过的），用这个自己给自己扣大帽子的办法一笔带过我隐瞒起来的过失和错误。

有了前面所说的那层铺垫，我才没有碰上我所担心的那种尴尬场面，才消除了我心中的恐惧。我一到，埃皮奈夫人就快步过来搂着我的脖子，大把大把地直流眼泪。没有料到这位老朋友如此热情地接待我，使我感动得也像她那样哭了起来。我对她说了几句没有多大意思的话；而她回答我的话，比我的话还更没有意思。我们见面时说的话，就这样结束了。饭菜已经摆好，我们就入席用餐；我想对她进行解释的话，只好留待饭后再说了。席间，我的脸色很不好看，因为只要我心里稍微有点不安，我的脸上就掩饰不住，就连最粗心的人也看得出来。我这种尴尬的样子，本可使她乘机向我兴师问罪的，但她没有冒冒失失地这么做。晚餐之后同晚餐之前一样，她都没有要我进行解释，第二天也没有。我们两人面对面地坐着，只谈了一些无关紧要的小事情，或者由我说几句平平淡淡的话，向她表示我的怀疑目前还没有找到可靠的根据，并向她实心实意地保证：如果发现我的怀疑没有根据，我将用我的一生来弥补我的过错。她脸上没有露出想知道点什么的样子；对于我究竟怀疑什么，以及我的怀疑是如何产生的，她似乎一点也不感兴趣。因此，我们的和好如初，无论是她还是我，都以为在我们见面时的那一拥抱中完成了。既然我冒犯的只是她一个人（至少在表面上看来是如此），我觉得，她本人都没有要求我进行解释，我就不必多此一举了。于是，我是怎样来的，也就怎样回去了。我继续像从前那样同她来往，不久就把这场争吵忘得一干二净，而且傻乎乎地以为她也忘得一干二净，因为她好像已经不再回想这件事情了。

正如人们即将看到的，这并不是我的懦弱给我招来的唯一烦恼。我还有其他一些烦恼；它们使我难过的程度，并不比前一个烦恼轻，而且这些烦恼都不是我自己招来的，而是由于狄德罗和霍尔巴赫一伙人想折磨我，想使我脱离我目前离群索居的生活而蓄意制造的。* 自从我住进退隐庐以后，狄德罗便不断来打扰我；有时候是他自己出面，有时候是通过德莱尔。根据德莱尔几次嘲笑我在丛林中到处转悠的表情来看，我不久就发现，他们已经把我这个隐士当作笑料，把我丑化成一个风流情人了。不过，在我同狄德罗的争吵中，关键的问题还不在此，这当中另有更重大的原因。在他的《私生子》①出版以后，他寄了一本给我。对于一个朋友的著作，我是读得既饶有兴趣，也十分仔细的。但是，当我读到那段关于诗歌的对话时，我很吃惊地，甚至是有点儿痛心地发现他有好些怪话都是针对离群索居的人而说的，好在语气不重，尚可容忍，但后来读到"只有恶人才孤独生活"这句话，就觉得他说得太武断，太刻薄了。这句话的意思很模糊；我觉得它可以有两种含义：一种含义是正确的，而另一种含义则是错误的，因为一个人既然自愿过孤独的生活，那么，他不仅不可能，而且也不会产生伤害他人之心，因此他就不可能成为恶人。可见狄德罗的这句话本身就需要加以解释，尤其是他在发表这个论断时，明明知道他有一个朋友在过孤独的生活，就更需要加以解释了。我觉得，无论怎样解释，他这句话听起来都令人不快，是怀有恶意的，因为，不论他在发表这个论断时

* 这就是说，他们想把勒瓦赛尔老太太拉到他们一边，以便利用她来对我搞阴谋。令人惊奇的是，在这场风暴持续那么长的时间里，由于我对那些人如此愚蠢的信任，竟没有看出他们要拉回巴黎的，不是我，而是她。

① 狄德罗1757年发表的一部五幕喜剧。——译者

是忘记了这个过孤独生活的朋友，还是当时即使想到了这个朋友，但在发表这个带普遍性的论断时，忘了指出这个朋友以及古往今来许许多多喜欢在隐遁生活中寻求宁静的贤哲之人是可敬的例外，我认为，不论属于哪种情况，他都不应当自有史以来第一个公然以作家的身份用他的笔打击一大片，不分青红皂白地把他们全都说成是恶人。

我很喜欢狄德罗，我真心实意地尊敬他，而且也真诚希望他对我也抱有同样的情感。但是，对于他一而再、再而三地老是与我的脾气、志趣和生活方式，尤其是在只与我个人有关的事情上与我唱反调，我就实在受不了了。看见一个比我年轻的人竟硬把我当小孩子管教，我心里便很不痛快。对于他那种说话不算数，轻于许诺而疏于践约的坏毛病，我是很厌恶的。他有约必爽，而且喜欢爽了又约，约了又爽，使我吃尽了苦头。每个月都有三四次白白在他约定的日期等他，甚至跑到圣丹尼去接他，但等了一整天，还是不见他来，我只好回家，一个人吃闷饭，这真叫人气恼。总之，他的缺点和坏毛病一大堆，我的肚子都快气破了。我觉得，最后这一次最为严重，最使我痛心。我给他写了一封信，表达我难过的心情。我信中的措辞之委婉和恳切，连我自己都感动得流下了眼泪。我想，他大概也会感动得流眼泪。对于我这封信，他是怎样回答的，人们是怎么也猜不到的。现将原信抄录如下（原件见卷宗 A，No. 33）：

我这本书使你感到很喜欢，而且感动了你，这，我很高兴。既然你不赞同我关于隐居之士的那段话，那你就爱怎么称赞他们就怎么称赞他们好了。在这个世界上，你是我唯一想说

> 赞美之词的隐士，而且，如果你听了不生气的话，我要说的赞美的词句多得很呢。一个八十岁的老太太，等等。有人告诉我，埃皮奈夫人的儿子的信中有一句话曾经使你很难过。真的，要不是他那句话提醒了我，我对你的内心深处还真不了解呢。

这封信的最后两句话，需要解释一下。

在我住进退隐庐之初，勒瓦赛尔太太似乎觉得这座房子太孤独，因此不甚喜欢。她的话传到我耳里以后，我便向她提出，如果她觉得巴黎更适合她，就送她回巴黎，房租由我付，同她和我在一起一样地照顾她。可是她拒绝了，并向我声明说她住在退隐庐很舒服，说乡下的空气对她有好处。人们可以看出，她说的都是实话，因为她到乡下以后，样子显得年轻了，可以说她的身体比在巴黎时好多了。她的女儿甚至对我说，如果我们真的离开退隐庐的话，她心里将感到十分难过的，因为退隐庐的确是一个很漂亮的住处，她非常喜欢侍弄菜园和管理果树，同时，她也把人家让她撺掇我迁回巴黎的话告诉了我。

他们的这个企图没有成功，便改变了方式，试图用吓唬人的办法来取得他们殷勤劝说未能取得的效果。他们责备我把这个老太太弄到乡下去，离开她那样年纪需要照顾的地方，是在造孽。可是他们没有看到她和许多其他的老年人吸了这里的新鲜空气都得到了延年益寿的好处，何况我们一出门几步路就到了蒙莫朗西，马上可以得到必要的救助。按照他们的说法，好像老年人只能生活在巴黎，而到其他地方就活不下去了。勒瓦赛尔太太的饭量很大，十分贪吃，所以常吐酸水，老拉肚子，拉几天肚子，她的病也就好了。在巴黎的时候，她对这点小病从来不在意，等它自己好；在退隐庐，她还是用这个老办法，因为她知道，除此以外，是没有其他更好的办法的。可是狄德罗那一伙人却不管这些。尽管勒瓦赛尔太太在乡下身体很好，但他们依然说乡下没有医生和药剂师；让老太太到乡下去，就是想让她死。请问狄德罗：老年人到了多大年纪就不许到巴黎以外的地方去生活，难道说让他们住在乡下就是想害死他们吗？

这就是他严厉指摘我的两个罪状之一。由于他认为我犯了这个罪，所以就不把我列在"只有恶人才孤独生活"这句话所斥责的范围之外。他那个"一个八十岁的老太太"听起来十分动人的感叹句和"等等"二字的含义，就在于此。

我觉得，对于狄德罗的这种指摘，最好是由勒瓦赛尔太太本人来回答。我请她写封信如实把她的意见告诉埃皮奈夫人。为了让她自由自在地写，我向她保证不看她的信，另外，我还把我写给埃皮奈夫人的信抄了一份给她看，其内容是谈我针对狄德罗的另外一封措辞更强烈的信而写的回信。埃皮奈夫人把这封回信看了以后，阻止我发出去。

星期四

我的好友，勒瓦赛尔太太要给你写信，我请她把她的感受如实告诉你。为了让她自由自在地写，我已向她保证不看她的信，我也请你不要把她信中的内容告诉我。

既然你不赞成，我给狄德罗的信就不寄出去了。不过，由于我觉得我受到了极大的侮辱，如果承认我错了，那就显然证明我行事十分卑鄙和虚伪，所以我绝对不能这样做。《福音书》上虽然叫人左脸挨了耳光之后，再把右脸伸过去，但它并没有叫挨耳光的人去请求原谅。你还记得那出喜剧中的那个一边用棍子打一边又使劲叫嚷不要打的人吗？[①] 那位哲学家[②]扮演的，就是这个角色。

虽然天气这么坏，你也别以为你能阻止他来。你凭友谊去请他，他就说他没有时间和精力来；而他一生气，他就有时间和精力来了。这将是他平生第一次按他自己约定的日子来；即使累死，他也会来亲口把他信中骂我的那些话对我再说一遍的，而我只有耐心忍受。他一回到巴黎也许就会病倒，而我，照例在他眼中是一个可恨可憎的人。有什么办法呢？只好忍受。

你难道不佩服这个人的花招很多吗？他曾经对我说他将派马车接我到圣丹尼，并共进午餐，餐后用马车送我回家（见卷宗A，No. 33），可是一个星期之后（见卷宗A，No. 34）他又说他的经济条件只允许他步行到退隐庐来。当然，他这个话也不是绝对不可能的由衷之言。不过，要真是这样的话，那一定是他的经济条件在一星期中发生了奇异的变化。

对于你母亲的病给你带来的忧愁，我深为同情，但是，你可以看出，你的忧愁毕竟不如我的忧愁大，因为，看到我们亲

① 指莫里哀的喜剧《斯卡潘的诡计》中的恶仆斯卡潘。斯卡潘向其主人的父亲热隆特谎称有歹徒正在搜寻他；让热隆特躲藏在一个大布袋里，然后一边用棍子打热隆特，一边又大声嚷嚷说别打了。——译者

② 指狄德罗。——译者

爱的人生病而感到的痛苦，总是比因遭到不公正的和残酷的对待而感到的痛苦轻得多的。

再见，我的好友，这是我最后一次向你谈这件不幸的事情了。你劝我：如果到巴黎来的话，那就一定要保持冷静。这个话，我会记住的，因为它将使我以后回想起来感到很愉快。

根据埃皮奈夫人的建议，我把我在勒瓦赛尔太太问题上采取的做法，写信告诉了狄德罗。人们也许以为：既然勒瓦赛尔太太自己选择留在退隐庐，她在这里身体很好，经常有人陪伴，生活得很惬意。这样，狄德罗就找不到什么办法给我安一个罪名了吧。殊不知他另外找茬儿，把我这样防止外人说三道四的做法也当作一桩罪行，把勒瓦赛尔太太之所以继续留在退隐庐也说成是我的罪过。尽管继续住在退隐庐是她自己的决定，何况过去和现在，只要她愿意，就可以马上回巴黎去；我照样供养她，同在这里与我在一起，完全是一样的。

对于狄德罗来信中的第一个指摘（见卷宗 A，No. 33）要说明的问题，就是这些。对于他提出的第二个指摘，我就用他自己的原信（卷宗 A，No. 34）来说明：

那位秀才（这是格里姆对埃皮奈夫人的儿子的戏称）大概已写信告诉你了：在城头上有二十多个穷人冻得快死了，正等着你向他们施舍里亚[1]呢。这是我们闲聊的内容的一个

① 法国古代的一种小铜钱。——译者

样品……如果你听到其他那些话，你也会同听到这个话一样地乐起来的。

狄德罗似乎以为拿出这个论据，就会击中我的要害。我对他这个吓唬人的论据的答复如下：

我记得我已经答复过那位秀才了，也就是说，已经答复一位包税人的儿子了。我告诉他：我并不怜悯他在城头上看到的那些等我去施舍里亚的穷人。他大概已经对他们慷慨解囊了吧。我已经请他代替我做这件事情了。巴黎的穷人对于由他来代替我，是不会有怨言的。要替蒙莫朗西的穷人找这么一个好替补者，还很不容易呢，因为蒙莫朗西的穷人比巴黎的穷人更需要这么一个替补者。这里有一位受人尊敬的老人劳苦一生之后，现在不能干活儿了，在垂暮之年即将饿死。我的良心告诉我：宁可每星期一给这个老人两个苏[①]，也不要拿一百个里亚去分给城头上的那些叫花子。你们这些哲学家真会开玩笑；你们把居住城里的人才看做是人，你们才关心他们，然而，只有在乡村，我们才能真正学会如何爱他人和如何服务人类，而在城里，那是只能学会如何蔑视穷人的。

一个像狄德罗那么聪明的人的奇谈怪论竟如此荒谬；他竟愚蠢到公然正颜厉色地把我远离巴黎说成是一桩罪行，并以我为例

① 法国古时的一种辅币。——译者

来证明一个人如果生活在首都之外就不可能不变成一个恶人。今天想来，我当时怎么就那么傻，还写信回答他，还怄了一肚子气，而不一笑置之。然而埃皮奈夫人的决定和霍尔巴赫一伙人的叫器把人们的思想竟迷惑得都认为他有理，都认为我做得不对。乌德托夫人是很赏识狄德罗的，她要我到巴黎去看他，要我先向他表示希望和解。然而，尽管我是十分的真心诚意，我们的这次和解并未持续长久。她向我提出的站得住脚的理由是狄德罗那时正处在困难时期，除了《百科全书》引起的那场风暴之外，他的那个剧本[1]还遇到了更大的麻烦。尽管他在那个剧本的前边加写了一篇《简介》，但有些人还是指摘他通篇都照抄哥尔多尼[2]的作品。[3] 狄德罗比伏尔泰还经不起批评；他当时感到十分苦恼。格拉菲妮夫人甚至故意散布谣言，说我为了这件事情已经与狄德罗断绝往来了。我认为，对于这种无中生有的说法，应当堂而皇之地加以驳斥。于是，我就到巴黎去了，不仅同狄德罗一起整整待了两天，而且就住在他家里。这是我迁居退隐庐以后第二次去巴黎。第一次是去看可怜的高福古，那时他得了中风病，而且以后一直没有痊愈。在他初病期间，我一直守在他的床边，直到他脱离生命危险才离开。

狄德罗很热情地接待了我。一切恩怨，两个朋友一拥抱就全都化解了！拥抱之后还有哪些话留在心里，我们两人都没有说。

---

① 指狄德罗的《私生子》。——译者

② 哥尔多尼(1707—1793)：意大利剧作家。——译者

③ 此句中的“有些人”，指当时的文艺批评家弗雷隆和帕里索；两人说狄德罗的《私生子》是照抄哥尔多尼的《真实的朋友》。对于这两个人的无端指摘，狄德罗在他的《家长》后边加写了一篇《论戏剧诗》来回答。——译者

互相对骂的话，是用不着解释的。现在只有一件事情可做，那就是：把骂人的话全都忘掉。他没有暗中要花招，至少据我所知他没有。他跟埃皮奈夫人完全不同。他把他的《家长》的写作提纲给我看了；我对他说："好极了，这是对《私生子》的最好的辩护书。先别告诉任何人，好好写这个剧本。写好后，就冲着你的敌人的脸扔过去，用这个方式回答他们最有力。"他这样做了，效果很好。大约在半年前我就把我的《朱莉》的头两卷寄给他看，想征求他的意见。他连一个字也没有看。于是我们两人就在一起读了第一卷。他觉得太"拖沓"（这是他的原话），也就是说废话太多，文字太冗长。这一点，我自己也感觉到了。不过，那些废话都是我在病中发高烧时写的，以后又没有修改，而后面几卷就不是这样了，尤其是第4卷，还有第6卷，就是精心之作了。

我到巴黎的第二天，他硬要拉我到霍尔巴赫先生家去吃晚饭。我们两人的心中各有各的打算。我很想去收回我关于校订那本化学书的译稿的承诺[①]，因为我讨厌和那个译者打交道，不愿意对他承担这个工作。这一次，狄德罗又战胜了，他向我保证说霍尔巴赫的确是真心爱我的；对于霍尔巴赫说话的态度，应该原谅他，因为他对任何人说话都是那个样子，因此，作为他的朋友，就该比别人多忍受一点。他还说，那部稿子的酬金，两年前就预付了，现在要拒绝不干的话，这对于付稿酬的人来说，是个侮辱。这是很不应当的，甚至还会引起误会，似乎是想暗中让别人去责怪霍尔巴赫把早

① 卢梭这句话是指他曾答应霍尔巴赫，校订霍尔巴赫所译德国化学家格勒的《冶金化学》的法文译稿。——译者

先约定的事情拖这么久都没有完成。“我天天都和霍尔巴赫见面，”他说：“对于他心中的想法，我比你更了解。即使你有理由对他不满意，难道你还以为你的朋友会让你去做一件有失身份的事情吗？”总之，由于我的性格一贯软弱，我又被他说服了。于是，我们一起到男爵家去吃晚饭，他也像往常那样接待我，但他的夫人[①]对我很冷淡，而且可以说是不客气。我已经认不出那个在出嫁前对我很友好的可爱的卡诺琳了。我早就感觉到，自从格里姆常去艾纳家以后，艾纳家的人对我就没有好脸色看了。

当我在巴黎的时候，圣朗贝尔也从部队里回巴黎来了，因为我当时不知道，所以直到我回乡下以后，才先是在舍夫雷特见到他，后来又在退隐庐见面。他是同乌德托夫人一起到退隐庐来要我请他们吃饭的。人们可以想象得到我是多么高兴地欢迎他们啊！见到他们两人是那么的心心相印，情投意合，我心里真是高兴极了。我以我不曾破坏他们的幸福而感到满意；看见他们幸福，我自己也很幸福。我敢发誓：在我那段痴情期间，尤其是在这个时候，即使我能把乌德托夫人从他手里夺过来，我也不愿意，甚至根本不会动此念头。我发现她爱圣朗贝尔的表情是那么的可爱，以致我很难想象她在爱我时也有此表情，也如此可爱。我不想影响他们的结合。在我的狂热中，我真正希望于她的，也只是她能让我爱她而已。总之，不论我对她抱有多大的热爱之情，我觉得，做她的知交或成为她的恋人，都是一样的甜蜜。我在任何时候都没有把她的情人看作我的情敌，而总是把他看作我的朋友。人们也许会说：这

① 指霍尔巴赫续弦的妻子卡诺琳·苏·艾纳。——译者

不能算作爱情。是的，但这样的情谊比爱情还更为珍贵。

至于圣朗贝尔，他的表情依然是那样的真诚和大方。在这件事情上，只有我一个人是有罪的，所以也只有我一个人该受惩罚，而我也欣然领受惩罚。他对我的态度虽然严峻，但很友好。我发现，他对我的敬意虽稍有减少，但对我的友情仍依然如旧。对此，我感到很欣慰；是的，对人的敬意是比对人的友谊难于恢复的，何况他这个人深明事理，是不会把不由自主的一时糊涂同本性的邪恶混为一谈的。虽说在过去那段时间我有过错，但过错并不大。是我主动去追求他的情妇吗？不是他叫她来看我的吗？我能不接待她吗？我有什么办法呢？错在他们而不在我。我是受害者。要是他处在我的地位，他也会这样做的，也许比我做得还坏，因为，不论乌德托夫人是多么忠贞和多么可敬，但她毕竟是女人呀，而他长时间不在她身边，让人钻空子的机会多得很，外界的诱惑力大得很。如果遇到一个胆大的男人，她就很难像对付我这样对付那个男人了，而她和我，我们两人在这样的情况下始终没有越轨行为，这的确是很了不起的。

尽管我在内心深处认为自己是光明正大的，但从表面上看，许多现象对我都是不利的，以致我难以克服的羞耻心总使我在他面前显得猥猥琐琐，像个罪人，而他也抓住我这个弱点捉弄我，使我感到难堪。只举一个例子就可以看出我们之间的相互态度。饭后，我把我去年写给伏尔泰的一封信读给他听（这封信，他很可能已经听别人说过了），在我念信的时候，他竟然睡着了，而我，以前是那么骄傲的我，那天竟如此愚蠢，明明看见他已入睡，大打呼噜，我还是继续朗读，不敢停止。我委屈迁就的态度已到了如此程度，他竟用这种办法来报复我。好在他为人还算厚道，也只有在我们三人在一起的时候，他才这样对待我。

他离开巴黎以后，我发现乌德托夫人对我的态度大大改变了。我感到吃惊。其实，这种情况我是应当早就料到的；我吃惊的心情也超过了我应有的程度，因此使我非常痛苦。我原来希望她能治好我的创伤，哪知她竟然使那支不但没有拔出反而折断了的箭往我的心里扎得更深了。

我下定决心要自己战胜自己，要不遗余力地把我的痴恋之情变成纯洁而持久的友谊。为此，我制订了一套周密的计划，而这套计划的执行，则需要乌德托夫人的配合。当我向她谈这个计划的时候，我发现她时而表现得心不在焉，时而又面露难色。我感觉到她已经不愿意和我在一起了。我很清楚地看出，这当中好像发生了什么事情；她不愿意对我讲，而我后来也一直无法知道。这一变化使我很难过，原因何在，我也无法从她口中得知。她要我把她写给我的信退还给她；我一封不少地全退还给她了，而她曾一度怀疑我是不是全退还了。她对我的怀疑使我的心又受到一次料想不到的创伤。我的心，她应当充分了解嘛。后来她虽然承认她的信我一封也没有少退，但她不是当时承认的，她是在检查了我交给她的那一包信之后才感到她对我的怀疑是错误的。我看出她对此感到内疚，而我的心才稍稍舒服了一点。她不能只要回她给我的信而不退回我给她的信。她说她把我给她的信全都烧了。现在轮到我来怀疑她了，而且，我直到现在还怀疑咧。不，这样的信，她是绝不会全烧掉的。人们已经看到《朱莉》中的信每封都充满了火一样的激情。唉，上帝啊！对于我给她的信，该怎么办呢？不，不，有这样一种激情的人，是永远不会有勇气把她的激情的证据烧掉的。不过，我也不怕她滥用这些证据；我不相信她能做这种事，何况我早有提防呢。我有一种虽然是愚蠢的但是很强烈的怕人耻笑之心，所以一开始和她通信，措辞就很谨慎，以免有什么不妥当的话传到别人的耳朵里。我在如醉如痴的状态中给他写信时竟用"你"称呼她；这个"你"字包含了多么亲热的情谊啊。用"你"字称呼她，她不应当生气嘛。[①] 虽然她有好几次表示不高兴，但我还是用"你"字称呼她。不过，她不高兴的样子倒是提醒了我，今后给她写信要多加小心和注意。但是，在这一点上，我是绝不迁就她的。如果这些信还在，有朝一日能公之于众，人们就知道我是怎样爱她的了。

乌德托夫人的冷淡态度给我造成的痛苦，以及我认为我不该受到的这种对待，这两种因素加在一起，遂使我做出了一个奇特的决定：直接写信给圣朗贝尔本人诉说个中原委。在等待他的回信期间，我就尽量做一些我本该早做的事情来消遣。在舍夫雷特经常有一些盛大的聚会，由我负责为到会的人准备音乐。乌德托夫人喜欢音乐，我巴不得趁此机会向她展示我的音乐才能。另外还有这么一个原因使我的兴致大为高涨，那就是：我想展示一下《乡村巫师》的作者是懂音乐的，因为很久以来我发现有人暗中制造流言，怀疑我是否懂音乐，尤其怀疑我是否会作曲。其实，我早期在巴黎的那些音乐作品，以及我在杜宾先生家和拉·波普里尼埃尔先生家经受的那么多次考验，还有十四年来我在最著名的音乐家

① 按一般的礼貌用语，应当用"您"；卢梭没有用"您"称呼，故乌德托夫人有点"生气"。——译者

中间当着他们的面谱写的那些曲子和《风流的缪斯》这部歌舞剧中的音乐与《乡村巫师》中的音乐，再加上我专门为菲尔小姐创作并由她在宗教音乐会上演唱的经文歌与我在有音乐大师们参加的许多次关于音乐的讨论会上的发言，这一切本该早就防止或驱散这种怀疑了，但这种怀疑还依然存在，甚至在舍夫雷特也如此，就连埃皮奈先生也不例外。我假装没有觉察到这一点，答应为他写一首在舍夫雷特小教堂的命名典礼上演唱的经文歌。歌词由他选择，选好之后就告诉我。他委托他儿子的老师里朗去选。里朗把适合这次盛典的歌词选好之后交给我，而我只用了一个星期就把曲子写出来了。这一次，我心中的恼恨就是我的阿波罗[①]。在我谱写的曲子中，要数这一首最气势磅礴；歌词的开头一句是“此处乃雷神的殿堂”[*]。乐曲开始时肃穆低沉的音调完全符合歌词的内容，而全曲的声调之美，使在场的人无一个不大为赞叹。我要求用大乐队，埃皮奈先生把最好的交响乐师都请来了。意大利女歌手布鲁娜演唱经文歌时，乐队伴奏得非常好。这首经文歌非常成功，后来又拿到宗教音乐会去演唱。虽然有人暗中捣鬼，乐队的演奏技巧也不如人意，但还是两次博得了全场的掌声。我又为埃皮奈先生举办的一次宴会提供了一个半正剧半哑剧的剧本，埃皮奈夫人按我提供的剧本的大意编成歌词，由我配乐。格里姆一来就听见人们在谈论我在音乐方面取得的成功，但一小时以后，大家就

① 希腊神话故事中的太阳神；掌管世上的艺术和文学，是他的诸多权能之一。——译者

* 后来我获悉，这段歌词是桑特耶作的，而里朗对它稍加修改就说成是他自己作的。

突然停止,不再谈论了,不过,据我所知,至少从此以后也就没有人再怀疑我是不是会作曲了。

我早就不喜欢在舍夫雷特待了。格里姆一来,他那副傲慢的样子便更加使我感到在舍夫雷特实在令人难以忍受:他那副样子,我在别人身上从来没有见过,甚至连想都没有想到过。他到舍夫雷特来之前的一天,主人就叫我搬出我住的那间大客房。这间大客房是与埃皮奈夫人的房间紧挨着的,他们让我腾出来给格里姆住,把我搬到另外一个较远的房间去。我微笑着对埃皮奈夫人说:“你瞧,新人一来就赶走了旧人。”她显得有点尴尬。当天晚上我就把叫我腾房的原因弄清楚了。原来,在她的房间和这个房间之间有一道暗门,而她从来没有告诉我这道暗门。她同格里姆的关系,无论是在她家还是在社会上,已无人不知,甚至连她的丈夫都知道。尽管我是她的知交,她曾把许多更为秘密的事情告诉了我,认为我这个人靠得住,但她百般辩解,始终否认她同格里姆的关系。我很清楚,这是格里姆让她这么做的。格里姆知道我的一切秘密,而他的秘密却一个也不让我知道。

我往日对他的感情尚未完全消失,对他的才能依然尊重,因此我对他仍然抱有一点好感。但是,这一点点儿好感,是经不起他蓄意摧残的。他那副装模作样的德性,同杜菲耶尔伯爵[①]完全一个样。他对我总有那么一种不屑于理睬的样子,也没有主动对我说过一句话。我主动对他说话,他连理都不理;这样一来,我也不愿

① 法国剧作家德杜什的喜剧《自命不凡的人》(1732)中的那个自以为了不起的“大贵族”。——译者

意对他说话了。他到处都抢先，到处都占首位，从来不把我看在眼里。如果他不摆出那么一副令人讨厌的神气样子，这倒也罢了。现在从许许多多事情中只举一件事情为例，人们就可看出他是怎样一个人了。有一天晚上，埃皮奈夫人微感不适，叫人把饭菜送到她房间里，她上楼去坐在火炉旁边吃。她叫我跟她一起到楼上去，我跟她去了，随后格里姆也上楼来了；小桌子已经摆好，只有两份餐具。仆人把饭菜端上来。埃皮奈夫人坐在火炉的一边，格里姆端一把扶手椅坐在另一边，把小桌子拉过去放在他们两人中间，打开餐巾，大口大口地吃起来，连一句话都不对我说。埃皮奈夫人的脸红了。为了促使格里姆自己纠正自己的粗鲁行为，埃皮奈夫人让我坐到她那个位子上去，而格里姆竟一句话也没有说，甚至连看都不看我一眼。我无法挨近火炉，只好在房间里踱来踱去，等仆人再拿一副餐具给我，他就这样让我坐在离火炉很远的地方吃，对我一点礼貌也不讲，一点不考虑我身体不好，又比他年长，同这一家人的交往比他早，而且是我把他介绍到这里来的。现在，他虽然成了女主人的宠幸，但也应当对我保持应有的礼貌才对嘛。他在其他地方对我的态度，也和这个例子完全一样。他不但把我看做比他低一等的人，甚至把我看作零。我很难认出他就是当年在萨克斯-戈特亲王府中以得我一顾为荣的那个穷书生了。他一方面对我摆出那样一副不理不睬和盛气凌人的样子；而另一方面却又在所有他知道与我有关系的人中间大肆吹嘘他对我是如何如何的友好。我真不知道怎样才能把他这两种表现调和起来。实际上，他对我的所谓友好，只不过是他表示他怜悯我穷，而我从来没有抱怨过我穷；他说他怜悯我的命苦，而我对我的命运非常满意。他故意唉声叹气地说什么他想对我大施恩惠而我却坚决地表示拒绝。他想用这种手段使大家称赞他为人慷慨，谴责我性情孤僻，不通达情理，使大家久而久之便认为在他这样一个保护人与我这样一个穷人之间只能有他施恩和我感恩的关系，而认识不到即使这种关系是可能的，也还要讲一点双方平等的朋友关系呀。就我来说，我实在想不出我在什么事情上应当感激这位新的大人物。我曾经借过钱给他，而他从来没有借过钱给我。他生病的时候，我照护他，而我几次生病，他一次也没有来看过我。我把我的朋友都介绍给他，而他的朋友，他一个也未曾向我介绍过。我逢人就夸他的才学渊博，而他虽然有时候也夸我，但不那么公开，而且方式也不一样。他从来没有帮助过我，而且连提都未曾提过要帮我。他怎么能说他是我的麦凯纳斯呢[①]？我怎么会是受他保护的人呢？这一点，我过去不明白，现在依然不明白。

是的，格里姆对任何人都或多或少地表现出一副傲慢的样子，但他对任何人都不像对我这样粗暴。我记得有一次圣朗贝尔差一点要拿菜盘子砸他的脑袋。起因是他当着全桌的人说圣朗贝尔撒谎，粗声粗气地说："这不是真话。"他不仅说话的语气非常武断，而且脸上总表现出一种暴发户的得意神情，一举一动简直放肆到了可笑的程度。他同达官贵人们经常往来，因而也沾染了那些人的习气，时时摆出一副只有最狂妄的阔佬才有的臭架子。他叫他的仆人时，总是大着嗓门喊一声"喂，来个人啦！"好像他的仆人很多，

---

① 麦凯纳斯（约公元前69—前8）：古罗马的骑士，诗人贺拉斯和维吉尔的挚友，是一个以热心支持和资助文学与艺术事业著称的贤士。——译者

他这位老爷不知道是哪个仆人当班似的。他叫仆人去买东西的时候，总是把钱扔到地上，而不交到仆人手里。他完全忘记了仆人也是人。他时时都那么轻蔑和粗暴地对待仆人，以致使那个可怜的孩子（一个很好的孩子，而且是埃皮奈夫人介绍给他的）终于辞职不干了。他没有别的抱怨，只是抱怨格里姆那样对待他，他实在无法忍受：他成了这位新的“自命不凡的人”的拉弗勒尔[①]。

他好虚荣，自以为了不起；他天生一双目光混浊的大眼睛，一张肌肉松软的脸。就他这个长相，他还一个劲儿地去追逐女人呢。他同菲尔小姐闹了那场笑话以后还真的在好几个女人眼里成了有情有义的男人了。从那个时候起，他就开始讲究时髦，像女人那样爱整洁，一心想充当美男子，梳妆打扮成了他每天必做的一件大事。大家都说他脸上是搽了粉的。我过去不相信，现在相信了，因为我不但发现他的肤色比过去美了，而且还亲眼看见他梳妆台上的那个粉碟子。有一天早晨，我到他房间里去，看见他用一个特制的小刷子刷指甲，而且当着我的面越刷越带劲。我估计：一个一天花两个小时刷指甲的男人很可能也要花一些时间用香粉去填他皮肤上的皱纹的，难怪那个说话素来不刻薄的好人高福古也相当风趣地给他取了个绰号叫作“粉面郎君”。

以上所述，虽然只不过是一些可笑的小事，但与我的性格太格格不入了，因而使我对他的性格产生了怀疑。我很难相信一个思想方法如此乖张的人能把他的心放在正当中。他见人就吹嘘他的

① 德杜什的喜剧《自命不凡的人》中因屡受那个自以为了不起的“大贵族”杜菲耶尔伯爵轻蔑对待便愤然辞职的仆人。——译者

心胸是多么宽宏,他的感情是多么强烈,可是那些缺点都是心胸狭窄的人才有的,这怎么能和他所吹嘘的话调和得起来呢?心胸开阔的人总是热情奔放,对外界的事物时时关注的,怎么能没完没了地把心思用在自己渺小的身子上呢?啊!我的上帝呀!感到自己的心被天国神圣的火光照耀的人,是必然会敞开心扉,展示他的内心的。他将把他心中的一切想法表露在他的脸上,绝不会乔装打扮示人以假象。

我想起了他奉行的行为准则;这是埃皮奈夫人告诉我的,而她也像他那样办的。这个准则只有一条,那就是:人唯一应遵循的法则是我行我素。这个话,我听了以后,曾为之一惊,尽管我当时只把它当作一句笑话来看待。但我不久就看出这的确是他的行为准则,从我后来吃的那么多苦头来看,就可证实这一点。这也是狄德罗曾多次对我谈到的那个秘诀。不过,那个秘诀的详细内容,他从未对我解释过。

我还想起几年前人们就曾多次提醒我说格里姆很虚伪,表里不一,尤其着重告诉我说他不喜欢我。我还记得弗兰克耶先生和舍农索夫人对我讲的几个有关格里姆的小故事。他们两位都不怎么瞧得起他,对他的为人是相当了解的,因为舍农索夫人是已故弗里埃茨伯爵的挚友罗什舒雅尔夫人的女儿,而弗兰克耶先生当时同波里尼亚克伯爵过从甚密。当格里姆初到王宫区的时候,弗兰克耶先生已经在那里住了很长一段时间了。全巴黎的人都知道格里姆在弗里埃茨伯爵死后所表现的那种失魂落魄的样子,这是因为他当时要保持他在遭到菲尔小姐严词拒绝之后所博得的名声。如果我那时不是那么眼光迟钝的话,对于他为了博得那种名声而玩弄的花招，我比谁都看得更清楚。人们把他送到卡斯特里公馆，他在公馆里寻死觅活地表演得好像痛不欲生。他每天上午都到花园里去痛哭一场，用浸有泪水的手巾捂着眼睛，一看见公馆的房子就哭个不停，可是一转弯进了一条小巷，他马上就把手巾塞进衣兜，从衣兜里取出一本书来看。这种情形，他以为人家没有看见，其实人们早已看见过好多次了，而且很快就传遍了巴黎，只不过后来大家也就忘记，不再提起罢了，就连我自己也同样把它忘记了。可是有一件与我有关的事情却使我把它想起来了。我在格莱内尔街住的时候，有一次病得要死，他当时在乡下。有一天早晨他来看我，上气不接下气地对我说他是刚从乡下赶来的。过了一会儿就有人告诉我说，他头天就到了，那天晚上就有人在剧院里看见过他。

这一类事情是很多的。可是有一点令我特别吃惊，连我自己都纳闷怎么会很晚才觉察出来。我把我所有的朋友无一例外地都介绍给格里姆，他们都成了他的朋友，而我当时也几乎同他形影不离。我不愿意有哪一家我能进去而他不能进去。只有克雷基夫人拒绝接待他，而我从那以后，也不去她家了。格里姆也交了一些朋友，有的是他自己交上的，有的则是弗里埃茨伯爵介绍的。可是，他的这些朋友没有一个成了我的朋友。他从来没有说过让我与他的那些朋友至少要认识一下。我有时候在他家遇见他们，他们当中也没有一个人对我表示好感，就连弗里埃茨伯爵也没有对我表示过好感。他是住在弗里埃茨伯爵家里的，因此我乐于和伯爵交往。至于弗里埃茨伯爵的亲戚朔姆贝格伯爵，他也没有对我表示过友好的样子，而格里姆和他的关系是非常密切的。

更有甚者，由我介绍给他的我自己的朋友，在与他相识以前，个个对我都很真诚，而在与他相识之后，全都明显地变了。他从来没有把他的朋友介绍给我，而我却把我的朋友全都介绍给他，到最后，他把我的朋友全都夺去了。如果这就是友谊的结果的话，则仇恨的结果又将如何呢？

在开始的时候，狄德罗本人也曾几次提醒我说：尽管我那么信任格里姆，但格里姆并没有把我当朋友。后来，当狄德罗不再是我的朋友的时候，他的话就完全变了。

我以前处理我那几个孩子的方式，是不需要任何人认可的，而我之所以把这件事情告诉我的朋友，唯一的目的是让他们知道这件事情，以便使他们不要把我这个人看得好像是过去没有做过错事。我一共告诉了三个人：狄德罗、格里姆和埃皮奈夫人。杜克罗虽然是最值得我倾诉秘密的人，但我却唯独没有告诉他。可是他知道了。是谁告诉他的？我不知道。这种泄露他人隐私的事，看来不像是埃皮奈夫人干的，因为她知道我也掌握了她的一些秘密。如果她泄露我的秘密，我也会如法炮制，泄露她的秘密，加倍报复她。剩下来的，只有格里姆和狄德罗了。那时候，他们两人在许多事情上都联起手来干，尤其是联起手来对付我，因此很可能是出自他们两人的共谋。我敢说，唯一替我保守秘密的，只有杜克洛，尽管我没有把我的秘密告诉他，而他也没有替我保守秘密的义务。

格里姆和狄德罗在实施他们唆使勒瓦赛尔太太和黛莱丝离开我的计划过程中，曾多次游说杜克洛和他们一起干，但都遭到了杜克洛的严词拒绝。他们三人之间在这件事情上未达成一致的经过，我是后来从杜克洛那里知道的。不过，我从黛莱丝那里知道的情况就已经足够使我看出狄德罗和格里姆在搞阴谋，即使不是与我的想法对着干，但至少是瞒着我，想方设法使我听从他们的摆布，或者利用勒瓦赛尔太太母女二人做工具去干什么见不得人的事情。总之，他们搞的那一套，都不是什么正大光明的事情。杜克洛的反对，就无可辩驳地证明了这一点。要说他们是出于友谊才那样干的，谁相信，就让谁去相信好了。

这样一种所谓的友谊，使我在我家里也同我在家外一样，事事都不顺心。这几年来，他们经常和勒瓦赛尔太太长谈，使这个老太太对我的态度非常明显地变了。这当然是对我不利的。他们为什么要那样鬼鬼祟祟地密谈？密谈了些什么？为什么要那样神秘？这个老太婆说的话难道就那么有趣，以致使他们那么喜欢她吗？她的话难道就那么重要，以致非保密不可吗？这三四年来他们经常这样密谈，开头我还觉得可笑，后来回头一想便感到惊奇。如果那时我知道了她是准备对我捣鬼，我惊奇的心情会发展到焦虑不安的。

格里姆向不明真相的人吹嘘他对我是多么热情，但他所吹嘘的热情和他对我采取的态度是极不一致的。我没有从他那里得到过任何一点好处。他说他很同情我，但实际上，他对我的同情不但无助于我，反而有害于我。他甚至无所不用其极地把我所从事的这门职业的活路堵死了：他到处说我的乐谱抄得不好。不过，即使我抄得不好，这个话也不该他来说呀。他自己另外用了一个抄谱人，想以此来证明他说的话不是在开玩笑。他把他能从我这里拉走的顾客一个不留地全拉走了，可见他的目的是要使我依靠他，要依靠他的名气才能生活。他想把我的生活来源完全断绝，企图把我逼得去求他。

简短回顾了一下我和他之间的关系以后，我的理智告诉我：从今以后别再像从前那样抱什么幻想了。我认为他的性格至少是可疑的；至于他的友谊，我敢断定是虚伪的。根据许多无可辩驳的事实（这些事实我现在已经忘记了），我决定从此不再见他。我把我的决定通知了埃皮奈夫人。

她极力反对我的这个决定，但对我提出的理由一句话也没有言及（因为她当时还没有同格里姆商量）。可是第二天，她不来对我当面解释，而是给我写了一封由他们两人共同起草的措辞美妙的信。信中对我陈述的事实一字未提，相反，对格里姆的性格却大加辩护，说他的性格历来是内向的，说我怀疑他对朋友不忠是错误的，并要我同他言归于好。这封信（见卷宗 A，No. 48）使我动摇了。在我们随后的一次交谈中，我发现她比上次谈话有更多的准备，不仅使我完全被她说服了，甚至使我认为我的判断很可能错了。如果是这样的话，我就太对不起朋友了，我应当想办法弥补才对。于是，我又像我多次对狄德罗和霍尔巴赫男爵做过的那样，一半出于自愿，一半由于我的懦弱，采取了本该我有权要求对方采取的和解步骤。我像乔治·当丹①那样，到格里姆家去对他说我错

① 法国剧作家莫里哀的喜剧《乔治·当丹》（又名《窝囊丈夫》）中的主人公。乔治·当丹是一个家境宽裕的农民。他娶了一个破了产的乡绅之女为妻。此女甚凶悍，与人私通，被乔治·当丹当场发现，不但不认罪，反而叫她的奸夫用棍子打乔治·当丹，逼乔治·当丹认错，向他们表示歉意，求他们原谅。——译者

* 我是后来在特农香公开宣布与我为敌，并在日内瓦和其他地方煽动人们对我无情迫害之后很久，才给他起了一个诨名叫“老狐狸”。但不久以后，我就不用这个诨名称呼他了，因为，虽然我发现我已完全成了他的牺牲品，但任何卑鄙报复的手段都是不能存在在我心里的，仇恨的种子是永远不会在我的心中生根发芽的。

怪了他给我的那些侮辱,请他原谅。在我这一生中,由于我总以为好心好意,和气待人,便没有化解不开的冤仇,因而使我在那些假朋友面前做了许许多多卑躬屈膝的事。其实,恶人的仇恨心正是由于他们找不到仇恨的理由而更加强烈的。正是由于他们自己错了,他们反而对对方更加怀恨。单单以我自己的经验,就可以在格里姆和特农香两人身上找到说明这个论断的有力证明。这两个人完全是由于他们的癖性和怪异的思想而成为我的死敌的,他们根本说不出我在什么事情上有对不起他们的地方*。他们的火气一天比一天大,像老虎一样,越发怒便越凶猛。

我以为格里姆看见我这么谦卑和主动和解的样子会感到惭愧,会张开双臂以最热烈的友情接待我。不料他竟像罗马的皇帝那样摆出一副我在别人身上从来没有见过的傲慢态度。我对他这样的接待方式,毫无思想准备。当我忐忑不安地走到他跟前,带着羞怯的样子,用简短几句话说明我的来意以后,他不但不捐弃前嫌,反而摆出一副很神气的架势,对我说了一大段事先准备好的训诫之词,列举了一大堆他的优点,尤其是在友谊方面的优点。他啰啰唆唆地反复强调一件使我感到吃惊的事,说他的朋友从来都是与他一交到底的。当他说这个话的时候,我悄悄对我自己说:“如果我成了这条规则唯一的例外,那才令人难堪呢。”他装腔作势地夸夸其谈,这就使我想起他奉行的法则是“我行我素”,所以他在交友方面是不会那么认真的,只有他认为有利于他的前途的发展的朋友,他才深交。直到那时为止,他对我就是这么做的;而我一直是保住了我所有的朋友的。从我的童年时候起,我就没有失去过任何一个朋友,除非他死了。然而我并没有把这看作是可以吹嘘的事情，并没有把这一点说成是我的交友准则。既然我和他都有这个共同的优点，如果他不是为了突出说明我没有这个优点的话，他为什么要那样大吹大擂地自己夸自己呢？后来，他又故意使我难堪，拿出证据来表明我们共同的朋友都爱他而不爱我。这一点，我也同他一样清楚：朋友的偏爱，是难免的，但问题在于他为什么能获得他们的偏爱？是由于他的品德高尚还是由于他玩弄了手段，抬高他而贬低我？最后，当他尽情把自己夸赞一番并把我大大奚落一阵之后，他才勉强表示饶恕我，轻轻拥抱我一下，给我一个表示和解的亲吻，那架势，就像国王拥抱新受封的骑士一样。我的脑袋嗡地一声一下子就晕了，我张口结舌，一句话也说不出来。整个这一幕，就像一个老师训斥一个学生之后便饶了他一顿板子似的。我每想起这一幕就感到：根据表面来判断，是多么容易判断错误啊，而世人却偏偏重视表面。有罪的人趾高气扬，胆大妄为，而无罪的人反而猥猥琐琐，不敢大大方方地行事；这种情况，已屡见不鲜了。

我们总算和解了，这对于我来说，总算是了却了一桩心事，因为争争吵吵之事总是会使人的心感到痛苦的。人们可以想象得到，这样一种和解，不仅不会改变他对我的态度，反而会使我今后不能再对他口出怨言，因此，我只好逆来顺受，什么话也不说了。

令人难过的事情一桩又一桩地接踵而来，简直使我感到苦闷极了，快要失去自制的力量了。圣朗贝尔没有回信，乌德托夫人也不理我，我再也不敢向任何一个人说我的心里话了。我开始感到害怕，怕我把友谊作为我心中崇拜的偶像来对待，其结果会把我一生的命运葬送在对友谊的幻影的追求中。经过一系列考验之后，在我的朋友当中只剩下两个人还受到我的尊敬和衷心信任。这两个人，一个是杜克洛，自从我住进退隐庐以后，我就没有见到过他了；另一个是圣朗贝尔。我觉得，要弥补我对不起他的地方，最好的办法莫过于把我心中的话毫无保留地向他全说出来。因此我决定在不牵连他的情人的情况下，向他如实地倾诉一切。我完全知道，我这样做，又将使我陷入感情的陷阱，使我再次与乌德托夫人接近，而另一方面，我也的确是真心诚意地想成为她的情人的知交，听从他的指导，坦坦率率地把我的心交给他。正当我准备再给他写一封信，深信他对我的第二封信一定会回信时，突然获悉他对我的第一封信没有回信的令人悲伤的原因：他在那场战役中累垮了身体。埃皮奈夫人告诉我说他得了半身不遂症，乌德托夫人也因此忧伤成疾，所以不能马上写信给我。隔了两三天，她才从巴黎（她当时在巴黎）来信告诉我说他已经被送到埃克斯——拉沙贝尔去接受温泉浴治疗了。我虽然不敢说这个不好的消息使我也像她那样悲痛欲绝，但我深信，我难过的心情并不亚于她的痛苦和忧虑。获悉他病成那个样子，我心里十分焦愁，深恐这是由于他忧伤过度所致，因此我心情非常沉重，比我以前所受到种种打击更加搅得我心绪不宁，深深感到我实在没有足够的力量来承受这么多烦恼。幸而这位气量宽宏的朋友没有使我一直陷于这种苦闷的心情：尽管他病了，但他没有忘记我；我不久就从他亲笔给我写的回信中看出，他的心情和病情并没有我想象得那么坏。现在，话分两头，把圣朗贝尔的病情按下不表，让我把我的笔用来叙述我一生的命运中的大变动：现在是到了叙述那场把我的一生分为两个截然不同的两部分的大灾难的时候了。谁也没有料到那场灾难，由于一个小小的原因,竟产生了如此可怕的后果。

有一天,出乎我的意料,埃皮奈夫人派人来叫我到她那里去。一进门,我就从她的眼神和动作中看出一种慌张的表情。这使我吃了一惊,因为她比谁都更善于控制自己的情感和举动,所以她这种表情显得特别异乎寻常。"我的朋友,"她对我说道:"我要到日内瓦去,我的胸部难受,身体垮了,不得不把一切事情都放下,去找特农香诊断一下。"当时正值入冬之时,她突然决定要去日内瓦,而三十六个小时以前我在她家时,根本不曾听她提过这件事,因此使我感到十分惊讶。我问她打算带谁同她一起去。她说她带她的儿子和里朗先生一起去,然后又漫不经心地加上一句:"还有你,我的熊,你不也同我们一块儿去吗?"我不相信她说这个话是认真的,因为她明明知道我在这个季节连房门都很少出,所以我就用开玩笑的口吻说:由病人护送病人,是不行的。她本人也好像并非真的想要我同她一起去,所以也就没有继续谈这个问题。接着,我们就谈她此次旅行的准备工作。她忙着收拾行李,决定半个月之后动身。

我用不着深入思考就能看出她此行一定有一个不可告人的原因。这个秘密,除了我以外,家中的人全知道,而且第二天就被黛莱丝发现了,是总管德西埃泄露给她的,而德西埃是从埃皮奈夫人的随身侍女口中知道的。虽然这个秘密不是埃皮奈夫人告诉我的,我没有替她保守秘密的义务,但是它同那些把这个秘密告诉我的人牵连太大,所以我不能不考虑他们的利害关系,因此,我对此事便闭口不谈。但是,这个秘密虽然过去不是,将来也不会从我的口中或从我的笔下泄露出去,但它早已被许多人知道,所以想让埃皮奈夫人圈子里的人不知道,已经是不可能了。

我一知道她这次旅行的真实原因之后，便看出其中必然有一只黑手在暗中操纵，企图使我陪埃皮奈夫人去日内瓦。不过，她并没有怎么坚持，我也就不把他们的企图当作是真的。我只是暗中好笑，如果我当时真的蠢到了贸然答应的话，我就当上了那个好看的角色啦。不过，正是由于我的拒绝，她也捞到了很大的好处：她终于说动了她的丈夫亲自陪她去。

几天之后，我收到了狄德罗的这封抄录如下的信。这封信只那么对叠了一下，以便让信中的内容读起来更清楚一些。信是送到埃皮奈夫人家里，托她的亲信里朗先生（她儿子的家庭教师）转交给我的。

狄德罗的来信

（卷宗 A，No. 52）

我是很爱你的，但也会给你带来一些烦恼。我听说埃皮奈夫人要去日内瓦，但没有听说你陪她去。我的朋友，如果你喜欢埃皮奈夫人，你就应当陪她去；如果你不喜欢她，那就更应当陪她去。你不是说过你对她要感恩图报吗？这正是报答她一部分恩情和减轻你心中一部分负担的好机会。在你这一生中，你还能找到另外一个机会表达你对她的感激之情吗？她到一个人地两生疏的完全陌生的国家，她病了，需要娱乐和消遣。可是你说什么冬天已经来临！你以你的健康为由表示拒绝。不过，我不相信你的身体就坏到那种程度。你的身体今天比一个月以前更坏吗？到来年开春的时候也很糟糕吗？

你三个月以后去旅行就比今天更好些吗？如果是我，我告诉你，即便不能坐车，我拄着手杖步行也要跟她一起去。你不怕人家误解你的行为吗？人家或者会怀疑你忘恩负义，也可能怀疑你另有秘密的动机。我当然知道，不论你是什么打算，你都会以你的良心作证。不过，单单以良心为证就足以或者说就可以对别人的议论等闲视之，毫不在乎吗？我的朋友，我之所以给你写这封信，既是为了尽我对你应尽的义务，也是为了尽我应尽的职责。如果你不愿意看，就把它扔到火里烧掉，就当我没有写这封信，以后不再提它就是了。我向你致意。我爱你，拥抱你。

我读着这封信，直气得全身发抖，头晕目眩，几乎读不下去了。我看出了狄德罗的花招，他在这封信中咬文嚼字说的话，比他在给我的其他信中说的话都更亲切，更动听，更郑重其事。他在给我的其他信中顶多称我为“我亲爱的”，从来不称我为“朋友”。我一眼就可看出这封信为什么要故意托他人转交给我的目的，何况信封上的地址、信纸折叠的方式和投递的办法就已经相当笨拙地暴露了他的这个花招的用意何在。通常，我们通信都是邮寄或者托蒙莫朗西的专人送交，而他此次通过这种途径给我来信，这还是第一次，也是唯一的一次。

当我起初的那一阵怒气开始平息之后，我便马上给他写了如下一封回信，写完后立即从我当时所住的退隐庐到舍夫雷特去告诉埃皮奈夫人，并怒气冲冲地亲口把我的信和狄德罗的信念给她听。

我的亲爱的朋友，你既不可能知道我对埃皮奈夫人有多么深厚的感激之情，也不可能知道这种感激之情使我对她应负何种义务，更不知道她此次去日内瓦之行是否真的需要我，是否真想我陪她；至于我是不是能陪她去以及我不陪她去的理由，你就更不知道了。我并不拒绝和你讨论这些问题，但是，你要知道，如果你不事先做好如何判断我该如何行事的思想准备，你就那么武断地说我应该这样或那样办，我亲爱的哲学家，那你就是在胡乱发表意见了。我觉得，在这件事情上，最糟糕不过的是你的意见不是出自你本人。我不愿意有一个第三者或第四者假你之手牵着我的鼻子走。此外，我觉得你这样故意托人转信给我，就表明这当中有与你素常的坦率态度不相称的秘密。为了你和为了我，我劝你以后别再这么干了。

你担心有人会误解我的行为，不过，我敢说，像你那样的一颗心，是不会把我的行为往坏的方面想的。如果我也像有些人那样的话，他们也许会说我好的。愿上帝保佑我不去寻求他们的赞扬。恶人要窥探我和说我的坏话，就由他们去说吧。我卢梭是不怕他们的，你狄德罗也是不会听信他们的。

你说：如果我不愿意看你的信，就把它扔到火里烧掉，就当你没有写这封信！你以为这样我就可以忘记你在信中所说的那些话吗？我的亲爱的，你曾经要我按照你说的办法调养身体，结果反而伤害了我的健康，扰乱了我的生活，这一次也一样，你又给我带来许多烦恼，你三言两语就使我流了许多眼泪。如果你能改正这种做法，你对我的友谊就更加使我感到甜蜜，我也就不会变得这么可怜了。

我一进埃皮奈夫人的房间，就发现格里姆和她在一起。我高兴极了，我马上把这两封信大声读给他们听，而且表情之严峻竟出乎我自己的想象。读完之后，我又补充了几句话，使他们感到我严峻的态度是因为我真的生了气。一个平时那么胆怯的人今天竟出乎意外地那么大胆，因而把他们两人都镇住了，弄得他们目瞪口呆，一句话也说不出来；尤其是那个一向盛气凌人的格里姆，一直低着头，不敢正视我的闪闪发光的眼睛，但与此同时，他在内心深处也在盘算如何置我于死地。我敢断定，他们在临别之前就必将商量好如何置我于死地的办法。

差不多也就是在这个时候，我终于从乌德托夫人手中收到了圣朗贝尔对我那封信（它在路上耽搁了很多日子）写的回信（见卷宗 A，No. 57）信上依然是注明写于沃尔芬比台尔，是他开始生病之后几天写的。他这封信给我带来了我当时非常需要的安慰，信中充满了尊重和友情，给我以勇气和力量，使我不会辜负他对我的期望。从这个时候起，我的生活又步入常轨；我想做什么就做什么。不过，话又说回来，如果圣朗贝尔不是那么通情达理，不是那么气量宽宏和忠厚待我，我早就意志消沉，永远也振作不起来了。

天气越来越坏了。人们开始准备离开乡村。乌德托夫人把她打算离开山谷的日期通知了我，并约我在奥波纳会面。这一天碰巧是埃皮奈夫人从舍夫雷特到巴黎去完成她旅行准备工作的日子。幸好她是早晨走，所以我送走她以后还有时间去和她的弟妹乌德托夫人同进午餐。我衣兜里装着圣朗贝尔的信，我边走边把他的信取出来看了好几遍。对我来说，这封信好似一面盾牌，可以防止我再犯优柔寡断的毛病。我一定要下定决心，从此把乌德托夫人只看作是我的女友和我的朋友的情人。我做到了这一点。我同她面对面地待了四五个小时，心中非常喜悦和平静，比我以前在她身边所感到的那种狂热的激情和乐趣更美妙无数倍。她很清楚：我的心没有变。她看出了我为了控制我自己的情感而做的努力，因此更加敬重我。我也很高兴地发现她对我的友情没有熄灭。她告诉我说圣朗贝尔不久就要回来，说他病后虽然恢复得很不错，但还是承受不住战争的劳苦，因此准备退役回来平平静静地同她生活在一起。我们拟订了一个我们三个人亲密相处的美妙计划。我们预计这个计划是可以长期执行的，因为它有一个能把重情重义的心联合在一起的感情基础，何况我们三人都有足够的才干和知识，使我们的生活能自给自足而不需要任何别人的援助。唉！我沉醉在一种如此美好的生活的希望之中，而没有想到我将遭遇什么样的生活折磨。

现在让我们回过头来谈我那天在埃皮奈夫人面前的表现和说了些什么话。我把狄德罗的来信和我的回信给她看，并把此事的详细经过告诉她以后，便向她宣布我要离开退隐庐的决心。她极力反对，而且举出的理由都是足以说服我的心的。她说她是多么希望我同她一起去日内瓦，因为她估计人们难免不议论她为什么遭到我的拒绝。这一点，狄德罗的信就已经提到了。不过，由于她同我一样，知道我的理由是无可辩驳的，所以也就没有坚持。不过，她要我不惜一切代价避免把事情闹得沸沸扬扬，要我把拒绝的理由说得更婉转一些，以免别人胡乱猜疑我的拒绝是冲着她这个人。我告诉她，她要求我做的事情是不容易办到的。不过，既然我决心甚至不惜我自己的荣誉也要弥补我的过失，只要在荣誉容许的情况下，我一定会把她的荣誉放在第一位。人们不久就可看到我是否实践了这个诺言。

我可以对天发誓，我心中可怜的热情不仅没有稍减，而且我从来没有像那天那样亲切地和强烈地爱过我的苏菲。但是，圣朗贝尔的信、我的责任感和对不道德行为的憎恶，这三者给我的印象是如此之深，以致在整个这次会晤过程中，我的头脑使我在她身边都始终保持平静，甚至连想都没有想到要吻一下她的手。临别时，她当着她的仆人的面吻了我一下。我对她这一吻的感受，同我以前在树荫下有时候偷偷摸摸地吻她时的感受大不相同。它表明我已完全恢复了自我控制的能力。我深信，只要我的心能一直这么平静，用不了三个月，我就可以彻底治好我心里的创伤。

我同乌德托夫人之间的单独来往，到这里就结束了。对于我同她的单独来往，每个人可以根据自己的认识从表面上去判断；而在我们的单独来往中，这个可爱的女人向我表达的情谊（也许任何人都不曾像我这样感受到的情谊）在普天之下都是值得赞扬的，因为我们两人为了做人的义务，为了荣誉、爱情和友谊，都做出了艰难的和痛苦的牺牲。我们彼此都互相在对方的心目中占有极高的位置，因此是不可能随意辱没自己的名声的。一个人除非自甘堕落，否则是不愿意失去如此宝贵的身价的。感情的力量本身虽可能使我们犯罪，但也可以防止我们成为罪人。

同这两个女人之一保持了如此之久的友谊，并同另一个女人产生了那么强烈的恋情之后，就这样在同一天与她们分手了。其中一个，我这一生以后就再也没有见到过；而另一个，只是在我在后面即将谈到的场合中见到过两次。

她们走了以后，我晕头转向，忙得不可开交，因为，由于我的考虑不周和行事欠条理，所以有许多非常紧迫而又互相冲突的事情需要加以解决。如果我的心境亦如平日，则在我拒绝她提出的日内瓦之行以后，我只需安安静静地过我的生活，也就没事了。但是，由于我已经很愚蠢地把这件事情搞得不可收拾，因此，除非我迁出退隐庐，否则我往后就不能不对人们做一番解释。可是我又答应了乌德托夫人不迁，至少在目前不迁。此外，她还要求我向我的那些所谓的朋友说明我拒绝去日内瓦的理由，以免他们把我的拒绝说成是她撺掇的。然而，如果我说出真正的原因，就不能不有辱埃皮奈夫人，而夫人对我曾百般照顾，我对她是怀有感激之情的。从各方面权衡，我发现，我目前已面临一个不可避免的艰难选择：要么就把事情往埃皮奈夫人身上推，否则就往乌德托夫人身上推，再不然就把事情包揽在我自己身上。我选择了后者。我毫不畏缩地怀着不惜牺牲一切的决心坦然承认一切把我逼到这种绝境的过错都是我造成的。这种牺牲，我的敌人当然会加以利用；我这样做，说不定还正合他们的心意呢。不过，尽管它毁坏了我的名声，使我完全失去了公众对我的尊敬，但它使我恢复了我的自尊，使我在痛苦中得到了安慰。正如人们即将看到的，这不是我最后一次做出这样的牺牲，也不是我的敌人最后一次利用我的牺牲打击我。

从表面上看，格里姆似乎是唯一与这件事情无关的人；我决定向他说明这一切。我给他写了一封长信，我在信中指出：有些人认为我陪埃皮奈夫人去日内瓦是我应尽的义务，这种看法是可笑的，何况我去，不仅无用，反而会给埃皮奈夫人添麻烦，对我本人也不利。我在信中还忍不住说了几句故意让他看出我知道内情的话，使他知道我已看出让我去日内瓦的目的是为了使他摆脱其中的干系；还有，没有一个人提议让他去，这就显然很离奇。由于我不能在信中明明白白说出我不去的理由，所以在许多地方都含糊其辞，因此这封信很可能使公众认为过错在我，但对格里姆那样完全知道内情并充分了解我的行为方式的人来说，这封信可以说是措辞委婉含蓄和字斟句酌的典范。我甚至在信中还提出了一个对我极为不利的说法，说我的其他朋友也有狄德罗那样的看法，暗示乌德托夫人和狄德罗的看法相同（她起先确实和狄德罗的看法相同，但后来听了我说的理由以后，她的看法便改变了）我要帮她打消别人怀疑她站在我这一边，最好的办法莫过于在表面上装得在这一点上对她十分不满。

这封信洋溢着对人的充分信任，任何人看了都会受感动的。我请求格里姆仔细审阅我提出的理由，并把他审阅之后的意见告诉我。我还明确告诉他，不论他的意见如何，我都一定照办。我说的是真话，即使他的意见是要我陪埃皮奈夫人到日内瓦去，我也照办，因为有埃皮奈先生同他的妻子一起去，我虽同往，但扮演的角色就大不一样了。他们原先是想把这个差事交给我，而在我拒绝之后，才让他去的。

格里姆的回信，我等了很久才收到。他信中的话，非常奇怪。我把它抄录如下（原件见卷宗 A，No. 59）

> 埃皮奈夫人启程的日期推迟了。她的儿子病了，要等她的儿子病愈以后才能成行。我将仔细看你的信，你安安静静

地在退隐庐等着吧，我将及时把我的意见告诉你。既然她在这几天之内不会动身，那就不用着急。不过，如果你认为合适的话，你可以向她提出你愿意为她效劳。但我觉得这件事情并不重要，因为我同你一样是了解你的情况的，所以我毫不怀疑她对你的提议会做出适当的答复的。我觉得你这样做，对你有好处：你可以向那些主张你去的人说你之所以没有去，这不能怪你没有主动提出来。此外，我不明白你为什么硬说那位哲学家是大家的代言人。为什么因为他主张你去，你就以为你所有的朋友也如此主张。如果你给埃皮奈夫人写信，她的回信就可以作为你对所有这些朋友的反驳，这不就正合你急于想反驳他们的心意了吗？再见，问候勒瓦赛尔太太和队长。*

读完这封信，我感到吃惊，深为不安地不知道他究竟是什么意思。我琢磨了半天，也没有弄明白。怎么啦！他不简单明了地直接回答我的信，却说什么还需要花时间去思考一番，好像他花的时间还不够似的。他甚至要我在退隐庐等他的再次来信，好像有什么重大的问题有待解决似的，要不然，就是他有什么想法，在他决定向我宣布他的想法以前，不让我有任何办法识破他的玄机。把事情搞得这么神秘，这究竟是为什么？对于我的信任，他就是这样回应的吗？这样做法，是正大光明的和出自善意的吗？对于他的这套做法，我尽量往好的方面想，但始终想不出一个合理的解释。

* 勒瓦赛尔太太对勒瓦赛尔先生的管束有点过严，因此他称她为“刑警队长”。格里姆开玩笑，把这个称号送给她的女儿黛莱丝。为简便起见，他把这个称号的前面二字去掉，只称“队长”。

不论他的意图如何，如果他想整我的话，处在他那个地位，那是很容易的，而我所处的地位，却使我无法对付他。他在一个显赫的亲王家受到宠信，在社交界很有名气，说出话来有一锤定音之势，像个大权威似的，再加上他的手段高明，可以轻而易举地开动他整人的机器来对付我，而我呢，孤零零地一个人在退隐庐，远离一切，没有人给我出主意，没有人跟我来往，因此，没有别的办法，只好等待，静静地等待。在此期间，我只是给埃皮奈夫人写过一封信，问他儿子的病情，信的措辞十分委婉，但我没有中格里姆的圈套，没有在信中提出跟她一起去日内瓦。

在这个阴险的人使我忐忑不安地等了许久许久之后，过了十来天，我才获悉埃皮奈夫人早已动身。这时，我收到了他的第二封信，只有七八行字，我没有看完……这是一封绝交信，信中的措辞只有怀着极端的仇恨之心的人才写得出来。不过，正是由于他想把话说得很凶狠，反而表明他很愚蠢。他不允许我出现在他面前，仿佛他所在的地方就是他的庄园，不允许我进去。其实，在读他的信的时候，只要稍微冷静一点，便会哑然失笑的。我没有把他的信抄录下来，甚至没有把他的信看完，就立刻把它退了回去，并附上如下一张短笺：

> 我对你的怀疑虽早已有之，但直到现在才把你看透了，可惜为时已晚。
>
> 你花许多时间思考的，竟然是这么一封信，我把它退还给你：我拒绝接受它。你可以把我的信拿给全世界的人看，并公开恨我，你这样做，才能表明你不虚伪。

我之所以说他可以把我的信公之于众，是针对他信中所说的一句话而发的，人们从他那句话中可以看出他在整个这件事情中的微妙作用。

我已经说过，对于不明白事情真相的人来说，我的信是很可能让人抓住我的把柄的。他很高兴地看出了这一点。但如何利用这个把柄而又不牵连他自己呢？如果他真的把这封信给人家看，他就会遭到人家的指摘，说他滥用朋友的信任。

为了解决这一难题，他便使用了尽可能伤人的口吻来信与我绝交，并且说什么不公开我的信，是为了顾全我的面子。他已看准了：我一生气，就会反对他那种虚伪的谨慎行事的表示，就会允许他把我的信向世人公布。他想达到的目的就是如此，而且事情的发展果然如他的预期。他把我的信到处传阅，由他胡乱评说，不过并未取得他所想象的效果。人们认为，尽管我上了他的当，允许他把我的信公开，但他不该那么轻率地照我的话办，以致使我受到了伤害。人们要问个究竟，想知道我究竟有哪些事情对不起他，以致使他对我如此仇恨。人们认为，即使我有对不起他的地方，使他不得不同我绝交，朋友之情虽然断了，但我总还有一些权利，他应当予以尊重。但不幸的是，巴黎人不明白事理，不长记性，当时的真相很快就被忘记了。隐居乡下的受害人遭到忽视，而走运的人到处受人追捧。阴谋在继续，坏招一个接一个地花样翻新，他的那些手段不断取得的效果，把过去的一切全都抹杀了。

这个人把我欺骗了那么长时间之后，以为他的安排进行得很顺利，没有再戴假面具的必要了。我过去还担心我对这个家伙的看法有失偏颇，现在不担心了。我让他去扪心自问，我再也不想他了。我收到他的信之后隔了一个星期，我又收到埃皮奈夫人从日内瓦寄来她回答我上一封信的复信(见卷宗 B,No. 10)从她信中的口气(这是她平生第一次使用这种口气)可以看出：他们以为他们两人联起手来互相配合，他们的计策必然成功，以为我这一下全完了，没有办法了，他们从此以后可以高枕无忧地放开手脚干，一直到把我置于死地才甘心。

那时候，我的情况也的确糟糕到了极点。我看到我的朋友都疏远了我；我既不知道他们为什么要疏远我，也不知道他们是怎样疏远的。狄德罗自夸他是我仅剩下的一个朋友，三个星期前就说要来看我，但一直没有来。人们已经开始感到冬寒了。随着冬天的到来，我的旧病又复发了。我的身体虽然结实，但也顶不住那么多烦心事的袭击。我身心疲惫，再也没有力量和勇气去抵抗狂风骤雨的来临了。虽然我话已出口，而且狄德罗和乌德托夫人也赞同我此刻就搬出退隐庐，但我不知道搬到哪里去，也不知道我怎样才能把家搬到那里去。我傻乎乎地待在退隐庐，无计可施，既不能行动，也不能用脑筋思考。一想到有某件事必须做，有一封信必须写，有一句话必须说，我就全身发抖，但是我又不能对埃皮奈夫人的信不加驳斥，如果不驳斥，那就等于是承认我该受她和她的朋友对我的攻击。于是，我决定把我的想法和我的决定写信告诉她，深信她通达情理、气量宽宏和行事厚道，以及我认为她具有对人的善意(尽管有时候也有恶意)，所以会欣然表示赞同。我的信如下：

1757 年 11 月 23 日
于退隐庐

如果一个人会因忧愁伤身而死的话，我早已没命了。不过，我终于做出了我的决定。夫人，我们之间的友谊虽已经消失，但不复存在的友谊依然有一些权利，我当然会尊重这些权利，我一点也没有忘记你对我的关照。你尽可放心，我对一个我不应当再爱的人是依然抱有衷心的感激之情的。其他的解释都是没有用的。我凭我的良心，你也问问你的良心。

我打算迁出退隐庐，我也应当迁出退隐庐，但是，有人认为我最好是等到春天才迁出。既然我的朋友们这样认为，如果你也同意的话，我就在这里待到来春。

我把信写好并发出去之后，我就静静地待在退隐庐将养身体，以便恢复体力，做好准备，等春天一到便不声不响地搬走，尽量避免把绝交之事传扬出去，然而，正如读者即将看到的，格里姆先生和埃皮奈夫人却另有打算。

过了几天，狄德罗在屡约屡爽之后终于来看我了。他这次来看我，真是再及时不过了。他是我最老的朋友，也几乎是我唯一剩下的朋友。人们可以想象得到，在这种情况下，我见到他的时候我心中是多么高兴啊。我有满肚子的话要说，我要向他尽情倾诉，我要向他详细解释人家向他隐瞒的、歪曲的和捏造的许多事实。过去的一切，凡是我能想到的，我全都对他说了。我没有向他隐瞒他已深知其详的事实：一场既不幸又十分糊涂的恋爱是导致我落到如此下场的祸根，但我始终没有承认乌德托夫人知道我爱她，也没有承认我曾向她明白表示过我有爱她之意。我告诉他：埃皮奈夫人曾用卑鄙的手段企图从黛莱丝手中骗取乌德托夫人给我写的充满纯洁感情的信。我请他去见一见埃皮奈夫人企图诱骗的那两个女人，当面从她们口中听取详细情形。黛莱丝如实地对他详细说了，而令我吃惊的是，轮到勒瓦赛尔太太说的时候，她竟然矢口否认，说她什么都不知道，而两三天以前她还原原本本地把详细经过对我说了一遍，可是现在，当着我朋友的面竟全盘否认了。她这样做，我觉得她一定有她的原因。我此时才痛切地感到我真不该把这样一个女人留在我身边这么久。我也懒得去骂她，连蔑视她的话，我也没有说。我对她的女儿心存感激。女儿的忠诚和正直同她母亲的卑鄙和怯懦恰成鲜明的对比。从那时起，我便下定决心要撵走这个老太婆，只等机会一到，就开始执行。

这个机会来得出乎意料的快。12 月 10 日我收到埃皮奈夫人对我上一封信的复信。全文如下：

1757 年 12 月 1 日
于日内瓦
（卷宗 B，No. 11）

> 我尽我之所能对你保持友好与关怀之情，已经好几年了，现今余下要做的事情只是怜悯你了。你是多么不幸啊，我希望你的良心也同我的良心一样平静，这对你的生活的安宁是必要的。
>
> 你既然想迁出退隐庐，而且你也应当迁出退隐庐，我就不明白你的朋友怎么就要留你。如果是我，我就不会去问我的朋友我该怎么做。至于你该怎么做，那就用不着我来告诉你了吧。

这出乎意料而又明明白白宣布的逐客令，不容许我再有片刻的犹豫。不论天气如何，也不论我的身体状况如何，即使搬到树林里睡在一片积雪的土地上，也不论乌德托夫人怎么说或怎么做，我都必须立刻搬出退隐庐。尽管我愿意事事都听她的，让她高兴，但不能因为想讨得她的高兴，就赖着不走，让人耻笑。

我陷入了我一生中最艰难的困境，但我的决心已下，我发誓，不论情况如何，到第八天我就绝不在退隐庐过夜。我开始行动：首先把我的家具和衣物搬出去，即使搬到露天田野里，也不会拖到第八天还不能交还钥匙，我要抢在有人写信到日内瓦和收到她的回信之前把一切都处理完毕。我从来没有感到过我有这么大的勇气，我又恢复了全身的力气；荣誉和愤怒之心使我产生了埃皮奈夫人未曾料到的精力。我时来运转，有贵人相助，因此我的勇气倍增。孔岱亲王的财务总管马塔斯先生听人谈起我的困境，便把他在蒙莫朗西城郊蒙路易果蔬园中的一间小房子提供给我住，我怀着感激的心情马上接受了。条件很快就谈妥，我赶快叫人去买了几件家具，连同旧有的家具，供我同黛莱丝两人住宿之用。我花了许多力气和费用雇人用小推车把东西搬过去。虽然地已结冰，又下着小雪，我的家两天就搬完了，于12月15日把园丁的工钱结算之后，便交还了退隐庐的钥匙；至于房租，我实在是无钱付了。

至于勒瓦赛尔太太，我向她宣布，她必须搬走，不能同我们再住在一起。她的女儿想要我改变主意，我下定决心，坚决不动摇。我让她带着她的衣物以及她和她的女儿共有的家具，坐驿车到巴黎去。我给了她一些钱，并答应，不论她是同她的儿女们住在一起，还是另外单住，她的房租都由我付。她的生活费，我也将尽我之所能供给她；只要我有饭吃，就不会让她挨饿。

我搬到蒙路易的第三天，我给埃皮奈夫人写了如下一封信：

1757 年 12 月 17 日

于蒙莫朗西

夫人，你不同意我继续住你家的房子，那就再也没有什么事情比搬离你家更简单和更必要的了。

一知道你不让我在退隐庐度过今冬的最后几天，我便于12 月 15 日搬出了退隐庐。我的命运听人摆布：搬进去不由我，搬出去也不由我。我在退隐庐虽然是你主动让我住的，我也衷心感谢，但是，如果我付出的代价不那么大，那我就更加感谢了。是的，你说得对，我是很不幸的，在这个世界上，谁也不像你这么清楚我是多么的不幸。如果说择友不当是不幸的话，从甜蜜的错误中醒悟过来，也同样是不幸的，而且，其严重的程度并不亚于前者。

以上是我当初住进退隐庐和后来为什么又搬出退隐庐的原因的忠实记述。这段记述，我不能不写，而且前后的经过必须记述得非常准确，因为在我的一生中，这段时间发生的事情，其影响所及，将持续到我临终那一天。

第十卷

(1758—1759)

为了搬出退隐庐而爆发的那一时的冲动使我产生的无穷力量，在我迁出之后便马上消失了。我在新居刚一安顿下来，我的尿潴留症又严重复发，疼痛难忍，再加上又得了疝气；这一新的痛苦尽管已经折磨了我好些时候，但我还不知道它是一种病呢。我一下子就陷入了最令人忧伤的境地。我的老朋友梯耶黎大夫来诊断，把病情详细告诉了我。什么探条呀，捻子呀，绷带呀，所有这些治老年病所使用的东西，在我身边摆了一大堆，使我深深感到：当身体已经衰败的时候，纵然有年轻的心，也是很痛苦的。美好的春天也没有使我的精力得到恢复。整个1758年我都是在病病歪歪、委靡不振的状态中度过的，使我感到我即将走到生命的尽头。我怀着盼望的心情等待末日的来临。我从友谊的幻象中清醒过来了；一切使我热爱生命的羁绊，我都摆脱了，生命中再也没有什么能使我感到生命可贵的东西了。它屡遭苦难，有数不尽的痛苦，使我无法享受生的乐趣。我盼望获得解脱和逃出敌人魔掌的时刻早日到来。不过，事情的发展有先有后，还是让我们依次一一叙述吧。

我搬到蒙莫朗西,这似乎使埃皮奈夫人大感意外,她没有料到我能如此顺顺当当地搬走。我身体不好,天气又那么冷,再加上众叛亲离,这一切使她和格里姆以为会把我逼得走投无路,低三下四地向他们求饶,求他们允许我留住在我的荣誉命令我立刻迁出的房子里。我搬得太突然了,他们来不及采取措施防备我这一手,因此打算对我采取软硬两种办法:或者使狠招,一下子叫我彻底完蛋;或者好说歹说,诱我再搬回退隐庐。格里姆主张采取前一个办法,我觉得埃皮奈夫人是偏向于采取后一个办法的。这个结论,我是从她给我上一封信的回信中得出的,因为她信中的语气比她前几封信的语气缓和多了,似乎向我打开了和解的大门。我等了整整一个月才收到她的回信。她拖了这么久,这就表明她对于在信中如何措辞感到十分为难,因此必须再三考虑。她如果把话说得太明显,就不能不有损她自己。现在,人们将发现:在她的前几封信发出之后,她没有料到我一下子就搬出了她的房子,因此这一次她非常小心,在这封信中一句难听的话都没有说。这里,我把她的信全文抄录如下,请各位读者评论。(卷宗 B,No. 23)

1758 年 1 月 17 日

于日内瓦

先生,你 12 月 17 日的信,我昨天才收到,它是放在一个装有各种各样杂物的箱子中寄出的,在路上耽搁了许多时间。我只能回答你信末加写的那句话,至于信的本身,我还有点看不明白。如果我们能当面解释一下,我希望把过去的一切完全看做是一场误会。现在让我来谈你加写的那句话吧。先生,你想必还记得,我们已经商定,退隐庐园丁的工资,要经过你的手付给他,以便使他更清楚地明白他是归你管的,不至于像头一个园丁那样跟你闹出一些不成体统的笑话。可以证明这一点的事实是:他头几个季度的工资我都是交给你付给他的,而且在我启程之前不久还同你约定,将来你垫付的工资,我一定如数归还你。我知道你曾说过不必归还,但是,既然是我请你垫付的,便理当奉还。这一点,是我们已经商定了的。卡乌埃告诉我说你拒不收这笔钱,这当中必定有什么误会。现在,我派人再把这笔钱给你送去。既然我们有约在先,我就不明白你为什么要替我付园丁的工资,甚至把你住在退隐庐那一个季度以后的工资也都付了。因此,先生,我相信当你想起我向你说的那些话以后,你将不会拒绝收下我归还你替我垫付的工资。

经过以往的那些事情之后,我对埃皮奈夫人已不再信任,因此,我不愿意与她恢复友情。我没有回她的信,我们的通信就到此为止。她发现我下定了决心,她也就下定了她的决心。她完全赞同格里姆与霍尔巴赫一伙人的意见,和他们通力合作,一心想把我打入深渊。他们在巴黎活动,而她则在日内瓦活动。后来,格里姆到日内瓦与她会合,开始执行她所拟订的计划。特农香被他们轻而易举地就拉入了伙,大力支持他们,最残酷无情地迫害我。其实,他同格里姆一样,根本就没有半点可以对我抱怨的地方。这三个人勾结在一起,暗中在日内瓦撒下种子。人们可以看到,他们撒下的种子四年以后果然长出芽来了。

他们想在巴黎大肆活动，就比较困难了，因为我在巴黎比较知名，巴黎人的心不大对人产生仇恨，因而不会轻易听信他们的那些话。为了更巧妙地打击我，他们到处胡说是我要离开他们的（见德莱尔的信，卷宗 B，No. 30）。他们假惺惺地说他们始终是我的朋友。他们到处散布流言，指摘我行事不公，这就使得有些不大动脑筋的人相信了他们的话，对我加以谴责。他们在指控我忘恩负义和背叛朋友方面，措辞既含蓄也很巧妙，因而收到了很大的成效。他们强加于我，硬说我干了许多见不得人的坏事，但我究竟干了什么坏事，他们始终没有拿出可靠的证据来详细说明，而我从公众的传闻中所能归纳出来的，不外乎这么四条罪状：一、我隐居到乡下去，二、我爱恋乌德托夫人，三、我拒绝陪埃皮奈夫人去日内瓦，四、我搬出退隐庐。如果他们还有别的对我不满的牢骚话要说，只要他们确实有理，就让他们说好了。至于我，我是一点也不知道他们的理在哪里的。

我认为，那些主宰我的命运的人后来实施的那套办法，就是在这个时候制定的。他们的那套办法，很快就取得了那么大的成功，以致在那些不知道一切罪恶之事是多么容易进行的人看来，似乎是一个奇迹。现在让我把我在他们那套用心险恶的办法中所见到的几个要点简略地讲一下。

尽管我已名扬全欧，但我依然保持着我青年时期的朴实作风，对于所谓的帮呀派呀等拉帮结派的行为，我深恶痛绝，十分厌恨，因此我能保持我的自由与独立；除了我心灵的爱以外，便没有其他的束缚。我独自一个人，一个外国人，离群索居，无依无靠，又无家庭，只要我行事能按我行事的准则和我应尽的天职，我就可以勇敢地挺起胸膛做人，无须吹牛拍马，更不会无视正义与真理而讨好任何人，何况我离群索居已经两年，既不与外界通消息，也不与世人来往，不想知道什么，也不打听什么，虽然我住的地方离巴黎只有四法里，但由于我闭目塞听，就好像是住在提尼安岛上①，与这个京城远隔重洋。

格里姆、狄德罗和霍尔巴赫则恰恰相反，他们住在旋涡中心，生活在上流社会里，交游广阔，几乎各霸一方，使整个上流社会成了他们的天下。他们手眼通天，把达官显宦、文学精英、知名人士和名媛淑女全都笼络得服服帖帖，听从他们花言巧语的播弄。大家可以看得很清楚，这三个人联起手来对付我这孤军一人，他们是大占优势的。是的，狄德罗和霍尔巴赫并不是（至少在我看来不是）爱搞阴谋的人：前者的心没有那么坏*，后者没有搞阴谋的本事。但唯其如此，他们反而配合得很好。全部计划都装在格里姆一个人的脑袋里。他只把为了让他们两人执行而需要让他们知道的细节告诉他们。他比他们两人都高明，因而能够把他们两人支使得跑前跑后，团团转，取得的效果表明，此人的本领的确比他们大。

他凭借他高超的本领，再加上他在我们双方地位的悬殊中占据的优势，便制订了一个彻底败坏我的名声的计划，使我身败名裂

① 介于太平洋中印度尼西亚与菲律宾之间的马里亚纳群岛中的一个小岛。——译者

* 我承认，在我写完本卷之后，我从我周围发生的那些奇奇怪怪的现象看，我觉得我对狄德罗还缺乏了解。

而又不暴露这一切都是出自他的策划。他在我周围筑起了一道阴暗的墙，使我无法透过这道围墙看穿他的阴谋，无法揭开他的假面具。

不过，他这套办法实行起来也很困难，因为他必须蒙蔽那些参与他这个阴谋的人的眼睛，不让他们看出其中不正当的手段，必须使所有的人都疏远我；凡是我的朋友，不论大小，一个也不给我留下。他这套把戏，我哪里会不知道呢？他不能让半句真话传到我的耳里。只要有一个深明事理的人来对我说："你固然是行端品正，可是你瞧人家是怎么说你的，有些人就根据他的话来评判你，你该说的话为什么不说呢？"真理就会胜利，格里姆就会完蛋。他知道这一点，他探测过他自己的心，他看人只看那个人对他有什么使用价值，他的计算是那么准确，使我不能不遗憾地认为这是有伤人类的荣誉的。

他在地下的暗道里活动，他的步子必须慢，才能走得稳。他的计划虽然已进行了十二年，但最困难的部分，即欺骗整个社会，还没有完成。社会上还有许多人的眼睛死死地盯着他，其严密的程度完全出乎他的预料。他很怕这一点，怕他的阴谋暴露在光天化日之下。[*] 但是，他也找到了一个不太困难的办法去拉拢那个掌握着我的命运的大人物。[②] 有这个大人物的支持，他就可以向前

---

* 我写完了这段话之后，他已经跨过了这一步，而且取得了意想不到的成功。我认为，给他以迈出这一大步的勇气和方法的人，是特农香。

② 这里所说的这个"大人物"，从《忏悔录》卷十一和卷十二看，是指先后担任过外交大臣和陆军大臣的舒瓦瑟尔。舒瓦瑟尔对《百科全书》派人的活动，是抱支持态度的。——译者

迈进而少冒风险。这个大人物的走卒们平日的作风就很不正派，更谈不上诚实了，因此，格里姆不担心这些有钱有势的人会泄露他的秘密。他当前最要紧的事情是在我周围筑起一道密不透风的墙来挡着他的阴谋，永远不让我看见其中的秘密。他知道得很清楚，不论他的阴谋布置得多么严密，我也能一眼把它看穿。他最阴险的花招是：既败坏了我的名声而又在表面上做作得好像是在保全我。他毒辣的伎俩具有乐于助人的假象。

霍尔巴赫一伙人暗中到处散布流言，这使我感到格里姆的那套办法已经取得了初步的成功。但是，我既无法知道也无法推测他们散布的流言的内容。德莱尔来信告诉我说他们讲了我许多坏话。狄德罗也来信告诉我，但措辞吞吞吐吐，显得十分神秘。当我要求他们说详细一点的时候，这两个人讲的都不外乎我在前面提到的那几条罪状。我在乌德托夫人的几次来信中感到她对我逐渐冷淡了。我不能把她对我的冷淡归咎于圣朗贝尔，因为他在给我的信中依然表现得十分友好，而且在他回来以后还来看过我。我也不能归咎于我自己，因为我们分手时彼此都很高兴，而且，自从我搬出退隐庐以后，在我这方面什么事情也没有发生，何况她也认为我应搬出退隐庐。由于我搞不清楚她何以有这种冷淡态度（尽管她不承认，但我的心是感觉到了的）我对一切都感到不安。我知道她对她的嫂子和格里姆都是极其谦顺的，因为他们同圣朗贝尔都有联系。我担心他们又在捣什么鬼。这种不安的心情又揭开了我的伤疤，因而在给她的信中语气竟如此粗鲁，竟致使她不愿意看我的信。我觉得这当中仿佛发生了什么不愉快的事情，但又弄不清楚究竟是什么事情。我陷入了一种使想象力极其活跃的人难以忍受的境地。如果我完全与世隔绝,如果我什么都不知道,我的心反倒安宁了。可是我的心中还有许多难以割舍的旧情:正是这一点成了我被敌人集中火力进攻的软肋。透进我的隐居之地的那一点点微光已经使我依稀看到他们背着我搞的那套神秘的阴谋要达到的恶毒目的了。

我心胸开朗,为人真诚,从不向任何人隐瞒我的情感,如果别人向我隐瞒他们的情感的话,我将十分不安的。正是由于我的天性如此,所以我当时的心情真是太痛苦、太难以忍受了。如果不是幸而有一些相当有趣的事情引起了我的注意,使我找到了一件有益的消遣解闷的工作做,从而摆脱那些不由我不想的烦心事,我便很可能被他们的花招害死的。狄德罗上次到退隐庐来看我时,谈到了达朗贝尔给《百科全书》写的《日内瓦》。他告诉我说,这个词条是同日内瓦的高层人士商量妥当之后写的,其目的是为了在日内瓦修建一座喜剧院。而且已着手筹备,不日即可动工。看来,狄德罗很赞成这件事情,而且相信一定成功。由于我和他之间发生的争论已经很多了,所以不愿意再同他争论这件事情。虽然我当时什么话也没有说,但对于他们想在我的祖国诱惑人们做这件事,我是很生气的。因此我急于想收到载有这个词条的《百科全书》,以便看一看是否有办法阻止这件坏事的进行。我搬到蒙路易之后不久便收到了这卷《百科全书》[1],读到了这个真不愧是出自高人

① 指1757年年末出版的《百科全书》第七卷。——译者

之手撰写的词条。[①] 不过，他的文章虽然写得好，但这也不能打消我要批驳他的决心。尽管我当时的心情十分消沉，多愁多病，天气又那么冷，刚迁入新居又遇到许多不便，来不及安排和收拾，但我还是怀着克服一切困难的满腔热忱撰文驳斥他们。

在寒冷的严冬，在二月间，尽管我处于我在前面叙述的状态，但我还是每天到我新居的花园尽头处的一间四面通风的小屋去写作。上午两小时，下午也两小时。这个小屋位于一道土坡路的尽头，面向蒙莫朗西山谷和水塘，极目望去，可以看见威名远扬的卡蒂纳[②]隐居的简朴而幽雅的圣格拉迪安庄园。这个小屋，四壁冰凉，不能挡风，不能避雪，除了我心里的热情以外，便没有其他暖身的火。我用了三个星期的时间就写完了我那封《就戏剧问题致达朗贝尔的信》。在我的著作中，这是第一个我在整个写作过程中感

---

① 在18世纪，日内瓦是一个共和国，让-雅克·卢梭1712年诞生在这个共和国。这个共和国的名字，频频出现在《忏悔录》里。它是怎样一个共和国？达朗贝尔在《百科全书》卷七中所撰写的《日内瓦》对它有一个生动的描述，现摘录几段如下，对我们了解这个城邦式的共和国的历史概貌，是有用的：

“这是一件非常奇怪的事情：一个仅有两万四千公民的城市，在它零零散散的土地上总共不到三十个村庄，也公然是一个主权国家，是欧洲最繁荣的城市之一。它以享有自由和善于经商贸易而成为富国。在它的周围，战争从来没有间断过，但它一点儿也没感到战火纷飞之苦；那些震撼欧洲的大事件，在它看来只不过是一场戏，它袖手旁观，从来不参加。它和法国有条约和贸易关系，它和英国有宗教和贸易关系，但它十分明智，在这两个大国互相攻打的时候，从来不站在任何一边，它不偏不倚地给它们主持公道，评判各国的君主，既不吹捧谁，也不伤害谁，更不怕谁。……

我们对其他比日内瓦大的君主国，也许还写不出这么长的条目。……也许正是在小国身上，我们可以找到一个完善的政府施政的模型。如果宗教不允许我们说日内瓦人没有很好地为他们的天堂生活积福的话，理智却使我们不能不认为他们在这个世界上享受到了人间可能享受到的幸福。”（《法国散文精选》，李平沤选编，北岳文艺出版社1999年版，第207—208页）——译者

② 卡蒂纳（1637—1712）：法国陆军元帅。——译者

到非常得意的作品(当时《朱莉》连一半也没有写完)。此前,对道德的崇敬,是我的阿波罗;而这一次激励我的,则是心灵的仁厚。以前,我以旁观者的身份见到不义之事时,心里的感受是愤慨;而现在,我作为不义之事的受害者,心里的感受则是悲哀。这种不是由于愤慨之情而产生的悲哀,就其性质来说,是一颗过于仁厚之心因受到它原以为是与它品类相同的心的欺骗而不得不埋藏在内心的悲哀。当时,我心中充满了我所遭遇的令人苦恼的事情,许许多多强烈的悲愤之情尚萦回在我的心里,因此我就把我悲愤的感受与我思考主题时所产生的种种想法混合在一起。在这封信中随处可见这种混合的痕迹。我不知不觉地在信中描述了我当时的处境,我还描绘了格里姆、埃皮奈夫人、乌德托夫人、圣朗贝尔和我自己。在写作过程中我流了多少甜蜜的眼泪啊!唉!信中表述爱情的地方太多了。我极力想医治的那份令人神伤的爱情,它至今还没有从我的心中消失。在所有这些感触中,还掺杂了对我自己的怜惜之情。我感到我即将死去,以为这就是我向公众最后的告别之作。我不仅不怕死,反而巴不得它早日来临。我感到惋惜的是:我即将离开我的同胞,而我的同胞还没有认识到我的全部价值。如果他们对我有更多的了解的话,他们将发现我是多么地值得他们爱戴啊。这部作品之所以随处可见那种奇怪的笔调,其秘密的原因就在于此。这种笔调与前一部作品*的笔调恰成鲜明的对比。

正当我在修改和誊清,并准备付印这封信的时候,忽然收到乌德托夫人在久无音讯之后给我写来的一封信。这封信使我的心又

* 指《论人与人之间不平等的起因和基础》。

陷入了悲伤，陷入了我平生未曾感受过的悲伤，她在信中说（见卷宗 B，No. 34）我对她的恋情全巴黎的人都知道了；她断定是我告诉了什么人之后才传出去的。她还说，这些流言飞语已传到了她的情人的耳里，差点送了他的命；最后，他总算了解了她，并已和她和好如初。不过，她认为，为了对他负责，对她本人和她的名誉负责，她必须同我断绝一切来往。她向我保证，他们两人将继续关心我，在公众中为我辩护，并不时派人来了解我的情况。

“你，狄德罗，原来也是这号人，也是一个虚伪的朋友！……”我大声叫了起来。不过，我一时还不能断定是他。我干的这件蠢事，其他人也知道，也可能是那些人传出去的。我现在只不过是怀疑……但我的怀疑很快就变为肯定了。不久以后，圣朗贝尔主动采取了不愧君子风范的行动。他充分了解我的心，知道我目前的处境不佳，被一部分朋友出卖了，又被另一部分朋友抛弃了。他来看我，第一次他待的时间不长；第二次，不幸得很，我不知道他要来，所以我出去了，没有在家等他。黛莱丝在家，同他谈了两个多小时。两人都讲了许多有关我的事情。当我从他那里得知社会上没有人怀疑我曾经像格里姆现在这样同埃皮奈夫人一起生活过时，我感到非常吃惊，我吃惊的程度，同他得知这个流言毫无根据时感到吃惊的程度是一样的。圣朗贝尔也曾使埃皮奈夫人大为不快。他现在同她的关系，和我同她的关系是一样的。他这次和黛莱丝谈话的结果，使我完全打消了我与埃皮奈夫人决裂之后感到的后悔心情。关于乌德托夫人，他还告诉了黛莱丝一些不仅黛莱丝不知道，连乌德托夫人本人也不知道，而只有我一人知道的细节。这些细节，我只告诉过狄德罗一个人，并请他以友情为重，务必保密，然而他却偏偏把这些秘密告诉了圣朗贝尔，这就使我下定决心同他绝交。至于采取什么方式绝交，我要仔细考虑，因为我发现，不声不响地悄悄绝交，这对我反而不利，这样会把友谊的假面具留给那些最阴险的人。

社会上关于绝交的通常规则，似乎都是针对欺骗和出卖朋友的行为而定的。已经不是某人的朋友还装出一副朋友的样子，这种手法，显然是一方面想蒙蔽老实人，另一方面是想害某人。我记得大名鼎鼎的孟德斯鸠和图尔纳米纳神甫绝交之后，便公开声明，告诉所有的人："不论是图尔纳米纳神甫谈我或我谈图尔纳米纳神甫，你们都不要听，因为我和他已不再是朋友了。"孟德斯鸠的这个声明受到人们的赞赏，因为它表明孟德斯鸠是诚实的，坦坦荡荡的。我决定如法炮制，用这个办法对付狄德罗。但是，要怎样才能从我隐居之地把我同他绝交之事堂而皇之的公开出去而又不至于闹得沸沸扬扬呢？我决定引用《教士书》中的一段话，以"脚注"的形式写进我的这部作品里[①]。这段话不仅宣布了绝交，甚至相当清楚地把绝交的原因都说明了，凡是知道内情的人，一看就明白，

---

① "这部作品"指《就戏剧问题致达朗贝尔的信》。卢梭在这部作品的序言里说："我曾经有过一个严厉而又明白事理的批评家，但现在没有了；我也不想再有了。"[②]他对"我也不想再有了"这句话，引用拉丁文本《教士书》中的如下一段话作为"脚注"，宣布与狄德罗绝交。这段话（原文为拉丁文）是这样说的："即使你刺了你的朋友一剑，你也不用伤心，因为以后可以想办法弥补；即使你说了什么话使你的朋友感到不快，你也不用担心，因为以后可以想办法和好。但是，如果你存心侮辱你的朋友，无端诬蔑，泄露他的秘密和出卖他，你的朋友就会一去不再回来了。（《教士书》，第 22 章，第 26—27 节）"——译者

② 见卢梭：《就戏剧问题致达朗贝尔的信》，巴黎弗拉玛尼翁出版社 1967 年版，第 49—50 页。——译者

而对于不知道内情的人，就毫无意义了。此外，我还特别注意：在这部作品里，每当我提到我所抛弃的这个朋友时，虽然我们之间的友情已经熄灭，但我依然对他保持着对旧友应有的敬意。这一切，读者在这部作品中是可以看到的。

在这个世界上，有些人走运，有些人倒霉。人一倒了霉，即使行事光明正大，人家也会说你不该那样做。同样的做法，孟德斯鸠做起来就受到称赞，而我做起来就遭到谴责和非难。我的《就戏剧问题致达朗贝尔的信》一出版，我就寄了一本给圣朗贝尔。可是这位前天还以乌德托夫人和他自己的名义给我写了一封充满友情的信（见卷宗 B，No. 37）的圣朗贝尔却把书退还给我，还附了一封信。现在，我把他的信（见卷宗 B，No. 38）抄录如下：

1758 年 10 月 10 日
于奥波纳

真的，先生，我不接受你赠送给我的书。当我看到你在书的序言里针对狄德罗引用《传道书》（他弄错了，是《教士书》）上的那段话时，书就从我的手中掉下去了。经过今年夏天的几次谈话之后，我觉得你已经相信狄德罗没有做你所指摘的那些所谓的泄密之事。他即使做了一些对不起你的事情（这，我并不知道），但你不能因此就有权公开侮辱他。你不是不知道他目前正遭受到各方面的迫害，而你竟把一个老朋友的话与那些嫉妒者的胡言乱语混为一谈。先生，我不瞒你：我对你这种粗暴的做法感到气愤。我同狄德罗的来往不多，但我很尊敬他。你以前曾对我说他有点软弱，而现在你竟给这样一个人带来如许麻烦，对此，我深感不平。先生，我们在为人处世的原则上的分歧太大了，因此很难取得一致。请你把我忘掉好了。这做起来并不难。我对人既没有做过什么值得永远记忆的好事，也没有做过什么使人永远怀恨的坏事。我，先生，对你，我要实话告诉你：我将把你这个人忘掉，而只记住你的才能。

读完这封信，既感到愤慨，也感到痛心。尽管我当时的心情极其恶劣，但还是打起精神给他写了如下一封回信。

1758年10月11日

于蒙莫朗西

先生，读完你的信，我既感到高兴，因为它使我吃了一惊，同时又感到我实在太蠢，因为我竟被你信中所说的话所感动，但最后，我觉得你的信实在不值得答复。

我不愿意继续替乌德托夫人誊写那些东西。如果她认为已经誊好的部分不宜于保存，就请她退还给我，我把钱退还给她。如果她愿保存，那也请她派人来把剩下的纸和钱取回去，并把我交给她保管的那份提纲还给我，别了，先生。

在身处逆境之时所表现出来的勇气，使心灵卑怯的人感到震惊，而心灵豁达的人则感到喜悦。看来，我的信使圣朗贝尔有所醒悟，对他所做的事情感到后悔。但他太骄傲，不愿意公开承认，因此他极力想寻找机会来缓和他对我的打击。两个星期之后，我收

到埃皮奈先生如下一封信(卷宗 B,No. 10):

26 日,星期四

先生,赠书已收到,我正怀着喜悦的心情拜读。你所有的作品,我读起来都非常高兴。请接受我的谢意。如果我的时间能安排过来,可以在你附近住一些时候的话,我早就亲自登门致谢了。可惜我今年在舍夫雷特住的时间很少。杜宾先生和夫人要我下星期天请他们吃饭;我已邀请圣朗贝尔先生、弗兰克耶先生和乌德托夫人同做我的客人。先生,如果你也能来的话,我将感到十分高兴;我所邀请的这几位客人都希望你来,如果那天他们能同你一起度过一部分时间,他们必将同我一样感到十分愉快的。顺致敬意。

这封信使我的心跳得很厉害。由于我这一年来成了巴黎的新闻人物,所以一想到要去同乌德托夫人面对面地在一起让人家观看,我就战栗,就很难鼓起足够的勇气去经受这次考验。不过,既然她同圣朗贝尔都希望我去,而且埃皮奈先生以所有被邀请的客人的名义请我,何况没有一个客人不是我不想会见的,所以我觉得我可以说是被大家邀请的客人,我去参加这次宴会,也没有什么不妥,因此我就答应了。星期日那天,天气很坏,埃皮奈先生派他的马车来接我,我就去了。

我一到埃皮奈先生的家,所有的人都高兴得不得了,我从来没有受到过如此热情的接待。看来,所有在场的人都感到我是多么需要他们的安慰啊。只有法国人的心才懂得这种感情的感人之深。那天的客人比我预料的还多,其中有我从来没有见过的乌德托伯爵和他的妹妹布兰维尔夫人。其实,这位夫人,我以不见为妙:她去年曾到奥波纳来过几次,在我同她的嫂子乌德托夫人单独散步的时候,使她在一旁等得干着急,她早就对我有意见了。这次在宴席上她可称心如意了,因为有乌德托伯爵和圣朗贝尔在场,我当然会受到大家的冷嘲热讽,何况我这个人在和人极其平常的谈话中也往往被弄得手足无措,在这次宴席上就更是被弄得尴尬万分了。我的心从来没有这么难受过,我的表情也从来没有这么难看过。因此,一散席我便赶快离开这个泼妇。我很高兴地看到圣朗贝尔和乌德托夫人来到我跟前,我们在一起消磨了那天下午的一部分时间,谈的虽然都是些无关紧要的事情,但气氛同我误入歧途之前一样亲切。这次谈话的情景将永远留在我的心中。如果圣朗贝尔能看出我的心情的话,他也必然会感到满意的。我可以发誓:尽管在到达的时候我一看见乌德托夫人,我的心便跳动得几乎使我晕了过去,但在我回家的路上,我连想都不想她了;我心里想念的只是圣朗贝尔。

我虽然受到了布兰维尔夫人的恶意嘲弄,但这次宴会对我还是有很大的好处。我深深庆幸我没有谢绝埃皮奈先生的邀请。我在筵席上不仅看出格里姆与霍尔巴赫一伙人的阴谋并未使我的老朋友们同我疏远*,而且更感到高兴的是:乌德托夫人和圣朗贝尔的感情的变化并没有我想象的那么大。我发现,他之所以要她与我保持距离,是出于嫉妒,而不是由于看不起我。这使我感到安

* 我把问题看得太简单了,以致在我写《忏悔录》时还这样认为。

慰，使我的心得到了平静。由于我深深感到我所敬重的人对我都无蔑视之意，我便按照我自己的心意加紧工作，并取得了成功。虽说我还没有完全克服埋藏在我心中的有罪的和不幸的恋情，但我至少把它控制得如此之严厉，因而从那个时候起，我就没有犯过任何一个错误。我继续为乌德托夫人誊抄她要我抄写的材料。我的新作一出版，我就给她寄去；她收到这些东西后，便不时给我写封简短的回信，告诉我一些新的消息，虽然都是一些无关紧要的消息，但也足够使我感到欣慰了。正如人们在后文即将看到的，她不只是给我写短信，而且还有其他的表示。我们三人之间的关系足以成为诚实的人们分手之后应当仿效的楷模：我们虽不再互相来往，不宜再相见，但彼此之间仍保持着昔日友好的情谊。

这次宴会还给我带来另外一个好处，那就是，在巴黎到处都有人在谈论它，这就替我彻底驳斥了我的敌人散布的那些谣言：他们说我和所有参加宴会的人，尤其是和埃皮奈先生已无可挽回地闹翻了——现在，这个谣言已不攻自破了。事实上，在搬出退隐庐以后，我给埃皮奈先生还写过一封很真诚地表示感谢的信，他给我的回信措辞也同样真诚。我们的友情从未中断过。他的弟弟拉里夫先生还到蒙莫朗西来看过我，并把他作的版画寄送给我。除了乌德托夫人的嫂子和小姑子①以外，我同她家的人都相处得很好。

我的《就戏剧问题致达朗贝尔的信》获得了很大的成功。我所有的作品都很成功，而对我最为有利的，就要数这部作品了。它使公众知道了霍尔巴赫一伙人散布的那些谣言是无中生有的。当我

① “嫂子”指埃皮奈夫人；“小姑子”指布兰维尔夫人。——译者

搬进退隐庐的时候，他们举出许多理由预言我在退隐庐待不了三个月；后来，当他们看见我在退隐庐竟待了二十个月，而且在被迫搬出之后，依然住在乡下，他们就改口说我纯粹是由于我的脾气执拗，说我在乡下闷得要死，只不过是因为我骄傲成性，所以才硬着头皮顽固到底，宁可闷死在乡下，也不愿表示后悔，不愿回到巴黎。《给达朗贝尔的信》通篇洋溢着来自心灵的美好情感，这不是故作姿态佯装写得出来的。如果我在隐居生活中真是忧忧郁郁，闷得要死的话，我的心情就必然会见之于笔端。我在巴黎写的作品，就随处流露出这种心情，而我在乡间写的这第一部作品里，就没有这种心情。对于有观察能力的人来说，这一点是很重要的。大家都可看到：我在乡下，才真正是得其所哉呢。

然而，这部作品虽然充满了美好的感情，但由于我考虑不周，常做傻事，并一直在走背运，所以它给我在文学界招来了一个新的敌人。我在拉·波普里尼埃尔先生家就和马尔蒙特尔相识了，后来又在男爵[①]家多次见到过他。他当时是《法兰西信使报》的主编。我心高气傲，不愿意把我的作品送给杂志的编辑，而这一次却破例把这部作品送给他，但又不让他以为我是把他当作编辑而送他的，也不希望他在《信使报》上谈论这部作品，所以我在送他的那本书上注明不是送给《信使报》主编而是送给马尔蒙特尔先生。我以为这样表达，对他最为恭敬。可是他却认为这对他是最大的侮慢，从此便成了与我不可调和的敌人。他写了一篇文章攻击我的《致达朗贝尔的信》，措辞虽很礼貌，但字里行间处处都透露出一股

① 指霍尔巴赫。——译者

愤恨的语气。从这个时候起，他一有机会便在公众中伤害我，并在他写的文章中间接地批评我。由此可见，文人的那种易受刺激的自尊心是多么难于应付；你对他们说话，即使是恭维他们的话，也千万要小心，不可有一言半语在表面上看来含有可另作其他解释的意思。

现在，我的生活在各方面都安定下来了，于是我就利用闲暇和独立无羁的心情，重新按部就班地搞我的写作。这年冬天，我写完《朱莉》之后，便寄给雷伊。他在第二年就把这本书印出来了。不过，这个工作被一件相当不愉快的小事中断过一次。我获悉巴黎歌剧院准备再次上演我的《乡村巫师》。眼见那帮家伙随便擅自使用我的作品，我很生气，便把我写给达让松先生而他始终没有答复的备忘录找了出来，加以修改之后，寄给日内瓦常驻巴黎的代表赛隆先生，并附上一封信，请他转交接替达让松先生管理歌剧院的圣弗洛朗丹伯爵。伯爵虽然答应回我的信，但一直没有下文。我把这些情况写信告诉了杜克洛。杜克洛同歌剧院的小提琴手们谈了此事之后，他们说：剧本不还给我，但可以像从前那样给我免费入场券，而免费入场券，这时对我已无用处。眼见我投诉无门，到处都得不到公正的对待，于是便放弃此事；而歌剧院的主管者对我提出的要求根本不理睬，一直不答复，继续像使用他自己的财产那样用《乡村巫师》牟利，而事实上，这部歌剧毋容置辩地是属于我一个人的。*

自从我摆脱了那些暴君的控制以后，我便过着相当平静的生

* 歌剧院新近和我签订了一个合同，现在，这部歌剧已属于它了。

活。虽然我失去了强烈的爱恋之情的快乐，但也解除了爱恋之情给我戴上的沉重的枷锁。我的那些以保护人自居的朋友们硬想主宰我的命运，不管我愿不愿意，他们都企图给我以所谓的恩惠，从而达到奴役我的目的。我对他们的这种做法真是厌烦极了，因此我决心从此以后只和人淡淡相交，真诚相待，互不妨碍自由，彼此平等，共享生活的乐趣。有很多人以这种方式同我交往，他们足以使我领略到生活的乐趣而又不感到依附他人之苦。我一尝到这种生活的甜蜜，便立刻感到它最适合我这样的年纪，让我在平静的生活中度过我的余生，远离前不久差一点使我身败名裂的风波、争吵和烦心的事情。

我在退隐庐居住期间，以及我搬到蒙莫朗西以后，我在附近认识了好几个很合我心意的人，他们都不曾使我感到过任何拘束。在他们当中，头一个要提到的是年轻的卢瓦索·德·莫勒翁。那时他刚开始当律师，不知道自己将来在他这一行中会有何种地位。我没有他这种忧虑。我告诉他：从他今天的情况就可看出他将来是一定会有辉煌的成就的。我还告诉他，如果他慎重选择承办的案件，全力伸张正义和道德，他的天才在这种崇高的思想哺育下，必将和最伟大的雄辩家相媲美。他听从了我的忠言，并得到了按照这个忠言去做的效果。他替德·波尔特先生所做的辩护，其雄辩的气势之有力，并不亚于狄摩西尼[①]。他每年都要到离退隐庐四分之一法里远的圣布里斯村的莫勒翁庄园度假。这是她母亲的产业，著名的博絮埃曾经在这里住过。像这样一个相继有几位大

① 狄摩西尼（公元前 384—前 322）：古希腊雄辩家和政治家。——译者

师住过的庄园,其高贵的名声使其他的庄园很难与之相比。

我在圣布里斯村还认识了书商格兰。他很聪明,也很有学问,为人和蔼可亲,在他那一行是个拔尖的人物。他还将他的朋友阿姆斯特丹的书商让·勒奥姆介绍给我。后来,我的《爱弥儿》就是这位让·勒奥姆替我出版的。

在比圣布里斯村更近的格洛莱村,我还结识了该村的司铎马托尔先生。此人最适合于当政治家和大臣,而不适合于当乡村司铎。如果是按才能分配职务的话,至少也应当派他去掌管一个大教区。他当过德吕克伯爵的秘书,同让-巴普迪斯特·卢梭很熟识。他对这个著名的被放逐的人的真诚敬仰,与他对陷害这个人的恶棍索兰的深恶痛绝恰成鲜明的对比。关于这两个人,他知道许多有趣的故事;这些故事,在赛基所写的《让-巴普迪斯特·卢梭传》里都是没有的。他告诉我说,德吕克伯爵不仅对他没有任何不满的地方,而且直到临终之时都与他一直保持着亲密的友谊。他所住的这座房子,就是他的老东家去世后,由凡蒂米勒先生赠送给他的。马托尔司铎以前在好几个地方供过职,现在他年纪虽然已经大了,但记忆力仍非常清楚,谈论起来还头头是道,很有条理。他的谈话既有趣又有教益,一点儿也不像一个乡村司铎,既有上流社会的那种风度,也有政界人士的那种口才。在我的邻居当中,和他交往我最感愉快;离开了他,我最感遗憾。

我在蒙莫朗西还结识了几位奥拉托利会的教士,如物理学教师贝蒂埃神甫,他虽然有点学究气,但我还是很喜欢他的,因为我发现他的确像个老好人的样子,然而我又很难把他的这种朴实的样子与他到处钻营的思想和手段调和起来。他经常出入达官、贵妇、虔诚的信徒和哲学家之门，见什么人说什么话。我很喜欢和他在一起；我到处都夸他广交游、会应酬。看来，我的话传到了他的耳朵里了，有一天，他嘴角挂着一丝冷笑感谢我夸他是个老好人。我在他那刹那间的微笑中发现有一种难以形容的讥讽之意。这一下，我完全改变了他在我心目中的形象，并从那时起还时时回想起他那种表情。我觉得，把他当时的那一丝微笑比作巴吕治[①]去买丹德洛的羊时面带的微笑是最恰当不过了。我住进退隐庐不久，就同他相识了。他常到我家来看我。我搬到蒙莫朗西之后，他就离开蒙莫朗西迁居巴黎了。他常去看勒瓦赛尔太太。有一天，我怎么也没有料到他代表这位老太太写信给我说格里姆先生愿意供养她，希望我能同意她接受这份赠与。我一打听，得知格里姆供给她的是一笔年金，每年三百利弗尔，条件是：勒瓦赛尔太太必须迁到舍夫雷特和蒙莫朗西之间的德耶。我在这里不谈这个消息使我产生的印象，我只想说明：如果格里姆自己每年有一万利弗尔的年金，或者，他同这位老太太有什么更容易让人理解的关系，如果他们当初不说我把这个老太太带到乡下是一大罪恶，那么，我就不会感到吃惊的。而现在，他却要她搬到乡下，好像她如今返老还童，变年轻了似的，这就不能不令人感到奇怪了。我很清楚：这个老太太之所以要求我同意（其实，即使我拒不同意，她也会不顾我的反对，照样接受格里姆的赠与的），完全是为了不失掉我给她的接济。尽管这一善举在我看来有点出奇，但当时并不像它后来那样令我

① 法国小说家拉伯雷（1494—1553）的《巨人传》中的一个笑里藏刀、诡计多端的人物。——译者

惊异。不过，即使当时我能像后来那样洞察其中的玄机，我也不会不同意的。我当时这样做了，而且不得不这样做，因为，如果我不同意，别人也许还认为我嫌格里姆赠与的钱太少了。在此以前，我认为贝蒂埃神甫是一个老好人，而从那时以后，我对他的这一看法便稍微有点改变，因为，这个看法，在他看来有点可笑，而我也确实愚蠢，不该对他有这种看法。

这位贝蒂埃神甫有两个朋友想结识我。我不知道他们为什么想结识我，因为他们的爱好与我的爱好没有多少共同之处。这两个人是麦基洗德的后裔，谁也不知道他们原籍何处、家庭状况如何，就连他们的真实姓名也无人知道。[①] 他们好像都是冉森派教士。大家都认为他们是伪装的神甫，因为他们佩带顷刻不离其身的长剑的方式是十分可笑的。他们的一举一动都显得很神秘，这就使人们认为他们很可能是什么教派的领袖，而我却一直怀疑他们是《教士通讯》[②]的编辑。其中一个名叫费朗先生；他身材高大，面目和善，说话也很乖巧；另一个名叫米纳尔先生，身材矮胖，动不动就傻笑，喜欢和人抬杠。他们自称是表兄表弟。他们原来同达朗贝尔一起住在巴黎达朗贝尔的奶娘卢梭太太的家里，现在在蒙莫朗西租了一间小屋过夏。他们亲自做家务活儿，没有仆人，没有代他们采购日用品的经纪；他们每人一星期轮流上街购买食品、做

① 麦基洗德是《圣经·创世记》中所说的“撒冷王”；在《新约全书·希伯来书》中说麦基洗德“无父、无母、无族谱、无生之始、无命之终”。这就是说他的身世不详。卢梭在这里所说的这两个人，他们的籍贯、家庭状况甚至连他们的真实姓名，都无人知道，也就是说他们的身世不详，身份不明，因此卢梭把他们比作“麦基洗德的后裔”。——译者

② 当时冉森派教士办的一份反对耶稣会的地下刊物。——译者

饭和打扫屋子，生活过得相当舒适。我们有时候也互相请吃饭。我不知道他们为什么对我感兴趣。至于我，我之乐于和他们来往，只不过是因为他们会下棋。为了能同他们下一盘棋，我往往要苦等四个钟头。由于他们到处都爱插一杠子，爱管闲事，黛莱丝称他们为“管得宽”，这个绰号在蒙莫朗西已传得无人不知了。

以上这几个人和我的房东马塔斯先生（他的确是个好人）就是我在乡下常相过从的人。我在巴黎也有朋友，如果我愿意的话，我到巴黎也是能生活得很愉快的。不过，他们都不是文学界的人。在文学界，我只有杜克洛一个朋友了。至于德莱尔，他毕竟太年轻；尽管他在看穿了那帮哲学家对我玩弄的手段以后已经离开了他们（至少我是这样认为的）。但我还是不能忘记他轻易就上人家的当，充当那帮家伙反对我的代言人。

我涉世之初结交的可敬的老朋友，是罗甘先生。他是我生活幸福时候的朋友，是由于我的为人而不是由于我的写作活动而结交的朋友。正是由于这个缘故，我始终保持着与他的交情。我还有我的同乡勒尼普先生和当时还健在的他的女儿朗贝尔夫人。我还有一个年轻的日内瓦同乡名叫果安德，我觉得他是个好小伙子，办事很细心，很认真，对人也挺热情；他的缺点是：无知、过于自信，好吃好喝，自以为了不起。我刚住进退隐庐，他就来看我。过了不久，他不请自来，不管我愿不愿意就住在我家里了。他喜欢画画，也认识好些画家。在《朱莉》一书的插图方面，他对我还是很有用的。他自告奋勇，担任绘图和制版的指导工作，而且把任务完成得很好。

还有杜宾先生一家，那时候，他家虽不像杜宾夫人盛年时候那样豪华，但由于主人的威望和对于来他家的人的慎加选择，所以杜宾先生的家仍不失为巴黎最有名望的人家之一。由于我不是因为另攀高枝而只是为了过自由的生活才离开他们，所以他们依然待我以真诚的友谊。我深深相信，无论什么时候我都会受到杜宾夫人的亲切接待的。自从他们在克里西购置了一套房子之后，我就把她当作我的乡村邻居之一。我有时候还到她家去住一两天。如果杜宾夫人和舍农索夫人相处得融洽一些的话，我还会多住一些日子的。由于在同一个家庭里的两个性情不相投的女人之间左右为难，所以我总感到在克里西太受拘束。由于我和舍农索夫人彼此都平等相待，非常随便，所以我很喜欢到德耶去（德耶几乎就在我的家门口，她在这里租了一间小房子），她也常到我家来看我。

还有克雷基夫人，自从她虔诚信仰宗教之后，便同达朗贝尔和马尔蒙特尔之流及大部分文学界人士不再来往了。据我所知，只有特鲁布勒神甫是例外。他当时是一个半真半假的虔信者，所以克雷基夫人对他也是相当厌恶的。至于我，她曾主动与我交往，我一直受到她的关心，常与她通信。在过新年的时候，她曾送我几只芒斯鸡，并计划来年年初来看我，只是由于卢森堡夫人来看我的时间与她来看我的时间相冲突，她才没有来。我在这里对她要特别提一笔：她在我的记忆中将永远占有一个特殊的位置。

除罗甘以外，我还有一位朋友是应当排在第一位的。这个人是我的老同事和老朋友卡里欧。他先是在西班牙驻威尼斯使馆当秘书，后来到瑞典任代办，最后被派到巴黎任秘书。有一天，万万没有料到他突然到蒙莫朗西来看我。他身上佩戴了一个西班牙勋章（勋章的名称我已忘记了）勋章上面有一个用宝石镶成的十字架。戴上了这个勋章，他证件上的名字“卡里欧”就不得不添加一个字母“n”，将“卡里欧”改为“卡里荣骑士”。我发现他还是老样子，还是那么一副热心肠，神态比以前更加可爱了。如果不是果安德在我们之间瞎掺和，我同他还会像从前那样亲密的。果安德以我离巴黎太远为由，常代表我去看他，说是热心为我效劳，这样便取得了卡里荣的信任，取代了我在卡里荣心目中的地位。

想起卡里荣，我就联想到我在乡下的另一个邻居；如果我不谈一谈他，那就对不起他了，因为我对他做了一件不可原谅的事，必须忏悔。这个人就是诚实的勒布隆先生。他曾经在威尼斯帮过我的忙。他有一次带着他的家眷来到法国，在离蒙莫朗西不远的拉布里什乡下租了一间房子。* 当我一得知他与我毗邻而居时，我满心欢喜，当时不仅是应当去看他，而且还把去看望他当作一件赏心乐事。第二天我就去拜访他了。可是，我在半路上碰上几个来看我的人，因此不得不同他们一起往回走。两天之后，我又去看他，可是那天他同他家里的人到巴黎去了，连晚饭都是在巴黎吃的。第三次去，他在家，可是我听见他家里有好些女人的声音，门口还停着一辆四轮马车，这使我感到害怕。我想，久别重逢，和他见面自然是应当轻轻松松地畅叙友情。就这样，我把我对他的拜访一天一天往后推，以致最后感到这么晚才去看他，实在是不好意思，因此决定索性作罢，不去看他：我敢一拖再拖，迟迟不去拜访他，却不敢去见他的面。这种疏忽，使勒布隆理所当然地感到不

* 当我写这段话的时候，心里充满了过去那种对人的盲目信任，没有怀疑他此次巴黎之行的真正动机与结果。

快，认为我懒得不去看他，显然是忘掉了老朋友的旧情。然而我认为这的确不是出自我的本心。我的心是无罪的。如果我能做点什么事情让勒布隆先生感到开心，即使是不让他知道，我敢肯定，他绝不会认为我是一个懒人。的确，懒惰、疏忽，在一些小事情上拖拖拉拉，这的确比大恶习对我还更加有害。我最大的缺点是懒散。我很少做不该做的事，而糟糕的是，我更少做我应该做的事。

既然谈到了我在威尼斯的那些老朋友，其中有一个与那些老朋友有关的人，我不该忘记。这个人，我和他中断往来的时间晚得多。这个人是容维尔先生。他从热那亚回来以后，一直同我很友好，常常来看我，喜欢同我谈意大利的情况和蒙台居先生干的荒唐事。他在外交部有许多熟人，所以从外交部那里知道很多有关蒙台居先生的事情。我在他家又见到了我的老伙伴杜邦，他在他家乡花钱买了一个官职，因而有时候为办理公务便到巴黎来。容维尔先生对我越来越过于殷勤，常请我到他家去吃饭，以致使我感到有点儿受不了。虽然我们住的地方相距甚远，但是，如果有一个星期不到他家去吃饭，我们之间彼此都要发几句牢骚。有一次在容维尔家一住就住了一个星期，这使我感到住的时间太长了，所以后来我就不愿意再去他家了。容维尔先生对人很诚恳，也很风雅，在某些方面甚至是很可爱的，但他不够聪明。他面孔长得很漂亮。他时常像那耳喀索斯[①]那样爱自己欣赏自己的美，这就有点儿令

① 希腊神话故事中的一个美男子。有一天，他在一清水池边看见水中有一个与他同样俊美的少年，便深深爱上了这个少年（其实是他自己在水中的倒影），日夜思念成疾而死，死后化作一株美丽的花。后人为纪念他，遂称这株花为“那耳喀索斯”（水仙花）。——译者

人看不惯了。他有一套很奇怪的收藏品,也许是世界上唯一的一套收藏品。他自己很欣赏,也拿出来让客人欣赏,但客人们有时候却不像他那样感兴趣。这是一套很完整的流行于五十年前的宫廷和巴黎的闹剧图片,从中可以看到许多在其他地方看不到的人物情景。用这种方式记录的法国历史,在其他国家是没有的。

正当我们过从甚密的时候,有一天,他对我的接待竟十分冷淡,一点儿也不像他平时那个样子。我要求他,甚至请求他给予解释,但他闭口不谈,接着,我便走出他的家,决心从此不再进他家的门。无论是哪一家,只要我受到一次冷淡的对待,我就绝不会再去那一家,何况在容维尔家没有狄德罗这样的人替他辩护。我当时在脑子里苦苦琢磨,但总想不出我到底做了什么对不起他的事。我敢自信,我跟人家谈到他和他家中的人时,总是非常尊敬的,因为我的确是真诚的喜欢他,说的全是赞美的话。我有这么一条始终遵循的原则:凡是我常去的人家,我谈到时一定要心怀敬意。

由于反复琢磨,我终于推测出了是由于怎么一回事。我们最后一次见面的时候,他请我到他熟识的几个妓女家去吃饭,同席的还有几位外交部的官员。这几位官员都是正派人,言谈举止丝毫没有浪荡汉的那种样子。我可以对天发誓,那天晚上,我心中非常痛苦地思考的是那几个姑娘的可怜的命运。我没出聚餐费,因为这是容维尔先生请我们吃饭。我也没有给那几个姑娘钱,因为我没有像对潘多阿娜那样向她们提供挣钱的机会。我们走出那里时,大家都很高兴,心情十分轻松。这次晚餐之后,我就没有再到那几个姑娘家里去过,也没有再见到过容维尔先生。过了三四天,我到他家里去,就受到我在前面讲的那种接待。除了那次聚餐时的那些误会以外，我实在想不出还有什么别的原因，而他本人也不愿意解释，因此我便决定从此不再见他了。不过，我还是继续把我出版的新书寄赠给他，他也常常托人问候我。有一天，在喜剧院的烤火间碰见他时，他还用亲切的语气责怪我不去看他，但是，我毫不动摇，没有因此就重新登他家的门，因此这件事看起来是在赌气而不是绝交。从那以后，我就没有再见到过他，也没有听人说起过他。断绝往来几年之后若再去看他，那为时已经太晚了。我之所以没有把容维尔先生列在我的知交的名单里，其原因就在这里，尽管我曾经在相当长的一段时间里常到他家里去。

我不想再列举许多不那么亲密的人的名字来把这份名单搞得太长了。我和这些人之间之所以不那么亲密，其原因，或者是由于我不在巴黎，所以同他们来往的次数不那么多；或者是由于只是有时候同他们在乡下我家里或邻居家里相见，如孔狄亚克和马布里两位神甫、麦朗先生、拉里夫先生、布瓦日努先生、瓦特莱先生和昂塞勒先生，还有其他许多人，如果一个个都列举出来的话，那就太多了。不过，我还是要简短提一下我同马尔让西先生的交往。他是国王的近侍，曾是霍尔巴赫一伙中的一分子，后来同我一样，脱离了霍尔巴赫小集团；他也是埃皮奈夫人的老朋友，后来也像我一样，离开了埃皮奈夫人。还有他的朋友德马伊，我在这里也要顺便提一下：他是喜剧《冒失鬼》的作者，曾名噪一时，但昙花一现，不久便被人忘记了。马尔让西是我的乡下邻居，他住的地方离蒙莫朗西很近；我们是老相识，加上毗邻而居和生活经历的某些相似之处，所以我们的交往便更加投缘。德马伊不久之后就去世了，他有才能，也有天分，但他有点儿像他自己的喜剧中描写的人物那样，在女人面前爱吹牛，所以他去世后人们并不怎么思念他。

在这个时期，我和一个人的通信往来是绝对不可以略而不提的，因为它对我后半生的影响实在太大了，所以我要从开头说起。这个人名叫拉穆瓦尼翁·德·马尔泽尔布。他是税务法庭的庭长，并兼任图书审查总监。他对图书审查工作的领导，既很开明又很温和，文学界人士对他都十分满意。尽管我在巴黎居住期间一次也没有见过他，但我经常感到他对我的著作的审查十分宽容。我知道他曾不止一次地批评那些撰文反对我的人。在《朱莉》的出版问题上，我又感到他对我的关爱，因为这样一本大部头作品的校样从阿姆斯特丹交邮局寄，要花很多钱。他有免费邮递权，所以答应把校样先寄给他，然后再盖上他父亲的掌玺大臣的关防免费寄给我。在印刷的时候，他不管我愿不愿意，就命人另外印了一版，收益归我。这一版售完之后，才准许另外一版在法兰西王国发行。由于我的稿子已经卖给雷伊了，这样做，就等于窃取了雷伊的利益，因此，没有他的明确批示，我是不收这笔钱的。他慷慨地批示了。这笔钱一共一百皮斯托尔，我想同他平分，但他一文也不要。不过，这一百皮斯托尔也给我带来许多不快，因为我发现我的作品被他大删大改了（这一点，他事前没有通知我），而且直到这版被删改得支离破碎的书卖完之后，才准许好的版本开始在法国销售。

我始终认为马尔泽尔布先生是一个经得起任何考验的正派人。在与我有关的事情上，没有一件事情曾使我对他的为人正直产生过片刻怀疑。然而，由于他为人既真诚又软弱，有时候正是因为他极力想保护他所关心的人，结果反而害了他们。他不仅在巴黎版的《朱莉》中删掉了一百多页，而且在他寄给蓬巴杜夫人的那本好版本中又擅自删去了好多文字。在我这本书的某个地方有一句话说:“一个烧炭工人的妻子,也比一个王侯的情妇更值得尊敬。”[①]这句话,是我当时写得正高兴的时候信笔加上去的,并不影射任何人。这一点,我敢对天发誓;而有些人却认为我是暗中有所指而说这句话的。我有一个大胆的原则,那就是:在我写文章的时候,只要我问心无愧,不是故意影射任何人,我就不会因为别人说我含沙射影有所指便删掉这句话,因此我没有把它删去,而只是把原来的句子中的“国王”一词改为“王侯”。可是马尔泽尔布先生认为这样改,还不够。他干脆把整个句子都删掉,让人另外印了一页,在他送给蓬巴杜夫人的那本书里尽可能严丝合缝地贴在有这句话的那一页上。可是她还是知道了这个鬼把戏,因为有些好心人告诉了她。至于我,我是很久以后开始感到此事的严重后果时才知道的。

另一位贵妇人[②]同蓬巴杜夫人的情况很相似。她之所以暗中把我恨之入骨,其主要的原因,不同样是因为这句话吗?其实,当我写这句话的时候,我根本就不认识她,因此,她怎么能怪我呢?书出版以后,我同她相识了,心里非常不安。我把此事告诉了罗朗齐骑士。他笑我太多心。他说:这位贵妇人并不感到怎么冒犯她,甚至根本就没有注意,没有把这件事情放在心上。我信了他的话,我放心了。但后来的事实证明:我对罗朗齐骑士的话太轻信了,我不该以为万事大吉,可以放心了。

① 见卢梭:《新爱洛伊丝》,李平沤译,卷五,书信第十三,译林出版社 2002 年版,第 644 页。——译者

② 指孔迪亲王的情妇布弗勒伯爵夫人。——译者

入冬的时候，我又再次受到马尔泽尔布先生的关爱，虽然我认为不宜于接受，但我还是十分感激的。《学者报》当时有一个空缺，马尔让西写信告诉我说他已提议我去占有这个位置，但是，从他信上的措辞便可一目了然地看出（见卷宗 C，No. 33），他是人家授意他给我写信谈这件事情的。果然，他自己后来来信告诉我（见卷宗 C，No. 47）说他是受人之托向我提出这个建议的。这个位置的工作不多，每月只需写两篇新书摘要。书有人给我送来，用不着我到巴黎去取，也不需要到主管的官员那里去致谢。他还说，担任了这个工作，我就可以跻身于麦朗、克勒贺、基涅士三先生与巴尔德雷米神甫这样一些第一流文人的行列。前面两人我早已认识，而后面两人能借此机会认识一下，也是好的。何况这项工作不太困难，做起来很容易，而且还有八百法郎的酬金。在做出最后决定之前，我考虑了好几个钟头。我可以发誓，我之所以要考虑，唯一的原因是怕马尔让西先生生气，怕马尔泽尔布先生不高兴。但是，最后我考虑到：担任了这个职务，我便不能按照我自己的安排工作，而要按他人的安排交出两篇稿子，这种硬性规定叫我受不了，再加上我没有做这项工作的把握，所以我最后决定不接受这个我不适于担任的职位。我知道我的全部才华都来自我对我要写作的文章的热情。只有对伟大的、真实的和美好的事物进行思考，才能激发我的天才。要我摘录的那些书，所讨论的问题，甚至那些书的本身，与我有什么关系呢？既然我对它们毫无兴趣，我写的文章就不流畅，才思就不敏捷。他们以为我也像其他文人那样为谋生而写作，而不知道我永远是为了我心中有思想要抒发才写作的。《学者报》需要的当然不是我这种人。因此我写了一封措辞非常婉转的信给马尔让西表示感谢，并把我的理由陈述得如此详细，以致无论是他还是马尔泽尔布先生都不可能认为我拒绝他们的建议是含有不高兴和骄傲的因素，因此，他们同意了我的拒绝，而没有露出丝毫不高兴的样子。对这件事情的保密工作是做得那么好，所以没有半点风声透露给公众。

这个建议也来得不是时候，因为许久以来我已制订计划要完全脱离文学，尤其是不从事作家这门职业。我不久前经历的种种事情，使我对文人们简直是厌恶透了。我感到与他们同干这一行，就不可能不同他们打交道。我也厌恶社交界的那些人；对于我前不久过的那种一半属于我一半属于我根本就不适应的社交圈子中的混合型生活，我也是很反感的。通过我这些年来的经验，我比以往任何时候都更加清楚地感到：一切不平等的交往都是不利于弱者一方的。同地位悬殊的富人们生活在一起，虽然不敢像他们那样起居豪华，但在好些事情上也不得不学他们的样子。有些花费虽然钱数不多，对他们来说算不得什么，但对我来说，既负担不起，而且又无法可省。别人到乡下的朋友家去住，无论是吃饭或歇息，都有自己随身的仆人侍候，需要什么就叫仆人去取什么，同主人的仆人没有任何直接接触，甚至见不到他们，所以给他们的赏钱就很随意，爱什么时候给就什么时候给，爱给多少就给多少。而我呢，孤身一人，没有自己的仆人，只好事事靠主人的仆人，就得看他们的脸色行事，才能少吃苦头。既然我被看做是与他们的主人地位平等的人，我就得把他们当仆人看待，甚至要比别人给他们的赏钱更多一些，因为事实上我也的确比别人更需要他们侍候。要是那家的仆人少，那也好办，可是在我去的人家中，仆人多得很。他们个个都很傲慢，都很狡猾，都很机灵（我指的是他们在争取他们的利益方面很机灵）。这些家伙想方设法要我一个接一个地找他们帮我办事，以便一个接一个地等我给他们赏钱。巴黎的女人虽很聪明，但对他们的这种花招毫不知情。她们想替我省钱，结果却使我把钱袋里的钱花个精光。如果我到离我家稍远一点儿的城里去吃饭，女主人总是不让我自己雇马车，而要用她自己的马车来接我去又送我回来。她以为替我省了二十四个苏的马车钱，却不知道我给她的仆人和车夫的赏钱是一个埃居。一个女人从巴黎发一封信到退隐庐或蒙莫朗西，若是交邮差送，我就只付四个苏的邮资，而她为了替我省这四个苏，便派她的仆人送来。仆人步行而来，满身大汗，我得请他吃饭，另外还要给一个埃居的赏钱。当然，他得这一个埃居，也是问心无愧的。如果她请我到她乡下的家里去住十天半月，她以为这十天半月的饭费不让我付，便替我这个穷小子省了许多钱，可是她哪里知道在这十天半月里我无法工作，而我家里的开销，我的房租和里里外外的衣服都照样花钱，一分也不能少；在她家请人刮胡子的钱，比在我家要多花一倍。总之，在她家住，不但不省钱，反而比在我自己家里花的钱多得多。虽然我只是对我常去的几家人的仆人才给赏钱，但我还是负担不起呀。我算了一下：我在奥波纳的乌德托夫人那里只住了四五次，但却足足花了二十五个埃居之多。而在埃皮奈夫人家和舍夫雷特那里，由于我在那五六年里常常去，因此花的钱就更多了，总共花了一百多个皮斯托尔。像我这样的人，什么都不会自己料理，不会想办法，又不愿意看那帮仆人在侍候我时的那副嘀里嘟噜一脸不乐意的样子，所以这笔钱还非花不可。即使是在杜宾夫人家里，尽管我可以说我是她家的人了，而且还给仆人们帮过许多忙，我也是花了许多钱才得到他们的服务的。后来我不得不完全停止给仆人的赏钱，因为我的境况已经不容许了。这时候，我才深深感到与地位比自己高的人来往是不适宜的。

当然，如果这种生活适合我的胃口，即使花大钱去买快乐，那也值得。但是，花大钱去买罪受，那就太不值了。我深深感到这种生活方式对我的压力是如此之大，以致使我决心利用我当时能得到的那一段自由生活时间继续过这种自由生活，彻底离开社交界，不著书，不参加一切文学活动，关起门来在我自己感觉最合我心的狭小的天地里安安稳稳地过我的晚年。

我的积蓄在退隐庐时已经快花光了，幸而收到《致达朗贝尔的信》和《新爱洛伊丝》这两部著作的酬金，我的经济状况才有了好转，手中的钱大约有一千埃居。我写完《新爱洛伊丝》之后，马上就全身心地写《爱弥儿》，现在已经写得差不多了。估计它给我带来的收入，至少比我手中现有的钱多一倍。我预备把这笔钱存起来作为一笔小小的养老金，再加上我抄乐谱挣的钱，就可以维持我的生活而不必再从事写作。我手头还有两部作品，一部是《政治制度论》；我检查了一下这本书的写作情况，发现还需要花好几年时间才能写完。我没有勇气继续写下去，不能等到把这本书写完之后才执行我的决定。因此，我决定放弃这部著作，只把其中可以独立成篇的材料抽出来加以整理，而把其余部分通通付之一炬。我怀着满腔的热情继续写这本书，同时又不间断《爱弥儿》的写作，不到两年，我就把《社会契约论》写好了。

除此以外，我还有《音乐词典》。这是一个可以灵活掌握的工作,随时都可以做,目的只是用它挣一点钱。我可以根据其他收入加起来看这项工作是必要的还是多余的,是放弃它还是加快完成它。至于《感性伦理学》,这只是个初稿,我已完全放弃了。

我还有最后一个计划,那就是:如果我能完全不靠抄乐谱谋生,我就迁到远离巴黎的地方去住,因为在巴黎,不速之客经常不断地来,使我的生活费用太大,而且又浪费了我挣钱的时间。人们说,一个作家辍笔不写作,就会陷于无聊,十分苦闷。因此,为了防止我陷于苦闷,我安排了一项可以用来打发我孤独中的闲暇时光的写作计划,不过不打算在我有生之年出版。我不知道雷伊怎么会有这么一个奇怪的想法:他很久以来就再三要我写一本我这一生的回忆录。尽管到那时为止,我还没有什么事情使我对写这样一本书感兴趣,但我觉得,由于我在书中坦然写我自己,这本书就可以变得使别人感兴趣。因此我决定,我要以前无先例的真实性把这本书写成一部独一无二的作品,以便世人至少能有一次从一个人的内心活动看出他是怎样一个人。我认为蒙台涅的假天真实在令人好笑。他表面上好像是在承认他的缺点,但他却小心翼翼地尽挑一些可爱的缺点说。而我,从总体上看,我过去认为,现在仍依然认为我是最好的人。任何一个人的内心不论多么纯洁,也难免没有某些可憎的缺点。我知道有些人在公众中把我描绘得一点儿也不像我本来的样子,有时候甚至歪曲得面目全非。但我认为,尽管我把我的坏的方面和盘托出,一点儿也不隐瞒,但我仍能因如实描绘自己而有所得而无所失,何况在揭露我本来面目的同时,也不能不把其他一些人的本来面目也揭露出来。因此,这部作品便只能在我和其他一些人都去世以后才发表,这就使我更加鼓起勇气，放开胆子写这部《忏悔录》。我将永远不会在任何人面前为这本书而赧颜。经过这番考虑之后，我决定把我闲暇的时间用来好好地写这本书，并开始收集一切能唤起我的回忆的信件和材料，后悔我在此以前不该把一些信件和材料撕掉、烧掉或丢掉。

这个绝对避世隐居的计划，是我平生做出的最明智的计划之一。它已深深刻画在我心里。然而，正当我开始为执行这个计划而做准备工作的时候，上天却为我安排了另一种命运，把我投入了一个新的旋涡之中。

蒙莫朗西庄园，原本是著名的蒙莫朗西家族的祖产。自从庄园被没收以后，那座古朴典雅的豪宅就不再属于这个家族了。后来，由昂利公爵的妹妹传给了孔岱家族。孔岱家族把蒙莫朗西改名为昂简。现在，这块公爵的采地上已经没有任何府第，只剩下一座旧碉楼，里面存放着一些档案和文件，所以仍然受到过去的附庸们的敬仰。在蒙莫朗西（即昂简）有一座由绰号"穷人"的克瓦萨修建的私人住宅，其气派之恢宏，堪与最漂亮的公馆相媲美，称得上是一座"府第"，而且也真的被当地人称为"府第"。这座豪宅的雄伟的外观，它屋前的那块台地，它周围的那片也许在世界上是独一无二的景色，它那个由能工巧匠装修的宽敞的大厅，它那座由著名的勒·罗特尔规划布置的花园：所有这些，构成了一个既威严壮观又具有难以形容的朴素风貌的整体，真是令人啧啧称羡，叹为观止。卢森堡公爵元帅先生当时拥有这座豪宅的产权，每年都要到他的祖先做过主人的这片采地两次，每次住五六个星期。虽然是以普通居民的身份来到这里，但其仪从之煊赫并不亚于他家平日的豪华。在我到蒙莫朗西以后，他第一次来，他和元帅夫人就派一个贴身仆人来向我致意，并请我在方便的时候到他府上去吃饭。后来，他们每一次到蒙莫朗西，都要派人来向我表示问候，并请我到他们府上做客。这使我想起了贝桑瓦尔夫人叫我到她家下人用餐的地方去吃饭的往事。时代已经变了，而我却依然是当初那个样子。我虽然不愿意被人家打发去同下人一起吃饭，但我也不太愿意与大人物同桌用餐。我希望他们让我保持我的本色，既不捧我，也不轻视我。我对卢森堡先生和夫人对我的殷勤问候，表示由衷的感谢，但我没有接受他们的邀请。我疾病缠身，又生性腼腆，加之又不善言辞，因此一想到要与那么多达官贵人相见，我就战栗；我连到他府上去登门拜谢都不愿意去，因为我知道他们虽巴不得我到他们府上去，但他们之所以频频邀请我，是出于好奇之心，而不是真正的敬重我。

然而，他们对我的邀请依然继续，而且次数更频繁。布弗勒夫人与元帅夫人十分要好。她一到蒙莫朗西，便派人来打听我的消息，并问是否可以来看我。我很礼貌地回答了，但是没有松口。罗朗齐骑士是孔迪亲王府上的红人，也是卢森堡夫人的好友。他第二年(1759)复活节到蒙莫朗西后，来看过我好几次，我们已互相都很熟悉了。他竭力劝我到元帅府上去，但我还是不去。最后，完全出乎我的意料：有一天下午，卢森堡元帅忽然到我家来了，后面还跟着五六个人。这样一来，我就没有办法再推托了。除非我是一个没有教养的狂人，否则，我就不能不去回拜他们，去向元帅夫人致意，因为元帅曾多次代表她向我亲切问好。就这样，在不祥的征兆笼罩下就开始了我们之间我无法推辞的往来。我有一种颇有道理的预感：这种迫不得已而开始的交往总是吉凶难卜的。

我特别害怕卢森堡夫人。我也知道她这个人是很可爱的。大约十年或十二年前，我在剧院里和杜宾夫人家里见过她好几次。那时候，她还是布弗勒公爵夫人，光艳照人，满身少妇之美。人家都说她心眼儿很坏。一个这么高贵的女人有了这样的名声，就使我感到不寒而栗。可是那天我刚一见到她就为之倾倒了。我发现她仪态优美，有一种经久不衰、处处都打动我的心的绰约风姿。我以为她说话必定是很尖酸刻薄的，但实际上，不但不尖酸，而且还相当温和。她的谈吐虽不风趣，而且严格说来，也不高雅，但有一种令人感到娓娓动听的魅力；虽不语惊四座，但听起来使人十分高兴。她夸赞人的话，唯其质朴，所以听起来令人心醉；可以说它是不假思索，脱口而出的，是她内心的流露。她的话之所以那么动人，唯一的原因就是由于她心中的感情是真实的。第一次拜见，我就看出，尽管我的动作笨拙，木讷寡言，但她并不嫌弃我。宫中的贵妇人，在她们高兴的时候，不论她们是真是假，都能使你对她们产生这种好印象。但她们并不是每一个人都能像卢森堡夫人那样使你对这种印象感到那么真实，以致一点怀疑也不产生。要不是她的儿媳蒙莫朗西公爵夫人（一个疯疯癫癫的少妇，相当调皮，而且，据我看，还有点儿爱找人家的麻烦）试图讨我的好，在她婆婆夸奖我的时候，一再插嘴，说些虚情假意的话，使我疑心她们是在嘲弄我：要不是这样的话，我从第一天起就对卢森堡夫人百分之一百地信任了。

如果不是元帅先生极其真诚的态度向我证实了她们对我也十分真诚的话，我对这两个贵妇人的疑惧也许是很难消除的。我的胆子素来很小，但仅凭元帅先生三两句话便立刻相信他能平等待我，这可以说是令人很吃惊的。而更令人吃惊的是，他也仅凭我三两句话便完全相信我真的是愿意过完全独立的生活。他们夫妇两人都充分相信我有理由对我目前的境况感到满足，而不愿意加以改变。因此，无论是元帅先生还是元帅夫人都没有一言半语表示他们关心我的钱袋和财产，尽管我相信他们两人对我这方面的情况是非常关心的。他们也从未透露过要为我谋一官半职和提供其他帮助的口风。只有一次，卢森堡夫人似乎希望我进法兰西科学院，我以宗教信仰不同为由，推辞了。她说这算不上是什么大障碍，她愿意帮我排除。我回答说，虽然进这么一个如此著名的学院当院士能给我带来极大的荣誉，但由于我曾拒绝过特里桑先生，也可以说是拒绝了波兰国王希望我进南锡科学院当院士的建议，所以我就不能进任何其他科学院。卢森堡夫人没有坚持，此事也就搁下不谈了。卢森堡先生真不愧是国王的挚友。我同这样一位能在各方面关照和提挈我的大人物相交，而且如此朴实，这令我回想起我前不久离开的那些以保护人自居的朋友，他们不但不帮助我，反而想方设法贬低我；表面上是在不断关心我，而实际上是在干扰我和强迫我。这两相比较，差别实在太大了。

元帅先生到蒙路易[①]来看我的时候，我很不好意思地在我那唯一一间卧室里接待他和他的随从。我之所以说我不好意思，倒不是因为我请他们坐在我那些脏盘子和破罐子当中，而是因为破烂的地板往下陷，生怕他的随从人多重量大，把它压得完全塌下去

① 卢梭在蒙莫朗西居住的那间小屋所在的地方叫蒙路易，在习惯上，当地人也把这间小屋称为“蒙路易”。这间小屋现在已扩建为卢梭博物馆。——译者

了。我不怕我自己遇到危险，但我怕这位仁厚的大人物因将就坐在这间卧室里会遇到危险。于是，我赶快请他随我走出房间，尽管天气很冷，我也把他带到那间四面通风，又没有壁炉的小屋里去。等他走进小屋之后，我才把我不得不把他领到那里的原因告诉他。他把这原因告诉了元帅夫人，于是，他们两人都一再请我在修房间的地板期间，搬到他们府里去暂住，或者，如果我愿意的话，搬到一座孤立的房子里去住。这座房子位于园林的中心，人们称它为“小公馆”。这个迷人的住所，值得谈一谈。

蒙莫朗西庄园，不像舍夫雷特那样地势平坦。整个庄园起伏不平，中间有许多小丘和凹地。技艺高超的园林师就利用这些地形使园中的丛林和流水千变万化地来装点园中的景色，凭天才的艺术手法把本来很局促的空间扩大了许多倍。园林的高处是一片台地和府第的房舍，下边有一个向山谷延伸和逐渐开阔的山洼，拐弯处有一块大水塘。水塘的四周是小坡，被小树林装点得非常漂亮。在山洼的开阔处有一个橘子园。橘树园与水塘之间就是那座我要描述的“小公馆”。这幢建筑和它周围的土地，过去属于著名的勒·布伦[1]。这位大画家在修建这座房屋时，把他在装饰和建筑方面的精深造诣发挥和运用到了极致。这座房子后来又按原来的图样重新修葺过一次。房子不大，十分简朴，但非常漂亮。由于它位于园林深处，在橘树园和大池塘之间，很容易受潮，因此在房子当中加修了一道对柱式的明廊，上下两层排柱，使房子的空气流

① 勒·布伦(1619—1690)：法国画家，巴黎凡尔赛宫中的许多壁画都出自他的画笔。——译者

通，所以地势虽低，但仍保持了干燥。当你从对面的高处看这座房子时，好像它周围都是水，它好像是位于水中的一个迷人的小岛，简直就好像是马热尔湖内的波若美三个小岛当中的那个名叫“美人岛”的最美的小岛。

这座僻静的房子一共有四套居室；底层有舞厅、弹子房和厨房。主人让我在这四套居室中任选一套。我选了又小又最简单的那一套，它位于厨房的上层，我连厨房也占用了。这套居室很干净，家具都是白色和蓝色的。我就是在这个一边是树林、一边是池水的幽静的环境里，在各种各样鸟儿的鸣啭声中，闻着橘子树的花香，心醉神迷地撰写《爱弥儿》第五卷的。这卷书中的清新色彩，大部分都来自我写作的那个环境给我的鲜明印象。

每天清晨日出之时，我是多么迫不及待地跑到明廊里去呼吸带有花香的空气啊！在明廊里和我的黛莱丝面对面地坐着喝味道极美的咖啡，是多么惬意啊！我的那只猫和那条狗陪伴着我们；我这一生有它们作伴，就足够了，就不寂寞了。在这座房子里，我感到如同住进了人间的天堂，过着无忧无虑的生活，享受着无忧无虑的幸福。

卢森堡先生和夫人这年七月到蒙莫朗西小住期间，对我备致关怀，对我是那么的亲切，以致使我感到：住的是他们的房子，又受到他们优厚的款待，我就不能不经常去看望他们，作为对他们的盛情的回报。我经常去，几乎顷刻不离他们。上午去问侯元帅夫人，就在她那里吃午饭；下午同元帅先生一起去散步，但我不在他那里吃晚饭，因为他的宾客太多，加之吃饭的时间又太晚。直到这时为止，一切都很顺利。如果我能到此为止的话，就不会出现麻烦了。

但是，在感情方面，我总不知道保持适中，应当适可而止，只简单地做一些一般社交应酬中应做的事就可以了。我对人处事，一向是要么全身心投入，否则就一点也不投入。不久以后，我开始全身心投入了。眼见我受到那么高贵的人的宠爱和称赞，我便忘乎所以，对他们表示了一种只有同他们地位平等的人才允许表示的友谊。我按照我的方式对他们表现得越来越亲热，而他们则按照他们的方式像往常那样对我依然保持一般的礼数。我同元帅夫人在一起的时候，总感到不十分自在。虽然我对她的性格还没有摸透，但我对她的性格并不像我对她的才智那样感到害怕。她使我又敬又怕的，是她的头脑机敏过人。我知道她对与她谈话的人十分苛求（她是有权这样做的）。我知道：女人，尤其是贵妇人，都是希望人家取悦她们的，因此，与她们打交道时，宁可冒犯她们，也不可使她们认为你是一个令她们讨厌的人。根据客人走了以后她对客人们的谈话的评论就可以判断出她对我不善言谈的看法，似乎不佳。我想出了一个补救我在她面前说话迟钝的办法。这个办法是：我读书给她听。她听人谈起过我的《朱莉》，她知道这本书正在印刷中，她急于想看到这部著作。这主动提出念给她听。她同意了。每天上午 10 点左右我到她房间去，卢森堡先生也来，把房门关上，我坐在她床边念。我对朗读的时间和页数都做了细致的安排，即使后来不中断*，也是够他们这次小住期间听的。这个办法取得的成功，超过了我的预期。卢森堡夫人对《朱莉》和它的作者都入了迷。她

* 由于一场大战役的失败，国王感到十分忧虑，因此立刻把卢森堡先生召回宫中去了。

口中谈的尽是我，心里想的也只是我，整天都对我说些夸奖的话，一天要拥抱我好几次。在吃饭的时候，她一定要我坐在她旁边。当某个客人想坐这个位子时，她就会告诉他那是我的位子，请他到别的位子去坐。我这个人，只要人家对我稍微有一点儿亲切的表示，我就会感到受宠若惊，而卢森堡夫人用这么亲切的方式对待我，请大家想一想我心中将产生怎样的感想啊。她对我亲切的表示愈增加，我对她的敬爱之情便愈浓厚。不过，我也有我的担忧：她虽对我这样入迷，但我没有足够的使她永远入迷的才情，因此我担心她对我将由入迷变为讨厌。不幸的是，我的这种担心是太有根据了。

在她的性格与我的性格之间，有一种天然的矛盾。除了在谈话和信函中我说了许多蠢话以外，即使在我和她相处得很好的时候，我发现也有一些事情使她感到不快，其中的原因，我想了许久也没有想出来。在这里，我只举一个例子（其实，这样的例子我可以举出一二十个）：她知道我正在给乌德托夫人抄一份《新爱洛伊丝》，按页数付酬。她也想要一份，也是按页数付酬。我答应了，并由此便把她视为我的雇客之一。我用非常真诚的措辞给她写了一封表示感谢的信。我的确是真心感谢她，可是她的回信却使我如堕五里雾中，不明白她到底是什么意思（见卷宗 C，No. 43）

星期二，于凡尔赛

我很高兴，我很满意，你的信使我高兴极了，所以我马上回信，向你表示感谢。

你信中有一段话说："尽管你是一个很大方的雇客，我也不大好意思收你的钱。按理说，应当由我花钱买为你工作的乐趣才对。”对于这段话，我不想多说什么。我感到遗憾的是，你信中一字未提你的健康状况如何。再也没有什么事情比你的健康更让我关心的了。我真心喜欢你。真的，用写信的方式告诉你这些话，我心里是很难过的。如果我能当面和你谈，那该多好啊。卢森堡先生爱你，并衷心问候你。

一接到她这封信，我未细加思索便赶快写了一封回信，对她误解我的话表示不高兴。在可想而知的不安的心情下，我仔细考虑了几天之后，始终没有弄懂她信中的意思。最后，我给她写了如下一封信，作为最后的答复。

1759年12月8日

于蒙莫朗西

上封信发出后，我又反复把你信中提到的那段话思考了千百次，既按它本来的和自然的意思思考，也按别人可能给它的意思思考。我老实告诉你，元帅夫人，我不知道现在是我该向你表示歉意，还是你该向我表示歉意。

这几封信，到现在已经时隔十年了。从那时以后，我还经常回忆它们，可是一直到今天，我对这件事情依然糊涂，看不出那段话中有什么使她不快的地方，更看不出有什么地方冒犯了她。

关于卢森堡夫人所要的那部《爱洛伊丝》手抄本，我要在这里叙述一下我想了哪些办法试图使它具有比其他手抄本显然更好的特点。我早先写的那篇《爱德华·博姆斯顿绅士的爱情故事》是否作为附录全文收入我的《新爱洛伊丝》或者只摘收其中的一部分，我是考虑了很久的。由于我觉得这篇东西写得不太好，它的格调与书中的其他部分不甚协调，如果把它收入这部著作，便很可能损害书中动人、淳朴的爱情故事，所以我最后决定不收入[①]。自从我认识卢森堡夫人以后，我就又有了另外一个不收录这篇文字的强有力的理由。这个理由是：在这篇爱情故事里有一位罗马的侯爵夫人，她的性情十分乖戾；这种性情的某些特点虽不能说卢森堡夫人身上有，但很可能被那些只听说过夫人名字的人认为是在影射她。我深深庆幸我做了这个决定，并按照这个决定办了。但是，由于我一心想在给她的这个手抄本中添加一些其他手抄本中没有的东西，于是，鬼使神差，我又想起了这篇糟糕的爱情故事，想把它摘要添加进去。这个想法真糊涂透顶啊！若问我何以会做出这种荒唐事，那就只有用使我大倒其霉的不由自主的宿命来解释了。

朱庇特想毁灭谁，就先使他头脑发昏。

我简直是傻透了，居然花那么多工夫，非常细心地编写这个故事的摘要，把它当作一个举世罕见的孤本寄送给她，而且特意告诉她说原件我已烧毁，这个摘录只供她一人看，除非她本人拿给别人看，其他任何人都是看不到的。然而，我这番声明，不仅不能表明

---

① 《爱德华·博姆斯顿绅士的爱情故事》后来在《新爱洛伊丝》的各种版本中都作为附录全文收入。（见卢梭：《新爱洛伊丝》，李平沤译，译林出版社 2002 年版，第 781—794 页）——译者

我做事细心谨慎，反而使她以为我自己就觉察到故事中的那些情节是有所指的，让她对号入座知道那些话是冲着她说的。我竟蠢到了这种程度，还觉得我这样做会使她感到高兴呢。然而，使我大为惊异的是，她不仅没有像我预期的那样夸奖我，而且对于我寄给她的那份摘录始终无一句话提及。而我，我对我在这件事情上的做法一直是感到非常满意的，只是在很久以后，从其他迹象才看出它产生的后果。

为了把给她的这个手抄本做得更好，我还有另外一个想法。这个想法虽然比较合理，但从长远的后果来看，对我还是不利的。一个人命中注定该倒霉，一切扫兴的事全都来了！我想给这个手抄本配上几幅《朱莉》插图中的木刻画（它们的尺寸与这个手抄正好一样）。于是，我就向果安德索要那些插图的原稿，因为，无论从哪方面说，它们都归我所有，何况我已经把十分畅销的木刻画的收益全都给他了。果安德很狡猾，而我却不狡猾。他见我多次催要画稿，便知道我要拿原稿去做什么，因此借口要给这些画增加装饰，就把它们留在他那里，最后由他本人交给元帅夫人。

作诗的是我，而坐收名利的是别人。

这样，就使他可以以某种身份进入卢森堡元帅府。自从我搬进小公馆以后，他经常来看我，特别是卢森堡元帅和夫人在蒙莫朗西的时候，他总是一大早就来。因为要陪他待一整天，我就没有时间到元帅那边去。他们责怪我，我就把原因告诉了他们，于是，他们让我把果安德也带去，我照办了。这正是这个狡猾的家伙要达到的目的。这个在德鲁松的店铺里只是在主人没有客人的时候才偶尔让他与主人同桌用餐的小伙计，由于人家对我特别好，便爱屋及乌，也请他一同入席，就这样，他一下子就与法兰西王国元帅、亲王、公爵夫人和宫中的官员同桌用餐了。我永远也不会忘记，有一天他有事要赶早回巴黎去。于是，元帅先生饭后对所有在座的人说："我们到圣丹尼那条路上去散散步，送一送果安德先生。"这小子受宠若惊，被弄得晕头转向，不知道如何应答才好。我也很受感动，激动得一句话也说不出来。我跟在后面，像一个小孩子似的哭了起来，真想去吻一吻这位好元帅的脚印。一谈到这个手抄本前后经过的故事，就连带把一些后来发生的事情也提前在这里叙述了。现在，还是让我们回过头来就我的记忆按时间顺序叙述其他的事情。

我在蒙路易的那间小房子一修好，我就搬回去住了。我把它布置得整整齐齐，十分简朴。在离开退隐庐时，我就下了一个决心：我要有一套属于我自己的住所。这个决心我永远不会改变，但我同时又舍不得丢下我在小公馆的那几间屋子。因此我把小公馆的钥匙留下。由于我常常回想起在明廊里吃别有风味的早点，我就常到那里去过夜，有时一连住两三天，把小公馆当作了我的乡间别墅。那段时间，我也许是欧洲居住得最好和最舒适的老百姓了。我的房东马塔斯先生是世界上最好的好心人。他把蒙路易的修缮工作完全交给我作主，并由我安排他的工匠的工作，他一概不过问。于是，我决定把二楼那个大房间改成一个卧室、一个套间和一个衣帽间；一楼是厨房和黛莱丝的卧室。花园尽头处的那间小屋就是我的写作室，有一扇很好的玻璃窗，还有一个壁炉。我安顿好以后，因一时高兴，在已经有两行枝叶繁茂的椴树的高地上又添种了两行。这样，在我的写作室的周围都有绿荫环抱。我还在高地上安放了一个石桌和几个石凳，周围种了丁香、山梅和忍冬。我还砌了一个很漂亮的花坛，与两排树平行。这块高地比府中的那块高地略高一些，景色很漂亮，招来了许多小鸟。它成了我的客厅，可以好好地接待卢森堡先生和夫人、维尔赫瓦公爵、丹格里亲王、阿尔芒蒂埃尔侯爵、蒙莫朗西公爵夫人、布弗勒公爵夫人、瓦朗蒂路瓦伯爵夫人、布弗勒伯爵夫人和其他一些同样显赫的客人。他们不惜力气走那么一段很累人的山路，从元帅府到蒙路易来看我。他们之所以多次来看望我，都是出于卢森堡先生和夫人对我的关怀。我感觉到了这一点，我的心对他们表示由衷的感激。有一次在激情冲动难以控制的情况下，我抱住卢森堡先生对他说："啊！元帅先生，在认识你之前，我本来就是恨大人物的；在你使我深深了解他们原来是那么善于欺世盗名之后，我就更恨他们了。"

凡是在这个时期同我交谈过的人，我都要问一问他们：他们可曾见过我有一时一刻被这种耀眼的光焰迷惑过？人们对我的恭敬可曾有一时一刻冲昏了我的头脑？他们可曾见过我为人不表里如一了？可曾见过我的举止言行就不那么朴实，对人就不那么和蔼，对左邻右舍就不那么亲切了？可曾见过我曾经因为那些川流不息的不速之客给我带来许多麻烦，我在能帮助他们的时候也不帮助他们了？尽管我对蒙莫朗西那座府第中的两位主人有一种真诚的爱戴之情，因此我的心常促我到元帅府中去，但是，我的心也同样促使我常常到邻居家去品尝那种平静和简朴的生活。对我来说，离开了这种生活，我便无幸福可言。黛莱丝和一个泥瓦匠（我的邻居皮耶尔)的女儿成了朋友,我也同那个泥瓦匠缔结了友谊。上午,为了使元帅夫人高兴,我在她府中拘拘谨谨地用完午餐之后,下午便急忙跑去看皮耶尔;而且,有时候在他家里,有时候在我家里,与这个忠厚的泥瓦匠家的人一起吃晚饭。

除了这两个住所以外,我不久以后在卢森堡府中又有了第三个住所。府中的主人催我去看望他们,有时候是那么急切地催我,以致使我尽管不喜欢巴黎,也不得不去。自从我到退隐庐以后,我就只有已经在前面说过的那么两次去过巴黎,是按约定的日期去的,而且纯粹是为了与友人同进晚餐而去的,第二天上午就离开巴黎回家。我进出都是经过面对大街的那座花园,所以严格说来我的脚没有踏上巴黎的街道。

正是在这短暂的诸事如意的顺利时期,那场宣告这一时期即将结束的灾难已在酝酿之中。我搬回蒙路易不久便新结识了一个人。同以往一样,这个人也不是由我主动结识的,而且,和这个人相识,在我的一生中具有里程碑的意义。各位读者可以根据我在后面的叙述判断我与这个人的交往对我到底是福还是祸。我的这个新交,是我的邻居韦尔德兰侯爵夫人。她的丈夫新近在斯瓦西买了一幢乡间别墅,离蒙莫朗西很近。她出嫁前的原名叫达尔斯小姐,是达尔斯伯爵的女儿。这位伯爵虽有地位,但家境很穷,便把他的女儿嫁给了韦尔德兰先生。这个韦尔德兰又老又丑,耳朵又聋,性情粗暴,还爱吃醋,脸上有个刀疤,还瞎了一只眼睛。不过,只要顺着他的脾气同他打交道,他还真是一个好人。他每年有一万五到两万利弗尔的收入,达尔斯伯爵就是冲着他这笔收入而把女儿嫁给他的。这个老东西成天嚷嚷发脾气,叫骂不停,弄得他的妻子终日以泪洗面，然而到最后，还是一切由她说了算，她让他做什么，他就做什么，这时就轮到她发火了。她硬要他承认是他愿意这么做的，而不是她让他这么做的。我在前面提到过的马尔让西先生是韦尔德兰夫人的好朋友，后来又成了韦尔德兰先生的朋友。几年前，他把他在奥波纳和昂迪利附近的马尔让西庄园租给他们。我同乌德托夫人相恋那段期间，他们就住在那里。乌德托夫人和韦尔德兰夫人相识，是由她们两人共同的朋友多布德尔夫人介绍的。由于乌德托夫人喜欢到奥兰普山去散步，必须经过马尔让西庄园的花园，所以韦尔德兰夫人便给了她一把钥匙，让她打开花园的门，从那里过路。有了这把钥匙，我同乌德托夫人便经常路过花园。不过，我不喜欢碰见什么人，所以，当偶尔在路过花园的时候碰见韦尔德兰夫人，我就让她们两人走在一起，我一句话也不跟她说，一直往前走。这不太礼貌的态度，当然不会使她对我有好的看法。然而，在她搬迁到斯瓦西以后，她还是主动到我家来看我。她到蒙路易来了好几次，我都不在家，没有见到我，而我又没有去回拜她。于是，她想了这么一个逼我非去回拜她不可的办法：她给我送来了几盆花，供我装点那块高地。这一下，我只好到她家去向她表示感谢。麻烦就从此开始了，因为我们这样一来二往便打上了交道。

我们的来往一开始便麻烦多多。凡是我身不由己而进行的交往，都是如此。韦尔德兰夫人的性情同我的性情格格不入。她的怪话和俏皮话往往脱口而出，必须时时注意，才能察觉到你是不是被她嘲弄了。这对我来说，真是防不胜防，挺累人的。我想起一件小事，就足以说明这一点。她的哥哥新近被任命为一艘三桅战舰的舰长，在海上巡逻，防范英国人，因此，我就谈到如何装备这艘战舰而又不影响它的轻快。“是呀，”她以极平淡的声调说道：“给它安上几门够打仗用的大炮就行了嘛。”我很少听到她在背后说一个朋友的好话而不同时加进几个讥诮的词儿。对人对事，她不是往坏处想，就是往可笑之处想，就连对她的朋友马尔让西，也不例外。我觉得她还有这么一点是令我受不了的：她总是隔三差五地给我不是捎个口信，就是写封短信，或者送点小礼物，弄得我不堪其烦，必须花许多时间和精力给她写回信；至于她送我的礼物，我真不知道是收下还是拒绝，搞得我左右为难。不过，由于我经常与她见面，结果使我爱上了她。她有苦无处说，我也是有苦无处说，于是，我们觉得两人幽会，相互吐露衷肠，是很有兴味的。再也没有什么东西是比相对而泣流下的热泪更能把两个人的心联系在一起的了。我们时时相见，互相安慰，从而使我把许多不愉快的事情都忘记了。我对她虽然非常真诚，但态度有些生硬，有时候甚至不够尊重；我深深知道：要非常尊重她，然后才能使她真正原谅我。我有时候也给她写信，而她在回信中从来没有一句话表示她生我的气。我从我写给她的信中举一个例子如下：

1760 年 11 月 5 日

于蒙莫朗西

夫人，你对我说你没有把话说清楚，其实，你的意思是要我知道我的话没有说清楚。你在信中谈到了你做了一些所谓的蠢事，实际上是要我明白我做了蠢事。你自夸你是一个老实巴交的女人，好像你担心别人真的把你看做一个老实巴交

> 的人。你向我表示歉意，目的是要我知道我该向你表示歉意。是的，夫人，我很清楚，愚蠢的人是我，糊里糊涂的人是我；如果可能的话，更糟糕的是，我不善于斟酌词句，不能使你这样一个注意人家的谈吐而自己又善于词令的漂亮的法国贵妇人听了高兴。不过，你要知道，我历来是按照语言的一般意义来使用它们的。我不懂得，而且也不想懂得巴黎上流社会给它们添加的高雅含义。如果有时候我的话意思含混，不够清楚，那么，我就一定会尽量用行动来表达它的意思。……

这封信的其余部分，也是这种语气。请各位看一看她对我这封信的回信（卷宗 D，No. 41）就可看出这个女人的心是多么令人难以置信的冷静。她沉得住气，对我这样一封信竟毫无愠意，不但信上没有怨言，而且当面也没有向我表露过不满的脸色。果安德是什么事情都干得出来的，他竟胆大到不知羞耻的程度。凡是我的朋友，他都千方百计找机会去巴结。他以我的名义跑到韦尔德兰夫人家去，而且背着我到她家去的次数比我去的次数还多。这个家伙真不害臊，他以我的名义到我的朋友家去，一去就不走，厚着脸皮蹭饭吃。他说他满腔热忱为我效劳，一谈起我就直流眼泪。可是他在见到我时，却对他到我朋友家去的情况一字不提；对我想知道的事情，更是守口如瓶，不仅不把他听见的或看见的有关我的事情告诉我，反而向我来打听，问这问那。巴黎的事情，除了我告诉他的那些以外，他什么也不知道。虽然大家在我面前都谈到他，而他在我面前却不谈任何一个人。我是他的朋友，而他对我总是表现出一副很诡秘的样子。好了，现在让我们把果安德和韦尔德兰夫人暂时撇在一边，等到以后再谈。

我回蒙路易不久，画家拉都尔来看我，并把他用粉笔画的我的画像也带来了。这幅画像几年前曾经在展厅里展览过；他想把它送给我，我当时没有接受。埃皮奈夫人把她的画像送给我，并要我把拉都尔画的我的画像送给她，因此让我去把这幅画像要回来。为此，拉都尔又花了一些时间把画像修改了一番。就在这期间，我同埃皮奈夫人决裂了。我把她的画像退还给了她，而我的画像也就自然不给她了。后来，我在小公馆居住期间，我把它挂在小公馆的我的卧室内。卢森堡先生看见了，认为画得很好，于是我表示愿意把它送给他。他接受了。我派人把画像送到他府上去。他和卢森堡夫人都觉得我一定会喜欢有一幅他们的画像，于是请丹青高手画了两幅小画像，嵌在一个用水晶石制作的金边糖果盒上，作为一份珍贵的礼物送给我；我高兴极了。卢森堡夫人不怎么喜欢把她的画像嵌在盒子的上方，她多次责备我爱卢森堡先生胜过爱她；对此，我并未否认，因为这是事实。她在嵌放画像的位置上做文章，很婉转地但是很明白地向我表示她对我偏爱卢森堡先生是有意见的。

差不多也就是在这个时候，我又做了一件不利于我保持她对我的恩宠的蠢事。尽管我从来没有与希鲁埃特先生[①]见过面，对他毫无喜爱之意，但对于他采取的措施，还是很佩服的。当他开始对金融家施加压力的时候，我虽然看出他的这一举动干得不是时

---

① 希鲁埃特(1709—1767)：1759 年 3 月至 11 月只担任了九个月的财政总监，便被路易十五免职。——译者

候，但我还是热烈地希望他成功。当我得知他被撤了职，我还凭我的一股傻劲儿给他写了如下一封信。这封信，我把它抄录在这里，当然不是为了表明我做得对。

1759年12月2日

于蒙莫朗西

> 先生，请惠于接受你不认识的一个离群索居的孤独的人对你表示的敬意。这个孤独的人，你虽不认识，但他对你的才干十分赞赏，对你采取的措施非常钦佩。他早就料到你采取的那些措施将使你的任期不会长久。由于你知道首都的豪奢使国家陷于困境，不削减首都的靡费，就不能挽救国家。因此，你不顾那帮唯利是图的人的叫嚣而大胆采取那些措施。早前，看见你打击那些坏蛋，我羡慕你身居这个位置干出了一番事业；如今看见你离开这个位置，我不改初衷，仍然甚至更加对你十分钦佩。先生，你应当感到高兴，因为你这一任官职给你带来了永远享受不尽的盛名，而无人与你竞争。坏人的咒骂，乃是正直的人的光荣。

卢森堡夫人知道我写了这么一封信以后，在复活节到蒙莫朗西来时，便同我谈起这件事。我把信稿给她看了，她要我抄一份给她，我照办了。但是，在我把抄件给她的时候，我不知道她就是我信中所说的“唯利是图的人”之一，正是这些人反对希鲁埃特提出的土地转租的办法，因而联合起来把他赶下了台。从我干的这许许多多蠢事来看，人们也许会说我是存心招惹一个既和蔼可亲而又有势力的女人恨我。但事实上,我对这个女人是一天比一天更加敬爱。虽然我做了许多傻事,使我很有可能失宠于她,但我绝对没有故意惹她生气的意思。现在,我认为用不着多费笔墨,人们从我在本书上册中讲的特农香先生的鸦片制剂那个故事,就可推测到她对我的态度;故事中提到的另外一个贵妇人,是米尔普瓦夫人。她们两人对我都没有再谈过这件事情,丝毫没有把这件事情放在心上的表示。不过,卢森堡夫人是否真的把这件事情完全忘记了,我觉得,从以后发生的事情来看,就很难说了。至于我,对于我做的那些蠢事的后果一直是稀里糊涂,从来没有考虑过,因为我心里明白,没有一件事情是为了故意冒犯她而做的。我压根儿没有料到女人是永远不会原谅这样的事情的,即使她们明明知道人家是无心做的,她们也不会原谅。

是的,尽管她表面上好像什么也没有看到,什么也没有感觉到;尽管我发现她对我依然是那么殷勤,在态度上也没有任何变化,但我有一种愈来愈有根据的预感:她对我关怀备至的感情将变成对我感到厌烦。一想到这点,我就战栗不已。这么一个显赫的贵妇人,我能指望她对我行事的愚蠢永远忍耐吗?我不知道我是否应当把这种忐忑不安、闷闷不乐的隐忧永远埋在心里,永远不告诉她。读者从下面这封包含着一个奇特的预言的信中就可看出我是多么的愚蠢。

〔注:这封信的草稿上没有标明日期,至迟是1760年10月写的。〕

……你们对我的盛情是多么有害啊!一个遁世者之所以

抛弃生活中的乐趣,为的是摆脱生活中的烦恼。你们为什么要打扰他的安宁呢?我花了毕生之力寻求坚实的友谊,但结果是劳而无功。既然我在我能够接触的社会环境中都未曾获得这种友谊,难道在你们这种环境中我能获得吗?我没有野心,也不贪恋钱财;我既不好虚荣,也无所畏惧。我什么都能抵抗,就是抵抗不住友情的关怀。你们两位为什么要针对我这个应当加以克服的弱点进攻呢?我们的地位如此悬殊,你们虽然待我以真情,但也不能使我的心和你们联结在一起。对于一颗不知道有两种表达方式而只能感受友谊的心来说,单有感激之情就够了吗?友谊难寻呀,元帅夫人,唉!这正是我的不幸!对你和对元帅先生来说,这个词儿用起来虽然是很漂亮的,但如果我信以为真,我就太糊涂了。你们逢场作戏,而我却真心实意:戏终人散,平添几多愁思。你们的那些头衔,我简直是恨透了,我真遗憾,你们竟拥有那么多头衔!我觉得你们能领略一下平民生活的乐趣,才好啊!你们要是住在克拉朗就好了!你们住在那里,我就会到那里去寻找我的幸福了。可是你们住在蒙莫朗西元帅府,住在卢森堡公馆,这哪里是我让-雅克应去的地方呢?一个爱平等的人能把多情的心中的爱带到这些地方去吗?用这种方式对人家向他表示的敬意给予回报,就与他所受到的爱相等了吗?我知道而且也亲身体验到你们是很慈祥的和重感情的。我感到惋惜的是我未能早日体验到这一点。但是,在你们所处的这个地位,按照你们的生活方式,任何事物都是不可能留下持久的印象的,许许多多新奇的事物是那么必然地要互相抵消,以致任何一种事物也不可能长久存在。夫人，在你使我无法仿效你们那种生活方式之后，请你把我忘掉。我的不幸，大部分是你造成的，因此，你是不可原谅的。

我在信中把卢森堡先生与她拉扯在一起，是想使她对信中的话不至于感到太生硬。我对卢森堡先生是非常有信心的，对他的友谊的持久性从来没有片刻的怀疑。元帅夫人使我感到的疑惧并未使我因此便疑惧元帅本人。我从未对他有半点不信任的感觉，他的性格虽软弱，但却是喜怒不形于色，十分平和的。我既不担心他对我会变得冷漠，也不指望他对我有狂热的感情。我们在一起的时候，彼此都感到无拘无束，这就表明我们是多么的互相信赖啊。我们两人都做得对：我在有生之日将永远尊敬和爱戴这位德高望重的大人物。尽管有些人想离间我们，但我深深相信他至死都是我的朋友，而我也将在他临终之时守在他身边。

在他们1760年第二次到蒙莫朗西小住期间，我把《朱莉》向他们全部朗读完了。为了能常在卢森堡夫人身边，我接着便为她朗读《爱弥儿》，但不甚成功。推究其原因，不是由于这部书的内容不大合她的胃口，便是由于读得太多，使她感到乏味了。她常常责备我甘愿受书商的欺骗，她让我把这部书的出版工作交给她去做，以便使我可以多得一些收益。我同意了，但提出了一个明白无误的条件，那就是：不在法国印刷。在这一点上，我们争论了很久。我的看法是，我认为此书的出版不可能得到官方的默许，甚至连请求默许，也是不谨慎的；我不愿意未经许可便在法兰西王国印刷。而她的看法是，按照当时政府制定的办法，即使正式送去审查，也是不会遇到什么麻烦的。她居然使马尔泽尔布先生也赞同了她的观点。马尔泽尔布先生就这件事情亲笔给我写了一封长信说：《一个萨瓦省的牧师的信仰自白》[①]是一篇到处都将得到赞许的文章，因此，从各方面看，也将得到宫廷的赞许。我看到这位一向事事较真的官员在这件事情上竟变得如此好商量，真有点吃惊。既然一本书的出版只要经他批准便是合法的，我便不再提什么意见了。不过，为防万一有什么意外起见，我仍然坚持这部书稿也要拿到荷兰去印刷；我不仅指定了由书商勒奥姆承印，而且还把这件事情直接写信告诉了他。此外，为了照顾法国书商的利益，我还同意这一版一印出，便可在巴黎或任何其他地方开始发行，因为它的销售与我无关。卢森堡夫人和我商定的，就是这些。商量妥当之后，我就把书稿交给她了。

她这次到蒙莫朗西，把她的孙女儿布弗勒小姐（即现在的洛赞公爵夫人）也带来了。她的名字叫阿梅丽，人长得非常漂亮，身材苗条，性格温柔，表情带着童贞的羞怯。再也没有谁的面貌比她的面貌更清秀和更可爱的了；再也没有哪个姑娘比她更能引起人们更温馨和更纯洁的爱怜了。那年，她不到十一岁，还是个孩子。元帅夫人觉得她过于腼腆，便想方设法使她变得更活泼一些。夫人几次让我吻她，我就带着平时那种呆呆板板的样子吻她。要是换成另外一个人，在吻她的时候一定会做出一些高雅的表情和说出一些好听的话，可是我却呆若木鸡，一句话也说不出来。我不知道

① 见卢梭：《爱弥儿》，李平沤译，商务印书馆 2007 年版，下册，第 377—457 页。——译者

是谁更感到害羞，是那个可爱的小姑娘呢，还是我？有一天，我在小公馆的楼梯上碰见她。她刚去看过黛莱丝，她的保姆还在同黛莱丝聊天。由于我不知道该对她说什么，便提议吻她一下。尽管当天早晨她奉她祖母之命并当着她祖母的面已经接受过我的亲吻了，但她一片天真，没有拒绝我再次吻她。第二天，我坐在元帅夫人的床边给她读《爱弥儿》时，正好读到有一段话所批评的就是我昨天所做的事情。[①] 夫人觉得那段话讲得很好，而且发表了一些很中肯的意见，把我羞得满脸通红。我咀咒我这不可饶恕的愚蠢行为，尽管我只是因为愚蠢和一时不知道如何应对才不得已而做的，但它在别人看来就是一种卑鄙的犯罪行为；人们甚至会把这种"愚蠢行为"说成是一个聪明人为掩饰其罪行而编造的托词。我可以断言：在这如此之应受谴责的一吻中，同其他的亲吻一样，阿梅丽小姐的心和感官也并不比我的心和感官更纯洁；我甚至可以发誓，当时，如果我能躲开她，我是一定会躲开她的，这倒不是因为我不愿意见到她，而是因为我临时找不到一句得体的话对她说。一个小姑娘怎么就把一个连国王的权威都不怕的人吓成这个样子呢？这怎么得了呢？没有一点临机应变的能力，怎么办？如果硬

① 卢梭此次吻这个小姑娘，不是当着元帅夫人的面吻的，严格说来，这是背着元帅夫人做的"放肆行为"。在《爱弥儿》第五卷中有一段话批评的，就是这种行为。这段话是这样说的："你[②]问一问你的朋友[③]，请他告诉你有哪些应守的规矩；他将告诉你，在父亲和母亲当面许可的嬉戏的行为和背着他们放肆胡闹的行为之间有什么区别。背着他们胡闹，不仅滥用了他们的信任，而且还把浓厚的情谊变成了一种害人的陷阱。……"（卢梭：《爱弥儿》，李平沤译，商务印书馆 2007 年版，下册，第 649 页）——译者

② 指爱弥儿。——译者

③ 指爱弥儿的老师。——译者

要我同路上碰见的人说话，我准定是会说出许多傻话的。如果我一句话不说，人家就会把我看作是一个性格孤僻的人，一头野兽，一只狗熊。如果我真的是一个百分之百的白痴，这反而对我有利；而我在交际场中缺乏的才能，反而把我独有的才能变成了毁灭我的工具。

在这次小住快要结束的时候，卢森堡夫人做了一件好事；其中我也尽了一份力。狄德罗太不小心了，竟然得罪了卢森堡先生的女儿罗伯克王妃。因此，王妃所庇护的帕里索便写了一部题为《几个哲学家》的喜剧，替她进行报复。在这部喜剧中，我成了一个被人嘲笑的角色，而对狄德罗更是挖苦到了极点。帕里索之所以没有那么挖苦我，据我揣测，其原因倒不是由于他对我心存感激，而是由于他怕得罪他的保护人的父亲[①]。他知道他的保护人的父亲是很喜欢我的。书商杜什纳（那时我还不认识他）在这部喜剧出版以后寄了一本给我。我怀疑这是帕里索叫他寄给我的。他以为我看到我与之决裂的那个人[②]被攻击得体无完肤会感到高兴。他错了。其实，狄德罗这个人并不坏，他的缺点是：说话和做事往往欠考虑，性格比较软弱。我虽与他分道扬镳了，但我心中对他依然保持着依恋之情，甚至还抱有敬意，对我们昔日的友谊仍然是十分珍惜的。我深深知道，我们的友谊在很长一段时间里彼此都是很真诚的。格里姆就完全不同了。此人极其虚伪，从来没有爱过我，他甚至根本就不懂得什么叫爱。他没有任何一个可以抱怨我的理

① 指卢森堡元帅。——译者

② 指狄德罗。——译者

由。他之所以戴着假面具肆无忌惮地恶毒诬蔑我，纯粹是出于他那邪恶的嫉妒心。对我来说，格里姆早已从我心中消失，而狄德罗则始终是我的老朋友。因此，在看到这个可恶的剧本时，我火冒三丈，越来越生气，没有看完，我就把它退还给杜什纳，并附上如下一封信：

1760 年 5 月 21 日

于蒙莫朗西

先生，我匆匆翻阅了一下你寄给我的这个剧本。看到我在剧中受到称赞，简直把我气得全身发抖。我不能接受这个可憎的礼物。我深深相信，你把它寄赠给我，并不是为了侮辱我。但是，你不知道，或者你忘记了，我曾经很荣幸地是那个在这个剧本里遭到恶毒歪曲和诽谤的可尊敬的人的朋友。

杜什纳公开发表了这封信。狄德罗本应受到感动，可是他反而大为光火。他气量狭窄，不能原谅我这种心胸宽阔以友情为重的做法。他的妻子到处说我的坏话，语言虽恶毒，但我并不生气，因为我知道她是一个尽人皆知的说话粗野的女人。

现在轮到狄德罗来还击了。他找到了一个替他出气的人。这个人就是莫赫勒神甫。这位神甫模仿《小先知》的笔调写了一本攻击帕里索的小册子，标题是《幻想》[①]。他在这本小册子中出言不

① 《幻想》是简称，全题是《喜剧〈几个哲学家〉的序言，或：夏尔·帕里索的幻想》。——译者

慎，冒犯了罗伯克夫人。夫人的朋友们便把神甫关进了巴士底狱。其实，罗伯克夫人并不是一个报复心很强的女人，何况她那时已卧床不起，病得要死。我深信她没有插手这件事情。

达朗贝尔和莫赫勒神甫的关系非常密切。他写了一封信给我，要我请卢森堡夫人从中关说，释放莫赫勒，并承诺在《百科全书》里撰文称颂夫人。* 以下是我的回信：

> 先生，在收到你的来信之前，我已经向卢森堡元帅夫人表达过我对莫赫勒神甫被关押一事所感到的难过心情。她知道我对这件事情很关心，也知道你对这件事情很关心；只要她知道莫赫勒神甫是一个有德有才的人，她本人就会主动对此事表示关心的。不过，虽然她和元帅先生对我礼遇甚周，足慰平生；虽然一提到你的朋友的名字就足以引起他们的注意，从而对莫赫勒神甫表示关怀，但我不知道他们这一次将如何利用他们的地位和他们的威望才有利于这件事情的解决；我真的不相信这次报复行为是你想象的那样与罗伯克王妃有关系。即使有关系，也不是像你想象的那么大，更不能说报复之乐是唯一无二地只有哲学家才有的；既然哲学家行事像女人，那么，女人行事也会像哲学家的。
>
> 等我把你的信给卢森堡夫人看过之后，看她如何表态，我再告诉你。不过，以我对她的了解，我可以预先告诉你，即使

* 这封信，还有其他一些信，在卢森堡公馆遗失了。当时，我的文稿和书信都是存放在那里的。

她愿助一臂之力，使莫赫勒神甫早日获释，但她绝不会同意你在《百科全书》中撰文感激她，尽管她会引以为荣，因为她做善事，不是为了赢得人家的赞美，而是为了满足她的善心。

我不遗余力地想方设法鼓动卢森堡夫人的热心和同情，去为那个可怜的囚徒奔走呼吁，结果成功了。由于她要回凡尔赛去专门同圣弗洛朗丹伯爵商谈此事，所以她缩短了她在蒙莫朗西小住的时间，而元帅先生也要在这个时候离开蒙莫朗西到卢昂去，国王已任命他担任诺曼底的总督，因为那里的议会有些骚动，需要派人去加以控制。以下是卢森堡夫人在启程之后的第三天给我写的信（卷宗 D，No. 23）：

星期三于凡尔赛

卢森堡先生已于昨天早晨 6 点动身。我不知道我是不是也要去那里。我等他的消息，因为他本人也不知道在那里要待多长时间。我已同圣弗洛朗丹先生谈了，他已满口答应帮莫赫勒神甫的忙。不过还存在一些障碍，他希望下周晋见国王时能加以消除。我还替神甫求情，不要把他赶出巴黎，因为已经有人提出要把他放逐到南锡。先生，我得到的结果就是这些。不过，如果事情不像你希望的那样解决，我是不会让圣弗洛朗丹先生停止努力的。现在我要告诉你的是：我那么早就离开你，心中是很难过的；不过，我感到庆幸的是你对这种难过的心情是不会没有同感的。我衷心爱你，我这一生永远爱你。

过了几天，我收到达朗贝尔如下一封信，使我感到满心欢喜(卷宗 D，No. 26)：

8月1日

亲爱的哲学家，由于你的努力，神甫已从巴士底狱出来了。他虽被关押了一些时候，但无其他后果。他明天要到乡下去；他和我一起向你表示衷心的谢忱和敬意。再见，祝你诸事顺利，并请时时想到我。

几天之后，神甫也给我写了一封感谢信(卷宗 D，No. 29)，我觉得他这封信似乎不是出自真心实意写的，而且对我给他帮的忙，好像有不值一提之意。又过了一些时候，我发现达朗贝尔和他在卢森堡夫人面前虽说不上是已取我而代之，但可以说是也占有了与我同样的位置。我在她面前失去了多少宠爱，他们在她面前就争取到了多少宠爱。不过，我并不认为这是莫赫勒神甫从中捣了鬼，因而使我失宠。我太敬重他了，因此我不会怀疑他。至于达朗贝尔先生，我在这里暂时不谈，等到以后再说。

就在这个时候，我又遇到了另外一件事情，它牵扯到我以前给伏尔泰先生写的一封信。他对那封信大为不满，怨气冲天，好像是受了什么大侮辱似的，但他又从不把那封信给人家看。现在，让我在这里替他做他不愿意做的事情。

我和特鲁布勒神甫认识，但不怎么熟，见面的次数不多。1760年6月13日他给我写了一封信(卷宗 D，No. 11)，告诉我说他的朋友福尔梅先生在其主编的刊物[①]上刊登了我就里斯本大灾难[②]一事写给伏尔泰的信。特鲁布勒神甫向我打听这封信是在什么条件下发表的，并问我如果再次发表，我有何意见，但他又不把他的意见告诉我。由于我对这些玩弄花招的家伙简直是恨透了，所以在回信中把该表示的感谢之类的客套话说完以后，其他的话就不甚客气了，而且语气之生硬，他是一定会感觉得到的，但这也未能阻止他厚着脸皮又给我写了两三封信，直到他打听到了他想打听的一切情况为止。

我很清楚，不管特鲁布勒神甫怎么说，福尔梅得到的那封信都不是印刷的。第一次印那封信的人就是福尔梅。我早就知道他是一个厚颜无耻的剽窃者，虽说他还没有胆大妄为到把已经出版的书的作者的名字换成他的名字，但他的确曾肆无忌惮地用别人的作品去牟利。[*] 不过，那封信的原件是怎么到他手里的呢？问题就在这里。不过，这个问题不难解决，只怪我头脑简单，所以才觉得十分麻烦。尽管伏尔泰在那封信里备受称颂，尽管他为人处事不大忠厚，但是，如果我没有得到他的同意就让人发表那封信，他还是有充足的理由大发牢骚的。因此我决定给他去信谈这件事情。这封信的全文如下。对于这封信，他一直没有回信：这封信必然会惹他生气而不会使他高兴的；他很可能气得火冒三丈，七

① 指德国柏林科学院常务秘书福尔梅主编的《科学与风俗的现状通讯》。——译者

② 指1755年11月1日发生在里斯本的一场大地震。——译者

* 他后来用《爱弥儿》去牟利，就是一例。[③]

③ 关于福尔梅用《爱弥儿》去牟利的问题，请参见商务印书馆2007年出版的《爱弥儿》上册第6页译者所加的脚注①。——译者

窍生烟的。

1760 年 6 月 17 日

于蒙莫朗西

先生，我本来是不想和你有书信往来的。但是，由于获悉我 1756 年写给你的那封信在柏林向外界公开发表了，因此，我应当把我当时在这件事情上的做法既真实又简要地写信告诉你。

那封信是不供发表的，因为它已清清楚楚地标明是写给你个人的。我曾以保守秘密为条件，抄送给了三个人。由于友谊的驱使，我不能不这样做。同样，由于友谊的驱使，这三个人也没有权利违背他们的承诺而滥用我抄送给他们的信。这三个人是：杜宾夫人的儿媳舍农索夫人、乌德托夫人和一个名叫格里姆的德国人。舍农索夫人曾希望发表这封信；她征求我的意见，我告诉她这要由你决定。她问过你，你拒绝了，这件事情也就作罢了。

我同特鲁布勒神甫没有任何联系。最近他写信给我，以非常关切的语气告诉我说他收到了福尔梅先生寄给他的一份刊物，刊物上登载了那封信，并在编者 1759 年 10 月 23 日加的按语中说是几个星期前在柏林的几家书店里发现的，还说什么由于这类活页式的印刷品很快就会消失得无影无踪，因此他认为他应当把它登载在他主编的刊物上。

先生，关于这件事情，我知道的情况就是这些。可以肯定的是，到现在为止，在巴黎还没有任何人听说过那封信，同样可以肯定的是，落在福尔梅手中的那一封，无论是原件还是印刷本，只能是从你（这似乎不大可能）或者是从我前面提到的那三个人中之一传出去的。尤其可以肯定的是，那两位夫人是不可能干这种违背诺言的事的。我在我隐居的乡间无法知道更多的情况。你交游甚广，如果你愿意的话，而且认为值得弄个水落石出的话，你满可以利用你的各种关系把这件事情追根溯源，查个一清二楚。

特鲁布勒神甫还在信中告诉我，他将把他手中的那份刊物保存起来，不得到我的同意，就绝不外传。我当然是不会同意的了。不过，这个刊物在巴黎并不是只有他那一份。先生，我希望那封信不要在巴黎印发，我将尽我的一切力量加以阻止。但是，如果我不能阻止它在巴黎发表，如果我能及时知道我有权优先发表的话，我将毫不犹豫地由我自己印发。我觉得这样做，既合理又很自然。

至于你对那封信的复信，我没有给任何人看过，你尽可放心。没有你的允许，是绝对不会向外发表的。很显然，我也不会冒失到请求你允许，因为我深知这是一个人写给另一个人的，而不是写给公众的。不过，如果你愿意另写一封供发表之用的信，把它寄给我，我便做出承诺，将它原封不动地和我的信一起发表，绝不添加任何一个评说的词句。

先生，我一点也不喜欢你，因为你给我——你的门徒和追捧者——造成了许多很可能有严重后果的痛苦。你受到日内瓦的庇护，而你对日内瓦的回报是：把这个城市搞得乌烟瘴气，乱得不成样子。我在我的同胞面前曾为你鼓掌叫好，而你对我的回报是：你鼓动他们与我作对；是你使我无法居住在我的国家，使我葬身异域，使我得不到一个临终之人应当得到的安慰，落得个横尸街头，而你却在我的国家获得一个人可能获得的最大荣誉。因此，我恨你；这是你自找的，不过，我是由本来爱你转变成如今恨你的。在我心里以往对你怀抱的感情中，现在只剩下对你的天才和作品不能不表示的敬佩和喜爱了。如果说我认为你这个人除了才能值得称道以外，其他便一无可赞美之处，这过错不在我。对于你的才能，我将永远怀有它们配享的敬意，并以符合这种敬意的方式尊重它。再见，先生。

文学活动给我造成的这些小风波，使我愈来愈感到我的决定是正确的。正当这些风波闹得起劲的时候，我得到了我的文学活动给我带来的使我不胜欣喜的最大荣誉：孔迪亲王曾两次光临我的蜗居来看我，一次是到小公馆，另一次是到蒙路易。他这两次都是特意趁卢森堡夫人不在蒙莫朗西的时候来的，以此表明他是专门来拜访我的。我从来没有怀疑过这位亲王之开始关注我，是由卢森堡夫人和布弗勒夫人介绍的；同样，我也从未怀疑过亲王之所以从那时以后就不断给我以荣宠，是出自他的真情厚谊和对我的人品的赏识。*

由于蒙路易的房间太小，而花园尽头处的那间小屋周围的环

* 请看我是多么盲目地和愚蠢地信任啊，在我受到种种足以使我醒悟的对待的时候仍然坚信不疑，直到 1770 年我回到巴黎以后才停止。

境很美，我便领亲王到那间小屋去。亲王为了表示热忱，要我与他下一盘棋。我知道他曾经赢过棋艺比我高超的罗朗齐骑士。不过，不论罗朗齐和在旁观战的人怎样向我打手势和递眼色，我都假装没有看见。我们下了两盘棋，两盘棋我都赢了。在结束的时候，我以尊敬但很庄重的语气对亲王说："先生，我虽然敬重殿下，但既然是两军对垒，那就别怪我不客气了。"这位高贵的亲王才智过人，素来不喜欢听阿谀奉承之词。我这句话使他真正感到(至少我是这么认为的)，在场的人只有我把他看作一个普通人，因此我有理由相信他对我的表现是真的很满意。

即使他不满意，我也不会责备我自己没有花言巧语糊弄他，我更不会责备我自己在心中对他的盛情没有报以相应的热忱，而且有时候态度还有些生硬。亲王对我始终是那样的体贴入微。过了几天，他派人给我送来了一篮子野味，我收下了。几天之后，他又派人送来一篮子。有一位陪他打猎的官员还奉他之命写一个字条说"这是亲王殿下打猎的收获，是他亲手打到的野味。"我还是收下了。不过，我写信告诉布弗勒夫人：如果再送，我就不收了。这封信受到人们的一致谴责，而且也真的该受谴责。亲王的礼物只是一些野味，而且是真心实意送的，而我竟然表示拒绝，这与其说是一个想保持独立的品格高尚的人注意小节，还不如说是一个无自知之明的狂人行事孟浪。后来，每当我在文稿中再看到这封信时，便惭愧得满脸通红，后悔我不该写这封信。既然我这本书题名为《忏悔录》，我就不能在书中对我做的这件蠢事略而不提。这件蠢事太使我羞惭得无地自容了，所以更不能加以隐瞒。

虽说我没有做另一件蠢事而成为亲王的情敌，但那也只是差一点儿罢了：布弗勒夫人那时候是他的情妇，但我一点也不知道。她常同罗朗齐骑士一起来看我，而且还来得相当勤。那时她还年轻貌美，常装出一副古罗马女人的样子，而我始终是放浪不羁的，这就使我们在感情上相当接近了。我差一点儿被她迷住了。我相信她看出来了，骑士也看出来了。他与我谈起过，而且没有一句话有叫我死了这条心的意思。不过，这一次我非常谨慎。行年已经五十，是该收心的时候了，何况我在前不久发表的《致达朗贝尔的信》中还着实把那些花心老头儿教训了一通呢。因此，如果我本人不接受教训，那就太不像话了。现在既然已经知道了我此前不知道的情况，我就更应当头脑清醒，不要去跟地位那么高贵的人争宠了。何况我对乌德托夫人的那段恋情还没有完全消失，我觉得哪个女人也不能在我心中代替她。因此，我在我的后半生就与爱神永诀了。在我写这段话的时候，又有一个年轻的女人向我频送秋波，向我进行危险的挑逗，两只眼睛露出很着急的神色。不过，虽说她假装忘记了我这一大把年纪，可是我自己记得。这一步我没有走错路，以后就再也不怕摔跤了，我这一生从此就可高枕无忧了。

布弗勒夫人既然能觉察到她使我动了心，当然也能觉察到我战胜了我心中的情欲。我不会那么傻，也不会那么痴心妄想到以为我已经把她勾引得对我这个老头儿感兴趣。不过，从她对黛莱丝所说的某些话中可以看出我的确是已经使她对我产生了好奇心的。如果真是这样的话，如果她对我没有满足她的好奇心而不肯原谅我的话，那我就应当承认：我生来就命中注定我会成为我的弱点的牺牲品，因为，如果爱情战胜了我，我固然要大吃苦头，而如果我战胜了爱情,我吃的苦头那就更大了。

在这两卷书中,我用来引领我追述往事而必须转录的信件,到此就结束了。今后便只有顺着我记忆的线索前进了。在这段风波迭起的时期,我的记忆是如此的清晰,印象是那样的深刻,所以,我虽然迷失在我的灾难的汪洋大海里,但我没有忘记我第一次沉船的详细情形,尽管我对沉船的结果只有一些模糊的记忆。因此,在下一卷书中,我的步子就走得比较稳当。如果再走远一点,我就只好一步一步地摸索着前进了。

第十一卷

(1760—1762)

《朱莉》虽早已付印，但到 1760 年年底仍未出版。不过，这本书的消息已在巴黎广泛传开了。卢森堡夫人在宫中谈过它，乌德托夫人在巴黎谈过它，后者还得到我的允许，让圣朗贝尔把手抄本读给波兰国王听；国王十分欣赏。我也读给杜克洛听过，他在科学院向院士们也谈过这本书。全巴黎的人都急于想看到这部小说。圣雅克街上的几家书店和王宫近旁的那家书店，天天都有人川流不息地来打听这本书的消息。最后，它终于出版了。它的成功，非同寻常，没有辜负人们殷切的希望。太子妃是最早读到这本书的人之一，她告诉卢森堡先生说这本小说真使她读得入迷。文学界人士对这本书的看法不甚一致，不过在上流社会却只有一种意见，尤其是上流社会的女士们，无论是对这本书还是对它的作者，都倾倒到了这种程度，以致，只要我愿意，即使是上层社会的女人，几乎没有一个不会被我征服的。在这一点上，我有许多证据，只不过我不想把它们公开出来就是了。这些证据，无须加以调查，就能证明我的论断。说来也很奇怪，这本书在法国比在欧洲其他国家都更为成功，尽管法国人，无论男人或女人，在这本书中都没有得到很好的评说。与我的期望相反,瑞士人对这本书的评价甚糟,而巴黎人对这本书的评价却非常之高。难道说友谊、爱情和美德在巴黎比在任何其他地方都更受到人们的赞美吗?未见得。不过,巴黎人确有一种细腻的想象力,使人的心向往友谊、爱情和美德的形象,使我们喜爱我们没有而别人有的纯洁的、温馨的和真诚的感情。今天,到处都已腐败成风,良风美俗在欧洲已荡然无存;如果说迄今还有某些人热爱善良的风俗的话,这种人只有在巴黎才能找到了。*

必须透过许许多多偏见和虚假的激情,并善于分析人心,才能辨别真正自然的感情。我在这里斗胆直言:必须具有只有受过上流社会的教育才能获得的细致入微的观察力,才能感觉得到洋溢在这部作品中的心灵的美。我敢拿它的第四卷同《克莱芙王妃》[①]相比。我敢断定,如果这两部作品的读者都是外省人的话,他们是永远也领会不到它们的全部价值的,因此这部作品之所以在宫中最受欣赏,就不足为奇了。书中到处都可看到文字生动但意思含蓄的段落。宫中的人对这种写法非常喜欢,因为他们比一般人更有素养,能体会出其中的深意。不过,在这里必须区别一下,有一种人诡计多端,他们的心眼儿虽多,但他们只能看出恶事之恶,而对善事之善就一点也看不出来了。举例来说,如果《朱莉》是在我估计的某个国家[②]出版的话,我认为,而且敢断定:没有一个人能

* 这段话,是我1769年写的。

① 法国拉法耶特夫人(1634—1693)写的一部描述爱情故事的心理小说。——译者

② 指信奉喀尔文教义的日内瓦。——译者

把它从头看到尾的，书一出版就会遭到封杀的。

我把人们就这部书给我写的信，大部分都收集在一个卷宗里，交给拉达雅克夫人保管。如果有朝一日这些信件能公之于世的话，人们将看到许多奇奇怪怪、莫衷一是的评论。看法的分歧表明，我们应当注意的是公众中存在的问题。人们在这部书中最未觉察到的，并将永远使这部书成为独一无二的作品的，是它的题材的简单和中心思想的连贯，全部思想都集中在三个人物身上，贯穿六卷，既无题外的插曲，也无浪漫的奇遇，而且，无论在人物或情节方面都没有任何邪恶的描写。狄德罗大肆吹捧理查森[①]的小说中的场面变化多，登场的人物多。不错，理查森有他的长处，他把场面和人物都描写得很细致，然而，正是由于他书中的场面和人物的众多，他犯了一般缺乏才情的小说家的通病，用大量的人物和场景来弥补他们的思想的贫乏。接二连三地用新奇的事件和走马灯似的一晃即过的新面孔来吸引读者的注意，这是很容易的，而要不添加其他稀奇古怪的情况渲染，从而使读者的注意力始终集中在同一个对象上，这就十分困难了。在其他各方面都相等的情况下，如果题材的简单有助于作品的美的话，那么，即使理查森的作品在许多方面都高人一等，但在这一点上，他的作品便很难与我的作品并驾齐驱了。我这部作品现在已经死亡，这我知道，而且详细知道其中的原因何在，不过，它将来是会复活的。

我唯一担心的是，由于题材的单纯，故事的进展缓慢，因而会

① 理查森(1689—1761)：英国小说家，主要作品有《帕梅拉》和《克拉丽莎·哈尔罗》等。——译者

使人们感到沉闷，加之我又无法给它添加其他有趣的东西，使读者能津津有味地从头读到尾。好在有一件事情比这部作品所获得的其他称赞更使我感到欣喜。

这部作品是狂欢节刚开始的时候出版的。一个挨户兜售货品的商贩把它送到塔尔蒙王妃*手里，那天，歌剧院正要举办舞会。晚饭后，她让仆人们给她上装，准备去跳舞。这时她拿起这本新出版的小说，开始读了起来。夜半时，她一边命人准备马车，一边又继续阅读。仆人来告诉她说马车已经准备好了。她没有答话。仆人们见她读得入神，便提醒她说时间已经深夜两点了，她回答说："别着急。"说完又继续读个不停。过了一会儿，发现她的表停了，她按铃问几点钟了，仆人告诉她说已经4点了。"既然如此，"她说道："去参加舞会的时间已经太晚了，把马卸下吧。"说完，她便让仆人给她卸装，一直读到天亮。

自从人家把这件事情告诉我之后，我就想见一见塔尔蒙夫人，不仅是为了想从她本人那里知道人家告诉我的事情是否属实，同时也因为我始终认为一个人如果没有第六感觉，是不可能对《新爱洛伊丝》有如此浓厚的兴趣的。这第六感觉，就是道德的感觉。具有这种感觉的人不多；没有这个第六感觉，就不可能了解我的心灵。

妇女们之所以对我如此青睐，是因为她们认为我这本书写的就是我本人的故事，我就是这部小说中的主人公。她们的这种看法是如此坚定，以致波里尼雅克夫人写信给韦尔德兰夫人，托她求

---

* 不是她，而是另外一位我不知道其姓名的贵妇人。

我让她看一看朱莉的肖像。所有的人都认为如果我没有亲身经历过那些感情，就不可能把那些感情表述得那么生动，就不可能根据自己的心灵把爱的激情描绘得那么真切。在这一点上，人们的看法是对的，因为这部小说的确是在我心醉神迷的那段热恋期间写的。不过，如果以为必须有真实的对象才能产生这种感情，那就错了。人们永远也想象不到我对我想象中的人物是多么热情奔放地爱恋。如果没有我青年时期的某些往事和乌德托夫人，我所感受到的和我所描写的爱情便只能是以空中飘浮不定的女精灵为对象了。我既不肯定也不否认任何一个曾经给我带来教训的错误。人们从我另外发表的那篇对话体序言[①]就可看出我是怎样让公众自己去猜测这个问题的。那些行事一板一眼的道德学家们认为我应当把真相痛痛快快地和原原本本地说出来，而我却认为没有这个必要。在没有必要的情况下这样做，这与其说是坦率，还不如说是愚蠢。

差不多也就是在这个时候，《永久的和平》[②]出版了。我是去年把稿子交给一个名叫巴士蒂德的先生的。他是《世界报》的主编，他不管我愿不愿意，硬要把我的稿子在他的报纸上发表。他是杜克洛先生的朋友；他以杜克洛的名义来要我给他的《世界报》写文章。他听人谈起我的《朱莉》，便要我把它拿到他的报纸上发表。他还要我的《爱弥儿》，如果他打听到我还有一部稿子叫《社会契约

① 见卢梭：《新爱洛伊丝》，附录一《第二篇序言，或：关于小说的谈话》，李平沤译，译林出版社2002年版，第761—794页。——译者

② 《永久的和平》是简称，全称是：《圣皮埃尔神甫的〈永久的和平计划〉摘要》。——译者

论》的话，他还要我把这部稿子交给他呢。最后，我被他纠缠得实在没有办法，便决定以十二个路易的代价，把《〈永久的和平〉摘要》给了他。我们商定的合同是：这部稿子只能在他的报纸上发表。可是稿子一到了他的手里，他认为，把图书审查官要求删节的段落删节之后出单行本更为有利，所以他就出了单行本。幸亏我没有告诉巴士蒂德先生我对这本书还写了一篇评论，因此我们商谈时没有提到它。如果我把这篇评论也一起给了他，那将产生怎样的后果呢？这篇评论现在还是手稿，与我的其他文稿存放在一起，如果将来有朝一日能发表的话，人们将看到伏尔泰对这个问题发表的那些插科打诨的话和自以为是的见解曾经使我感到多么好笑。[①] 这个可怜的人在政治问题上发表的那些胡说一气的言论，我认为真是不值一驳。

正当我在社会上取得成功，并得到贵妇们的垂青之际，我感到我在卢森堡府中受到的礼遇一天比一天减少了；倒不是卢森堡元帅对我的态度有了变化，因为他对我的盛情与友谊似乎还在日益增加，而是元帅夫人对我不如以前那样热情了。自从我不再有什么作品读给她听以后，她的房间对我就不像从前那样敞开了。她到蒙莫朗西小住期间，虽然我还是常常到她府上去，但除了在吃饭

① 卢梭对圣皮埃尔神甫的《永久的和平计划》是持批评态度的。他在他写的评论中指出这个计划纯粹是神甫一相情愿的空想。伏尔泰只看了《世界报》上刊登的《〈永久的和平〉摘要》，便于1761年5月1日在《〈百科全书〉报》上发表了一篇游戏文章，题为《中国皇帝的诏书》，对卢梭大加嘲讽，说卢梭只知道给欧洲以“永久的和平”而不知道世界上还有东方，还有中国；说卢梭的计划如果让中国的皇帝看了的话，中国的皇帝一定会龙心大悦，将它颁行天下，使各国君王共享太平。伏尔泰的文章通篇都是调侃的词句，没有一句严肃谈论政治问题的话，卢梭看了，只好付之一笑。——译者

的时候与她同桌用餐以外，其他时间便很少和她在一起，而且，我在餐桌上的位置也不再安排在她旁边了。既然她不愿意把这个位置给我，很少同我说话，我也没有什么话可说，我就宁愿坐在另一个位置，这样反倒更舒服一些，尤其是在晚上，久而久之我便不知不觉地养成了坐在元帅身边的习惯。

提到晚上，我记得我曾经说过我是不在他们府上吃晚饭的，这在我同他们相识之初是这样的。由于卢森堡先生向来不吃午饭，甚至不到午餐席上坐一坐，因此，我虽然已经到他府上走动了好几个月，同他们已经相当熟了，我却没有和他一起吃过饭。这一点，他自己也讲过好几次，这就使我决定：当宾客不多的时候，我就偶尔在他府上吃晚饭。我觉得这样很好，因为他们的午饭差不多都是在露天吃，而且是像人们所说的随便吃点东西就完事的，而晚餐吃的时间特别长，因为长时间散步之后要一边吃饭一边休息。卢森堡先生在吃的方面很讲究，而卢森堡夫人又殷勤待客，所以晚饭席上大家都吃得很开心。不先说明这些情况，读者就很难懂得卢森堡先生在一封信的末尾所说的那段话的意思（见卷宗 C，No. 36）。他说他一回想起我们散步时的情景就感到十分高兴，尤其是晚上回到大院时已经看不到车轮的痕迹时，心里更高兴。每天上午仆人们都要用耙把院子里的沙耙平，我根据新的车辙的数目，就可判断当天下午来的客人多不多。

自从我荣幸地认识这位和蔼可亲的高官以来，他就接连遭受丧失亲人的痛苦，而 1761 这一年，他的这一痛苦达到了顶点。好像命运给我安排的种种苦难就是要从这位我最敬爱而且也值得敬爱的人遭受的痛苦开始。第一年，他失去了他的妹妹维尔赫瓦公爵夫人,第二年失去了他的女儿罗伯克王妃,第三年失去了他的独生子蒙莫朗西公爵和孙子卢森堡伯爵。从此,他这个家族就断了后嗣。他表面上是十分平静地忍受着亲人的离去,但他晚年心里却一直不断地在流血。他的身体一天不如一天,十分明显地衰弱了。他的儿子的突然去世之所以那么使他感到悲伤,是因为那时国王刚刚告诉他要继续委派他的儿子去担当重任,任近卫军司令,并许诺这个职位将来可以由他的孙子继承。看见他这个最有前途的孙子身子一天天衰弱,最后瘦弱得终于病死,他真是痛心之极。这要怪孩子的母亲盲目信任医生的主意,把药当饭吃,以致营养不良,使这个可怜的孩子身体虚弱而夭亡。唉!如果他们当初听我的话,这祖孙二人也许至今还依然健在。医生主张忌口,这也不让他的孙子吃,那也不让他的孙子吃,我认为这是不妥当的。关于这一点,我不知道对元帅先生谈过多少次,也写过多少信啊。我舌敝唇焦地对蒙莫朗西夫人也讲解过这种饮食禁忌太多的危害,可是她依然盲目听从医生的话。卢森堡夫人的看法同我是一致的,但她不愿意滥用她当婆婆的权威,不愿意强要儿媳不听从医生的话,而卢森堡先生又为人软弱,不愿意强要人家改变主意。蒙莫朗西夫人对波尔斗的话深信不疑,结果使她的儿子断送在他的手里。有时候这个可怜的孩子获得允许跟布弗勒夫人到蒙路易来,并得到允许吃黛莱丝给他的食品,他狼吞虎咽一下子就把东西咽进了他饥饿的肚子。你看他吃得多么高兴啊。我看到一个偌大家业、偌大门第和许多头衔与地位的唯一继承人竟饿得像乞丐那样不加咀嚼就把一小块面包吞进了肚子,我对人世浮华的虚幻真是感慨万千啊!最后的结局是:我的忠言他们不听,我的努力白费了,医生胜利了,孩子饿死了。

对江湖医生盲信的结果,先是葬送了孙子,接着又为祖父挖掘了坟墓。这一次,除了对医生的盲目信任以外,还有讳言年老体衰的羞怯心理在作祟。卢森堡先生每隔一段时间就感到大脚趾有点疼。他在蒙莫朗西犯过一次,疼得他彻夜难眠,而且还发烧。我大着胆子说这是痛风病。卢林堡夫人不以为然,还把我狠狠地批评了一通。元帅先生的侍从外科大夫硬说这不是痛风病,仅仅敷了点止痛膏,把大脚趾包扎起来。不幸的是,痛是暂时止住了,而在再痛的时候,又照老办法治,体质亏损了,疼痛增加了,药量也随之愈来愈加大。最后,卢森堡夫人终于认识到元帅得的是痛风病,便开始反对医生的错误的治疗方法。可是大家瞒着她,依然用那个外科大夫的处方。结果,元帅先生由于自己盲信医生头痛医头、脚痛医脚的老办法,没过几年便去世了。现在,让我们把这方面的许多不幸的事情按下不表,转而叙述其他不幸的事情。

说来也很奇怪,凡是我认为该说的和该做的事情,似乎都使卢森堡夫人感到不快,尽管我是衷心想博得她的欢心。由于卢森堡先生接二连三地遭受到那么多痛苦,因而使我更加爱戴他,也更加爱戴卢森堡夫人:我始终认为他们两人是那么真诚地结合在一起的,我对这个人的感情必然要扩延到另一个人。元帅先生年事已高,经常在宫中忙于公务,事情很多,还要常常陪国王行猎,尤其是每年有三个月在军中工作的劳累,这一切,都需要有一个青年人的精力才行。从他的精力看,他已经不适合于再担任这个职务了。他那几个显要的官职终归是要由别人接替的。他辛勤工作的主要目的,是想得到国王的恩宠,荫及子孙,可是他的儿子和孙子已相继故去，因此已经没有必要再继续那么劳累从公了。有一天只有我们三个人在一起，他诉说他在宫中是多么辛苦，脸上流露出失去亲人的悲伤，我便大胆劝他退休，向他讲述西内阿斯对皮鲁士[①]进献的忠言。他叹了一口气，未置可否。后来，当卢森堡夫人单独和我在一起的时候，她就把我责备了一通，说我提出的建议不合时宜。看来，我对元帅先生提出的忠告曾使她感到不安。她举出的理由，我认为是很正确的，使我决定从此不再提让元帅退休的事。她说：宫中生活的长期习惯已经变成了一种真正的需要，甚至在目前对卢森堡先生来说还是一种排忧解闷的办法。我劝他退休，这对他不是休息，而是放逐，使他远离宫廷，终日闲散无聊，忧忧郁郁，很快就会使他闷得要死的。虽然她已经看出她说服了我，而且相信我向她许下的诺言，不再提退休之事，但她还是不大放心。我记得，就是从那个时候起，我单独同元帅先生在一起的时候便愈来愈少了，而且差不多总是有人来打断我们的谈话。

我处事的笨拙和命运的不济，使我在元帅夫人面前愈来愈失去她的垂青，而她经常见面和最喜欢的人又不给我以援手。尤其是布弗勒神甫，这个锋芒毕露的年轻人从来没有对我抱过好感，不但在元帅夫人的社交圈子里是唯一不怎么答理我的人，而且我发现，他每到蒙莫朗西来一次，我在元帅夫人那里就要倒一次霉。是的，即使他不故意损害我，但只要他在场，他那风度翩翩、能说会道的样子，就会把我这笨嘴笨舌的傻相比下去。头两年，他很少到蒙

① 皮鲁士（公元前318—前272）是古埃皮鲁斯国国王。他野心很大，想征服全世界；他不听他的谋臣西内阿斯的劝告早日罢兵息战，结果在公元前272年攻占希腊阿尔果城时，被一个老妇从屋顶上向他扔下的瓦片击中头部而死。——译者

莫朗西来，因此，承元帅夫人对我的厚爱，我在蒙莫朗西过的日子还算可以；然而，自从他经常到蒙莫朗西来以后，我的好日子就一去不复返了。我本想依靠他，求他助我一臂之力，并待我以友谊，但用我这副呆头呆脑的样子去博取他的欢心，反而使我更加不能成功。最后，既彻底失去了元帅夫人的宠爱，又无助于我在他心目中的地位。他那么聪明，本来是无论做什么都是可以做出一番事业的，但是，由于他事事都不专心，又耽于游乐，因此使他在各方面都只是个半瓶醋。是的，他有了这半瓶醋，到社交界去出风头，已经足够了。他的小诗做得很好，豆腐块似的文章也写得不错，也会拉几下四弦琴，画几笔彩笔画。他给卢森堡夫人画了一幅画像，画得真难看。她认为这幅画一点也不像她。她说得不错，的确是一点也不像她。这个狡猾的神甫来问我，而我装疯卖傻说假话，说这幅画画得很像。我讨了神甫的好，却没有讨元帅夫人的好。她在她的记事本上记了我这一笔。而神甫套出我这句话之后，反而嘲笑我。我吃了这次亏之后才知道：千万别不顾事实而胡乱吹捧，这种犯傻的事儿干不得。

我的才能是：以相当辛辣的文笔和相当勇敢的精神向人们阐述颠扑不破的和有益世人的真理。我必须坚定不移地这样做下去。我生来就不会吹牛拍马，也不会歌功颂德。当我想说几句歌功颂德的话的时候，我这笨嘴笨舌的样儿给我带来的麻烦比我因批评人家而给我招来的灾祸还多。我在这里仅举一例为证。这个例子是如此之可怕，以致它的后果不仅影响了我的后半生，而且说不定还会影响我身后的名声。

在卢森堡先生夫妇来蒙莫朗西期间，舒瓦瑟尔先生有时候也到元帅府来吃晚饭。有一天，他到元帅府来，正碰上我从府中出去。他们谈起了我，卢森堡先生把我在威尼斯跟蒙台居先生相处的经过告诉了他。舒瓦瑟尔先生认为我丢了这份工作，实在太可惜。他说，如果我愿意再从事这种工作的话，他愿意帮我的忙。卢森堡先生把舒瓦瑟尔先生的话转告了我。我非常感动，因为我迄今还从来没有受到过任何一个大臣的关照。不过，我是早已下了决心的，即使我的健康状况能允许我考虑这件事件，我也是不会傻到接受舒瓦瑟尔先生的好意的。我这个人，即使没有别的向往占据我的心，追求功名利禄的念头在我心中也是会转瞬即逝的；当然，就是这短短的一瞬间也是有可能促使我走进名利场的。舒瓦瑟尔先生的这番好意使我对他产生了感激之情，从而加深了我对他的敬意。自从他当大臣以来，他有好几个措施都令我十分钦佩，尤其是那个《家族协定》[①]表明他的确是一个第一流的政治家。他在我的心目中之所以那么崇高，还有一个原因是：我一直看不起他的几位前任，就连蓬巴杜夫人也不例外（我总是把她当作首相看待的）。当谣传他们两人互相排挤、总有一个要倒台的时候，我便认为：预祝舒瓦瑟尔先生的胜利，就是预祝法国的光荣。我对蓬巴杜夫人历来没有好感：在她风光耀眼，不可一世之前，我在拉·波普里尼埃尔夫人家见到她时（那时她还名叫德蒂奥尔夫人），就不喜欢她。后来，她对狄德罗的问题保持沉默，这就使我对她更加不满了，再加上几件与我有关的事情，例如她对《拉米尔的庆祝会》、《风

① 法国、西班牙和那不勒斯三个由波旁家族统治的国家为了对抗英国的海上实力而于1761年签订的军事协定。这个协定是由时任法国海军大臣的舒瓦瑟尔提出并一手推动而签订的，故卢梭在这里十分赞赏他。——译者

流的缪斯》和《乡村巫师》的做法，就使我对她更有意见了。无论从哪一方面说，《乡村巫师》都没有给我带来与它的成功相称的收益。我还发现，无论在什么事情上，她都不愿意帮我的忙。可是罗朗齐骑士还一个劲儿地建议我写点文章颂扬这个女人，说这样做对我有好处。这个建议，使我愤慨极了，因为我看得很清楚，这不是他自己提出的。他这个人，没有别人的授意，是想不到这一点的，更不会主动向我提出这个建议的。我太不控制自己的感情了，以致让他看出我的脸上露出了对他的建议不屑一顾的神情。我对那个受国王宠幸的女人缺乏好感，没有瞒过任何一个人；我敢肯定，她自己也知道。这几件关于我切身利益的事情凑合起来，再加上我天生的个性，当然就使我巴不得舒瓦瑟尔成功。我对他的才能（我对他的了解也只是限于他的才能）早有敬佩之心，对他对我的好意十分感谢，再加上我在隐居之地对他的爱好和生活方式一点也不了解，因此便有了先入之见，认为他在公众面前替我报了仇，出了气。那时我正在对《社会契约论》进行最后的修改，就顺笔在书中写了一段话来表达我对前几任大臣和这位超过前几任大臣的现任大臣的评论[①]。写这段评论的时候，我没有按我一贯的原则行事，尤其是，我没有考虑到在同一段文字里强烈地称颂或谴责某些人而又不指出他们的姓名时，就必须使称颂之词明确表明它称颂的是谁，以免那些多疑多惑的人张冠李戴，弄错了对象。在这一点

① 这段评论是这样说的："如果由于某种幸运的机缘，一个天生治国的人物居然在一个几乎被一群矫揉造作的执政者们弄得举国陆沉的国君制里执掌了国政的话，他所发挥的才能一定会使人们大为惊讶；这就会给那个国家开辟一个新时代。"（卢梭：《社会契约论》，何兆武译，商务印书馆 2003 年版，第 93 页）——译者

上，我当时太大意了，以为不会有问题，压根儿没有想到有人会误解。大家不久就可看出我说得对还是不对。

我还遇到了另外一个麻烦，这个麻烦是：我总是和女作家打交道。我以为至少在大人物当中可以避免的这个麻烦，却总跟着我。就我所知，卢森堡夫人是没有这个坏毛病的，而布弗勒伯爵夫人却有。她用散文写了一出悲剧，开头是在孔迪亲王的社交圈子里朗读和传阅，并得到了人们的赞赏。得到了那么多人的称赞，她还不满足，还要来问一问我的意见，指望我也称赞她几句。她得到了我的赞词。但我的赞词平平，因为她这个作品只能得到这样的评语。此外，我认为还应当向她指出，她这个标题为《忠厚的奴隶》的悲剧，跟一个英国剧本很相似。这个剧本不太出名，但已经有人将它译成了法文，题名叫作《奥努洛科》。[①] 布弗勒夫人感谢我提的意见，并保证说她的剧本和那个剧本毫无相似之处。这一模仿别人的做法，除了对她一个人讲过以外，我没有向任何其他人谈过。而我之所以告诉她，也只是为了做她要求我做的事罢了。这件事情从此以后就在我的头脑里回荡，使我回想起吉尔·布拉斯向大主教说了他该说的话而得到的不幸结果。[②]

不只是布弗勒神甫（他根本就不喜欢我）和布弗勒夫人（我在她面前犯了许多不论是女人还是作家都不能原谅的错误），我觉得

① 指根据英国小说家阿芙娜·布恩的《奥努洛科的故事》改编的剧本。这个剧本于1751年由杜·博嘉日译成法文，在巴黎出版。——译者

② 吉尔·布拉斯是法国小说家勒萨日的《吉尔·布拉斯》中的主人公。大主教格内拉德问吉尔·布拉斯听了他的讲道词以后有何感想，吉尔·布拉斯说了实话，说主教的讲道词并不怎么好，结果被主教训斥一通，赶出了教堂。——译者

元帅夫人的其他朋友都不愿意和我交朋友,如埃诺议长,自从他加入了作家的行列之后,便染上了作家的那种通病;还有杜德芳夫人和勒庇纳丝小姐。这两个女人和伏尔泰的关系很密切,又是达朗贝尔的密友,后者甚至还同达朗贝尔同居了,而且相处得很好,很体面。对于他们之间的关系,我只能这么说,而不能说别的。开头,我曾经非常关心杜德芳夫人,因为她双目失明,因而在我的心目中是一个值得同情的人。但她的生活习惯与我的生活习惯恰恰相反,我起床的时间差不多就是她刚就寝的时间。她非常喜欢那些小机灵鬼,简直喜欢得了不得,他们随便发表一篇胡诌的文章,她就认为了不起,是好是坏全由她说了算。她说话非常武断和专横,无论什么事情,无论是赞成或是反对,她都爱走极端,一说起话来便全身抽搐。她的偏见甚深,又十分固执;明明无理她也硬说她有理。所有这一切,我都很讨厌,不久以后,我就不再关心她了。我疏远她,她也觉察到了,于是大生我的气。尽管我知道这样一种性格的女人是非常可怕的,但我还是宁肯忍受她的忌恨给我带来的害处,也不愿意接受她的友谊给我带来的麻烦。

说我在卢森堡夫人的社交圈子里没有交到什么朋友,这个话还不够全面,因为我在她的家里还有敌人。我只有一个敌人。不过,就我今天所处的境况而言,这一个敌人就可以当一百个。这个敌人当然不是她的兄弟维尔赫瓦公爵先生,因为他不仅曾来看望过我,而且还几次邀请我到维尔赫瓦去。由于我回答他的邀请的复信措辞十分婉转和客气,他便根据这种含糊的措辞认为我是同意了,于是便安排卢森堡先生和夫人到他府上去住半个月,并要我同行,也在他府上住半个月。从我当时的健康状况看,出门远行很可能发生危险。于是，我请卢森堡先生代我婉言谢绝。人们从他的回信（卷宗 D，No. 3）就可看出他对我是非常体谅的。维尔赫瓦公爵也不因此就不像从前那样友好对我，而他的侄子兼继承人维尔赫瓦侯爵，这个年轻人就不像他的叔叔那样殷勤对我了。而我，我承认，我也不像对他叔叔那样敬重他。他轻浮的样子，我看不惯，而我冷淡的态度也招得他讨厌我。有一天晚上在吃晚饭的时候我还被他捉弄了一番，由于我应付得不好，结果弄得我很狼狈。因为我的头脑很笨，缺乏机智，一生气，不但语言不犀利，而且脑袋瓜也不听使唤，连一个恰当的应对方法也想不出来。我有一条狗，是别人在它很小的时候，也就是我刚住进退隐庐的时候送我的。我给它取名叫"公爵"。这条狗虽不漂亮，但却是不多见的稀有品种。我把它当作我的伙伴和朋友，而它也的确比大多数自称为我的朋友的人配称为"朋友"。它在蒙莫朗西很出名，因为它的脾气好，对人很亲热，我和它都互相喜爱。后来，由于我的胆子小，怕得罪人，便把它的名字改为"杜尔克"。其实，有很多狗的名字都叫"侯爵"，没见哪一个侯爵为此而生气的。维尔赫瓦侯爵知道我给狗改名字的事情以后，便硬要我讲一下其中的原因，于是我只好当着满桌的人把前后的经过讲了一遍。在这件事情上，"公爵"这个词儿在这里之所以有侮辱的意味，不在于给狗取这个名字，而在于给它取消这个名字。最糟糕不过的是，在同桌用餐的人当中有好几位都是公爵，卢森堡先生是公爵，他的儿子也是公爵，维尔赫瓦侯爵即将成为公爵（他今天已经是公爵了）。他看见把我搞得如此尴尬，简直高兴得乐不可支。第二天，有人告诉我说，他的姨妈为此事狠狠地把他批评了一通。大家可以想象一下，如果他真的挨了一顿批评的话，这顿批评是否有助于改善我同他的关系。

面对这一切，无论是在卢森堡先生府上还是在圣殿[①]，我都只有一个人支持我；这个人就是罗朗齐骑士。他说他是我的朋友，但他与达朗贝尔的关系更为密切，靠达朗贝尔替他宣传，他才在女人的圈子里被视为大几何学家。此外，他还是一个女人的跟屁虫，说得更确切一点，他乃是布弗勒伯爵夫人的应声虫，而布弗勒夫人与达朗贝尔过从甚密，因此，罗朗齐骑士的一言一行都完全听她的。这样一来，我不但在外界没有谁来给我的笨拙的表现打圆场和说好话，帮我维持我在卢森堡夫人心目中的地位，而且，她身边所有的人似乎全都联合起来损害我。不过，她在这个时期除了自愿帮我出版《爱弥儿》以外，还给了我另外一个关怀，从而使我深信，虽然她对我已经感到厌倦，但她依然保持而且将永远保持她对我多次许诺的终生不渝的友谊。

我一看出并坚信她对我的友谊的确是坚定不移以后，便决定把我从前的一切过错全都向她坦白说出来，以减轻我心中的愧疚。我有一个永不违背的原则，那就是：在朋友面前，我是怎样一个人，就如实地表现我是怎样一个人，既不表现得比真实的我更好，也不比真实的我更坏。我向她坦白叙述了我和黛莱丝的关系与由此产生的后果，连我处置我那几个孩子的办法，也一点不漏地全都说了。她非常耐心地听我的忏悔，耐心极了，对我该受谴责的过错，一句责备的话也没有说。尤其使我感动的是，她对黛莱丝的那种

① 指孔迪亲王的府第。圣殿原为古时圣殿骑士团驻扎的一个城堡式建筑，后来成为孔迪亲王的府第。——译者

无微不至的关怀，经常给她送些小礼物，派人来看望她，还邀请黛莱丝到她那里去，亲切地接待黛莱丝，并当着众人的面一再拥抱她。可怜的黛莱丝真是高兴极了；她衷心感谢夫人的盛情，我也感谢夫人对她的厚爱。卢森堡先生和夫人因爱我而爱及黛莱丝，这种爱屋及乌的友情，比他们直接爱我，更使我感激万分。

这件事情对他们谈过之后，有很长一段时间没有再提。后来，元帅夫人提出想帮我找回一个孩子。她知道我在大孩子的襁褓里塞了一张写有孩子生辰年月日的纸片，她要我把这个纸片的底本交给她；我给她了。她派她的随身仆人和亲信拉罗什去寻找，但拉罗什找了好几个地方都没有找到。不过，事情到现在也只不过相隔十二三年，如果育婴堂的记录保存完好，或者寻找得仔细一些，是不会找不到的。不管怎样，我对这次没有找到孩子一事，并不感到多么不快，因为，如果我从这个孩子出生之后就一直关心他的命运，那才令我不快，麻烦多多哩。再说了，如果根据某个线索，人家随便领一个孩子来说是我的，我一定会怀疑他真的是我的孩子，还是别人拿另一个孩子来掉了包；如果出现这种情形，那才令我心里疑神疑鬼，难受得很，根本就领略不到天然的亲情的甜蜜，要想领略这种甜蜜，就必须从孩子童年时候起就与他朝夕相处在一起。你不认识的孩子，与你是那么陌生，这就会削弱并最终导致当父亲和当母亲的人完全失去对孩子的感情。对于一个由别人养大的孩子，总是不如由自己养大的孩子那么疼爱的。我在这里说的这些话，虽可以开脱我对我的过错造成的后果应负的罪责，但却加深了我对我所做的事情的动机的自责心。

有一件事情在这里提一下，也许是有用的。由于黛莱丝的介绍，这个拉罗什认识了勒瓦赛尔太太。这时，她仍由格里姆供养，住在德耶，离舍夫雷特很近，离蒙莫朗西也不远。我离开蒙莫朗西之后，便托拉罗什转交我给这位老太太的钱，一直没有断过。我知道他也不时替元帅夫人捎一些礼物给老太太。可是这个老太太还是经常诉苦，尽管她没有诉苦的理由。至于格里姆，由于我不愿意谈起我所憎恨的人，所以只是在不得已时才向卢森堡夫人谈起他。但是，她曾经好几次故意在我面前把话题转到格里姆身上，而又不讲一讲她对这个人的看法，不告诉我她和这个人是否相识。我的性格不允许我对我所喜欢的人吞吞吐吐不实话实说，特别是在他们对我们无话不谈的时候，我们就更不能在与他们有关的事情上不坦述实情。因此，从那个时候起，我有时候就想起了她当时并未对我畅所欲言。当然，这也只是因为有其他一些事情才使我自然而然地联想到这一点。

自从我把《爱弥儿》的稿子交给卢森堡夫人以后，已经有好长时间没有得到有关这部稿子的消息了。后来我获悉：事情已经在巴黎与书商杜什纳谈妥，并通过杜什纳与阿姆斯特丹的书商勒奥姆也谈妥了。卢森堡夫人把我和杜什纳待签的合同一式两份寄给我，要我签字。我一看笔迹就知道是那个在马尔泽尔布先生不亲笔写信时替他代笔的人草拟的，因此深信这份合同是经过这位官员过目和同意的，于是便马上签了字。对于这部稿子，杜什纳付给我六千法郎，先付一半，另外还给我一百或两百本书。我把这一式两份的合同签字之后，便按照卢森堡夫人的意思寄给了她；她给杜什纳一份，她自己留下一份，没有寄给我，而我以后也一直没有见过。

自从我同卢森堡先生和夫人相识以后，我离群索居的计划虽多多少少受了一些影响,但我并未因此就放弃这个计划。即使在我最受元帅夫人宠爱的时候,我始终认为:只是由于我对元帅先生和夫人真诚的敬重,我才忍受了他们周围的人对我的态度。我感到困难的是:要如何才能把我对他们的敬爱与符合我的口味而又不损害我的健康的生活方式协调起来。虽然他们无微不至地关心我的身体,但他们府中的拘束之多和晚宴的时间之长,仍然使我的健康状况不断往坏的方面发展。在这方面,如同在其他方面一样,他们对我的关怀简直到了无以复加的程度。举例来说:每天晚饭后,元帅先生要早睡,他不管我同意或不同意,总是要我也早早就寝。他对我的这种关心,直到我的灾祸临头之前不久才停止,至于停止的原因,我始终不清楚。

甚至在发觉元帅夫人对我的态度开始冷淡之前,我就认为:要不看她的冷面孔,我就只有继续执行我原先的计划。但是,我没有办法这样做,我不能不等《爱弥儿》的合同的签订。在等待期间,我对《社会契约论》进行了最后的修改,改完之后,就把稿子交给了雷伊,商定的稿酬是一千法郎,他也照付了。有一件与这部稿子有关的小事,我认为是不能不在这里说一下的。我是把这部稿子包封得严严实实,并在封皮上盖了图章之后交给杜武瓦赞的。此人原先在沃州当牧师,后来在荷兰驻法大使馆当经师。他有时候来看我。他同雷伊有联系,所以答应代我把稿子交给雷伊。这部稿子是用小字写的,所以整个稿子的体积不大,还装不满他的口袋。但是,在过关卡的时候,我不知道他的包裹怎么就落到了关卡官员的手里。官员把包裹打开进行检查。当他以荷兰大使的名义索要包裹的时候,那位官员便把包裹还给了他,这就使他有机会看这部稿子。后来，他坦率告诉我，他的确看过我的稿子，并满口称赞，没有说任何一句批评或指摘的话。其实，他当时就已经心怀鬼胎了：等这部书一出版，他便撰文批驳，替基督教报仇。他把稿子照原样封好之后，交给了雷伊。他在给我讲述这件事情的信中所说的情况，大致就是这些，而我知道的情况也只有这些。

除了这两部书和我的《音乐词典》（这本词典，我一直是时辍时作的），我还有几个次要的作品都已撰写完毕，随时可以出版，或者出单行本，或者，如果我出我的全集的话，就收入我的全集。这些已经定稿的作品，大部分都存放在迪佩鲁手里。其中最主要的是我的《论语言的起源》。这部稿子，我给马尔泽尔布先生看过，也给罗朗齐骑士看过，他说写得很好。我估计，这些作品的收益加起来，除了必要的开支以外，至少有八千到一万法郎。我要以我和黛莱丝两人的名义存起来，作为终身年金。此后，我将像我以前说过的，我们两人一起到外省的一个偏僻地方生活，不再让大家为我操心，而我本人也不操心任何事情，只求平平静静地度过我这一生，就我的力之所能，在我的周围做一些好事，悠悠闲闲地写我思考已久的回忆录。

我的计划就是如此。这个计划之能顺利进行，多亏了雷伊的慷慨帮助，这一点，我是绝对不能略而不提的。这个书商，我在巴黎的时候曾听到许多人说他的坏话。其实，在所有我曾打过交道的书商中，他是唯一值得我称道的好人。* 是的，我们经常在有关

* 在我写这段话的时候，我万万没有想到，万万没有料到，而且也很难令人相信，他在出版我的作品方面也玩弄过花招；这一点，他也被迫承认了。

我的作品的出版方面发生争执。他做事不细心，而我的脾气很暴躁，但在钱财以及与钱财有关的事情方面，尽管我从来没有与他订过正式合同，但我认为，他的确是一丝不苟，十分诚实的。在那么多与我打交道的书商中，只有他曾坦然承认与我打交道最顺利，而且经常对我说，他之所以能发财，要归功于我，愿意把他赚的钱分一部分给我。他不直接向我表示感激之情，而是在黛莱丝身上表达他对我的情意。他赠给她每年三百法郎的终身年金，在契约上订明是为了感谢我给他带来的好处。这件事情，是他主动向我提出的，既没有对他人炫耀，也没有大事声张，要不是我先逢人便说这件事，谁也不会知道。我太受感动了，所以从那时起，我与雷伊便结下了真正的友谊。不久以后，他请我做他的一个孩子的教父，我同意了。在有些人迫使我所处的境遇里，我感到遗憾的是，我没有办法在今后使我的情谊有益于我的教女和她的双亲。我为什么对这个书商的小小的慷慨帮助是如此的感激，而对那么多有钱有势的人大肆宣扬的浓情厚谊却无动于衷呢？他们喋喋不休地向全世界的人说他们对我如何如何好，而我心里为什么对他们吹嘘的那一套一点也不受感动呢？是他们的过错，还是我的过错？是他们虚情假意，还是我忘恩负义？各位贤明的读者，请你们自己分析和判断，而我，我什么话都不说。

这笔年金，对维持黛莱丝的生活是大有帮助的，也大大减轻了我的负担。但是，我从来没有从她的这笔年金中抽取过一分钱花在我身上。凡是人家送她的礼物，我一件也不动用，一切由她自己支配。当我替她保管她的钱的时候，我一定要向她详详细细地把每笔账目说清楚。即使在她比我富有的时候，我也从来不用她一分钱作我们共同的开支。我对她说:“我的钱是属于我们两个人的,而你的钱则是属于你一个人的。”这句话,我经常对她说,而且一直就按这个原则行事。有些人很卑鄙,说我利用她的手接受我表面上拒绝接受的钱财。他们简直是以小人之腹度君子之心,太不了解我了。我可以高高兴兴地同她一起吃她劳动挣来的面包,但我绝不吃人家送给她的面包。这一点,我现在就可以让她来为我作证。如果按照自然的规律我死在她前面,她也是可以为我作证的。不幸的是,她在各方面都不懂得节约,大手大脚乱花钱。这倒不是因为她好虚荣和贪吃,而唯一的原因是她不动脑子。世上从来没有十全十美的完人。既然她的一些绝好的优点必须有所抵消,那我就宁肯让她有这样或那样的缺点,而不愿意她有这样或那样的恶习,尽管这些缺点会给我们两人带来许多害处。就像从前对她妈妈一样,我总想为她积蓄一点,以备她日后之用。我在这方面操的心是难以想象的,但全都白费了。她和她母亲都不会精打细算;尽管我拼命挣钱,但总是我挣多少,她们就花多少。虽然黛莱丝穿得很简朴,但雷伊给她的那笔年金还是不够她买衣服。我每年都要用我的钱贴补她。无论是她还是我,我们两人生来都没有发财的命。不过,我并不把这一点看做是我的许许多多不幸的事情之一。

《社会契约论》的印刷工作进行得相当快,而《爱弥儿》的印刷工作进行得就不快了;而我是要等到这本书出版之后才执行我的退隐计划的。杜什纳时不时地给我寄来一些样张,让我选择。我选好之后,他还是不开机印刷,又给我寄来一些别的样张。当我们对版本的大小和采用的字体都最后商定并已经印出几页之后,我只是在校样上稍稍做了一点改动，他就要我全都重新校订，以致费时半年之后，印刷工作的进展还不如开头一天。我从历次试印的过程中发现，这本书既在法国印，也在荷兰印，同时出两个版本，我有什么办法呢？我已经不是这部书稿的主人了，我不仅无法插手法国版的印刷工作，甚至还反对在法国出版。既然这本书不管我愿意或不愿意，都要在法国出，而且还要用它作荷兰版的样本，那么，我就不能不亲自看一下样张，以免这本书被搞得乱七八糟，不成样子。我要特别指出的是，这本书是经过主管官员批准才印刷的，甚至可以说整个工作都是由他主持，他还经常给我写信，并曾亲自来与我商谈此事。至于在什么情况下来找我商谈，我过一会儿再叙述。

杜什纳像乌龟那样爬行，勒奥姆受到他的牵制，进度就更慢了。杜什纳并不是样张一出来就寄给他的；他看出杜什纳在捣鬼（也就是说居伊在捣鬼，因为印刷工作是由他承担的），不履行合同，于是便一封又一封地给我写信诉苦，而我也有一肚子苦没地方诉，对他真是爱莫能助。他的朋友格兰常来看我，并一再对我谈起这本书，但他的话总是吞吞吐吐，欲言又止。他好像知道又好像不知道这本书在法国印刷；他好像知道又好像不知道是主管的官员在主持此事。他对这本书将给我带来的麻烦感到担忧；他似乎在责备我行事太欠考虑，而又不说明我欠考虑的是什么问题。他拐弯抹角好像是在套我说出点什么。我那时觉得我的靠山挺硬，一切没有问题，觉得他在这件事情上说的那些阴阳怪气的话实在好笑，认为他经常和大臣与官员们来往，沾染了他们说话打官腔的怪毛病，所以才对我这样东一句西一句地乱说一气。我很放心地认为这部作品在各方面都符合出版的规定，不仅得到了主管官员的同意与保护，而且值得而实际上也的确受到了主管部门的支持，所以我深深相信我有把握把这件事情办好。我笑那些为我担心的朋友。杜克洛就是其中之一。我承认：如果我不深信这部作品对世人有益和它的保护人都是办事认真的人，我见杜克洛那样严肃和聪明的人都感到惊惶不安，我也会跟着像他那样惊惶不安的。当《爱弥儿》正在印刷的时候，他从巴耶先生家里来看我，对我谈起这本书，我就把《一个萨瓦省的牧师的信仰自白》读给他听。他听得很仔细，似乎很欣赏。可是我一读完，他就对我说道："好家伙，公民，在巴黎印的一本书中竟有这么一段文字？""是的，"我对他说道，"这本书，值得国王下令拿到卢浮宫去印呢。"[①]"你说得对，"他对我说道，"可是，请你千万别告诉别人说你读给我听过。"他这个话说得如此的郑重其事，虽使我吃了一惊，但并没有使我感到害怕。我知道杜克洛经常同马尔泽尔布先生见面，我真想象不出在这同一件事情上，他的看法为什么竟同马尔泽尔布先生的看法迥然不同。

我在蒙莫朗西已经居住四年多了。在这四年多的时间里，我的身体没有一天不是病病歪歪的。虽然这里的空气很好，但水不好，也许这就是使我的老毛病一天天加重的原因之一。到 1761 年秋末时，我彻底病倒了，整个冬天几乎都是在病痛中度过的。不仅我的身体不好，而且还有许许多多烦心事来加重我的病情。有一些不祥的预感已经隐隐困扰我一些时候了，但又不知道这究竟是

① 指拿到王家印刷局去印(当时的王家印刷局设在卢浮宫)。——译者

为什么。我收到许多相当奇怪的匿名信，而有些署名信也很奇怪。我收到巴黎议会一位参议员的信，他说他对当前的社会状况不满，他预料长此下去，后果将很糟糕。他问我到哪里去找一个安全之地，是举家迁到日内瓦还是迁到瑞士，问我哪一处更适宜。我还收到某法院的首席法官某某先生的来信，他请我为该法院（它当时正与宫中闹矛盾）草拟一份呈送国王的陈情表和谏书，并愿向我提供一切必要的文件和资料。当我卧床不起的时候，我容易发脾气，因此，我看到这封信的时候，一下子火气就上来了，给他的回信语气就很不客气，断然拒绝他请求我做的事。在这件事情上，我至今感到歉然的，不是我拒绝了他的要求，因为这些信也许说不定是我的敌人为我布置的陷阱*，而且他们要求我做的事也与我坚定不移地奉行的原则相违背；我感到歉然的是，本可婉言谢绝的事，我却以粗暴的态度来处理。我错就错在这里。

人们在我的文稿箱中还可以找到我在上面提到的那两封信。其实，那位参议员给我的信，我一点也不感到惊奇，因为我的看法和他的看法与其他许多人的看法都是相同的：腐朽的制度正威胁着法兰西，使它不久就将崩溃。由于政府的决策错误，一场不幸的战争，给法国带来了种种灾难。① 国家的财政状况简直混乱到了令人难以置信的程度。政府至今依然由两三个大臣掌管，他们分庭抗礼，你争我斗，彼此攻讦，互相拆台，使王国陷入了无底的深

---

* 例如，就我所知，某某议长就同《百科全书》派的那些人及霍尔巴赫一伙关系十分密切。

① 指英法两国 1756—1763 年的“七年战争”的结果，使法国失去了印度和加拿大两个殖民地。——译者

渊。人民大众和全国各阶层人士的不满情绪日益高涨，再加上还有一个脾气执拗的女人，[1]她把她仅有的一点点聪明全都糟踏在追逐享乐上了。她固执己见，硬把所有能干的官员全都一脚踢开，安插上她最宠信的人。所有这一切，都证明了那位参议员以及公众和我本人的担忧不无道理。这一预见，甚至曾多次使我犹豫不决，拿不准是否应当在威胁王国的动乱来临之前就跑到王国之外去寻找一个安全的栖身之处。然而，鉴于我只是一个小人物，又秉性平和，与世无争，因此深信在我自愿生活的这片隐居之地，任何暴风雨都是不会波及到我这里来的。我唯一遗憾的是，在这种形势下，卢森堡先生竟接受了一些对他有害无益的任务。我希望他在那个庞大的机器像人们担忧的那样垮台之前早做抽身之计。即使是现在，我还是觉得，如果政府的一切权力不落在一个人[2]的手里的话，法兰西王国今天早已陷入绝境了。

当我的身体一天天垮下去的时候，《爱弥儿》的印刷工作也一天天慢下来，到最后竟完全停顿了。我打听不到停顿的原因。居伊既不给我写信，也不回我的信。我无法得到任何人的消息，也不知道究竟发生了什么事情，因为那时马尔泽尔布先生正在乡下。其实，我这个人无论什么不幸的事情，只要我知道是怎么一回事，我都沉得住气，不会慌乱的。但是，我天生就怕黑暗，我害怕而且憎恨黑暗阴森可怖的样子；我对神秘莫测的事情总是感到不安的。我生性坦率，甚至坦率到行事往往欠考虑的程度。神秘的气氛和

① 指蓬巴杜夫人，这位夫人，正如卢梭在前面说的，参与朝政，俨如“首相”。——译者

② 指舒瓦瑟尔。——译者

我的天性是永远不相容的。最狰狞的魔鬼我不怕，而在夜里见到一个用白布蒙头的人，我却十分害怕。因此，这么长时间得不到一点消息，这就使我的想象力活跃起来，觉得此事凶多吉少，到处是幽灵的影子。我愈是担心我最后的，也是我最好的这部著作的出版，我便愈是苦苦思索使它的出版工作陷于停顿的原因。我遇事总爱往坏处想。眼见这本书的印刷工作陷于停顿，便以为它一定是被禁止出版了。由于我猜想不出是什么原因被禁止和怎样被禁止，我便一封又一封地给居伊、给马尔泽尔布先生、给卢森堡夫人写信，但始终不见他们回信，或者不按我计算的时间收到回信。我惶惶不安，着急得发疯。更糟糕的是，这时候我获悉耶稣会教士格里费神甫曾和人家谈论过《爱弥儿》，而且还引用了书中的一些话。于是，我的想象力立刻便像闪电似的来回翻腾，满脑子想的都是敌人的秘密勾当：我把他们的行为看得清清楚楚，就好像发生在我眼前一样。我仿佛看见那些耶稣会教士看见我用轻蔑的词句谈论他们的教学方法便大发雷霆，便扣压我的稿子，百般阻挠出版工作的进行。他们从他们的朋友格兰那里得知我当时的病情，以为我即将死去（连我自己也认为我的死期已近），因此打算把出版工作推迟到我死了以后才进行。这样，他们就可以阉割和篡改我的作品，把他们胡乱塞进去的论点说成是我的论点。令人惊奇的是，我一开动脑筋回想，就发现可以用来印证我这种胡思乱想的事实和情节真是多得很；我越想越觉得是真的。岂止是真的，而且是明摆着的，是一目了然的！格兰已经完全倒向耶稣会教士一边，这我知道。我认为，他过去之所以向我做出友好的表示，就是出于耶稣会教士的授意。我深信，正是由于耶稣会教士的推动，他才一再催促我同勒奥姆签订合同。通过这个勒奥姆,他们获得了我这部作品的开头几页。后来,他们又想办法阻止杜什纳的出版工作的进行,说不定还把我的原稿拿了去按照他们的意思篡改,在我死之后,按照他们的方式出版发行。不论贝尔蒂埃怎样花言巧语和虚情假意,我总觉得耶稣会的教士对我是不喜欢的,这不仅是因为我是《百科全书》派的一分子,而且还因为我的观点和他们的教义与信仰是完全相反的,而且相反的程度比我的那些朋友们的不信神的论点还严重。无神论的狂热与信徒们的狂热有一个共同点,那就是:他们都是不宽容的和排斥异己的,因此,他们是互相接近的,甚至是可以联合在一起的,他们过去在中国是这样,他们现在联合起来反对我,也是这样。反之,一切合乎理性和道德原则的宗教是不主张任何人有决定他人信仰的权威的,是不让掌握这种权威的专断者有行使这种权力的可能的。我知道掌玺大臣先生①是耶稣会教士的忠实的朋友,我担心那个当儿子的人②在他的父亲的威吓之下,会被迫把他所保护的这部作品交给耶稣会教士。我从人们对我这部书的头两卷的那些故意找麻烦的做法就可看出他撒手不管的后果。在头两卷里,他们为了一点儿微不足道的问题就要求改版重写,而另外两卷中的犀利的词句和论点更多(这一点他们当然是知道的),如果都像头两卷那样审查的话,那就非全部重新改写不可。此外,我还知道,而且马尔泽尔布先生也曾亲自告诉过我,他是委托格拉夫神甫去监印这部书的,而这位神甫恰恰是耶稣

① 指吉尧姆·拉穆瓦尼翁·马尔泽尔布(1683—1772)。——译者

② 指担任法国图书总监的克雷蒂安·吉·拉穆瓦尼翁·马尔泽尔布(1721—1794)。——译者

会的支持者。我发现到处都有耶稣会的人;真没有想到他们已处于被取缔的前夕,正忙于保护他们自己,竟还有功夫去干预一本与他们无关的书的出版工作。我说"真没有想到",这个话其实说得不对,因为我是早就想到了他们会这么干的。正是在这一点上,马尔泽尔布先生一知道我在胡思乱想,便写信来批评我。当然,一个深居简出的人若想对他一无所知的国家机密大事做出判断,那必然会判断错误的。那时,我根本没有料到耶稣会已处于风雨飘摇、朝不保夕之中。我把社会上的那些传言看作是他们玩弄的诡计,目的在麻痹他们的敌人。他们曾连连得手,节节胜利,从来没有失败过,因此我对他们的势力十分害怕,对议会的必将失败感到叹息。我知道舒瓦瑟尔先生曾经在耶稣会办的学校里读过书,蓬巴杜夫人与他们的关系也不坏。他们与宫中的宠幸和大臣结成同盟,在反对他们的共同敌人方面,对他们是有利的。宫中似乎不愿意插手这些事情,因此我认为,即使将来有一天耶稣会受到沉重的打击,打击他们的,也不是议会,尽管议会相当强大,足以打击他们。我根据宫中袖手旁观的态度,断定耶稣会的教士们是信心十足的,他们的胜利是指日可待的。[①] 然而,我当时虽然看出社会上流传的种种谣言是他们故意散布的,是他们布置的陷阱,但我认为他们一定会平安无事,从容应对,不久就会打垮冉森派,击败议会和《百科全书》派,摧毁一切不愿受他们奴役的人的反抗。最后,即使他们能让我的书出版,那也只是在把它篡改得面目全非,为了把

① 卢梭的这些揣测和估计,是错误的。事实上,法国官方对耶稣会的活动早已不满,认为它的教义是"荒谬的和有害的"。1761年8月6日巴黎高等法院下令解散耶稣会,并关闭该会开办的学校和其他机构。——译者

它作为他们手中使用的武器之后，利用我的名字去欺骗读者。

我觉得我快要死了。我真不明白我的这一连串荒谬的想法怎么没有使我忧愁而死。一想到我写得最好的这部书将使我身后名誉扫地时，我便不寒而栗。我从来不怕死，但是，如果我是在这种情况下死，我是死不瞑目的。虽然今天我发现敌人为败坏我的名声而玩弄的恶毒阴谋依然在毫无阻碍地进行，但我也将死得十分平静，比我那时候死安详得多，因为我知道在我的著作中已经留下了迟早会战胜敌人阴谋的证据。

马尔泽尔布先生获悉我这么不安和焦躁，便想尽一切办法使我安下心来。他在这方面所做的努力，足以证明他的心是多么善良和厚道。卢森堡夫人为这件事情也花了不少力气，她曾多次到杜什纳那里去了解情况。最后，印刷工作终于又开始了，而且进行得相当顺利，而过去为什么停顿下来，我始终没有搞清楚。马尔泽尔布先生曾专程到蒙莫朗西来安慰我，他的力气没有白费，我的心终于安定下来了。我对他为人正直，完全信任，这就克服了我可怜的头脑中的那些胡思乱想。他见我是那样的忧虑和心神不安，自然就觉得我是很可怜的，因此对我十分关切。他又提到了他周围的那一帮哲学家不断在他耳边唠唠叨叨讲的那些话。我已经说过，自从我住进退隐庐以后，那帮哲学家就放出风声，说我在那里住不长久。及至看见我要坚持住下去，他们又说这是由于我生性固执、骄傲，不好意思翻悔，还说我实际上在退隐庐闷得要死，生活得很糟糕。马尔泽尔布先生信了他们的话，并写信把他们的话告诉我。看到我那么尊敬的人也有这种错误的看法，我十分痛心，便接连给他写了四封信，向他阐明我此举的真正动机，并向他如实地讲述了我的爱好、我的习性、我的性格和我心中的一切想法。这四封信没有打草稿，奋笔疾书，想到什么就写什么，写完之后连看都没有再看一遍就发出去了；这也许是我一生中唯一信笔写来、直抒胸怀的作品，尤其令人惊奇的是，它们都是在我疾病缠身，心情十分低沉的时候写的。[①] 我感到我的身体一天不如一天；一想到我在诚实的人们的心中会留下一个对我不正确的看法，我便不寒而栗，因此，我打算用我在这四封信中仓促陈述的梗概来暂时代替我计划中的回忆录。马尔泽尔布先生看了这四封信，很高兴，还在巴黎拿给别人看过。它们可以说是我在这里详细叙述的内容的摘要，是值得保存的。他应我的要求给我抄写了一份，几年后他把抄件寄给我了，现在收存在我的文稿箱中。

在我死期将临之际，唯一使我感到难过的事情是，我找不到一个可以信赖的有文学修养的人替我保存我的文稿，并在我死之后分门别类地加以编订。我上次去日内瓦，同穆尔杜结下了友谊，我对这个青年人很有好感，我希望他能为我送终，我曾把我的这个愿望告诉过他。如果他的事务和他的家人允许的话，我相信他是乐于做这件充满仁爱之心的事情的。由于我目前见不到他的面，因此我决定，在《爱弥儿》出版前，先把《一个萨瓦省的牧师的信仰自白》寄一份给他，以表示我对他的信任。他看了这篇文章虽很满意，但他在回信中似乎不像我这样对文章将产生的效果充满信心。他希望我再给他寄去几篇别人没有看过的文章，我就把《致奥尔良

① 这四封信，见卢梭：《一个孤独的散步者的梦》，李平沤译，商务印书馆 2008 年版，第 185—207 页。——译者

公爵的悼词》寄给了他。这篇悼词是我替帕蒂神甫写的，但他没有拿去宣读，因为出乎他的意外，被派去致悼词的人，不是他。

《爱弥儿》的印刷工作恢复以后，就一直不停地继续下去，而且相当顺利地完成了。不过，我注意到了这样一个奇怪的现象：人们对头两卷的审查极其严格，而对后两卷什么话也没有说就放过去了。它们的内容没有给出版工作造成任何障碍。但是，我还是有点儿担心，应当在这里提一提：我起先是怕耶稣会教士捣鬼，后来又怕冉森派教士和那帮哲学家[①]耍花招。我历来是反对什么帮呀派呀或集团之类的东西的。我从来没有想过要得到这个帮或那个派的人的好感。那两个"管得宽"[②]早已迁离他们原来住的地方，搬到我旁边的一座房子里了。他们住的地方与我住的地方近在咫尺，在他们的房间里就可以听到我房间里和花坛上的说话声；从他们的园子轻易就可翻过那道把他们的园子和我的花坛尽头处的那间小屋隔开的矮墙。我把这间小屋当作我的工作室，在里面放了一张桌子，桌子上堆满了《爱弥儿》和《社会契约论》的校样和样张。人家陆续把样张寄来，我就随收随装订成册，所以在书正式出版以前，我早就有了一本完整的书。由于我的粗心和麻痹大意，再加上我对马塔斯先生的信任（我住的地方是圈在他的花园里的），所以晚上我经常忘记锁上我的工作室的门，第二天去一看，门是敞开着的，如果没有发现有人翻动我的文稿，我倒也不感到不安。自从有好几次发现翻动的痕迹之后，我晚上就把门锁起来。但门上的锁

① 指《百科全书》派的狄德罗和霍尔巴赫等人。——译者

② 指本书第十卷中所说的那两个"爱管闲事"的冉森派教士。——译者

不好，钥匙只能转半圈。后来我比较细心了，发现桌上的东西比让房间门大开着的时候还被翻动得厉害。我装订成册的书，有一册不见了，有一天两夜我都无法知道它到哪里去了，直到第三天早晨才在我的桌上发现。我不怀疑马塔斯先生，也不怀疑他的侄子杜姆兰先生，因为我知道他们两个人都爱我，我完全信任他们。可是我对那两个“管得宽”就不那么信任了，尽管他们是冉森派教士，但我知道他们同达朗贝尔有密切的联系，并曾经住在同一座房子里。

这就使我心里有点不安，使我要更加小心提防。我把我的文稿全都拿回到我的卧室里。我曾经一时不慎，把《爱弥儿》的第一卷借给他们看过。我知道他们曾把这卷书拿到好几个人的家中去显示过。因此，我决定从此不再和他们见面。尽管在我离开蒙莫朗西以前，他们都一直住在我旁边，是我的近邻，但我从那时以后，便同他们无任何往来。

《社会契约论》比《爱弥儿》早一两个月出版。我早就告诫过雷伊，叫他千万别悄悄把这本书运到法国，而他却向主管官员申请，请批准他将书从海路运至卢昂报关进入法国；他没有得到批复。[①]他托运的包裹在卢昂被扣留了好几个月，原是要没收的，只因他大吵大闹，人家才把包裹发还给了他。有几个好奇的人在阿姆斯特丹买了几本，于是就在法国悄悄地流传开了。摩勒翁听说过这本书，而且还看过几页。他见到我，同我谈起这本书时，吞吞吐吐，这

① 详细的情况是：1762 年 4 月 13 日，雷伊从阿姆斯特丹发了两大包《社会契约论》，从海路运至敦刻尔克，然后由敦刻尔克经河道运至卢昂，4 月 30 日雷伊寄了一本《社会契约论》给法国图书总监马尔泽尔布；5 月 7 日马尔泽尔布通过卢梭转告雷伊，不许将此书运到法国销售。——译者

使我吃了一惊。要不是我确信这本书的出版在各方面都符合规定,无可指摘,因而按照我一贯的行事原则放下心来的话,他那种神秘的样子会使我心里大为不安的。好在舒瓦瑟尔先生对我早有好感,对我在书中对他的赞扬一定会十分感激,因此他在这件事情上必然会帮助我对付蓬巴杜夫人使出的坏招。

我在这个时候比在其他任何时候都更加相信卢森堡先生在必要时会帮助我,因为他给予我的友好的表示不但比以往任何时候多,而且更加感人。在复活节他来蒙莫朗西期间,我因身体不好,没有到他府上去拜望他,而他却没有一天不来看我。他见我病痛难忍,便极力劝我请科姆修士来诊治。他派人去请科姆,并亲自把他领到我家里,而且在科姆给我动手术时(那次手术的时间很长),他一直陪着我。像他那样显赫的高官这样做,确实是很少的,令人十分钦佩的。不过,这次手术只不过是用探条探查了一下病因,而我受不了这种手术给我带来的疼痛。过去,莫朗曾试过几次,都没有成功。科姆的手很巧,技术高明,他用一根很细的探条插进尿道。尽管我在这次两个多小时的手术时间里痛得死去活来,但我还是忍着,一声也没有呻吟,以免使心慈的元帅为我焦心。第一次检查,科姆修士告诉我说探查到了一个大结石,而第二次检查,又说没有探查到,于是再做第三次探查。这一次,做得很仔细,花的时间也特别长。手术完毕之后他宣布说没有结石,而是前列腺患硬性肿瘤,肿块特别大。他还说我的膀胱特别大,但情况良好。他最后的结论是:我将来要吃不少苦头,但我的寿命将活得很长。如果他的第二个预言也像第一个预言那样实现的话,我的痛苦很可能这一生都没有完的时候了。

就这样，我一直不断地求医问药，前前后后经过了许多年。医生诊断出来的病，不下二十种之多。其实，我什么病都没有。最后，我总算明白了：我的病虽然是永远也治不好，但不会要我的命。我活多少年，就得痛多少年。我的想象力便停留在这一点上，不再为我将来因结石病而疼死预先担忧。至于很久以前断在我尿道里的那一小截探条是否会成为结石的结核，我也不再害怕了。这些想象的病比真正的病还更令人难受。摆脱了它们，我反而能平平静静地对待真正的病。的确如此。从那时起，我对我的病的痛苦的感觉比以前轻多了。因此，我每一想起卢森堡先生，便不能不心怀感激，因为我的病痛之所以能减轻，都得益于他对我的关怀。

我现在可以说是又恢复了生的乐趣，于是又开始筹划我安度晚年的计划，等到《爱弥儿》一出版，就开始实行。我想搬迁到都兰。我曾经去过那里，很中我的意，不但气候宜人，而且那里的居民也很淳朴：

> 此处的土地肥沃，易耕作，
> 居民与它的风光一样美。[1]

此前，我已经把我的计划向卢森堡先生谈过。他希望我打消这个念头。我对他说，这件事情已经决定，不能更改。于是他建议我到离巴黎十五法里的梅尔鲁庄园，认为那里对我很合适。他们夫妇两人都希望我住在那里。他们的话使我很受感动，我对他们

① 塔索：《被解放的耶路撒冷》，第一章，第六十二节。——译者

向我提出的建议也很满意。现在,要做的事情是,先去看一看那个地方。我们约好了日子,元帅先生派他的亲随驾车领我去。可是到了那天,我的身体很不舒服,不得不把此事往后推迟;接着又接二连三地遇到好些不巧的事,以致最终没有去成。后来我打听到梅尔鲁那片产业不是元帅先生的,而是元帅夫人的,因此,我对于我没有去成,就不怎么感到歉然于心了。

最后,《爱弥儿》终于出版了,我没有听说它遇到什么改版和其他方面的困难。在出版前,元帅先生要我把马尔泽尔布先生关于这部著作的信全都交还给他。由于我对他们两人都非常信任,再加上我感到我自己一切顺利,什么事儿都没有,因此一点也不觉得他们问我要那些信有什么特殊的地方,更没有想到其中必有令人不安的原因。我把全部信件都交还给了他们,只有一两封信因疏忽而压在我的书堆里没有交还。此前不久,马尔泽尔布先生来信告诉我说,他将把我在为耶稣会教士的事情而忧心忡忡的时候写给杜什纳的信全都收回来。应当承认,那些信都是不会令人佩服我的理智的。我回信告诉他说,在任何事情上我都不愿意被人家认为比我的实际情况更好,因此他尽可以让那些信留在杜什纳手里,不必要回。后来他是否要回了,我就不知道了。

这本书出版以后,并不像我的其他著作那样赢得人们的一片喝彩声。从来没有哪一本书是像这本书这样获得的私下赞扬是那么多,而获得的公开称许却那么少。最有资格评论这本书的人对我说的话和写的信都明确指出:这是我写得最好的一部书,同时也是最重要的一部书。但他们在发表这些意见的时候,都带有一种非常奇怪的谨慎样子,好像要说这部书好,就非悄悄说不可似的。

布弗勒夫人来信告诉我说，这部书的作者值得人们为他塑一尊铜像，对他表示崇敬，但在信末却毫不客气地要我把信看过之后退还给她，达朗贝尔来信对我说，这部书显示了我高人一等的才华，显示我有资格居于文学家的首位；但他在信的末尾却不署名，而他在此前给我的信中都是署了名的。杜克洛是一位真诚可靠的朋友，行事十分谨慎，他虽然很欣赏这部书，但不白纸黑字把他欣赏的话写信告诉我。拉孔达米纳非常仔细地把《信仰自白》看了一遍又一遍，但在一谈论这篇文章时，却东拉西扯，不直截了当地说出他看得那么仔细的原因。克勒贺也只是看了书中的《信仰自白》，但他在给我的信中却敢于述说他读后受到的感动。他以明白无误的词句告诉我，这篇文章温暖了他衰老的心。在我寄赠这本书的人当中，只有他一个人毫无保留地坦然告诉人们他对这本书的好评。

在这本书公开销售之前，我也送了一本给马塔斯。他把书借给斯特拉斯堡地方长官的父亲、参议员布莱尔看了。布莱尔先生在圣格拉蒂安乡下有座别墅，马塔斯是他的老熟人，有空就去看望他，所以在《爱弥儿》公开销售之前，就让他先读为快，可是，布莱尔在把书还给他的时候，却说了这么一句话："马塔斯先生，这是一部非常好的书，但它不久就会引起一场轩然大波，议论纷纷，对它的评说之激烈，将远远超过作者的想象。"当马塔斯向我转述这句话的时候，我只是好笑，认为这只不过是一个当官的人在打官腔，不论谈什么事情都要带一点神秘的色彩。所有一切传到我耳朵里的令人不安的话，都没有布莱尔先生的这句话给我的印象这么深。当时我不仅没有预见到大祸即将临头，反而深信这本书既对世人有益，而且又写得那么美，又完全合乎出版的规定，再加上有卢森堡夫人的支持和主管官员的庇护，因此，我深自庆幸，我所作的决定是完全正确的：把所有一切嫉妒我的人打垮之后，在大获全胜的凯歌声中退隐山林。

这本书出版之后，只有一件事情令我担心。我担心的，不是我的安全，而是心灵的平静。在退隐庐，在蒙莫朗西，我非常气愤地亲眼看到亲王们只顾自己行乐，使可怜的农民遭殃，听任猎物在他们的地里毁坏他们的庄稼。他们不敢用别的办法保护他们的作物，只能用敲打响器之类的东西吓跑它们。他们带着小锅、小鼓和铃铛之类的东西在蚕豆地和豌豆地里守夜，用这些东西吓跑野猪。我目睹沙贺莱伯爵那么野蛮地对待那些可怜的农民，便在《爱弥儿》的末尾含沙射影地把这种暴行骂了几句[①]。这几句违背我出言要厚道的原则的话，后来使我吃了不少苦头。我听说孔迪亲王的官员们在亲王的田产上也是那么野蛮的对待农民，我生怕我深深敬爱和感激的这位亲王把我出于人道之心骂他叔叔的话误认为是骂他而生我的气。然而我的良心一再告诉我不要对这件事情那么挂怀，于是我放下了心，泰然处之。至少，我从来没有听人说过这位亲王注意到了那段话。事实上，那段话是我荣幸地和亲王相识之前写的。

在这本书正式出版之前或之后几天（我记不清楚了），出版了另外一本同样题材的书。一看它的内容，除逐字逐句照抄我的第一卷以外，还夹杂了一些庸俗无聊的文字。这本书的作者署名叫

① 见卢梭：《爱弥儿》，李平沤译，商务印书馆 2007 年版，下卷，第 521 页。——译者

巴勒克塞尔，是一个日内瓦人；在书的标题下还注了一行字说是获得了哈勒姆科学院的奖金。我一看就明白，这个科学院和奖金是凭空捏造的，其目的是为了对公众掩盖他的剽窃行为。但是，我也看出其中有我当时还不清楚的阴谋。我既不明白我的原稿是怎样传出去的(原稿不传出去就不会被人剽窃)，也不明白他为什么要伪造这个所谓的获得奖金的故事，因为这多多少少总要有点根据才行嘛。只是在多少年以后，从狄费尔卢瓦无意中漏出的一句话，我才看穿了其中的奥秘，大体上知道盗用“巴勒克塞尔”这位先生的大名出书的是哪些人。

暴风雨来临之前的隐隐约约的雷声，已开始传入我的耳里。凡是稍有头脑的人都看得很清楚：一场针对我这本书和我本人的阴谋正在酝酿，不久就要实施。而我，我竟然心里是如此的泰然和愚蠢，以致，不仅没有预见到我的灾难，而且在感到了灾难的后果之后，也猜不出其中的原因。有些人开始鼓噪，说什么在严厉惩办耶稣会教士的同时，也不能放过那些攻击宗教的书和它们的作者。人们责备我不该在《爱弥儿》这本书上署我的名字，好像我过去在我的其他著作上没有署过名似的，但事实上，我过去在我的其他著作上都署了我的名字，而谁也没有说什么不对嘛。大家似乎很担心，形势将迫使人们不得不采取一些本来不想采取的必要的措施，而我行事又不谨慎。这就给有些人提供了机会。我虽听到了这些传言，但并不感到惊慌。我心里压根儿没有想到这件事情与我本人有什么关系。因为我觉得我是无可指摘的，既有可靠的后盾，又一切都是按规矩办的。我一点也不担心卢森堡夫人会让我因某一过失而陷入困境，何况这一过失如果真有的话，那也是她一个人造成的。我知道，在这类事情上，历来的做法是严惩书商而不追究作者。因此，我非常担心可怜的杜什纳，万一马尔泽尔布先生把他抛弃不管的话，他的处境就岌岌可危了。

我很沉着，很冷静；但传言一天比一天多，而且不久就升高了调门。公众，尤其是议会，似乎对我沉着冷静的态度很生气。没过几天，风云突变，攻击的矛头直接指向我头上来了。议会里已经有人公开主张把我的书都烧了，不但要烧书，而且还要把书的作者扔到火里烧死。当这样一种像果阿的宗教裁判官说的而不像一个议员说的话第一次传到我耳里的时候，我还认为是霍尔巴赫一伙要的花招，其目的是想把我吓得逃跑。因此我觉得这种小孩子玩的伎俩实在可笑，根本就没有把他们这一套传言当回事，我对我自己说，如果他们知道这件事情的来龙去脉的话，他们一定会想别的办法吓唬我的。可是后来传言愈来愈像真话，他们似乎真的要这样干。这一年，卢森堡先生和夫人第二次来蒙莫朗西的时间比往年早，六月初就来了。虽然我那两部新出版的书在巴黎已经闹得沸沸扬扬，但在这里却很少有人谈论；卢森堡先生和夫人在我面前更是一字未提。然而有一天上午，当我单独和卢森堡先生在一起的时候，他问我："你在《社会契约论》中是不是说了舒瓦瑟尔先生的坏话？""我说他的坏话？"我吃惊得往后退了一步说道，"没有，我敢向你发誓。恰恰相反，我还说了他的好话。我这支从来不恭维任何人的笔还对他写下了任何一个大臣都没有受到过的高度赞扬。"我立刻把那段话述说给他听。"在《爱弥儿》中呢？"他又说道。"也没有，"我回答道，"在《爱弥儿》中没有一句话涉及他。""唉！"他以比平时更激动的声调说道："你在那本书里也最好是没有任何一句话涉及他，但是，如果你真是想说，那就把话说清楚嘛。”“我认为我是说清楚了的，”我说道，“我相信他也会看明白的。”他好像又要说什么。我见他想把他心里的话全都说出来，可是刚一张嘴，便把话又咽了回去，一句话也不说了。这就是在朝为官的人的政治警惕性。有话不敢说，真可怜啊；它在最仁厚的人的心中也压倒了友谊。

这次对话虽然很简短，但至少在某些方面使我看清了我的处境，使我看出那些人针对的，是我。我叹息我的命不好，倒霉透了：它把我说的好话和做的好事全都变成了我的祸根。不过，我觉得在这件事情上有卢森堡夫人和马尔泽尔布先生做我的护身符，人家就没有办法绕过他们而直接攻击到我头上。但是，从那时起，我也看得很清楚，现在已经不是谈公正和法理的时候了，人家是不会花力气去审查我的书是不是真的错了。风声越来越紧，就连勒奥姆也在他唠唠叨叨的谈话中向我表示他悔不该承印这本书，而且确信那种威胁这本书和它的作者的祸事已经是不可幸免的了。但是，有一件事情使我放下了心：我发现卢森堡夫人还是那么平静，甚至很高兴，始终是一副笑容。这表明她深深相信这件事情她做得对，所以才用不着为我担心，用不着对我说什么同情或抱歉之类的话，才那么冷静地注视着事态的发展，就好像她与此事无关似的，对我的命运也用不着担忧似的。不过，使我感到惊异的是，她对我什么话也不说，而我觉得她倒是应当对我说点什么。布弗勒夫人就不显得那么平静了，她焦躁不安地一会儿来，一会儿去，忙得不亦乐乎。她告诉我说，孔迪亲王正在多方想办法消弭人家准备给我的打击。她认为这都是由于当前的形势造成的，因为巴黎地方法院必须采取一些措施，才不会被耶稣会教士指摘他们对宗教问题无动于衷。然而,对于亲王和她自己的活动,她好像并没有多大的成功的把握。她几次和我谈话的语气,不但不使我安心,反而使我忧心,每句话都倾向于劝我远走高飞。他劝我到英国去,她可以向我介绍许多英国的朋友,例如她的老朋友、大名鼎鼎的休谟。她见我安安静静地待在原地不动,便采取了另外一个能动摇我的决心的说法。她让我了解到,万一我被逮捕并受审讯,我就必然会把卢森堡夫人供出来。从夫人和我的友谊出发,我是绝对不能把她牵连进去的。我回答说,在这种情况下,她尽可放心,我是不会连累她的。她反驳我说:这个话,说起来容易,做起来难。在这一点上,她说得对,因为像我这样一个人,不论说真话将带来多大的危险,我在法官面前都是绝对不会发伪誓或说假话的。

她发现她的话虽然对我产生了一定的作用,但还不能使我下决心逃走,便对我提到巴士底狱,说到巴士底狱去待几个星期,这也是逃避地方法院司法管辖权的办法,因为地方法院是管不到国事犯的。对于这种奇怪的恩典,只要不用我的名义去乞求,我就不反对,可是她后来又不提这件事情了,所以我认为,她提这个建议只不过是为了试探我,人家并没有用这个办法把事情就这样不了了之的打算。

几天以后,元帅先生收到德耶神甫一封信。这位神甫是格里姆和埃皮奈夫人的朋友。他在信中说,他从可靠的方面获悉法院将采取极严厉的措施对付我,并注明某月某日就要下令逮捕我。我认为,他这个话是霍尔巴赫一伙捏造的,因为,据我所知,法院是严格按照程序办事的,在这件事情上,不先按司法程序弄清楚我是否承认我写过这本书,我是否真的是这本书的作者,不先弄清楚这些问题就贸然下令逮捕，是违反程序的。我对布弗勒夫人说："只有危害公众安全的犯人，法院才能根据一点点犯罪的迹象下令逮捕，以防他逃跑。至于惩罚像我这样只能算作过错的行为（其实我的所作所为是应当得到荣誉和奖赏的），便只能对书起诉，而尽可能不牵连作者。"关于这一点，她给我指出了一个微妙的区别（我现在忘记了）以表明对我不先传讯就下令逮捕，已经是对我的一种照顾了。第二天，我收到居伊一封信，信上说：他那天到检察长那里去，在检察长的办公桌上看见一份对《爱弥儿》和它的作者的起诉书的草稿。需要指出的是，这位居伊是杜什纳的合伙人，书就是他印制的。他本人倒不感到什么，而只是出于恻隐之心给我通个消息。人们可以想象得到，他的话怎能叫我相信呢?！一个书商竟能到检察长的办公室去，从从容容地翻看他办公桌上那一堆文件和草稿，这简直是天方夜谭嘛！而布弗勒夫人和其他一些人也告诉我说确有其事，证实居伊的话是真的。根据人们不断向我说的那些听起来十分荒谬的话，我认为所有的人都成了疯子。

我看得很清楚，这里边一定有人家不愿意告诉我的秘密。我很安静地等待着事态的发展，深信在这件事情上我清清白白，一切都是按正当的程序办的。不论我将遭到什么样的迫害，我为真理而受苦，这对我来说，还真的是极大的光荣呢。我不但不害怕，不躲藏，而且每天都到元帅府上去，下午照常去散步。6 月 8 日，即逮捕令下达的前一天，我还同奥拉托利会的教士阿拉马尼神甫和芒达尔神甫一起去远足。我们带了许多点心到尚波去吃，吃得很开心；我们忘了带酒杯，就用麦秆从酒瓶里吸，每个人都挑选最粗的麦秆管，以便多吸酒，比赛看谁吸的酒多。我这一生从来没有像那天那样快乐过。

我已说过，我青年时候是常常失眠的。从青年时候起，我就养成了每天晚上在床上看书的习惯，一直看到眼睛发困，才吹熄蜡烛，勉强眯瞪一会儿，眯瞪的时间不长。我晚上一般是读《圣经》。我用这个办法读《圣经》，至少来回通读了五六遍。那天夜里，我比平常更兴奋，睡不着，我就延长了阅读的时间，把结尾是讲以法莲山地利未人的故事那一卷从头到尾读了。如果我没有记错的话，这一卷是《士师记》（从那以后，我就没有再读过这卷书）。这段故事使我很受感动。正当我迷迷糊糊回忆这段故事时，忽然一阵响声和一道灯光把我惊醒了。黛莱丝掌着灯领着拉罗什先生。拉罗什先生看见我突然坐起身来，便对我说："别紧张，是元帅夫人派我来的。她给你写了一封信，还有孔迪亲王的一封信，也一起给你。"在卢森堡夫人的信里，我见到了亲王派专人给她送来的信，告诉她说：尽管他做了许多努力，但法院还是决定要严厉惩办我。他对她说："情况已危急万分，谁也无法阻挡。宫里主张严办，法院也决定严惩，早晨7点钟就将签发逮捕令，并立即派人捉拿他。我已央求人家答应，如果他走了，就不追捕了。如果他执意不走，愿意让人家抓住，他是一定会被捉拿归案的。"拉罗什还说，元帅夫人让我立刻起床去同她商量。当时已是深夜两点，她刚就寝。"她在等你，"拉罗什说道："不见到你，她就不去睡觉。"于是，我赶快穿好衣服，跑步到元帅府。

她显得焦虑不安。她表现出这个样子，这还是第一次。她慌乱的神情感动了我。在这出乎意料的时刻，又是在深夜，我本人也免不了有点激动。但是，一见到她，我就忘了我自己而只想到她，想到如果我被捕,她将担任的可悲的角色。因为,虽然我觉得我有足够的勇气说实话,即使说实话于我不利,会毁掉我,我也要说,但我没有足够的机智和应变的能力和毅力,在被严厉的追问下不把她供出来。这就使我决心要为她的安全而牺牲我的荣誉。在这件事情上,我一定要为她做我怎么也不愿意为我自己做的事。我的决心一下,便立刻告诉她:我所做的牺牲是应该的,绝不会让她替我为难。我相信她是不会误解我的意思的,然而她一句感谢的话也没有说。我对她这样满不在乎的态度极为不满,以致使我犹豫起来,差一点儿就想改口,收回我刚才的承诺。这时,元帅先生来了,不一会儿,布弗勒夫人也从巴黎赶来了。他们做了本应该由卢森堡夫人做的事。我得到了他们的称赞,于是便不好意思改口。现在,剩下的问题是研究逃往何处,什么时候动身。卢森堡先生建议我改名换姓,在他府上躲几天,以便从容商讨下一步的措施。我不同意,也不同意悄悄到圣殿躲起来。我坚持当天就走,不愿到任何地方去藏匿。

我知道我在这个王国有许多势力强大的隐秘的敌人,所以我认为,尽管我喜欢法兰西,但还是以逃出法国才比较安全。我起先是想逃到日内瓦,但稍一思索,便看出这是个蠢主意,因为我知道法国的内阁在日内瓦比在巴黎更有威信,如果它决定要迫害我的话,是不会让我在日内瓦比在巴黎更安宁的,何况我的《论不平等》已经招惹了日内瓦小议会对我的愤恨,虽然它没有公开说出来,但它愈是闷在心里不说,对我的仇恨之心便愈凶狠。我还知道,我的《新爱洛伊丝》出版以后,在特农香医生的鼓动下,小议会便赶紧下令禁止发行,但一看连巴黎也没有人学他们的样子,便自惭愚蠢,收回了禁令。我毫不怀疑,他们觉得这一次对他们有利,他们一定会利用这个机会整我;尽管他们表面上很大度,但所有的日内瓦人对我都怀有一种嫉妒心,一有机会就会对我发泄出来。尽管出于对祖国的爱,我愿意回到我的祖国去,如果我能在祖国平平静静地生活,我是绝不犹豫,一定会这样做的,但是,荣誉和理智不允许我以一个逃犯的身份回去,因此我只能到离日内瓦尽可能近的地方,到瑞士去看看,看日内瓦对我采取什么态度。读者不久就可看到,我犹豫不决的时间是不会持续太久的。

布弗勒夫人极不赞成这个决定,再次苦口婆心地劝我到英国去。我不为她的话所动摇。我既不喜欢英国,也不喜欢英国人。无论布弗勒夫人多么会说,她不但没有使我消除对英国和英国人的厌恶心理,反而使我更加讨厌他们。这当中的原因,我也不知道是为什么。

虽然是决定当天动身,但从大清早起便对外说我已经动身走了。我派拉罗什到我家去取我的文稿,并叮嘱他对黛莱丝也不要明确说明我是动身了还是没有动身。自从我决定我将来要写我的回忆录之后,便收集了许多来往信件和其他材料,要来回好几次才能拿完。我把已经挑好的那部分材料单独放在一个地方,早上剩下的时间就忙着挑选其他的材料,以便把有用的材料都带走,把其余的材料都烧掉。卢森堡先生乐于帮我做这个工作,帮我挑选,但需要的时间太多,早上挑不完,哪有时间去烧那些不带走的材料呢。元帅先生对我说:剩下的材料由他来帮我挑选,以后打包裹寄给我,把不要的材料全都烧掉,不交给任何人。我很高兴地接受了他的建议,因为由他去办,我就可以把剩下不多的时间用来同我即将永别的最亲爱的人待在一起。他拿去我存放那些材料的房间的钥匙。我请他派人去把黛莱丝找来；她此刻正焦急得要死，既不知道我怎么样了，也不知道她将来会怎么样，更不知道法院的人来了她该怎么办，该怎么回答他们的话。拉罗什把她领到了元帅府，一句话也没有对她说。她原以为我已经走了，现在一见到我，便呼天抢地大声喊叫，一下扑到我的怀里。啊，友谊、心灵的结合、朝夕相处的习惯和亲密无间的感情，在这一刹那间全都表现出来了！在这甜蜜而又悲伤的刹那间，我想起了我们在一起生活的幸福、美好和宁静的时光。我们形影不离地在一起生活了将近十七年，两人别离，这还是第一次，如何叫我不感到撕心裂肺的痛苦啊。元帅见我们这样拥抱在一起，也流下了眼泪，远远走开。黛莱丝不愿意离开我。我告诉她这个时候跟着我走，是很不便当的，而且，她也必须留下来，收拾我的东西，收取我该收的款子。按惯例，逮捕一个人，首先就是收缴他来往的信件和文件，查封他的财产，并开列清单，指定一个人保管，因此她必须留下来办理这些事情，尽可能妥善处理。我答应她不久以后就来接她。元帅先生也保证我一定会实践诺言。但是，我对她闭口不谈我准备到哪里去，以便在来抓我的人问她时，她可以如实说不知道。在临别拥抱她时，我内心有一种异乎寻常的感触，我情绪激动地（唉！岂止是激动，其实就是在预言似的）对她说："亲爱的，鼓起勇气来。在我顺利时你曾与我共安乐，往后，既然你愿意，那就要与我一起共患难了。从今以后，你也将跟我一起遭受欺凌和苦难。从今天这个可悲的日子开始为我安排的命运，将一直把我追逼到我最后一息。"

现在是到了该动身的时候了。法院的执达吏本该上午 10 点到，可是在我下午 4 点动身时，他们还没有来。我原来是决定坐驿车的，因为我自己没有车。这时，元帅先生决定送给我一辆两轮小篷车，并借给我一匹马和一名车夫，把我送到第一个驿站；到了那里，由于他事先的安排，自然有人向我提供拉车的马。

由于我没有到餐厅吃午饭，也没有在府中的其他地方露面，夫人们便到我一整天都没有离开的底楼来向我送别。元帅夫人拥抱我好几次，面容十分忧愁。但是，在她这几次拥抱中，我已经不再感到两三年前她拥抱我时的那种亲切之情了。布弗勒夫人也拥抱我，并对我说了许多嘱咐的话。米尔普瓦夫人也在场，她对我的拥抱当时真是使我吃了一惊；因为她素来对人极其冷淡，态度总是那么端庄和矜持，没有完全摆脱洛林家族的那种天生的高傲习气。她从来没有向我表示过热情。至于我，也许是由于我没有料到她会拥抱我，因而有受宠若惊之感，所以对她给我的这一拥抱特别感到珍贵；也或者是在这一拥抱中确实传递了心灵高尚的人天生的怜悯心，所以我才在她的动作和眼神中看到了一种难以形容的强大的感染力。后来，每当我回想起当时的情景时，便这样猜测：正是由于她知道我未来的命运，才情不自禁地在刹那之间对我的命运动了怜悯之情。

元帅先生一言不发，脸色苍白得像个死人。他坚持要把我送到停在饮马槽旁边的车子那里，看着我上车。我们穿过花园，一句话也没有说。我身上带有花园的钥匙，用钥匙把门打开之后，默默无言地把钥匙交还给他。他接过钥匙的那一刹那间，情绪之激动，令我十分吃惊。从那时以后，我经常情不自禁地回想当时的情景。我这一生中还从来没有经历过我和他离别时的那种痛苦心情。我们两人默默无言地长时间拥抱。我们两人都感到这是我们今生的最后一次拥抱了。

在巴尔和蒙莫朗西之间，我碰见了一辆四轮大马车，车上坐着四个穿黑色衣服的人，他们一边微笑，一边举手向我致意。根据黛莱丝后来向我讲述的法院执达吏的面孔样子和他们到达的时间与说话的神情，我敢断定，他们就是我碰见的那四个人。后来我还获悉，下达逮捕令的时间不是人们所说的上午 7 点钟，而是中午 12 点。我的车子要穿过整个巴黎城，在一辆敞篷小马车里，当然不可能藏得很严密。我看见街上有几个人向我打招呼，好像是熟人，可是我又一个也不认识。当天晚上我绕道经过维尔赫瓦庄园。在里昂，来往的驿车通常都要被带到城防司令部去盘查，这对一个既不愿意也不会撒谎或使用假名的人来说，是一件很麻烦的事情。我带着卢森堡夫人的信去见维尔赫瓦先生，请他设法使我免掉这一麻烦的手续。他给我写了一封信，但这封信我没有使用，因为我没有经过里昂。这封信现在还封得好好的，放在我的文件箱里。公爵先生一再留我在维尔赫瓦庄园住一晚上，但我想继续赶路；当天我又走了两站路。

我的小马车的座位很硬，我的身体又不好，不能多赶路，加之我的外表又不够神气，不能让人家好好地听我使唤。而在法国，大家都知道，马跑得快还是跑得慢，全由车夫操纵。我以为多给车夫钱，就可以弥补我外表寒碜和不善言辞的缺点，然而结果却反而更糟：他们以为我是奉主人之命去办事的下人，是平生第一次坐驿车，因此他们用来给我拉车的马，全是劣马。我只好耐着性子听车夫的摆布，什么话也不说，他们爱怎么办就由他们怎么办。其实，我一开始就应当采取这种态度。

我这一路上也有排忧解愁的办法，那就是：对最近发生的事情加以思考和分析。不过，这不合我的性格，我没有这个兴趣。说来也很奇怪，我这个人，灾难一过去，我是很快就会把它忘记的，尽管它是不久前才发生的。在灾难发生之前，我稍一想及，便惊惶失措，而在它发生之后，我对它的记忆便一天天淡薄，甚至不久就会消失。我活跃的想象力无止无休地思考如何防止未来的灾祸，因而分散了我的记忆力，使我无法集中精力回忆过去的事情。其实，事情既然已经过去，就用不着再担惊受怕，就用不着再去回想它了。从某一方面说，我的苦早已受完了。我受的苦愈大，我愈容易忘记，反之，我愈回忆我过去的幸福，便愈感到它有甜蜜的回味。可以说，我什么时候愿意，我什么时候就可以重新再享受一次过去的幸福。我觉得，正是由于我有这种美好的禀赋，我才从来没有产生过仇恨心，因为，如果对受到的伤害老是耿耿于怀的话，那首先就会使自己感到痛苦，结果是：敌人尚未受到报复，自己就受到了一番仇恨心的熬煎。我天生就是一个容易激动的人，爱发脾气，甚至动不动就火冒三丈，但我从来没有记仇报复之心。别人对我的冒犯，我很少记在心里，因而也很少去理会那些冒犯我的人。我之所以有时候回想他人对我的伤害，只是为了防备他再次给我以伤害。如果我确信他不再伤害我了，我立刻就会把他对我的伤害忘掉的。有些人对我们唠唠叨叨地说教，要我们宽恕别人对我们的冒犯。他们的说法当然是好，但对我却没有用处。我不知道我的心是否能抑制仇恨的念头，因为它还从来没有产生过这种念头。我从来不把我的敌人记挂在我的心里，因此也就不会产生什么对他们是否宽恕的问题。我的敌人为了折磨我而首先使他们自己劳神费力到何种程度，这我不知道。我是听他们摆布的，他们手中有种种权力，他们正在使用这些权力。但有一件事情是超出他们的权力之外的，我敢说，他们对这件事情是无能为力的。这件事情是：他们为了整我，冥思苦想，伤透了脑筋，但他们没有办法使我为了整他们而伤我自己的脑筋。

从动身之后的第二天起，我就完全忘记了刚刚发生的一切。我把法院、蓬巴杜夫人、舒瓦瑟尔先生、格里姆、达朗贝尔和他们的阴谋与同伙，全都忘得一干二净。在整个旅途中，除了注意应当小心提防的事情以外，对我的那些敌人，我连想都不去想他们。这时候，萦怀在我脑际的，是我动身前夕所读的那段《圣经》。我还想起了格士纳的《牧歌》，这是不久前这本书的译者于贝尔送给我的。《圣经》上的故事和格士纳的《牧歌》是如此清晰地浮现在我脑海里，以致使我想把它们结合起来，用格士纳那样的笔调写一篇《以法莲山地的利未人》。不过，用田园诗的那种朴素笔调来描写一个如此悲壮的故事，似乎不太合适，何况以我当时的处境，我也没有多少轻松的心情用活泼的笔调来描写。不过，我还是尽力而为，唯一的目的是在车中消遣，而不抱任何成功的希望。然而，我刚一试写，我便惊奇地发现我的思想是那么活跃，信笔写来，十分顺手，三天功夫我就把这首短诗的前三章写好了，其余部分是后来在莫蒂埃完成的。我敢说，虽然这篇作品的内容是可怕的，甚至是令人憎恨的，但我还是克服了旅途中的种种困难，写出了我一生中从未有过的如此哀艳、如此清丽和充满天真与古朴的笔调的作品。《以法莲山地的利未人》虽不能说是我最好的作品，但是我最喜欢的作品。我过去是，也许将来还是，每次重读这篇作品都感到一种无怨无恨的内心的喜悦。我的心，不仅没有因为遭受许多灾难便怨天尤人，反而自己宽慰自己，在我本身找到一种能抵消灾祸带来的痛苦的慰藉。读者诸君，请你们把所有那些虽说在莫大的逆境中也曾写过许多好作品的大哲学家都召集起来，把他们放在我这样的处境里，在荣誉受到侮辱的悲愤中，也写一部这样的作品，看他们怎样落笔。

从蒙莫朗西启程到瑞士时，我便决定要到伊弗东我的老朋友罗甘先生家去住几天。他在伊弗东已退休好几年了，曾多次来信请我去看他。我在路上听说从里昂去，要走许多弯路，因此我便决定不经过里昂。但是，不经过里昂，就要经过贝藏松。贝藏松是一个要塞之地，所以也将遇到许多麻烦事。最后，我决定绕道萨兰，借口说是去看麦朗先生。他是杜宾先生的侄子，在萨兰工作，曾几次来信邀请我去看他。这个办法很成功。我没有见到麦朗先生，因此也就用不着停留；我继续赶我的路，谁也没有盘问我。

一进入伯尔尼的境界，我就叫车夫停下来。我走下马车，跪在地上，俯身亲吻大地，激动得大声叫喊道："上天啊！你是美德的保护者，我现在可算是到了自由之地了！"我历来是这么傻，稍稍有点希望便以为万事大吉，对即将成为我的灾难之地的地方也充满了激情。我的车夫见我那样激动，以为我疯了。我又登上马车，几小时以后，我就被可敬的罗甘紧紧地抱在怀里，心里感到无比的欣慰和快乐。啊！我需要在这位贤明的主人家里歇息歇息，我需要在这里恢复我的勇气和精力，并筹划如何尽快使用它们。

在以上的叙述中，我之所以对我所能记得的事情讲得那么详细,不是没有理由的。虽然那些事情的细节似乎不够清楚,但一抓住了其中的线索,就可对整个事情的来龙去脉有一个大致的掌握。举例来说,虽说它们对我提出的问题不能说明最初的起因,但它们可以大大帮助我们解答问题。

现在假定:为了施展以我为目标的阴谋,人家非要迫使我远走不可,一切差不多都是像实际经过的情况那样进行,才终于迫使我离开了蒙莫朗西,但是,如果我不被卢森堡夫人半夜派来的人吓一跳,不被她那种焦虑不安的样子弄得六神无主,而是继续像以往那样保持镇定,不留在她的府中,而是回到我自己家里的床上安安静静地睡到大天亮,我真的会被逮捕吗?这是个关键问题,其他许多问题的解答,都将以这个问题为转移;而要研究这个问题,就必须弄清楚警告性的谴责令下达的时间和真正的逮捕令下达的时间。这是一个浅显的但是很有启发性的具体事例。它说明在事实的陈述中,若想找出其中秘密的原因,就连最微小的细节也应当加以注意,最后用归纳法把秘密的原因揭示出来。

第十二卷

(1762—1765)

黑暗的陷阱从这里开始了。我在这个陷阱里被幽禁了八年,不论我用什么方法,都没有弄清楚这黑暗的奥秘。在我身陷其中的痛苦的深渊里,我感受到了一连串的打击。我虽然看出了用来打击我的直接工具,但我始终未看见那只使用这个工具的手和它采用的方法。耻辱和灾难好像是自动降落到我的头上,而且总是在我猝不及防的时候降落到我头上的。当我破碎的心发出几声哀鸣的时候,人家还把我看作是无病呻吟的人。那些使我身败名裂的人有一套令人难以窥透其奥秘的伎俩,因而使公众不知不觉地成了他们的同谋。公众既不了解那些人的诡计,更看不出他们的诡计将产生的后果。当我叙述那些与我有关的事情以及我遭受的种种迫害和遇到的奇怪现象时,我无法追根溯源找到那只操纵这一切的黑手,不能在说明事实的同时指出其中的原因。始初的原因我在前三卷书中已经讲过了,与我有关的问题和其中秘密的动机也都一一陈述了,但是,要我说明那些不同的原因是怎样结合起来使我遇到那么多离奇的事情,那我实在无法说清楚,甚至连猜也猜不出来。如果在我的读者中有人愿意深究其中的秘密,找出真相,那就请他们仔仔细细把前三卷书再读一下,以便以后每读到一个事实,便利用他们手中掌握的材料进行分析,从一个阴谋追溯到另一个阴谋,从这个参与阴谋的人追溯到另一个参与阴谋的人,最后追溯到元凶。我当然知道他们的探索将达到什么样的终点,可惜我本人在那些引导他们达到终点的幽暗而曲折的地道里却始终是晕头转向找不到走出黑暗的方向。

在伊弗东居住期间,我同罗甘先生一家人都熟识了,也认识了他的侄女布瓦·德·拉都尔夫人和她的几个女儿。我记得我在前面已经说过,我在里昂同这几个女孩子的父亲曾经见过面。拉都尔夫人这次到伊弗东,是来看她的叔叔和姐姐的。她的大女儿大约有十五岁,很聪明,脾气也很好,我很喜欢。我同这位母亲和她的大女儿结下了很好的友谊。这个女孩子已由罗甘先生做主,许配给了他的一位当上校的侄子。这位上校年纪已经不小了,对我也很敬重,不过,尽管罗甘先生很热衷于这门婚事,他的侄子也很乐意,我也希望他们两人都能如愿以偿,但由于年龄的悬殊和那个女孩子的极端厌恶,遂使我和她的母亲联合起来劝阻,使这桩婚事终于没有成功。上校后来娶了他的亲戚狄兰小姐,这位小姐的脾气和容貌都很好,必可成为上校的贤内助,并为他生儿育女。尽管如此,罗甘先生始终因为我在这件事情上拂逆他的意愿而对我耿耿于怀,但我心里很坦然,感到无论是对他和对他的家人都尽到了我作为一个朋友应当尽的最神圣的义务。这种义务,不是事事都顺他的心,而是事事都要从最好的方面为他着想,向他进献忠言。

我如果真的回到了日内瓦,日内瓦将对我采取什么态度,那是用不着怎样动脑筋,就可做出回答的。我的书在日内瓦被当众焚毁。6月18日，即巴黎下令逮捕我之后九天，日内瓦也下令逮捕我。在日内瓦发布的逮捕令里，荒谬绝伦的话太多了，连教会的法令也公然遭到如此严重的违背，以致我刚一听到这个消息时，还不敢相信是真的。及至消息证实之后，我很担心：这样一种明目张胆和骇人听闻的违法行为，首先将败坏日内瓦人的良知，使日内瓦人黑白颠倒、好坏不分的。对于这一切，我只好处之泰然，静观其变。虽说在一般的小民当中有些传言，那也只是对我说些闲言碎语而已，可是那些唯恐天下不乱的人和一帮老学究却公开斥责我，把我当作一个没有背好教理问答课本的小学生，口口声声说要拿鞭子打我。

这两道逮捕令是信号，把全欧洲的人都鼓动起来骂我。那种气势汹汹的劲头，还从来没有见过，所有的报刊和杂志都连篇累牍地发表文章批我。尤其是法国人，这个原本那么温和，那么讲究礼仪，气量宽宏，对受苦的人们心存仁厚的民族，却一反常态，忘记了他们最好的美德，一窝蜂似的争先恐后对我大声咆哮，骂我亵渎宗教，骂我是无神论者，是狂人、疯子、野兽、豺狼。《特雷夫日报》的副主编撰文说我患有妄想变狼症。从他文章的语无伦次看，他本人倒真的是患了妄想变狼症。特别是在巴黎，情况竟发展到这种程度：无论就什么事情写文章，如果不在文章里骂我几句，就会遭到警察的骚扰。为什么会这样众口一词地骂我，我百思不得其解。因此，我觉得他们说不定全都是疯子。咳！说《永久的和平计划》的编订者挑起纷争，《一个萨瓦省的牧师的信仰自白》的作者是一个亵渎宗教者，《新爱洛伊丝》的作者是一只狼，《爱弥儿》的作者是一个狂人，这简直是一派胡言嘛！我的天啊，如果我发表了一本

《精神论》[1]或其他类似的著作，我又将被骂成什么人呢？然而，在针对那本书的作者的那场风暴中，公众不仅没有和那些迫害者唱一个调，反而对作者极力称赞，替他打抱不平。请大家把他的书同我的书做个比较，把两本书受到的不同的对待和欧洲各国对两位作者不同的态度比一比，从中找出能使一个有头脑的人感到信服的理由，我所要求的，就是这一点；其他的话，我就不说了。

我在伊弗东过的日子很好，所以，在罗甘先生和他全家人的强烈要求下，我决定就在这里住下去。这个城市的大法官穆瓦利·德·冉冉先生也盛情劝我留在他管辖的地方。上校在他的庭院与花园之间有一座小楼；他再三邀请我就住在小楼里。我同意了，于是他马上就去忙着摆放家具和配备我的小居室所需用的一切。旗牌官罗甘[2]更是成天围着我转来转去，寸步不离。我对所有这些人的殷勤照护，非常感激，不过有时候也感到他们过于殷勤，有点烦人。我迁居小楼的日子已经选定，而且也写信告诉了黛莱丝，叫她来与我会合。这时，突然听说在伯尔尼掀起了一场针对我的风暴，据说是那些虔诚的信徒挑动起来的，而其中最始初的原因，我始终没有弄清楚。参议院不知道是受了谁的鼓动，好像也不愿意让我安安稳稳地住下去。大法官先生一听到这个风声，就写信给好几位政府官员为我辩护，批评他们不该不问青红皂白就对我采取不宽容的态度，说他们容许那么多匪徒留在他们管辖之地，却不让一个受压迫的才俊之士在他们的治下寻求庇护，实在可耻。据

① 爱尔维修(1715—1771)1758年发表的一部唯物主义哲学著作。——译者
② 指罗甘的一个远房亲戚乔治·弗朗索瓦·罗甘。——译者

有些人推测，他那番严厉批评的话，不但没有起好作用，反而惹恼了那班人。不管这种推测对不对，总之，他的威信和辩才都没有办法阻止那些人对我的打击。他一听到针对我的命令即将下达的消息，便赶快通知我。为了不坐等这道命令，我决定第二天就动身。困难在于我不知道往哪里去：日内瓦和法国已经对我关上了大门。我看得很清楚，在这件事情上，每个国家都会仿照邻国的办法做的。

布瓦·德·拉都尔夫人建议我到一个家具齐全的空房子去权且安身。这是她儿子的房子，在纳沙泰尔邦特拉维尔山谷中的莫蒂埃村，翻过一座山就到了。她的这个建议好极了，因为在普鲁士国王的各邦里，我会自然而然地得到保护，不遭迫害，至少宗教问题不会成为一些人迫害我的借口。但是，我的心里有一个为难之处，又不便说出来，因而使我犹豫不决。我天生就爱正义；这种爱，一直渗透到我的心灵，再加上我暗中对法国颇有好感，因此对普鲁士国王[①]有一种厌恶之心。我觉得从他的行事原则和所作所为来看，他是不尊重自然法的，是无视对人类的一切义务的。在我以前用来装饰蒙莫朗西那间小屋的带框的版画中，有一幅这位国王的肖像，我把一首二行诗的第二句抄写在他的肖像下边，诗曰：

他的思想像哲学家，但行事乃十足的君王。

这首二行诗，若是出自别人的笔下，是一句相当美妙的赞词，但出自我的笔下，它的意思就是另有所指，因为它的上一句[②]已经

① 指普鲁士国王弗雷德里克二世(1712—1786)。——译者

② 这首二行诗的第一句是："光荣和利益，是他的上帝和遵循的信条。"——译者

把它所指的意思明白无误地说出来了。这首二行诗，凡是到我家来看我的人都见过，而且见过的人是不少的。罗朗齐骑士还把它抄送给了达朗贝尔。我毫不怀疑，达朗贝尔准会把这句貌似恭维的话转送给那位国王。我一错再错，后来在《爱弥儿》里又写了一段话影射他；那段话里所说的多尼人的国王阿德腊斯特，大家一看就知道我指的是谁。[①] 事实上，它也真的没有逃脱那些心明眼亮的人的眼睛，布弗勒夫人就曾多次向我谈起这件事情，因此我深信我的名字已经被这位国王用红色笔记在他的记事本上了。如果他行事的原则真像我说的那样，我的著作和我本人肯定是会招他讨厌的，因为大家都知道：恶人和暴君没有一个不是把我恨之入骨的；即使他们不认识我，单单读我的书，他们也会咬牙切齿地恨我的。

然而，我还是大着胆子去，看他怎样对我，因为我相信风险并不大。我知道：只有卑劣的人才是小肚鸡肠，而性格豪迈的人（我一直认为他是这种人）是不会气量狭小的。我认为，从他治国的才能看，在这件事情上，他一定会表现得雍容大度，做个样子给人看。就他的性格来说，做到这一点并不难。我估计：在他的头脑里，卑劣的报复心是不会战胜他对光荣的追求的。我设身处地地替他想过，他不会不利用这次机会以他的慷慨表现来征服一个曾经背后说他坏话的人。经过这番考虑之后，我便决定到莫蒂埃去居住，充分相信他是能感到他的这一行为对他的意义的。我对我自己说：

① 卢梭在《爱弥儿》中把普鲁士国王弗雷德里克二世比作多尼人的国王阿德腊斯特的话，见卢梭：《爱弥儿》，李平沤译，商务印书馆 2007 年版，下卷，第 718—719 页。——译者

“我让-雅克都能像科里奥兰那样行事,难道他弗雷德里克还不如沃尔斯克人的那位将军吗?”[①]

罗甘上校坚持要陪我翻过山去,帮我在莫蒂埃把住处安顿好。拉都尔夫人的一个小姑子名叫吉拉尔迪埃夫人,我去住的那间屋子原来也归她使用,见我突然来了,便有点儿不高兴,不过,她还是很殷勤地让我住下了,而且,在等待黛莱丝到达期间,我就在她家吃饭。

从我离开蒙莫朗西之时起,我就知道我今后在这个世界上将四处飘零,居无定所,所以我很犹豫,是否让黛莱丝来和我一起过这种我注定要过的流浪生活。我觉得,由于这次大祸临头,我们的关系必将改变:以前是我照护她和保护她,今后将由她来照护我和保护我了。如果她对我的感情能经得起这场灾难的考验,她会因我的遭遇而伤心的,而她的伤心反过来又会加深我的痛苦。如果我的不幸使她对我的感情冷淡下来,她将觉得她照样跟着我,对她就是一种损失,不仅不会感到与我分享最后一块面包的乐趣,反而会居功自傲,以为她不论我的命运逼使我到哪里她都跟我到哪里,是一大美德。

我一定要有啥说啥,把话全都说出来。我过去没有隐瞒我那可怜的妈妈[②]的过错和我的过错,我对黛莱丝也不会格外留情。

---

① 科里奥兰是公元前5世纪罗马的一员勇将,多次战胜沃尔斯克人的首领图鲁斯·奥西第乌斯。后来,科里奥兰在罗马遭人陷害,被处以流刑,逐出罗马,他毅然投奔他原来的对手图鲁斯·奥西第乌斯,奥西第乌斯不记前仇,对他表示热烈欢迎。——译者

② 指华伦夫人。——译者

不论我多么想称道一个我如此疼爱的人，我也不愿意隐瞒她的过错，如果一个人的心中的情感不由自主地起了变化也算作一种过错的话。很久以来我就发现她对我的感情冷淡了，我感到她再也不像当初那样对我亲热了。我愈是像以前那样爱她，她反而对我愈冷淡。我又陷入了我在妈妈身边的那种力不从心的尴尬处境。我在黛莱丝身边也出现这种力不从心的情形。我们不要去寻求不属于自然的完美。这种情形，不论发生在哪个女人身边都是一样的。我对我那几个孩子的做法，不论我当时觉得考虑得多么周全，都未能使我始终感到问心无愧。在我专心对我那本《论教育》[①]进行构思的过程中，我已意识到我未尽到没有任何理由可以使我免除的义务。我的后悔之心竟变得如此强烈，以致我在《爱弥儿》的开头便公开承认我的过错，而且是讲得那么清楚，谁要是看了那段话[②]之后还责备我，那就太奇怪了。我眼下的情况同过去的情况是一样的，甚至比过去更糟，因为我的敌人正在千方百计寻找我的错误，伺机对我进行迫害。我生怕再犯过去的错误，不想再冒此危险。我宁肯忍受戒绝房事之苦，也不愿意让黛莱丝再受那种罪。此外，我还注意到房事使我的健康状况愈来愈明显地下降。这两

① 即后文所说的《爱弥儿》；“论教育”三字是《爱弥儿》的副标题。——译者

② 那段话是这样说的：“一个做父亲的，当他生养了孩子的时候，还只不过是完成了他的任务的三分之一。他对人类有生育人的义务；他对社会有培养合群的人的义务；他对国家有造就公民的义务。凡是能够偿付这三重债务而不偿付的人，就是有罪的。……读者诸君，请你们相信我这一番话。凡是有深情厚爱之心的人，如果他忽视了这些如此神圣的职责，我可以向他预言，他将因为他的错误而流许多辛酸的眼泪，而且永远也不能从哭泣中得到安慰。（卢梭：《爱弥儿》，李平沤译，商务印书馆 2007 年版，第 26—27 页）——译者

个理由曾使我屡下决心不和她同房,但有时未能坚持;不过,最近三四年里我比较能够坚持了。也就是从这个时候起,我发现黛莱丝对我愈来愈冷淡。她虽然从女人的天职出发,对我还是那么依恋,但她对我已经没有情爱的要求了。这必然会使我们的共同生活减少情趣。因此我猜想:说不定由于她深知无论她在哪里都能得到我的供养,她也许还宁肯留在巴黎而不愿意跟我一起颠沛流离。然而,鉴于她在我们分别的时候表现得那么难过,要求我明确许诺我们两人一定要重逢,而且在我走之后,她又向孔迪亲王和卢森堡先生再三表示了这个愿望,这就使我不仅没有勇气向她说从此永别,甚至连想都不敢往这方面想。当我心里意识到我说什么也不能没有她的时候,便心急如焚地想把她接到我这里来。我写信去叫她立刻动身;她来了。尽管我离开她还不到两个月,但这是我们相处多年之后第一次分居两地,我们两人都深深感到离别之苦,我们紧紧地拥抱在一起!啊,悲喜交加的眼泪是多么甜蜜!它使我的心深深陶醉!这样的眼泪,人们为什么竟让我流得那么少呢?

一到莫蒂埃,我就给纳沙泰尔邦总督、苏格兰元帅凯特先生写信,通知他说我已退隐到国王陛下的领土上来了,请求他对我提供保护。他以人所共知的而且也是我所期待的慷慨态度答复我。他邀请我去见他。我同马迪内先生一起去了;马迪内先生是特拉维尔山谷的领主,是总督的好友。这位德高望重的苏格兰人的可敬的风度深深感动了我的心,我们两人之间立刻就产生了互相倾慕之情。这种感情,在我这方面是始终如一的,而在他那方面,如果不是由于那些使我失去一切人生慰藉的宵小欺他年纪衰迈,辨别能力欠佳,便趁我不在他身边的时候使劲歪曲我在他心目中的形象,他也会始终如一的。

乔治·凯特是一位苏格兰的世袭元帅,是那位赫赫有名的战死沙场的凯特将军的弟弟。他青年时期就离开了他的家乡,因投效斯图亚特王室而被他的祖国放逐。后来,他发现斯图亚特王室不行正义,以专横暴虐为能事,便对它产生了强烈的反感,弃之而去。他在西班牙待了很长一段时间,最后同他的兄长一起投效普鲁士国王。国王慧眼识人,给了他们应得的接待。国王的热忱接待也得到了回报:凯特元帅为他屡立战功,尤其可贵的是,与他缔结了真诚的友谊。这位可敬的人的伟大胸怀服膺的是彻底的共和主义,但他素重友情,一旦成了朋友,便全心全意为友人效力。因此,尽管他同国王的思想方法是那样不同,但他一投效了弗雷德里克,便忠诚于弗雷德里克。国王委他以重任,派他到巴黎,到西班牙,最后,见他年事已高,需要颐养,便任命他为纳沙泰尔邦的总督,让他在这个闲适的岗位上把他的余年用来为这个小邦的居民造福。

然而,纳沙泰尔人重花里胡哨的外表而不识真才。他们把夸夸其谈的人当作才俊,把元帅稳重的举止看作是拿官架子,把他坦率的态度看作是对人粗鲁,把他说话的简略看作是笨嘴拙舌,因此对他施政的宽厚反而大为不满,而他只知道造福人民而不善于迎合人们的心理,不知道如何博取那些他所不理解的人的欢心。佩蒂皮埃尔牧师因为反对地狱永恒说,便被他的同事逐出了教会。在这桩可笑的案子里,元帅先生不赞成那些牧师们的越权行为而遭到全邦人民的反对;实际上,他是从全邦人民的利益出发的。当我到纳沙泰尔的时候，这种愚昧的反对声还没有完全平息。人们都说他是一个固执己见的人。在他受到的一切责难中，也许这条责难还不算不正确。我看到这个可敬的老人时，第一个感觉是怜惜他身体的瘦削，岁月已经使他成了一个干瘪老头儿。但是，抬眼一看他那高贵、开朗和神采奕奕的面容，我心里便油然对他产生了敬意，对他有一种胜过其他感情的信任感。他听完我初见面时的那几句寒暄话之后，竟对我谈别的事情，好像我已经在他跟前待了一个星期似的。他甚至连“请坐”这句客套话都没有对我们说，那位拘谨的领主只好直挺挺地一直站着，而我，我从元帅锐利而慈祥的目光中看出了一种难以形容的亲切感，因此也就毫不客气地走过去与他肩并肩地坐在他坐的那个长沙发椅上。一听他说话的音调很平和，我便知道我这种大大方方的举动使他感到很喜欢，他心里一定认为“这个人不是纳沙泰尔人”。

性格相投的效果真是奇妙啊！一般人在他那样的高龄，心中的天然情感已经消失，而这位仁厚的老人的心竟为我动了使世人都感到惊奇的真情。他到莫蒂埃来看我，说是来打山鸡，可是他待了两天，连枪都没有动一下。在我们之间建立了一种真实的友谊，使我们感到谁也离不开谁。他夏天住在科隆比埃府，离莫蒂埃只有六法里。我顶多隔两个星期就到他府上去待一天一宿，然后又步行回到我自己的住处。我人回到了我自己的家，但心总惦记着他。我当年在退隐庐与奥波纳之间来来去去时的感觉，当然与现在的感觉有所不同，但它并不比我走到科隆比埃府时的感觉更为甜蜜。我每次在去科隆比埃的路上一想到这位可敬的老人对我慈父般的爱，一想到他高尚的美德和敦厚的对人态度，我便感动得流下了眼泪！我称他为“父亲”，他称我为“孩子”。这两个亲切的称呼虽部分表达了把我们联系在一起的亲密情谊，但还不能表达我们彼此都有互相需要时时相见的意愿。他一再要我搬到他府中去住，就住在我每次去住的那套房间里。我对他说：我住在自己家里比较自由，宁愿我这一生都这样去看他。他很赞赏我这种坦率的态度，以后就再也没有提这件事了。啊，忠厚的长者！啊，我可敬的父亲！我一想到你，我的心便依然是那么激动！那班别有用心的人！他们想方设法离间我们，这对我是多么大的打击啊！不，不，你这位伟大的人在我的心目中，现在是，将来也永是同从前一样的，我也将永远是同从前一样的。他们欺骗了你，但他们未能改变你。

元帅先生并不是没有缺点。他是贤者，但他也是一个普通人。他头脑聪慧，有极敏锐的洞察力，行事的手腕也十分灵活，知人善任，但他有时候也受人欺骗，而且受了人家的欺骗还不觉醒。他的性情很古怪，心中有许多奇特的想法。他好像把天天见面的人忘记了，但在他们万万没有料到的时候又想到了他们。他对人的关心照顾很少做得恰合人意，送人家的礼物都是些花哨的小玩意儿，也不管合不合人家的用处。他头脑一热，就马上把一件东西送给人家或者寄给人家，也不管那件东西值钱或不值钱。有一个想投效普鲁士国王的年轻的日内瓦人来见他，元帅先生给他的不是一封用公文纸写的推荐信而是一小袋蚕豆，叫他拿去交给国王。国王一收到这个奇怪的推荐信，还真的立刻就给那个青年人安排了一个职务。天才出众的人之间有他们的特殊语言，是一般的凡夫俗子永远不能理解的。这些小小的怪癖，虽有点儿像美女的故意作态，但在我看来却觉得元帅先生别有风趣。我敢断定，而且也实地体验到他的那些怪癖不会在重大的事情上影响他对朋友的感情和关心。是的，在替人家帮忙的方式上，他的做法也非常奇特。在这里只举一个例子说明他在无所谓的小事情上所表现的奇特之处。从莫蒂埃到科隆比埃府要一天走到，我实在感到太累，所以往往分两天走。午饭后启程，到布洛特歇一夜，恰好走了一半路。我住的那家客栈的主人名叫桑铎茨，需要向柏林请求一个对他来说是很重要的恩准；他托我请总督阁下替他关说。我满口答应，于是便领着桑铎茨到总督的府第，让他在客厅等着，由我一人进去向总督陈述事由。可是，我把事情讲完之后，总督却一声不吭。整个上午过去了；在我们经过客厅去吃午饭的时候，我看见可怜的桑铎茨在那里等得焦躁不安。我以为元帅先生把这件事情忘了，于是在入席前又对他说了一遍，可是他还是默不作声。当时我虽然看出他是用这种方式来让我明白这件事情有点令他感到厌烦，但总觉得他这种方式未免过于生硬。在这种情况下，我没有别的办法，只好闭口不言，暗中替可怜的桑铎茨叫苦。第二天，我回到布洛特时，桑铎茨向我表示感谢，这使我大感惊异，一问才知道他在总督的府第受到了很好的款待，还留他吃了一顿丰盛的午餐，而且总督阁下还收下了他的呈文。三个星期之后，元帅先生就派人把桑铎茨所请求的恩准的批文送交给桑铎茨。批文是经国王签署，由一位大臣发出的。这件事情直到办完，元帅对我和桑铎茨都一直一字未提，而我还以为他不愿意帮这个忙呢。

我很想一直不停地谈乔治·凯特，因为我最后的美好回忆全都来自同他相处的日子，而我一生的其他时间全都充满了苦恼和令人痛心的事情:对于这些事情的回忆,是如此的令人伤感,心乱如麻和茫无头绪,因此不可能条分缕析和层次分明地讲述。往后,我只能想到什么就说什么了。

我在莫蒂埃避难,时时都怀着不安的心情,但不久之后,国王给元帅先生的一道批复便把我不安的心情全都打消了。各位读者,我告诉你们,元帅真是我的一个好律师;国王不但批准了他做的事,而且还托他(我必须把全部情况都说出来)送我十二个路易。好心的元帅先生觉得这项差事很难办,不知道怎样做,才做得冠冕堂皇而不伤我的尊严。他把钱换成实物,说是奉国王之命帮我买点柴和炭,以便把我的小家庭建立起来。他还说(这也许是出自他个人的意思)国王愿意替我盖一座小房子,样式由我定,地点由我选。这后一个馈赠使我很感动,抵消了前一个馈赠使我感到的国王的吝啬。虽然这两项馈赠我都没有接受,但我也把弗雷德里克看做是我的恩人和保护者,而且是那么真诚地敬仰他,以致使我此后关注他的光荣的心情之殷切,亦如我过去对他的成就之感到愤慨。此后不久,当他签订和平条约[①]的时候,我做了一个非常好看的灯饰来表示我的高兴。我用一大串花环来装饰我住的房子;在这一套装饰上,我出手大方,不像他那样小气。我有意同他赌气:他吝啬,我大方。在灯饰上我花的钱差不多与他打算赠我的钱一样多。和约一签订,我便以为他在军事上和政治上的成就已达顶峰,会转而争取另外一种光荣:致力于使他的各个邦的居民休养生

① 指1763年2月10日在巴黎签订的和平条约。这个条约一签订,就结束了1756年至1763年法国和奥地利为一方、英国和普鲁士为另一方的“七年战争”。——译者

息，振兴商业和农业，开垦土地，安置移民，并保持与邻国的和平，由欧洲的霸主变为欧洲的仲裁人。他满可以放下宝剑，坐享太平，因为从今以后谁也不会再迫使他从事战争。然而，鉴于他不愿意解除武装，因此我很担心他不知道如何利用他的优势，只能成为半个伟人。我大着胆子，用他那种性格的人乐于接受的语气给他写了一封信，谈这个问题，以便把世上没有几个君主能听到的神圣的真理的声音传到他的耳里。我这封直言不讳的信是秘密写的，只有我和他知道，甚至连元帅先生我也没有告诉。我把信封好之后交给他转呈国王。他没有问一问信的内容就把信发出去了。国王一直没有回信。过了些时候，元帅先生到柏林去，国王也只是告诉他说我把他狠狠地训斥了一顿。由此可见，我那封信使他很不高兴，我的忠言被他看作是冬烘先生的村夫语。说不定他的看法是对的，因为我说了不该我说的话，用了不该我用的语气。不过，凭良心说，我之所以给他写那封信，完全是出自一片至诚。

我在莫蒂埃-特拉维尔定居之后不久，便感到今后可以安安静静地过日子了，因此便穿上了亚美尼亚人的服装。这不是新主意；想穿这种衣服的念头在我这一生中曾经产生过好几次，尤其是在蒙莫朗西期间经常想穿这种衣服，因为那时我需要常常使用探条，必须待在卧室里；在卧室里穿这种长袍式的服装比较舒服。正好有一个亚美尼亚裁缝时常到蒙莫朗西来看他的亲戚，我就请他给我做了几件这种衣服。人家对此说些什么，我也不在乎。不过，在做这种衣服以前，我也征求过卢森堡夫人的意见，她表示完全赞成，于是我便做了一箱子这种衣服。时隔不久，冲着我来的那场风暴起来了，我又不得不收起来，等到风暴过去之后的平静时候再穿。几个月之后，由于我的旧病复发，不得不使用探条，必须穿这种衣服：我觉得在莫蒂埃穿这种衣服，没多大关系，尤其是征询了当地牧师的意见，他说：即使穿这种衣服进教堂，人家也不会说这有什么不妥。于是我便大着胆子身穿长袍、头戴圆皮帽、腰系丝绦带。我穿着这身衣服参加了圣事之后，觉得就这身装束到元帅先生家去也无妨。元帅阁下看见我这身打扮，只简单地打了一声招呼说"你好"，没有说别的。于是，从此以后我就不再穿别的服装了。

我既然不再从事文学活动，我就一心一意过着由我自己安排的宁静而美好的生活。当我单独一个人的时候，我从来没有感到过厌烦，即使在完全闲着无事的时候，也一样恬适。我的想象力可以海阔天空地驰骋。单单有了它，我就够忙的了。如果待在房间里瞎聊天，同几个人坐在那里耍嘴皮子，那才叫我受不了呢！出门去走走，散散步，这也不错，至少腿和眼睛都在活动，而抱着胳臂坐在那里说什么今天天气好呀，苍蝇在飞呀，或者，更糟糕的是，互相吹捧，你恭维我，我恭维你，这对我来说，简直是苦刑。为了不像无所事事的野蛮人那样生活，我就去学编织丝带。我带着我的坐垫去拜访邻居，或者像女人那样坐在门口干点手工活儿或者与过往的行人聊天；尽管说的也是废话，但我还能忍受。与女邻居们在一起消磨时光，我并不感到无聊；其中有几个女邻居也是很可爱的，很聪明的。有一个女邻居名叫伊萨贝尔·狄维尔卢瓦，是纳沙泰尔邦的检察长的女儿。我觉得她是一个很可钦佩的人，所以我同她建立了很好的友谊，她也乐于和我交往，因为我常给她一些有益的忠告，并在一些重大的事情上帮她的忙。现在她已经是一位贤妻良母了，而她之有这样好的才智、这样好的丈夫和这样好的生活与幸福，也许还得自我对她的开导。至于我，我也很感谢她对我的温馨的安慰，尤其是在一个寒冷的冬天，我病情加重，特别痛苦的时候，她经常来和黛莱丝与我一起度过漫长的夜晚，同我们谈心。她语言高雅，活泼健谈，使我们感到漫漫长夜也仿佛成了匆匆即逝的短短时光。她称我为爸爸，我称她为女儿，我们现在还这样互相称呼。我希望这两个称呼在她和我的心中将永远成为珍贵的记忆。为了使我编织的丝带能派上用场，我就在那些女孩子们结婚的时候当作礼物送给她们，但她们必须答应我：她们将来一定要亲自喂她们孩子的奶。伊萨贝尔的姐姐在结婚时就收到了一条作为结婚礼物的丝带；她没有辜负这份礼物。伊萨贝尔也收到了一条，她本心也很想不辜负这份礼物，但她没有实现她的愿望的幸运。我给她们两人送丝带的时候都写了一封信。给姐姐的信已到处流传，但给妹妹的信就没有那样广为人知了：好在友谊并不需要大事张扬。

在我家附近结交的那些朋友，我就不一一讲述了。但其中有一个人，我必须谈一下。这个人就是普利上校；他在山上有一座房子，每年夏天了都要到这座房子里来住。我本来不想跟他认识，因为我知道他和朝廷与元帅先生的关系都不太好；他根本不想见元帅先生的面。然而，由于他常来看我，而且十分诚心，所以我也去看他。我们一来一往，有时候还在他家或我家吃饭。我在他家中认识了迪佩鲁先生。后来我同迪佩鲁先生的交往变得如此密切，以致我在这里不能不谈一谈这位迪佩鲁。

迪佩鲁是美洲人[①]，是苏里南一位司令官的儿子。司令官死

① 迪佩鲁 1729 年生于荷属圭亚那的帕拉马里勃。——译者

后，继任者纳沙泰尔人尚布里埃就娶了司令官的遗孀。后来，她又再度寡居，便带着她的儿子到她后夫的家乡定居。迪佩鲁是独生子，十分富有，从小就受到母亲的疼爱和细心培养。他后来的成就，都得益于他母亲的教育。他有很多知识，但他在各方面的知识都是半瓶醋。他也喜欢艺术，尤其爱自诩善于推理。他那一副荷兰人的派头，冷漠的表情，低头沉思的姿势，黢黑的皮肤，沉默寡言的内向性格，使许多人都认为他真的善于推理。他年纪虽然很轻，但已两耳重听，又患痛风病，这就使他的举止动作显得很稳重。尽管他也爱争论，有时候还争得面红耳赤，但他平素说话不多，因为他耳背，听人家谈话很吃力。他这副外表令我肃然起敬。我对我自己说："这是一位思想家，一位贤士，有这样一位朋友，真是幸运。"他经常与我交谈，但从来不对我说一句恭维话。他很少谈到我，也很少谈论我的书，也很少谈他自己。他很有见地，他说的话都相当正确。他的语言是那么简练，态度是那么稳重，这就使我对他产生了敬意。虽说他的思想不像元帅先生的思想那样高超，但一举一动都像元帅那样朴实，从某种程度上说，他真有点儿像元帅。我并没有对他入迷，但我由衷地敬佩他，由敬佩而逐渐产生友情。在他面前，我完全忘记了我当初之所以不愿意同霍尔巴赫交朋友的原因。这个原因是：他太富有了。现在看来，我错了，我不该忘记这一点，因为我从经验中得知：一个拥有巨大财富的人，不论他是谁，是不大可能喜欢我和我在我的书中提出的那些言论的。①

① 卢梭对迪佩鲁的这段评论，有失公允，是他在处于焦虑不安的状态下写的。实际上，迪佩鲁是他的一个最真诚的朋友，在他身后竭力维护他的名声。1778 年 7 月 2 日卢梭去世后，第二天迪佩鲁就同穆尔杜与吉拉尔丹侯爵一起承担编辑《卢梭文集》的工作。——译者

我有相当长一段时间没有见到迪佩鲁了，因为我不到纳沙泰尔去，而他每年只到普利上校山上的房子来一次。我为什么不到纳泰尔去呢？说来虽有点像耍小孩子脾气，但不能不在这里提一提。

尽管我受到普鲁士国王和元帅先生的保护，在我的隐匿之地逃脱了敌人的迫害，但我并没有逃脱公众、政府官员和牧师们的暗中议论。自从法国对我挥舞大棒以后，谁要是不骂我几句，谁就不算好汉；谁要是不像那些迫害我的人那样迫害我，谁就会被看做是不与他们一条心。纳沙泰尔的高层人士，即那个城市的牧师们，首先起哄，试图策动邦议会反对我。他们的企图没有成功，就去找市政府的官员，官员们便立刻下令禁止我的书，而且一有机会就攻击我，甚至放出风声，说什么：如果我想到城里去住的话，他们对我是不会客气的。牧师们在他们的《信使报》上连篇累牍地发表的那些荒谬绝伦的言论，虽然使稍有头脑的人都笑掉了牙，但他们的那一派胡言乱语却煽动了一般的民众起来反对我。不过，尽管他们那样摇旗呐喊，大声鼓噪，但我还是得感谢他们，因为他们毕竟手下留情，让我在莫蒂埃住下去（实际上是他们的权力达不到莫蒂埃）。他们恨不得要我出高价才让我一小口一小口地吸此地的空气。他们想要我感谢他们的保护，但事实上，这种保护是国王不顾他们的反对给我的，而他们还暗中想方设法要取消呢。最后，在眼见他们无所不用其极地害我和骂我都不奏效之后，他们不但不明白他们的无能为力，拿我无可奈何，反而吹嘘他们是如何对我大发善心，允许我住在他们这个地方。对于他们的这一套，我本该嗤之以鼻，置之不理，但我竟蠢到生了一肚子气，说什么也不到纳沙泰尔城里去，而且坚持了将近两年之久。事实上，他们对我的态度不论是好是坏，我都不能怪他们，因为他们完全是听人家支使的，我若是太计较了，反倒抬高了他们，何况那帮既无教养又无眼光的人，是只知道权势和金钱的，他们哪里懂得尊重人才的大道理。他们根本就不知道：侮辱人才就是侮辱他们自己。

有一位因营私舞弊而被撤职的村长对伊萨贝尔的丈夫、特拉维尔山谷的警官说："大家都说那个卢梭很聪明，你把他带来让我看看，看他是不是真的聪明。"说这种话的人的不满情绪，当然是不会让遭受这种情绪打击的人听了生气的。

根据我在巴黎、日内瓦、伯尔尼和纳沙泰尔受到的对待来看，我是不可能指望这里的首席牧师给我好脸色看的。布瓦·德·拉都尔夫人曾带我去见过这位首席牧师，他当时对我表示很欢迎。不过，在这个地方，谁对谁在表面上都是很亲热的，因此他口头上的那番客气话，是不能当真的。但是，既然我已正式重新皈依新教，又生活在一个信奉新教的国家，我就不能不参加我所信奉的宗教的公开活动，不能不去参加圣事，否则我就会违背我的誓言和做公民的义务。而另一方面，我又担心在我走到圣餐台的时刻遭到人家的拒绝，使我难堪。而且很有可能，在日内瓦的议会和纳沙泰尔的教会中的上层人士发出一片叫嚣之后，这位首席牧师想在他主管的教堂举行圣体瞻礼的时候狠狠地训我一通。眼见举行圣体瞻礼的时刻即将到来，我便决定写信给蒙莫兰先生（这是那位首席牧师的名字）表示一下我的意愿，说明我是始终诚心皈依新教的；而且，为了避免关于宗教信条的无谓争论，我还同时告诉他：我不愿意听任何人向我讲解什么信条问题。信一发出，我就静下心来做我的事情，以为蒙莫兰先生一定会表示拒绝，因为他不会让我不事先听一下他的讲解，便让我去参加圣体瞻礼的，而我又不愿意听他讲解，事情就会这样搁下来，不了了之，而且过错不在我。哪知事情的发展不是这样的，在我万万没有料到的时候，蒙莫兰先生到我家来告诉我：他不但允许我照我提出的条件去参加圣体瞻礼，而且还说他和教堂的几位执事都以能有我这样一位教友为莫大的光荣。在我这一生中，我从来没有这样惊讶过，也从来没有这样欣慰过。我当时的感觉是：我此前总是孤孤单单地生活在这个世界上，的确是很凄然的，尤其是身处逆境的时候更是如此，而现在，在屡遭排斥和迫害之后，我终于能极其开心地说一声："我至少是同我的教友们在一起的。"我心情激动，眼中噙着热泪去参加了圣体瞻礼。我的心和我的眼泪也许是我能带给上帝的最美好的晋谒礼物。

没过几天，元帅给我送来一封布弗勒夫人给我的信。我估计是达朗贝尔托元帅转给我的，因为他认识元帅先生。这是我离开蒙莫朗西以后，布弗勒夫人写给我的第一封信。她在信中严厉批评我不该给蒙莫兰写那封信，尤其不该去参加圣体瞻礼。我真不明白她为什么发这么大的火，因为自从我上次去日内瓦之后，我已一再公开表明我是新教徒，而且还公开参加过荷兰使馆礼拜堂的活动，当时谁也没有说我做得不对。布弗勒伯爵夫人想在宗教问题上教训我，这未免太可笑了，不过，我不怀疑她的用心是顶好的，虽然我不明白她的用心到底是什么。我对于她的这种没来由的责备，一点儿也不生气，心平气和地回了她一封信说明我的理由。

这时，谴责和辱骂我的文章一篇又一篇地出现在报刊和杂志上。这些文章的大作者们都批评当局对我太心慈手软了。这一幕乱哄哄的大合唱的指使者们还在幕后不断使劲鼓动，因而还真有点儿阴风逼人的可怕样子呢。而我，我岿然不动，由他们去嚎叫。有人告诉我说巴黎索尔邦神学院发表了一篇批判我的文章。我开头根本不相信，因为在这件事情上，索尔邦神学院有什么话可说的？它想宣布我不是天主教徒吗？而大家都早已知道我不是天主教徒了嘛。它想证明我不是一个好喀尔文信徒吗？我是不是好喀尔文信徒，这关它什么事？它这是多管闲事，越俎代庖，替我们的牧师们办事嘛。在没有见到那篇文章以前，我还认为是别人假索尔邦神学院之名发表，用这个办法来开它一阵玩笑，而在看了那篇文章之后，我便更相信是这样了。然而在最后，当我弄清楚它的确是索尔邦神学院发表的之后，我不得不得出这样一个结论：应当把索尔邦神学院的那帮人通通送到疯人院去。

不过，另外有一篇文章使我非常痛心，因为它是出自一个我一贯敬仰的人的笔下。他对宗教的虔诚我很钦佩，但他行事的孟浪，使我感到十分惋惜。我说的这篇文章，是巴黎大主教针对我发表的那道“训谕”。对这道训谕，我觉得必须予以答复，我要不卑不亢地答复他，就像我以前回答波兰国王一样[①]。我从来不喜欢像伏尔泰那样粗声粗气地争吵，我要十分严肃地进行斗争，所以，只有在确信那个攻击我的人硬要迫使我加以还击的时候，我才和他过

① 1750 年，卢梭的《论科学和艺术的复兴是否有助于敦风化俗》发表后，引发了一场持续一年之久的大论战。在这场论战中，波兰国王斯坦尼斯拉斯·勒辛斯基也撰文批评卢梭。针对这位国王的批评，1751 年 9 月卢梭发表了一篇《答斯坦尼斯拉斯·勒辛斯基的驳难》。这篇文章，语气平和，析理透彻，是论战类文章中的一个典范。——译者

招。我毫不怀疑那道训谕是出自耶稣会教士的主意，虽然他们当时已自身难保。我从那道训谕的语气中已经看出他们对受苦受难的人投井下石的一贯作风，因此我也按我一贯的行事原则，在尊重那个名义上的作者的同时，对那道训谕狠狠地予以驳斥。我这样做，我确信是做得很成功的①。

我在莫蒂埃的生活非常惬意，因此我决定我要终老于此。唯一缺乏的是可靠的生活来源。这里的东西很贵。我的家拆散了，因此我原来的计划也打乱了；现在要新安一个家，原来的家具有的扔了，有的卖了，再加上离开蒙莫朗西以后又花了好些钱，所以我手里的那一点点儿积蓄一天天减少，如果不想其他办法贴补，再过两三年就会全花光的，而办法只有一个，那就是再从事写作，写文章出书，然而这个使我倒霉的职业，我早已放弃了。

我深深相信情况不久就会向着于我有利的方向发展。公众在经过一段时间的狂热之后就会头脑清醒过来，使当权的人也将因自己的胡乱措施而感到羞愧。有了这个信念之后，我就想方设法节省开支，使我剩下的钱能够用到情况好转之时，以便在那些可能寻找的谋生的办法中挑选一个来挣钱吃饭。为此，我又拿起了我那部《音乐词典》。这部词典，我写了十年，已大体上完成，只差最后一次修改和誊清了。不久前朋友给我寄来的书，为我完成这部

① 巴黎大主教博蒙的那道训谕发布于1762年8月20日。卢梭对他的训谕的答复发表于1762年11月18日，标题是：《日内瓦公民让-雅克·卢梭致巴黎大主教克里斯托夫·德·博蒙》，这个标题就颇有声势。他问大主教为什么"全欧洲的国家都联合起来与一个钟表匠的儿子作对。"他向大主教明确表明："我是基督徒，但我不是教士的门徒，而是耶稣基督的门徒。"卢梭对以博蒙为代表的教士们所持的鄙夷态度，溢于言表。——译者

词典提供了所需要的资料。他们给我寄来的文稿，在我开始写我的回忆录时，也派上了用场。从此以后，我要把我的全部精力用来写这部著作。我首先准备把那些可以用来按照一定的顺序引导我回忆过去的事情和时间的信抄在一个本子上。我早已把我在这方面用得着的信件都挑出来了，前后衔接差不多有十年没有间断，然而在我重新整理和准备抄录的时候，我发现有一段时间是空的，一封信也没有。这使我很吃惊。这段空无一信的时间（从 1756 年 10 月到第二年 3 月）差不多有六个月之久。我清楚地记得：我已经把狄德罗、德莱尔、埃皮奈夫人和舍农索夫人等人的信都挑选出来了，这些信正好是这段时间写的，现在都不见了。它们到哪里去了？我的文稿存放在卢森堡公馆那几个月里有人动过吗？这不可能，因为我亲眼看见元帅先生把存放文稿的那个房间的钥匙已经取走了。由于几位夫人写给我的信和狄德罗写给我的信都没有写日期，我只好凭记忆给它们补上日期，以便按时间的顺序排列。现在出现了这个问题，我开始还以为是我把日期弄错了，因此又特地把那些没有日期和我代为补上日期的信拿出来重新检查一遍，看是否能找到那些能填补这段空白时间的信，结果一封也没有找到。于是我确信这段时间的信一定是被人偷走了。是被谁偷走的呢？他为什么要偷那些信呢？这，我实在不明白。这些信，是我和那些人大争吵之前，也就是说，是在我沉醉于撰写《朱莉》之时写的，跟谁也没有关系，信的内容顶多也只是狄德罗的一些牢骚话、德莱尔的玩笑话和舍农索夫人与埃皮奈夫人对我表述的友谊（那时候我和埃皮奈夫人的关系好得无以复加）。这些内容对谁有用呢？他偷这些信去干什么呢？一直到七年之后，我才猜想到这一偷盗行为的丑恶目的。

由于信件的短缺，我又检查了一下我的文稿，看是否也有短缺。我发现缺少了几份文稿，由于我的记性不好，因此我觉得在那堆文稿中还真的缺少好些稿子，例如《感性伦理学》和《爱德华绅士的爱情故事》都不见了。这后一部稿子，后来由卢森堡夫人的随身侍从拉罗什寄给了我，因此我当时怀疑稿子是卢森堡夫人拿去的。是的，在这个世界上对这些用破破烂烂的纸张起草的稿子感兴趣的人，只有她。而另一部稿子和那些信件为什么也引起了她的兴趣呢？即使她怀有恶意，她也无法利用它们来害我呀，除非她加以篡改。至于元帅先生，我很了解他，他是非常正直的，对我的友情也是很真诚的，我不能对他有半点疑心，甚至对元帅夫人也不能有此怀疑。我花了许多时间和精力都没有发现谁是窃贼之后，我觉得，只有一个推测合乎情理。这个推测是：这件事情是达朗贝尔干的。我估计：他想了一个办法混进卢森堡夫人的家，去看那些文稿和信件，把其中他感兴趣的全都拿走：不管是稿子也好，信件也好，拿去造谣生事，或者把对他有用的材料据为己有。我看，他是被《感性伦理学》这部稿子弄昏了头脑，以为是发现了一部真正的唯物主义哲学著作的写作提纲。不难想象，他是想从其中找出点破绽来攻击我。我敢肯定，只要他仔细一看那部稿子，他很快就会发现他的想法错了。既然我已决定离开文坛，因此对于这类盗窃我的文稿的事情，也不怎么在乎，因为这种行为已不是此人第一次干了*，过去

* 我在他的《音乐初阶》中发现有许多论点都是从我给《百科全书》写的有关音乐的词条中抽取出来的。这些词条都是在他的《初阶》出版之前好几年交给他的。我不知道他在那本标题为《艺术词典》的书中承担了多少工作，但我发现有些条目是逐字逐句抄自我早在《百科全书》中发表的词条。

几次，我全都忍着，没有说过一句怨言。我很快就把人家的这种不忠厚的行为抛到一边，不去想它，就好像从来没有发生过这种事情似的。我集中精力开始整理剩下的材料，以便安下心来写我的《忏悔录》。

我很久以来就以为日内瓦的宗教界人士，或者，至少是公民和市民，会对那道逮捕我的命令中的违反教会法的地方提出异议。但一切都很平静，至少在表面上是如此。其实，在日内瓦暗中有一种普遍的不满情绪，一有机会就会爆发出来。我的朋友们，或者说那些自称为我的朋友的人，一封又一封地不断写信来催我回日内瓦去领导他们，并向我保证，公众一定会纠正小议会的错误。由于我担心我一出现在日内瓦就会引起骚动和混乱，所以我没有接受他们的请求。我始终忠于我过去的誓言：绝不参与我国的任何一种内部纷争。我宁可让人们对我的侮辱继续存在，我继续在国外流亡，也不愿意用暴烈和危险的手段回到我的祖国。的确，我曾期望市民们用合法的与和平的方法对一个与他们有极大利害关系的违法行为表示反对，但他们迄今一点表示也没有。市民阶层的领袖们不致力于替不平之事伸张正义，而是千方百计寻找机会显示他们是不可或缺的人物。他们明知有人在搞阴谋，但他们却默不作声，让那些假虔诚或自称虔诚的人大喊大叫，把日内瓦闹得乌烟瘴气。其实，这些人都是小议会放出来制造舆论的，目的是使无知的小民把我看作是一个可憎的坏人，而把他们的胡作非为说成是出自对宗教的热忱。

我白白地等了一年多，一直没有人站出来抗议这一没有经过法律程序而发布的逮捕令，于是，我终于下定了我的决心：既然我的同胞抛弃了我，我也就决心放弃我那无情无义的祖国。我从来就没有在这个国家好好地生活过；我没有得到过它的任何好处和爱护。我曾努力为它争光，而它竟这样恶毒地对待我，而且是举国一致地这样对待我。那些应该站出来说话的人，都一个个一声不吭。因此我给那一年的首席执行官法弗尔先生写了一封信通知他：我正式放弃我的市民权。不过，我在信中的措辞还是彬彬有礼的，是很有分寸的。在我落难的时候，我的敌人往往是残酷地对待我，而我对他们的那些行为始终是泰然处之，有礼有节地应对。

我的这一行动终于使公民们觉醒起来，认识到他们错了：他们撒手不管，不为我辩护，这不符合他们自身的利益，因此他们立刻挺身出来为我鸣不平，虽然为时已晚。除这件事情以外，他们还有一些其他不满意的事情。他们多次向小议会提出非常合情合理的申诉，但小议会自恃有法国政府的支持，对公民们的申诉毫不留情地严词拒绝。这样一来，遂使他们感到小议会将更加强硬地压迫他们。他们为自身的利益计，不得不扩大和加强他们继续申诉的行动。争吵的双方都发表了许多小册子，大打笔墨仗。正当双方打得难解难分之时，《乡间来信》这本支持小议会的小册子突然问世，一下子就把反对派打得哑口无言，有一段时间几乎溃不成军。这本小册子写得实在好，文笔的巧妙堪称上乘，不愧是作者罕见的才能的不朽之作。它出自总检察官特农香之手，此人聪明干练，对共和国的法律和重大国策十分精通。大地一片沉寂。

反对派消沉一段时间之后，又振作起精神，写了一篇反驳的文章，花的时间不少，写得也还可以。但是，他们都把眼睛转过来望着我，认为只有我才能与那样的对手较量，并把他打倒在地。我承认，我当时也是这样认为的。我的老同胞们认为，我用我这支笔帮助他们走出这个因我而产生的困境，是我的一个义不容辞的义务。在他们的敦促下，我便答应了承担这个批驳《乡间来信》的工作。首先，我要在文章的标题上与他唱对台戏，我针锋相对地用《山中来信》作我的文章的标题。这项工作，我进行得如此秘密，以致我在托隆与反对派的领队人商谈这件事情时，尽管他们把他们的那篇反驳文章给我看了，我也一字不提我的文章（当时已经写好了初稿），因为我怕走漏风声，让官员们或我的敌人知道之后，就会给文章的印刷工作制造麻烦。然而，我还是未能避免这部作品在出版前在法国就已经有人看到了。他们允许这部作品出版，但始终不让我知道他们是怎样发现我的秘密的。关于这件事情，我把我所知道的情况已全都陈述如上。我所知有限，知道多少就说多少，至于纯属猜测而未经证实的情况，我一字不提。

在莫蒂埃期间，来看望我的人，差不多和我在退隐庐与蒙莫朗西期间一样多，只不过来看望我的目的，与从前来看望我的目的大不相同。以前来看我的人，多半都是在工作、爱好和信念方面有共同点，他们以此为借口来看我，因此，一见面就开门见山地谈我能够与他们交谈的事情。在莫蒂埃就不是这样了，从法国来的人尤其如此。来的人都是些军官，或者是一些对文学毫无兴趣的人，甚至大部分人都没有读过我的作品。据他们说，他们之所以不惜走四十法里、六十法里甚至一百法里来看我，来拜访我，是因为我是一个名人、大名人、特大名人和特大伟人，等等，等等。从这以后，人们就不断对我当面大吹大捧，说许许多多庸俗不堪的奉承话。而在此以前来看我的人都是怀着敬意的，是从来不对我说那么多恭维话的。由于这些不速之客大部分都不通名报姓，也不说明他们的身份，再加上他们关心的事情和我关心的事情都不相同，他们又没有研究或者看过我的著作，所以我不知道同他们谈什么才好。我等他们自己先开口，因为只有他们自己知道他们为什么来看我，应当由他们道明来意。不言而喻，我对这种谈话是不大感兴趣的，也许他们觉得很有趣，这就看他们想知道什么了。我这个人历来不耍心眼儿，我毫无保留地回答他们认为需要向我提出的问题，因此，他们回去的时候，对我的情况的了解，大体上都同我一样清楚。

举个例子：我就是用这个办法接待范斯先生的。他是王后的骑士级侍从兼王后卫队的骑兵队长。他很有耐性，在莫蒂埃待了好几天，而且牵着他的马同我一起一直步行到拉费里耶尔，而我们两人，除了都认识菲尔小姐和都会玩抛球游戏以外，便没有其他的共同点。在范斯先生之前或之后，我还接待过另外一次更为古怪的来客。有两个人步行而来，每一个人都牵着一头驴，驮着他们的小行李包。他们在旅店住下，亲自把驴刷洗干净之后，便登门来看我。人们一看他们的那身驴夫装束，便以为他们是走私贩。这个消息立刻传开了，说是有走私贩到了我家。但是，从他们走进我家时候的那种神情就可看出他们不是那种人。不过，虽说不是走私贩，但很可能是闯荡江湖的，因此我对他们保持了一段时间的戒心。他们不久就使我放下心来。这两个人，一个是蒙铎邦先生，又称拉都尔·杜·班伯爵，是多菲勒省的一位绅士；另一个是达士蒂埃先生，卡尔邦特斯人，曾任军职，他把圣路易勋章放在衣兜里，不显示出来。这两位先生对人都挺和气，很有才华。他们的谈吐不俗，令人很感兴趣。他们的旅行方式很合我的胃口，他们的举止不像法国绅士的那种派头，因此使我对他们产生了好感，愈谈愈投缘。我们的交情到现在也没有结束，还在继续。他们后来又来看过我几次，不过不是步行（开头一次是步行，不失为一件很有雅趣的事）。后来，我愈观察这两位先生，我便愈发现他们的情趣和我的情趣之间很少有共同之处，他们的行事原则不同于我的行事原则；我发现他们并不熟悉我的著作，在他们和我之间没有任何真正的感情交流。然则，他们为什么来拜访我呢？为什么穿那身衣服来看我呢？为什么要在我这里盘桓好几天呢？为什么后来又来了好几次呢？为什么一再希望我到他们家去做客呢？我当时并没有想到这些问题，这些问题是我后来偶然想起来的。

他们的盛情感动了我，我就不假思索地把我的心交给了他们。尤其是达士蒂埃先生，我觉得他的性格开朗，很讨我喜欢，我后来甚至一直和他通信。当我准备把我的《山中来信》送去印刷的时候，我还想请他帮忙，以便瞒过那些打算在去荷兰的路上窃取我的稿件包裹的人。他同我几次谈到（也许是有某种企图）在阿维尼翁出书非常的自由。他说，如果我有什么作品要印的话，他可以帮我的忙，所以我就陆续把我的头几本稿件寄给他了。稿件在他手里放了很久之后，他寄还给了我，说没有任何一个书商敢承印。于是，我只好去找雷伊。我仔细安排，一本一本地寄，没有接到前一本已经妥收的回条，便不寄下一本。在这部作品尚未正式出版之前，我知道有人曾经在几位大臣的办公室里见过这部稿子。纳沙泰尔人德士舍尔尼对我谈到一部叫作《山中来人》的书；他说，霍尔巴赫告诉他说是我作的。我向他郑重申明我从未写过这样一个标题的书。当我的《山中来信》出版的时候，他很生气，说我对他撒了谎，虽然我告诉他的全是真话。从以上情况看，我敢断定，我的稿子的确被人家看过。由于我确信雷伊是忠实的，所以我只好另作推测。我推测：我寄稿子的包裹在邮寄途中被人打开看过。

差不多也就是在这个时候，我又结识了另外一个人。不过，在开始的时候，我们只是互相书信往还。这个人名叫拉里奥先生，是尼姆人。他从巴黎写信给我，要我给他寄一张我的侧面像。他说他准备用我这张侧面像请勒·穆瓦纳照着雕一个大理石半身像放在他的书房里。虽说这是为了笼络我而别出心裁想出来的一个讨好我的办法，但我觉得：一个人愿意把我的大理石半身像放在他的书房里，此人必定是熟读了我的著作，信奉我的学说的；他一定很爱我，他的心灵和我的心灵是相通的。他的这个想法当然是很有诱惑力的。后来，我见到了拉里奥先生。我发现他很想帮我一些小忙，插手我的一些小事情，但我怀疑在他这一生中所读过的为数不多的书里是否真有一本是我的著作。我不知道他是否真有一个书房，说不定他所谓的书房只不过是一张他常用的书桌而已。至于那个半身像，其实是勒·穆瓦纳用黏土捏成的，做工很粗糙，而且还在上面附带雕了一个很难看的人头像。他用我的名字到处吹嘘，好像那个人头像和我真有几分相像似的。

我觉得：真正出于对我怀有敬意和喜欢我的著作而来看我的唯一法国人，是利穆赞团的一位青年军官，他的名字叫赛吉埃·德·圣布里松。他曾经以他的出众才能和过人的智慧在巴黎名噪一时，而且也许现在在巴黎还十分活跃。他在我大祸临头前的一个冬天到蒙莫朗西来看我。我发现他热情奔放，使我感到很喜欢。后来他写信到莫蒂埃，不知道他是为了讨好我还是真的读《爱弥儿》读入了迷，他在信中告诉我说他想离开军队去过独立的生活，还说他已开始学木工的活计。他有一个哥哥，与他在同一个团里，是上尉；他说他的母亲特别偏爱他的这位哥哥。他的母亲是一位过分虔诚的信徒，不知道受了哪个伪善的神甫的教唆，对小儿子很不好，指摘小儿子不信宗教，还说他与我来往是一桩不可饶恕的罪过。由于有这些苦处，他想同他的母亲断绝关系，去过我在前面说的那种独立的生活，当一个小爱弥儿。

接到这封诉说衷曲的信以后，我赶紧回信，让他改变主意。经过我苦口婆心地劝说，他终于回心转意，继续像从前那样对他母亲尽儿子的天职，并从团长那里收回了他的辞呈。幸亏他的团长很慎重，收到他的辞呈后并没有立即批准，给他留下时间让他考虑。圣布里松从他的这个糊涂念头清醒过来之后，又动了另外一个糊涂念头。这第二个糊涂念头虽不像前一个那么荒谬，但不大合我的口味；他想当作家。他接连写了两三本薄薄的书，从这两三个小小的作品看，他并不是一个没有才华的人，所以我以夸赞的语气鼓励他继续写下去。我这样做，是问心无愧的。

没过多久，他来看我，我们一起到圣皮埃尔岛游览。在这次旅行中，我发现他跟从前到蒙莫朗西来看我时有明显的不同。他有一种难以形容的装模作样的样子。我当时虽未感到太大的不快，但后来却时时回想起。后来，当我去英国途经巴黎时，他又到圣西门大楼[①]来看我一次。我在那里听人家说（他本人并没有对我说）他经常出入上流社会，并相当殷勤地去拜见卢森堡夫人。我到特

① 孔迪亲王在巴黎居住的圣殿中的一座当教堂用的大楼。——译者

里之后，他就杳无音信，也不托他的亲戚赛吉埃小姐（她是我的邻居，但对我始终没有好感）给我捎个口信。总之，圣布里松先生对我的倾慕，就像范斯先生与我的交往一样，突然一下就结束了。不过，范斯先生并不欠我的情，而圣布里松曾得过我的帮助；莫非我阻止他做的那些傻事，是他故意做出来跟我闹着玩的？看来很可能是这样。

从日内瓦来看我的人就更多了。德吕克父子二人就先后让我当他们的护士。老德吕克是在路上病倒的，而小德吕克是从日内瓦一动身就生病了。他们两人都住在我家养病。除这两人以外，在此期间，什么牧师呀，亲友呀，装模作样的虔诚信徒和各种各样的人都从日内瓦和瑞士一窝蜂似的来了。他们不像从法国来的人那样，有的是因为仰慕我、有的是专门来嘲弄我；从日内瓦和瑞士来的人，则是为了责备我和向我宣讲教义。在这些人当中，唯一使我感到高兴的是穆尔杜，他和我一起待了三四天，而我很想留他多住些日子。此外，在他们当中，最有耐性、最固执而且纠缠得使我不得不听他摆布的，是迪维尔卢瓦先生。他是日内瓦商人，是一个法国难民，是纳沙泰尔总检察长的亲戚。他每年从日内瓦到莫蒂埃来两次，都是专程为了看我而来的，每次在我家都要一连待好几天，从早晨到晚上寸步不离，同我一起散步，给我带来各式各样的小礼物，对我的情况总是刨根问底，最后弄得不由我不说出来。可是，在他和我之间根本就没有什么共同点，无论是性格、感情和学识都不是同一个类型。我怀疑他这一生中是否真的读完过我的任何一本书，我看他根本就不知道我在书中谈了些什么问题。我去采集植物标本的时候，他也跟我一起去，其实他对这件事情一点儿兴趣也没有。一路上，他对我一句话也不说，而我对他也一句话不说。他甚至有耐心同我在古穆瓦纳一家小酒馆里面对面地待三个整天。我以为用这个办法使他感到腻烦，并使他感到我对他是多么讨厌，从而把他赶走。但这一切都未能使我战胜他那令人难以置信的耐心，也猜不透他这样做的动机是什么。

在所有这些我无法推辞而不能不接待的人当中，我不应当略而不提那个唯一使我感到愉快并真正铭记在心的人。此人是一个年轻的匈牙利人，住在纳沙泰尔，后来从纳沙泰尔来到莫蒂埃。这是我在莫蒂埃住定以后几个月的事。当地的人都按照他从苏黎世来的时候用的名字称他为索特恩男爵。他身材高大，体态匀称，模样儿长得很俊，待人接物也挺随和。他对大家都说，而且使我本人也从他的话中听出他是因为我才到纳沙泰尔来的，其目的，是想通过与我交往，以便在他的青年时期培养品德。我觉得，他面部的表情、他说话的声调和他的一举一动都与他话中的意思是相符合的。一个如此可爱的青年人怀着这样一个美好的愿望来求我，我若拒之门外，那是有亏做人的最大天职的。我与人交往，从来不半心半意；他很快就得到了我的友谊和信任，我们两人不久就变得形影不离了。我每次徒步旅行，他都跟我一起去，他也很喜欢徒步旅行。我带他到元帅先生府上去，元帅也很喜欢他。由于他不大会说法语，他便用拉丁语同我交谈和写信，而我则用法语回答他。尽管我们两人是混合使用这两种语言，但我们的谈话依然十分顺畅，十分高兴。他对我谈到他的家庭、他的事业和他经历的事情；他还谈到了维也纳宫廷，他似乎对维也纳宫廷的内幕很熟悉。在我们亲密相处将近两年的时间里，我发现他的性格一直是那么平和，经得起各种各样的考验。他为人不但诚实，而且品行高尚，衣着整洁，语言极其文雅。这一切表明他的确是一个世家子弟，令人十分钦佩，使我无法不喜欢他。

正当我们两人相处得十分融洽的时候，迪维尔卢瓦从日内瓦写信告诉我，叫我提防这个住在我家的匈牙利青年，因为有人告诉他说，这个年轻人是法国政府派到我身边的密探。这个消息，在我所在的这个地方，当然是有点令人不安的。大家都叫我多加小心，说有人在监视我，准备把我诱入法国领土就处置我。

为了一下子就封住那些造谣生事的人的口，我向索特恩建议到蓬塔利埃去做一次徒步旅行，但不向他透露去那里旅行的原因；他同意了。一到蓬塔利埃，我就把迪维尔卢瓦的信给他看。我使劲拥抱他，对他说："索特恩不需要我证明我对他的信任，但公众需要我证明我信任你。"这一拥抱使人感到十分温暖。这种暖人心田的情谊是那些迫害者们既无法理解，也无法从被压迫的人们的心中夺走的心灵的快乐之一。

我从来不相信索特恩是密探，也不相信他会出卖我，但他欺骗了我。当我毫无保留地向他敞开心扉的时候，他却经常向我紧紧地关上了他的心，用了许多谎言来欺骗我。他对我瞎编了一段故事，使我认为他需要回国去。我催他赶快动身；他动身了。当我以为他已回到匈牙利的时候，我获悉他在斯特拉斯堡。这不是他第一次到斯特拉斯堡。他曾在那里给一个人的家庭制造不和。那家的男人知道我和他很熟，便写信给我，我也尽我的一切力量规劝那个当妻子的要守妇道，我还写信给索特恩，劝他对自己的行为应多加检点。当我以为他同那个女人已完全断绝关系的时候，他们两人反而更亲近了。那个当丈夫的,还大献殷勤,把索特恩请到他家里去。这样一来,我就无话可说了。我还发现这个所谓的男爵编了许多谎言骗我,他的名字根本不叫"索特恩",他真实的名字是索特士海姆。至于"男爵"这个头衔,是他在瑞士的时候人们这样称呼他的。这,我不怪他冒用,因为他从来没有以"男爵"自称。不过,我不怀疑他是一个真正的绅士,就连善于识人并到过匈牙利的元帅先生也这么认为,一直把他当绅士看待。

他刚一动身,他在莫蒂埃经常去吃饭的那个小客栈的一个女佣便说怀孕了,怀的是他的孩子。那个女佣既长得丑,而且一身脏得要命,而索特恩在这个地方是一向以他的良好品行受到大家的尊敬的,而且他素来爱清洁,所以这个坏话一传出去,大家都感到很气愤。当地最漂亮的女人(她们都曾想方设法勾引他,但都没有成功)都快气疯了。我也气得不得了。我曾竭力阻止那个不要脸的女人再嚷嚷,答应负担她的一切费用,并且替索特士海姆作担保。我写信告诉他说,我深信那个女人的肚子不但不是他搞大的,而且是假怀孕,是他的敌人和我的敌人搞的鬼把戏。我希望他回到莫蒂埃来,当面拆穿那个又丑又邋遢的婆娘和幕后指使她的人。他回信的语气闪闪烁烁,这使我感到吃惊。他还写信给那个女人的教区牧师,请牧师想办法把这件事情平息下去。既然他这样做,我就撒手不管了。不过,我心里一直纳闷:这么一个放荡的人怎么能如此克制,在我们最亲密无间的时候,居然以他端庄的外表骗过了我。

后来,索特士海姆从斯特拉斯堡到巴黎去寻求发展,但他在巴黎陷入了困境。他写信给我说他已真诚地认识到他自己的罪过。

一回想到我们旧日的友谊,我便给他寄了一点儿钱。第二年,我路过巴黎时见他还是那样窘迫,不过,他已成了拉里奥的好朋友。我不知道他是怎么认识拉里奥的,不知道他们是新交还是旧友。两年以后他又回到了斯特拉斯堡,从斯特拉斯堡给我写过几封信,后来他就死在那里。以上就是我们交往的简单经过和我所知道的他经历的一些事情。尽管这个可怜的年轻人的命运令人惋惜,但我还是相信他是出生在一个良好的家庭,他行为的放荡,是他所处的环境造成的。

我在莫蒂埃交往和结识的人就是这些。这是我的收获,但愿这样的收获能补偿我在这段期间遭到的惨痛损失!

我的第一个损失是卢森堡先生的去世,他是被医生长期误诊,被疾病折磨死的。他得的是痛风病,而医生硬说不是,说他患的是一种他们可以治好的病。如果卢森堡夫人的亲信拉罗什给我的信中讲述的情况是可信的话,我们应当从这个惨痛难忘的事例中看出:一个人不论多么伟大,也会遭遇令人扼腕叹息的苦难。

我之所以对失去这位仁厚的长者感到如此悲伤,是因为他是我在法国唯一的朋友。他的性格是那样随和,以致使我完全忘记了他显赫的地位,把我看作是与他平等的人。我逃亡之后,我们的联系也没有因此而中断。他同从前一样,继续与我通信。不过,我也觉察到,由于我远遁他方,或者是由于我的不幸,因而使他对我的眷顾之情明显地减弱了。当然,要一个朝中大臣对一个他知道是不受各国君主喜欢的人永远保持那份情谊,对他来说也的确是很难做到的。此外,我还发现,卢森堡夫人对他的影响肯定是对我不利的。她将趁我不在他们身边的时候向他说我的坏话。至于她，虽然有时候对我也装出一副亲切的样子，但这种表情是愈来愈少，很难掩盖她对我的感情已经起了变化。我在瑞士的时候，她给我断断续续写过四五封信之后，便杳无音信。看来我当时对她确实是太信任了，盲目地相信她对我的友情，所以才没有看出她对我的态度早已冷淡。

杜什纳的合伙人、书商居伊，在我走之后，经常到卢森堡府上去。他写信告诉我说，在元帅先生的遗嘱上列有我的名字。这是很自然的，十分可信的，我对此毫不怀疑。这个消息使我在心里琢磨：对于这份遗赠，我应当持何种态度。经过通盘考虑之后，我决定：不论是什么遗赠，我都接受，以此表达我对一个正直的人的敬意。因为，像他这样地位的人，一般是不重友谊的，而他竟对我有这么一份真正的友情，这的确是出自真心的。不过，我这个想法并未实现，因为后来就再也没有听人谈起这项或真或假的遗赠。说实话，如果真有其事，如果我真的利用了一个我所敬仰的人的死亡而获得某种好处，那是有违我一贯遵循的道德原则的，我会感到十分难过的。在我们的朋友穆萨尔病危期间，勒涅普建议我趁这位朋友对我们对他的照料感激在心的时候，让他对我们做出有利的安排。“啊，亲爱的勒涅普，”我对他说道，“切莫使利欲之心来玷污我们对这位垂死的朋友应尽的伤心而又神圣的义务。我不愿意我的名字出现在任何一个朋友的遗嘱上。”也就是差不多在这个时候，凯特元帅先生向我谈到他的遗嘱，说他打算在他的遗嘱里对我有所馈赠，我对他的回答，已经在本书上篇中说过了。

我的第二个损失——使我更伤心、更无法弥补的损失，是那位最善良的女人和最慈爱的母亲[①]的去世。她已年纪衰迈，疾病缠身，十分穷困，终于离开了这人间苦海，到那善人居住的乐土去了。在那里，她将享有人们对她在世上所做的善事的美好回忆，作为对她的永恒的回报。去吧，高洁而慈爱的灵魂，到费讷龙、贝尔奈和卡蒂纳这样一些人的身边去吧；到那些虽然地位卑微但同他们一样诚心行善的人的身边去吧，去享受你的善行所结的果实，并为你的学生[②]准备他盼望有朝一日能站在你的身边的位置！你真幸运啊，因为上天结束了你的厄运，免去了你看到你的学生的悲惨命运！由于担心她会为我先前那些不幸的遭遇感到痛苦，所以从我到瑞士以后就一直没有给她写过信，但我曾写信给孔济埃先生打听她的消息。孔济埃先生告诉我说，她已经无法关心那些受苦的人了，而且她自己也不再在人世受苦了。我本人也许不久也将不再在人世受苦，但是，如果我不相信我在另一个世界会见到她，我这微弱的想象力也就不会去想象我将在那里获得的完美幸福了。

我的第三个损失，也就是我的最后一个损失（因为在这个损失之后，我就没有朋友了），是我再也没有机会和凯特元帅先生重逢。他没有死，但他已倦于为那些忘恩负义的人服务，离开了纳沙泰尔，从此以后，我就没有再见到过他。他现在还健在，我希望他的寿命比我活得长。幸亏有他健在，我在世上的依恋之情才没有完全断绝，在这个尘世上毕竟还剩下这么一个人配享我的友谊，因为友谊的真正价值，在心中感觉到的时候比在头脑里回忆的时候珍

① 指华伦夫人。——译者

② 指卢梭本人。——译者

贵得多。我已经不可能再获得他的友谊给予我的甜蜜感觉了；我只能把他作为我依然敬爱但不可能再有联系的人看待了。他要到英国去接受国王对他的赦免，并收回他过去被没收的财产。我们在分别的时候并不是没有制订重逢的计划的；这个计划，他和我都同样感到很美好，他打算定居在阿伯丁附近的凯特庄园，我将来就到那里去看他。但是，这个计划在我看来是太过于乐观，所以反倒难以实现。后来，他并没有留在苏格兰。应普鲁士国王的盛情邀请，他又回到了柏林；人们不久即将看到我是怎样被迫不能到柏林去同他相见的。

他在离开纳沙泰尔之前，就已经预料到有人将鼓动一场反对我的风暴，所以主动派人给我送来一份入籍证书。有了这份证书，似乎就可以防止别人把我逐出这个地方。特拉维尔山谷的古维教会也仿效总督的做法，发给我一份入会证，同入籍证一样，也是免费的。这样一来，无论从哪方面说，我都是这个国家的公民，谁也无权赶走我，即使是国王，也无此权力。但是，要想迫害一个最尊重法律的人，历来都是不采取合法的途径的。

我认为，我不能把马布里神甫之死看作是我在这个时期的损失之一。我在他的哥哥家住过，所以和他有些来往，但不亲密。我有理由相信，自从我的名气比他大以后，他对我的态度就变了。他对我的恶意表现，是在《山中来信》出版之后，我才感觉到的。在日内瓦流传着一封致萨拉丹夫人的信，据说他是写的。他在信中说我的这部作品通篇都是一个唯恐天下不乱的狂徒煽动暴乱的言论。我对马布里神甫是很敬重的，对他的学识是很钦佩的，所以开始我一点儿也不相信那封荒谬的信是他写的。我坦坦率率地按照我的想法办事，我把那封信抄了一份寄给他，并告诉他有人说是他写的。他一直没有给我回信。他保持沉默，不回我的信，这已经使我吃惊了，及至接到舍农索夫人来信告诉我说那封信确实是神甫写的，还说我的信使他感到很难堪，这时候，请大家想一想我吃惊的程度是多么大啊，因为，即使他在那封信中说的全有理，他为什么要那样大张旗鼓地公开嚷嚷呢？他那封信并不是人家强迫他非写不可嘛，他为什么竟欣然命笔大写特写呢？其目的，不是趁一个不曾辜负过他而又一向对他有好感的人在突遭横祸之时落井下石置之死地，又是什么呢？不久以后，他出版了一本书，标题为《弗西翁的言论》[①]。我发现，这本书完全是他不知羞耻地从我的著作中东抄一点西抄一点拼凑而成的。一翻开这本书，我就感到此书的作者是冲着我而写的。像他这样凶恶的敌人，还没有第二个。我深深感到，他既不会原谅我写了一本远非他的能力所能撰写的《社会契约论》，也不会原谅我写了一本《永久的和平》。他以为我只能从圣皮埃尔的著作中摘录几句，而没有想到我居然写得那么好。

我愈往下写，便愈难于按事情的先后次序写。我这一生中，经受的风风雨雨太多，不允许我有足够的时间在脑子里把事情一件一件地按顺序排列。事情太多，又错综复杂，令人十分烦恼，所以叙述起来不可能不显得零乱。它们给我留下的唯一深刻印象是：发生这些事情的原因非常神秘，它们已经把我逼到了绝境。我往后的叙述只能是信笔写来，想到什么就写什么。我记得，就在我所

① 这是简称，马布里这本书原标题的全称是《弗西翁关于道德和政治的关系的言论》。——译者

说的这个时期，我正忙于写我的《忏悔录》，但我很不谨慎，对大家都说起这件事情，压根儿就没有料到居然有人对这件事情感兴趣，没有料到他们有能力并打定主意要横加阻挠。不过，即使我料到了，我也是不在乎的，因为我天生就不会隐瞒我所做的和我想做的事情。据我的判断，人们之所以掀起那场风暴，其中的真正原因是想把我赶出瑞士，把我交给那些有能力阻止我写这本书的人，使我无法进行这项工作。

我还有一项工作，也是那些怕我做前一项工作的人十分嫉妒的。这项工作是：编印一部我的《全集》。在我看来，这项工作是完全必要的，目的是向公众表明，在那些标有我的名字的书中，哪些书真正是我写的，使公众能够识别哪些书是我的敌人为了败坏我的名声而冒用我的名字出的。此外，出这部全集，也是使我有钱买面包的既简单而又诚实的办法，而且也是唯一的办法。因为我已放弃写作，不再另撰新书，而我的回忆录又不能在我生前出版，再加上我又没有其他的办法挣钱，每天的开销又不能减少，我最后几部著作的收入一花完，吃饭的钱就没有了。正是由于这个原因，我不得不把我的《音乐词典》的稿子卖给书商，尽管它当时还不够完善。这部书使我得到了一百路易的现款和一笔一百埃居的终身年金。但是，我一年要花六十多个路易，这一百个路易不久就会花完的；而那一百埃居的年金也经不起花，因为总有那么一帮穷鬼像麻雀似的跑来揩我的油，所以这一点点年金也是杯水车薪，无济于事的。

这时候，从纳沙泰尔来了一伙商人想承印我的全集，另外，从里昂也来了一个名叫雷基亚的印刷商或书商。我不知道他是怎么一下子就钻到那一伙商人中间去主持起这项工作了。合同还订得比较合理,满足了我的要求。我的作品,已经印出的和尚未印出的合在一起编成四开本六卷。编辑工作由我负责,他们每年付给我一千六百法国利弗尔的终身年金和一次付清的一千埃居现款。

合同订了,但没有签字,这时,我的《山中来信》出版了。声讨这部邪恶的著作和它的罪在不赦的作者的汹涌浪潮席卷而来,吓坏了那些书商,出全集的工作便就此搁浅。我把这部作品产生的后果同《论法国音乐的信》产生的后果做了一个比较,虽说《论法国音乐的信》给我招来了一些人的仇恨和使我处于危险境地,但它同时也给我带来了另外一些人的钦佩和尊敬。而《山中来信》一出版,在日内瓦和凡尔赛,人们似乎认为让我这样一个魔鬼活在人间真是一件不可思议的事情。日内瓦的小议会在法国常驻代表的鼓动和总检察官的支使下,立即对我的作品发表了一个公告,不但以最恶毒的字眼宣称我这本书应当让刽子手拿去烧掉,而且以调侃的语气说:凡是看过甚至听说过这本书的人都应当感到羞耻。我很想把这篇令人好笑的奇文转录在此,可惜我手头没有,而且连一个字也记不得了。我热切希望在我的读者中有人能出于对真理和正义的热爱把我的《山中来信》全文再读一遍。我敢断言,他读过之后一定会感到:尽管这部作品的作者横遭人们的侮辱,但他全书的行文不急不躁,笔调十分平和。需要指出的是,由于小议会的那些人既不能破口骂我,因为我的书中根本就没有一句骂他们的话;也不能批驳我,因为我提出的论据都是不可辩驳的,他们便装出一副十分恼怒的样子,说什么不愿意驳斥我对他们的指摘。的确,有一点倒是真的,那就是:如果他们把不可辩驳的论据看作是骂他们的话,他们可真的被我狠狠地骂了一顿啊。

然而,反对派的领袖们不仅没有对那份胡诌一气的公告表示不满,反而照着公告里说的话做;不仅没有把《山中来信》当做进攻的武器,反而遮遮掩掩,躲之唯恐不及。他们竟那样怯懦,对这部为保护他们而且是应他们的请求才写的作品,既不表示称赞,又不说一句公道话;既不引用,甚至连提都不提,尽管他们暗中从这部作品里摘取了许多论点,而且,他们之所以能获得安全与胜利,唯一的原因,就是他们完全遵循了这部作品在结尾中向他们提出的忠告。他们要求我尽的职责,我尽到了。我鞠躬尽瘁地为祖国和他们的事业尽到了我的力量。我希望他们在争吵中不要涉及我,而只涉及他们自己。他们照我的话做了。我一再提醒他们要采取和平的办法来处理这件事情,因为我毫不怀疑,如果他们坚持用他们的办法,他们一定会被法国打败的。后一种情况没有发生。我知道其中的原因,不过,这里不是谈这个原因的地方。

在纳沙泰尔,《山中来信》最初引起的反应很平静,我送了一本给蒙莫兰先生,他欣然接受,而且,看了之后,也没有提什么反对的意见。他当时同我一样,也在病中,而在病愈之后还很友好地来看我,什么话也没有说。然而传言四起,有人说骚乱已经开始了;我的书被当众烧了,但我不知道是在哪里被烧的。骚乱的中心很快就从日内瓦,从伯尔尼,从凡尔赛移到了纳沙泰尔,尤其是移到了特拉维尔山谷。在特拉维尔山谷,甚至在宗教界还没有任何明显的行动以前,就已经有人在暗中鼓动民众了。我敢说,我是应当像我在所有我居住过的地方受到民众的爱戴那样受到这个地方的民众的爱戴的,因为我曾大把大把地布施金钱,不让我周围的任何一个穷苦的人得不到帮助。我从来不拒绝向任何一个人提供我力所能及的正义的声援。我同所有的人都相处得十分融洽,尽力避免显示任何一点足以引起他人讨厌的文人习气。然而这一切都未能阻止当地的无知小民在某些人的暗中鼓动下,逐渐逐渐地对我产生不满情绪,以致后来竟发展到疯狂的仇视,在大庭广众之中公开侮辱我,不仅在乡下,在路上,甚至在大街上也如此。尤其是那些曾经得到过我的许多好处的人表现得最激烈。至于那些还继续得到我的好处的人,虽不敢公开出面反对我,但也在挑动其他人反对我,好像不这样做,就难以洗刷他们曾受过我的恩惠的耻辱。蒙莫兰假装什么也没有看见,也不露面表示他的态度。但是,由于即将举行一次圣餐礼,他到我家来劝我不要去参加,并向我保证说他对我毫无意见,不会对我有什么举动。我觉得他这番话简直是莫名其妙,猜不出他是什么意思。他还提到布弗勒夫人的那封信,我真不明白,我去不去领圣餐,这与谁有关系?我认为,如果我一声不吭地就这样听从了他的话,那是一种怯懦的表现,何况我不愿意给那帮小民一个新的口实,说我蔑视宗教的礼仪,因此我断然向他表示拒绝。他露出一副满脸不高兴的样子走了。他这副样子是在警告我:要趁早识相,否则会后悔的。

单凭他那点权力,是不能禁止我去参加领圣餐礼的;这要由那个接纳我重新皈依新教的教务会议说了才算数,而教务会议什么话也没有说,因此我尽可大胆去参加,不怕遭到拒绝。这时,宗教界人士交给蒙莫兰一个任务,让他传唤我到教务会议说明我的信仰到底是什么,如果我拒绝不去,就把我开除出教,而开除出教一事,只有教务会议才能办理,而且要由教务会议多数人表决通过才行。但是，这里的教务会议是由一些被称为“老教友”的乡民组成的，是受牧师指挥的，他们当然不会发表与牧师不同的意见的，何况牧师的意见主要是依据神学，那些乡民对神学没有他知道得那么多，他们哪里能提出不同的意见呢。果然，我被传唤了，我决定去面对他们。

如果我有口才，如果我的嘴也像我的笔那样善于表达我的意思，这是多么好的机会，让我打一次多么漂亮的胜仗啊！我将以多么大的优势轻而易举地当着他那六个乡民的面把这个没多大学问的牧师搞得狼狈不堪啊！这位新教的牧师一心想制服我，竟公然践踏宗教改革的原则。为了提醒他尊重这些原则，我只需把《山中来信》中的头几封信端出来解说一番就行了，而他竟那么愚蠢，还要用那几封信作为攻击我的材料呢。我那几封信就在我手里，只稍加发挥就可以把我的对手搞得无言以对。我是不会傻到只采取守势的，我很容易采取攻势，既不让他看出我攻他哪一点，也不让他有办法预防。教会的那帮无名小卒，既轻率又无知，竟拱手把我想获得的最有利于击溃他们的地位奉送给我。唉！要想利用这个有利的地位，那也要能说会道才行呀，要当场口若悬河，在关键时刻找到恰当的字眼和措辞，侃侃而谈，头脑清醒，保持冷静，一点儿也不慌张才行呀！我自己深知我没有临机应变的能力，不能出口成章，这叫我怎么办呢？以前在日内瓦，面对那些支持我并已决定接纳我的人，尚且被弄得张口结舌，满面羞惭，而现在的情况却恰恰相反，我面对的是一个善耍花招的家伙。他的学问不大，但会使诡计，善挑毛病；他能给我布置一百个陷阱，而我一个也看不出来。我愈思考这种形势，便愈觉得风险太大，我根本就没有取胜的可能。因此我便另外想了一个不得已的办法:我准备写一份在教务会议宣读的发言稿,不承认他们有处分我的权力,因而也就用不着回答他们提出的问题。写发言稿是一件很容易的事情。我把发言稿写好后,便使出全身的力气一遍又一遍地背诵。黛莱丝见我嘴里叽里咕噜地翻来覆去老是重复那几句话,想把它们塞进我的头脑里,便取笑我。我希望我能把发言稿的全文背出来。我知道此地的领主作为国王任命的官员是一定会参加教务会议的。虽然蒙莫兰诡计多端,但大部分"老教友"还是偏向我的,而且我有道理,有真理和正义做后盾,再加上有国王的保护、邦议会的权威和一切关心这种宗教裁判制度的正确运用的爱国人士的支持,总而言之,所有这一切都在鼓舞我。

在预定举行教务会议的日期的前夕,我把我的发言稿的全文已熟记在心,背得滚瓜烂熟,一字不差。我通宵都在脑子里翻来覆去地默诵,可是一到早晨,我又全忘记了,背完一句之后,要等好一会儿才想得起下一句;我感到我好像是已经身在教务会议,心里发慌,说话结结巴巴,头也晕了,到了即将从家里去的时候,我的勇气完全消失了。我待在家里,决定写一封信给他们,用两三句话说明一下我不去的理由是因为身体不适。的确,在当时的情况下,我的身体也的确是支持不了的。

牧师接到我的信以后,感到很难办,便把教务会议改期举行。在此期间,他和他的同伙四处活动,到那些按自己的良心而不按他的意思行事的人中间去游说,但这些人依然不听他那一套,坚决不跟他唱一个调。不论他从他的旧书堆中找出来的论据对那些人是多么的娓娓动听,除了两三个已经投靠他充当打手的人以外,他就没有说动任何另外一个人。那位国王的官员和普利上校(他在这件事情上是积极主持公道的)一再敦促其他的人要忠实履行自己的职责。当蒙莫兰提议表决把我开除出教的时候,教务会议的多数人都干脆拒绝他的提议。这样一来,他就使出了他的最后一招:煽动无知的群众。他和他那一伙人公开在人群中活动,而且活动得那么成功,以致,尽管国王接连颁发了几道诏书,邦议会也发布了几道命令,我还是不得不离开那个地方,以免使国王的官员因保护我而有被暗杀的危险。

关于这件事情,我的记忆已非常模糊,理不出一个前后连贯的线索,只能零零散散地想到一点写一点。我记得我同宗教界人士举行过一次谈判。这次谈判是由蒙莫兰牵的头。他谎称人们担心我的文章会扰乱地方的安宁,怕有人会责怪地方当局让我自由自在地乱写。他暗示我说,只要我答应以后不写了,以前的事就不提了。其实,我本人早有从此辍笔的打算,因此便毫不迟疑地答应了宗教界人士的要求,不过有个条件,那就是:只是不写涉及宗教问题的文章。他要求我在文字上做些改动,并写成一个书面保证,一式两份。可是这个条件被宗教界人士否定了,于是我就向他要回我写的保证,而他只还了我一份,他留了一份,说是搞丢了。从此以后,那帮愚民在牧师的公开煽动下,竟无视国王的诏书和邦议会的命令,肆无忌惮地攻击我。牧师在讲道坛上宣布我是一个反基督者,乡民们像驱赶狼妖那样驱赶我。我这身亚美尼亚人的衣服成了那帮无知小民辨认的标记。我感到穿这身衣服给我带来了麻烦,但是,在这种情况下脱掉它,又显得是一种怯懦的表现,所以我决定照样穿这身衣服,戴着皮圆帽,安安详详地在街上走来走去。

周围的那些坏蛋都大声骂我，有时候还扔小石子打我。有好几次我从人家门前经过，听见屋里有人说："把我的枪拿来，让我给他一枪。"但是，我并不因为他这么一嚷就赶快跑掉，因此他们便愈来愈生气。不过，他们也只是吓唬吓唬我，并没有真正开枪。

在这场骚乱中，也有两件令我感到非常欣慰的事情。第一件事情是，由于凯特元帅的关照，我受到了值得感激的对待。纳沙泰尔的正直的人们对我受到的侮辱和遭到的攻击十分气愤，恨透了那帮牧师，认为他们是受了外来势力的支使，他们只不过是那些幕后操纵的人的爪牙，是那些人的走狗。关心我的人都担心这件事情会导致一次实行宗教裁判的恶劣先例。官员们，尤其是继迪维尔卢瓦先生之后担任检察长的默隆先生更是不遗余力地为我辩护。普利上校虽然现在只是个平民，也努力为我的事情多方奔走，收到了很大的效果：他说服了那几位"老教友"坚决履行他们的职责，把蒙莫兰在教务会议上搞得狼狈不堪。他很有威信，他利用他的威信防止了暴乱；不过，他只能运用法律、正义和公理的力量来对抗金钱和酒肉的势力。双方的力量不对等，所以最后还是蒙莫兰战胜了他。我对他的热心和努力十分感激，很想以同样的热心和努力报答他，用某种方式感谢他对我的恩情。我知道他很想在邦议会里担任一个职务，但由于他在佩蒂皮埃尔事件中的表现使宫廷感到不满，因此使他在国王和总督面前失去了宠信。尽管如此，我还是冒险给总督写信，为他说情，甚至直言提出他想担任的那个职务。真幸运啊：出乎大家的预料，国王马上就批准他担任那个职务。这全都是命运在起作用。命运既把我抬得太高，又把我贬得太低，不断把我从这个极端推到另一个极端。当那些无知小民给我满身抹黑和大声咒骂我的时候，我却帮一个人当上了邦议员。

另一件使我欣慰的事情是韦尔德兰夫人带着她的女儿到布尔朋温泉疗养之后特意绕道莫蒂埃来看我，在我家住了两三天。她对我是那么的关心和照顾，终于消除了我对她长时间的反感。我被她的情谊征服了，我的心回报了她长期以来对我怀抱的友谊。她这次来看我，使我很受感动，特别是在当时的环境里需要朋友的安慰来支持我的勇气。我担心她因我受到无知小民的侮辱而难过，我很想不让她看见这种情形，免得她为我伤心，但我办不到。尽管有她同我一起散步便使那帮暴徒收敛了一些，但她所看到的情景已足以使她想象得到其他时候的情景是什么样子。就在她住在我家期间，我夜里在我自己的屋子里也受到攻击。有一天早晨，她的侍女发现我的窗台上有许多石头，都是那帮人夜里扔来的。街上有一个很大的长石凳，原来是安放在我家的大门旁边的，而且是固定了的，可是却被人搬来靠在我家的门上，如果不是被我们发现了的话，谁第一个开门走出去，一定会被石凳砸死的。韦尔德兰夫人对发生的这一切了解得非常清楚，因为，除了她亲眼看见的以外，她的一个心腹仆人在村子里结识了许多人，甚至有人还看见他同蒙莫兰谈过话。然而，她对我遭遇的一切好像并不怎么在意。她对我既不谈蒙莫兰，也不谈其他人。我有时候对她谈，她也很少答话。不过，她似乎认为我到英国去住，比在任何其他地方住更合适。所以她老是一个劲儿地对我谈休谟先生（休谟先生当时在巴黎），说他对我很友好，很想在英国能为我效劳。现在是该谈一下这位休谟先生的时候了。

休谟先生在法国很有名气，尤其是在《百科全书》派那帮人中间的名气更大，因为他写了一些关于商业和政治的论著，最近又出版了一本《斯图亚特家族史》。在他的著作中，我只粗略读过这部由普列伏神甫译成法文的作品。由于我没有读过他的其他著作，所以我只能根据别人告诉我的情况判断。我认为他有彻底的共和主义思想，但又掺杂了英国崇尚奢侈的怪习气。根据这一点，我认为他为查理一世写的那篇赞词是非常公平的。此外，我对他的道德和才情也很欣赏。布弗勒夫人是休谟的好朋友；她劝我到英国去，我也很想结识这个罕见的人物，获得他的友谊。因此，在布弗勒夫人的敦促下，我也就很想到英国去了。我到瑞士之后，我收到他通过布弗勒夫人转给我的一封信，信中除对我说了许多仰慕和高度称赞我的天才的话以外，还非常急切地邀请我到英国去，说他愿意尽他的力量使我在英国生活得很愉快，并把他所有的朋友介绍给我。我曾经问过凯特元帅先生（他是休谟的同乡和朋友），元帅先生认为我对休谟的看法是不错的。元帅还告诉了我一则关于休谟的文学活动的故事。这个故事使他很受感动，也使我很受感动：华莱士曾撰文批评休谟关于古代人口问题的错误论述，当这篇文章付印时，华莱士不在，休谟便自告奋勇替他看校样，并监督印行。这种做法，我打心眼儿里佩服。我也这样做过：有人曾经写了一首歌来攻击我，我就去帮他卖那首歌的歌片儿，六个铜子一份。所以，当韦尔德兰夫人来同我谈休谟时，我是怀着对他十分钦佩的先入之见听的。她反复告诉我，说休谟对我十分友好，说他殷切希望能在英国为我效劳。她的原话就是这样说的。她催我赶快利用休谟先生的热忱写信给他。不过，由于我生来就对英国没有什么好感，不到万不得已的时候，我是不会给他写信的，所以，我不仅当时拒绝写，而且也不许诺以后写。我让她自己拿主意，觉得怎样才不辜负休谟先生的美意，就怎样做。由于她把这位大名鼎鼎的人说得那么好，所以在她离开莫蒂埃的时候，我便把休谟看作是我的朋友了，而她更是我的朋友之中的好朋友了。

她走之后，蒙莫兰便加紧活动，而那些无知小民更是肆无忌惮地胡作非为。不过，在他们的辱骂声中，我照样安安闲闲地散步。我在同迪维尔卢瓦医生[①]相处的日子里，开始对植物学产生了兴趣。这门学问给我的散步带来了一种新的乐趣。我走遍了这个地方的每一个角落去采集植物标本，根本就不去理睬那帮家伙的叫嚣。我这种镇静态度，简直把他们气得几乎发了疯。在使我痛心的那些事情中，最使我难过的是看见我的朋友[*]和自称是我的朋友的家属也相当公开地加入了那些迫害我的人的行列，例如迪维尔卢瓦一家，连我的伊萨贝尔的父亲和哥哥也不例外；还有我那位女友的亲戚布瓦·德·拉都尔和她的弟妹吉拉尔迪埃夫人。有一个名叫皮埃尔·布瓦的家伙，不但头脑愚笨，而且行事极其粗鲁。对于这样一个人，我不仅不生气，反而拿他开玩笑。我仿照《小先知》那样的笔调写了一篇只有几页纸的短文，标题叫作《号称通灵

① 指让-安托万·迪维尔卢瓦医生，这位医生是纳沙泰尔一位著名的汝拉山系草药学家。——译者

* 迫害我的阴谋，在我住在伊弗东的时候就开始了。罗甘骑士在我离开那个城市之后一两年就死了。罗甘老伯为人正直，他很痛心地告诉我说，他在他的这个亲属的文件中发现了他参加了那个试图把我逐出伊弗东和伯尔尼的阴谋的证据。这就很清楚地表明，这场阴谋的关键并不是像有些人所说的是一种信仰问题，因为罗甘骑士不仅不是一个虔诚的信徒，而且还把唯物论和无神论发展到了不容异己和疯狂的程度。在伊弗东，谁也不像这个罗甘骑士那样表面上对我十分关心，百般殷勤，说了许多夸赞和奉承的话，而暗地里却积极参加了那些迫害我的人精心策划的阴谋。

者的山中皮埃尔的幻觉》。当时对我的迫害的主要借口是我在宗教奇迹问题上发表的言论。我便针对他们所说的宗教奇迹，以诙谐的词句大事揶揄。迪佩鲁在日内瓦把这篇文章印了出来。这篇文章在这里产生的作用不大，因为纳沙泰尔人的那一点点才智，既看不懂文章中的那些措辞文雅的俏皮话，也领会不了那些幽默语言的意思，只要把文字写得典雅一点儿，他们就看不懂了。

在这期间，我还写了另外一段短文(稿子存放在我的文稿箱中)。这段短文，我花的心思比较多，因此需要在这里谈一谈写这段短文的起因。

在通缉令和对我的迫害活动闹得甚嚣尘上的时候，日内瓦人表现得特别起劲，拼命大喊大叫。在那些喊叫得最厉害的人当中，有我的朋友维尔纳。他摆出一副神学家的样子，特意在这个时候抛出了几封攻击我的书信，[①]想以此证明我不是基督徒。那几封信的文字很好，但推理并不高明，虽说博物学家博奈还帮他修改过。这位博奈尽管是一个唯物主义者，但一旦在问题涉及我的时候，他马上就变成了一个不容异端的正统派教徒。我当然是不会理睬这种文章的，因此只是趁着写《山中来信》的机会，在这部作品中以轻蔑的语气加写了一个脚注表明我的态度[②]，结果把维尔纳气得火冒三丈。他在日内瓦到处乱嚷乱叫，据迪维尔卢瓦说，他已

① 维尔纳以与友人通信的方式撰文攻击卢梭的几封信的标题是:《关于卢梭先生的基督教信仰问题的通信》。——译者

② 这个脚注，见《山中来信》第三封信。卢梭在脚注中正言厉色地告诉维尔纳："……人们可以允许一个碎嘴唠叨的人爱怎么胡说就怎么胡说，但不允许一个好基督徒恶意诽谤他人。"——译者

经气得快发疯了。不久以后，又出现了一份匿名传单。这份传单似乎不是用墨水写的，而是用地狱里的河水写的。作者在传单中说我把我的几个孩子都抛弃在大街上，说我包养了一个随营娼妓，被酒色淘坏了身子，染了一身梅毒等胡说八道的话。要判断这张传单的作者是谁，这并不难。当我看到这张传单的时候，我的第一个反应是：必须努力捍卫人世上所说的名誉和尊严，必须弄清楚那个作者为什么要把我说得如此不堪。我一辈子都没有逛过窑子，而且素来腼腆得像一个处女，如今竟被他说成是一个爱寻花问柳的人。我不仅从来没有得过梅毒之类的性病，而且医生们都说我的体质强健，不会染上这种病，而他竟说我长了一身杨梅大疮。经过慎重考虑之后，我觉得，要批驳这张传单，最好的办法莫过于把它拿到我曾长期居住过的城市印出来公之于众。于是我便把它寄给杜什纳，请他照样付印；我加了一个按语，指名道姓地说传单是维尔纳写的，另外加了几个短短的注释，说明事情的真相。我不但让杜什纳把它印出来，而且还抄了几份分别寄给几个人，如路易·德·武腾贝格亲王；亲王待我以诚，我们常有书信往来。亲王、迪佩鲁和其他人似乎都不相信传单是维尔纳写的，批评我不该轻率地点他的名。经他们这样一提醒，我心里感到不安，于是写信给杜什纳，叫他不印了。居伊回信告诉我说已经不印了。我不知道他是不是真的不印了；我曾发现他好几次撒谎，这次再撒一回谎也不是不可能的。从此以后，我被阴沉的黑暗笼罩，我没有办法透过黑暗识破真相。

维尔纳先生以相当克制的态度忍受我对他的指摘。一个人在一阵狂怒之后竟然对不该受到的指摘如此克制，这的确是令人非常吃惊的。他给我写了两封措辞很平和的信。我觉得他的目的是试图通过我的回信看出我究竟知道些什么和我手里是否真有不利于他的证据。我给他写了两封简短的回信,直截了当地表述了我的意思,但措辞并不生硬。他对我这两封信并没有生气。在收到他的第三封信时,我看出他是希望与我长期保持通信关系,因此我就没有回他的信。于是他就托迪维尔卢瓦对我进行解释。克拉默夫人曾写信给迪佩鲁说她也认为那张传单不是维尔纳写的。这一切都不能改变我的看法。不过,我也可能弄错;如果我真的弄错了,我就应当正式向维尔纳赔礼道歉。所以我请迪维尔卢瓦转告他:如果他能指出那张传单到底是谁写的,或者至少证明不是他写的,我就向他道歉,直到他满意为止。我还采取了另外一个措施,那就是:由于我认为如果传单真的不是他写的话,我就无权要求他证明什么,因此我决定写一份相当详细的备忘录阐述我认为是他写的理由,请一个连维尔纳也不能拒绝的仲裁者来评判。人们是怎么也猜想不到我所挑选的仲裁者是谁——我挑选的是日内瓦的小议会。我在备忘录的末尾郑重声明:如果小议会仔细审查了我的备忘录。并且做了它认为必要的和力所能及的调查之后宣布维尔纳先生不是传单的作者,我便立刻心服口服地不再认为维尔纳先生是传单的作者,并赶快跑去跪在他脚前乞求他的宽恕,直到得到他的宽恕为止。我敢说我追求公正的热心,我的心灵的正直与宽厚,我对人人皆生而有之的对正义的爱,在这份明智而又感人的备忘录里已表现得淋漓尽致,以致毫不迟疑地请那个对我绝不手下留情的敌人做诬蔑者和我之间的仲裁人。我把备忘录读给迪佩鲁听。他不赞成提交,我也终于没有提交。他建议我等待维尔纳答应提出的证据;我就等待着,直到现在我还在等。他劝我在等待期间什么话也不说,我就什么话也没有说,而且终生不说,心甘情愿地听任人家骂我毫无根据地冤枉维尔纳,骂我把这么大的一个罪状加在他头上,尽管我内心深处就像确信我自身的存在那样确信那份传单是他写的。我这份备忘录现在还在迪佩鲁手里。万一有朝一日能公之于众,人们将看到我在其中陈述的理由;我希望后世的人们能从中认识我同世代的人一直不愿意认识的让-雅克的心灵。

现在该谈一谈我在莫蒂埃遭遇的那场大灾难,谈一谈我在特拉维尔山谷住了两年半并接着以不屈不挠的精神忍受了八个月[①]最恶劣的对待之后是如何离开那个地方的。我在这段不愉快的时期中经历的详细情况,我已无法很清楚地回忆,但在迪佩鲁发表的那篇《大事纪要》中是可以看到的;关于这篇《纪要》,我在后文还要谈到。

自从韦尔德兰夫人走后,骚乱便愈来愈激烈,尽管国王颁发了几道诏书,邦议会也发布了几道命令,当地的领主和官员也出面干涉,但那帮乡民还是把我看作是一个反基督者。他们眼见威胁不起作用,便准备下手,动真格的。在大路上有人开始向我扔石头,不过是从远处扔,打不着我。最后,在 9 月初的一次莫蒂埃集市的夜里,我住的屋子受到袭击,住在屋子里的人都有生命危险。

半夜时分,我听见房屋后面的长廊里有人大声嚷嚷,石头像冰雹似的扔向面对长廊的门和窗子,砰砰嘭嘭地落了一地。睡在长

① 卢梭在莫蒂埃共住了三年又两个月。——译者

廊里的那条狗，开头还汪汪叫，后来吓得不敢叫了，躲在一个角落里，扒住板壁又咬又抓，拼命要逃出去。一听见从长廊传来的嘈杂声，我就起床。正当我要从卧室到厨房去时，有人使劲扔进一块石头，打坏了窗子，撞开了我的房间门，落到我的床脚下。如果当时我的脚步快一秒钟，石头就会打在我的肚子上了。我估计，他们在门外大声叫嚷，是想引我出去，以便我一出去，就当头扔那块石头来打我。我猛跨一步就冲进了厨房。我看见黛莱丝也起来了；她浑身哆嗦，跑到我跟前。我们两人赶快把身子紧紧贴着墙，远离窗户，以免被石头打着，并商量下一步怎么办，因为，如果出门去呼唤求援，那准定会被那帮人用石头砸死的。幸亏我楼下住着一个老头儿；他的女仆一听见嘈杂声就起来，赶紧跑去叫领主先生（他的房子和我们是门对门）。领主马上起床，披上睡衣，带着警卫队赶来，因为有集市，警卫夜里要巡逻，所以一叫就赶来了。领主一见这破坏的情形，吓得脸色刷白；看见走廊里遍地是石头，便大声叫道："我的天啦！这简直成了采石场嘛！"在查看楼下的院子时，他发现小院子的一扇门被撞开了，有人试图从走廊冲进屋里。在追查警卫队为什么没有发现或阻止这场骚乱发生时，结果发现那夜的巡逻任务本已轮到另一个村的警卫队，但莫蒂埃的警卫队却坚持由他们自己来担任。第二天，领主把情况报告了邦议会，邦议会下令让他对这件事情进行调查，并悬赏举报肇事者，还答应为检举人保守秘密，同时，由公家出钱，在我的房屋周围和与我的房屋毗连的领主的房屋周围设置警卫。

第二天，普利上校、检察长默隆、领主马尔蒂奈、税务官居耶奈和司库迪维尔卢瓦与他的父亲，一句话，这个地方的头面人物都来看我，一致劝我暂避风头，至少要暂时离开这个我再也不能安全地和体面地居住的教区。我发现领主被暴民们吓坏了，担心他们会迁怒到他头上，所以巴不得我赶快走，以免除他承担保护我的艰巨任务，而他自己也打算离开这个教区。我走之后，他真的离开了那里。我没有办法，只好走，不过，心里是有点儿难过的，因为那帮暴民表现的仇视样子，真叫我伤透了心，实在无法忍受。

可供我选择去的地方，不止一个。韦尔德兰夫人回巴黎之后，给我来过几封信，说一位名叫华尔波尔的先生（她称他为"绅士"）很关心我，愿意在他的庄子里为我提供一个住处。她把他的庄子描写得很优美，并把我在那里的吃住安排也讲得很详细，可见她是和这位华尔波尔绅士商量过的。凯特元帅一直劝我到英国或苏格兰去，他也愿意在他的庄园里给我提供一个住处，后来他又向我提供了另外一个更好的地方，在波茨坦，就在他身边。前不久他还把国王和他谈到我的话转达给我，表明国王有意邀请我去。萨克斯-戈特公爵夫人以为我准定会去，竟写信给我，一定要我顺道去看她，在她那里住些日子。但是，我对瑞士是如此的喜欢，只要我能在瑞士住下去，我就不想离开它，而且要利用在瑞士的时间执行我几个月前制订的一个计划。这个计划，我为了不打断我叙事的连贯，所以到现在还没有谈它。

这个计划是：到圣皮埃尔岛去居住。这个岛是伯尔尼医院的产业，位于碧茵纳湖中心，去年夏天，我和迪佩鲁徒步旅行时，曾去观赏过这个岛，我对它简直喜欢得入了迷。从那时以后，我就不断想办法，想把家安在这个岛上。最大的障碍是它属于伯尔尼人所有，三年前他们曾十分粗暴地把我驱逐出境。他们用那样恶劣的态度对我，如果我再回到他们那里去，不但面上无光，而且还担心他们不会让我在岛上有片刻的安宁，其情况比我在伊弗东还糟。我曾就这件事情征求过凯特元帅的意见，他也和我有同样的看法，那就是：说不定伯尔尼人巴不得我到这个岛上去住，好把我像囚徒似的限制在那里，以免我再对外界发表文章。他请他在科隆比埃的一个老邻居斯图尔勒先生去试探过伯尔尼人的态度。斯图尔勒先生去找过伯尔尼邦的几位首脑人物。根据他们的答复，斯图尔特先生写信给元帅说伯尔尼人对他们过去的做法感到羞愧，所以非常乐意看见我把家搬到岛上去，并保证让我安安稳稳地住在那里。为慎重起见，在冒险把家搬去之前，我还请沙耶上校去打听了一下，他向我证实了斯图尔勒的说法属实，岛上的税务官也接到了他的上级发给他的允许我住在岛上的通知。在这种情况下，我觉得，既然伯尔尼邦的最高当局和这个岛的主管者都默许了，那么，我住在税务官的家就一点儿危险也没有了。能得到他们的默许，就很不错了，我哪里还敢指望伯尔尼的那些先生们公开承认他们过去对我的做法是不公正的，更不敢指望所有的当权者们违背那条不可违背的原则。

圣皮埃尔岛，纳沙泰尔人称它为拉莫特岛，位于碧茵纳湖中心，周缘长约半法里。但是，在这块狭小的面积上却能生产人们生活所需要的一切主要物品。岛上有农田、草地、果园、树林和葡萄园，等等。整个岛是一片丘陵地，地势变化多样，因而形成了一个非常好看的景观。岛上有些地方被树木遮挡，有些地方又十分空旷，一览无遗，它们互相辉映，使人觉得这个岛的面积比它的实际面积大。岛的西部是一个很高的台地，正对着格拉赫斯和波纳维尔两个小镇。台地上种了很长一排树,中间有一块大空地。在收获葡萄的季节,人们每个星期天都从沿湖一带的各个地方聚集在空地上跳舞和娱乐。岛上有一幢又大又气派的房子,坐落在一处风吹不到的低地;房子的主人是这个岛上的税务官。

在离岛南边五六百步远,有另外一个小岛,比圣皮埃尔岛小得多,非常荒芜,既无人耕种,也无人居住,似乎是从前由于一场大风暴的袭击而从圣皮埃尔岛分离出来的。在一片砾石地上只生长着一些柳树和春蓼。不过,这里的地势较高,地上长满了嫩绿的细草,非常好看。这个湖的形状是一个很规整的椭圆形,湖岸虽不像日内瓦湖和纳沙泰尔湖的湖岸那样壮观,但也构成了一个相当秀丽的美景。尤其在西岸,居住的人很多,山脚下有一连串一个接一个的葡萄园,有点儿像科特霍迪[1],只不过出产的酒没有那里出产的酒好。在湖西,从南往北走,有法院所在的圣让镇,有波纳维尔、碧茵纳和位于湖的尽头处的尼多镇。在这几个小镇的中间星罗棋布地到处是美丽的小村庄。

这就是我为我自己早就选好了的避难地,并决定在离开特拉维尔山谷[*]后就到这里定居。这个选择是如此的适合我喜欢宁静、孤独和懒闲的性格,以致我把它看作是我梦寐以求的福地。我觉得,我住在这个岛上便可以和世人更加隔绝,避免他们的侮辱,

---

① 科特霍迪:里昂南边罗讷河畔一处著名的葡萄种植地。——译者

* 有一件事情在这里说一下,也许并不是没有用处的。我在此地留下了一个特殊的敌人,此人名叫杜特罗,是维利埃尔村的村长。他在当地并不怎么受到人们的尊重,但他有一个兄弟,据说是一个很诚实的人,在圣弗罗朗丹先生的事务所工作。我在这次遭难之前不久,村长曾去看过他。这类小事,本身并没有什么可说的,但日后很可能有助于我们发现许多秘密的活动。

被他们愈来愈忘记。总而言之一句话,我可以尽情享受优哉游哉终日沉思的生活。我甚至希望我被严严实实地禁闭在这个岛上,从此不和任何人往来。当然,我也会采取一切可以想到的办法,使我尽量没有接触他人的必要。

最大的困难是如何解决生活问题。生活来源问题是个大问题。这里的食品很贵,运输又困难,生活费用在这个岛上是很高的,一切开销都由税务官来安排。好在由迪佩鲁和我商定的办法,总算把生活来源问题解决了:由他来代替那帮先接手然后又放弃出版我的全集的商人,由他来担任我的全集的出版人。我把全集的全部材料交给他,编排工作由我负责。此外,我还答应他将来把我的回忆录也交给他,由他担任这部稿子的保管人。不过,我明确提出了一个条件,那就是:稿子只能在我死之后才能付印,因为我想安安静静地度过我的余生,不想让世人再想起我。经过这番安排之后,他负责每年向我提供一笔足以在岛上生活的年金。凯特元帅收回了他的全部财产之后,想送我一笔每年一千二百法郎的终生年金。我只答应收一半,他要把钱全都寄给我,我拒绝了,因为存放很困难。他把这笔钱交给迪佩鲁(到现在这笔钱还在迪佩鲁手里),按迪佩鲁和馈赠人商定的数字以年金的形式支付给我。这样,把我与迪佩鲁订的合同上定的年金、元帅赠我的年金(其中三分之二是准备在我死后支付给黛莱丝的)和杜什纳给我的三百法郎年金加在一起,我就满可以在岛上过一个像样的生活了。而且,我死之后,黛莱丝的生活也不成问题,因为,把雷伊提供的年金和元帅先生提供的年金加在一起,我就给她留下了七百法郎的年金,这样,我就不怕她没有饭吃,也不怕我没有饭吃。但是,一切都是命中注定了的，注定了荣誉将迫使我放弃幸运和我的劳动给我带到手边的生活来源，注定我死之时将同我在生之日一样贫穷。大家可以想象得到：如果有人处心积虑地想用切断我的一切生活来源的办法迫使我去做不顾荣誉的事，我能接受他们为了使我丢尽颜面而做出的安排吗？如果我接受了，我岂不成了一个最无耻的人了吗？他们哪能料到我的二者取一的时候所做的选择呢，他们总是拿他们的心来揣测我的心。

我在生活费用方面有了着落之后，在其他方面就没有什么可担忧的了。我听任我的敌人在这个世界上到处去自由活动，而让我高尚的写作热情和一贯的行事原则为我的灵魂留下一个让世人看得见的证据，证明我的一切行为是与我的天性相符合的。我不需要用其他的辩护方法去批驳那些诽谤我的人。他们尽可以盗用我的名字，把我描绘成另外一个人，但他们只能欺骗那些甘愿受骗的人。我可以把我的一生行事拿给他们去从头到尾地进行批判，但我深信，通过对我的过失、弱点和我不能忍受任何羁绊的天性的分析，人们终将发现我是一个正直的人，一个善良的人。我对任何人都无仇恨和嫉妒之心；我勇于承认我自己的过失，更容易忘记别人对我的不当行为。我在爱和甜蜜的激情中去寻求我的幸福；我对待任何事物的态度都十分真诚，甚至真诚到憨直和令人难以置信的毫不计较个人得失的程度。

我现在要向我的时代和我同时代的人道别了，向所有的人道别了；我将把我禁锢在这个岛上度过我的余生：我已下此决心。在此以前我把上天赋予我的那一点点活动能力都用尽了也未能实现的过闲散生活的美好计划，我只有到这个岛上去才能最终实现。

这个岛将成为我的巴比玛尼岛，成为我终日酣睡的幸福之地：

这里更自在，这里什么事情都不做。①

我要的就是这个“更自在”。我一向认为，睡不睡得着觉，这没多大关系，只要能懒懒闲闲地过日子，这就够了。只要我什么事情都不做，我便宁可醒着做梦，也不愿意沉睡在梦乡。追求浪漫的年龄已经过去，虚荣的烟云曾使我一度兴奋，但并未使我心醉神迷，因此，我最后的希望是：无拘无束地生活，永远悠游自在。这是另一个世界的有福之人的生活。从此以后，我将把它作为我最大的幸福而在这个世界上终身享受。

那些责备我有许多矛盾的人难免又要责备我再一次自相矛盾了。我以前曾说社交场中的闲散使我感到无法忍受，而现在我又要使劲追求孤独的生活，唯一的目的就是要成天懒懒闲闲无所事事。我天生如此；如果这是矛盾的话，那也是大自然造成的，而不能怪我。实际上，这里并没有多大矛盾，而且恰恰要这样才能表明我之所以是我。社交场中的闲散是有害的，因为它是被迫的，非那样拘拘束束不可，而孤单生活中的闲逸则是令人心旷神怡的，因为它是自由的和自愿的。在高朋满座的大庭广众中，若我无事可做，

① 巴比玛尼岛是法国小说家拉伯雷《巨人传》中描写的一个传说中的小岛。据寓言作家拉封登在《巴普菲格的魔鬼》中说，这个岛上的人最懂得终日酣睡的乐趣：

弗朗索瓦先生说：巴比玛尼
这个地方的人最幸福，
他们终日大睡而特睡……

卢梭所引的这句诗，是拉封登的这首故事诗中的第7句。——译者

我便感到苦不堪言，因为我是被迫的，我待在那里死死板板地坐在一把椅子上，或者直挺挺地站在那里，像一根木桩似的，手不动，脚也不动，既不敢跑，也不敢跳、不敢唱、不敢大声说话，更不敢向人打手势，甚至连做梦都不敢。在这种场合，不仅无聊，而且很累，何况一方面还要聚精会神地听那些人言不及义的傻话和客套话，另一方面还要不断地开动自己的脑筋瞎编一套词儿，以便在轮到我时才能大放厥词，胡诌一番谎话。你们说说：这是“闲逸”吗？不，这是苦刑。

我所喜欢的悠闲，并不是像懒汉那样成天无所事事，抱着膀子，什么事情也不干，既不动脑，也不动手。我所喜欢的悠闲，是儿童的悠闲；儿童成天动个不停，但并不是在做什么事情。我所喜欢的悠闲，是幻想家的悠闲；幻想家的脑子海阔天空地乱想，但两只手却一动也不动。我喜欢做一些无聊的小事，什么事情都做，但什么事情也不彻底完成。我喜欢随兴之所至东游西荡，并时时改变主意，一会儿看苍蝇飞来飞去，一会儿又掀开一块石头看下面有什么东西。我喜欢做要十年才能完成的工作；开头干劲十足，但干不到十分钟我便毫不惋惜地把它放在一边不干了。最后，我还喜欢成天既无次序又不连贯地东想想、西想想，做了这件事又做那件事。总而言之一句话，无论做什么事情，我都只凭一时的高兴。

在我看来，植物学是最适合于悠闲的人研究的一门学问。它现在已经成了我的一种爱好，占据了我全部的空闲时间，既不给我活跃的想象力留一点儿发挥的余地，也不让我闲得无聊的厌烦心情乘隙产生。我漫不经心地在树林和田野里转悠，时而在这里，时而在那里，随手采一朵花或者摘一条小树枝，几乎是看见什么就采摘什么。同一样植物，我虽然观察它已经千百次，但始终是怀着同样的兴趣观察，因为我看过之后，一会儿便忘记了，所以就是看它千百年也不会感到厌腻。植物的组织无论多么奇妙和变化无穷，都是不会引起无知的人的兴趣和注意的。植物的组织虽然是既相类似而又变化万千，但只能使对植物的结构已经有了一定概念的人才对它感到惊奇。其他的人看到大自然的这些财宝虽连声叫绝，但又说不出它们绝在什么地方。他们既看不出其中微妙的差异，因为他们根本就不知道应当仔细观察什么；他们也看不到整体，因为他们对各种关系和组合之间的关系毫无概念。然而，正是这种关联的神奇才使观察家们啧啧称羡赞叹不已。由于我的记忆力很差，一会儿就忘记，所以这反倒使我经常处于一种兴奋的状态，再加上我本来就所知有限，觉得所看到的植物全是美妙无比的新品种。这个岛虽然面积很小，但有好几种不同的土壤。不同的土壤向我提供的各种植物足够我研究一辈子，快乐一辈子。我对岛上的一草一木都要详加研究，一个也不漏掉，以便将来写一本厚厚的《皮埃尔岛植物志》。

我叫黛莱丝来的时候把我的书和衣物全都带来了。我们寄宿在岛上的税务官的家。他的妻子有几个妹妹在尼多，她们轮流来看她，与黛莱丝成了朋友。我开始过着恬静的生活，我希望在这种生活中度过我的一生。然而，这种生活的乐趣也使我深深感到即将到来的那种生活的辛酸。

我历来是喜欢水上的景色的，一见到水上的景色，我就陷入了美妙的遐想，尽管没有明确的目标。天气晴朗时，我一起床就跑到小土岗上去呼吸早晨有益健康的新鲜空气，极目眺望美丽的湖上风光；湖岸和沿湖一带的山峦景色使我愈看愈入迷。我不知道要用什么恰当的词句才能描述这天工造化之美。在静观神的创造物时，我内心激起的无言的赞叹，是难以用文字所能表达的。我知道城市中的居民之所以没有多少宗教信仰，是由于他们所看到的只是房屋的墙壁、街市和人们的罪行，但是，我就不明白乡村的居民，尤其是那些与世隔绝的人，为什么也没有多少宗教信仰，他们的心怎么不天天千百次地悠然神往地赞美他们眼前的这些神奇景色的创造者呢？至于我，特别是在起床之后，尽管因一宿未能安眠而感到困倦，但已养成了习惯，总是对那些不让我有思索之苦的美景心向往之的。但是，要做到这一点，就必须要我的眼睛看到大自然的奇观。我是不喜欢待在屋子里做祷告的，即使是做，也只是念几句干巴巴的祷告词。然而一看到湖光山色和乡村景象，我便激动得不知道如何赞叹才好了。我记得一本书上说有一位贤明的神甫去巡视他的教区，发现一位老太太在祷告时只会说一声"啊！"他就对她说："老大娘，你就这样继续祷告吧。你的祷告词比我们的祷告词都好。"这个好的祷告词，也是我的祷告词。

早饭后，我抓紧时间匆匆写几封不得不写的信(我希望不需要再写信的快乐时光早日到来)，然后绕着我的那些书和文稿转来转去，目的是为了打开包封，把它们拿出来整理，而不是为了读它们。这种整理工作，已经成了一种我永远也做不完的活儿，给我以消磨时间的快乐。整理一会儿之后，我便感到厌倦，扔下这个工作，把上午剩下来的那三四个小时用来研究植物学，尤其是研究林内所著的《自然体系》这本书，我简直是读得爱不释手，即使后来感到它有点儿空泛，我也喜欢读它。这个伟大的观察家，据我看，是到现在为止唯一一个(在他之后还有路德维格)以博物学家和哲学家的眼光研究植物学的学者。不过,他在标本室和植物园里研究的时间多,而到大自然中去研究的时间少。至于我,我要把整个圣皮埃尔岛当做我的植物园。当我需要观察或验证某种植物的时候,我就跑到树林和草地去,胳臂下夹着林内的那本书;到了那儿,就在我要研究的植物旁边蹲下,详详细细地从它在地上生长的状态开始研究。这个方法大有助于我在观察植物未经人工培植或改变性质之前在自然环境中的样子。人们说,路易十四的首席医师法贡能认识王宫花园中所有的植物,并叫得出它们的名字,但他一到了乡下便那么无知,什么都不认识了。我同他恰恰相反,对大自然中的植物还略知一二,而对园丁栽培的植物便一无所知了。

下午,我随我懒散的性情行事,没有一定的规律,临时想做什么就做什么。如果不刮风,我通常是吃完午饭便马上离开餐桌,跑到湖边,独自一人跳上一只小船(税务官已教会我用单桨划船了)一直划到湖中心。当我随水波漂荡的时候,我简直高兴得浑身都舒服极了。我说不清楚也不明白我这样高兴的原因,也许是暗自庆幸我这时已远离坏人魔掌的缘故。我独自在湖上荡漾,有时候也接近湖岸,但从不上岸。我让我的小船随风漂荡,水波把它推到哪里就到哪里。我在船中沉醉于漫无目标的遐想。这样遐想,虽然有点儿近似呆傻,但并不因之便不甜蜜。我有时候内心感动得大声喊道:"啊,大自然啊!我喜爱的大自然!我现在在你的单独保护下,这里没有任何一个奸诈邪恶的人插身在你和我之间。"我就这样漂荡到离陆地半法里之远。我巴不得这个湖是一个大海洋,然而我的这条狗却不喜欢像我这样老待在水上。为了讨它的欢心，我通常有一个游览地，那就是：登上那个小岛，在岛上溜达一两个小时，或者走上台地，躺在绿油油的细草上，尽情欣赏这个湖和它周围的风光，观察或剖析近在我身边的小草；我想像鲁滨逊那样，在这个小岛上为我建造一个想象的小屋。我非常喜欢这个小山丘。当我把黛莱丝和税务官的妻子与她的几个妹妹带到这里散步时，我是多么自豪地担任她们的向导啊！我们像办庆典似的送几只兔子到这个岛上生活。这对我让-雅克来说，是一件大事，因为这几个居民使我感到这个小岛更有情趣。从这时起，为了观察那几个新的居民的生活情况，我便经常到那里去，愈去兴趣愈浓。

除了这些消遣之外，在收获的季节来临时，我还有另外一种消遣；它使我回想起从前在夏梅特的那段甜蜜的生活。我说的这种消遣是干农活，收获蔬菜和水果。黛莱丝和我都以能同税务官的妻子与他的全家一起劳动为乐。我记得有一个名叫基尔克柏格的伯尔尼人来看我，看见我爬上一棵大树，腰带上系一个大口袋，口袋里的苹果已装得如此之满，以致无法动弹了。我对基尔克柏格的来访和其他几位类似的客人的来访并不感到生气。我希望伯尔尼人看见我怎样利用我的闲暇之后，不要再来打扰我的安宁，让我平平静静地过离群索居的生活。我真愿意他们主动把我幽禁在这个岛上，这比我自己主动好得多，因为这样，我就更可安心，不会有人来打扰我平静的生活。

写到这里，我就料到有些读者是不会相信我的这番真心话的，因为，尽管他们已经在我的一生中看到无数的内心感受与他们的内心感受迥然不同，但他们总是以他们的心度我的心。更奇怪的是，他们一方面不承认我有他们所没有的好的和公正无私的感情，另一方面却把一些坏到根本不可能在人心里产生的感情强加在我身上。他们认为，要贬损我，最简单的办法就是说我的言行与我的天性相矛盾，说我是一个世上从来没有过的恶魔。当他们想给我抹黑的时候，他们便以为任何荒谬的话都是可以使人相信的，而在他们想夸我的时候，他们总觉得我特立独行的行为没有一样是可能的。

不过，不论他们是怎么说和怎么想的，我依然要不折不扣地忠实陈述让-雅克·卢梭是怎样一个人，陈述他做了些什么和思考了些什么。对于他的思想和感情的奇特之处，我既不解释也不辩护，也不去琢磨别人是否同他一样想法。我对圣皮埃尔岛是如此喜爱，感觉到住在这个岛上是如此的适合我的心意，以致我决定把我的一切欲望都限制在这个岛上，下定决心不走出这个岛。我对我因事不得不到附近的地方去，不得不到纳沙泰尔或碧茵纳、伊弗东和尼多去办事，感到十分厌倦。到岛外去一天，我觉得我的幸福生活便少一天；走出这个湖的范围，我就觉得是离开了我的福地，何况过去的经验已经使我变得非常胆小：任何一个好的事物只要一称了我的心，我便生怕失掉它。所以我想在这个岛上了此一生的愿望是同我怕被迫离开它的担忧分不开的。我已经养成习惯，每天傍晚到湖滩上去坐在那里，特别是有风浪的时候，看见波涛冲打我的脚，水花四溅，我便感到一种难以形容的乐趣。我觉得，这种景象是人世的纷乱和我住所的宁静的象征。我有时候一想到这一景象心里便一阵辛酸，禁不住直流眼泪。我怀着强烈的感情享受这份宁静，我唯一担心的是怕失去它。我这种担心甚至发展到损害了心灵的平静。我感到我的处境是那样的不稳定，那样的没有长久的把握。“唉!”我长叹一声:“我甘愿拿自由出入此岛的权利(我一点儿也不希望有这种权利)去换取永留岛上的保证。我不希望人们恩准我住在这里,而是希望他们把我禁锢在这里,因为那些恩许我住在岛上的人是随时可以把我赶走的,那些迫害我的人见我在岛上生活得很愉快,能让我继续在这里悠游自在吗?啊!人们容许我住在岛上,这还不够;我希望他们把我关押在这里。若要对我采用强制手段的话,我希望他们强要我留在岛上,而不要强迫我离开这个岛。”我以艳羡的目光看米舍里·杜克雷,他安安静静地待在阿尔贝格城堡里,想怎么快活就怎么快活。总之,由于我一再这样思前想后地考虑,时时忐忑不安地感到新的风暴即将向我袭来,因此,我真心希望人们不只是容忍我住在这个岛上,而要把我终身监禁在这里。我敢发誓:如果可以由我决定让人们这样判处我的话,我将以最喜悦的心情这样做,因为我是衷心希望人们强迫把我拘禁在岛上度过我的余生,而不愿他们把我逐出这个小岛。

我担心的事情,不久就发生了。在我万万没有料到的时候,尼多的法官先生(圣皮埃尔岛就属于他管辖的地区)给我发来了一个通知,转达邦政府官员的命令,要我离开这个岛和他们的辖区。我读着这个通知,以为是在做梦。再也没有什么事情比这道命令更不合情理和更出人意料的了。因为,我一直认为我的预感只不过是一个被苦难吓破了胆的人的不安的心情,而不是任何有根据的预见。我曾采取种种步骤获得主管官员的默许,岛上的人也让我平平安安地把家安置在岛上,好几位伯尔尼人和法官先生本人都曾来看望过我,对我关怀备至,何况时值寒冬,把一个体弱多病的人驱逐出境,这实在是太不近人情,太野蛮了。这一切使我和许多人都认为这道命令是出于某种误会，完全是那些心怀叵测的人趁收葡萄的季节和参议院休会期间给我来这么一下突然的打击。

如果凭我一时的气愤行事，我会马上就走的。但是，走到哪里去呢？在此入冬之际，既没有去处，又没有准备、没有车夫和车辆，怎么办呢？除非把我的书和文稿与衣物全扔掉，我才能走，否则，他们就该给我时间准备，但命令里没有说给不给我时间。接二连三的不幸事情已开始削弱了我的勇气。在我这一生中，这是我天生的骄傲心第一次被客观的现实情况压倒了。尽管我的心不愿意，但我还是低三下四地请求推迟一些时间。命令是格拉芬里德先生送来的，我请他转达我的要求。从他的回信看，他对这道命令是不赞成的，但这是命令，他只好怀着十分遗憾的心情送达给我。他的信中充满了痛心和敬仰的词句，表明他是诚心要我把我心里的想法告诉他的；我告诉他了。我毫不怀疑我的信一定会使那帮无义之人顿然醒悟，认识到他们不该这样野蛮地对待我，即使他们不收回那道残酷的命令，至少也应当往后推迟一个合理的时间，推迟到整个冬天过了之后，让我准备退路，选择一个去处。

在等待回信的时候，我开始考虑我的处境和应当采取的对策。我发现各方面的困难很多，使我一筹莫展，加之我当时的健康状况是那么糟糕，以致不由自主地陷于情绪消沉，十分灰心，我心中仅有的那一点点儿智谋完全消失，对我悲惨的处境想不出一个比较好的解决办法。很显然，不论我逃到什么地方去避难，我都逃不脱人们采用的两种驱赶我的方式中的一种。这两种方式：一种是暗中鼓动一帮无知小民轰赶我，另一种是公开用强力驱逐我而不说明什么理由。因此，除了到更远的地方去寻找退路以外，我是无法找到一个更安全的办法的。然而，从我的体力和当时的天气看，这是办不到的。这一切又使我回到原先的想法上来了：我大着胆子请他们甚至求他们判我终身监禁，而不要使我在世上到处流浪，一次又一次地把我逐出我所选择的避难处。我的头一封信发出两天之后，我又给格拉芬里德先生写了第二封信，请他向他的上司转达我的请求。伯尔尼对这两封信的回答是以最明确的措辞和最冷酷的语气写的一道命令，限我二十四小时内离开圣皮埃尔岛和该共和国直接或间接管辖的领土，永远不许我再回来，否则定予严惩。

当时的形势是很可怕的。我曾经有过莫大的忧虑，但从来没有遇到过比这更束手无策的困难。不过，最令我痛心的是，我不得不放弃我想在圣皮埃尔岛上过冬的计划。现在该谈一下那件命中注定要发生的事情了；这件事情使我的灾难达到了顶点，而且使一个不幸的民族同我一样惨遭毁灭，而这个民族一天天正发扬光大的美德，已经预示着它终将有朝一日可与斯巴达人和罗马人并驾齐驱。

我曾在《社会契约论》中谈到科西嘉人，①认为他们是新兴的国家，是欧洲唯一不曾衰败而可为之立法治国的民族；我还指出，如果他们能找到一个贤明的立法者，人们就应当对这样一个民族寄予莫大的希望。我这部作品被几个科西嘉人读过了，他们对于

① 卢梭在《社会契约论》中谈到科西嘉人的那段话是这样说的："在欧洲有一个国家是有立法的能力的；这个国家就是科西嘉岛。勇敢的科西嘉人民在恢复和保卫自由方面所表现的英勇气概和坚韧不拔的毅力，是值得一位智者去教导他们如何保护他们的自由的。我有某种预感：这个小岛将来总有一天将震撼全欧洲。"（卢梭《社会契约论》第2卷第10章）——译者

我用赞美的词句谈论他们，感到十分欣慰。他们当时正致力于建立一个共和国，因此他们的领袖们便来征求我对这一伟大事业的意见。有一位出身该国名门之一的布塔弗科先生当时在法国王家意大利团队任上尉，就这件事情写信给我，并按照我的要求向我提供了许多有关该国的历史和现状的资料。鲍利先生也给我写过几封信。尽管我觉得这项工作远非我的能力所能承担，但我认为，当我手中有了为进行这项工作所需要的资料之后，我就不能拒绝他们，就不能不和他们一起为这一如此美好的大事业而努力。我就是按照这个意思答复他们的。我们的信函往来一直持续到我离开圣皮埃尔岛才停止。

正在这个时候，我获悉法国派兵到科西嘉，并和热那亚签订了一个条约。这个条约和这次派兵，使我感到不安，压根儿没有想到我和这一切有什么关系。我认为，为一个国家立法，是需要非常宁静的心情才能进行的，而在这个国家很可能被他国征服的时候来进行这个工作，是根本不可能的，也是可笑的。我没有向布塔弗科先生隐瞒我不安的心情，而他叫我放心，并向我保证说，如果条约中有侵犯该国自由的条款，他这样一个好公民就绝对不会继续像他现在这样留在法国军队中效力。的确，他为科西嘉立法治国的热忱和他与鲍利先生的关系，都不允许我怀疑他说的话是否是真的。当我听说他常到凡尔赛和枫丹白露去，并和舒瓦瑟尔先生有联系，这时候，我就不能不得出这样的结论，即：他对法国宫廷的真实意图已了如指掌。这一点，他让我自己去领会，而他不便在他的信上公开说明。

这一切使我多少放下了一点儿心。但是，我不明白法国此次派兵去的理由。无论从哪方面看，我都看不出法国军队到那里去是为了保护科西嘉人的自由，因为他们自己就有足够的力量抵抗热那亚人，所以我还是不能完全放心。在没有拿到确实证据证明人家不是在拿我开玩笑以前，我不能贸然接受为科西嘉人立法的工作。我很想同布塔弗科见一次面；只有这样，才能弄清楚我需要了解的情况。他回信也这样表示，因此，我怀着极大的耐心等他。我不知道他是否真的有一个方案，不过，即使他有，我目前正在遭难，也无法利用。

我愈考虑这个拟议中的工作，便愈加仔细研究我手中的资料，愈感到有必要去实地考察一下我要为之立法的那个民族，去考察一下他们所居住的土地，以及与之相适应的种种法制关系。我一天比一天看得清楚，我人在远离他们的地方，根本就不可能获得我需要了解的情况来指导我的工作。我把这一点写信告诉了布塔弗科，他本人也有此同感。虽说我还没有决心到科西嘉去，但我也确实为去科西嘉做了许多准备。我去和达斯蒂耶先生商量，他以前曾在科西嘉在马耶布瓦先生手下工作过，对科西嘉的情况是十分了解的。他极力劝我打消这个计划。我承认，他把科西嘉人和那里的风土人情描绘得十分可怕，给我想去生活在他们中间的想法兜头泼了一盆冷水。

但是，由于在莫蒂埃受到的迫害使我急于想离开瑞士，所以这个想法又浮上了我的脑际，希望到那个岛的人民中间去能最终找到有些人不让我获得的安宁。去科西嘉，只有一件事情使我感到怵头，那就是：我将不得不过一种紧张的生活，而我对这种生活是始终不适应和十分厌恶的。我生来就最适合于独自一人从容悠闲地思考，而不适合于在稠人广众之中说话和做事。大自然赋予我前一种才能，就不会让我有后一种才能。我觉得，万一我真的到了科西嘉，即使不直接参与公务，但不能不投入人民的热情活动中，不能不常常同领袖们会晤，何况此行的目的本身就不是寻求安宁，而是到人民群众中去了解我需要了解的情况。很显然，这样一来，我就再也不能支配我自己了，就不由我不被卷入一种我生来就不适应的旋涡，过一种与我的情趣完全相反的生活，不仅使我难有作为，而且于我很不利。我预料得到：虽说我的著作使科西嘉人以为我有才能，但我真的到了他们那里，他们一见到我就会大失所望，我在他们当中的声誉就会降低，就会失去他们的信任。这对他们固然不利，对我也不利，因为，没有他们的信任，我就无法完成他们希望我为他们做的工作。我敢断定：脱离了适合于我工作的环境，我对他们便毫无用处，也使我自己感到苦恼。

我这几年屡遭各种各样狂风暴雨的袭击，颠沛流离，到处受人迫害，已经被弄得身心十分疲惫。我感到我非常需要休息，可是我的那些无情的敌人却以使我得不到休息为乐事。我比以往任何时候都更希望得到那宁静的悠闲，希望得到我渴望的精神上和肉体上的恬适。自从我从爱情和友谊的幻影中醒悟过来以后，我的心便以得到这种身心的恬适为最大的幸福。我怀着畏惧的心情思考我将承担的工作和我将陷入的纷纷扰扰鲜有宁时的生活。虽说这项工作的目标是伟大的、高尚的和有益的；它充分鼓舞着我的勇气，但一想到即使我全身心投入也难完成，我的勇气便完全消失。在人事的纷扰中紧紧张张地生活六个月，将比我单独一个人静心思考二十年所花的精力还多，而且还肯定不会获得成功。

我想了一个两全其美的变通办法;这个办法,在我看来对各方面都是适合的。由于我无论逃到什么地方去躲藏,都会被那些暗中迫害我的人用阴谋诡计驱赶我;由于我发现只有科西嘉岛才能获得他们不让我在其他地方获得的宁静,安度我的晚年,因此,我便决定:一有可能,我就按照布塔弗科所说的办法到科西嘉去。不过,为了能在那里安安静静地生活,我不承担(至少在表面上不承担)立法工作,只在当地撰写他们的历史,作为对他们殷勤待客的回报。不过,当我看出有成功的可能时,我可以不声不响地做一些必要的调查,以便写出来的东西对他们更有用处。这样做,我便可以不事先做出任何承诺,悄悄地从容思考一个适合他们的方案,既不改变我喜欢离群索居的生活方式,又不被迫去过那种我无法忍受也无才能应付的生活。

不过,就我目前的情况来说,到科西嘉去,并不是一件容易的事情。从达斯蒂耶先生对我说的该岛的情况看,最简单的生活用品在当地都是很难买到的,例如内外衣服、锅碗瓢勺和文具纸张,这些东西都要随身带去;如果把黛莱丝也带去,要带着这一大堆行李翻越阿尔卑斯山,走二百法里,还要通过好几个主权国家的国境,而且,从当时全欧洲的风声看,我在遭受种种苦难之后,还会遇到许多其他障碍,还会看到许多人幸灾乐祸地给我以新的羞辱,而且不按照国际法和人道主义原则对待我。此外,此行的巨额费用、旅途的劳累和沿途的风险,使我不得不预先衡量一下这种种困难。以我这样的年纪,形单影只,手中拮据,远离亲友,寄身于达斯蒂耶先生所描述的那么野蛮剽悍的民族,这种种因素当然会使我在执行这个计划之前要深思熟虑,通盘考虑一番的。我非常希望和布塔弗科会晤，当面谈谈，根据谈后的结果，做出我的决定。

正当我犹豫不决，难定行止的时候，莫蒂埃人动手了。他们加紧迫害我，逼我离开，可是我还没有做好长途旅行的准备，特别是去科西嘉的准备。我是在等待布塔弗科的消息的时候逃到圣皮埃尔岛上避难的。我在前面已经说了，我是在入冬之时被他们下令驱逐的，当时阿尔卑斯山上已盖满了大雪，我根本无法搬迁，何况限期又那么急迫。事实上，这道命令的荒唐，其本身就使我搬迁的计划无法实行。要从这四面环水的孤岛搬出去，从命令下达之时起，只有二十四小时的准备，还要有船有车才能离开这个岛和这个国家，即使我长了翅膀，我也是难以办到的。我一方面把这些情形写信告诉尼多的法官先生，作为对他给我的通知的答复；另一方面也巴不得赶快离开这个不仁不义的国家。以上所说，是叙明我是怎样不得不放弃我心爱的计划，我是怎样在人家拒绝在岛上羁押我的时候，决定接受凯特元帅的邀请到柏林去的。我让黛莱丝保管我的衣物和书籍，在圣皮埃尔岛过冬，把我的文稿交给迪佩鲁保存。我处理得那么快，那么干脆利落，第二天早晨我就离开了圣皮埃尔岛；到碧茵纳时，还没有到中午。若不是一件偶然的事情，我到碧茵纳也许就停止了。这件偶然的事情，我不能略而不提。

我被命令离开圣皮埃尔岛的消息一传出去，附近地方的人都纷纷来看我，尤其是伯尔尼人，他们以最令人讨厌的虚情假意的话来安慰我、敷衍我，说什么这是有些人利用假日和参议院休会期间下达这道命令的，而二百人议会的全体议员是持反对态度的。在这一大群安慰者当中，有几个来自碧茵纳城（碧茵纳城是被圈在伯尔尼邦范围内的一个自由的小邦），另外还来了一个名叫韦尔德雷默的年轻人。他家是该城的第一豪门，在这个小城里享有极大的威信。他代表该城的公民一再邀请我到他们那里去选择一个避难地，并向我保证说他们将非常热情地接待我，他们将以能使我在该城忘掉我遭受的迫害为一种光荣的义务，说我到了他们那里就用不着再害怕伯尔尼人了。他还说碧茵纳是一个自由城，不接受任何其他人的命令，全体公民一致决定不听从任何人的支使加害于我。

韦尔德雷默见我不为他所动摇，便找了另外一些人来帮他做我的工作。这些人，有的来自碧茵纳城和附近的地区，有的就是伯尔尼邦的，另外还有我在前面提到过的基尔克伯格。自从我到瑞士以来，他就一直想同我交往，他的才能和行事原则也使我感到他是很不错的。而有点出人意料和比较令人惊异的是法国大使馆的秘书巴尔德先生对我的敦促。他同韦尔德雷默一起来看我，极力劝我接受韦尔德雷默的邀请。他对我表现的那股热乎劲儿，使我感到吃惊。我从来不认识巴尔德先生，但从他说话的热情态度看，我觉得他是真心想说服我留在碧茵纳的。他对我把这个城和它的居民大大夸奖了一番，他表示他与他们相处得那样亲密，以致有好几次在我面前竟称他们为他的“大哥”和“大叔”。

巴尔德的这番表现，使我对我以前的种种推测拿不准是对还是错。以前，我一直怀疑舒瓦瑟尔先生是我在瑞士遭受的迫害的幕后指使人。法国驻日内瓦的常驻代表的行径和驻索勒尔的大使的所作所为一再肯定了我的怀疑。我看得很清楚，我在伯尔尼、日内瓦和纳沙泰尔遭遇的一切，都是法国暗中施加影响所造成的。我不相信，在法国除了舒瓦瑟尔公爵以外，还有别的有势力的敌人。因此，我对巴尔德先生的来访和他对我的命运所表现的关心，哪能不多想一想呢？我的苦难虽然还没有完全摧毁我心灵中对人的朴实的信任，经验也没有使我学会在别人的花言巧语中看出他们对我布置的陷阱，但我仍然怀着惊异的心情琢磨巴尔德先生何以有那么一番好意的原因。我还没有傻到把他的这番举动看作是他主动采取的。我看出他有点儿言过其实，甚至有点儿故作姿态；这就表明他是别有用心的。我还从来没有在这类下级官员身上发现过我当年在类似的岗位上[①]所表现的那种满腔热忱的见义勇为的精神。

我以前在卢森堡先生府上见过波特维尔骑士，他对我也有好感。他担任大使以后，对我也有过几次怀念昔日友情的表示，甚至邀请我到索勒尔去看他。他的邀请，我虽然没有接受，但令我十分感动，因为我还不习惯于受身居高位的人如此盛情的对待。我猜想波特维尔先生在日内瓦事件上的所作所为是迫不得已按上级的指示行事的，但他的内心对我的遭遇是很同情的，所以他现在在碧茵纳特意为我安排一个避难处，使我在他的照应下能安安静静地生活。对他给予我的这种关怀，我非常感谢，但我无意利用，因为我已决定到柏林去，深切盼望和凯特元帅重逢的时刻早日到来。我深深相信，只有在他的身边，我才能得到真正的安宁和持久的幸福。

我离开圣皮埃尔岛以后，基尔克伯格一直陪我到碧茵纳。我在那里见到韦尔德雷默和其他几个碧茵纳人在码头上等我。我们一起在一家小酒馆吃午饭。我到达后的第一件事就是请人去帮我

① 指 1743—1744 年卢梭在法国驻威尼斯共和国担任秘书一职。——译者

雇一辆小马车，以便第二天上午就走。在午餐桌上，这几位先生恳切挽留我在他们那里住下，态度是那么的诚恳和热情，以致，尽管我已最后决定去柏林，但我的心被他们的好言好语感动了。他们一看我已动摇，便加倍努力劝说，我终于被他们战胜了，同意在碧茵纳留下，至少留到来年春天。

于是，韦尔德雷默马上去忙着为我找房子。他把一个破破烂烂的房子吹嘘得像新屋似的。他给我找的是一个小房间，位置在四层楼的后楼，对着一个院子，院子里供我观赏的是一个麂皮商人晾晒的一大串臭皮子。我的房东是一个矮子，样子很难看，相当狡猾。第二天我就听人家说他是一个既好色又好赌的家伙，在地方上的名声很坏。他没有妻子和儿女，也没有仆人。我冷冷清清地待在孤独的房间里，我在这世界上最漂亮的地方住的却是一间只需几天工夫就会把我闷死的小屋。最使我心有疑惧的是，尽管他们说当地的居民将多么热情地接待我，但我在街上却见不到任何人对我有以礼相待的表示，目光中也没有丝毫友好的神情。而且，就在我住下的第二天我就听说，甚至还看出和感觉到城里正酝酿着一场针对我的可怕的骚乱。有几个好心人特意来告诉我说，也许明天就会毫不留情地对我下达命令，命令我马上离开这个邦，也就是说马上离开这个城。我眼前没有一个可与之商量的人，所有那些挽留我的人都已散去；维尔德雷默不见了；人家也不告诉我巴尔德到哪里去了，他在我面前夸赞的那些大叔大哥也没有因为他的嘱托便对我有什么特别的关照。有一个名叫伏-塔维尔的先生，伯尔尼人，在该城近郊有一座漂亮的房子，请我到那里去避避风头。他说，在他的房子里至少可以不挨人家的石头。对我来说，这个好处并没有好到足以使我愿意在这个以好客闻名的地方继续留下去。

在碧茵纳一住就住了三天，已经大大超过了伯尔尼限我二十四小时离开他们整个管辖之地的时间。我已吃过他们心狠手辣的苦头，此刻当然不能不感到有点儿焦虑，不知道他们将采用何种方式把我赶出他们的边境。正在这束手无策之时，尼多的法官先生来了，他为我解决了这个难题。他对伯尔尼邦的当政者们的粗暴做法很不赞成，所以他认为应当坦坦率率地向我公开表明他并未插手这件事情，而且不惜走出他的司法辖区到碧茵纳来看我。他是在我动身的前一天来的，不但不是悄悄来的，而且还故意摆出官方姿态，穿着盛装，坐着高大的马车，带着他的秘书一起来，并给我一张由他亲自签发的通行证，使我能顺利穿越伯尔尼邦的边境，不怕受到刁难。他对我的拜访，比他给我的通行证还令我感动，即使他拜访的是别人而不是我，我也会同样感动的。像他这样为了支持一个受到不公正对待的弱者而勇敢地及时伸出援手，这对我的心灵的震撼之大，我还从来没有经历过。

最后，费了很大的劲，终于找到了一辆小马车，第二天一早我就离开了这个欲置我于死地的地方，没有等约定来向我致敬的代表团的到来，甚至没有等黛莱丝来同我会合——我原以为可以在碧茵纳久住，所以曾写信给她，叫她来与我会合，这时已经来不及给她写一短信把我遇到的新的灾难告诉她，叫她不要来了。如果我还有精力继续写续篇的话，人们将看到我原先是怎样准备去柏林，后来是怎样去英国的；人们还将看到那两位对我心怀叵测的夫人眼见我在瑞士还不完全在她们的势力所及的范围之后，是怎样想方设法,玩弄诡计,把我逐出瑞士,终于达到目的,把我交给她们的那位朋友去摆布的。①

我向埃格蒙伯爵先生和夫人、比尼亚特里亲王先生、默士姆侯爵夫人和朱伊涅侯爵朗读了这部作品之后,我讲了如下一段话:

> 我讲的都是事实。如果有人说他所知道的情况与我讲的情况相反,即使他说的情况是经过千百次验证的,他心里也明白,那全是谎言和诬蔑不实之词。如果他不去深入调查,并在我活着的时候给我把事情弄清楚,那他就是一个不公平正直和不尊重事实的人。至于我,我要在这里毫无畏惧地公开声明:将来无论什么人,即使他没有读过我的书,只要他亲自对我的天性、我的人品、我平日的作风、志趣、爱好与习惯进行一番考察之后,还硬说我为人不诚实的话,那他自己就是一个理应被绞死的人。

我的朗读到此就结束了,这时,在场的人全都闭着嘴巴,默不

---

① 这段话中所说的"那两位对我心怀叵测的夫人",指韦尔德兰夫人和布弗勒夫人;"她们的那位朋友",指休谟。

卢梭对这三个人的指摘,是错误的:两位夫人建议他接受休谟的邀请去英国,完全是出自一番好意;休谟对他的邀请,也是出于至诚。但是,由于这许多年卢梭屡遭迫害,到处被人驱赶,颠沛流离,身心极度疲惫,已成惊弓之鸟,因此,到英国之后,屡因小事,产生误会,便与休谟多次激烈争吵,并进而怀疑休谟与两位夫人和达朗贝尔等人共谋,将他诱至英国,对他继续加以迫害,因而在英国只住了一年多,便于1767年5月潜回法国,化名勒鲁,隐居在特里。关于卢梭与休谟等人争吵的经过,请参特鲁松:《卢梭传》,第15章《中圈套了吗?》,李平沤、何三雅译,商务印书馆1998年版,第342—361页。——译者

做声。我发现,只有埃格蒙夫人好像受到感动,很明显地全身颤动了一下,但很快就恢复了平静,一句话也没有说,其他的人也同她一样,一句话也没有说。我这次朗读和发表了上面那段话以后,所得到的结果就是如此。[①]

① 卢梭朗读他的《忏悔录》,一共四次:第一次是1770年12月在佩泽侯爵家,第二次是同月在诗人多拉家,第三次是1771年2月读给瑞典王子听,第四次是1771年5月4至8日在埃格蒙伯爵夫人家。他每次朗读,都只读第7卷至第12卷,而没有读第1卷至第6卷,因为"这六卷的内容有些地方不适合于读给女士们听。"

可惜他朗读的次数不多。1771年5月10日,巴黎警察总局局长就应埃皮奈夫人的请求,下令禁止卢梭再向公众朗读,若再朗读,就会导致法院对他的旧案重提,执行1762年6月9日签发的逮捕《爱弥儿》的作者的命令。卢梭为《爱弥儿》付出了沉重的代价:这道命令始终没有撤销,直到1778年7月2日卢梭在埃默农维尔逝世时,他的身份依然是一个"逃犯"。《爱弥儿》的作者的命运,竟不幸如此。——译者

跋

卢梭的《忏悔录》长五十余万言。这一长篇巨制的翻译工作之能完成，多得力于友人的帮助。挚友江裕佩和洛克桑·阿萨纳(Roxane Ah-Sane)二女士对我的支持与鼓励，将永远铭记于心，可以说，书中的译文处处都凝结着她们的一份心血。对于她们付出的辛劳，在此谨志一言，表示衷心的谢意。

译书是一件很艰苦的工作。侯官几道先生有言曰："译事三难：信、达、雅"，又曰"一名之立，旬月踟蹰"。[①] 译书的艰难，可想而知。不过，苦中亦有乐，乐在炼字造句铺陈译文时，宛如与作者促膝谈心，进行思想交流，把作者的话尽可能准确地传达给读者。唯原文艰深，译文的表达，实难尽善，不足和谬误之处，敬希读者指正。

李平沤

2008年10月

---

① 严复：《天演论·译例言》，商务印书馆1981年版。

图书在版编目(CIP)数据

忏悔录:全2册/(法)卢梭著;李平沤译.—北京:商务印书馆,2017

(汉译世界学术名著丛书:120年纪念版:珍藏本)

ISBN 978-7-100-14528-2

Ⅰ.①忏… Ⅱ.①卢… ②李… Ⅲ.①自传体小说—法国—近代 Ⅳ.①I565.44

中国版本图书馆CIP数据核字(2017)第153625号

汉译世界学术名著丛书

(120年纪念版·珍藏本)

忏 悔 录

(全二册)

〔法〕卢梭 著

李平沤 译

商 务 印 书 馆 出 版

(北京王府井大街36号 邮政编码100710)

商 务 印 书 馆 发 行

北京新华印刷有限公司印刷

ISBN 978-7-100-14528-2

2017年12月第1版　　开本710×1000 1/16

2017年12月北京第1次印刷　　印张52¾ 插页4

定价:260.00元